蒋介石传

上 1887—1937

严如平
郑则民 著

中华书局

图书在版编目(CIP)数据

蒋介石传/严如平,郑则民著.—北京:中华书局,2013.7
(2025.9 重印)

ISBN 978 - 7 - 101 - 09135 - 9

Ⅰ. 蒋…　Ⅱ.①严…②郑…　Ⅲ. 蒋介石(1887 ~ 1975) -
传记　Ⅳ. K827 = 7

中国版本图书馆 CIP 数据核字(2013)第 014294 号

书　　　名	蒋介石传(全二册)
著　　　者	严如平　郑则民
责任编辑	欧阳红
封面设计	王铭基
责任印制	韩馨雨
出版发行	中华书局 (北京市丰台区太平桥西里38 号　100073) http://www.zhbc.com.cn E-mail:zhbc@ zhbc.com.cn
印　　　刷	河北新华第一印刷有限责任公司
版　　　次	2013 年 7 月第 1 版 2025 年 9 月第 11 次印刷
规　　　格	开本/710 × 1000 毫米　1/16 印张 55¾　插页 4　字数 780 千字
印　　　数	53001–56000 册
国际书号	ISBN 978 - 7 - 101 - 09135 - 9
定　　　价	138.00 元

序

张海鹏

几个月前,郑则民、严如平两位同志把他们合作撰著的《蒋介石传》打字稿放到我的书桌上,厚厚一大摞。书稿共分二十四章,七十多万字,是长篇巨制。两位在二十年前合著《蒋介石传稿》,1992 年中华书局出版后,颇得好评。二十年来海峡两岸新刊布的史料甚多,两位合作者深感有吸纳新史料,修改旧看法的必要。乃于近数年投入三四年时间,修订旧稿,成就新稿。旧稿四十多万字,新稿七十多万字,不仅增加章节,而且全书结构焕然一新。这就不是一般的修订,其实就是重新写作。严如平同志出生于 1932 年,今年满八十岁,郑则民同志出生于 1936 年,也已七十六岁。在我担任近代史研究所所长期间,郑则民同志担任过民国史研究室副主任、革命史研究室主任。两位都比我年长,且已退休多年。在耄耋之年,继续研究近代中国的重要历史人物,孜孜矻矻,在学术上求真、求新、求深,实在令人感动。两位嘱我作序,情甚殷殷。我个人对蒋介石这个历史人物缺乏深入地学术研究,他们以我曾担任研究所所长,且以往对他们的研究工作不无了解相责。我不能辞。

蒋介石无疑是近代中国历史上一个非常重要的历史人物。他从 1924年受孙中山之命担任黄埔军校校长,开始在政治上崭露头角。1925 年起,投入东征、北伐，著有战绩，成为晋升之阶。1927 年至 1949 年，统治中国二十二年，是民国时期在国家负责岗位上时间最长的领导人。1949 年后，长期主持台湾政务，直到 1975 年去世。

对于蒋介石其人的评价，在他生前或者身后，因政治立场不同而各异，全盘肯定者有之，全盘否定者亦有之。在今天，不仅在中国大陆，就是在中国台湾，也是众说纷纭。总的趋势是，随着时间的推移，随着当初那种政治的逐渐淡化、冷却，随着各种档案史料的公开，学术上的研究，逐渐走向客观。这是社会发展的正常现象，也是学术发展的正常现象。

郑、严两位合著的《蒋介石传》，较之二十年前他们两位的《蒋介石传稿》，不仅大量采用新公布的档案史料，也尽力参考藏于美国胡佛研究所的《蒋介石日记》，在追求历史的真相、表述历史的本质方面，都有很大的进步，这是一种实事求是的态度，值得肯定。

从近代中国历史发展进程的角度评价蒋介石这个历史人物，应该注意什么呢？我在这里冒昧提出浅见如下。

第一，大革命时期，国共合作以北伐扫除北洋军阀时期的混乱局面，谋求中国的统一，是符合历史前进方向的，任何党派和个人适应了这个方向，就是进步的，符合历史潮流的。

第二，抗日战争时期，是从中华民族的全体利益出发，还是从党派的利益出发，凡是从中华民族的全体利益出发，坚决抵抗日本帝国主义的侵略，挽救民族危亡，争取中华民族独立自由发展前途的党派和个人，就是符合历史前进方向的，是进步的，是符合历史潮流的。

第三，经过八年艰苦抗战，赢得了抗战胜利，是组织各党联合政府，走和平民主建国的路，还是坚持走一党专政、个人独裁的路？只有坚持联合政府主张、实现和平民主建国的党派和个人，才符合全国人民的利益，符合历史前进的方向。

第四，在中华人民共和国成立后，在美国干预下形成海峡两岸暂时分离的局面，是坚持一个中国，坚持中国统一的方向，还是放弃一个中国原则，走台湾分裂的路，这也是评价蒋介石的一个重要原则。

先说第一点。国民党一大确定国共合作实现国民革命，决定以北伐手段扫荡北洋军阀的混乱局面,完成国家的统一,显然是符合历史前进方向的。蒋介石在这个阶段里,东征、北伐是有功的,1925—1926 年在国共合作方面表现还是积极的,但是 1927 年 4 月发动清党运动,破坏国共合作,使国民党一大确定的以国共合作完成国民革命的任务半途夭折,这又是违背历史前进方向的。在这个阶段里,蒋的历史作用是有功有过,功过参半;如果站在扫荡北洋军阀的角度说,他是功大于过;如果站在国共合作的角度说,他是过大于功。全面衡量,如果按照国民党一大方针,以国共合作完成国民革命,实现国家统一,对于国家的前途可能更好,应该说过略大于功。

再说第二点。日本帝国主义侵略中国,尤其是卢沟桥事变后发动全面侵华战争,造成近代中国历史上最严重的民族危机。这个时候,衡量中国的政治党派和政治人物,主要看他的言行是从整个中华民族的利益出发,还是从一党一派的利益出发。蒋介石在"九一八"事变前主张不抵抗,提出"攘外必先安内"政策,把主要军事力量集中于"剿共",罔顾国民要求抗日的呼声,这就不是从国家的利益出发,不是从整个中华民族的利益出发。虽然面对日本侵略的步步紧逼,蒋介石对抗日也有所考虑和准备,但其政策的趋向还是对日妥协。日寇越过长城线,华北危机,北平学生发出"华北虽大,已经放不下一张平静的书桌"的呼声。在全国抗日民意高涨的情况下,张学良的东北军和杨虎城的十七路军发动西安事变,才最终推动蒋介石改变了"攘外必先安内"的错误政策,使蒋介石下决心抵抗日本侵略。

下决心抵抗日本侵略,是一个正确的政治态度和决策,不仅符合当时的全国民意,也符合中华民族的根本利益,因此是符合中国历史前进方向的。在八年抗战中,国民党、蒋介石虽然放弃了"攘外必先安内"的政策,基本方针变成抗日第一、反共第二,不愿意放手发动全国人民,不愿意放手依靠中共抗日力量,但毕竟在困难的环境下坚持了抗战,始终打出的是抗战的旗帜,与汪精卫投降集团有着本质的区别。从中华民族的整体利益来说,抗战是大方向。坚持了这个大方向,蒋介石的历史地位就是正面的了。

再次,说到第三点。抗战最后赢得胜利,是近代中国历史上第一次赢得对外战争的全面胜利。这个胜利,是全国人民的胜利,是中华民族的胜利,是正面战场与敌后战场战略配合的胜利,是国共两党合作抗战的胜利。这个胜利是中国复兴的枢纽。战争期间,日本的侵略和战争掠夺,对中国国家和中华民族造成极大的伤害。战后,如何实现和平民主建国,是全国人民的愿望。1945 年 10 月毛泽东在重庆与蒋介石会晤,国共两党达成会谈纪要(又称"双十协定");1946 年 1 月在重庆召开各党派和民主人士参加的政治协商会议,通过了宪草协议,提出了实行国会制、内阁制、省自治的民主制宪原则,开辟了中国和平民主建国的新路,得到有关各方和社会舆论的高度评价。政协会议达成的民主化进程的路线图,符合当时国人在战后和平建国、防止内战再起的愿望,却为国民党顽固派所反对。国民党、蒋介石不愿意与各党派尤其是中共分享国家建设的重任,要通过战争继续维持国民党的一党利益和蒋介石的个人独裁。这时候,他把抗战时期的抗日第一、反共第二,转变成为反共第一、和平第二。蒋介石迷信武力,以为在很短时间就可以让中共陷于万劫不复的境地,决然发动内战,却事与愿违,竟在短短三年多时间里,遭遇到了国民党历史上最严重的惨败,失去了在中国大陆的执政权,躲到东南一隅的海岛,坐上了"南明"小朝廷的交椅。蒋介石、国民党的失败,当然有众多原因,违反民意是最基本的原因。战后不过四年,蒋介石从巅峰跌到谷底,说明了它的历史地位降到空前低落的程度。他是民国历史上因违反民意遭到大失败的又一例证。

最后,第四点。在台湾,蒋介石反对美国"台湾地位未定论",反对"台独",坚持了"中华民国"立场,也就是坚持了"一个中国"的立场;他虽然反对美国提出的"台湾地位未定论",也不能不依靠美国,在台湾建设"反攻大陆的复兴基地",使得台海两岸的分裂局面延续下来。他在台湾是反"台独"和反共并列第一。蒋介石反攻大陆无望,蒋氏父子却在台湾开辟了现代化建设的新路。从中国现代化进程的角度看,蒋在这一点上是有贡献的。

除了上述四点外,还有一个抗日战争期间的领导权问题,需要单独提出来说一说。这个问题与对蒋介石的评价直接相关。所谓领导权问题,也就是中国抗日战争究竟是谁领导的问题。至今为止,它还是两岸中国人、两岸学术界各执一词、众说纷纭的问题。

2005 年是中国人民抗日战争暨世界反法西斯战争胜利六十周年纪念的一年。中共中央和国务院举行了隆重的纪念活动。9 月 3 日,在人民大会堂,我聆听了胡锦涛主席在纪念中国人民抗日战争暨世界反法西斯战争胜利六十周年大会上的讲话,会后又读了报纸发表的文字。胡锦涛主席在报告中说:"在波澜壮阔的全民族抗战中,全体中华儿女万众一心、众志成城,各党派、各民族、各阶级、各阶层、各团体同仇敌忾,共赴国难。长城内外,大江南北,到处燃起抗日烽火。中国国民党和中国共产党领导的抗日军队,分别担负着正面战场和敌后战场的作战任务,形成了共同抗击日本侵略者的战略态势。"这段话,是许多年来党和国家领导人第一次正面阐明了抗日战争中国共两党在战场上分别承担着正面战场和敌后战场的战略任务。这是客观的历史评价,不仅政治影响极好,也具有学术上的指导意义。2005年10月,我在台北与台湾学术界的朋友们交流,也拜访过中国国民党党史馆,发现那里的朋友们对胡锦涛的上述评价是满意的。我以为,学术研究可以在这个评价基础上,再进一步,明确指出抗日战争中存在着国民党、共产党两个领导中心,就比较完美了。

抗日战争中的领导权问题,是一个长期有争议的老问题。我们过去习惯上强调共产党的领导作用,台湾学术界只承认国民党的领导作用。对抗战历史中的这个认识问题,至今还影响着海峡两岸的人们。在抗战胜利近七十年的今天,我们可以冷静地、客观地看待这个问题。

日本帝国主义侵略中国,是企图灭亡中国。中华民族面临存亡绝续的危机。抗日战争是在中国共产党倡导的抗日民族统一战线的旗帜下,以国共合作为基础,各阶级、各民族人民团结起来,在国民政府领导下进行的中华民族解放战争。这是对抗日战争的基本定性。从民族战争的全局来看,中华民族内部各党派、各政治团体和政治势力,只有团结一致,共同抵御日本帝国主义侵略,中华民族才有出路。说共产党发挥了领导作用,是因为它倡导、推动并始终坚持了抗日民族统一战线,使民族战争所必需的国内团结大局能够维持下来,而且,共产党还领导、指挥八路军、新四军(这不是一支乌合之众,而是有明确政治目标,以抗日为宗旨,纪律严明,训练有素的军队,到抗战末期已接近百万之众),动员敌后地区的广大人民群众,担负着敌后战场的作战任务。从这一点来说,共产党是中国抗日战争的领导中心,当然是可以成立的。

　　但是,我们必须看到,在抗日战争中,还存在着国民党这个领导中心。当时国家权力掌握在蒋介石、国民党政府手中。这个政府是民族战争所必需的、国际国内承认的统一政权,它指挥数百万军队,担负着正面战场的作战任务。抗日战争只有发动蒋介石、国民党参加,才可能利用国家政权的力量推动全国抗战的开展,才可能有全民族的抗战。没有蒋介石、国民党的参加,单凭共产党的力量,尽管他的抗日主张无疑是正确的,是符合中华民族的民族利益的,在当时的历史条件下,也是难以独立支撑全国抗战大局的。抗战期间,蒋介石虽然没有放弃反共,也没有放弃抗战。八年抗战,尽管蒋介石、国民党政府不无消极、片面的作为,对日有过妥协退让,但毕竟没有对日投降,毕竟在十分困难的环境下坚持了抗战,最终把抗日的旗帜扛下来了。需要指出的是,共产党推动蒋介石、国民党参加抗战,是提高了蒋介石、国民党的历史地位呢,还是贬低了蒋介石、国民党的历史地位呢? 很明显,蒋介石成为抗战领袖,与共产党的支持是分不开的,抗战把蒋介石、国民党在中国历史上的地位提到了从未有过的高度。这是由中华民族的整体利益决定的。抗战胜利后,在美国的扶持下,蒋介石、国民党一意孤行,肆意反共反人民,才从原有的历史地位上跌落了下来。从历史唯物主义的观点看,从实事求是的观点看,从中华民族的民族利益看,蒋介石在抗战中尽管没有放弃反共,但还是把八年抗战坚持到底了。这一点是值得肯定的。同样,中国共产党领导的人民力量的存在和发展,是这场民族解放战争胜利的基本条件,如果没有这个基本条件,全民族抗战是否能实现,或者一时实现了,能否坚持下去而不中途夭折,以及中国是否能取得抗战的最后胜利,就要打一个大问号。从这个角度说,中国共产党及其领导的人民力量,是保证抗战胜利的中流砥柱。所以,人民力量的存在和发展这个基本条件的极大重要性,更加应该得到客观的、全面的评价。因此,抗日战争这场民族解放战争的胜利,是国民党、共产党和全国人民共同奋斗争取得来的。毛泽东在1938年也说过国共"共同领导"抗战的话。

　　国民党、共产党两个领导中心,它们所处的地位不同,能够起作用的方面不一样,不是一个从属一个,又都是不可缺少的,不可替代的。这两个领导中心,不是一时一刻起作用的,都是全面的、全局的。不承认一个中心,或者取消一个中心,行不行呢?显然是不行的。取消国民党、蒋政权这个中心,失去国家政权的力量,全国抗战难以推动,难以调动几百万军队在正面战场与敌作战,难以争取国际援助;取消共产党这个中心也不行,取消这个中心,抗日民族统一战线就形成不了,还是内战不止,如何形成全国抗战的局面?取消这个中心,敌后战场谁来开辟,谁来领导,广大敌后地区的人民群众谁来组织和发动?取消这个中心,被敌后战场吸引的侵华日军的超过半数,将压在正面战场,国家还能够坚持抗战八年吗?

如果不承认国民党这个领导中心,只承认共产党这个中心,抗战时期中国打的许多败仗,尤其是1944年豫湘桂大溃败谁来负责?共产党能够负责吗?全国政治的不民主、官吏的腐败堕落、社会的动荡、经济的崩溃,共产党能负责吗?共产党当然不能负责,而应该由国民党的领导错误负责。

抗战后期,蒋介石与国民党政权的国际联系作用也不可忽视,他们代表中国政府与苏联、美国、英国等发生国际关系,谈判废除《辛丑条约》和治外法权,蒋介石作为中国首脑出席开罗会议,同盟国一致同意并支持中国从日本手中收回东北和台湾等地,以及中国参与创建联合国,这些成绩离开了蒋介石和国民党政权也是不行的。这些基本的历史事实,我们必须尊重。

客观地说,在抗日战争这个整体大局中,国民党、共产党都起着领导作用。这个作用,都是全局性的,不是局部的、暂时的。不承认其中任何一个中心所发挥的领导作用,都不是实事求是的态度,都不是历史主义的态度。承认国民党的领导中心,并没有削弱、更没有否定共产党的领导中心的全局性作用。反之,承认共产党这个领导中心,客观反映了中华民族全民族抗战的事实,对国民党的领导中心地位也没有削弱。双方这种都是全局性的领导作用,是各自通过自己的领导能力来实现的,是在又统一、又矛盾的斗争中来实现的,是客观存在的。在抗日统一战线内部又统一、又斗争的过程中,国共力量的消长发生着变化,总的历史趋势,是国民党政权的力量由盛转衰、中国共产党领导的人民力量由弱转强,并且历史性地改变了国内政治力量的对比。换一句话说,国民党这个领导中心的作用由大变小,共产党这个领导中心的作用由小变大,这是对抗日战争中国民党、共产党的领导地位和作用的最终的说明,也是为什么抗战胜利后不久,国民党就垮得那么快,人民共和国能够迅速建立,近代中国历史开辟了新的通道的原因。

像任何一个曾经推动或者延缓历史进程的历史大人物一样,蒋介石一生不是风平浪静的,他的历史作用高低、曲折是有变化的。他有时候推动了历史的前进,有时又拉了历史前进的后腿。他是一个极为复杂的历史人物,简单地完全否定,简单地完全肯定,都不是历史主义的态度。

郑则民、严如平两位同志的《蒋介石传》,正是以中华民族的复兴,国家的独立强大这个基本视角,来研究蒋介石这个历史人物的。他们对在近代中国各个不同历史阶段的蒋介石的历史作用,依据大量史料,钩沉索隐,反复斟酌,提出了自己的研究心得。我相信,这本著作,对学术界,对大众,了解、认识蒋介石其人的言行真相,是有帮助的,是有价值的。

我在本书付梓前先读为快,并且得出了一点读书心得,谨供作者、读者批评、参考。

2012 年 1 月 11 日于北京东厂胡同一号

前　言

　　二十世纪的中国,经历了前所未有的大动荡,大变革。在这动荡和变革的历史长卷中,蒋介石是一位重要的历史人物。但在不同的时期,不同的人群对他褒贬不一,说他是"人民公敌"、"历史罪人"者有之,说他是"民族英雄"、"一代伟人"者亦有之。尤其是在激荡的政治风云中,在不同的意识形态影响下,对他的功过是非往往有着殊为差异乃至截然不同的记叙和评价,使人难以认识他的庐山真面目。客观、准确地记叙他的历史,对他一生的功过是非作出符合历史真实的公允评价,探求他的人生道路对历史的启示,是研究中国近现代历史尤其是中华民国史的一个重要课题,也是人们认识20世纪中国的一个重要方面。

　　三十年前,我们在研究中华民国史的进程中,得到李新同志的直接指导,对蒋介石的生平进行了较为系统的研究,几经努力,撰著了一本四十多万字的《蒋介石传稿》由中华书局出版。虽然得到学术界和广大读者的认可,还获得了奖项,但当时许多档案资料尚未公开,我们的学识也受限制,以致制约了对某些史事的深入研究,影响了对蒋介石一生的准确认识。

　　二十多年来,随着海内外诸多档案的公开,尤其是蒋介石几十年日记手稿的开放,以及海峡两岸学术研究和交流的广泛开展,对蒋介石的研究逐步深入;也随着自己学识的积累,使我们对蒋介石的认识不断加深。我们两人乃在有生之年再次携手合作,运用这些年研读的有关史料及自己学识上的些许收获,奋力写出这本新版《蒋介石传》,总结自己的研究成果,以求教于广大读者和方家。

在这本《蒋介石传》里,我们愿与读者一道,对大量史料进行辨析,联系当时的社会历史背景以及国际国内的诸多矛盾和冲突,钩稽抉微,探究历史的真实;并以国家独立、民族统一、社会发展、人民安康与否,作为评论功过是非的标准,历史地辩证地考察蒋介石的言行,钩玄提要,理智、客观、全面地审视他八十八年的一生,探求他在中国近代历史发展进程中的地位与作用,而不囿于成见和防止偏见。对于史料的辨析和撷取,无疑是检验我们的史德和史识的试金石。我们努力避免先入为主,片面选取那种符合成见和定论的史料,同时防止轻信那些不甚准确的史料,不被某些史料(包括《蒋介石日记》)中言与行相背离的表面文章和文过饰非、自我辩解的言词所蒙蔽。在引证时严加选择,精心撷取能够表述史事真实的片段,以免模糊或颠倒事实真相。我们上述的努力达到什么程度,有待于广大读者和方家的审定和指正。

现在呈现在读者面前的这本《蒋介石传》,连同附录共七十余万字,对于蒋介石复杂的一生来说,还是只能择其军政生涯的大事为重点来作简明扼要的记述。全书以二十四章(计一百五十一节)分为以下几个时段来记述:

一、青少年时期,即本书第一章,时间是从 1887 年至 1906 年。关于蒋门家世,在相当一个时期里,曾经传说纷纭。蒋介石在修订宗谱时,把其祖辈追溯到东汉亭侯蒋澄。社会上则曾流传着另外一些传闻逸事,甚至否定他有蒋氏血统。我们经过查考有关史料并实地调查访问,认真鉴别,对无据可证的说法和传闻不加采用,对一些证据不足的资料也慎重处理。依据确凿可信的资料,比较系统地记叙蒋介石出生于浙江奉化一个盐商之家,童年生活优裕,养成顽皮、好胜的性格;早年丧父,由母亲抚育成人。父母的身世都是清楚的。他入私塾、进学堂,十年寒窗,比较系统地学习了中华传统文化典籍,颇受孔孟思想和伦理道德的熏陶。在列强入侵、清廷窳败以及家境受欺的时候,血气方刚的他萌发了学军救国的愿望。

　　二、投身辛亥革命和"护法"运动，即本书第二、第三章，时间从 1906 年至 1922 年。在孙中山领导的民主革命激流影响下，蒋介石东渡日本留学，追随陈其美加入同盟会，参加反清革命运动。辛亥武昌起义爆发后，他勇敢投身于光复浙江之役；继而在孙中山的旗帜下，参加反对袁世凯复辟帝制、南北军阀毁弃共和的"二次革命"和"护法"斗争。当 1922 年 6 月陈炯明在广州发动武装叛乱后，他应召从家乡去粤海，登永丰舰护卫孙中山，与叛军相持四十多天，由此博得孙中山的信赖和器重。本书对蒋投身民主革命上述一系列活动，作了如实的记叙并予以应有的评价。他在复杂激烈的斗争中，也暴露出某些弱点和过错。例如他受陈其美派遣，收买歹徒杀害光复会领袖陶成章；曾鼓吹与孙中山民主革命思想格格不入的俾斯麦铁血主义；对孙中山的"护法"斗争缺乏坚定的信念。他并不是一个成熟的民主革命家。至于他在上海从事证券交易活动的情况，我们充分运用中国第二历史档案馆收藏的有关档案和蒋介石日记等资料，厘清了他从事证券交易活动的前前后后，纠正了过去不甚准确的记述，并认为据以得出"投机家"、"冒险家"的论断是不恰当的。

　　三、建军黄埔与出征北伐，包括本书第四、第五、第六、第七章，时间从 1923 年至 1927 年。当孙中山决定实行联俄、容共、扶助农工三大政策，改组国民党的重要时刻，蒋介石受命率领"孙逸仙博士代表团"出访苏俄，以期得到苏俄的军事援助，在西北建立军事基地。本书第四章运用了苏联解体后刊布的苏共和共产国际的档案资料以及荷兰收藏的档案史料，结合蒋介石的日记，比较详细地记述了蒋介石及其代表团访苏的经过，尤其是蒋未能说服苏方支持《西北军事计划》的前前后后；也钩稽抉微，厘清了蒋后来形成对苏俄一些正反面认识的缘由，接近了历史的真实。蒋回国后受命担任中国国民党陆军军官学校（黄埔军校）校长，为建立革命军队，培养训练了大批骨干力量；进而形成了黄埔系，成为他后来稳居国民党首领的支柱。

　　第五章记述了蒋介石拥护和贯彻孙中山的国共合作方针，在平定商团叛乱、东征陈炯明和平息滇桂军首领杨希闵、刘震寰叛乱的斗争中，率领黄埔军校师生英勇战斗，为保卫南方政权、统一和巩固广东这一国民革命的根据地发挥了重要作用，逐渐成为南方政权的军事首领人物。孙中山逝世后，蒋介石在苏联顾问的支持下,经过处理廖仲恺被害案、第二次东征、中山舰事件、整理党务案等,逐渐掌控了南方政权的党政军大权,跃居国民党中常会主席、军事委员会主席和国民革命军总司令的高位。本章在记述这一段历史事实的同时,还着重剖析了蒋介石在当时政治风云急剧变幻中迅速崛起的主客观原因。

第六、第七章记述了蒋介石率师出征北伐这一重大历史事件的前前后后。蒋介石秉承孙中山的遗愿,在南方根据地已经稳固而北方军阀势力互相争斗不休且将南侵的形势下,于1926年初倡议北伐。他力排众议,制定作战方案,指挥十万国民革命军,向号称拥有百万大军的北洋军阀发起征讨。正义之师得到工农民众的踊跃支持,在两湖和长江流域节节胜利,大革命的风暴由南向北席卷神州大地,貌似强大、得到列强支持的北洋军阀统治迅速崩溃。北伐战争终结了十余年各种军阀势力割据、争斗、战乱不止的分裂混乱局面,实现了全国的统一。革命战争的迅速发展和工农运动的蓬勃兴起,使得蒋介石为首的国民党领导集团对中国共产党和苏联的疑惧急剧增加,在外国列强和国内地主、资产阶级支持下,悍然发动了反共清党政变,使轰轰烈烈的大革命和北伐战争一时受到夭折。本书对于以上史事作了扼要记述,并对蒋介石力倡北伐,倾力指挥这场战争,联合各派力量,合力取得摧毁北洋军阀统治的完全胜利,给予应有的评价,指出北伐战争的胜利,结束了民国成立后十几年的分裂战乱局面,符合历史发展的潮流和人民的愿望,对于实现国家统一和推进社会发展,维护共和政体,遏制列强侵略,以至后来能够全国一致团结抗日,都是具有重要意义的。

四、在南京的十年统治,即1928年至1937年,是本书记叙的重点,用了六章的篇幅,即本书第八至十三章。第八章记叙了蒋介石及以其为首的国民党领导集团,北伐战争后在南京建立了国民政府,以孙中山设计的"训政"为政纲,"以党治国"实行国民党一党专政。蒋介石一心加强中央集权,编遣全国军队,以期维护国家统一和开展经济建设。编遣军队之举,固然是减少财政开支、维护社会安定之举,但与李宗仁桂系、冯玉祥西北军、阎锡山晋军以及唐生智等地方实力派力图保存和扩大各自的军队和权益直接发生了利益冲突,于是各种名目的内战硝烟在满目疮痍的华夏大地不断升起。蒋介石纵横捭阖、软硬兼施，先后征服了各个军事集团，勉强维持了国家统一的局面。他还对中国共产党领导的红军根据地发动了五次"围剿"，并追剿长征的红军。本书第九、第十两章对上述史事作了比较详细的记叙，指出他力图一党专政、领袖独裁之举，悖逆历史发展方向，必然埋下失败的种子。

第十一章对蒋介石主政的国民政府内政方面，择要作了一些记叙。在恢复和发展工农业生产方面，虽然也作了一些努力，国民经济和资本主义经济的比重，比起北洋军阀时期来自然有些增长；但是战乱的纷扰和政策的谬误，使得这十年的经济建设难如人意，尤其是占国民经济主体的农村，封建土地关系未有丝毫改变，孙中山"平均地权"、"耕者有其田"的纲领被束之高阁。国家资本主义经济的形成和发展，实际上被少数权贵掌控，加上外国资本的大量涌入，严重挤压民族资本主义经济的发展，使国民经济走上畸形发展的轨道。与此同时，蒋介石和国民党推行保甲制度，加强特务组织，进行文化"围剿"，竭力加强国民党一党专制统治，变民国为党国——变相的帝国，背历史潮流而动。至于蒋介石一时热衷于新生活运动的倡导，想要藉此重整传统道德和改造国民习俗，这对于水深火热温饱不可得的广大民众来说，实在是徒劳之举。

本书第十二、第十三两章列举大量事实记叙了蒋介石在"九一八"事变后，与主政国民政府的汪精卫联手，对日本帝国主义的猖狂侵略，一再妥协退让；同时也记叙了他向联共抗日转变的过程。蒋介石虽然具有强烈的民族主义立场，但慑于日本的强大国力和军力，更忧虑国内的战乱，奉行了"攘外必先安内"的方针，倾力用兵于内战，而对日本大举侵略我国东北、华北，一再以退让求妥协，同意与日本签订一系列丧权辱国的协定，还阻止和镇压爱国军民的抗日运动。民族危亡迫在眉睫，中日之间的民族矛盾急剧上升为主要矛盾。在中国共产党和国民党有识之士以及全国人民抗日洪流的推动下，蒋介石终于着手调整内外政策，开始进行抵御日本侵略的一系列准备工作。张、杨兵谏和事变的和平解决，促使他停止内战，转向联共抗日。

五、八年的抗日战争，即1937年至1945年，本书第十四至十七章作了比较详细的记叙。这四章综合运用了海内外大量的档案资料，并吸取了近些年抗日战争研究的新成果,具体记述了蒋介石顺应民心,联合中国共产党和各党派的力量,采取了一些民主措施,以致举国一致,实行持久消耗、以空间换时间的战略,积极部署和指挥全国军队,不惜牺牲,英勇作战,大量杀伤敌军有生力量。在日军疯狂进攻、战局愈益危急的严峻形势面前,他坚决抵制日本的诱降,并强烈反对汪精卫为首的投降势力,坚持抗战,苦撑危局,维护国家的独立和主权。他主政国民政府,积极联合世界上反法西斯的国家,共同反对日本帝国主义;同时以巨大的努力,废除了丧权辱国近百年的不平等条约,在开罗会议上更取得了战后收复东北和台湾及其附属岛屿的国际承诺。抗日战争的伟大胜利,中国成为四大国之一,是四亿五千万炎黄子孙浴血奋战创造的光辉业绩。蒋介石作为全国抗日军队的最高统帅和国民政府首领,其历史功绩是他一生中最光彩的篇章。然而他在八年抗战中继续坚持国民党一党专政,坚持"一个党、一个主义、一个领袖",逐渐变联共抗日为防共限共,制造摩擦,无视人民大众的民主宪政要求;对日军的扩大侵略,为保存实力而在战略战术失误频仍,使国家和人民蒙受了许多不必要的损失,其过错也是明显的。本书对此亦给予应有的评析。

对于蒋介石及其领导的国民政府在八年抗战中的地位和作用,长时期来是学术界研究的一个热点,也是一个在政治上相当敏感的问题。随着时间的推移,海峡两岸刊布了大量的档案史料,党派意识形态的影响在逐渐淡化,研究在不断深入,越来越多的人能够理智地回顾这段历史。当然,见仁见智,程度不同的各种认识和评析仍是客观存在的事实。本书对蒋介石的记叙,也算是一家之言吧,欢迎读者和方家指教。

六、全面内战时期,即1946年至1949年,本书第十八至二十章作了记述。蒋介石在抗战胜利后,陷入了极大的主观盲目性,一意图谋建立一个独裁专制的政府。他完全不顾全国人民渴望和平建设的愿望,拒绝中国共产党和各民主党派关于建立联合政府实行民主宪政的建议,依仗手中握有几百万军队以及美国的支持,悍然发动了全面内战,把苦难的中国人民又推入了战祸之中。他不断调集几十万、上百万国民党军队,用美国提供的枪炮,进攻解放区共产党领导的军队,硝烟弥漫,炮火连天。他进一步推行专制独裁政策,镇压民众的反抗,取缔民主党派,强化专制统治,掠夺人民财富,给国家和民族造成新的灾难。他背逆历史潮流，竭力扼杀近代中国的民主革命于摇篮之中，不仅遭到全国各阶层人民的反对，也失去了国民党内有识之士的支持和拥护，以致众叛亲离，一手发动的内战不到四年的时光就彻底失败，几百万军队和庞大的国家机器土崩瓦解，把孙中山手创的中华民国也葬送掉了。本书这三章撷取海峡两岸刊布的大量档案史料和美国方面公布的文件档案，对这四年的史事作了简明扼要的记述，并注意利用蒋介石日记以揭示其内心世界之一二，力求准确地还原这段历史的真相。

七、退据台湾时期，即 1950 年至 1975 年，包括本书第二十一至二十四章。这四章采用台湾刊布的档案和报刊资料，以及海内外学者的研究成果，以具体事实叙述蒋介石在台湾统治二十五年的基本状况。他继续沿用"中华民国"的称号，复任"总统"，在美国的庇护和支持下，以"反共复国"、"光复大陆"为号召，继续实行一党专政，加强政治军事控制，强化专制统治，严密控制台湾社会。与此同时，他沉痛吸取在大陆失败的教训，对国民党进行了改造，同时比较重视经济建设和改善民生，采取了减租、公地放领、征收地主多余土地放领给佃农以及一系列发展工农业生产和对外贸易的政策措施，为台湾社会的发展，后来成为"亚洲四小龙"之一，奠定了坚实的基础。他以美国为依靠，念念不忘"反共复国"，不时骚扰和破坏大陆的安宁，但是他坚决抵制了美国制造"两个中国"或"国际托管"的企图，并严厉镇压"台独"势力，始终坚持一个中国的民族立场。蒋介石统治台湾的二十五年，是他政治生涯的重要篇章，对海峡两岸的当年和后来均有着难以抹去的影响，本书对其所作所为，力求予以客观公允的记述和评析。

综观蒋介石八十八年的一生，他从一个追随孙中山的民主革命者，崛起成为国民党统治中国二十二年的党政军首领，独裁专制，三次下野又复出，继后又在台湾统治二十五年，跌宕起伏，扑朔迷离。客观准确地记叙其经历，恰如其分地评析其功过，无疑会有助于人们正确地认识二十世纪大动荡大变革的中国，以史为鉴，获取有益的启示。数十年来，从不同的立场和视角记述蒋介石生平的中外著作不计其数。我们积三十年的学识，力求以准确可信的史料为依据，并吸取海内外学者的研究成果，以期对蒋介石的一生做出客观公平的记叙和评述。然而历史研究是无止境的,历史的真实也不是一次能够认识清楚的,何况我们的学识和精力受限,本书一定还会有缺失和不当之处,敬希读者和方家指正。

著　者

二〇一二年二月

目　录

第一章　早年家世与学业 …………………………………………（1）

　一、出生在浙东山村 …………………………………………（1）

　二、早年家世及家境 …………………………………………（3）

　三、塾馆门生，寒窗十年 ……………………………………（8）

　四、少年娶妻，相伴求学 ……………………………………（11）

第二章　学军与参加辛亥革命 ……………………………………（15）

　一、首次赴日彷徨探索 ………………………………………（15）

　二、东渡学军 …………………………………………………（17）

　三、结交陈其美　加入同盟会 ………………………………（21）

　四、投入光复沪杭之役 ………………………………………（23）

　五、刺杀陶成章 ………………………………………………（28）

　六、逃匿日本办《军声》 ……………………………………（32）

第三章　在反袁护法期间 …………………………………………（36）

　一、投身"二次革命" …………………………………………（36）

　二、策划肇和舰起义 …………………………………………（39）

　三、在护国战争中 ……………………………………………（42）

　四、粤海护侍孙中山 …………………………………………（44）

　　五、交易所的经历 ················ (54)

　　六、婚姻家庭的变异 ·············· (59)

第四章　出访苏俄办学黄埔 ············ (66)

　　一、参佐大元帅府军务 ············ (66)

　　二、奉派出访苏俄 ················ (71)

　　三、出任黄埔军校校长 ············ (79)

　　四、形成黄埔系 ·················· (87)

第五章　掌握广东军政实权 ············ (92)

　　一、东征讨伐陈炯明 ·············· (92)

　　二、处理廖案担负重责 ············ (99)

　　三、制造中山舰事件 ·············· (106)

　　四、出任国民党主席 ·············· (112)

第六章　统率大军出师北伐 ············ (115)

　　一、制定北伐方案 ················ (115)

　　二、挥师北伐 ···················· (120)

　　三、进据南昌 ···················· (127)

　　四、迁都之争 ···················· (130)

　　五、权力受到限制 ················ (133)

第七章　建立国民党政权 ·············· (136)

　　一、急剧转变政策 ················ (136)

　　二、发动清党反共政变 ············ (144)

　　三、在南京另立中央 ·············· (156)

　　四、在反共中宁汉合流 ············ (166)

第八章　主政南京国民政府 ············ (178)

　　一、以退为进的下野 ·············· (178)

　　二、与宋美龄结缡 ················ (187)

　　三、掌握党政军大权 ·············· (192)

　　四、完成二次北伐 ················ (196)

五、东北易帜 ································ （204）

六、开始实施训政 ···························· （206）

七、新的外交政策 ···························· （210）

第九章　与各派系的角逐 ···················· （215）

一、编遣会议和征讨桂系 ······················ （215）

二、击垮冯阎军事实力派 ······················ （219）

三、"扩大会议"的召开与消亡 ·················· （227）

四、"约法"之争与"非常会议" ················ （229）

五、第二次下野 ···························· （238）

第十章　"安内"与"剿共" ·················· （243）

一、对中央苏区连续三次的"围剿" ·············· （243）

二、对鄂豫皖等苏区的"围剿" ·················· （249）

三、对中央苏区第四次"围剿" ·················· （252）

四、百万军队的第五次"围剿" ·················· （256）

五、福建事变的处置 ·························· （262）

六、两广事变的处置 ·························· （271）

第十一章　训政时期的内政 ·················· （281）

一、国家资本经济的发展 ······················ （281）

二、两支特务组织 ···························· （296）

三、实施保甲制度 ···························· （305）

四、进行文化"围剿" ························ （309）

五、推行新生活运动 ·························· （315）

第十二章　对日政策的失误 ·················· （325）

一、对日本侵略的"隐忍自重" ·················· （325）

二、"九一八"事变的处置 ···················· （329）

三、淞沪抗战的寄望交涉 ······················ （338）

四、与汪精卫联手对日妥协 ···················· （341）

五、对抗日军民的压服 ························ （346）

六、"中日亲善"的幻梦 ························· （349）

七、"华北事变"面前步步退让 ··················· （352）

第十三章　向联共抗日转变 ····················· （361）

一、生死存亡面前的抉择 ····················· （361）

二、开始抵制日本的欺凌 ····················· （364）

三、着手抗战的各项准备 ····················· （369）

四、探求调整国共关系 ······················· （371）

五、"军事解决红军"方案的落空 ················· （374）

六、接受张杨兵谏停止内战 ··················· （378）

七、与中共谈判两党合作 ····················· （384）

第十四章　全面抗战的战略政略 ················· （390）

一、应对日本大举侵华之严峻形势 ··············· （390）

二、抵制谋和主张，宣示抗战决心 ··············· （396）

三、顺应民心实行国共合作 ··················· （401）

四、争取国际调停，坚持民族立场 ··············· （406）

五、陶德曼调停的周折 ······················· （411）

六、接受抗日民族统一战线 ··················· （417）

第十五章　全力指挥抗御侵华日军 ··············· （421）

一、确定"持久消耗"的作战方针 ················· （421）

二、指挥正面战场第一仗 ····················· （424）

三、南京保卫战的惨烈结局 ··················· （433）

四、遥控华北抗日战场 ······················· （437）

五、支持李宗仁指挥台儿庄战役 ················· （441）

六、坐镇武汉指挥保卫战 ····················· （447）

第十六章　抗战相持阶段的战略政略 ············· （454）

一、部署继续抗战，坚持与敌相持 ··············· （454）

二、抵制汪精卫的投降活动 ··················· （458）

三、强化国民党统治，力图限共溶共 ············· （467）

四、国共军事摩擦酿成皖南事变 ……………………………（474）

五、期望美英援助的国际活动 ……………………………（476）

六、组织正面战场抗御日军 ……………………………（479）

七、《中国之命运》与新的反共声浪 ……………………（484）

八、抗御日军的相持战略 ……………………………（488）

九、正面战场的艰难撑持 ……………………………（492）

第十七章　成为反法西斯阵线的大国领袖 ……………………（496）

一、与美英结盟　担任中国战区统帅 ……………………（496）

二、争取国际平等地位的努力 ……………………………（500）

三、出席开罗会议取得巨大成就 …………………………（505）

四、派遣远征军援缅作战 ……………………………（513）

五、对史迪威的先礼后兵 ……………………………（517）

六、拒绝赫尔利调停国共关系 ……………………………（522）

七、蒙受雅尔塔协定的屈辱 ……………………………（524）

八、反对联合政府　坚持一党专政 ………………………（525）

九、迎来日本投降 ……………………………（528）

第十八章　走向全面内战的深渊 ………………………………（534）

一、在美国帮助下抢占胜利果实 …………………………（534）

二、与毛泽东的重庆谈判 ……………………………（536）

三、马歇尔使华与政协会议 ……………………………（542）

四、挑起全面内战 ……………………………（548）

五、假言"宪政"的国民大会 ……………………………（551）

六、对美国的依赖与屈让 ……………………………（553）

七、重点进攻的损兵折将 ……………………………（556）

八、专制统治遭到广泛抵制 ……………………………（559）

九、整饬此起彼伏的学潮 ……………………………（561）

十、处置台湾"二二八"事件 ……………………………（565）

第十九章　心余力绌难以支撑危局 ……………………………（567）

一、"存亡绝续"的"戡乱"总动员 ………………………（567）

二、指挥防御战连连败北 ························· (572)

三、期求美国更多支援 ························· (576)

四、强化镇压激起全民反抗 ························· (578)

五、楚歌声中当总统 ························· (579)

六、"紧急处分"加速经济崩溃 ························· (586)

第二十章　在大陆统治的崩溃 ························· (593)

一、战略决战的前夜 ························· (593)

二、战略决战的第一仗——辽沈战役 ··········· (596)

三、生死攸关的"徐蚌会战" ··················· (599)

四、无法控制的平津战役 ····················· (604)

五、陷入内外交困之境 ························· (607)

六、被迫下野回乡 ····························· (612)

七、继续操纵国民党破坏和谈 ················· (616)

八、京沪杭防线的崩溃 ························· (618)

九、指挥大陆的最后战事 ····················· (625)

第二十一章　退据台湾　重建极权统治 ········· (632)

一、险遭美国遗弃 ····························· (632)

二、"复职"继任"总统" ······················· (636)

三、重建极权统治 ····························· (640)

四、朝鲜战争给了苟延生机 ··················· (643)

五、改造国民党　重建统治班底 ··············· (648)

六、大力改组军队加强政治工作 ··············· (652)

七、强化社会控制，重建特务机构 ············· (654)

八、清除异己吴国桢、孙立人 ················· (658)

第二十二章　坚持一个中国　图谋"反共复国" ·········· (664)

一、"反攻大陆"念念有词 ····················· (664)

二、同美国签约"共同防御"台湾 ··············· (666)

三、竭力稳定财政经济 ························· (669)

四、分三步实施土地改革 ····················· (671)

五、坚决反对"两个中国"和"国际托管" ·············· （675）

六、严厉打击"台独"活动 ························· （677）

七、震撼世界的"金门炮战" ······················ （682）

第二十三章　强化专权统治 ······················ （688）

一、连任"总统"难遏民主自由呼声 ················ （688）

二、"诤臣"胡适难逃厄运 ························· （691）

三、逮捕李敖等人　查办《文星》杂志 ·············· （695）

四、想方设法促进经济发展 ······················ （696）

五、掀起"中华文化复兴运动" ···················· （699）

六、无力阻挡国际格局的剧变 ···················· （703）

第二十四章　传位交权给蒋经国 ·················· （708）

一、送子赴苏深造之意外 ························· （709）

二、寻找回国，刻意培植 ························· （711）

三、排除阻力，交掌台湾实权 ···················· （716）

四、大举革新，为子掌权鸣锣 ···················· （719）

五、传承有人，病逝台岛 ························· （720）

附录一　蒋介石生平大事纪年 ···················· （726）

附录二　蒋介石世系简表 ························ （776）

附录三　征引和主要参考书目 ···················· （778）

附录四　人名索引 ···························· （790）

后　记 ·································· （817）

重印后记 ································ （819）

第一章　早年家世与学业

一、出生在浙东山村

　　蒋介石 1887 年 10 月 31 日（清光绪十三年九月十五日）出生于浙江奉化溪口的一个盐商家庭，是蒋门经营"官盐"以后的第三代子孙。

　　溪口位于浙江省东部，北靠四明山，南有剡溪穿流而过，山环水抱，树茂竹青，风景秀丽。溪口之名，得之剡溪之水。剡溪源头出于新昌剡界岭，入奉化境后称剡源，凡有九曲而汇于甬江，东流入海，人称"剡源九曲"。九曲至公塘以下称剡溪，由西向东流去，至东端，有武岭头与溪南山阻隔成口，注入锦溪，故名溪口，亦称锦溪村。又以东边有武岭横亘，故亦称武岭。溪口在清朝晚期隶属于宁波府奉化县禽孝乡。当地有个传说，一位姓董的少女，每天依窗刺绣，窗上有两只燕子筑巢而居。董女每天以米食喂之，还编竹护其巢。两燕冬去春来，年复一年。后来董女病逝，两燕悲鸣不已。三日后，董女双亲来到女儿坟地祭扫，只见两燕伏死在董女坟头。乡人视为奇事，"禽孝乡"因此得名。

　　溪口称乡、称镇，经过多次变动。据查，1902 年（清光绪二十八年）重修的《奉化县志》称溪口为镇。1919 年定级为行政镇。1928 年改称溪口乡，

1935 年设立溪口镇。这座乡村小镇在奉化县西北十五公里宁波西南三十九公里处。这里在清末是宁波、绍兴、台州三府的联界地带,有一座岭称武岭,它的通路为三府人们往来必经的通道,因此是奉化北乡一带的物资集散地,商业颇为发达。本镇居民以蒋、周、毛、任四姓为主,其中蒋姓最多。1949 年前,全镇共有九百余户,蒋姓约占五百户。中华人民共和国成立后,溪口一度改乡,1951 年复改镇至今。

溪口地处四明山南麓。四明山周围四百公里,共有二百八十座峰,其中七十峰雄踞奉化,武岭即其中之一,所以溪口在群山环绕之中。武岭在溪口东首,屏障全镇,为溪口门户。

溪口早已是浙东著名的游览胜地。相传有"溪口十景"。例如武岭镇口的潭墩山,其山脚下有剡溪流过,山巅有文昌阁,别名"奎阁",列为十景之一"奎阁凌霄"。文昌阁初建于 1731 年(清雍正九年)。1924 年身任黄埔军校校长的蒋介石回乡扫墓,登潭墩山,发现该阁有老旧倾斜迹象,便与其兄蒋介卿商议重建。一年后建成一栋二层楼房,建筑面积达五百平方米,顶部造成飞檐翘角。还筑亭三楹,题名"乐亭"。蒋介石写了一篇《乐亭记》。此后,这一建筑成为蒋家的私人别墅和藏书楼,蒋回家乡时常住于此。稍后,蒋家还临溪筑一小楼,当地人称"小洋房"。1939 年,日本侵略军飞机将乐亭炸毁。1987 年,当地人民政府拨款按原样重建。

雪窦山是四明山脉在奉化七十峰中最享盛名的。山顶有一古刹,称雪窦寺,距溪口十一公里,为浙东第一名刹。蒋介石每次回溪口,必游雪窦。这里除古刹之外,尚有许多名胜古迹,如御碑亭、千丈岩瀑布、妙高台、三隐潭等。据《武岭蒋氏宗谱》记载说,蒋介石八岁时"始上雪窦山见妙高峰爱之";1927 年蒋"建别墅于其地"①,自题门额"妙高台"。这座别墅为中式建筑,中间是三开间两层楼,还有围墙连成一整体,建筑面积达四百三十六平方米。蒋介石常于夏天偕宋美龄来此"避暑"。

溪口镇原来只有一条长街,东起武岭门,沿着剡溪北岸伸展,蒋介石出生时,街长只约三华里。从镇东进街西行不远,就是称"素居"的蒋宅,是一

---

① 《武岭蒋氏宗谱》卷 35,上海中华书局 1948 年刊印。

青年时代的蒋介石

蒋介石与其母合影

幢有十几间房子的二层小楼房,宅大门面街,前面是流经全镇的剡溪,对面就是笔架山。从蒋家祖宅"素居"沿街西行约五百米的中街簟场口,有一幢二层小楼,房十余间,是蒋家当年开设的玉泰盐铺。蒋介石就降生在该铺楼上东侧的房子里。

二、早年家世及家境

蒋介石对于祖宗源流十分在意,曾经郑重其事的续修族谱、家谱。蒋姓是溪口大族,《武岭蒋氏族谱》循旧例每隔三十年纂修一次。自1691年(清康熙三十年)至1948年(民国三十七年)共修缮十次。由蒋介石主持的这次"续修",较之过去有很多的不同。蒋亲自动手撰写其中的《先系考序》和自己的"世牒"条目,请吴稚晖任修谱总裁,撰写长篇序文;请陈布雷任总编纂,实际负责修谱者为沙孟海。续修完成后,由蒋经国在溪口主持了"进谱"大典。

这次修谱蒋介石花了很大的力量,在宁波溯源寻到了一个祖根,因此大书特书,《宗谱》中记下:蒋氏之源,出于周公;蒋氏祖先原是生活在黄河流域

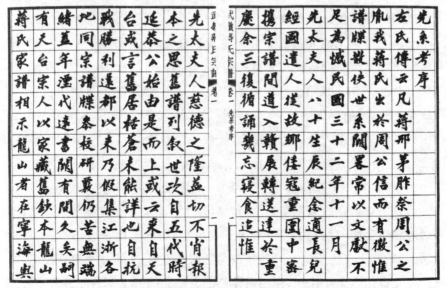

追宗思源是中华民族的优秀传统。蒋介石对续修蒋家的族谱十分重视,为《武岭蒋氏宗谱》恭恭敬敬地撰写了《先系考序》。

的,逐渐南迁,至晋代从江苏宜兴迁入浙江台州,继而迁至宁波奉化。蒋介石于 1948 年 5 月还特地到江苏宜兴的祖先东汉亢亭侯蒋澄墓前拜祭。《宗谱》确认始迁宁波的蒋氏远祖是五代后梁人"摩柯居士",他曾师事布袋和尚,虔诚信佛。蒋介石自称"迁四明第二十八世孙",就是从"摩柯居士"算起的。蒋氏排行,自二十五世起为五言四句,即"祁斯肇周国,孝友得成章,秀明启贤达,奕世庆吉昌"。因此蒋介石的祖父谱名斯千,其父谱名肇聪,肇聪生二子,长子名周康;次子谱名周建后改名周泰,即是蒋介石。蒋介石的子辈取名"国"有经国、纬国,孙辈就应为"孝"了。

蒋氏家族从蒋仕杰于元代末年迁到溪口定居,历代务农为主。蒋介石的祖父蒋斯千(1814—1894)号玉表,属于蒋氏第二十六世。他开始以贩盐谋生,逐渐积累财力,在溪口中街开设玉泰盐铺,经商谋利。清朝统治时期,盐是专卖商品,需得到官府特允才能经销。蒋家设法从官府获得一块"官盐"的招牌,挂在店堂内。先是专卖食盐,兼营酿酒,逐渐扩大范围,兼卖粮食、油料和石灰等。盐是居民日常生活不可须臾缺少的东西,蒋家取得独家经营权利,财势不断增长。蒋介石在追述其祖父行状时写道:"公以货殖起家,兼居积盐醝,生计日渐饶裕。"[①]

宁波是奉化的府城,濒临东海,是浙东最大港埠,海运便利,商业兴盛,乃一经济名城。它有甬江与大海相通,入海向北可达上海、天津,向南可达福州、厦门、广州。在第一次中英鸦片战争时,一度被英国侵略军占领。这次战争,清朝政府以失败告终,不得不与英国订立不平等的《南京条约》。从此中国逐渐由一个完全的封建社会,变成一个半殖民地半封建的社会,在政治、经济、文化等方面发生了变化。宁波地区是发生这种变化比较早的地区之一。根据 1842 年(道光二十二年)中英《南京条约》,宁波开辟为通商口岸之一。外国势力在这里设领事,办贸易,资本主义文化也逐渐传入。清朝政府对外屈辱妥协,对内加强压榨,为了支付赔款,向人民增收田赋、捐税,横征暴敛,激起人民的反抗。当地盐商与官府关系密切,也成为群众反对的目标。十九世纪六十年代初,在南京建都的太平天国起义军一度占领宁波、奉

---

① 《武岭蒋氏宗谱》卷 35。

化一带,在这里同清军进行拉锯战,蒋家的玉泰盐铺因此一度停业。太平天国失败之后,溪口玉泰盐铺重新开业。这时蒋斯千已年过半百,他把店务移交给次子肇聪主管。这位新的盐店老板就是蒋介石的父亲。

蒋肇聪(1842—1895)字肃庵,小名明火。从小随父经商,颇得要领。"他精明能干,玉泰盐铺经他接手复业后,不数年又生意兴隆"。盐铺经他苦心经营,获利丰厚,蒋氏家境逐渐富裕。"除玉泰盐铺外,有薄田三十余亩"①。当时溪口的玉泰盐铺规模有所扩大,临街有三间店面房,后设作坊,酿酒、砻米。资本约二三千银元,加上吸收存款,流动资金充足。除了贩运食盐和茶叶之外,还派船只到浙、皖交界的广德一带贩运大米,向宁波贩运石灰。这就使蒋家成为溪口镇的"十甲户之一"。同时,玉泰盐铺也成为奉化有名的商号之一,与宁波、余姚、富阳等地的商号联合经营运销,对该镇经济颇有影响。蒋肇聪晚年财力充足,喜欢包揽诉讼,主持地方会社,也做了一些修桥铺路的事。朱执信在《蒋肃庵先生墓志铭》中说:"顾锦溪人喜讼,讼辄不休,先生遇有公讼者,悉力弥之,使必胜。"又说:"乡人立社于锦溪之左,曰武山,有田产甚丰,纷不可治。乡中耆硕议谓:非先生不能理斯社也。坚要任首,得诺乃已。"②他已成为乡里一豪绅。

蒋肇聪先后娶过三个妻子,原配徐氏,生有一子一女,女瑞春,子名周康,字介卿,号锡侯。徐氏死后,续娶孙氏,不久也病故。此时,"玉泰盐铺有个老伙计王贤东,是奉化葛竹村人,在玉泰盐铺二十多年,颇得蒋明火的信任。王贤东有个堂妹王采玉,年轻守寡,在葛竹庵带发修行,精于女红,并粗通文字,能诵《楞严经》《金刚经》等经卷。经王贤东说媒撮合,王采玉还俗再嫁蒋明火为继室,她就是蒋介石的生身母亲。"③

王采玉(1864—1921)生于浙江嵊县葛溪乡葛竹村(今属奉化县),距溪口二十八公里。其父王有则(1820—1882)曾在县城书院上过学,多次应考,没有中举,后在家乡以贩卖土产为业。先后娶过两个妻子,第二个妻子生有一女二子。一女即王采玉,早年嫁给奉化县曹家田村竺某为妻,不久丈夫病

---

① 何国涛:《解开蒋母王采玉身世之谜》,《蒋介石史料》第 71 页,浙江人民出版社 1986 年版。
② 《武岭蒋氏宗谱》卷 35。
③ 唐瑞福、汪日章:《蒋介石的故乡》,《蒋介石史料》第 43 页。

　　蒋介石八岁丧父后,全由母亲抚育成人。他对母亲含辛茹苦的养育之恩
铭感不忘,事母至孝,一生撰有多篇文章缅怀。1964年在他母亲百岁冥寿之
际,还在台湾设置寿堂,接受部属礼拜。

故,回到娘家。其时,他父亲已病故,两个弟弟贤钜、贤裕又尚年幼,家境日
渐艰难。1886年(光绪十二年)经王贤东撮合,二十二岁的王采玉嫁给四十
四岁的蒋肇聪为续室,次年在玉泰盐铺楼上生下了蒋介石,属于蒋氏第二十
八世周字辈,取谱名周泰,小名瑞元,上学时取名志清,以后改名中正,字介
石。次年王采玉带新生儿子搬入祖宅居住。祖宅在盐铺同一条街的东侧,
是一幢二层小楼,称为"素居"。她在这里又生女瑞莲、瑞菊及幼子瑞青。次
女与幼子均夭折,长女瑞莲(1890—1937)后来嫁给玉泰盐铺学徒竺芝珊为
妻。王采玉嫁入蒋门的八九年间,盐铺生意兴隆,家里人丁兴旺,是蒋门家

境的一个鼎盛阶段①。

1894 年（光绪二十年）中日甲午战争爆发，清朝军队在东北节节败退，北洋舰队全军覆没，地处东南沿海的宁波地区也人心惶惶。就在这一年，蒋斯千病死。蒋介石颇感念祖父对他幼年时的"钟爱异常"②。光绪二十一年，溪口霍乱流行，蒋肇聪染了时疫，在 1895 年 8 月 24 日（农历七月初五）去世。这时蒋介石只有八岁③。蒋介石对他父亲的记忆是严厉无比"不思言也"④。

蒋肇聪死后，玉泰盐铺由蒋介石的同父异母哥哥蒋介卿（1877—1937）掌管。他这时年方十八岁，两年前已娶单氏为妻。介卿虽捐得一个廪生的头衔，但不学无术，性情暴躁，仗势欺人，闻名乡里。他贪女色，好赌博，时常肇事打人。他当上了盐铺老板后，不善经营，还常聚众于铺内赌博。对继母王采玉笃信神佛，给庵堂施舍，不时请来和尚念经做道场甚为不满，于是提出分家单过的要求。蒋介石在《哭母文》中，曾写有"内弭阋墙之祸"的字句，即隐指哥哥闹分家，母子失和这桩事。经过至亲出面裁决，履行了财产分割手续。"据蒋介石与其兄介卿分家时的契约，玉泰号及外在账款归介卿，老宅三间楼房、小溪岙法华庵田地三十余亩和一片竹山归王氏及介石"⑤。按照当地的习惯，蒋介卿得玉泰盐铺毗连住宅称"夏房"，蒋介石等居住的老宅称"丰镐房"。"丰镐房"经后来扩建修缮，共建楼房四十九间，坐北朝南，大门临溪口直街，这就是保持至今的"蒋介石故居"。蒋母以遗产及分得的田产收地租为主要经济来源，维持自己及三个亲生儿女的生活。两年后，幼子瑞青病死，剩下母、子、女三人相依为命。从此，她更虔诚地念经拜佛，求得精神上的慰藉，同时将希望完全寄托在亲生儿子蒋介石身上，急切"望子成龙"，尽量提供钱财供他专心读书，不让分心操持家计。蒋介石对母亲至为

---

① 曾有传说蒋介石的父亲是河南许昌县衙师爷，母亲先前嫁给许昌郑氏，蒋介石是出生在许昌的郑三发子云云。据著者在浙江奉化的实地考察并查阅有关史料，蒋的家世是清楚的，上述传说是不正确的。

② 《蒋介石日记》，《中华民国六年前事略》，中国第二历史档案馆藏。

③ 本书通用周岁，引文所记是虚岁。

④ 《蒋介石日记》（手稿本），1946 年 10 月 22 日，美国斯坦福大学胡佛研究所藏。

⑤ 王舜初：《关于蒋介石身世、家庭和在家乡的活动》，《奉化文史资料》第 1 辑第 20 页，1985年版。

孝敬,依恋不已。他在后来的日记中回忆:"自我有智识以来,凡欲出门之时,必恋恋不肯舍弃我母。到十六岁时,必待我母严责痛击而后出门。及至二十余岁犹如此也。此天性使然,不能遂改。"①

出身盐商之家的蒋介石,虽因祖父和父亲相继亡故而家道中落,但有遗产和田租的接济,得以聘师启蒙入塾受教,直至进新式学堂,出国留学,逐渐成长。

三、塾馆门生,寒窗十年

蒋介石童年时,家境富有,生活优裕,祖父和父母爱如至宝,溺爱骄纵,养成了特有的性格脾气。他顽皮好胜,嬉戏无度,四五岁时就常常在家门口的清溪下戏耍,有次山洪突然而来,差点丧命。一年冬天,他看到屋檐下的水缸表面结着一层薄冰,十分好奇,伸腰用手去捞冰,猛地一下倒栽进水缸里,当家人发现救出时,已是奄奄一息。他母亲担惊受怕又难以管束,乃向其祖父请求,在1892年他五岁那年送入家塾。他祖父为他请任介眉任塾师,从教《三字经》《百家姓》开始了启蒙教育。与蒋介石同年出生在离溪口只有二十里的一个乡村的董显光,在回忆早年学习生活时说:"我童年的学校生活是很不愉快的,七岁时就读于一位老师控制着的镇上私塾,经过在红毡毛毯上拜师大礼之后,我就开始《百家姓》、《千字文》的诵读……那位老先生更是迷信皮肉吃苦可以启发心灵的教育家,案头上放一把木制的戒尺,哪一个孩子背书背不上就该准备吃这戒尺一下。"②这是当年私塾教育的通常做法。蒋介石的塾师任介眉起先认真负责,严格要求,但蒋介石顽皮惯了,不听管教,还常到祖父那里去哭诉。老师左右为难,逐渐放松了要求,任其自由行动。后来蒋介石回忆:"九岁之年追溯塾师任介眉先生之残忍惨酷,跪罚、毒打、痛骂、诅咒几乎非人所能忍受,此非严师,实是毒魔。如任师当年不死,则余命或为其所送矣。"③痛恨之情仍溢于言表。

---

① 《蒋介石日记》(手稿本),1930年12月4日,美国斯坦福大学胡佛研究所藏。
② 《董显光自传》第28页,台湾新生出版社1981年版。
③ 《蒋介石日记》(手稿本),1946年10月22日,美国斯坦福大学胡佛研究所藏。

　　正是由于家教和塾教松懈,蒋介石的童年时代未能养成良好品德。溪口蒋氏家族沿袭奉化习俗,在春节正月初一那天,族人都要到祠堂参拜祖宗,拜后领取芝麻糖饼。有一次蒋介石硬要抢先领取,受人劝阻,便躺在地上滚得满身是泥,然后挤入排队的人群中,别人只得退避三舍。他占先领到糖饼,便大口地吃起来,从此得了个"瑞元无赖"的诨号。他喜爱玩弄刀棒,常召集一些孩子玩打仗游戏,自封为大将,登台指挥。双方手持木棍、竹刀、竹枪,在溪边沙滩上对阵厮打,往往把一些小伙伴打得皮破血流,引起邻居到蒋家告状,有时因此闹起邻里纠纷。

　　1894 年(光绪二十年)蒋介石改入本地族人蒋谨藩所设的私塾就读,断断续续共达五年的时间,受教的课程先是《大学》《中庸》,继读《论语》《孟子》《礼记》《诗经》等,比较系统地受到传统文化思想教育。这期间他的祖父、父亲先后去世,家境骤变,财势渐失,但他的顽皮行径并没有因此改变,喜欢玩恶作剧捉弄人。有一个夜晚,他装扮成传说中的吊死鬼模样,藏在大树下,把同塾的一个小同学吓得晕死过去,经过抢救才慢慢苏醒过来。蒋母原是个性急、好强的人,身世连遭不幸后,平时忍气吞声,一心指望儿子将来能出人头地。如今她见儿子不断惹是生非,异常生气,严加管教,多次拿起竹板责打。蒋介石有时钻入床底躲藏,有时逃跑外出,不敢回家。事情过后,他仍然我行我素,旧态复萌,气得蒋母捶胸顿足,伤心落泪。后来蒋介石在他母亲死后写的文章中谈到:"中正幼多疾病,且常危笃;及愈,则又放嬉跳跃,凡水火刀碴之伤,遭害非一,以此倍增慈母之劳。及六岁就学,顽劣益甚,而先妣训迪不倦,或夏楚频施,不稍姑息。"[①]在蒋母墓碑两旁,留下他自撰的一副对联:"祸及贤慈,当日顽梗悔已晚;愧为逆子,终身沉痛恨靡涯。"直到五十岁生日时还回顾说:"幼性顽钝,弗受绳尺,又出身孤弱,动遭挤摈。"[②]这些文字反映了蒋介石少年时的某些实情。

　　蒋母为了让蒋介石能专心读书,不在本镇惹事,1899 年(光绪二十五

---

　　① 蒋介石:《先妣王太夫人事略》(1921 年 6 月 25 日),《自反录》第 1 集第 531 页,1931 年印行。

　　② 蒋介石:《报国与思亲》(1936 年 10 月 31 日),《先总统蒋公思想言论总集》第 35 卷第 163 页,秦孝仪主编,中国国民党中央党史委员会台北 1984 年版。

年)将他送到娘家葛溪村,进了姚宗元的私塾馆,课读《尚书》等。蒋介石住在外祖母家,感受到家庭的温馨。"中正课余假归,侍外王母与先妣于冬日爱堂中,中正读,先妣织,外王母念佛,机声梵音,与书句相间如唱和"①。老师曾以《竹》为题,让他应答作诗。他写出了"一望山多竹,能生夏日寒"的诗句,受到赞扬。次年转到榆林村陈春泉家塾受读《易经》。课余也帮家里做些护林、喂蚕、灌园等劳动。1901 年十四岁时又转崎山下村在竺景嵩开设的皇甫氏家馆,读《左传》,学作策论。

蒋介石虽已是少年,而顽皮习性如旧。一次将一同学的乘马牵到野外去戏弄,马被激怒,突咬蒋背,蒋吓得惊慌失措,扑倒在地。蒋母心急如焚,想方设法,再请严师管教。听说岩溪村"勉庐书馆"教师毛思诚的学问远近闻名,治学甚严,就在 1902 年(光绪二十八年)送蒋介石到毛那里受教。但蒋介石到了新学馆,仍嬉戏不止,"以讲社为舞台,以同学为玩物,狂态不可一世"②。而这位毛先生毕竟是一位有经验的老师,他用以柔克刚的方法,进行耐心的启发诱导,帮蒋温习《左传》,圈点《纲鉴易知录》等。在毛思诚教育引导下,蒋介石以前的顽梗性格、调皮行为逐渐收敛,学识增长较快。前任老师毛凤美曾到毛思诚家做客,看到蒋的作文,也感到惊异。毛思诚当时的手录里也记有"瑞元好书,善于仿练","文如其人"等记载。这一年的夏天,奉化县举行"童子试",蒋介石赶去参加,没有考中"童生",失去了考秀才的资格。他从五岁至十五岁,都是在家乡的私塾里就学,接受旧式的传统教育,连续读了四书五经,《尚书》《孝经》《左传》《纲鉴》和周秦诸子,等等。这使他奠定了比较扎实的"国学"基础。蒋介石在科举入仕的道路上遇到挫折,于是希望入新式学堂,另谋出路。

---

① 蒋介石:《外王父母传》,《蒋介石年谱初稿》第 12 页,档案出版社 1992 年版。按这本《年谱初稿》(1887—1926)为蒋介石塾师、后任国民革命军总司令部的文职官员毛思诚编撰,经蒋介石修改审定。此稿本又几经修改,于 1937 年以《民国十五年以前之蒋介石先生》为书名刊印。《蒋介石年谱初稿》原始本共十三册,为毛思诚所藏,现藏于中国第二历史档案馆。1987 年,中国第二历史档案馆对此稿本加以选辑校注,补充了被蒋介石在出版《民国十五年以前之蒋介石先生》前删去的若干条目,加以说明,于 1992 年由档案出版社出版。

② 《蒋介石年谱初稿》第 9 页,档案出版社 1992 年版。

四、少年娶妻，相伴求学

蒋母王采玉守寡在家，吃斋念佛，对儿子寄予殷切的希望。她恨铁不成钢，对蒋介石严加管教，甚至加以责打。初时有些效果，但随着时间的流逝，儿子一天天长大，这些手段便无济于事，感到束手无策。有人出了主意，劝她早给孩子娶妻，用这种办法去管束儿子，促使他改变顽劣行为。恰在此时，蒋介石对岩头村（离溪口十五公里）毛家一个同自己年龄相近、面貌清秀的表妹，产生爱慕之心，萌发了娶妻的念头。这事传了出去，堂姑不但拒绝，而且动怒，说了一些羞辱的话。蒋母得知后，刺伤了自尊心，誓称一定要在岩头村毛姓中，找个门当户对的女子为儿媳妇。经过托媒物色，相中了岩头村长丰南货店老板毛鼎和的女儿毛福梅。毛福梅（1882—1939）当年十九岁，品貌端正，性情温和，从小受封建礼教的熏陶。早婚是当时的社会习俗，蒋母看到女方家境殷实，认为女大几岁既可以替自己分担家务，又能够帮助管束儿子。她期望早日抱孙子，就确定在 1901 年（光绪二十七年）冬天为儿子办理婚事。

"蒋介石做新郎，身穿蓝花绸长袍，外罩黑缎马褂；头戴红滴子西瓜皮帽，拖着长发辫；脚穿元色缎面白底新鞋；两只裤脚带打成蝴蝶结，打扮得十分整齐"①。他那年刚过十四岁，婚姻世事，似懂非懂。他母亲要他迎待客人，他却忙于与年少亲友玩耍跳跃，到处凑热闹。当抬着毛福梅的花轿临门燃放鞭炮时，稚气未脱的蒋介石还挽起长袍，奔去抢拾爆竹蒂头。按当时当地的旧风俗，这是犯忌的行为。奉化民间一向有"爆仗拾蒂头，夫妻不到头"的俗话。新娘闻此事，心里难受，蒋母更是气急难忍。晚上，宾客散尽，蒋母把儿子叫到自己房中，泪流满面地训责说："余自汝父逝世，抚育汝至今日成室，不知余有多少伤心事，愿汝长大立业，不忘平日教养之苦辛也。"②蒋介石跪听涕泣，表示要悔改。

---

① 毛炳岳：《蒋介石与原配毛氏成婚记》，浙江文史研究馆《古今谈》1986 年第 3 期第 46 页。
② 《蒋介石年谱初稿》第 8 页。

蒋介石于十四岁那年,遵母之命娶了比自己大五岁的毛福梅为妻。婚后九年,生下了唯一的儿子蒋经国。图为1937年毛福梅与刚从苏联回来的儿子蒋经国、儿媳蒋方良合影。

蒋介石与毛福梅在结婚初期还是和谐美满的。婚后的第四年毛氏曾陪蒋到宁波箭金学堂读书,并在宁波安家,朝夕相处。以后蒋介石外出求学和做事,来往匆匆,彼此长期分居,感情逐渐疏淡。蒋与岳父家发生不愉快的事,也增添了夫妻间的冷漠。蒋的岳父毛鼎和思想比较守旧,对蒋介石爱舞龙灯、马灯及唱滩簧等活动甚为不满。有一次溪口一群年轻人到岩头村去舞龙灯、马灯,蒋也兴冲冲加入其中,还望岳父能给大家以酒饭款待。谁知毛鼎和见此情景却大发雷霆,骂蒋"与这班干下流行当的人混在一起,没出息,把我的脸也丢光了!"①这使蒋介石当众难堪,从此对岳父家产生反感,直到后来官运腾达也不与岳父家来往。

帝国主义列强发动八国联军之役,镇压义和团后,强迫清政府在1901

---

① 《蒋介石与原配毛氏成婚记》。

年(光绪二十七年)签订《辛丑条约》,中国除了割地赔款之外,被迫承认"门户开放"政策。清朝最高统治者慈禧太后为了维护其统治地位,也标榜主张"变法",宣布实行"新政":提倡和奖励私人资本办工业;宣布废除科举考试制度,设立学堂,提倡出国留学;改革军制,逐渐裁撤旧式的绿营、防勇,组建新的军队。随后,新式学堂陆续在宁波和奉化出现。这时,蒋介石也要求母亲同意他离家去接受新式教育。

1903 年(光绪二十九年),十六岁的蒋介石进入奉化县城新设立的凤麓学堂读书。学堂开设英语、算术等课程,受到学生欢迎,但新科目很少,充斥着课堂的仍然是在塾馆读过的经史科目,不能满足学生的愿望。于是同学们推选蒋介石为代表,向校方交涉。蒋平时性格急躁,容易冲动,早有"红脸将军"的绰号。这次代表同学们向校方交涉,陈述理由时,"盛气趋前,情态激烈"①。校董凌某怒不可遏,欲开除他的学籍,甚至斥责他为"首谋捣乱分子",声言要扭送官府查办。经同学们抗争,风波才平息下来。经过这场冲突,他已不能在这个学堂继续上学,乃于 1904 年(光绪三十年)往宁波箭金学堂求学。

箭金学堂的老师顾清廉,学识渊博,待人诚恳,注重理学,治教严谨。他除讲经学外,对周秦诸子、《说文解字》《孙子兵法》、曾国藩文集等都讲解;对当时的重要时事如孙中山蒙难伦敦等等也加以介绍。顾还讲述孙中山在国外从事民主革命活动情形,介绍了日本维新后日渐强盛。还讲到要使中国改变落后面貌,必须壮大军事力量的道理。蒋介石对顾清廉所讲的课很爱听,特别是关于曾国藩的讲述,听起来聚精会神,还不断提问求释。对于《孙子兵法》,他也很感兴趣。渐渐地,他向顾清廉求教日多,得到更多的指导,并从顾那里借得一些书籍仔细阅读。顾还勉励他将来应出国留学,学取更多的知识。这一年,蒋介石在学业和思想上发生了较为显著的变化。

1905 年(光绪三十年)初,蒋介石转入本县龙津中学堂学习。这所新办的学堂,对国内外时事较重视。蒋介石已养成早起的习惯,早晨起来爱到操场去散步,遐想甚多。他对来自上海的报章书刊很有兴趣,课后往往抢

---

① 《蒋介石年谱初稿》第 9 页。

先阅读。同在该校的董显光回忆说,蒋介石给他留下的难忘印象"是他每天抢着上海送到报纸的那种热切期待的表情"①。通过报刊和其他信息的影响,蒋介石打算到外部世界去追寻出路。这时他萌发了到日本学军事的念头。

　　毛福梅结婚数年没有生育,引起蒋母焦急不安,不断催促儿子归居故里,以后还多次送儿媳往上海与蒋介石同住。1908 年冬,蒋介石在日本学军,放寒假回溪口。这时毛福梅已怀胎七八个月,与他发生口角,蒋介石在盛怒之下,举脚向妻子的肚子踢去,致使她小产。蒋母啼哭痛骂,责备儿子"不孝有三,无后为大"。第二年暑假,蒋介石从日本回国,停留上海。蒋母亲自送儿媳前去相聚,蒋先拒绝将妻子留下,蒋母便闹着要跳黄浦江,以死相威胁。蒋介石不得不向母亲求饶,把毛福梅留在上海一起生活了一段日子。1910 年 4 月 27 日(宣统二年农历三月十八日),毛氏生了一个儿子,起名建丰(后取学名经国)。婆媳都为后继有人感到十分喜慰,倍加爱怜,精心抚养。蒋介石自称:"幸于二十三岁时经国产生,乃得含饴弄孙,稍宽其怀,余亦略得告慰于慈母矣。"②毛福梅希望从此能牵动蒋介石的心,避免丈夫借故另外娶妻纳妾,但这个愿望终成泡影。

①　《董显光自传》第 34 页。
②　《蒋介石日记》,《中华民国六年前事略》,中国第二历史档案馆藏。

第二章　学军与参加辛亥革命

一、首次赴日彷徨探索

在蒋介石出生后的二十年间,是中华民族多灾多难的时期。腐朽的清封建王朝统治窳败无能,中法战争和中日甲午战争失败后,丧权辱国,割地赔款;国内发生的戊戌维新和义和团运动,均以失败告终。1905 年(光绪三十一年)在中国的领土和领海内进行的日俄战争,小国日本战胜了庞大的俄罗斯帝国,令人惊愕。这些国内外大事,在新式学堂里成了师生议论的中心,"中国要强盛,就要学习日本",成了许多年轻人的结论。年轻的蒋介石耳濡目染,感触良多,逐渐认识到民族危机的严重和"国家兴亡匹夫有责"的使命感。在实际生活中,他已经亲身感受到清朝官吏的腐败和世道的不公。自从蒋父去世,虽留下一些家产和几十亩田地、竹林,还不愁吃穿,但孤儿寡母,在乡里已没有地位,当地官绅乘机进行无理勒索。县衙门曾通过乡官把当地一些无主交纳的田赋,强摊给他家交纳。蒋母认为摊派不公,据理争辩,官吏就派差役票传蒋介石到县衙门,勒迫承认,使他们母子蒙受不堪容忍的耻辱。几十年后蒋介石在回顾这段经历时写道:"中正九岁丧父,一门孤寡,茕孑无依。其时清政不纲,吏胥势豪,夤缘为虐。吾家门祚既单,遂为觊觎之的。欺凌胁迫,靡日而举;尝以田赋征收,强令供役,甚至构陷公庭,迫辱备至。乡里既无正论,戚族亦多旁观。吾母子含愤茹痛,荼蘖之苦,不足以喻。"①因此,蒋氏母子都有改变自身社会地位的强烈愿望。

当年青年学子东渡日本留学蔚然成风,清政府对此是提倡和鼓励的,规定了一系列的奖励办法。据不完全统计,从 1901 年至 1911 年间,毕业于日本各学校的中国留学生为二千八百三十人②。中国赴西方的留学生大都学习理工、法政和教育等学科,而留日学生中相当一部分人进入日本军事学校。这种现象,既反映了日本在军事上日渐强盛的地位,又和当时清朝政府的留日政策有关。清政府将军事留学生送往日本,一方面可节省很大一笔费用,另一方面也是更重要的原因是"日本陆军教育,系以忠君爱国,顺从长官为宗旨,并无侈言自由与反对政府之弊"③。为了加强对留日军事学生的控制,清政府在 1904 年下令禁止留学生自费攻读陆军,而由政府官派,每年选送二百人左右赴日学习。在新潮流的影响下,蒋介石也决定到日本去学军。他在龙津中学堂上了三个月日语课,颇有收获,正好有几个同乡要去日本,便决定搭伴乘船出国。这事传到溪口,亲族和戚友都感到惊讶,纷纷进行劝阻,蒋母亦舍不得,但蒋的意志甚为坚决,"事即如此,知余之决心难以挽回,亦只有筹凑经费允余出洋,以成余志也"④。

1905 年(光绪三十一年)5 月,蒋介石到达日本,要求学习军事⑤。日本政府当时已与清政府协定:只有经清政府陆军部的保送,才准进日本军事学校学习。蒋介石无奈,只好进东京的清华学校学习日语。在此期间,他开始结识了在警监学校留学的陈其美,交往颇多,这对他日后所走的道路影响甚大。

是年冬,家里胞妹瑞莲要出嫁,蒋母来信催促蒋介石回家帮助料理。他

---

① 蒋介石:《报国与思亲》(1936 年 10 月 31 日)。
② 〔日〕实滕惠秀:《中国人留学日本史》第 113 页。
③ 舒新城:《近代中国留学史》第 57 页,中华书局 1927 年版。
④ 《中华民国六年前事略》,中国第二历史档案馆藏。蒋介石后来在《王太夫人事略》中说:"中正年十八蓄志东渡,习陆军,人有尼之者,先妣则深为嘉许,筹集资斧,力促就道。"所云"深为嘉许",乃美饰之言也。
⑤ 《蒋介石年谱初稿》第 10 页。所记"四月",公历应为 5 月。

蒋介石在日本振武学校时留影

蒋介石与黄郛

蒋介石与同学张群等在东京合影

也感到在清华学校只能学习日语,还须另觅捷径,便起程返归故里。

二、东渡学军

1906 年(清光绪三十二年)春天,清政府陆军部在保定设立全国陆军速成学堂(保定军校前身)开始招生。该校是由袁世凯奏准清廷创办的,段祺瑞任督办,赵理泰任总办,曲同丰任监督,通令各省按规定名额分别招生,选拔人才,以培养忠于清王朝的陆海军军事骨干。清政府为此每年耗资十多万元聘请美、日等国的军事教官来保定执教,并选派一些学生到外国去学习军事。此次保定招考,报名投考的人不少,但除保送名额外,在浙江录取的名额仅有十四名。蒋介石到杭州应考后获得录取。1906 年(光绪三十二年)夏天蒋介石历时一个月行程二千里,由奉化到保定进全国陆军速成学堂学炮兵①。母亲对他此行极为反对,他寻思无计,背着母亲离家出走,很使母亲伤心。蒋后来回忆说:"尝忆廿十一岁,余首次在保定军校而未能假归度年,家中惟母妻二人,未见其孤子在家,乃号泣悲伤乃至不忍食年夜饭。想见当时,先慈念儿之情景,更不忍为怀矣。"②

蒋介石希望通过军事学校得到留学日本的机会,因此处处谨慎小心,不敢造次,但有时还是无法忍住。有一次,一个日本军医教官在讲卫生课时,指着一块约一立方寸的土块说,这块土可容四万万个微生虫。中国有四万万人,好比微生虫,寄生在这土里一样。蒋介石听后气愤难忍,当堂对教官进行反驳。他走上讲台将土分为八块,反问教官说,日本有五千万人,是不是亦像微生虫,寄生在这八分之一立方寸土中呢? 日本教官恼羞成怒,指责蒋介石是"革命党",要求学校当局给予惩处。校方看到是日本教官先伤害了中国学生的民族感情,没有加罪于蒋③。这场风波,表明蒋介石此时已有比较强烈的民族精神。

这年冬天,清政府陆军部决定从全国陆军速成学堂的学生中,选拔一批

---

① 李勇、张仲田编:《蒋介石年谱》第 17 页,中共党史出版社 1995 年版。
② 《蒋介石日记》(手稿本),1943 年 2 月 5 日,美国斯坦福大学胡佛研究所藏。
③ 《蒋介石年谱初稿》第 13 页。

人赴日留学。蒋介石为争取出国学习的机会,他鼓足勇气,写了一个申请报告,说自己曾去过日本,懂得日语,请求准许参加选拔考试。直到考试前夕的深夜,他才得到准考的通知。考试合格后,他同来自四川等各地的张群等共四十名学生,获得清政府陆军部保送,享受公费到日本学习陆军。1907年(光绪三十三年)春,蒋介石第二次东渡日本,进入东京振武学校,被编入该校第十一期炮兵班。

负笈东渡,对蒋介石的一生影响深远。后来他经常向人讲他在
日本军队实习的经历,以此勉励下属要严守纪律,刻苦耐劳。

振武学校原是日本为培养"忠君爱国,顺服长官"的中下级官佐而设立的,后被指定为接待中国留学生的陆军预备学校。入学学生要受七条誓约的管束,其中规定:要专攻学术,以顺上为要道,耐劳忍苦,起居有节,不准议论课程轻重,等等。在这个学校里,尽是灌输效忠皇上,重名轻死,崇尚勇武等"武士道"的封建道德观念。课程分为普通学和军事学两大部分,前者有日语、历史、地理、数学、物理、化学、博物、图画等科;后者有徒手教练、枪械教练、部队教练、测量和战术等。学制三年,毕业后获士官候补生的资格,必须到日本军队中实习一年,合格后才成为正式的士官生。蒋介石得以进入此校学习,可谓如愿以偿,学习十分努力,也谨遵该校规约,没有做出什么越轨的行动。日本当局对中国留学生采取严格的防范措施,在图书馆中找到的军事书籍,都是外国早已陈旧了的,并不将先进的军事科学知识和技术传授给中国学生。蒋介石等人在留日期间,只能学到一些基础的军事知识,得到一些基本训练,虽然他们努力扩大自己的知识领域,但比较先进的军事科学和技术是始终学不到的,只有"武士道"精神学到不少。

在日本留学期间,蒋介石也被中国留学生的进步倾向和革命情绪所感染,读了一些进步书刊。每逢星期天,他与同学们在一起做饭聚餐,交谈时局。但是他恪守这所日本军事学校的誓约,不敢参加留学生中的革命活动,就连有成千上万人参加的抗议日本"取缔清韩留学生规则"的斗争,也没有发现他的踪迹。

1909 年(宣统元年)冬,蒋介石在振武学校毕业,被派赴日本高田陆军第十三师团野炮兵第十九联队为士官候补生①。师团长是长冈外史,联队长是飞松宽吾。当时蒋介石二十二岁,身高一米六九,体重五十九公斤。初入伍时为二等兵,后升为一等兵。按照日本"武士道"的规矩,下级必须绝对服从上级。二等兵之上有一等兵、下士、中士、曹长、特务长,然后是正式军官,都要层层服从和伺候,稍不如意,就会受到斥责,甚至挨打。高田是本州西北部新潟县的一个镇,是日本寒冷多雪的地方,冬天雪深丈余。日本军中新兵的生活极苦,尤其是从中国南方去的留学生更觉难受。蒋介石到联队后,每天清晨起来,除了迅速收拾自己服装被褥外,还要洗刷拖炮的马匹。晚上操练回来,又要为下级士官的靴子刮清污泥。生活待遇很低,只好咬紧

---

① 《蒋介石年谱初稿》第 16 页。

牙根忍耐。蒋介石后来多次讲述在高田实习生活的境况,他说:每天当"我们洗了脸之后,官长就带领我们进到马厩去擦马,擦马的工作,要从马蹄、马腿擦到马背,经过马背擦到马头、马尾,这马的每一个关节,每一部肌肉,都要用禾草来尽力的擦磨。这样大概经过一小时,将马的浑身擦热了,马的血脉流通了,而我们的本身亦因用劲擦马,努力工作,虽在这样冷天,不仅不觉得寒冻,而且身上和手足都是发热,有时候还要流汗……等到马擦完了之后,再将它牵到厩外雪地里马槽去饮水和喂料,等到马喂好了,我们自己才能回营房去吃早饭。到了傍晚,再要同样的到马厩去擦马一次,然后才吃晚饭。"①

蒋介石与黄郛。

---

① 蒋介石:《对从军学生训话》(1944 年 1 月),《先总统蒋公思想言论总集》第 20 卷第 316—317 页。

蒋介石在日本的留学生活,特别是最后一年的实习,对他的一生是有着很大影响的。后来他多次反复地讲述这段经历,认为"纪律的拘束,和生活的单调、干燥无味,使我当时感觉得太不合理了。但是我今天回忆起来,我生平生活之能够简单,工作之能够有恒,四十年如一日,确是由于这一年士兵生活的训练所奠立的基础。我以为我一生革命的意志和精神,能有今日这样的坚忍,不怕一切,亦完全是受这一年士兵生活的影响。如果我没有这一年当兵的经历,不受过那样士兵的生活,我相信是不会有今天这样的"①。

三、结交陈其美　加入同盟会

在日本学习军事期间,蒋介石受到不断高涨的革命潮流的影响,阅读了一些革命书籍,增强了反清革命的热情,产生参加革命团体的要求,终于成为一个同盟会员,加入了反清革命的行列。

同盟会是伟大的民主革命先行者孙中山领导创立的中国资产阶级政党,1905 年(光绪三十一年)8 月在日本东京正式成立,以"驱除鞑虏,恢复中华,创立民国,平均地权"为宗旨。当时的日本是中国革命党人从事反清革命活动的主要据点,同盟会的总部就设在东京。同盟会成立一年后,列名参加的达一万多人,以留学生和国内知识界人士居多。随着对孙中山所提出的民族、民权、民生三大主义的宣传,同盟会组织革命派对改良派思想的批判取得了重大胜利;加以革命党组织领导了华南和沿海、边境一带多次的武装起义,东京留学生中的革命气氛十分高涨。蒋介石来到日本后耳濡目染,萌发反抗清王朝统治的热情和斗志。他读了邹容的《革命军》,对陈天华著的《警世钟》《猛回头》等也很赞赏,对反清革命的认识大为提高。

蒋介石参加同盟会,加入民主革命行列,与陈其美有密切关系。陈其美(1878—1916)字英士,浙江湖州人。幼时入塾读书,十四岁至崇德县石门镇

---

① 蒋介石:《对青年远征军退伍士兵训词》(1946 年 4 月),《先总统蒋公全集》第 2 册第 1816页,张其昀主编,台湾中国文化大学 1984 年版。

善长典当铺当学徒长达十二年。1903 年(光绪二十九年)到上海同康泰丝栈当助理会计,并入理科传习所学习,知识见闻渐广,交友日多。他对于清朝政府的腐败,愤懑不已,反清革命思想日渐成熟,在上海加入青帮(即哥老会)并成为青帮的头目。

1905 年(光绪三十一年)夏,二十七岁的陈其美来到日本东京,进警监学校。他在留日学生中广交朋友,联络感情。1906 年(光绪三十二年)冬加入同盟会。次年转入东斌学校学习军事。1908 年春奉派回国,到浙江及京津等地,从事联络工作。1909 年(宣统元年)在上海接办天宝栈,作为革命联络机关,开展江浙一带的革命活动。1911 年 7 月(宣统三年闰六月),同盟会中部总会在上海成立,任庶务部长。蒋介石在第一次到日本期间,开始接触陈其美。他比陈其美小十岁,初次见面,便觉情趣相投,言谈合拍,遂结成挚友,经常保持联系。1907 年(光绪三十三年)夏蒋介石回国度假时,由陈其美在上海介绍先后加入青帮和同盟会①,陈其美还授意蒋介石协助策划劫狱救人,但没有付诸实施。由于陈其美是上海青帮中的大字辈,各酒楼、茶社、戏园、澡堂等游乐场所,多有他的青帮兄弟,一朝有事,一呼百应,颇有声势。蒋介石对这种气味也很相投,经常随同陈其美出入这些场所,与青帮的人称兄道弟。当时有不少青帮骨干和群众是支持反清革命的,给革命党人提供了一些住宿和活动的掩护场所。蒋介石每逢假期回国,常常住在上海,在陈其美指挥下,从事一些活动。

同盟会虽然是一个资产阶级革命政党,但其成员不仅有资产阶级、小资产阶级革命派,还有一些自由派和地主阶级反清派人士,缺乏明确的组织原则、严格的组织纪律和共同的思想理论基础。从 1907 年(光绪三十三年)起到辛亥革命前夕,同盟会上层发生了一些分裂现象。参加同盟会的各革命团体间,出现各行其是、甚至互相对立的状况,还有的经过再组合,出现了新的小团体,如张百祥、焦达峰等创立共进会,陶成章、章炳麟在东京重建光复会,谭人凤、宋教仁、陈其美等在上海成立同盟会中部总会等。这些团体仍然坚持反清革命的宗旨,做了不少革命工作,但相互间也存在矛盾和斗争。

---

① 《蒋介石年谱》第 18 页;《蒋介石年谱初稿》第 14 页。

光复会陶成章、李燮和等人在上海设立锐进学社,联络和争取群众,与同盟会中部总会多有摩擦。各团体的骨干如陈其美与陶成章之间,也有彼此结怨的问题存在。有一次他们在上海嵩山路沈宅一起参加会议,因意见分歧,陈其美竟掏出手枪对陶成章进行威胁,彼此间的关系极其紧张。

蒋介石加入同盟会后,对孙中山提出的民主革命纲领和理论没有学习和领会,也不热心参加日本留学生中开展的革命活动。他主要是听从国内陈其美的指挥,带有浓厚的帮会色彩。

1911 年夏,蒋介石回到上海度假,陈其美刚担任同盟会中部总会庶务部长,革命工作很忙碌。中部总会声称"奉东京本部为主体,认南部分会为友邦",总机关设于上海,各省设分部,表示要"培元气,养实力",不轻于发难①。它的成立在客观上是适应革命形势发展的,但没有预计到全国的革命高潮已经到来。这时四川保路运动正如火如荼,蓬勃发展。陈其美等密切注视局势的发展,准备策应。当时因叛徒刘师培夫妇向清朝两江总督端方告密,设在上海的秘密革命机关遭破坏,同盟会员张恭被逮捕。陈其美积极设法营救张恭,计划暗杀刘师培,指示蒋介石参与这项活动。但远在美国从事筹款活动的孙中山,不赞成暗杀活动,认为这样做不能解决什么问题,反而容易暴露革命起义的计划,削弱革命力量,这项暗杀计划遂停止执行。陈其美将如此机密的大事让蒋介石参与,也表明他们之间关系非同一般。这时因为假期已满,蒋介石匆匆离上海赶回日本高田,继续他的士兵生涯。

四、投入光复沪杭之役

1911 年 10 月 10 日(宣统三年八月十九日)武昌起义爆发,革命士兵们在一夜间取得了起义的胜利,敲响了清王朝封建统治的丧钟。两天之内,湖北军政府成立,通电全国,宣布革命目标,呼吁全国人民奋起响应,"深望于十八省父老兄弟,戮力共进,相与同仇,还我邦基,雪我国耻,永久建立共和

---

① 《中国同盟会中部总会章程》,《辛亥革命在上海史料选辑》第 8—9 页,上海人民出版社 1966 年版。

政体,与世界列强并峙于太平洋之上,一起共享万国和平之福"①。同时起义军占领了汉口、汉阳。这个消息极大地鼓舞了全国人民,湖南、江西、安徽、江苏、广东、广西等省相继响应,纷纷宣告独立,组织援军开往武汉。

清朝统治者面对如火如荼的革命局势,感到极大的恐惧,迅速调兵遣将,进行镇压。蛰居河南省东部项城乡里"养病"的袁世凯被任命为钦差大臣,统率水陆各军,向汉口的起义军进行猛烈攻击。11 月 1 日(九月十一日)北洋军占领汉口,民军退守汉阳。袁世凯利用各省起义的形势,向清政府要权,迫使朝廷不得不在当天宣布以庆亲王奕劻为首的内阁免职,授袁世凯为内阁总理大臣。清廷急切地要袁"即行来京,组织完全内阁,迅即筹划改良政治一切事宜",但湖北前方的军队仍归袁世凯节制②。这时,袁对民军方面采取又打又拉的政策,引诱革命阵营中有影响的人物接受和谈,把革命果实转让给他。因此全国局势一时出现错综复杂的情况。

武昌起义后,上海人民极其关心湖北革命的发展,在上海望平街的报馆前,每天挤满人群,议论战况,盼望革命胜利。资产阶级革命派和立宪派都把上海作为应变中心,在外国租界内设立机关和联络点。陈其美作为同盟会中部总会的负责人之一,肩负起策划光复上海的责任,同时兼顾江浙等地的斗争。他把自己支持下的民声报馆和马霍路(今黄陂北路)德福里住宅变成了联络机关,策动青帮、商团以及部分驻防军,准备武装起义。同时向在日本学习军事又同他有密切关系的同盟会员发电报,催促他们回国参加革命。

正在日本高田炮兵联队实习的蒋介石,接到陈其美紧急电报后,即向师团长长冈外史请假回国。日本军事当局采取既不公开批准,又不加以阻拦的态度,由联队长飞松宽吾出面,允许申请回国者请假四十八小时进行准备工作。在离校之前还举行了小型的送别仪式。蒋介石表示回国后一定拼命去干。他约同张群、陈星枢从高田乘火车到东京,再乘船回国,10 月 30 日(九月九日)抵达上海。这时陈其美正为上海和杭州的起义进行繁忙的准备,他对蒋介石的到来,感到喜出望外,随即对其介绍上海和江浙地区的革

---

① 曹亚伯:《武昌革命史》正编第 47 页,上海中华书局 1927 年版。

② 中国史学会主编:《中国近代史资料丛刊·辛亥革命》第 8 册第 339 页,上海人民出版社 1961 年版。

正在日军野炮兵联队实习的蒋介石,闻悉武昌起
义,即约同张群(前左)、陈星枢(后左)、陈益卿(后右)
化装回国,投身光复浙江之役。

命形势和同盟会对沪杭等地的起义计划。由于蒋介石是浙江奉化人,又是
自己的结拜兄弟,陈其美即派蒋介石参与光复杭州的筹划工作。

　　浙江是清朝政府军事力量比较薄弱,而革命党、立宪派基础相当雄厚的
省份。武昌起义的胜利,鼓舞了革命党人和倾向革命其他人士的斗志,他们
积极筹谋起义。浙江巡抚增韫、杭州将军德济惊慌失措,极力设法扑灭革命
烈火。他们加紧侦查和缉捕革命党人,对新兵严加防范,每个士兵只准配三
发子弹,其余武器弹药储存在军械局内。武昌起义后,陈其美曾到杭州,建
议召集革命党人开会,提议首先在浙江发难,"先占杭州为根据地,再由专车

派兵夺上海制造局,进取苏州,直达南京"①。这个建议未被采纳。

　　杭州的武装起义此前早有所酝酿和布置,自武昌起义以后的第三天起,陈其美、黄郛等便亲自或派遣浙籍革命志士龚宝铨、姚勇忱、尹锐志、尹维俊等,多次秘密来往于沪、杭之间,策动杭州的新军举行武装起义。蒋介石到上海后,陈其美立即派他随同黄郛等于 11 月 1 日(九月十一日)到杭州,进行联络活动。黄郛(1880—1936)字膺白,浙江绍兴人。1904 年(光绪三十年)春入浙江武备学堂,不久受派赴日本留学,进东京振武学校,次年秋加入同盟会,先后与陈其美、蒋介石结识。这次他同蒋到杭州,约集了军警学界的一些党人开会,决定起义日期在 11 月 3 至 7(九月十三至十七日)间,推定起义的领导人员,并表示上海方面将给予人力、物力的支援。亲身参与杭州起义的顾乃斌在《浙江革命记》中记载说:"陈其美回沪后,又派黄郛、蒋介石、陈泉卿到杭,开会于顾乃斌家。军警界各同志均到会。会议决定临时司令官为童葆暄,参谋官葛敬恩、黄凤之、徐聘耕、王尊四人。并举褚辅成担任建设机关部,举朱瑞为一标司令官,陈国杰为副官,俞炜为参谋官,顾乃斌为二标司令官,傅孟、冯炽为副官,吴思豫为参谋官。举定参谋官后,并约定起事期间为九月十三日至十七日之间。"②

　　当时杭州的新军主要有第二十一镇第四十一协的第八十一、八十二标以及直属工程、辎重、马、炮各营队。新军主力第八十一和八十二标都驻扎杭州城外,受到清朝当局的严密监视,而且弹药不足。为确保杭州起义的成功,陈其美应杭州革命党人的请求,派王金发、应梦卿往嵊县、奉化等地招了一批敢死队员,作为起义的先锋。蒋介石随黄郛回上海后,向陈其美报告情况,听取指示,领了三千六百元作为军费。他和王金发等人把已招募来的百余基干组成"先锋敢死队",并率领他们于 11 月 2 日(九月十二日)到杭州。"由庄之盘招待,分寓奉化试馆、仁和火腿栈李汉臣家"③。

　　11 月 3 日(九月十三日),上海起义爆发,消息传来,杭州城内人心浮动,风声甚紧。顾乃斌、童葆暄等决定于 4 日(十四日)夜间起义,设立临时

---

　　① 邹鲁:《浙江光复》,《辛亥革命》第 7 册第 129 页。

　　② 顾乃斌:《浙江革命记》,《辛亥革命浙江史料选辑》第 503 页,浙江出版社 1981 年版。

　　③ 顾乃斌:《浙江革命记》,《辛亥革命浙江史料选辑》第 505 页。

司令部,以"独立"为口号。4日(十四日)夜,第一标司令,原新军第八十一标代理统带朱瑞在笕桥集合队伍,宣布起义,向杭州城挺进。原第八十二标统带周承菼在顾乃斌劝导下亦参加起义,任第二标司令,率部从南星桥向杭州城进发。顾乃斌率第一路沿铁道入望江门,然后分兵两支夹攻巡抚衙门。驻扎城内的工程营、宪兵营官兵,打开艮山门、望江门,迎接起义新军入城。第二十一镇镇统萧星垣、协统蔡成勋闻讯仓皇出逃。当晚蒋介石任先锋敢死队指挥,率队员参加第二标进攻抚署。先锋敢死队员一百多人,约三分之一有手枪,其余的携带自制的炸弹,分别由张伯岐、黄梦蛟带领。"出发之际,共分三队,先述革命宗旨,指示敌人方向,说明一切任务,宣告赏罚条例,然后发布口令暗号",列队前进。"攻击之初,先由陈济汾、筱九二君,投抛炸弹于署侧杨馥齐楼窗之下,署前部队,随响攻击,二标队伍亦相继前进,霎时弹声震地,火光烛天,署中卫兵,闻警奔溃。"[①]在战斗中出现了奋勇争先的场面,光复会女会员尹锐志、尹维俊姐妹二人,手提炸弹,勇敢地助攻抚署,表现很出色。浙江巡抚增韫企图从后院墙洞逃逸,被起义士兵生擒。5日(十五日),各路义军围攻旗营,迫使杭州将军德济向义军投降,杭州全城光复。当天,参加起义各军推周承菼为浙江总司令,汤寿潜为都督。蒋介石等人返回上海。

陈其美先于11月3日(九月十三日)在上海发动起义。当时除在外国势力直接控制下的租界以外,清政府在淞沪仅驻有巡防营等少数部队。由于革命形势的推动,这些部队采取观望态度,并不积极效忠清朝政府。但清朝政府在上海的兵工厂,即江南制造局,是一个重要的军事据点。当天上午,闸北民军先行起义,占领了巡警总局。下午陈其美率商团、学生、敢死队举行誓师并向江南制造局进发。制造局总办张楚宝率局内半数人马准备顽抗,其他半数人员则倾向革命。陈其美得知这一情况后命大家暂停进攻,自己孤身闯进制造局,劝说局中官兵放下武器向义军投降,结果被张楚宝等人扣押起来。各处商团、巡警、反正军队以及市民、学生等闻讯纷纷赶来援助,在光复会领导人李燮和等指挥下向制造局发起进攻,经过激战,于第二日晨

---

① 蒋介石:《复顾子才(乃斌)书》(1912年),《自反录》第1集卷3第197—198页。

攻克了制造局。陈其美被起义军救出，声名倍增。11月6日（九月十六日），上海绅商、革命党人和会党代表等经过协商，决定成立沪军都督府，推举陈其美为沪军都督兼都督府司令部长，黄郛任参谋部长，钮永建任军务部长，伍廷芳为外交部长，李平书为民政部长。

沪军都督府成立后，积极配合同盟会驻沪机关，推动东南地区的光复。在促成浙江、江苏光复后，大力支援镇江、南京的新军起义，协助苏浙联军进攻南京。终于在12月3日（十月十三日）取得了光复南京的重大胜利，为南京临时政府的成立，奠定了基础。

上海光复后，市面秩序安定，商店照常营业，人心稳定，各界支持革命军，掀起了规模较大的参军和募饷热潮。陈其美乘势组建沪军，蒋介石被任命为第五团团长，隶属于黄郛任师长的第二师（后改为陆军第二十三师），其旅长是张宗昌。蒋介石秉承陈其美的旨意，协助整编军队，训练新兵，维持上海治安，还参预了一些机要事宜。他与陈其美、黄郛都是浙江同乡，同在日本学过军事，情趣相投，三人便换帖订为盟兄弟，进一步互相依托。

五、刺杀陶成章

1912年1月1日孙中山到南京就任临时大总统，组织临时政府，宣告中华民国成立。这在中国历史上是有重大意义的事件，它标志着清王朝二百六十多年统治的结束，同时也是二千多年封建帝制的终结。

以孙中山为首的南京临时政府，是一个资产阶级共和国政府。它积极制定和颁布了一系列符合资产阶级民主制度的法制和法令，除旧布新，大力促进社会改革。它提倡人民享有人身、居住、财产、言论、出版、集会、结社、通信、信仰等自由权利，并着手制定保护私人财产和发展资本主义的经济和财政政策。一时间国内出现了史无前例的崭新气象。南京临时政府也面临着许多困难：帝国主义国家对这个新生的政府采取敌视态度，拒绝给以承认；在北京的清朝廷仍然存在，皇帝溥仪还未退位；庞大的北洋军基本上保持下来，成为袁世凯篡夺权力的工具；革命阵营内部成员复杂，思想混乱，妥协之声甚嚣尘上；临时政府财政困难，无力支付军费和其他开支。在这种形势下,革命党人理应精诚团结,一致对敌,埋头苦干,勇于开创。当时身为沪军都督的陈其美,自称"以冒险为天职"①,虽在光复沪杭之役中有所贡献,但他把光复会著名首领陶成章视为眼中钉,竟然指使蒋介石收买歹徒将这位民主革命家刺杀。

陶成章(1878—1912)字焕卿,浙江绍兴人。早年曾在家乡设馆教书,接触新学,萌发反清思想。其后,亲自到北京和东北、内蒙古等地观察形势,计议反清行动。1902年(光绪二十八年)赴日本进东京清华、成城学校,在留学生中倡言反清。1904年(光绪三十年)回国,在上海与蔡元培等发起成立光复会。次年与徐锡麟等在绍兴创办大通师范学堂,聚集革命力量。1906年(光绪三十二年)与秋瑾成立光复军,被推为五省大都督,计划在杭州起义未遂,再次东渡日本。1907年(光绪三十三年)在东京加入同盟会,任留日会员中浙江省分会会长。当年徐锡麟、秋瑾在起义中先后牺牲后,陶成章受到清政府的通缉,被迫潜往南洋。1908年(光绪三十四年)一度在东京任《民报》主编,不久又转赴南洋向华侨募捐。曾同孙中山发生隔阂,与李燮和发表一些诋毁孙中山的言论,陈其美记恨在心。1910年(宣统二年)他和章炳麟在东京成立光复会总会,次年到南洋募捐支援国内革命。武昌起义爆发后,陶成章立即归国,11月6日(九月十六日)到达杭州,被推举为浙江省参议会议员。他积极号召江苏、浙江等地旧部起义,对上海、杭州、松江等地的光复起了很大作用。

南京临时政府成立后,浙江都督汤寿潜出任交通部长,空缺的浙江都督一职,当时舆论大多倾向陶成章。报上刊载了不少拥陶呼声,如说:"成章早一日莅任,即全浙早一日之福";"非陶公代理,全局将改体矣!"有人甚至说:"继其任者,惟有陶焕卿,斯人不出,如苍生何!"②尤其是章炳麟首先通电推荐,积极活动促成。但是陈其美对陶的成见很深,沪、浙光复后关系更加恶化。因为陶成章不赞成由浙江拨款支持上海,更不准陈其美动用南洋华侨的捐款。有一次陶对陈说:"你好嫖妓,上海尽有够你用的钱,我的钱要给浙

---

① 《陈都督力顾大局》,《民立报》1912年3月9日。
② 《杭州电报》,《民立报》1912年1月11日、12日。

江革命同志用,不能供你嫖妓之用。"①陶对陈在沪军都督任期内的所作所为也流露不满。此外,陶还在上海设立"驻沪浙江光复义勇军练兵筹饷办公处",电请南洋汇款来,准备在闵行一带练兵,这些都引起陈其美的忌恨。陈其美企图控制浙江的权力,更不容许都督这一要职由陶成章来接任,遂决定下毒手置陶成章于死地。

蒋介石受陈其美派遣,先收买光复会歹徒王竹卿等人筹谋策划。陶成章有所风闻,为了安全起见,临时更换了几次住所。由于他患病未愈,最终移入法租界金神父路(今瑞金二路)广慈医院。蒋介石设法探明了陶成章的住所后,指挥王竹卿充当刺客。1月14日凌晨2时许,王竹卿等二人潜入医院,登楼闯进陶成章的卧室,"呼曰:'陶先生!'出手枪击之,子弹从左颊入,斜穿胸部"②,陶当即身亡。

陶成章被刺事件发生后,全国为之震惊,革命党人极为愤懑,纷纷要求严惩凶手。孙中山指出:"陶君抱革命之宗旨十余年,奔走运动,不遗余力,光复之际,尤有钜功,猝遭惨祸,可为我民国痛惜。已电令沪督严速究缉,务令凶徒就获,以慰陶君之灵,泄天下之愤。"③在孙中山的催促下,浙江都督府以三千元悬赏缉拿凶犯,上海也不得不悬赏一千元明令要捕拿凶手归案,以掩人耳目。陶成章被刺一周后,上海举行了盛大的追悼会,各界人士共四千人参加祭典,出席者发表激烈悲壮的演说。继而死者的骨灰被迎回杭州,参加追悼会者达一万多人。群情激昂,有的表示要对参预谋害者以枪弹击之。陈其美一时惊慌不已,为掩盖真相,给蒋介石一笔钱,让他离开上海到国外去避风。蒋介石便以出国深造为名,于1912年2月第三次去日本,把沪军第五军团团长的职务交由张群接任,躲避了应受的惩罚。刺陶的凶手王竹卿逃到浙江嘉兴,被当地光复会员雇人杀死。

对于陶成章的被刺,当时不仅有人怀疑是陈其美指使蒋介石干的,而且也有知情人透露出真情。马叙伦记载说:民国元年初,"有陈英士与成章争

---

① 《辛亥革命回忆录》第6集第286页,中华书局1963年版。

② 魏兰:《陶焕卿先生行述》,《辛亥革命浙江史料选辑》第346页。

③ 《致浙江都督府电》(1912年1月16日),《孙中山全集》第2卷第25页,中华书局1982年版。

蒋介石受陈其美派遣,收买歹徒刺杀了光复会领袖陶成章。
蒋自我辩解此举是为"革命全局"。图为陈其美像。

浙督之说也。成章之被刺于上海法租界之广慈医院,余时为大共和报主笔。
余闻诸介石乡人曾与介石共作北里游之某,谓成章死之前夕,歇于福州路之
四海升平楼,介石来,持银饼二百元,怀手枪一具;某即以指蘸茶书三点水旁
于桌示介石,介石摇首,某又蘸水书耳旁,介石颔之。盖水旁谓汤寿潜,时寿
潜任浙督也。耳旁则成章也;次晨成章以被杀告矣,然下手者王某也。"①黄
炎培也回忆说,有深知内情者告之,"陈其美嘱蒋介石行刺陶焕卿,蒋雇光复
会叛徒王竹卿执行。"②但因当时上海在陈其美的控制之下,刺陶的真相没
有及时被公之于众。

　　后来蒋介石早年的塾师毛思诚在编写《民国十五年以前之蒋介石先生》
一书时,对此事则直言不讳。由于这部书是蒋介石亲自审定的,也等于是蒋

---

　　① 马叙伦:《陶成章之死》,《辛亥革命》第 1 册第 520 页。
　　② 黄炎培:《我亲身经历的辛亥革命事实》,《回忆辛亥革命》第 66 页,文史资料出版社 1981
年版。

自己的一种辩白,不过是非曲直被颠倒了。该书说:蒋介石"孰权公私利害,决先除陶以定革命全局,事后自承其罪。盖其心出于至诚,绝非对人有所好恶,此为辛亥革命成败最大关键"①。蒋介石在《中正自述事略》中,详尽地叙述了刺陶这件事,是他的又一次辩白。其中除委过于人之外,实际上承认"除陶"是受陈其美指使而由他担任执行人,也就是蒋自己是刺陶的主凶。蒋介石追述他对陶成章的成见由来已久。早在 1908 年他和浙江会党首领竺绍康相识,来往甚密,听信有关陶成章与徐锡麟关系的某些说法,就认定"锡麟之死,实为陶成章之逼成"。在认定这个莫须有的罪名后,他"即甚鄙陶之为人,以其无光明正大态度,无革命人格"②,埋下了后来杀陶的根子。到了武昌起义后,他认为陶成章"回国即与英士相争,不但反对英士为沪军都督而颠覆之,且欲将同盟会之组织根本破坏,而以浙江之光复(会)代之为革命之正统……故再三思索,公私相权,不能不除陶而全革命之局"。他又说:"余因此自承其罪,不愿牵累英士,乃辞职东游,以减少反对党之攻击本党与英士也。"③

陈其美、蒋介石杀害陶成章的直接后果是损害了革命队伍的团结,削弱革命力量。陶成章是光复会中有威望的领导人,在江浙一带有雄厚的群众基础。杀陶的凶手虽在陈其美的庇护下没有落网,但是光复会与同盟会之间的关系更加紧张,更加离心离德,与陈其美处于对立的地位。后来陈、蒋曾在江、浙、沪等地区进行几次反袁的军事行动,都缺乏群众基础,这与他们刺杀陶成章的恶果是有关系的。蒋介石走上政治舞台不久,就充当了谋杀革命领袖的主凶,却没有得到应有的惩戒。他从来没有吸取教训也没有悔改的表示,反而把这一罪过当成一份功业加以宣扬。这与他当权以后,目无法纪,草菅人命,也不无关系。

六、逃匿日本办《军声》

蒋介石为逃避"陶案"的风头,在 1912 年春天第三次东渡日本,名义上

---

① 《民国十五年以前之蒋介石先生》第 1 册第 4 编第 3 页。见《蒋介石年谱初稿》第 17 页。
② 蒋介石:《中正自述事略》,中国第二历史档案馆藏。
③ 蒋介石:《中正自述事略》。

是出国深造,学德语,准备往德国留学。到了下半年,他与一些人合作,在日本办起了一个《军声》杂志。

这时国内的政治局势已经发生了重大的变化。2月12日清廷被迫接受了优待条件,小皇帝溥仪宣告退位。随后孙中山辞去中华民国临时大总统职位,由临时参议院选举袁世凯取而代之。3月25日,唐绍仪到南京组织新内阁,担任首任内阁总理。4月初临时政府和议会都迁往北京。袁世凯如愿以偿地获取了中华民国的政权。对此,资产阶级革命派的领袖并不警惕。他们认为此后的任务是从事社会建设,振兴实业,或者进行议会政治活动。孙中山梦想在十年内实现修筑二十万公里铁路的计划。黄兴在负责遣散南京一带的军队后,要求"解甲归田"。宋教仁在孙中山、黄兴等的赞同下,于8月将同盟会、统一共和党以及几个小政团合并为国民党。为了在议会中争取多数,不惜删除同盟会纲领中的革命内容,把大批政客和清朝遗老拉入国民党。他们幻想能在中国实行议会民主制度。此时,国际局势也日趋紧张,在一些大国的操纵控制下,巴尔干半岛各国之间剑拔弩张,随之爆发首次巴尔干战争。各国的军备竞争日趋激烈。人们对军事形势、军事知识也日益关注。

与国内和国际的思潮相呼应,蒋介石等人在日本东京创办的《军声》杂志,第一期于1912年11月1日出版。社址设在日本东京府下代代木山谷一四三番地。该刊先后出了四期,他在年底回国后,第三期于次年1月改在上海出版。《军声》杂志是作为袁世凯政府允许的合法刊物发行的,除在日本东京设有发行机构"军声社"外,在国内的上海棋盘街、北京琉璃厂、汉口花楼底等地都有发行机构,并委托各省都督府军务司出售。当时上海《民立报》所刊载的《军声》杂志出版广告中说:"本杂志之体裁,仿效日本偕行社记事之例,而略加变通","以讨论国防计划"、"鼓吹尚武精神"为宗旨。并强调"当此破坏初毕、建设伊始之际,凡论说、学术、调查、特别记事、特别记录为最要,故本杂志权重以上五部。"①

蒋介石在《军声》杂志上发表的文章有:《军声杂志发刊词》《革命战后军

---

① 《军声杂志出版广告》,上海《民立报》1912年11月20日。

政之经营》《军政统一问题》《蒙藏问题之根本解决》《征蒙作战刍议》和《巴尔干战局影响于中国与列国之外交》等六篇。综观这些文章,可以比较清楚地看出民国初年蒋介石思想的基本脉络和倾向。

首先,表明他对时局的认识。他在《军声杂志发刊词》中认为:"吾国对内问题既已解决,其对外问题,自今以后正为开始之时期矣。对外问题最重要者为军事,凡讲信修睦,缔结条约,皆藉此为干城也。"①事实上,中华民国的政权被袁世凯为首的北洋军阀所获取,说明国内问题不但没有解决,而且埋藏着极大的危机。当时孙中山曾认为推翻清王朝后,国内任务可转到社会问题上。而蒋介石则认为共和的建立,国内问题便已解决,应转入军事问题,对付国外事务。他主张在国内唤起尚武精神,研究军事技术,注意征兵方法,增强国防计划,改进军事教育,调查各国军情,等等。他说:"今日之军政集权于中央者,其对国内所关尚浅,而对外所关尤重也……吾尝以为,中国果欲建设强大之共和国,当此十年之内,必不可徒效美法共和之皮毛以为之治理,而且绝对的当用开明专制之精神,以为之规划耳。倘正式大总统果有革命之精神与民主之思想,则吾必以其为具华盛顿之怀抱,而用拿破仑之手段,以建造共和国之模范。"②这时他所鼓吹的绝对的"开明专制",把"军政集权于中央",实际上有利于袁世凯独揽一切大权,客观上正符合袁世凯的政治需要。

第二,蒋介石认为要师法强权政治。他断言:"优胜劣败,天演公例","弱之肉而强之食",是不可避免的。认为两个平等国家的关系可能建立于公理,而"两个不平等之国,论权利不论公理,夫既以权力为胜负,则俾士麦所倡铁血主义,正我国人所当奉为良师者也"③。他主张要不惜代价,加强国防开支,"每年所支之军资,不过为国家之生命财产名誉等之保险费而已,又何患国民负担之重,国家损失之巨哉?"④这些明显地有利于袁世凯强化统治地位的论调,与孙中山等宣传效法美法的资产阶级民主模式,建立和保

---

① 《军声杂志发刊词》(1912 年 11 月),《自反录》第 1 集卷 5 第 416 页。
② 《军政统一问题》(1912 年 11 月),《自反录》第 1 集卷 5 第 350 页。
③ 《军声杂志发刊词》(1912 年 11 月),《自反录》第 1 集卷 5 第 414 页。
④ 《革命战后军政之经营》(1912 年 7 月),《自反录》第 1 集卷 5 第 337—338 页。

卫民主共和制度的主张是格格不入的。

第三,宣扬对俄严防、对日本退让的政策。蒋介石认为中国应随时认清主要敌人。辛亥革命后,俄、日、英进一步侵犯中国边境,对中国造成威胁。蒋介石认为英国对西藏的野心主要在商业,而非领土为主,可暂缓处理;日本和俄国对中国东北和蒙古地区步步紧逼,咄咄逼人。他认为日本的军力比俄国强,又有海军,因此中国应首先对付俄国。他在文章中鼓吹"倘俄国强横不屈,干(敢)冒天下之不韪,则吾国兵力虽弱,经济虽困,亦当为孤注一掷"[1],不惜对俄开战。但为时不久,他又从主张对俄战争,转向谨慎的外交。蒋介石认为外交上的首要问题,是推测日本对南满的意图,探明日本是否有吞并南满的野心。他主张在中国征蒙之前,应该做三件事:一、要"乘近东多事之机会,与暴俄利害相反之英、德、意、奥诸国,竭力联络";二、"与先进共和国美、法相互缔交";三、在"无形之中"将南满让给日本,使中、日之间"干涉不起,牵制无由,垂涎既断,竞争自息,而利益均沾之祸,亦可消灭于冥冥之间。吾乃并力北向,锐意攻敌"[2]。

蒋介石在民国初年开始确认以俄国为主要敌人的看法,以及对日妥协退让以至"将南满让给"的构想,可以看出他后来形成的对苏、对日政策是并非偶然的。

1912年冬,蒋介石从日本回国,但仍害怕刺杀陶成章的问题被人揭发,不敢在上海政界中露面,只好尽快回到奉化溪口家乡闲居起来。

① 《蒙藏问题根本解决》(1912年11月),《自反录》第1集卷5第366页。
② 《征蒙作战刍议》(1912年12月),《自反录》第1集卷1第55—56页。

第三章　在反袁护法期间

一、投身"二次革命"

　　从 1913 年 7 月起,蒋介石追随陈其美投入了孙中山领导的反袁斗争。

　　袁世凯当上了中华民国临时大总统后,不择手段地扩大个人权力,追求专制独裁,摧残民主,反对共和。1912 年 12 月底,各省开始竞选议员,到次年 3 月,国民党在参、众两院中得到三百九十多票,占绝大多数。国民党的核心人物宋教仁以为由他组织责任内阁的理想可望实现,没料到竟在上海北火车站被袁世凯所派的刺客杀害。宋案发生后,袁世凯的政府得到帝国主义撑腰,于 4 月与英、法、德、俄、日五国银行团签订二千五百万英镑的借款合同,作为用兵镇压反袁力量的财政后盾。他还发布"除暴安良"令,免去江西李烈钧、广东胡汉民、安徽柏文蔚三个国民党籍的都督职务,7 月初派北洋军向江西和上海等地进发。

　　孙中山是一位敢于同反动势力抗争的民主主义革命家。刺杀宋教仁的枪声,使他从欲治民国"以功以能,首推袁氏"①的幻想中警觉过来,主张立

①　《共和关键录》第 1 编第 71 页。

蒋介石回国时与日本学友合影

1923年，蒋介石在广州

蒋介石勇闯虎穴，救护孙中山于危难中，孙曾称誉说"蒋君一人来此足当两万援军"

即兴兵讨伐袁世凯,乃号召南方各省起兵,于 1913 年 7 月发动了"二次革命"。7 月 12 日江西都督李烈钧在江西湖口宣告独立,向北洋军李纯部进攻,首先竖起反袁的旗帜。15 日黄兴在南京成立讨袁军。随后上海、安徽和广东、福建、湖南、四川等省也相继响应。

蒋介石从日本回国后,原打算到德国去留学,1913 年 6 月间到上海见陈其美,寻求支持。这时陈已接受孙中山的指示,着手进行反袁的军事部署,希望蒋留下来参加讨袁。在上海的国民党人这时忙于准备投入战斗,对"陶案"的追究也冷淡下来。于是蒋介石就留在上海,参加了反袁斗争。

继江西、南京等地国民党人发动反袁后,陈其美也在上海发难。7 月 16 日陈被推为上海讨袁军总司令,得到吴淞炮台的首先响应。7 月 18 日上海通电全国,宣告独立。当天,陈其美与钮永建、李平书及上海独立各团体的代表在市政厅开会,商讨调集军队讨袁、保卫地方秩序和敦促驻江南制造局的袁军归附等事。蒋介石被派到龙华寺去策动前沪军第五团的旧部加入反袁战斗。其时,袁世凯早已派心腹郑汝成加强上海的防务。郑汝成集中兵力严密防守江南制造局,还花大笔金钱收买了海军总司令李鼎新,让李指挥海军舰队,协助攻击讨袁军。陈其美仓促起兵,缺乏基干队伍,除策动上海的旧部外,主要依靠从松江、南京和镇江借调来的一些部队,由钮永建率领的松军和刘福彪从南京带来的福字营,充当这次进攻的先锋。7 月 23 日凌晨,陈其美指挥讨袁军分路进攻江南制造局。守敌在海军舰队炮火支援下固守阵地,讨袁军首战受挫。

蒋介石的旧部沪军第五团,后改为第九十三团,曾驻守江南制造局,不久前被郑汝成调出,驻扎在龙华寺附近。当蒋到该团驻地进行策反时,团长陈其蔚坚持效忠袁世凯,不肯露面,多数官兵亦不愿冒险起事,只有以张绍良为首的一营士兵被策动起来,加入反袁军。7 月 28 日,蒋介石率领这一营兵力,配合钮永建部向江南制造局进攻,却遭到守军和黄浦江上军舰炮火的猛烈轰击,伤亡惨重,纷纷溃散。上海租界的外国势力站在袁世凯一边。当蒋介石带领受挫的讨袁军二百多人退到闸北时,被英国军队缴了械。其他讨袁军陆续退至吴淞、宝山一带,坚持到 8 月 13 日最终失败,陈其美、蒋介石等逃入租界躲避。郑汝成严密控制了上海。

　　南方各省的讨袁军虽有明确的政治纲领和目标,但因缺乏统一指挥和战略协同,孤军奋战,因此打了几个回合就败下阵来。而当时多数国民党议员还在北京留恋着议员席位。"二次革命"前后只坚持一个多月就彻底失败。从此袁世凯的统治势力,扩张到了南方各省。但"二次革命"继承了辛亥革命武装斗争的光荣传统;它还证明在中国现代政治格局下单纯通过议会斗争取得政权的道路,是行不通的。这有其重要历史意义。

　　袁世凯镇压了"二次革命"后,通令捉拿孙中山、黄兴、陈其美等人,勒令解散国民党。革命党人纷纷出国避难。孙中山、黄兴等在 8 月中旬到达日本东京。在流亡日本的国民党人中,大都垂头丧气,思想很混乱。孙中山坚决反对失败主义的情绪,鼓励同志继续奋斗。他召集部分党人,总结经验,检讨得失,在东京"发起重新党帜"①,着手创立"中华革命党"。1913 年 9 月,孙中山亲手拟定入党誓约。按照规定,党员入党时必须按指模立誓约,表示"附从孙先生再举革命"。以后又提出这个党当政后要划分"军政"、"训政"、"宪政"三个时期,并规定党员按入党的先后,分为首义、协助和普通三种,各有不同的政治权利。孙中山的这些主张,得到了部分党员的赞成,也有黄兴等不少人反对按指模的做法,而不愿加入中华革命党,国民党队伍发生分裂。

　　蒋介石和陈其美在"二次革命"失败后,先潜伏在上海租界内继续从事策划反袁活动。9 月初,蒋介石同陈其美、王金发潜赴宁波,"拟以宁波为根据地"②,并派人到杭、嘉、湖等地"分头起事"③。他们在浙江的活动,因浙督朱瑞态度有变而受阻。当听到孙中山建立中华革命党的消息时,他们立即响应,在国内按规定履行入党手续。1913 年 10 月 29 日,蒋介石由张静江(人杰)做监誓人,在上海填写了入党誓约,成为最早加入中华革命党的党员之一。11 月,陈其美应孙中山电召,赴日本商讨继续反袁等革命大计。陈表示坚决支持孙中山的主张,绝对服从领导,"为言往事及未来计划,中山先生大感动,力赞其所为"④。从此更受孙中山的器重,不久被任命为中华革

---

① 《孙中山全集》第 3 卷第 81 页。
② 陈果夫:《癸丑讨袁》,《民国陈英士先生其美年谱》第 349 页。
③ 《时报》1913 年 10 月 5 日。
④ 《浙江省通志馆馆刊》第 2 卷第 1 期(民国三十五年一月)。

命党总务部长。

　　蒋介石在陈其美赴日前,受命负责上海方面的工作。

二、策划肇和舰起义

　　"二次革命"失败后,有些革命党人士气低落,"谓非十年以后不能革命",孙中山仍不屈不挠,坚持武装斗争,主张"速起三次革命"①。此时袁世凯已提升郑汝成为淞沪镇守使,对革命党人的活动严加防范,环境甚为险恶。于是,蒋介石在 12 月间再一次东渡到日本。不久,蒋介石经陈其美的介绍,进见了孙中山。1914 年初夏,蒋介石奉孙中山之命,从日本回到上海,准备再次在上海发动讨袁的军事行动。

　　蒋介石制订了一个夺取上海的作战计划,准备分三路起事:第一路由他自己当司令,担任潭子湾、小沙渡、曹家渡一带的进攻任务,指挥所设在小沙渡;第二路进攻真如一带并夺取警察署;第三路破坏铁路、电线,以攻占宝山、海门为目标。但革命党人刚开展活动,就被郑汝成侦悉,5 月 30 日夜间,闸北巡警出动捕人,并破获秘密指挥所,搜去枪械和文件等,有四人遭到杀害。蒋介石逃到张静江的寓所,也被跟踪,险些落网。这时袁世凯政府把蒋介石作为主犯加以通缉,使他不得不又避往日本。

　　7 月初,蒋介石和丁景梁受陈其美的派遣,到东北探查情况。他们先后到达哈尔滨、齐齐哈尔等地,受到日本友好人士的掩护和接待,发现东北并没有什么革命形势可以利用,准备离开。恰在这时第一次世界大战爆发了。8 月 2 日蒋写信给孙中山,陈述欧战趋势和他设想的倒袁计划。他认为欧战引起国际关系的急剧变化,革命党必须注意外交问题,"乘势急进",并说日本有"明助我党的策略"。他在计划中认为:"本党今日之进行,以统一各省革命计划,确定全盘整个之方案,集中一点,注全力聚精锐以赴之,是为今日第一之急务也。"②这些意见不尽可行,但也有可取之处,如革命活动应集中统

---

　　① 邵元冲:《肇和战役实纪》。
　　② 《民国十五年以前之蒋介石先生》第 1 册第 5 编第 9 页。

一的主张,就具有现实意义,因而得到了孙中山的重视,有些内容被采纳了。

1914年9月,中华革命党发布成立公告,将重整革命阵营的消息和该党的宗旨公诸于世。孙中山特别强调:"以军事为先决问题",认为"国事未定,则吾人须有不可侮之实力,质言之,即是武力。"①同时,中华革命党制定了《革命方略》,创设"中华革命军",以孙中山为大元帅,各省分设司令长官;确定以江浙为发难根据地。

蒋介石于8月底从东北回到日本后,在9月3日匆匆启程到上海。这时,日本军队正忙于运兵强占中国山东,对革命党人的行动也很注意。日本驻上海领事在9月初就接到国内外交当局的电报:"支那亡命者蒋介石,搭乘于9月3日由门司出港的'春日丸',好像是前往贵地。"②事实上蒋介石确实到了上海。在他到达上海两星期后,就发生了中华革命党党员范鸿仙在法租界革命机关被郑汝成当局逮捕的事件,党人运动军队的计划也被搜去,不久范遭杀害,连带被捕杀者达二百多人。两个月后,杭州的革命机关也遭破坏,被捕杀者三十多人。蒋介石在上海向党人提供一些经费,处理善后,自己便悄悄地离开上海,再到东京。

经此挫败后,蒋介石对于江浙军事,有些心灰意冷,精神不振。每日朝夕静坐,看书习字,潜心阅读王阳明、曾国藩、胡林翼等人的著述,韬光养晦,以待时机。

1915年1月,日本大隈重信内阁利用袁世凯恢复帝制的企图,向袁提出了旨在灭亡中国的"二十一条",引起了中日交涉,国内形势发生急剧变化。孙中山在东京召集会议分析时局,确定进一步揭露袁世凯卖国复辟阴谋,再次发起武力讨袁的对策。2月,陈其美从东京前往上海,主持长江方面的军事,经营半年,无大起色。当年秋,"筹安会"出现,袁世凯帝制阴谋日益暴露。孙中山召陈其美、居正、许崇智等举行会议,商讨兴师大举讨伐的计划。陈其美主张先从西南入手,"尤其是云、贵两省,乘隙抵虚,较易为

---

① 邓泽如编:《孙中山先生二十年来手札》卷3,广州述志公司1927年影印版。
② [日]古屋奎二编著:《蒋总统秘录》第4册第186页,《中央日报》社译印,1974—1978年台北版。

力"①,得到孙中山的赞成。10 月,陈其美从日本到上海准备南下。党人认为,袁氏卖国,人心激愤,上海一带海陆军归附日众,陈应留在上海主持。经电请孙中山同意,任命陈其美为淞沪司令长官,着手筹备在上海举事。陈在法租界霞飞路(今淮海中路)渔阳里建立机关。蒋介石、吴忠信、丁景梁等被召回上海,执行机要任务。

蒋介石于 10 月到上海后,立即参与制定刺杀郑汝成的计划。郑汝成是袁世凯宠信的心腹大将之一,任淞沪镇守使,坐镇东南。他权谋诡谲,干练而且诡计多端,竭力拥戴袁世凯的帝制活动,成为上海武装起义的最大障碍。他大肆屠杀反对袁世凯复辟活动的革命党人和民众,1914 年 9 月便杀害革命党人八十七人。蒋介石等认为:"上海为东南第一要区,吴淞要塞扼长江之口,制造局为后方重地,皆为军事上所必争。"同时,"海军不得,则上海难下,上海不下,则东南难图,而酋逆不杀,则上海与海军二者不能急图也。是以从事杀酋逆郑汝成成为第一要务,第二事在袭击海军,即攻制造局,再取吴淞要塞,然后图浙攻宁以为东南之根据"②。11 月 10 日是日皇大正举行加冕典礼的日子,驻沪日本总领事署开会庆祝,郑汝成亲往祝贺。陈其美派人潜伏在白渡桥北墩,用炸弹和手枪将郑汝成击毙。

革命党人乘郑汝成被诛,敌人部署纷乱之机,立即策划上海军事起义。蒋介石负责起草了《淞沪起义军事计划书》,提出首要目标是夺取肇和、应瑞、通济三艘军舰,然后夺取江南制造局、警察局、电话局等,控制整个上海。其时三舰停泊在黄浦江与长江汇合的吴淞口,经过革命党人的运动,已有赞成起义的内应。不料海军当局为防止发生事件,将肇和等舰调离上海。陈其美等仓促决定提前在 12 月 5 日发动起义。他们缺乏武器,就用香烟罐头盒装炸药,试制炸弹。当天由杨虎等乘汽艇夺取了肇和舰,并向制造局等开炮。但夺取应瑞、通济两舰的计划没有实现,它们反被敌人用来同起义的肇和舰作战。蒋介石参加了对南市警察局的攻击,闻得肇和舰的炮声响起后,冲入警察局,但受到警方密集火力的射击,不能得手。制造局等处也因联络

---

① 潘公展:《陈其美传》,《民国陈英士先生其美年谱》第 186 页。
② 蒋介石:《陈英士先生癸丑后之革命计划及事略》(1916 年 5 月 20 日),《自反录》第 1 集卷 6 第 508 页。

不周、行动不齐而没有取胜。

肇和舰孤军奋战,坚持至 6 日拂晓,多处中弹,前身起火,锅炉炸裂,杨虎等人撤离,数十人身负重伤,被袁军捕获,英勇就义,整个起义归于失败。陈其美和蒋介石等回到渔阳里总机关不久,忽有法国巡捕前来搜查,他们机警地从楼上翻窗逃离了险境。

肇和之役在全国反袁斗争中具有一定的影响。正如孙中山所说:"肇和一役,事虽未集,然挽回民气,使由静而动,实为西南义军之先导。"①

三、在护国战争中

"肇和起义"在军事上虽然失败,但在政治上却打击了袁世凯的嚣张气焰,这时,北京城复辟帝制的闹剧紧锣密鼓,袁世凯正赶绣"龙袍",要将中华民国改换为中华帝国。肇和的炮声,既让复辟者扫兴,又让民众兴奋。紧接着蔡锷等于 1915 年 12 月 25 日在云南宣告独立,组织"护国军"举兵讨袁,反对"洪宪"帝制,护国战争爆发。不久,贵州、广西、广东、浙江、陕西也先后独立。袁世凯当了八十一天皇帝,不得不取消帝制,但仍占据总统职位不下。到 1916 年四五月间,四川、湖南也宣告独立。孙中山领导的中华革命党在湖南、广东、江苏、山东等地发动了反袁的军事行动。

护国军起义的消息传至上海,陈其美和蒋介石等革命党人,也决定再接再厉,发动起义。他们先后于 4 月 12 日、13 日、14 日晚上发难,但三次均因仓促起事,联络不周,缺乏紧密配合,而导致起义流产。起义受挫,部分同志情绪十分低落,杨虎自告奋勇,要求去江阴要塞发动起义。陈其美经过慎重考虑,决定派蒋介石与杨虎同往,共同负责发动起义。经过联络和争取工作,要塞守军军官王连德等十余人同意夺取江阴要塞,参加护国讨袁斗争。4 月 14 日,杨虎和蒋介石率领革命党人李正秋等奔赴江阴要塞,在王连德和一批士兵的响应下,江阴要塞不战而下,李正秋被任命为要塞司令,发表了宣言,江阴城区亦宣告独立。

---

① 孙中山:《致各总长各议员请国葬陈英士书》,《陈英士先生纪念全集》下集第 416 页。

　　江阴要塞起义独立的消息，惊动了北京城的袁世凯，袁随即命令江苏督军冯国璋和盘踞徐州的张勋等多方派兵扑向江阴，围攻起义军。原要塞参谋长萧先礼首先动摇，接受了冯军指令，造成起义军内部分裂，杨虎所部溃散。当时江阴要塞占领才五日，蒋介石留在军营中，忽然有二名士兵前来告知"营已空，盍速行，愿前为向导，遂亦去"①。蒋幸免被俘，只身逃回上海。

　　当时陈其美仍在上海领导反袁活动，已经病得气息奄奄的袁世凯仍对他恨之入骨，通过冯国璋以四十万元收买张宗昌，进行谋刺计划。5 月 18日，张宗昌派其属下程国瑞等刺杀陈其美于上海萨坡赛路（今淡水路）十四号日本侨民寓所。蒋介石多年来以陈其美为兄长，言听计从，一切唯陈马首是瞻，对陈之被害十分悲痛，冒险收敛陈的尸体，并秘密暂时保存于上海。同时撰写祭文悼念，云："自今以往，世将无知我之深，爱我之笃如公者乎？""大难方殷，元凶未戮"，立志"死者之业未成，而生者成之"②。直至 1917 年5 月 18 日，陈其美的遗体才归葬于浙江吴兴故乡。

　　孙中山对陈其美之死，也甚为惋惜，痛感失去了一个重要助手。他了解到蒋介石与陈之间的密切关系，开始对蒋介石重视，不久便派蒋介石到山东潍县任中华革命军东北军参谋长。东北军是居正和朱霁清招募组成的，由居正任司令，6 月间攻占了潍县。这支队伍是临时凑合起来的，士兵素质很差，有的人原来是土匪、囚犯，没有经过改造和训练，纪律松懈，各行其是，甚至发生劫掠行为。蒋介石到任后，居正有事离开，司令一职由许崇智代理。

　　7 月 31 日蒋到达任所，首要任务是帮助整训部队。当日，他到总司令部处理一些事务后，晚上即到部队巡视。他对于部队中的混乱现象逐渐采取了一些整顿措施。蒋在该部任职，至 8 月 12 日止共只有十三天，他对每天的概况在日记中均作了扼要的记载，如对部队的队形、后勤、首脑机关、作息制度、军人风范和规章制度等等，分别拟定了一些规定，并陆续颁布施行。由于他并没有与其他官兵商讨，只靠一纸文稿，也没有发动广大官兵自觉执行，自然难以获得什么实际效果。

―――――――――

　　①　《蒋介石年谱初稿》第 24 页。
　　②　《蒋介石年谱初稿》第 24 页。

蒋介石面临一支复杂的队伍，又初来乍到，人地生疏，但他当时骄横浮躁，经常与同事争吵，还出现明显越权的现象，引起了同僚不满①。8月中旬，蒋奉许崇智之命赴北京，请居正回潍县处理善后。他没有回原部，乘便在北京观察一番政局，至9月返回到上海。

四、粤海护侍孙中山

孙中山为维护《中华民国临时约法》，反对北洋军阀的独裁专制统治，自1917年起先后发动了两次护法战争。

1916年6月袁世凯死后，黎元洪继任中华民国总统，段祺瑞出任北京政府国务总理。他们迫于民众要求共和和民主的社会舆论，一度宣布恢复《临时约法》和召集国会，骗取了人们的拥护。当时国内社会矛盾非但没有缓和，反而更加尖锐激烈。外国势力之间为了进一步侵略中国，竭力扶植各派军阀割据称雄，形成了皖系、直系、奉系和其他地方派军阀，不断地进行政争和混战。1917年春夏间，北京政府内部发生了以美、日等国争夺为背景的"府院之争"，引出了解散国会、张勋复辟等一幕幕历史丑剧。段祺瑞在粉碎张勋复辟后，再次当上北京政府国务总理，掌握实权，竟然公开拒绝恢复《临时约法》和国会，奉行"武力统一"的政策。国家的情况一天天坏下去。孙中山挺身而出，站到维护《临时约法》和国会的前列，"以护法号召天下"②。他认识到只有诉之武力，战胜这些军阀，才能解决护法和捍卫共和的问题。但这时他领导的中华革命党涣散无力，直接掌握的武装力量微不足道，护法的口号也引不起广大人民群众较大的关注，只得主要指望西南实力派、一部分海军和国会议员。当时西南军阀陆荣廷占有广西，势力伸入广东。唐继尧占有云南，控制贵州，插手四川。他们是在反袁之护国战争中发展起来的，同段祺瑞的"武力统一"政策有矛盾，希望借助孙中山的威望，巩固和扩大地盘，乃表示支持护法斗争。

---

① 参见钟冰：《中华革命军山东讨袁始末》，《文史资料选辑》第48辑。
② 《总理自述护法之役》，罗家伦主编：《革命文献》第7辑第4页，台北版。

7月中旬,孙中山同廖仲恺、朱执信、章太炎等到广州,高举"护法"旗帜,以打倒假共和、建立新共和为宗旨,呼吁各界为护法而斗争。原北洋政府海军总长程璧光率北洋海军第一舰队南下;还有国会议员一百三十多人响应孙中山号召云集广东,八九月间在广州召开国会非常会议,通过了《中华民国军政府组织大纲》,规定"为勘定叛乱,恢复临时约法,特组织中华民国军政府"①,选举孙中山为军政府海陆军大元帅,负责行使军政府职权。这时,蒋介石留居上海,在9月20日起草了一份《对北军作战计划》寄给孙中山。他很乐观地估计南北两军的兵力部署,认为北军动员的兵力"合计不过七师,而南军乃在十师以上,其总动员几倍于敌军各师之兵数"②,提出护法军政府"以长江沿岸为主作战地,先克武昌,次定南京,击攘敌军长江一带之势力,再图直捣北京,以为作战之方针"③。孙中山高兴地采纳了蒋介石这个计划的基本设想,发布命令,并于11月1日任命蒋介石为大元帅府参军。蒋介石未至穗就职,仍留居上海。

护法军政府以湘、桂、粤军联合组成护法联军,与北洋军在湖南接战,开始了护法战争。南、北双方各自投入十余万兵力,战场主要在湖南、湖北、四川、广东、福建等省,声势浩大。11月护法联军在湖南形成优势,先后攻占长沙、岳阳,各省护法军纷纷响应,出现了胜利推进的局面。但是,直系和桂系军阀在英、美等国授意下,暗中主和,11月下旬,陆荣延下令停战,阻挠南方护法军继续进军。

12月,蒋介石撰写《滇粤两军对于闽浙单独作战之计划》,向孙中山提出了移师闽浙的建议:"我军主作战地,当定于东南沿海一带之地区,而于湘省暂取守势,先以海军为主力,向东南沿海一带之闽浙两省扫除北军之势力,击攘淞沪之敌军,以吴淞为海军根据地,封锁长江之门户,东南之势力,不难完全造成矣。"④

孙中山根据当时的局势,认为蒋的这个计划难以实现,未予置理。当

①　《军政府公报》第1号。
②　蒋介石:《对北军作战计划》(1917年9月20日),《自反录》第1集卷1第84、85页。
③　蒋介石:《对北军作战计划》(1917年9月20日),《自反录》第1集卷1第84、85页。
④　《自反录》第1集卷1第87页。

时,滇、桂军阀在阻挠护法战争的同时,对军政府进行多方面的限制和压迫,并拉拢政学系等国会议员用内部改组的方法,夺取领导权。桂系控制广东的财政,拒绝支付军政府的开支和其他物资需要,还逮捕和杀害支持孙中山的将领和士兵,使军政府陷于困境,孤立无助。孙中山感悟到手中没有一支可靠武装的严重缺憾,乃筹谋重新组建一支能够接受革命党人领导的粤军。他经过多方努力,将原广东省长朱庆澜管辖的二十营省防军近五千人,拨交陈炯明指挥。1918年1月成立援闽粤军总司令部,任陈炯明为总司令,派邓铿为参谋长、许崇智为第二支队司令。蒋介石也应孙中山电召,在3月5日抵达广州,3月15日到汕头就任粤军总司令部作战科主任,领上校军衔。他随同粤军参谋长邓铿赴黄冈、潮安、三河坝、松口、蕉岭等地巡视和检查驻军状况,谋划攻闽计划。

粤军原来的二十营省防军装备低劣,每营仅有枪二三百支,陈炯明等经孙中山同意,在潮汕进行整训扩充,实行一种特殊的扩充方案:一面向地方士绅借枪,一面向海外革命人士募捐饷款。其中规定,能募到人枪二百者为营长,人枪六十者为连长,人枪二十者为排长,不愿担任军职者按枪付钱。经过一番努力,至5月初,粤军扩充至三十营,约一万人。在孙中山的一再催促下,陈炯明向福建发起进攻。粤军司令部在蒋介石的建议下,由汕头迁至大埔县三河坝,并由蒋介石起草作战计划和攻击命令。5月10日粤军发动全面进攻,第二支队司令许崇智率四营首先攻克武平、下坝,并支援第一支队李炳荣部攻克永定,陈炯明也率第三、四支队攻占柏嵩关。粤军攻闽旗开得胜,向福建推进五十公里。蒋介石负责草拟此役作战计划等工作,并运用学过炮兵的专长,在作战中发挥了较好的作用,给粤军官兵留下良好印象,他自己也很得意。

恰于此时,桂系操纵国会非常会议,通过军政府改组案。孙中山辞大元帅职准备离粤赴沪,5月26日到三河坝粤军驻地视察,会见了陈炯明、邓铿、蒋介石等人,勉励大家努力把粤军建成革命军队,并到前线看望粤军将士,对全军上下起了鼓舞和鞭策的作用。

6月上旬,福建督军李厚基与浙军师长童葆暄以“闽浙援粤军”总、副司令名义,率军一万五千人,分兵三路向粤军发动全线进攻。蒋介石提出第二期作战计划,但没有得到粤军总部和各支队将领的重视。7 月 18 日大埔失守,粤军总司令部驻地三河坝处境危险,后抽调洪兆麟部增援,并使用炮兵轰击敌人,才挡住了闽浙联军。粤军在受到挫败时怨言丛起,叶举、翁式亮等将领尤对蒋介石多责怪之言。蒋介石不能容忍,便于 7 月 31 日向陈炯明递交了辞职书,愤然离去。8 月 18 日到达上海,23 日谒见孙中山,说自己是不堪忍受叶举等诋毁孙中山而离开粤军的。经过孙中山的说服和陈炯明、邓铿等来函劝慰,特别是粤军 8 月初开始反攻,节节胜利,8 月 31 日攻克漳州,继而向厦门推进,促使蒋回到粤军中去。蒋介石于 9 月 18 日到漳州粤军司令部不久,被陈炯明升任为第二支队司令,拨梁鸿楷、丘耀西二统领所部共一千人归其指挥。支队司令部设在漳州东北的长泰。他获得这个有直接指挥权的职务后,郑重其事地于 10 月 20 日在长泰举行祭告誓师典礼,亲自起草祭文说:"伏愿而今而后,战必胜,攻必克,统一中华,平定全亚,威震寰瀛,光耀两极,完成革命伟大之盛业,皆自神灵所赐也。"[①]祭文的口气很大,由此可见他的雄心勃勃。这时许崇智率部图谋攻取福州,蒋介石于 11 月 19 日率第二支队从长泰出发,26 日抵仙游县与许相会。12 月 2 日至嵩口,计划间道夺取位于福州西南的要地永泰县。在当地军民配合下,粤军先在嵩口打退北洋军的进攻,6 日攻下梧桐尾,继续追击敌人。8 日上午敌兵退至永泰城附近之高地,据险扼守,蒋介石的第二支队"随踪追击,直逼永泰",丘耀西所部攻其正面,民军亦绕其左侧面,以助粤军。于是"三面环攻,势如破竹,敌见势绌,乃于 8 日下午乘夜溃退"[②]。当晚蒋介石率部进永泰城,第二天继续追击,前锋至汰口,距福州仅三十公里。永泰地区有大漳溪穿流而下,对于福州居高临下,构成威胁。

这时正值第一次世界大战结束后,北京政府和广州军政府在英、美等国"劝告"下,表示愿意停战,举行和平谈判。停战令在 12 月中旬传至福建生效,但福建督军李厚基并不切实履行停战协定,于 15 日命令北洋军反攻汰口,纠集步兵五千人并炮兵一营进攻永泰县城。蒋介石因停战令而放松警

---

　　① 《民国十五年以前之蒋介石先生》第 2 册第 57 页。
　　② 蒋介石:《粤军第二支队进攻永泰始末情形》(1919 年 1 月 26 日),《自反录》第 1 集卷 2 第 142 页。

惕,其部在遭到敌人突袭时,纷纷逃散。蒋本人只身逃出,连自己的日记和随身书籍、物品都丢失殆尽。

1919年1月4日蒋介石回到漳州粤军司令部,协助陈炯明设计兵营和练兵场,参议粤军编制事宜。蒋心情郁郁不乐,于3月5日托故请假回家。5月初再回长泰第二支队复职。当月中旬,本部一个营被土匪击溃,由此他在粤军中更受奚落。他便在厦门鼓浪屿租赁房舍,接来眷属,过起悠闲生活。不久他辞职返沪。凭借交易所生意所获得的厚利,过起一段逍遥而放荡的生活。

在护法期间,国内外发生了一系列重大政治事件,孙中山极为关切。1917年11月俄国爆发十月革命,孙中山受到鼓舞。1918年夏天,他在上海拍电报给列宁和苏维埃政府,对布尔什维克党"所进行的艰苦斗争,表示十分钦佩,并愿中俄两党团结共同斗争"①。在1919年五四运动中,孙中山对学生爱国运动表示积极支持,并从中受到鼓舞。他认识到要彻底拯救民国,需要"重新开始革命事业,以求根本改革"②。蒋介石也颇有感触,说"排日风潮,皆未稍息。此乃中国国民第一次之示威运动,可谓破天荒之举",认为"国民气不馁,民心不死,尚有强"③。

1919年10月,孙中山决定把中华革命党正式改为中国国民党,恢复了三民主义的政纲。孙中山对粤军的巩固和发展寄予极大希望,除全力接济军费外,还动员一些优秀人才到粤军充当骨干。在孙中山关怀下,粤军占领了漳州、龙岩等二十多个县,建立"闽南护法区"。粤军发展到二万多人,编成两个军,陈炯明任总司令兼第一军军长,许崇智任第二军军长,邓铿任总部参谋长。孙中山几次召蒋介石到自己寓所,劝导他赴福建漳州粤军中任职,蒋一再借辞推托,有时也回到军中一些日子。

这期间,蒋介石颇为注重自身的修养,在日记中不断警戒自己"欺妄、骄

---

① 《孙中山全集》第4卷第500页。
② 《救国之急务》,《孙中山选集》第477页。
③ 《蒋介石日记》(手稿本),1919年9月23日。

奢、暴躁、色念、客气诸过未改"①,"轻浮、淫荡"②时萌,检讨自我"诸过未改,良知未致,静、敬、淡、一之功未全"③,语颇沉痛,但行为之放荡、任性则如故。

以陆荣廷为首的旧桂系军阀,蹂躏广东达四年之久,推行"以粤养桂"政策,引起广东人民的强烈不满。粤军举起孙中山的革命旗帜,以"粤人治粤"、"实行民主政治"为号召,颇得人心。广东的地方派军人李福林、魏邦平也相继响应。粤军进军顺利,势如破竹。但1920年9月21日,朱执信在虎门炮台策动桂军归降时遇害,孙中山失去了忠实得力的助手,十分难过。在桂军土崩瓦解之势已成之时,蒋介石被孙中山任为粤军第二军参谋长。此一重任调动了他的积极性。10月5日,他从上海到达汕头参加讨论作战计划。这时粤军在河源打了一个大胜仗,击败了桂军主力。蒋于17日到河源,提出下一步作战计划。20日因许崇智请病假,陈炯明任蒋介石为粤军第二军前敌总指挥,蒋指挥所部22日攻克惠州,至10月底进抵广州。孙中山得到了粤军胜利的消息,致函蒋介石勉励说:"执信忽然殂折,使我如失左右手。计吾党中知兵事,而且能肝胆照人者,今已不可多得。惟兄之勇敢诚笃,与执信比,而知兵则又过之。"同时,孙中山又针对他的弱点,进行了委婉的批评,劝其在粤军中处理好关系,发挥更大的作用,指出:"兄性刚而嫉俗过甚,故常龃龉难合,然为党负重大之责任,则勉强牺牲所见而降格以求,所以为党非为个人也。"④可惜蒋介石没有听从孙中山的告诫,注意改正缺点。粤军收复广州后,蒋指挥第二军追剿粤北一带的残敌,有些将领不服调遣。陈炯明在决定战略时,也没有重视蒋的意见。蒋怒不可遏,于11月5日再次离职返回老家奉化。他也曾规划过自己的政治理想:"遵中师(孙中山——引注)之规模,争二陈(陈其美、陈炯明——引注)之精神,学胡(汉民——引注)、汪(精卫——引注)之言行,则可以担当国家责任⑤。"

---

① 《蒋介石日记》(手稿本)1919年3月27、28日,4月3、4日等篇多有记载。
② 《蒋介石日记》(手稿本)1919年4月5日、8日。
③ 《蒋介石日记》(手稿本)1919年4月4、5日、8月12、15日篇均有此语。
④ 《致蒋中正函》(1920年10月9日),《孙中山全集》第5卷第379页。
⑤ 《蒋介石日记》(手稿本),1921年5月21日,美国斯坦福大学胡佛研究所藏。

　　孙中山于 1920 年 11 月底回广州重组军政府,第二次在广东建立政权。他已在斗争实践中认识到,护法不能解决根本问题,必须建立正式政府,用武力打倒军阀,统一全国。他虽仍然打着护法的旗帜,但已经突破了原来护法的构想,力图开创新的局面。1921 年 4 月国会非常会议选举孙中山为非常大总统,5 月 5 日举行就职仪式。接着,经过讨桂战争,平定广西,迅速统一两广。

　　12 月,孙中山到桂林设立北伐大本营,准备调集军队,取道湖南北上,讨伐直系军阀。在这一年内,孙中山先后给蒋介石发了八封电报,命他迅速归任复职。但蒋介石慑于在粤军中之龃龉不快,又忙于操办母亲丧事以及追逐新欢、修缮房宅等,虽在 1921 年 2 月、5 月、9 月三次到广州,合计不足一个月,又匆匆离去。经孙中山一再电催,蒋于 1922 年 1 月中旬与戴季陶陪徐树铮至桂林北伐军大本营,仍任第二军参谋长。他住进"旧藩属八桂厅,境绝清幽,园林亭榭,到眼成趣"。空暇时间"乘兴出游,遍探象鼻山、七星岩、铁佛寺、孔明台诸胜迹"①,兴致勃勃。蒋介石在与许崇智、李烈钧、胡汉民会商北伐作战计划时,主张以进攻湖北为目的,其他人则主张以江西为目的,结果议定"以湖北为第一目的,江西为第二目的"②。

　　当时接受孙中山北伐大本营统辖的军队有:粤军第二军许崇智部、福军李福林部、滇军朱培德部、赣军彭程万部、黔军谷正伦部等,共有十三个旅,约三万人。陈炯明所统率的粤军第一军,除邓铿从第一师抽调三个营组成大本营警卫团外,陈不准再派兵参加北伐。陈炯明身任广州中华民国政府的内务、陆军总长,又任粤军总司令兼广东省长,控制了军、政、财等大权。他暗中与吴佩孚等北洋军阀相勾结,蓄意阻挠和破坏北伐。他一面串通湖南省长赵恒惕阻挡北伐军入湘作战,一面断绝供给北伐军饷械。3 月 21 日,陈的部属还收买歹徒刺杀了支持北伐的粤军参谋长兼第一师师长邓铿。至此,北伐军处在前路被阻、后路被断的危险境地。蒋介石见此情景,感到此次北伐已无成功希望,乃写信请廖仲恺发电调他回粤,早日离开这个是非

―――――――――

　　① 《蒋介石年谱初稿》第 79 页。
　　② 《蒋介石年谱初稿》第 79 页。

之地。廖仲恺严词批评了他的这种想法,在复信中明确说:"要弟电兄归粤,
此则虽以刀锯加颈亦不肯为。弟自得兄西行,已不啻如天之福,岂能于此破
坏大局之举,以重罪戾。"①3月26日,孙中山在桂林主持紧急军事会议,蒋
"主张先回粤,后北伐"②。会议决定先行回师广东,改道赣南北伐。蒋介石
得以离开桂林返回广东。4月16日,孙中山偕北伐军主力由桂林抵达梧
州,电召陈炯明前来会晤,但陈异志日露,拒绝去梧州,并以提出辞去本兼各
职相威胁。孙中山在4月21日毅然下令免去陈炯明粤军总司令、广东省
长、内务总长三个职务,仅保留其陆军总长一职,希望他能悔过醒悟。蒋介
石受孙中山之命到广州会晤陈炯明,但陈炯明已于21日晚离广州,与粤军
总部人员退居惠州,将亲信部队布防在石龙、虎门一带。22日蒋介石在三
水见孙中山时,提出北伐军先回师广州,巩固后方,再行北伐。孙中山未予
采纳,命令从广西回师的北伐军不必进入广州,直接从肇庆经三水、清远奔
赴粤北的韶关、南雄、仁化等地集结,将大本营设在韶关。蒋介石因自己的
主张未被采纳,又见陈炯明占据粤东自立,必有事端,乃借辞③于4月23日
再次离开广州返回老家。

　　1922年5月,孙中山发动了讨伐北洋军阀的战争。北伐军由部分粤、
滇、赣、湘军组成,共四万多人,在李烈钧、许崇智的率领下,从粤北入赣南,
进攻江西陈光远指挥的北洋军。北伐军初战告捷,6月中旬攻占赣州城,前
锋接近吉安,形成直捣南昌的态势。但是,"祸患生于肘腋,干戈起于肺
腑"④,陈炯明先密令叶举等迅速将在广西的陈部粤军四十多营率回广州,
破坏北伐军的后方。孙中山为稳定局势,6月1日从韶关回广州。当时孙
中山把服从自己的军队全部调往江西境内作战,留在广州的直属部队仅有
警卫团约五百名,而陈炯明控制的军队达两万五千人。6月16日凌晨,陈
炯明军队在叶举指挥下,发动军事叛变,洪兆麟、杨坤如等部四千多人进攻
广州城北观音山麓的非常大总统府。孙中山在叛军枪林弹雨中冲出包围,

---

① 《蒋介石年谱初稿》第83页。
② 《蒋介石年谱初稿》第83页。
③ 《民国十五年以前之蒋介石先生》记为"受某方刺激与嫉视不已",见第4册第11页。
④ 孙中山:《告国民党同志书》(1922年9月18日),《孙中山全集》第6卷第549页。

蒋介石劝孙中山先整顿粤局巩固后方,再图北伐。但孙中山(前右二)北伐之意已决,在韶关督师北进。

到停泊在珠江的军舰上指挥讨伐叛军的斗争。

蒋介石较早看出陈炯明心怀异志,多次提出先巩固广东,然后进行北伐的正确见解。他在离粤回家期间,曾致书许崇智等人,申述先定粤局的重要性,建议抽调部队"先发制人",对陈部粤军"一网打尽",但未被接受。6月2日,孙中山曾电蒋介石回粤,但他未归。6月18日蒋接汪精卫等人电,悉陈炯明叛变,又接到孙中山从永丰舰发来的急电:"事紧急,盼速来。"①他思忖这是一个重要时刻,经过一番斟酌,决定应召南下,在上海停留了几天就奔向广东,于6月29日来到停泊在黄埔的永丰舰,会见孙中山,表示愿在

蒋介石勇闯虎穴,救护孙中山于危难中,孙曾称誉说:"蒋君一人来此足当两万援军"。

———————————

①　孙中山为了保密,将该电拍往宁波江北岸引仙桥 10 号蒋纬国收。见《孙中山全集》第 6 卷第 152 页。

蒋介石回国时与日本学友合影。

患难中随侍左右。

　　蒋介石赴难登上永丰舰，使陈炯明感到惊奇。据汪精卫在 7 月 1 日致蒋介石的信中说："陈闻兄来，面色发青，说'他在先生身旁，必定出许多鬼主意'。"①在危难中，蒋介石出谋划策，帮助孙中山应付复杂的局势。针对陈炯明分化瓦解海军舰艇，并以炮火威胁永丰舰的诡计，蒋协助孙中山率舰队移泊黄埔附近的新造河面，决定率舰进驻白鹅潭。7 月 10 日，永丰、楚豫、豫章等舰攻击车歪炮台，冲过叛军的炮火封锁。蒋陪同孙中山站立在舵楼上，指挥舰队前进。虽永丰舰被炮火击伤，但忠实于孙中山的三艘军舰终于泊入白鹅潭，等待北伐军回师镇压叛军。陈军企图用释放水雷等办法谋杀孙中山，都未能得逞。但北伐军从江西回师，受到陈炯明和直系军阀的前后夹击，遭受重大挫折。两个月的反击叛军斗争由于孤立无援，难以再有突破。8 月 9 日，孙中山听取蒋介石的建议，在蒋护送下，离粤返沪。

_____

　　① 《蒋介石年谱初稿》第 90 页。

孙中山对蒋介石能在患难之中随侍左右四十多天,留下了深刻的印象。不久,蒋介石撰写了一篇一万余字的《孙大总统广州蒙难记》,记述和宣扬孙中山同陈炯明叛军斗争的言行,博得孙的青睐。孙中山为该书写的序言中说:"陈逆之变,介石赴难来粤入舰,日侍余侧,而筹策多中,乐与余及海军将士共生死。"①蒋介石由此得到孙中山的信任,提高了政治声誉。

蒋介石在粤海侍卫孙中山四十余天,使孙大为感动。孙亲为蒋文作序并书之。

五、交易所的经历

孙中山南下高举护法大旗,在广州成立军政府,反对北洋军阀的独裁统治,需要大量经费。为了筹集革命经费,孙中山接受日本友人的建议,早在1917年初发起成立上海交易所,亲自领衔,与虞洽卿、张静江、戴季陶等八人联名,向北京政府农商部提交呈文,申请开办包括证券、花纱、金银、中外布匹、油类、粮食等项业务的交易所②。由于张勋复辟等政局动荡,市面混

---

① 《孙中山全集》第 6 卷第 571 页。

② 《孙文等上北京政府农商部呈文》(1917 年 1 月 22 日),北京政府农商部档案,总卷号1027,密卷号 149,中国第二历史档案馆藏。

乱,交易所的筹备工作未能继续。此时,革命处于低潮,蒋介石在粤军中备受排挤和冷落,常回上海和在家奉化滞居,经济上颇为困难,乃萌生追随张静江从事经济活动之念,于1918年与张静江联合虞洽卿等人发起成立"协进社",推动筹设交易所。但这个筹设计划又被北京政府农商部辗转迁延了很多时日。直到1920年2月1日"上海证券物品交易所"才得以公开成立。在四百零八户股东大会上,公推虞洽卿等十七人为理事,张静江等三人为监督人,7月1日正式开业。孙中山从广州寄来贺词"昌盛实业,兴吾中华"寄予厚望。张静江及蒋介石等人乃积极参与,以谋赢利资助革命。

其时,孙中山兴兵讨伐桂系军阀陆荣廷,蒋介石在孙中山和粤军第二军军长许崇智等人催促下,于1920年7月离沪赴闽,并代许崇智指挥惠州之役,而将意欲从事交易所买卖之事委诸张静江、戴季陶、陈果夫等人。

张静江(1877—1950)名人杰,浙江吴兴(今属湖州)人,出身富商,早年以银十万两向清廷捐得江苏候补道衔,被派任驻法公使馆商务随员。他在法国巴黎经商,赢利甚丰,结识孙中山后,对同盟会的革命活动资助甚力。辛亥革命时回国,继续资助革命不辍。"二次革命"失败后孙中山组织中华革命党,他毅然受命任中华革命党财政部长。他与陈其美义结金兰,陈被害后,他于1916年9月与中华革命党军务部长许崇智和蒋介石焚香换帖,三人结为拜把兄弟,因为他对蒋介石颇为赏识,认为能文能武,是个很有作为的人才。蒋介石对这位义兄则崇敬有加,不仅因为张的财富与声望以及与孙中山的密切关系,还因为能够多方面得到他的关照和"不出微言"的规劝,因而将他列为仅次于孙中山的"良师"①。这次张静江和虞洽卿等在上海开办交易所,也给蒋一笔钱作为蒋介石的入股基金,并代蒋介石经营,蒋很是感激。

戴季陶(1891—1949)原名良弼,又名传贤,字季陶,号天仇。原籍浙江归安(今属湖州)。1905年(清光绪三十一年)游学日本,1911年(清宣统三年)加入同盟会,辛亥革命时参加了上海起义的武装斗争,之后参加创办《民权报》,为孙中山赏识。"二次革命"后流亡日本,加入中华革命党,1916年4

---

① 蒋介石:《与张静江书》(1921年1月10日),《自反录》第一集卷3第228页。

月随孙中山返回上海。他结识了同乡张静江、蒋介石等人,追随张静江共事经济活动,志趣相投,与蒋则进一步结为异姓兄弟。他对蒋介石之不良脾性多有严词劝导以至痛斥,为免蒋误解,曾函表白说:"弟之对兄,唯有以爱在,爱之变体成为痛则有之,决不成为愤也。"①蒋介石也感受到戴之逆耳忠言,对戴说:"兄之待吾,私爱甚厚,道义之深,有过于孙先生与张静江之待吾者,而吾之待兄,固亦奉为畏友良师。"②戴一再劝促蒋介石赴闽粤前线效命,而愿代为承担经营交易所买卖事项。

陈果夫(1892—1951)名祖焘,浙江归安(今属湖州)人,陈其美之侄,对与陈其美结拜为把兄弟的蒋介石亦以叔相称。他1911年肄业于南京陆军第四中学,加入同盟会,跟随陈其美参加辛亥革命及反袁活动。陈其美被害后曾返乡,1918年来到上海学做生意,到晋安钱庄任经理信房,兼做"洋铟生意"③赚钱。后来从事证券交易买卖时,成为蒋在上海的经办人,听蒋使唤甚勤。

据可查资料证实,蒋介石先于1920年6月与陈果夫拟办友爱公司,出资五千元购买上海证券物品交易所四百股为基本,自己占七成,以陈果夫为义务经理④。7月1日证券物品交易所正式开业后,蒋介石与陈果夫、朱守梅、周骏彦、赵林士等人商定成立茂新号,为第五十四号经纪人,做棉花、证券两种生意,由陈果夫任经理(经纪人),朱守梅为协理⑤。这时蒋介石正在上海,连日与陈等商议茂新号的组织法及买卖股票事⑥。后来在福建听说所购股票惨跌,亏本七千多元,责怪陈果夫"胆小多疑";8月末到上海去交易所一看,才知道经纪人之难当⑦。

亏蚀了怎么办? 9月间蒋介石去请教张静江,并与陈果夫等人商议改组茂新号。在张静江的支持下,12月成立恒泰号,代客买卖各种证券和棉

① 戴季陶致蒋介石函(1921年1月14日),见《蒋介石年谱初稿》第53—54页。
② 蒋介石致戴季陶函(1921年1月2日),见《蒋介石年谱初稿》第52页。
③ 陈果夫:《商业场中》,《陈果夫先生全集》第5册第54页。台北近代中国出版社1981年。
④ 《蒋介石日记》(手稿本),1920年6月3日。美国斯坦福大学胡佛研究院藏。
⑤ 陈果夫:《商业场中》,《陈果夫先生全集》第5册第55页。
⑥ 《蒋介石日记》(手稿本)1920年7月5日、6日、7日均有记载。
⑦ 《蒋介石日记》(手稿本),1920年8月30日。

纱,定资为三万五千元,每股一千元,计三十五股,其中张静江五股,张秉三(张静江侄)四股,张弁群(张静江哥)三股,蒋介石认了四股,不过这四千元是张静江垫付的,签名"中正"两字,也是由张代签的①。恒泰号由张秉三担任经纪人,毕竟张家占了十二股。

　恒泰号的经营随同交易所股市的涨落不停而起伏不止,蒋介石不能分身入市,但其思绪也跟着股市时喜时忧②;还由于大股东张静江与自己的代理人陈果夫因为经营理念不同发生争执而牵念不已。

　证券物品交易在当时的上海兴盛一时,许多经营者都获赢利,即便经营不善的茂新号也有赚头。陈果夫向蒋介石报告说:从 1920 年 9 月到第二年的 6 月,茂新号净盈利一万八千四百零一元七角八分③。恒泰号自然更多了。

　赢利赚钱是诱人的。经营得手的张静江和戴季陶等人于 1921 年 5 月在上海证券物品交易所又合资开办"利源号经纪人营业所",资本总额三万元,每股一千元,计三十股。蒋介石闻悉后自然要求参股,认了三股,由戴季陶代签。只不过一个月后陈果夫即致函蒋介石报告股市"价格极疲"④,而张静江却决定扩大利源号的经营业务,包括兼办金业,并大量购进股票。这期间,蒋介石还投资"第四号经纪人鼎新号",做棉纱与金银生意,由朱守梅任经理,陈果夫为协理⑤。可以看出,蒋介石从茂新、恒泰到利源、鼎新,对证券物品交易的兴致有多大。

　张静江和蒋介石等人在交易中获利,对孙中山革命活动有所资助,自在情理之中。孙曾先后几次向张静江索要经费⑥。当时掌管国民党基金的张静江便从交易所的款项中汇寄给孙中山。蒋介石也从交易中获取赢利,而不再向军政府粤军索取额外开支,他还为家乡的武岭小学承担了开办经费。

---

　①　《自反录》第 1 集卷 3 第 228 页载:蒋介石 1921 年 1 月 10 日给张静江的信中云:"7 日教言纪惠领悉一是,代认恒泰股份,甚感,请为签字。"

　②　《蒋介石日记》(手稿本)1921 年 4 月至 5 月间有不少这方面的记载。

　③　陈果夫致蒋介石函,中国第二历史档案馆藏。

　④　陈果夫致蒋介石函,中国第二历史档案馆藏。

　⑤　陈果夫致蒋介石函,中国第二历史档案馆藏。

　⑥　陈果夫 1921 年 12 月函蒋介石中有"孙先生待款甚急"等字句。原函藏中国第二历史档案馆。

证券物品交易事业当时在上海繁荣兴盛至极，一两年间前后办起了各种交易所一万多家。但是随着第一次世界大战结束后，列强外资卷土重来到中国扩展工商业，全国民族经济受到冲击而不景气，商业萎缩，各交易所的营业额亦锐减。从 1921 年下半年起，许多交易所纷纷歇业倒闭，不少经纪人破产，或拖或赖，或一走了之，有的被逼得走投无路以致要跳黄浦江自杀，蒋的同伙周骏彦就因欠债二十万元两次跳黄浦江①。不过半年，上海全市能维持营业的交易所只剩十二家了②。蒋介石参股的茂新号不得不于 1921 年 10 月 10 日起停业。第二年初，张静江、戴季陶等人过于自信，所经营的恒泰、利源等号收受空头支票充作现金买进了大量股票和期货，结果现货与期货的差价越来越大，许多股票也一路狂泻，出现了前所未有的大亏本，蒋介石沮丧不已③。据陈果夫来函报告："这次损失，茂新约在二三万左右，利源损失或比茂新多。"④蒋介石一时陷于困境，因丧葬母亲及婚娶陈洁如所欠之债款累累，也难以偿还；原来当作自己金库的茂新号更是陷于绝境，连"儿经国在沪上学，竟于十五元衣服费亦被茂新号拒绝不支"⑤。

蒋介石参与上海证券物品交易的经营，先后投资入股四家⑥，也想在交易所中施展身手，但毕竟担负粤军职务而多在闽粤前方，加之期间丧母、休妻、再娶新妻等家事缠身，只能委托张静江、戴季陶、陈果夫等人代为经营张罗。前后三年的交易及活动，虽然有过赚钱盈利的好光景，但最后以失败告终，陷入难堪境地。他自责"以二十万金托于静江，授以全权，自不过问，虽信人不能不专，自己实太隔膜"⑦；并责备"果夫之为人利己忘义，太不行也"⑧。

---

① 魏伯桢：《上海证券纱品交易所与蒋介石》，《文史资料选辑》第 49 辑第 153 页。

② 《取缔后之法租界交易所》，《申报》1922 年 3 月 7 日。

③ 《蒋介石日记》(手稿本)1922 年 3 月 15 日载："今日接上海电，言交易所披靡，静江失败，余之损失可观，度已倾倒一空。"

④ 陈果夫致蒋介石函，中国第二历史档案馆藏。

⑤ 蒋介石致张静江函(1922 年 9 月 19 日)，湖州南浔张静江故居藏有手迹复印件。

⑥ 在陈果夫致蒋介石函中有"新丰名下应得发起人酬金"和"红利"等，蒋介石可能发起与入股"新丰号"，但尚未发现其他资料可佐证；在周骏彦致蒋介石函中还有"甬交"字样，是否蒋介石也入股宁波交易所了？存疑。

⑦ 《蒋介石日记》(手稿本)，1922 年 5 月 23 日。

⑧ 《蒋介石日记》(手稿本)，1922 年 6 月 6 日。

1922 年 6 月 16 日,陈炯明在广州发动叛乱,孙中山避居粤海,电召蒋介石急赴粤。蒋介石从上海动身前,要挟上海证券纱品交易所理事长虞洽卿给予资助。虞无奈,答允先由交易所拿出六万元,但要蒋离开那天才能给钱,同时传话"瑞元必须立刻离开上海,以后不许到上海来捣乱"①。

这年 8 月,蒋介石护侍孙中山离粤回沪。由于交易所的几家商号如何善后头绪纷乱,家事纠纷又此起彼伏,而自己囊中羞涩,捉襟见肘,蒋介石颓然不振,向张静江诉苦不迭。孙中山得知后,嘱陈果夫汇了二千五百元给蒋。蒋介石思前虑后,浮想自己若在商业场中,是斗不过商人们的操纵垄断、伎俩百出、心计险恶、"狡狯"异常的,决定听从孙中山的召唤,于 10 月 22 日去福建就任东路讨贼军第二军参谋长一职,一走了之,省却各种纠缠和烦扰。他在日记中写下了一番豪言壮语:"家何为乎? 子何为乎? 非竭尽全力以攘除凶顽,誓不生还也!"②人们当然难以相信这是他洗心革面,抛家弃子,献身革命的誓言。

六、婚姻家庭的变异

青年时期的蒋介石,血气方刚,在动荡的岁月里感情生活上很不专一。尽管他早在十四岁时就在家乡与毛福梅结发为妻,婚后有一段还相伴在宁波求学,感情渐增。但此后,蒋介石经常旅居异地,对妻子的感情逐渐疏淡。辛亥革命之前,蒋介石追随陈其美在上海从事一些反清的革命活动。陈是蒋的结拜大哥,也是蒋的崇拜对象。陈其美在沪从事秘密活动之时,常借妓院做掩护,也好嬉戏于烟花女子之中。他曾自白道:"昔日为秘密结社之故,偶借花间为私议之场,边幅不修。"③蒋介石在上海时,常随同陈其美出入妓院,赴茶会,喝花酒,放荡不羁。

1911 年暑假,蒋介石自日本返国,匆忙回乡看望刚出生不久的儿子一面,便赶往上海寻找陈其美,参与商议有关起义的事宜。在此期间,蒋首次

---

① 上海工商业联合会档案资料,卷 1670。"瑞元"即蒋介石。
② 《蒋介石日记》(手稿本),1922 年 10 月 12 日。
③ 《沪军都督复徐震书》,《民立报》1912 年 1 月 13 日。

结识了姚怡诚。姚怡诚(1887—1966)小名阿巧,生于江苏吴江县南桥镇,早年丧父,由叔父姚小宝抚养长大。小宝无嗣,收其为女,后招沈天生入赘姚家,同往上海谋生。由于沈天生染上了吸食鸦片的恶习,夫妻感情破裂。姚怡诚为生活所迫,便到上海五马路(今广东路)群玉坊为女仆。蒋介石在随同陈其美出入秦楼楚馆时,遂与姚氏相逢。姚见蒋风流倜傥,乃殷勤逢迎,终至以身相托。蒋介石与姚秘密同居于上海法租界蒲石路(今长乐路)新民里十三号,但遭到姚小宝的反对。"陶案"发后,蒋在上海无法立足,逃匿日本。待到蒋介石躲过"陶案"风头回国时,仍钟情于姚,乃请人撮合正式纳姚氏为妾[1],携同归居奉化乡里。由于当时习俗允许纳妾,蒋母及妻毛福梅对姚亦未多歧视;尤其是姚对蒋母表示孝敬,对毛福梅也很尊重,对蒋经国则视同己出,爱抚有加,因此合家在一段时间内相处融洽。此后姚氏不定期地在上海、奉化两地居住。当蒋介石有了次子纬国,姚氏就担负起抚养的责任,在苏州定居。

1916 年,蒋介石的儿子建丰六岁,就读溪口武岭学校,取学名经国。同年 10 月 6 日另一孩子降临人间,成为蒋介石的第二个儿子,蒋给他取名建镐,学名纬国。

关于蒋纬国的身世,曾经传说纷纭,随着较多的资料显示,真相渐趋明晰。蒋纬国的生父是戴季陶,他与戴安国系一母所生,其生母是津源美智子。1913 年"二次革命"失败后,部分革命党人先后流亡日本,蒋、戴二人共租一屋,房东给雇一位日本少女料理生活事务,她就是津源美智子。不久,戴季陶与美智子相爱同居,1916 年 10 月生下纬国。

纬国幼年时,相继被寄养在上海一位朱姓和邱姓的亲戚家中,与戴氏家人常有往来。四岁后归蒋介石收养。蒋介石原来就很希望能有第二个儿子的,因为他遵从母命,为了替亡弟瑞青立嗣,已将蒋经国过继给瑞青。而蒋经国是蒋介石的独子,其"兼祧立嗣",令蒋介石有绝后之虞。现在能收养纬

---

[1] 《世纪》杂志 1993 年第 3 期载文刊出姚怡诚手书于红色土纸(30cm×29cm)之婚约原件照片,文如下:"约言:怡诚自愿终身许主君为侍者,此后永不变心。倘背此约,任主君处罚。此证主君惠存 姚怡诚自书永 明(民)国元年十二月二十二日"。同文并有沈天生退婚书之影印件。但《蒋介石年谱初稿》(第 22 页)记"纳妾苏州姚氏"于 1915 年。

国归己,十分乐意。他很快将纬国携回奉化溪口,交由妻毛福梅、妾姚怡诚抚养。由于姚氏一直没有生育,对纬国视如己出,担任了主要的养育责任,纬国称姚氏为母亲。稍后,纬国入"奉化县承办幼稚园"就读,姚怡诚住在县城照管①。

　　蒋纬国晚年在向台湾学者刘凤翰所作的口述自传中谈起自己早年身世时说,自己是 1916 年生于日本东京,生父戴季陶,母金子(蒋纬国特地告诉刘说:当时日本平民妇女只用名,不用姓。"金子"即一般书刊所说的"重松金子")。稍后由蒋介石收养,并移上海交姚怡诚照顾教育。初住陈果夫家三楼阁楼上,后移溪口,1922 年迁居奉化,不到一年再迁居宁波。北伐后移居上海,1927 年蒋介石与宋美龄正式结婚后乃定居苏州南城②。这是蒋纬国最后自述的版本。

　　蒋纬国自幼活泼、天真,深受蒋介石及其家人的喜爱。蒋介石曾说,"经儿聪明,纬儿可爱",给予他很多的怜惜和呵护。由于经国年长纬国六岁,蒋介石也常叮嘱经国要多关照弟弟。

　　蒋介石与姚怡诚之间融洽、恩爱的时间并不长,两人同住溪口的半年,以及后来两人共居上海法租界贝勒路(今黄陂南路)的小洋房中过了一段安逸逍遥的生活外,分离的时间多于欢住。姚怡诚习惯于靠玩牌消磨时间。蒋在这期间常为"怀才不遇"而郁郁寡欢,对姚玩牌又多不满,常发生口角,感情逐渐疏远,甚至有离弃的念头。从蒋介石的日记中可以看出,蒋介石首先怨恨姚氏"赌博不休,恶甚,恼甚"③;其次恼怒姚对他不关心体贴,责怪姚"嗜赌而不侍我疾,且出言悖谬,行动乖违,心甚愤恨之"④;三是嫌姚氏缺乏教养,语言尖刻,出口伤人,认为"怡诚故态复萌,其成心之忍,掉舌之尖,令人愤恚不尽,痛斥移时犹不足平我怒气也"⑤。直至 1920 年夏,由于姚担负

――――――――――

　　① 参见《蒋介石家世》(齐鹏飞著)、《陈洁如回忆录》、《蒋纬国报到》(孙淡宁记录整理)、《蒋纬国传》(李达编著)等。
　　② 刘凤翰:《谈纬国先生》(代序),蒋纬国口述、刘凤翰整理:《蒋纬国口述自传》第 1 页,中国大百科出版社 2008 年 1 月版。
　　③ 《蒋介石日记》(手稿本),1919 年 10 月 18 日。
　　④ 《蒋介石日记》(手稿本),1920 年 5 月 16 日。
　　⑤ 《蒋介石日记》(手稿本),1920 年 5 月 3 日。

起了照料蒋纬国的责任,经张静江、戴季陶等人劝解,使蒋介石感到:"处置怡诚事,离合两难,乃决定暂留而析居,以观其后。"①

1919年是蒋介石在感情生活上,喜新厌旧另立新欢的又一个新起点。这年3月,他从福建前线请假回沪,途经香港,转至上海。在旅途中所见所闻,引起强烈的思想动荡,在日记中有所袒露,如说"见色心淫,狂态复萌,不能压制矣","以日看曾文正书""砥砺德行"②。到上海后,他难遏淫念,又与青楼女子一个叫介眉的频频相会。此前,蒋有过和介眉办理正式婚娶手续的打算,但介眉不肯订立婚约,蒋责怪介眉"只念铜钿,弗讲情义"。

这次又去妓院寻欢,经介眉挽留,蒋在沪滞留了一周。已是而立之年的蒋既沉沦欲海,又不断自责,力图自拔。蒋4月末离沪赴闽前线,不断给介眉去信。谈及婚娶事。5月2日,介眉以"吴侬软语"致函蒋,愿以终身相许,说"倘然我死,亦是蒋家门里个鬼,我活是蒋家个人"③。但蒋在信中又提出了一些条件和要求,惹得介眉好大不高兴。直至5月18日,蒋"接介眉复信拒绝要求,大失所望"。感叹"青楼之无情亡义,不知害死多少英雄矣。即写复信寄彼,痛责之,以决断绝之心也"④,才算了断。

1919年7月,蒋介石随同孙中山来到上海张静江家,研究有关事宜,意外见到一位年仅十三岁的姑娘叫陈凤。她身材修长,体型匀称,面貌清秀,给人以成熟女性的形象,蒋一见钟情,竟然从此穷追不舍。陈凤乳名阿凤,1906年生于浙江省镇海(今属宁波市)骆驼桥河角头陈村。自幼随父到了上海,住在西藏路(今西藏中路)三十三号。父亲经过辛勤操劳,开了家纸店,经营各种土产手工纸品。1918年陈凤十二岁时被母亲吴氏送进位于海宁路由蔡元培创办的爱国女子学校读书,与后来成为张静江续弦的朱逸民结为密友,因而常应邀到张家相聚。蒋为追逐陈凤,近似疯狂。起初陈凤坚决拒绝,其父母也愤然反对,还派人调查得知蒋已娶妻纳妾,更加难以接受。

1921年6月14日,蒋介石的母亲卧病不治而逝,蒋介石前后守候历时

---

① 《蒋介石日记》(手稿本),1920年5月31日。
② 《蒋介石日记》(手稿本),1919年3月9日。
③ 《介眉致蒋介石函》(1919年5月2日)手迹,中国第二历史档案馆藏。
④ 《蒋介石日记》手稿本,1919年5月18日。

近年。他自律"以后无论阴历阳历,凡为母亲忌辰之日不食物荤,不动气,不御色,以为终身自惩自戒,冀减不孝之罪于万一"①。此后每逢其母生辰、忌日,常有缅怀母亲之文字。

蒋介石与蒋纬国在蒋母墓前

1921年9月7日,陈凤的父亲因心脏病突发而去世,蒋介石趁机托张静江向陈家求婚。蒋介石不顾丧母穿孝守制之矩,竟然穿着孝服两边奔丧,帮助陈家料理丧事,十分殷勤,以情获得陈家母女的好感。蒋介石求得张静江夫妇的说合,终于得到陈母的允准,迅即和陈凤订婚,并将陈凤改名为陈洁如。为求明媒正娶陈洁如,按照陈家母女的要求,蒋对于原有的妻妾做出了坚决离异的承诺。

在蒋母丧事办妥后的几天,即1921年11月28日晚,蒋介石把一些亲戚召来,商议离婚事,大家均表反对,但蒋意志坚决,几经周转,终难挽回。蒋把儿子经国、纬国召到跟前,也把妻妾毛福梅、姚怡诚叫来。他郑重其事地掏出一张字条,对儿子念道:"余葬母既毕,为人子者,一生之大事已尽,此后乃可一心致力革命,更无其他之挂系。余今与尔等生母之离异,余以后之

① 《蒋介石日记》(手稿本),1922年6月4日,美国斯坦福大学胡佛研究所藏。

成败生死,家庭自不致因我而再有波累。""余此去何日与尔等重叙天伦,实不可知,余所望于尔等者,唯此而已,特此条示。经、纬两儿,谨志毋忘。"①毛福梅、姚怡诚惶恐不已,两个儿子更是如坠云雾,但蒋介石态度专横,不由分说。他在当天的日记中写道:"会议离婚事,亲戚意见参差,致无结果,心殊恼恨……后卒解决,然已不知费了多少精神已!"②

其时,蒋介石写信给毛福梅的哥哥毛懋卿,述说与毛福梅离婚的理由:"十年来,闻步声,见人影,即成刺激。顿生怨痛者,亦勉强从事,尚未有何等决心必欲夫妻分离也。不幸时至今日,家庭不成家庭,夫固不成(承)认妻,妻亦不得认夫,甚至与吾慈母水火难灭之至情,亦生牵累,是则夫不夫,妻不妻,而再加以母不认子,则何有人生之乐趣也……吾今日所下离婚决心乃经十年之痛苦,受十年之刺激以成者,非发自今日临时之气愤,亦非出自轻浮的武断,须知我出此言,致此函,乃以至沉痛极悲哀的心情,作最不忍心之言也。英明如兄,诚能为我代谋幸福,免我终身之苦痛。"③

蒋介石休妻之举,引起结发妻子毛福梅的强烈不满和坚决反对,怒斥蒋之凶恶无理,还气愤地与蒋扭打了起来,乡里亲朋故友也不认可。其实蒋介石这次的"离异"之举,是为应付陈洁如和她母亲的。这次离异未成,已经以身相许的陈洁如也不再坚持。蒋为此做出一些巧妙的安排:姚氏交由结拜兄弟吴忠信安置。吴乃将姚怡诚和蒋纬国带往上海和苏州,在吴氏家园里辟出一处,供他们居住。毛福梅则仍住在溪口丰镐房老宅里。

1921年12月5日,蒋介石与陈洁如在上海结婚。婚礼在上海大东旅馆的大宴会厅举行,证婚人张静江,主婚人戴季陶,经办律师江一平④。

婚后第四天,蒋介石携陈洁如回家乡去。他们从上海乘船至宁波,接着

① 《蒋介石年谱初稿》第75页。

② 《蒋介石日记》(手稿本),1921年11月28日,美国斯坦福大学胡佛研究所藏。

③ 上海《益世报》1927年10月10日。

④ 参考《陈洁如回忆录》。此书乃委托李荫生、李时敏执笔用英文写成,在许多重大史事记述上有误,细节叙述也有渲染之笔,但所记蒋与陈之婚姻及变化,有很大的可信性。有些学者根据《蒋介石年谱初编》、《民国十五年以前之蒋介石先生》及《蒋介石日记摘编》、《蒋介石日记类抄》等"档案"资料,否定蒋陈之婚姻关系。事实上,上述"档案资料"皆经过蒋介石之亲笔删改,尤其是有关陈洁如之文字,在蒋与宋美龄结婚后皆被删除。在中国第二历史档案馆藏之稿本中,还可以看到被蒋删除之若干条目的痕迹。

转乘人力车到奉化,再乘小船到达溪口,12 月 10 日下午进蒋的老宅丰镐房。陈洁如进到毛氏房间,举止有礼。毛福梅见陈洁如才十五岁,只比经国大四岁,亲切地称陈为"小妹"。陈洁如从此不再催蒋办理与原配离婚,还答应毛氏关于要善待儿子经国的要求①。一周后,在孙中山、汪精卫、许崇智、廖仲恺等人电报催促下,蒋介石携新婚妻子陈洁如乘轮船往香港,再换乘火车于 12 月 22 日抵广州。在羊城过了新年后,于 1922 年 1 月 3 日从广州出发赴桂林,一路观赏沿途风光,1 月 16 日才到达阳朔,1 月 18 日来到桂林北伐军大本营。蒋介石仍任第二军参谋长,住进了旧时清朝藩台衙门的八桂厅。这时,蒋眼见陈炯明从中作梗,料定孙中山的北伐不能实现。他于 3 月 26 日的军事会议上主张先回粤,后北伐;又于 4 月 22 日在三水会见孙中山时重申前议。因未被采纳,蒋便携陈洁如于 4 月 23 日离广州返回老家。

---

　①　参见《我做了七年蒋介石夫人——陈洁如回忆录》第 50—72 页,团结出版社 1992 年版。《蒋介石日记》对以上诸事均删除不见,并编造自己 12 月 5 日仍在溪口等等,但在 12 月 19 日日记中漏出了"投宿大东旅社,潞妹(即陈洁如)迎侍"之言。此后在 1922 年日记中更有绘潞妹写信、寄相片及"宿于潞妹家"、"访潞妹三次"、"偕潞妹观剧"、"潞妹与纬儿玩耍"、"潞妹随侍"等记载;更有"晚,洁如来陪"(12 月 15 日)、"晚,偕妹回寓"(12 月 17 日)等,显露出两人同居之实情。

第四章　出访苏俄办学黄埔

一、参佐大元帅府军务

孙中山遭受了陈炯明叛变这个一生中最惨痛的挫折和失败后,在苦闷中得到了共产国际和中国共产党的帮助,总结了以往革命的经验教训,开始了一生中伟大的转变。他着手筹备改组国民党,制定联俄、联共、扶助农工的三大政策,并为恢复广东革命政权,建立国民革命的战略基地而进行不懈的斗争。

1922 年 8 月,中国共产党派李大钊等多次访问孙中山,共同商谈"振兴国民党以便进而振兴中国"的问题。接着李大钊等共产党员陆续以个人身份加入国民党。9 月,孙中山召开一系列有共产党人参加的重要会议,为国民党的改组作准备。1923 年元旦发表了《中国国民党宣言》,强调指出:"今日革命,则立于民众之地位而为之向导","由民众发之,亦由民众成之"①。还提出了一系列的革命政策。

孙中山与苏俄特命全权代表越飞(А. А. Иоффе)在上海经过多次会谈,

---

① 《中国国民党宣言》,上海《民国日报》1923 年 1 月 1 日增刊。

蒋介石与陈洁如合影

孙中山主持黄埔军校开学典礼，蒋介石陪同阅兵

1934年，黄埔军校十周年纪念（此时更名为中央军校），蒋介石与汪精卫、孙科、罗家伦等在检阅台上

于 1923 年 1 月 26 日发表《孙文越飞联合宣言》，双方认为中国最要最急之问题，乃在民国的统一成功，与完全国家的独立之获得。中国民族统一事业，将得到俄国人民热烈的同情和援助①。

孙中山与苏俄代表越飞发表《联合宣言》，公开确认了国民党的联俄方针。

北伐军虽回师广东失败，但基干力量犹存。朱培德带领滇军几千人经湘边转入广西桂林。许崇智等率领的粤军约七千人转入福建，受到当地人民及民军的欢迎。这时，孙中山同国内各派政治势力进行联络，决定集中力量孤立和打击陈炯明，继续发展与奉系、皖系等势力的同盟关系；大力支持北伐军在福建取得立足点，作为开展政治、外交斗争的凭藉。1922 年秋，许崇智部与王永泉部联合向李厚基的军队进攻。10 月中旬占领了福州，继又发动了多次战役，结束了李厚基在福建的统治。北伐军经过休整和补充，遵照孙中山的命令改编为东路讨贼军。10 月 18 日，孙中山任命许崇智为东路讨贼军总司令，准备从福建回师广东，讨伐陈炯明。

蒋介石陪同孙中山于 1922 年 8 月 14 日从广东回到上海，在孙寓协助工作一周后，往宁波渡海到普陀山游玩、休息。他在与廖仲恺等的通信中，提出了对军事和政治的看法，涉及国民党的改组问题。他提出："对人问题，尚请孙先生注意及之。党约不改，党务终难整顿，乘此时机，改正誓书，收容一般有为青年，则党势必能增大。"②

这时蒋介石由于交易所中的失败，又受当地人士的奚落，因而对上海产生厌恶的心情，不愿在上海久留。而国民党内的优秀军事人才朱执信、邓铿又已先后被害，孙中山亟需蒋介石在军事方面多做工作，派他去东路讨贼军辅佐许崇智。10 月 18 日东路讨贼军正式成立，共辖三个军，许崇智任总司

① 上海《民国日报》1923 年 1 月 28 日。
② 蒋介石：《与廖仲恺、汪兆铭书》(1922 年 8 月 29 日)，《蒋介石年谱初稿》第 96 页。

令兼第二军军长,蒋介石任第二军参谋长。22 日,蒋介石奉孙中山之命到达福州。26 日,他随同林森、汪精卫、居正等以孙中山代表的身份慰劳入闽的北伐军,并传达指示,商议有关事宜。

　　底定福建的许崇智率东路讨贼军经休整扩充后,共辖十三个旅计两万多人。当时孙中山等人对东路讨贼军寄予殷切希望,福州一时成为革命的军政中心。蒋介石在初期工作的积极性比较高,协助许崇智订制作战计划,到各旅驻地巡视,慰劳伤病员。他说:"此次讨逆杀贼,复仇雪耻之责,吾当以一身任之。招疑招忌,任劳任怨,以求达乎目的而已。"①但是,蒋本身没有亲自参加入闽作战,与东路讨贼军诸将领及福建民军首领也不熟悉,彼此协调不好,尤其是与第一军军长黄大伟发生了冲突。黄大伟自进福州后,恃功骄纵,自称"总司令",擅自招兵买马,扩充部队。蒋介石要求撤去黄大伟的职务,但黄在粤军中根底很深,蒋反而受到排挤,以至想离职他去。他曾致函胡汉民、汪精卫表示:"十日内如无进步,则无可如何,将去而返沪。"孙中山闻悉,在 11 月 19 日去电劝说蒋:"无论如何困难,总须完此任务,方能释肩,万勿轻去,以致偾事。"②但蒋仍不能振作起来。孙中山不得不又亲自写信,告诫蒋介石不应消极,必须留在福州军中坚持,"切勿稍萌退志,必期达灭陈之目的,而后乃能成一段落。非然也,则必百事无成也"。同时告诉他欲赴莫斯科学习、考察一事,已有眉目。信中说:"兄前有志西图,我近日在沪,已代兄行之矣,现已大得要领";强调指出要使外交取得进展,必须取得凭藉,坚持福州,争取恢复广东是极其重要的任务③。但是蒋介石没有听从孙中山的一再劝导,于 11 月 24 日离开福建,回上海并转赴奉化。经孙中山再三劝诫他要坚忍耐烦,劳怨不避,他才于 12 月 18 日往福州复职,但很少管理军务。他回到福州后,先去鼓山览胜,看到石壁上刻有"天地正气"四字,便撰成联语"养天地正气,法古今完人"。在游涌泉寺时兴起挥笔写了"其介如石"四字,交寺僧刻石。不久他又到厦门鼓浪屿去静居,直到次年 1 月返回故里。其时黄大伟被免去东路讨贼军第一军军长职务,孙中山令许

---

①　《蒋介石年谱初稿》第 103 页。

②　孙中山:《复蒋介石电》(1922 年 11 月 19 日),《孙中山全集》第 6 卷第 614 页。

③　孙中山:《致蒋中正函》(1922 年 11 月 21 日),《孙中山全集》第 6 卷第 616—617 页。

崇智兼任第一军军长。第三军军长李福林也奉命往广东召集旧部。东路讨贼军三个军的领导责任实际上集中在许崇智一人身上。

孙中山在组织东路讨贼军的同时，又积极联络和策动在广西境内和西江一带的滇、桂、粤军，组织西路讨贼军。他们从西江东下，得到各路民军的响应，进展很顺利。陈炯明因把主力集中在粤闽边境防堵东路讨贼军，西路守备薄弱，很快溃退。陈军内部也起分化。1923 年 1 月 15 日陈炯明不得不撤出广州，退守惠州等地。孙中山在 2 月 21 日回到广州，重新设立大元帅府，第三次在广东建立政权。他总结了两次护法运动的经验教训，放弃"护法"的旗帜，不再恢复非常大总统的名义，也不再召集非常国会，于 3 月 2 日成立陆海军大元帅大本营，作为军政执行机关。孙中山电促蒋介石来粤共事，以大元帅名义特任蒋介石为大本营参谋长。但是蒋介石迟迟未来。当时陈炯明叛军的主力并未被摧毁，孙中山可以完全信赖的军队还没有到达广州。滇、桂军入广州后，各霸一方，不少机关团体和公共场所被占为军营，用人行政和钱粮税收也归其把持。蒋介石深知自己没有一兵一卒，对这些外省军队是难以驾驭的，因此他未有立即来广州就职。

蒋介石和戴季陶一样，自从上海交易所经营失利，革命又遭受挫折，加上身体不适等原因，心情甚为沮丧。1922 年 10 月底戴季陶受命入川，准备对川军进行联络工作。当他所乘的船驶向宜昌的途中时，得悉川军内战一触即发，联络工作无法下手，顿觉"公私的前途，都无半点光明"[1]，便趁夜投江自杀，幸被渔民救起未死。蒋介石虽然以 1918 年起，就不断在日记中检点自己的缺点，诸如"暴躁、性急、自负、顽固、狂暴……浪费、嫉妒、吝啬、好色、傲慢、怨恨……好炫耀财富"[2]，不时发出沉重的忏悔之词，但是积习难改。在 1923 年春更是心灰意懒，加之"久困目疾，不能阅书，不能治事，愤欲自杀者再"[3]。直到 4 月 15 日，他才从上海启程赴广州。

4 月 16 日桂军首领沈鸿英发动叛乱，分三路进攻广州的军事要地。孙中山亲临指挥滇、粤等联军与叛军作战，至 19 日将沈部驱逐出广州市区及

---

① 戴季陶：《入觉》，《戴季陶集》上卷第 13 页，上海三民公司 1929 年版。

② 《蒋介石日记》（手稿本），1918 年 1 月 10 日。

③ 《民国十五年以前之蒋介石先生》第 5 册第 79 页。

近郊。20 日蒋介石到达广州,就任大元帅府参谋长,协助孙中山继续乘胜追击广州西北面的沈鸿英叛军,并阻止东部陈炯明部的再次叛乱。5 月 3 日蒋介石随孙中山往清远县源潭劳军,督饬滇粤联军追剿英德、韶关之敌。5 月 11 日陈炯明叛军杨坤如部于惠州等地再次叛乱。蒋辅佐孙中山抽调兵力迎击叛敌,迫使杨部退回惠州,接着收复博罗。但是许崇智的东路讨贼军在陈炯明叛军洪兆麟和林虎部猛攻下未能守住潮安、汕头,6 月 9 日开至博罗,损失惨重。许崇智等对蒋介石挂名本军参谋长但不到部就职,导致军务无人负责,军心涣散,颇为不快。此后陈炯明叛军继续盘踞东江惠州、潮、梅一带,与讨贼军长期对峙,展开多次拉锯战。而驻粤的滇、桂等军此时不但不听蒋的指挥,且多次闹饷,蒋介石处境窘迫,"不为人谅,反遭崎屹"。7

蒋介石被孙中山任命为大元帅行营参谋长,颇为兴奋,摄有此影分赠友人。

月 12 日他"愤而辞职,避往香港"①。

二、奉派出访苏俄

孙中山对于联俄联共的工作,在 1923 年下半年取得了重大进展。7 月 31 日,俄共(布)中央政治局通过了《斯大林关于任命鲍罗廷为孙中山政治顾问的建议》,8 月 2 日鲍罗廷(М. М. Бородин)即同苏联新任全权代表加拉罕(Л. М. Карахан)启程赴华。几乎与此同时,孙中山派遣蒋介石率领孙逸仙博士代表团于 8 月 16 日启程赴苏,"详细磋商"国民党与苏俄的合作。

孙中山派遣蒋介石率代表团访问苏俄的主要使命是寻求军事援助,首先是争取苏俄同意支持和援助孙中山的"西北军事计划",落实有关西北作战的具体方案。

孙中山的"西北军事计划"酝酿已久。从上世纪九十年代初苏联解体后解密的苏联机密档案中我们可以看到,早在 1920 年 9 月,孙中山和来自苏俄的刘谦②在上海开始秘密接触,对中国革命的前途进行商讨。刘谦回国后,于 10 月 5 日向俄共(布)阿穆尔州委员会提出了一个计划,说孙中山主张把中国南方和苏俄中部、远东的中国革命力量统一起来,在中国西北新疆地区集结兵力,向中国北洋军阀政府发动进攻③。1922 年 9 月,刚从陈炯明封锁的粤海冲出来到上海的孙中山、蒋介石,在与苏俄军事代表赫克尔(А. И. Геккер)秘密会见中提出:希望苏俄给予军事援助,帮助中国西北地区建立军事基地。1923 年 1 月,孙中山与苏俄代表越飞会谈中又提出此要求④。5 月 1 日越飞从日本东京热海转给孙中山一份苏联政府的绝密电

---

① 《蒋介石年谱初稿》第 129 页。

② 刘谦,俄名费奥德罗夫·费多尔,自称"中国共产党"(俄国共产华员局——旅俄华人共产主义者的组织)代表,时任俄共(布)阿穆尔州委中国部书记。

③ 俄罗斯科学院远东研究所、俄罗斯现代历史文献保管与研究中心、德国柏林自由大学东亚研究所合编,李玉贞译:《联共、共产国际与中国》第一卷第 6 号文件,第 22 页,东大图书公司 1997 年台北版。

④ 李玉贞译:《联共、共产国际与中国》第一卷第 61 号文件,第 175—178 页,东大图书公司 1997 年台北版。

报,内称:"第一,我们认为广泛的思想准备工作是不可以须臾离开的,您的革命军事行动和您领导的尽可能集中的机构的建立都应以此为基础。

第二,我们准备向您的组织提供达二百万金卢布的款项作为筹备统一中国和争取民族独立的工作之用。这笔款项应使用一年,分几次付,每次只付五万金卢布。

第三,我们还准备协助您利用中国北方的或中国西部的省份组建一个大的作战单位。但遗憾的是我们的物质援助额很小,最多只能有八千支日本步枪;十五挺机枪;四门'奥里萨卡'炮和两辆装甲车。如您同意,则可利用我国援助的军事物资和教练员建立一个包括各兵种的内部军校(而非野战部队)。这就可以为在北部和西部的革命军队准备好举办政治和军事训练班的条件。

第四,恳请将我国的援助严守秘密,因为遇公开场合和官方场合,即令在今后,对国民党谋求民族解放的意向,我们也只能表示积极同情而已。"①

孙中山收读这封电报后的喜悦心情是不难想见的。5 月 12 日他致电苏俄政府和越飞说:

"贵国 5 月 1 日复电使我们感到大有希望。

第一,我们当感谢贵国政府的慷慨允诺;

第二,我们同意贵国的一切建议;

第三,我们将大部分精力去实施这些建议,并派代表赴莫斯科详细磋商。"②

越飞的助手、共产国际派驻中国南方的代表马林(Маринг)——亨克·亨德里克斯·斯内夫利特(H. H. Sneevliet)在向越飞转发的孙中山发这一电报时同时说:"赴莫斯科代表可能是张继和蒋介石。"③这表明,在广州与孙中山建立了联系的马林,已经从孙中山那里知道了赴苏代表的初步人选。

---

① ［荷兰］斯内夫利特档案 231/3048 号,俄文打字件,李玉贞译,《马林与第一次国共合作》第170—171 页,光明日报出版社 1989 年版。

② 《孙中山致越飞电》,李玉贞译自斯内夫利特档案第 232/3104 号笔记手稿,《马林与第一次国共合作》第 152—153 页。

③ 《孙中山致越飞电》,李玉贞译自斯内夫利特档案第 232/3104 号笔记手稿,《马林与第一次国共合作》第 152—153 页。

　　蒋介石在此期间,紧紧追随孙中山,参预与苏俄军事合作问题的研讨,在日记中有好几处"商议赴苏考察事宜"记载。孙中山拟定的"西北军事计划"原则方案是:背靠苏俄,在库伦(今蒙古人民共和国乌兰巴托)建立军事基地,集结和训练军事力量,从蒙古南部向北京发动进攻。

　　7月25日,蒋介石从家乡来到上海,紧张地展开了出访的各项准备工作。8月5日,他秉承孙中山旨意,与马林和汪精卫、张继等人商讨组织"孙逸仙博士代表团"访苏诸事项。经研究,确定蒋介石任团长,成员为:

　　沈定一(浙江萧山人,早年参加同盟会,辛亥革命后曾任浙江省第一届议会议长。1920年参与发起组织中国共产党,为中共早期党员,不久脱党);

　　张太雷(江苏常州人,中共党员。1921年在莫斯科任共产国际远东处中国科书记,时任青年共产国际执委会委员);

　　邵元冲(浙江绍兴人,同盟会会员,曾任孙中山大元帅府机要秘书,受孙中山之命,考察国民党海外组织,时为孙中山派驻欧洲的非正式代表,正在英国);

　　王登云(陕西醴泉人,长期留学英国,曾任旧金山华文报纸主笔)为代表团英文秘书。

　　孙中山在致函列宁(В. И. Ленин)、托洛茨基(Л. Д. Троцкий 时任苏联革命军事委员会主席)、契切林(Г. В. Чичерин 时任苏联外交人民委员)和致电加拉罕(时任苏联驻华大使)中,均称蒋介石是"我的总参谋长和最可信赖的代表",他"已被授予全权","可以用我的名义进行工作"①。

　　蒋介石对此次受命赴苏,更是抱有极大热情和希望,他不仅认为能得到苏俄的军事援助,将"以期根本解决此国是耳",而且"为个人计,则亦甚得也"②。

　　蒋介石一行于8月16日从上海启程,8月25日经满洲里进入苏境,9月2日抵达莫斯科。他们很快就开始紧张的工作。9月5日,往访苏联外

_____

　　① 《孙中山集外集》第413页,上海人民出版社1990年版。
　　② 《蒋介石日记》(手稿本),1923年7月23日。

交人民委员契切林,谈到孙中山希望早日支付第一批援款,当即得到满意答复。7日,与俄共(布)中央书记鲁祖塔克(Я. Э. Рудзтак)会见两个多小时,听取苏俄革命经验和俄共(布)政策的介绍。

9月9日下午,蒋介石一行来到苏联革命军事委员会,会见军事委员会副主席斯克良斯基(Э. M. Скляекий)和红军总司令加米涅夫(Л. Б. Каменев),商谈此行最重要的任务——"西北军事计划"落实问题。蒋介石向他们讲述了中国形势和革命的现状,南方与北方的兵力配备情况,在南方进行军事斗争的种种困难,以及准备将战场转移到西北地区靠近库伦以南,按苏俄红军模式,建立一支军队的设想。斯克良斯基和加米涅夫十分重视,要求将"西北军事计划"写成书面文字,详细说明作战和兵力部署、未来战区政情等细节①。回到住所后,蒋介石即集中精力起草,于9月15日初成"代表团意见书",接着又反复修改,并在代表团内进行研讨。这时,在中国任职期满的共产国际代表马林也来到莫斯科,蒋介石与马林进行了几次座谈,听取了他的修改意见。"意见书"前后经过一个多月的起草和修改,直至10月12日才最后定稿②,共八千二百余字,以《中国革命的新前途》为题,蒋介石于13日亲自送交苏方。

蒋介石和代表团在"意见书"中,把孙中山的"西北军事计划"加以具体化。"意见书"提出:在靠近苏俄边境的中国西北地区的适当地点,建成革命军队与中国军阀和外国列强进行战斗的军事基地,希望苏俄能同意以库伦(今乌兰巴托)为进攻中国北洋军阀政府首都北京的"临时基地",以迪化(今乌鲁木齐)为"永久基地",如苏俄只同意一个地点,则以库伦为最终选择。在以库伦为中心的基地,进行为期两年的各种军事准备,包括建立军事学校,训练军官,招募士兵,组织军队,选拔配备宣传人员,以及军需供应等;自1925年11月起进入军事行动阶段,向南调动部队至蒙古南部靠近绥远、察哈尔地方,第一目标是进军北京;然后次第占领黄河流域和长江流域,进而统一全中国。"意见书"估计需要建立三个混成旅,约一万八千至三万人,因

---

① 《联共、共产国际与中国》第一卷第83号文件,第234—236页。

② 《蒋介石日记》(手稿本),1923年9月13日、15日、16日及10月5日、12日均有关于起草、修改"意见书"之记载。

此所需武器为一万五千至二万四千支来福枪,五十四至一〇八挺机关枪,十二至十八尊大炮,一千五百至三千匹骡马,五十至三百辆汽车。"意见书"认为届时内蒙古将有五万名志愿军与我们汇合共同进攻北京。"意见书"最后部分还提出了宣传工作方面的计划[1]。

"意见书"送出后,几近一个月没有一点音信和答复,这使蒋介石和代表团成员都很焦念。尽管苏俄方面为代表团安排了相当丰富的参观访问活动,尤其是在莫斯科参观考察红军各兵种学校及军队、舰队,还至红场参加十月革命节阅兵典礼等重要活动,但蒋介石始终心绪不宁,忐忑不安。

这期间,蒋介石揣测苏俄方面对于"西北军事计划"提出要在库伦建立基地,并从蒙古南部向北京进军的计划会有障碍。因为当时属于我国的外蒙古地区,实际上已在"民族自治"的名义下被苏俄势力所控制,只因北洋军阀控制的北京政府软弱无力而抵制无效。10 月 21 日是个星期日,蒋介石往访苏联外交人民委员契切林,"谈蒙古问题"。果然,契切林对在库伦建立军事基地一事提出疑义,其中一条重要理由是"蒙古人怕中国人"。蒋介石力图说服契切林,但"无结果而散"[2]。回来后蒋向国内作了报告。25 日,孙中山致电蒋介石说,"谁是我们底良友,谁是我们底敌人,我们胸中都十二分明瞭,所以我们很希望我们底良友能够谅解我们。"孙嘱蒋"吾等与友邦诸同志从长计议"。第二天,蒋写信给契切林,转告了孙的来电要旨,同时重申在库伦建立军事基地的立场。蒋对契切林说:"那天你说'蒙古人怕中国人'这句话。要知道蒙古人所怕的是现在中国北京政府的军阀,决不是怕主张民族主义的国民党,蒙古人惟有其怕的心理,所以急急要求离开怕的环境。这种动作,在国民党正想快把他能够从自治的途径上,达到相互间亲爱协作底目的。如果苏俄有诚意,即应该使蒙古人免除怕的状况。"蒋在信中进一步指出,"西北问题正是包括国民党要做工作的真意,使他们在实际解除历史上所遗传笼统的怕。"[3]然而,蒋介石的这些话,契切林等苏俄官员是完全听

---

　　[1]　详见《孙逸仙博士代表团关于越飞所提建议的备忘录》(1923 年 10 月 3 日),英文本,中国第二历史档案馆藏。

　　[2]　《蒋介石年谱初稿》第 137 页。

　　[3]　《蒋介石年谱初稿》第 137—138 页。

不进去的。这使得蒋介石很不高兴，认为苏方"完全藐视他"。契切林获悉蒋介石"大发雷霆"，11 月 1 日在致函季诺维也夫（Г. Е. Эиновьев）并斯大林（И. В. Сталин）、托洛茨基、加米涅夫报告了这一情况，并转达加拉罕从中国来的建议，要对蒋"多加安抚"①。

苏俄方面对蒋介石送出的代表团"意见书"迟迟未予答复，从解密的苏俄秘密档案中可以知道，当时正在医院养病的苏联革命军事委员会主席托洛茨基，在看了代表团的"意见书"后，于 11 月 2 日给斯大林和契切林写信说："我想要提醒孙中山和他的代表，孙中山和代表应该从根本上坚决彻底地树立一个思想，即现在他们面临着一个漫长的准备时期。军事计划，以及进而向我们提出的纯军事方面的要求，一律要等到欧洲形势明朗化和中国完成了一定的政治准备之后再议。"②托洛茨基当时是苏俄政府军事问题的最高决策者，他是从欧亚革命形势的全局来考虑对中国的军事援助和中国革命前景的。

有了托洛茨基的意见，苏联革命军事委员会副主席斯克良斯基和苏联红军总司令加米涅夫于 11 月 11 日下午约见蒋介石和代表团一行，对"意见书"作出答复。斯克良斯基说：苏联革命军事委员会"详细讨论了所提出的方案，得出以下结论：目前孙中山与国民党应集中力量做中国的政治工作，否则，在目前的情况下，任何军事行动都必遭失败。"他援引了十月革命是由于俄共作了长期艰苦的政治工作的准备。蒋介石当即反驳说，我们国民党已经加强了自己的政治活动，但党认为必须同时进行军事活动。蒋还强调俄中两国进行革命活动的条件不同，工作更加艰难。蒋介石说了很多，但改变不了苏俄的既定方针。

斯克良斯基继续论述群众政治工作对于革命运动的巨大作用，强调"尽管条件艰苦，国民党仍应在群众中开展革命工作，否则就一事无成。接近群众，与群众同呼吸共命运，这就是中国革命政党的口号。""近几年必须只做政治工作"。他甚至说，"如若按所提计划那样开启战端，那就意味着冒险，

---

① 《联共、共产国际与中国》（第一卷）第 90 号文件，第 253 页。
② 《联共、共产国际与中国》（第一卷）第 91 号文件，第 254 页。

出兵未捷身先死。"大概为了给代表团一个台阶,斯克良斯基说:"在进行政治工作的同时,也可以做些军事上的准备工作。""可派一些中国同志到俄国安排到军事院校学习。总参军事学院可接收三至七人,军事学校可收三十至五十人。"①

　　蒋介石的失望和不满是不言而喻的。但他还要为"西北军事计划"再作努力。11 月 19 日,他致函托洛茨基说:"此次负国民党使命,代表孙先生来此,要求贵政府于本党所主张西北计划,力予赞助。"信中还尖锐地提出,"华人怀疑俄国侵略蒙古一点,务望注意避免"②。在蒋介石的要求下,11 月 27日,在医院的托洛茨基会见了蒋介石一行。托洛茨基态度很友好,说愿意同苏联的朋友谈谈自己真诚的看法。他对代表团说,中国革命首先应该做的是对广大人民群众进行长期而坚强的政治教育。这就是说,国民党应拿出最大的精力去做宣传工作。他说,一家好的报纸要比一个坏的师强大得多。他强调说,"国民党应当立即坚决果断地改变其政治方向。现在应集中力量做政治工作,按照需要把军事活动减少到最低限度。""要尽快放弃军事冒险,集中精力去做中国的政治工作。"有备而来的蒋介石当即表示:在中国,各国的帝国主义者残酷镇压任何形式的革命宣传。如果仅只开展政治活动而没有军事行动,革命将十分困难。他再一次婉转地表达了代表团的愿望:希望苏俄支持国民党的"西北军事计划"。但托洛茨基却明白地回答说:"广大群众参加解放运动的政治准备工作完成之后,国民党就可开始军事行动,但不要像代表团提交给革命军事委员会的'意见书'中所说由蒙古出击,而是在中国本土兴师。"③

　　果然是问题的症结在蒙古。而且在托洛茨基与苏俄领导人看来,此时仍属中国的库伦已经不是中国的领土了!蒋介石看到托洛茨基如此明白而坚决的回答,深感失望。只是令人奇怪的是:在他的日记中竟然只字未提对托洛茨基的不满,却在亲笔修改的《年谱》上留下了"其人慷爽活泼,为言革

　　　① 《联共、共产国际与中国》(第一卷)第 92 号文件,第 255—257 页。注:该文件记会见时间为 11 月 12 日,《蒋介石年谱初稿》记为 11 月 11 日。
　　　② 《蒋介石年谱初稿》第 140 页。
　　　③ 《联共、共产国际与中国》(第一卷)第 97 号文件,第 277—278 页。

命党之要素,忍耐与活动二者不可缺一"①等夸赞之语。

蒋介石在莫斯科参加了许多政治活动,其中最为重要的是 11 月 25 日出席了共产国际执行委员会讨论中国革命问题的会议。此前,代表团向共产国际提交了一份《关于中国国民运动和党内状况的书面报告》②。这次会议就是以这个文件为基础,讨论中国的革命问题。会前,蒋介石会见了会议主席团主席季诺维也夫和与会的各国共产党领导人。在会议开始的讲话中他说:共产国际代表着全世界无产阶级的利益,担负着领导世界革命运动的责任,希望特别注意促进东方的革命。他详细讲述了孙中山三民主义的内涵和意义,强调说,我们国民党以三民主义为革命的旗帜,使大多数人民站在被压迫者一边。帝国主义操纵的军阀,是我们唯一的敌人。我们相信,经过三五年努力,我们就会凯歌高奏。接着,与会者科拉罗夫(В. Коларов 共产国际总书记)、蔡特金(Clara Zetkin 德共创建人之一,共产国际主席团委员)等先后提出了十个问题,蒋当场一一作了解答。主持会议的季诺维也夫说,主席团将有一个专门委员会与孙逸仙博士代表团共同讨论,提出一个明确的决议案③。经过紧张的讨论和修改以后,共产国际以执行委员会主席团名义作出的《关于中国民族解放运动和国民党的决议》,11 月 28 日正式通过,交由蒋介石带回中国。《决议》说:"共产国际主席团满意地指出,以孙中山博士为首的国民党革命派已认识到必须接近劳动群众,必须通过广泛的宣传和组织工作同他们保持最密切的联系,从而巩固和扩大中国革命运动的基础。"《决议》对中国革命的新形势下孙中山和国民党的纲领——三民主义作出了新的解释,"表明国民党是一个符合时代精神的革命党"④。这个决议随即成了孙中山和国民党第一次全国代表大会重新解释三民主义,确立联俄、容共、扶助农工基本方针的蓝本。

蒋介石一行于 11 月 29 日从莫斯科启程回国,12 月 15 日到达上海。

蒋介石赴苏俄此行,前后历时近四个月。他和代表团一行除重点参观

① 《蒋介石年谱初稿》第 141 页。
② 《联共、共产国际与中国》(第一卷)第 87 号文件,第 244—248 页。
③ 《联共、共产国际与中国》(第一卷)第 96 号文件,第 270—276 页。
④ 《联共、共产国际与中国》(第一卷)第 98 号文件,第 280—282 页。

考察苏俄的军事单位外,还参观访问了政府机关、工厂、农村,游览了名胜古迹,会见了许多重要领导人,对于俄国共产党、苏维埃制度、苏俄与革命与建设的艰难历程有所了解,对于政治工作的重要性尤有较深的体会。国民党中央确认代表团经过一番切实考察,知道红军的组织、共产党的森严纪律,遂为日后回国后改组本党创建党军之一大动机①。然而,蒋介石对于"西北军事计划"未能落实,尤其是对于在库伦建立军事基地一案受阻,产生了很大的不满和失望,进而对苏俄产生了一些疑问和看法。他在几个月后给廖仲恺的信中说:苏俄"对中国之政策,在满、蒙、回、藏诸部,皆为其苏维埃之一,而对中国本部未始无染指之意"。"彼之所谓国际主义与世界革命者,皆不外凯撒之帝国主义,不过改易名称,使人迷惑于其间而已。所谓俄与英、法、美、日者,以弟观之,其利于本国而损害他国之心,则五十步与百步之分耳"②。大体反映了他赴苏俄归来的一个重要认识。

蒋介石从苏俄归来后,并没有立即去广州向孙中山作详细汇报,而是将一篇《游俄报告书》寄去广州,自己径直回奉化老家去了。当时孙中山正在紧张筹备召开国民党第一次全国代表大会,亟需详细了解苏俄和共产国际的真实情况,因而一再催促蒋介石来粤。1924 年 1 月 16 日蒋介石返抵广州,向孙中山汇报了代表团的工作及自己的一些疑虑。孙中山认为蒋"对于中俄将来的关系,未免顾虑过甚,更不适合于当时革命现实的环境"③,勉励他为中俄合作多做有益的工作。

三、出任黄埔军校校长

1924 年 1 月 20 日至 30 日,孙中山在广州主持召开了中国国民党第一次全国代表大会,确定了联俄、容共、扶助农工三大革命政策。大会通过的宣言把旧三民主义发展为新三民主义:民族主义为对外反对帝国主义,对内

---

① 汪精卫:《国民党第二次全国代表大会的政治报告》(1926 年 1 月 4 日),《政治周报》第 5 期。

② 蒋介石致廖仲恺函(1924 年 3 月 14 日),《蒋介石年谱初稿》第 167 页。

③ 蒋介石:《苏俄在中国》(1957 年 6 月),《先总统蒋公思想言论总集》第 9 卷第 31 页。

求得各民族平等;民权主义是要建立一般平民所共有、非少数人所得而私的
民主政治;民生主义以平均地权和节制资本为中心(其后还提出实行耕者有
其田的主张)。出席大会的代表中有二十四名是共产党员,约占代表总额的
七分之一。孙中山接受了中共提出的反帝反封建纲领,并载入这次大会的
宣言,奠定了国共合作的政治基础。在当选为中央执行委员和候补委员的
四十一人中,有共产党员李大钊、谭平山、毛泽东等十人。经过改组的国民
党,不再是单纯的资产阶级政党,而是工人、农民、小资产阶级和民族资产阶
级的革命统一战线组织,成为当时革命政权和革命战争的核心骨干力量。

　　孙中山对黄埔军校寄予厚望。图为孙中山与军校校长蒋介石
(后中)、军校总教官何应钦(后左)、军校教授部主任王柏龄(后右)
合影。

　　蒋介石在黄埔军校聘有一些苏联顾问，略通俄语的陈洁如可为他当
翻译。陈被称为"校长夫人"，受到军校师生的尊重。

　　在中国共产党积极参加下，孙中山领导国民党加强军事建设，筹建革命
军队。国民党一大期间，决定把设立陆军军官学校一案切实付诸实施，并于
会后不久在广州黄埔正式筹办。这是贯彻三大政策的一个产物，国共合作
的丰硕成果。

　　应当指出的是，孙中山和国民党中央先已决定特聘共产国际和苏联驻
中国国民党的代表鲍罗廷为中国国民党组织训练员。鲍罗廷在起草国民党
一大文件、促进国共合作和国民党改组、筹建黄埔军校等方面均做了大量工
作。鲍罗廷深受孙中山等人的信赖，因而使他当时在国民党中享有很高的
声望。

　　孙中山在长期革命实践中深知革命武装的重要性,期望建立一支革命军队。早于 1921 年底在桂林接待共产国际代表马林的访问时,他就谈到了"创办军官学校,建立革命军的基础"①。1923 年 2 月他派廖仲恺到日本和越飞继续会谈,也商议了设立军事学校的问题。10 月 15 日,国民党党务会通过了"设陆军讲武堂于广州"的议案。后经国民党临时中央执行委员会第十次会议审议,决定设立国民党军官学校,推廖仲恺和苏联顾问鲍罗廷筹划开办事宜。1924 年 1 月 24 日孙中山决定将筹备中的学校,定名为"陆军军官学校",设立筹备委员会,任命蒋介石为委员长,王柏龄、邓演达等七人为委员。28 日确定以广州东面珠江口的黄埔岛上原黄埔水师学堂的旧址为校址。一部分国民党"一大"代表受委托到各地选拔学生。蒋介石对军事事务比较熟悉,受到孙中山的重视。1920 年朱执信遇害后,孙中山曾在给蒋的信中说:"计吾党中知兵事而且能肝胆照人者,今已不可多得。惟兄之勇敢诚笃,与执信比,而知兵则又过之。"②1922 年 6 月陈炯明兵变,蒋携新婚妻子陈洁如赶往永丰舰随侍孙中山而深得孙的信任。奉命赴苏考察近四月,对苏联军事组织等状况更有亲身感受。这也增加了他出长军校的资格和筹码。

　　蒋介石担任筹备委员会委员长后,主持制订军校计划、预算,召开校务筹备会议,分配各省招生名额等,忙碌了一阵。万事起头难,在当时的条件下,要在短期内筹办黄埔军校,确有不少困难。校舍急需修缮,学校经费没有切实的着落,驻在广州的滇、桂、粤等军首领对它还怀有敌意。蒋介石感到困难重重,一筹莫展。2 月 3 日蒋被委任为中央执行委员会下设的军事委员会委员,他感到这个职务权限甚微,很不惬意;而孙中山还指示他专心办学,不必过问党务和军政大事,更使他灰心丧气。当蒋介石听到学校的预算被打了折扣时,办学的信心更一落千丈,授意王登云召集筹备处的全体人员开会,传达蒋不办黄埔军校、解散筹备处的意向,准备给每人发给旅费遣回籍。他还准备打电报阻止从上海前来的学生。这一错误的做法,当场

---

①　《黄埔军校史料》第 11 页,广东人民出版社 1985 年版。
②　《孙中山致蒋介石函》(1920 年 10 月 29 日),《蒋介石年谱初稿》第 46 页。

遭到筹备委员邓演达和参加筹备工作的叶剑英等人的反对。随后,蒋还是以"环境恶劣,办事多遭掣肘"①为由,于 2 月 21 日提出辞呈,弃职返回老家,使筹备工作一时受到影响。为使军校筹备工作继续进行下去,孙中山迅即委派廖仲恺为筹备委员会代理委员长,肩负起筹建军校的重任,并着手招生工作。廖仲恺和参加筹建军校工作的邓演达、叶剑英等人,都具有新的精神面貌,制计划,编教材,布置校舍,进行招生等,都顺利地进行着。同时孙中山对蒋介石进行耐心的劝导,2 月 23 日函示说:"务须任劳任怨,百折不回,从穷苦中去奋斗,故不准辞职。"②29 日又致电责问:"辞呈未准,何得怫然而行? 希即返,勿延误。"③廖仲恺先后给蒋介石发出十多次函电,通报情况,批评蒋的错误,促其早日返穗参加军校工作。他劝蒋不能意气用事而影响党的事业,表示"以往之政事、党事,弟任其咎。盼兄即归图更始"④。

3 月间,蒋介石分别给孙中山、廖仲恺等写了几封长信,说了他对联俄、容共政策的不满,表白他某些行为不端的苦衷,要求赋予他更大的权力。他在 3 月 2 日给孙中山的信中说:"吾党自去岁以来,不可谓非新旧过渡之时期,然无论将来新势力扩张至如何地步,皆不能抹杀此旧日之系统。何况新势力尚未扩张,且其成败犹在不可知之数,岂能置旧日之系统于不顾乎!"⑤这是要孙中山别对共产党人太多信任,不要忘记国民党内的旧系统。接着他更直截了当地说,"先生不尝以英士之事先生者,期诸中正乎? 今敢还望先生以英士之信中正者,而信之也。先生今日之于中正,其果深信乎? 抑未之深信乎? 中正实不敢臆测"。他在信中并说:"中正与英士共事十载,始终如一,未尝有或合或离之形神","乃以其信之专、爱之切而知之深也"。"今日岂复有真知中正者乎? 如吾党同志果能深知中正,专任不疑,使其冥心独运,布展菲材,则虽不能料敌如神,决胜千里,然而进战退守,应变致方。自以为有一日之长。"说自己"如果回粤,焉能专心办学而不过问军事政治"⑥。

---

① 《中华民国史事纪要》1925 年上册第 4 页,台北正中书局 1975 年版。
② 《孙中山全集》第 9 卷第 507 页。
③ 《孙中山全集》第 9 卷第 526 页。
④ 《复蒋介石电》,《双清文集》上卷第 618 页,人民出版社 1985 年版。
⑤ 《蒋介石年谱初稿》第 161—162 页。
⑥ 《蒋介石年谱初稿》第 162—164 页。

他在信中还提出了广东省省长和财政负责人的人事安排问题。3 月 14 日
他在给廖仲恺的信中，指责孙中山对人对事有"赏罚不明，邪正倒置"的毛
病；还说对俄国共产党"应有事实与主义之别。吾人不能因其主义之可信，
而乃置事实于不顾。以弟观察，俄党殊无诚意可言，即弟对兄言俄人之言，
只有三分可信者。""俄党对中国之唯一方针，乃在造成中国共产党为其正
统，决不信吾党可与之始终合作，以互策成功者也。""彼之所谓国际主义与
世界革命者，皆不外凯撒之帝国主义。"他甚至说廖若"毫不省察，则将来恐
亦不免坠落耳"①。蒋介石 3 月 25 日在给胡汉民、汪精卫的信中，回顾自己
以往的行为说："弟本一贪逸恶劳之人，亦一娇养成性之人，所以对于政治只
知其苦，而无丝毫之乐趣；即对于军事，亦徒仗一时之奋兴，而无嗜癖之可
言。五六年前，懵懵懂懂，不知如何做人，故可目为狂且也。近来益觉人生
之乏味，自思何以必欲为人，乃觉平生所经历，无一非痛感之事。读书之苦，
固不必说，做事之难，亦不必言，即如人人言弟为好色，殊不知此为无聊之甚
者至不得已之事。"以上叙述可以认为是蒋介石对自己前半生的一种自白。
信中还提及他以前在任职时，"始终抱定一合则留不合则去之意"，虽明知
"卑陋谬妄"，但由于"气质顽梗，变化不易"②。至于是否前往广州赴任问
题，仍不作正面回答。

这时，黄埔军校的筹备工作，在国共两党人士的共同努力下，进展很快，
已有一千多革命青年前来报考。在廖仲恺、胡汉民、戴季陶等人一再规劝和
催促下，蒋介石于 3 月 28 日致电廖仲恺表示："必来粤。"廖仲恺为了鼓励蒋
介石早日返粤，消除蒋的顾虑，在 4 月 3 日电蒋云："军校款，弟不问支出，兄
亦不问来源，经费不乏，尽可安心办去。惟请即来。"③4 月 14 日蒋介石从上
海启程，21 日到达广州，26 日正式到黄埔军校办公。由上述事实可见，"当
时真正懂得中山先生建军思想的是廖仲恺先生，而不是蒋介石"④。蒋介石
对孙中山确定的联俄联共政策，虽然没有从根本上反对，但存在着明显的不

① 《蒋介石年谱初稿》第 167 页。
② 《蒋介石年谱初稿》第 171 页。
③ 《双清文集》上卷第 624、633 页。
④ 叶剑英：《蒋介石辞职真相》，《黄埔军校史料》第 32 页。

满和疑虑；他弃职离粤，一方面反映了他对办军校的重要意义认识不足；另一方面也显露出他对"过问军事政治"有更大的意愿。这期间，蒋对前半生放荡不羁的行为有所反思，表明他正在酝酿以一种新的姿态出现在人们的面前。

　　孙中山对黄埔军校极为重视，亲自兼任该校总理，在总理之下，设校长负执行之责。5月3日正式任命蒋介石为军校校长，兼任粤军参谋长。9日任命廖仲恺为驻军校中国国民党党代表，组成校本部的最高领导，直隶于国民党中央委员会。下设教授部，主任王柏龄，副主任叶剑英；教练部，主任李济深，副主任邓演达；政治部，先后担任主任的有戴季陶、邵元冲、周恩来、邵力子、熊雄等；军需部，主任周骏彦；管理部，主任林振雄；何应钦任军事总教官，恽代英任政治主任教官。苏联积极支持黄埔军校的开办，派了几十名优秀军事干部担任军事教育工作，并帮助制订教学计划和大纲。苏联政府除支付顾问团的费用外，拨出二百万元现款，赠送军校作为开办经费，首次运来了八千支步枪和五百万发子弹，以后还陆续运送了大批军械和弹药。中国共产党调配了大批优秀党员参加军校的教育和军事工作，并动员党、团员和革命青年报考军校。

蒋介石主持黄埔军校开学典礼，蒋介石陪同阅兵。

　　5月5日，黄埔军校第一期学生开始入学编队。这期的学生大部分是在中国共产党协助下,从各省招收来的革命青年。第一期起先招收学生三百五十名,备取生一百二十名,编为四个队;后来又把大本营陆军讲武堂的二队学生并入,增至六百四十五人,其中共产党员和青年团员约占十分之一。6月16日举行隆重的开学典礼,孙中山亲临大会,中国国民党中央执行委员会、广东革命政府和各军要员都出席。孙中山发表了指导性的重要演说,他以俄国十月革命为镜子,总结辛亥革命以来的经验教训,号召学习苏俄革命和建军的经验。他指出:"开这个军官学校,独一无二的希望,就是创造革命军,来挽救中国的危亡。"希望大家"都担负救国救民的责任","要学先烈的行为,像他们一样舍身成仁,牺牲一切权利,专心去救国";"要把自己从前不好的思想、习惯和性质"一概革除掉;还要努力做到有高深的学问①。

蒋介石逐渐领悟到掌握军校和军队的重要性,对出长黄埔军校的热情渐增。入校视事初期,他就以进步和革命的姿态出现,发表大量训话和演说,以树立校长权威。在开学后的八个月中,他先后发表讲话四十六次,充满革命的言词。他在对军校学生第一次训词中,说明了创办黄埔军校的任务是:"要训练我们在此风雨飘摇、千辛万苦之中,来挽救这些衰败剥削凋残飘摇横流的劫运,

苏联顾问鲍罗廷很长时间认为蒋介石是国民党左派,对蒋极为信任和支持。

拯国民于水火之中,登人类于衽席之上。我们本党办这个学校的目的在此,本校同志的责任亦在此。"②他阐述了军人的责任和拿枪的目的:枪"乃是杀敌人,与杀反对我们主义的人。然而枪之真正的性质,是在维护人道,保障正义,所以拿了枪先要认定我们敌人是在什么地方。我们的敌人第一是叛逆,第二是国贼。如果认定了敌人,就要拿起枪来与敌人去奋斗,杀尽了敌人,方才可以来实行我们的民族、民权、民生主义,来脱离列强的压迫,来求

---

① 《在陆军军官学校开学典礼的演说》,《孙中山全集》第 10 卷第 290—300 页。
② 蒋介石:《做革命党须先明瞭做人的意义》(1924 年 5 月 8 日),《蒋介石先生演说集》(上)第1—2 页,中国社会科学院近代史研究所图书馆藏本。

达中国的独立。"①

四、形成黄埔系

这期间,蒋介石专心致志地主持黄埔军校校务。长洲要塞和黄埔岛毗邻,防务同归属于黄埔军校,蒋介石兼任长洲要塞司令,蒋和陈洁如就同住在要塞司令部里。要塞的炮台前,竖立着一面大红旗,旗面上有个斗大的"蒋"字。从要塞司令部到军校不足一里路,他每天上下班,总要警卫森严。蒋披着一件呢制披风,前由副官开道,后有若干武装士兵护送。他改变早先花天酒地的恶习,不抽烟,不喝酒,每天早起,有时在清晨吹起床号后,立即巡视员生宿舍,发现懒睡不起者,便召集训话,严加斥责。他还常找人个别谈话,"坐在办公室,要学生站在他的门外,一个个叫进去问话"。他"通过这种个别见面和谈话,认识了不少学生,也拉拢了不少人"②。他还大方地在经济上接济教官和学生,"你缺钱花去找他,他就给你开支票,谁要都给,钱要得越多他就越信任你。这样,也被他拉过去一些人"③。

在军校的开创时期,蒋介石在孙中山、廖仲恺的劝导下,公开表示赞成联俄、容共,执行三大政策。在讲演和著述中都有很多革命言词,待人接物也表现得颇为谦恭。"他对苏联顾问很虚心,对共产党表示团结和尊重,黄埔军校的校训'亲爱精诚'是他提出来的,内含着加强联合战线的意味。"④他亲笔题写了这四个大字,呈请孙中山核准颁布,挂在军校大门上。他曾在一些训话中,常常谈俄国革命的经验,号召学生学习俄国共产党的革命精神,做到个个肯负责任,守纪律,始终努力奋斗,视死如归。他说"我们要党成功,主义实现,一定要仿效俄国共产党的办法"⑤。他对苏联顾问鲍罗廷和加仑(Гален)也表示尊重和信任,认真听取他们的意见和建议,彼此相处

---

① 蒋介石:《军人拿枪的目的》(1924 年 5 月 25 日),《蒋介石先生演说集》(上)第 43 页。
② 徐向前:《回顾黄埔军校》,《黄埔军校》第 220 页,文史资料出版社 1984 年版。
③ 聂荣臻:《回国参加大革命》,《黄埔军校》第 106 页。
④ 《包惠僧回忆录》第 151 页,人民出版社 1983 年版。
⑤ 《黄埔丛书》第 2 集第 63 页。

较好。加仑在 1925 年 3 月写道："蒋介石将军与我国教官的关系尚属融洽"①。军校的学生通过接受苏联军舰送来的武器，并同苏联海军官兵联欢，加深了革命的友谊。联欢会上两国革命军人共同喊出"中俄联合万岁"、"乌拉"。稍后，蒋介石还一再阐述联俄的重要意义，说"中国革命完全是世界革命问题"，而"苏俄是世界革命的策源地，亦是世界革命的中心点"，因此，联俄"实在是联合世界革命党，打倒世界的帝国主义，完成世界革命"②。

在这期间，蒋介石曾多次表示要同共产党人合作。在军校艰苦创业的岁月里，共产党人发挥了先锋的模范作用。在军校建立教导团时，仿照苏联红军的制度，连以上都设党代表，连以下的骨干不少是共产党员。当时受到英国支持的广州商团和盘踞在广东东江一带的陈炯明叛军等，威胁着广州和军校的巩固和生存，广东共产党组织和许多共产党员都坚决主张武装镇压，蒋介石也主张不能放弃广州这块根据地，双方的斗争目标是一致的。1924 年 11 月，从法国回来的共产党人周恩来担任了黄埔军校政治部主任。他对军校政治部工作重新部署，抽调了一些共产党员如蒋先云、李之龙、杨其纲、李汉藩等充实领导力量，大力改进军校的政治工作。对此，蒋介石也是支持的。当蒋先云等受黄埔同学的推举筹组青年军人联合会时，蒋介石不仅特许，而且亲笔写了一篇发起这个组织的序言，说明成立青年军人联合会的革命意义。稍后，蒋介石还郑重地说："三民主义信徒与共产主义信徒非联合一致不能完成国民革命。""三民主义之成功与共产主义之发展，实相为而不相悖者也。"③他要求国民党员"不可反对共产党"，指出"反对共产党，就是背叛了总理定下来的方针和主张"④。

当时蒋介石也比较注意体谅民间的疾苦，维护工农的利益，给工农运动一定的支持。他指出，"革命军人，应该要忍耐劳苦，体谅人民的苦处，比体

① 卡尔图诺娃：《加仑在中国》第 42—43 页，中国社会科学出版社 1983 年版。
② 蒋介石：《再论中俄联合之意义》（1926 年 1 月 10 日），见秦瘦鸥编《蒋介石全集》，1927 年版。
③ 蒋介石：《三民主义信徒与共产主义信徒非联合一致不能完成国民革命》（1926 年 1 月），《政治周报》第 4 期。
④ 《黄埔丛书》第 2 集第 114 页。

谅我们自家还要重要"①。他训导学生说："保护百姓(不拉夫,不抢物,不捐饷,不占屋)就是实行三民主义。反之,扰害百姓,就是违反主义反革命的强盗军队。"②他特许广州农民运动讲习所学员来黄埔军校接受军事训练。曾派武装的学生星夜驰往广宁县支援农民反击地主的围困和屠杀。在省港罢工期间,派军校毕业生帮助罢工委员会纠察队。在平定商团叛乱、两次东征和平定滇桂军首领杨希闵、刘震寰叛乱的过程中,蒋介石表现了坚定的立场和态度。他取得了苏联顾问的帮助,充分发挥共产党员的先锋作用,以及与工农运动的配合,使黄埔军校的师生一次又一次获得了空前的胜利。

　　蒋介石这个时期表现出拥护和执行了孙中山的三大政策,但他对三大政策缺乏深刻理解和坚定的立场,对苏联和共产党有很多疑虑。他在国民党内左、右派之间不时表现出摇摆和模糊的态度。周恩来在论述当时的国共关系时指出："蒋介石开始办黄埔军校时,表面上赞成革命,但他的思想实际上是反共反苏的,并不是真心诚意地与共产党合作。"③他"随时提防和限制共产党",并随着他的权力地位的增长和个人野心的膨胀而愈演愈烈。这正是他转向右派的思想基础。早在1924年6月,张继、谢持等人提出弹劾共产党人案时,事前就曾征得蒋介石的同意。他开始时虽不公开反共,但通过强调三民主义来限制共产主义的思想影响。他向学生灌输"不可拿三民主义以外的主义来破坏我们的信仰",不可"拿三民主义以外的主义来煽动"④,强调应以三民主义为唯一的核心。实际上蒋介石是强调以旧三民主义来抵制三大政策的新三民主义。蒋介石在黄埔军校的训练中,十分强调军人要服从命令、严守军纪,这其中脱不掉当时盛行的封建军队的陈腐观念和军阀作风的时代痕迹。他说："党员一定要服从上面的命令,绝对没有平

----

① 蒋介石:《饷的性质与来源》(1924年5月28日),《蒋介石先生演说集》(上)第54页。

② 《黄埔丛书》附录第2页。

③ 周恩来:《关于一九二四至二六年党对国民党的关系》(1943年春),《周恩来选集》上卷第115页,人民出版社1980年版。

④ 蒋介石:《革命党员必须见义勇为》(1924年8月2日),《蒋总统集》第1册第423—424页,台北国际研究院1961年版。

等的余地。"①"现在本校就是以校长为领袖,大家就应该服从校长的命令。"②他注意到苏联军队十分重视政治思想工作,在黄埔军校中便强调军人的精神要置于忠孝仁爱的伦理基础上。他对曾国藩、胡林翼的治兵思想很是赞赏,特地编印《曾胡治兵语录》分发给军校人手一册。他认为"治心即为治兵之本,吾故择曾胡治心之切要者,另列一目。兼采左季高之言,可为后世法者"。说这"不惟治兵者之宝,实为治心治国者之良规"③。

蒋介石在黄埔军校逐渐集结了许多同乡好友和志趣相投的人。军校初办,蒋介石安排由密友戴季陶、邵元冲等主管政治教育,由王柏龄、何应钦等主持军事教育,由他早年的老师、上海交易所伙伴周骏彦掌握军校的物资供应。同时派陈果夫等在上海、浙江招生,吸收了很多同乡的青年人。对带兵的各队队长,他注意用信得过的人,而对共产党人和国民党左派人士则甚为警觉。

1934 年,黄埔军校十周年纪念(此时更名为中央军校),蒋介石与汪精卫、孙科、罗家伦等检阅台上。

---

① 《黄埔丛书》第 1 集第 98 页。
② 《蒋总统集》第 2 册第 144 页。
③ 蒋介石:《增补曾胡治兵语录序》(1924 年 10 月 20 日),《自反录》第 1 集卷 5 第 412 页。

在黄埔军校建立教导团后,蒋介石派何应钦、王柏龄分别任第一、第二团团长,缪斌、王登云为党代表;钱大钧、刘峙、顾祝同、沈应时、蒋鼎文、刘尧宸、王俊任营长;陈诚、郭俊等任副营长、连长。黄埔第一期毕业生胡宗南、黄杰、桂永清等任副连长以下的军事骨干。这些人以后不断得到提拔,成了蒋介石的嫡系,为他后来在国民党军队中建立黄埔系打下了基础。

蒋介石对于在军校中的共产党员、青年团员,既赞赏他们在训练和作战中的积极、勇敢,又疑虑他们另搞一套反对自己。不久,他扶植军校师生中的右翼分子王柏龄、贺衷寒、潘佑强、冷欣等,在 1925 年 4 月建立“孙文主义学会”,与军校的进步组织“青年军人联合会”对峙,从而不断引起事端,造成左、右两派学生间的剧烈冲突。1926 年 3 月“中山舰事件”后,蒋借故解散上述两个组织,另行建立“黄埔同学会”,自任会长,实际上使“孙文主义学会”得以借尸还魂,成为他的嫡系组织。

第五章　掌握广东军政实权

一、东征讨伐陈炯明

　　孙中山改组了国民党以后，不仅加强了国民党组织和革命军队的建设，而且大力促进工农革命运动的发展。1924 年 7 月，广州沙面工人数千人举行大罢工，抗议英国和法国租界当局颁布的"新警律"。斗争坚持了一个多月，取得了胜利。广州工人乘胜组织了工团军，成为拥护革命政府的一支工人武装。国民党中央也决定在农村组织农会和农民自卫军，还设立广州农民运动讲习所，培养农民运动骨干，大力促进农民运动的开展。广州的革命空气日益高涨，有力地推动了广东和全国革命形势的蓬勃发展。这引起了帝国主义和其他反对势力的仇恨。

　　广东革命政府首先遭到了商团的严重挑战。广州商团建立于辛亥革命前夕，本来是商人的武装自卫组织，其宗旨"为防御内匪，保全生命财产，维持公安"，而对"其他事项，概不干预"①。后来渐为买办商人所控制，同外国势力关系密切。1922 年后担任广州商会会长、商团团长的陈廉伯就是英国

---

①　《粤商商团议草》，上海《民立报》1911 年 5 月 6 日。

張夫人

中正 六、一六、十

国民革命军总司令蒋介石

蒋介石与蒋纬国在蒋母墓前

蒋介石与蒋经国、蒋纬国

汇丰银行广州分行的买办。少数商团则由豪绅充当头目,如佛山商团团长陈恭受,是曾担任过省警察厅秘书长的恶霸地主。至 1924 年广州商团有一万二千人,全省约五万人。他们在英国支持下,勾结北洋军阀和陈炯明叛军,大肆添置军火,阴谋发动叛乱,推翻孙中山领导的革命政府,建立一个在英国操纵控制下的"商人政府"。1924 年 8 月,陈廉伯通过南利洋行购买枪械九千八百多支,子弹三百三十多万发,雇挪威船"哈佛"号运来广州。孙中山闻讯后,立即指令廖仲恺、蒋介石进行查处。8 月 9 日晚,蒋介石乘江固号军舰往沙角一带侦缉,将全部军械扣留在黄埔军校。当时蒋介石兼任长洲要塞司令,其军事力量除了几门要塞炮外,只有要塞司令部一连卫兵;邻近的军校,也只有一个卫队和五百名学生。扣械之后,陈廉伯等与国民党右派、陈炯明叛军等暗通声气,造谣惑众,猖狂反扑。8 月 12 日,他们纠集二千余人包围大元帅府"请愿"。蒋介石按廖仲恺的意见,派出两队黄埔学生,到广州市内维持治安。接着商团胁迫广州及一些城镇商人罢市,英国派军舰开入白鹅潭示威。

面对内外反动势力的挑衅,中国共产党人和国民党左派廖仲恺等主张依靠群众和革命武装镇压商团,未被孙中山立即采纳。孙中山一度认为广州充满危险,难以坚持。他在 9 月率粤、湘等军二万余人,移大本营至韶关,准备冒险北伐。蒋介石派黄埔军校第一队学生军,作为孙中山的卫队跟随到韶关。10 月 9 日孙中山致电蒋介石说:"望即舍弃黄埔一孤岛,将所有枪弹并学生一齐速来韶关,为北伐之孤注。"[1]这时黄埔军校的全体师生,同仇敌忾,促使蒋介石决心用战斗保卫军校和广州。他复函孙中山建议回师平乱,不应放弃广州革命根据地:"埔校危在旦夕,中(正)决死守孤岛,以待先生早日回师来援,必不愿放弃根据重地,致吾党永无立足之地"。"务望先生早日回省,是为今日成败最大之关键"[2]。

10 月 10 日,商团开枪射击工团军和学生群众,阴谋颠覆革命政府。中国共产党、广州工农群众和武装力量均坚决要求镇压商团。蒋再次电请孙

---

[1] 广州国民政府档案,中国第二历史档案馆藏;《蒋介石年谱初稿》第 243—244 页。

[2] 《蒋介石年谱初稿》第 244 页。

中山"严办商团",并决心在广州坚持战斗。孙中山在明了真相后,决定成立
镇压商团的革命委员会,自任会长,特派许崇智、廖仲恺、汪精卫、蒋介石、陈
友仁、谭平山为全权委员。13 日孙中山决定调吴铁城的警卫军及部分湘、
粤军回师广州,参加戡乱。第二天孙中山下达平定商团手令:"兹为应付广
州临时事变,未平定期内,所有黄埔陆军军官学校、飞机队、甲车队、工团军、
农民自卫军、陆军讲武学校、滇军干部学校、兵工厂卫队、警卫军统归蒋中正
指挥,以廖仲恺为监察,谭平山副之。"①并下令解散商团,广州戒严,粤、滇、
湘、桂各军分任各街防守。蒋介石按照孙中山的命令,立即率黄埔军校学生
队武装开赴广州,并督队协同部分湘军、粤军张民达部、吴铁城警卫军和李
福林部等,分别向西瓜园、太平门、普济桥一带警戒,长堤、沙基、黄沙等处则
由滇军扼守。10 月 15 日清晨,商团军发起进攻,蒋介石督率各部猛烈还
击,并分五路向商团军发起总攻。在孙中山"不必畏惧外人干涉",坚决镇压
叛军的命令下,破开商团设置的栅门,摧毁商团的街垒,激烈进行巷战。其
他各军也沿途夹击,步步进逼。商团纷纷溃退,陈廉伯潜逃香港。接着,驻
防佛山的广东革命政府军又包围了佛山商团的驻扎地,陈恭受等缴械投降,
商团叛乱遂被平定。这一胜利,挫败了帝国主义及买办商人企图颠覆广东
革命政府的阴谋,使革命策源地广州转危为安。黄埔军校在战斗中经受了
首次考验,得到巩固和发展,为建立革命军和统一广东革命根据地奠定了
基础。

广东革命政府平定了商团,使广州的局势趋于稳定,但根基并不巩固。
当时孙中山领导的大元帅府所能管辖的地区只占广东全省的三分之一,即
从西江至珠江三角洲和粤汉铁路从广州到韶关的一段。盘踞东江一带的陈
炯明,仍是头号劲敌。孙中山曾依靠一些地方军阀部队多次进行征伐,没有
奏效。1924 年 10 月 23 日,冯玉祥在北京乘第二次直奉战争之机,发动政
变,推翻直系军阀的统治。11 月孙中山为促进全国早日统一,应冯玉祥等
的邀请北上商谈国事,提出召开国民会议和废除不平等条约的主张,得到全
国人民的响应和拥护。他到北京后虽重病卧床,仍坚持与帝国主义和北洋

---

① 《黄埔军校史料》第 239 页。

军阀进行斗争,直到 1925 年 3 月 12 日逝世。这时陈炯明以为有机可乘,纠集叛军三万多人,与其他军阀相呼应,于 1925 年 1 月 7 日自称"救粤军总司令",准备自潮汕会同林虎部,联络江西军阀方本仁部,分三路进犯广州,并且同隶属于广东政府的滇、桂军首领秘密勾结,里应外合。

广州革命政府决定分兵三路东征陈炯明:以黄埔军校教导团、学生军和粤军第二师张民达部、第七旅许济部等为右路,攻淡水;桂军刘震寰部为中路,攻惠州;滇军杨希闵部为左路,攻河源。左、中两路的首领杨希闵、刘震寰与陈炯明暗中勾结,按兵不动。只有许崇智、蒋介石率领的右路军积极主动作战,总兵力约一万余人。蒋介石统领的军校两个教导团和学生队共三千多人,是东征军的主力。军校政治部主任周恩来负责战时政治工作,苏联军事顾问加伦、斯切潘诺夫(В. А. Степанов)等协同指导作战。据参加这次东征的包惠僧回忆:在这次作战中,"差不多是连为作战单位,每一连有九个军官,配备九支驳壳枪,我们在火线上是军官持驳壳枪任前驱,士兵持枪跟着军官前进。每一连的九个军官中差不多有一半左右是共产党员,共产党员不仅身先士卒,还要监督其他官兵作战。所以在火线上无坚不摧,树立了黄埔军校战无不胜、攻无不克的威力"[1]。

右路军在 1925 年 2 月 1 日出发东征,4 日起,连下东莞、石龙、常平等地。蒋介石奔赴前线指挥战事,于 2 月 10 日感吟一绝:"亲率三千子弟兵,鸥鹒未靖此东征,艰难革命成孤愤,挥剑长空泪涕横。"[2]义师奋发勇猛,所向披靡,14 日进攻淡水,与叛军熊略等部激战。教导团抽调了十名连以上骨干(其中八名是共产党员)与一百名士兵,组成奋勇队,担任破城任务。他们英勇无畏,攀登入城,夺得胜利,但伤亡达半。接着又打退洪兆麟从惠州、博罗等地调援的部队,歼灭和俘获大批叛军官兵。在占领平山(今惠东)、白芒花后,右路军于 2 月 23 日召开军事会议,确定由张民达、叶剑英率领粤军第二师等部主攻三多祝洪兆麟部,向潮汕进军;由蒋介石率领黄埔军绕过三多祝,迂回至海丰,袭击叶举残部。由于海陆丰等地农民自卫军的大力支

---

① 《包惠僧回忆录》第 166 页。

② 《蒋介石年谱初稿》第 304 页。

持,东征军进展顺利,次第攻占海丰、陆丰、普宁、潮阳、汕头、揭阳、潮安等县。3月13日林虎纠集叛军精悍部队一万余人,在棉湖包围黄埔军一千多人。何应钦指挥教导第一团和黄埔学生军同叛军拼死作战,双方激烈搏斗,不少阵地失而复得,数百官兵壮烈牺牲。最后教导第二团和粤军第七旅赶来支援,将顽敌击退,乘胜追敌百余里。残敌退入江西边境,东征军连克河婆(今揭西)、五华、兴宁、梅县。盘踞惠州的杨坤如部也宣布归附广东革命政府,至此东征取得了巨大胜利。

这次东征的胜利,使国民党人在孙中山逝世后的复杂危局下,振作精神继续前进。这次战斗实践使黄埔教导团和学生军经受了考验,树立了威望,为国民革命军的建立奠定基础。蒋介石也从此进一步提高声望。在廖仲恺倡议下,4月13日国民党中央决定,黄埔军校教导第一、第二团组成党军第一旅,由何应钦任旅长,仍归蒋介石节制调遣。4月25日蒋到汕头就任潮汕善后督办。

但是,这次东征的胜利,并未使广东的局势稳定下来。在滇、桂军首领杨希闵、刘震寰手里,控制有军队三万多人。他们企图乘孙中山逝世,勾结英国殖民当局和陈炯明、唐继尧以及北洋军阀,一举夺取广东政权。国民党领导人胡汉民等曾想用妥协办法摆脱危机,却遭到了杨、刘的拒绝。国民党左派廖仲恺与共产党人站在广大群众一边,坚决主张实行讨伐。胡汉民等在形势推动下也表示同意下讨伐令。5月13日,廖仲恺到汕头,同许崇智、蒋介石及军事顾问加伦商议调粤军和党军第一旅回师平叛的计划,推蒋介石为总指挥。21日蒋电令何应钦、陈铭枢等部回师广州。6月4日,滇、桂军武装占领广东省长公署和财政厅各机关,大本营被迫迁至广州河南办公。接着大元帅府下令免去杨希闵、刘震寰滇、桂军总司令的职务,通电揭露他们的罪状,命令各军共同讨伐叛军。

蒋介石接到命令后,立即指挥粤军和党军回师,6月10日到达广州市郊,分兵三路向滇、桂军全面进攻。他下令"粤军第一、第三师及第六旅任左翼,由广九铁路进;警卫军任正面,由瘦狗岭进;党军任右翼,由龙眼洞进;警卫军一部及福军为总预备队,由河南进;总攻省城"①。廖仲恺与共产党人合作,动员粤汉、广九、广三等铁路工人同时罢工,使叛军不能集中广州。当粤军和党军赶到铁路沿线,铁路工人马上复工,抢运军队,协力歼灭滇、桂军。11日拂晓,党军协同粤军在白云山、龙眼洞一带同滇军展开战斗。黄埔学生队协同海军攻击广九线石牌一带之敌,海军舰队用远程大炮向滇军的军事目标射击,滇军师长赵成梁被流弹击中身亡,引起滇军混乱。学生队乘机突破赵师阵地,滇军被逐出龙眼洞、瘦狗岭,全线溃退。党军和学生队取得联系,协同其他部队追击滇军。到12日,参加叛乱的滇军基本肃清,广州革命政权转危为安。随后驻在流溪河下游的桂军刘震寰部也被粤军解决,杨、刘叛乱遂彻底平息。

为了适应新的形势,国民党中央执行委员会政治委员会在苏联顾问鲍罗廷的积极参与下,6月15日通过了"改组大元帅府为国民政府","建国军、党军改称为国民革命军"等决议案。7月1日,国民政府在广州正式成立,推选汪精卫、胡汉民、谭延闿、许崇智、林森为常务委员,以汪精卫为主席。下设三个部,以廖仲恺为财政部长、胡汉民为外交部长、许崇智为军事部长。7月3日,成立军事委员会,直属于国民政府,以汪精卫兼主席,蒋介石等八人为委员。8月,军事委员会决定将党军第一旅、黄埔军校学生军和一部分粤军合编为国民革命军第一军,以蒋介石兼任军长,周恩来任副党代表兼政治部主任,何应钦为第一师师长,王懋功为第二师师长。其他在粤境的"建国军",分别编为国民革命军第二至六军,由谭延闿、朱培德、李济深、李福林、程潜分任各军军长。

二三月间的东征,打垮了陈炯明的主力,但并没有将其彻底消灭。6月中旬,粤军总司令许崇智为了率部回广州,与陈炯明部达成妥协,让出潮安、梅县,划汕头为不驻兵区,使叛军得以喘息。国民政府成立后,忙于处理平叛杨、刘的善后和省港罢工等斗争。陈炯明得到了外国势力和北洋军阀的进一步支持,在东江一带重整旗鼓,集重兵于惠州(杨坤如又叛归陈炯明),准备与盘踞粤南的军阀邓本殷合力夹攻广州。国民政府为了彻底消灭反革

① 《蒋介石年谱初稿》第374页。

命势力,统一广东,于 9 月 28 日决定进行第二次东征,任命蒋介石为东征军总指挥,周恩来为东征军总政治部主任兼第一师党代表,罗加乔夫(В. П. Рогачёв)等任军事顾问。东征军分为三个纵队:第一纵队长何应钦,下辖三个师,约一万五千人;第二纵队长李济深,下辖粤军陈济棠旅、张发奎旅等约一万人;第三纵队长程潜,下辖何成濬等部,约六千人。朱培德部为总预备队。全军总兵力约三万余人。出发前,总政治部主任周恩来制定了政治工作章程,成立了宣传队,发表《革命军东征告各界人民书》,宣告"不拉扶、不筹饷"。10 月 6 日,各纵队分路出发,直奔惠州地区。

陈炯明命令杨坤如等率主力扼守惠州,企图利用险要地势进行顽抗,折损东征军兵力后即行反扑,进犯广州。东征军于 10 月 11 日先行扫荡惠州城外之敌,占领了飞鹅岭,架设炮兵阵地。蒋介石求胜心急,在炮兵的射击还没有为攻城步兵创造必要条件之前,就企图援用淡水战役先例,严令第一纵队第四团冒着敌人密集的炮火,连续不断冲锋,强行爬城,结果死伤累累,一连两天不能奏效。蒋介石不得不放弃已见,接受苏联顾问建议,先用炮兵施行重点射击摧毁守敌城墙上的重机枪阵地,并打开一处城墙的缺口,然后攻城部队从大炮轰开的缺口冲入城内,进行巷战。杨坤如带少数叛军逃逸,其余全部就歼。东征军也付出巨大的代价,第四团团长刘尧宸壮烈牺牲,其他官兵伤亡达四百多人。战略重地惠州城的攻克,为第二次东征的胜利开辟了道路。

惠州战役结束后,蒋介石命令第三纵队为左路,向河源、五华、兴宁一带进军;第二纵队为中路,向紫金一带前进;第一纵队为右路,向平山、三多祝一带前进,总目标是在潮、梅会师。蒋介石率总指挥部与中路军一起前进。10 月 21 日,东征军连日进占河源、海丰、紫金等地,向老隆、五华前进,而叛军却集结于华阳、塘湖企图作最后挣扎。由于蒋介石对敌情判断有误,当他见到第三师谭曙卿报告"逆敌在塘湖一带筑垒,以备抵抗"时,认为这是敌"后卫部队掩护主力退却,不甚注意";并料定"逆敌如窜去,除守兴宁外,决无中途再敢反斗之理,亦不研究其抵抗线"[1]。10 月 27 日,谭曙卿统带的第

---

[1] 《蒋介石日记类抄》,1925 年 10 月 26—27 日。

三师在紫金县以东的华阳镇被林虎率领的"逆敌万余人,经华阳十余里外塘湖来袭",遂被包围,双方"混战过午",谭师溃败。蒋介石闻讯赶到华阳督战,企图挽回局势,当时担任东征军总司令部警卫任务的陈赓随同护卫。第三师是由粤军改编而成,战斗力甚弱,蒋介石赶到后,曾三次组织抵抗,都遭失败,最后在敌军重兵进攻下全线崩溃。蒋介石命陈赓收集溃散队伍,重新组织抵抗。但为时已晚,部队不听指挥,有些官兵纷纷逃跑,甚至总部人马也出现奔逃现象。直到开枪打死几个擅自脱离岗位的官兵,才把队伍稳定下来。这时蒋介石又气又急,说要杀身成仁。陈赓一面劝慰,一面护卫蒋介石突围。蒋介石看到敌军黑压压冲来,担心落入敌手,不死即成俘虏,吓得两腿发软,几乎瘫倒。陈赓背起蒋介石,一直走了好几里路,到了一条河边,把蒋送上船过河。陈赓自己率领连队阻止敌军的追击,待脱险到达对岸,已是夕阳西照①。蒋介石惊魂未定,命陈赓送信给第一师求援。陈赓不顾足部受伤,连夜赶了十多里路,冒险把信送交何应钦和周恩来。第一师紧急派部队把蒋接回。蒋介石这次大难不死,对陈赓救命之恩颇为感激,欲调陈赓为随侍参谋,加以重用,后来知道了陈是共产党员,便起戒心,陈赓也不愿留在蒋的身边而托故离去。

此后,各路纵队顺利进军,所向披靡,11月初东江一带再次收复,将陈炯明叛军全部肃清。与此同时,国民政府还发动南征,镇压了邓本殷的叛乱,收复高、雷、钦、廉各州。1926年2月克复海南岛,至此,国民政府统一了广东全省。

蒋介石指挥两次东征和平定杨、刘等战役,取得了军事胜利,为广东革命根据地的统一和巩固作出了贡献,赢得了美誉。应当说,这是同共产党人的合作,工农革命群众的支持,国共两党革命志士的团结奋斗、流血牺牲分不开的。

二、处理廖案担负重责

蒋介石是一个权势欲极强的人。黄埔军校的发展壮大和几次征战的胜

---

① 穆欣:《记陈赓将军》,第19—22页。

利,使他积累了一定的实力,增长了权位欲望;孙中山的逝世及当时的形势也给他提供了有利的条件;而廖仲恺被刺案件的发生,更给他创造了难得的机会。

孙中山逝世以后,由谁继任国民党领导人是国民党内急待解决的问题。在长期的斗争过程中,孙中山有过一批助手,如汪精卫、廖仲恺、胡汉民、许崇智等,资历很深,威望和权位都很高。蒋介石是个后起之辈,几年来因为当过孙中山的军事参谋,并同孙中山有过一段共患难的经历,近二三年得到了格外的信任和提拔,在国民党"一大"后,陆续担任了军事委员会委员、黄埔军校校长,并兼粤军参谋长、长洲要塞司令等职,但充其量也不过是粤军总司令许崇智之下的一员部将而已,而在党内连个中央候补执委也不是,根本不能与上述党政要员相提并论。在当时,尽管汪精卫、胡汉民等人为取得继承人资格,进行了明争暗斗,但谁也不敢公开自封为孙中山的继承人,更没有人认为这个空缺应由蒋介石来填补。可是蒋介石自己却窥伺这个高位。1925年3月30日蒋介石在对孙中山的祭文里说:"忆自侍从以来,患难多而安乐少。每于出入生死之间,悲歌慷慨,唏嘘凄怆,相对终日,以心传心之情景,谁复知之? 黄埔一役,吾师以民国之文天祥自待,而以陆秀夫视中正。去年临别北上,以军校既成,继起有人,主义能行,虽死无憾之语语中正。""今惟有教养学子,训练党军,继续生命,复兴中华,以慰在天之灵而已。"①把自己说成是孙中山的嫡传弟子,接受了临别之命。此后,蒋以孙中山的"继承者"自居,常说:"一个党里,不能有两个领袖";"我是总理唯一的信徒"②。但在初期,他还是一副谦恭的姿态,对汪精卫、许崇智以及鲍罗廷等人表现得很是尊敬的。

汪精卫在争取继任领袖的过程中,很想利用蒋介石所掌握的军事实力。5月8日,汪刚从北京回到广州,立即偕妻子陈璧君专程到东征前线潮州看望蒋介石,信口开河地说:孙中山在病危之际,"犹以微息呼介石"。这话正好迎合蒋的心理,他大为感动,"呜咽良久"。嗣后,他们"倾谈党事,并谋个

① 《蒋介石年谱初稿》第331页。
② 李之龙:《三二〇反革命政变真相》(1927年4月),广东省档案馆等编《中山舰事件》第9页,1981年版。

人行止",汪表示要以蒋的"一言而决",蒋"甚感其亲爱"①。这时蒋、汪两人都明白,在广东当时的处境,要使自己取得权力,必须借助于苏联顾问、中国共产党和广大工农群众的支持,所以都宣称自己是孙中山联俄、容共、扶助农工三大政策的继承者,表明自己是坚定的左派。他们一拍即合,相互提携。

国民政府成立后,蒋介石虽兼任广州卫戍司令,但在党政方面仍没有一席之地。他对这个状况很不满足,不肯负起卫戍广州的责任。这时,许崇智统领下的粤军,取代了滇、桂军进驻广州及周边各要地,控制了当地的财政、税务、厘金机构,截留税款,开放烟、赌、娼诸禁,少数将领贪污、挪用公款挥霍、享乐。对于黄埔军校及蒋部官兵财源枯竭的困难,却未予重视和补给,造成了蒋、许之间的深刻矛盾。粤军的某些军官,对蒋介石也有忌恨,甚至企图加以暗杀。有一天,蒋介石由广州北校场黄埔军校入伍生总队部回到城内军校办事处。他所乘的一辆小汽车,插着一面青天白日小旗,开车时发生故障。蒋要赶快回城,临时换车离开,安全到达办事处。不料插小旗的小汽车却在粤军驻地东坡楼附近被机枪打翻,死伤卫兵数人。

当时,胡汉民常和一些反共倾向的人密议反对国共合作,并把一切怨恨集中到坚决继承孙中山遗志的国民党左派领袖廖仲恺身上。

孙中山逝世后,国民党权力中枢受到了很大的冲击,领导软弱,纪律松弛,失去了对党员的控制。加上当时南方革命形势发展迅速,工农运动蓬勃兴起,广东境内的革命力量明显增强。这使右派势力本能地感受到了革命力量的威慑,他们窥测方向,寻找时机加紧进行破坏活动。1925 年 8 月国民党左派领袖廖仲恺遭到密谋刺杀,就是右派乘机破坏革命的严重步骤。

廖仲恺(1877—1925),广东惠阳人。他出生于美国的一个华侨家庭,早年回国读书,同何香凝结婚,在留学日本时加入同盟会。辛亥革命后参加反袁斗争,加入中华革命党,任财政部副部长。此后,协助孙中山从事护法等斗争,致力于筹措革命经费,组织革命力量,成为孙中山的得力助手。他积极协助孙中山确定联俄、容共和扶助农工三大政策,促成了第一次国共合

_____

① 《蒋介石年谱初稿》第 352 页。

作。他与共产党人以及其他革命志士一起，融洽相处，通力合作，为全面改组国民党，建立革命军队，开展工农革命运动，统一广东革命根据地，进行了艰苦的斗争和卓有成效的工作。国民党一大后，他身任国民党中央执行委员会常务委员、大元帅大本营秘书长兼黄埔军校党代表、广东省长等职，大力推进国共合作和国民革命运动的发展，也积极支持蒋介石的工作，使军校和党军的饷械源源不断，并沿着三大政策的轨道前进。国民政府成立后，他任国民政府委员会委员兼财政部长、国民政府军事委员会委员。此时，廖仲恺忠实地继承孙中山的遗志，坚决维护三大政策和国共合作的事业，积极支持"五卅"运动、省港大罢工等反帝斗争。他对冯自由、马素等右派乘机搞分裂活动，反对国共合作，以及"孙文主义学会"和"戴季陶主义"的出现都旗帜鲜明地表示反对。1925年5月，他发表了《革命派与反革命派》一文，毫不含糊地揭露国民党右派的顽固分子具有反革命性质。他对驻在广东境内的军阀部队各据防地，霸占税收，开烟馆，设赌场，飞扬跋扈，欺压人民的状况深恶痛绝，坚决主张改组军队，统一财政，虽遭到阻挠，仍坚持斗争。因此廖仲恺受到国内外反动势力和国民党右派的仇恨，遂于8月20日在广州惠州会馆国民党中央党部门口遭到枪击身亡。

杀害廖仲恺，是国内外反动势力和国民党右派进攻左派和共产党人的一个预定步骤，激起了广大革命人士的满腔义愤，广大工农群众和黄埔军校、国民革命军第一军中的官兵纷纷要求严惩凶犯，"为廖党代表报仇"。时任黄埔军校政治部主任的周恩来写了题为《勿忘党仇》的文章。当时国民党中央执行委员会、国民政府委员会、军事委员会在苏联顾问鲍罗廷的积极主张下组织了"处理廖案特别委员会"，指定汪精卫、许崇智、蒋介石三人为委员，授以政治、军事及警察全权，负责审理此案。担任国民政府主席的汪精卫发出号召："我们于打倒帝国主义打倒军阀外，还应该有一句口号，肃清一切反革命、假革命、不革命分子"，"我们要用最严厉的手段，将他们扫荡干净。"①由于粤军将领梁鸿楷等人与"廖案"有关而被捕，许崇智自身难保，特别委员会实际成了汪、蒋两人唱双簧戏的局面。社会治安和执行特别使命

---

① 《广州民国日报》1925年9月25日。

均由蒋指挥下的第一军和黄埔学生来承担,蒋介石成了处理"廖案"的实际指挥者。8月24日蒋就任广州卫戍司令职,立即宣布广州戒严。蒋介石采取了一些措施,对右派进行必要的打击。与此同时,他联合汪精卫认为根据追查"廖案"的发展,胡汉民因其堂弟胡毅生等人涉嫌而"不宜在广东,如到苏俄走走,可以考察考察",驱使胡于9月22日乘轮船,"出使苏联"[①]。蒋还以粤军涉案的将领甚多,粤军军纪不严等而认为许崇智难辞其咎,强行"护送"许崇智出境,乘机取代了许崇智的地位,并兼并了粤军的大部分兵力。

随着胡汉民、许崇智被逐,他们的拥护者也大有树倒猢狲散之势,纷纷借故避往香港、北京、上海等地。林森、邹鲁等右派领袖也难以在广州立足,遂于9月初乘国民政府派出北上外交代表团的机会,随团离广州北上。他们到上海后,即与谢持、戴季陶、叶楚伧、邵元冲等会合,谋划在北京召开所谓"国民党一届四中全会",进行"反共清党"。11月23日,非法的国民党第一届中央执行委员会第四次全体会议在北京西山碧云寺孙中山灵前举行。出席会议的有中央执行委员林森、居正、邹鲁、石青阳、石瑛、覃振、叶楚伧,候补执委邵元冲、沈定一、茅祖权、傅汝霖,中央监察委员谢持、张继共十三人。其中林森、张继等还是新成立的国民政府的重要成员。因会址在西山,"西山会议"和"西山会议派"由此得名。

西山会议由林森、邹鲁分别担任会议主席,会期四十三天,共开了二十二次会议,主要议题是反共反俄,分裂国民党。会议公开诬称共产党员加入国民党"实图利用本党,发展共产党党势,且借以维持苏联"。宣称"凡共产党之加入本党分子,尽数取消其本党之党籍"[②]。会议公然对抗孙中山联俄的政策,认为苏联"采用帝国主义手段","也是本党的敌人"[③],要解除苏联顾问鲍罗廷"在本党之一切职务"[④]等。并在组织上分裂国民党,非法宣布

---

① 《胡汉民自传续编》,《近代史资料》1983年第2期,中国社会科学院出版社版。

② 荣孟源主编:《中国国民党历次代表大会及中央全会资料》(上)第356—357页,光明日报出版社1985年版。

③ 《中国国民党历次代表大会及中央全会资料》(上)第357、386页。

④ 《中国国民党历次代表大会及中央全会资料》(上)第358页。

停止国民党中央执行委员会职权,取消国民党中央政治委员会。会议先后
通过了《取消共产派在本党之党籍案》《取消中央政治委员会》《顾问鲍罗廷
解雇案》《开除中央执行委员之共产派谭平山等案》《决定本党此后对于俄国
之态度案》《为取消共产派在本党的党籍告同志书》等六十个议案、十个文告
通电。会议非法选出林森、石青阳、邹鲁、叶楚伧、覃振五人为伪国民党中央
常务委员,推定居正、戴季陶、叶楚伧、茅祖权、沈定一、覃振、孙科、林森、石
青阳等为各部部长。12 月 14 日在上海设立"国民党中央党部"。西山会议
派打算采取联蒋反汪的策略,对蒋介石寄予希望。

中国共产党人和国民党左派对西山会议派的反共分裂活动进行了坚决
的斗争。陈独秀、瞿秋白、蔡和森等共产党人在《向导》《中国青年》等报刊发
表大量文章,揭露批驳西山会议派的谬论。当时任国民党中央宣传部代理
部长、兼任国民党中央机关报《政治周报》主编的毛泽东,撰写了《革命派党
员群起反对右派会议》《北京右派会议与帝国主义》《右派的最大本领》等一
系列文章,指出他们用"窝里反"的方法,反对共产党、分裂国民党,"事实上
是做了帝国主义的工具"①。西山会议派"能在军阀帝国主义面前公开的开
会,这是右派的最大本领"②。宋庆龄通电谴责西山会议派,她说:"总理泉
下有知,亦当痛哭。"

西山会议派等右派集团的倒行逆施,受到国共两党广大革命者和人民
群众的强烈反对。身在广州的蒋介石,这时得到苏联顾问鲍罗廷等人的极
大信任,与以国民党左派领袖面目出现的汪精卫又有很好的合作,对国民党
右派势力的打击又使自己获得了很大的得益。因此他深切懂得需要苏联顾
问和共产党人的继续合作,反击国民党右派势力,以巩固自己的地位。他在
许多场合以孙中山的信徒自居,表示拥护国共合作和三大政策。在对第一
军官长的训话中曾说:"中国革命,实实在在说一句,是完全为农工阶级来革
命的。大家必须明白这个意思,才能做一个真正革命者。"③他发表通电,公
开谴责西山会议派的言论和行动"无一不悖于本党之纪律与总理之旨意",

---

① 《帝国主义的最后工具》,《政治周报》第 3 期,1925 年 12 月出版。
② 《右派的最大本领》,《政治周报》第 3 期,1925 年 12 月出版。
③ 蒋介石:《欢宴第一师第三师官长训词》(1925 年 12 月 28 日)。

指责他们争意气,闹分裂,"明知之而故陷之,欲不谓之反革命不可得"①。

但是,蒋介石这时已开始害怕工农运动和共产党力量的增长。他在第二次东征时,看到海丰一带农民运动在彭湃等共产党人领导下,有很大发展,农民自卫军在军队到达之前占领了县城,便引起了对民众运动的畏惧和戒心。他又看到黄埔军校内青年军人联合会的发展大大超过孙文主义学会;当时第一军三个师的党代表有两名、九个团的党代表有七名都是共产党员,在不少营、连、排中也有共产党的组织,他企图加以限制。11 月间,他召集军校和第一军连以上军政人员联席会,"要求把所有在黄埔军校以及在军队中的共产党员的名字都告诉他,所有国民党员加入共产党的名字都要告诉他"。随后又提出"为了保证黄埔军校的统一,共产党员或者退出共产党,或者退出黄埔军校与国民党,并假惺惺地表示后者是他所不愿意的"②。

1926 年 1 月 1 日至 19 日,国民党第二次代表大会在广州召开。这次大会出席代表二百五十六人,共产党员和国民党左派占了多数。大会坚持了国民党"一大"的基本方策,严肃处理西山会议派的首要分子,维护了国民党的统一。蒋介石以"东征英雄"的姿态,从东江回广州参加大会。在庆祝元旦和国民党"二大"召开的三十万人群众大会上,他"穿着引人注目的斗篷大衣,在主席台上接受欢呼:军事领袖的姿态表现得淋漓尽致,使汪精卫等为之失色"③。6 日下午,他代表国民政府军事委员会向大会作军事报告,极力强调近一二年来的军事成就。10 日晚他在黄埔军校宴请大会代表,显示他自成一格的气派。12 日国民党"二大"决定将各军所办军校与黄埔军校合并,改称中央政治军事学校,仍任蒋介石为校长。16 日大会选举中,他当选为国民党中央执行委员会委员;随后在二届一中全会上当选为九名常务委员之一。蒋介石踌躇满志,他在对黄埔军校第三期学生的训话中说:"老实讲,本校是本党的中心,且是本党的基础,再推广一点讲,也就是全国的革命中心所在地。"④2 月 1 日他被任命为国民革命军总监,统辖各军。至此,

---

① 蒋介石:《为西山会议告同志》,《政治周报》第 4 期第 5—7 页。
② 周恩来:《关于一九二四至二六年党对国民党的关系》,《周恩来选集》上卷第 118 页。
③ 张国焘:《我的回忆》第 2 册第 83 页,现代史料编刊社 1980 年版。
④ 《蒋介石年谱初稿》第 525—526 页。

蒋介石成了拥有国民党党务和军事实权的人物,与汪精卫成为广州国民政府一武一文的两大巨头。李宗仁回忆当时的情形说:"国民党改组之初,蒋先生尚非中央委员,但是在总理北上后两年之内,一跃而为党内最有权力的领袖。其权力增涨的过程,实得力于权诈的多,得于资望功勋的少。"①

三、制造中山舰事件

蒋介石得到共产党人和苏联顾问的支持,打击右派势力,提高了自己的地位和权力之后,反过来又依靠右派势力的支持,打击共产党和国民党左派。蒋介石曾自我表白说,从国民党"二大"起,他就"下了决心,早就把生死置之度外",要同共产党"奋斗抵抗到底"②。1926 年 3 月 20 日,他捏造事实,制造了中山舰事件,这是"蒋介石与右派勾结,打击汪精卫,向共产党进攻,向革命示威"③的严重政治事件,也是蒋介石反动面目的大暴露。

1925 年发生的"五卅运动",把中国革命推向了新的高潮。在斗争中,中国工人阶级和中国共产党表现出伟大的力量,工人运动、农民运动在全国许多地方得到空前的发展。省港大罢工和海丰等地的农民运动蓬勃兴起后,大革命的风暴席卷了广东。至 1925 年底,仅广州市参加工会的工人有十二万五千人,广东大多数县建立了工会组织,全省工会会员达二十多万人。1926 年上半年,广东全省有农民组织的县达到六十一个,参加人数达六十一万;还有工人武装纠察队二千余人,农民自卫军三万余人。中国共产党在广东的群众基础大为加强。这一状况也反映到国民党内,当时在广东省内有国民党员七万多人,其中农民党员约"十分之八",广州有党员二万多人,"其中十分之六都系工人"④。在国民党"二大"后建立的中央组织机构中,中央秘书处和组织、宣传、农民等部都由共产党员担任领导工作。同时,

---

① 《李宗仁回忆录》上册第 320 页,广西文史资料研究委员会 1980 年版。
② 李云汉:《从容共到清党》第 11 页,台湾中国学术著作奖助委员会 1973 年版。
③ 周恩来:《关于一九二四至二六年党对国民党的关系》,《周恩来选集》上卷第 120 页。
④ 谭平山:《中国国民党第二次全国代表大会中央党务报告》(1926 年 1 月 7 日),国民党中央执行委员会 1926 年印行。

在国民革命军各军中,大约已有一千名共产党员;第一军、第二军、第三军、第四军、第六军的政治部主任都由共产党人担任。蒋介石直接掌握的第一军中,共产党员发挥着巨大的作用。对此,蒋介石感到畏惧。他把中国共产党看作是他获取革命领导权的最大障碍,想方设法加以排斥。

这个时期,苏俄顾问团也加强了自己的地位和影响,在广州发挥着越来越重要的作用。汪精卫同苏俄顾问关系密切,表现很"左"倾。这就不能不引起蒋介石的不满和猜忌,双方之间的矛盾越来越尖锐。

蒋介石在参加国民党第二次全国代表大会时,就主张出师北伐。他认为"从敌人内部情形看去,崩溃一天快似一天。本党今年再加努力,可以将军阀一概打倒,直到北京"[1]。他在向大会的军事报告中说:"再用些精神,积极整顿,本党的力量就不难统一中国","我们的政府已经确实有了力量来向外发展了。"[2]苏俄顾问团团长季山嘉(Куиьыщев)等认为,由于政治、军事等方面的条件还未成熟,主张暂缓北伐。蒋介石因而十分恼恨。在蒋介石与季山嘉的矛盾中,汪精卫明白支持季山嘉,还希望蒋给季山嘉造成一种"畅所欲言,了无忌讳,了无隔阂"[3]的气氛。在北伐走哪条路线的问题上,蒋介石与苏俄顾问间也有分歧。顾问们认为,北伐打到武汉后,继续向西北前进,同冯玉祥国民军汇合,以西北大陆为基地,再向东南沿海进攻。蒋介石十分看重江苏、浙江、上海等地,主张首先向东南沿海出兵,也可以取得英美等国和江浙财团的支持。蒋对苏联帮助冯玉祥也甚为不快,特别是认为季山嘉建议他北上与冯玉祥联合,是有意要调他离开广州,"打消北伐根本之计",因而提出了撤换季山嘉的要求。

蒋介石对汪精卫当上了国民政府主席、军事委员会主席,还兼任军校的党代表,也心怀不满,尤其是对汪企图插手军队更不容许。王懋功本是许崇智部将,归附蒋介石后升为第一军第二师师长。王懋功对汪精卫比较亲近,

---

① 蒋介石在国民政府举行新年宴会上的演说(1926 年 1 月 4 日),《广州民国日报》1926 年 1 月 7 日。

② 蒋介石:《中国国民党第二次全国代表大会军事报告》(1926 年 1 月 6 日),国民党中央执行委员会 1926 年印行。

③ 汪精卫:《致蒋介石》(1926 年 2 月 8 日),中国第二历史档案馆藏。

曾在汪精卫提议下,代理蒋介石任广州卫戍司令。1926年初,黄埔军校的经费被削减三万元,追加给第二师。1926年2月24日,国民政府成立两广统一委员会,拟将广西军队编为第八、第九军。蒋介石怀疑汪精卫、季山嘉准备把王懋功率领的第二师扩大为第七军,是有意笼络王懋功,而拆自己的台。于是,蒋介石突然在2月26日将王懋功扣留,第二天便派人将他解往上海。接着调自己的亲信刘峙出任第二师师长。蒋介石自以为办了这件事是去掉了一块心病,得意地认为:"凡事皆有要着,要着一破,则一切纠纷不解自决。一月以来心坎憧忧时自提防,至此略定。"①他轻而易举地驱逐了王懋功,但仍感到自己处于危险境地,心里忐忑不安。在3月5日的日记中说:"单枪匹马,前虎后狼,孤孽颠危,此吾今日之环境也。"②这时,广州街头巷尾出现了一些谣言,甚至还有反蒋传单。蒋在日记中记道:"近日反蒋传单不一,疑我、谤我、忌我、诬我、排我、害我者,渐次显明。遇此拂逆之来,精神虽受打劫(击)而心志益加坚强。"③这就加重了蒋介石对共产党和国民党左派的猜忌和怨恨心理。

当时,右派势力多次准备夺取中山舰,遭到共产党员李之龙等的反击。李之龙(1897—1928),湖北沔阳县人,中国共产党早期党员,黄埔军校第一期学生,曾任青年军人联合会主席团主席、黄埔学生军教导团营党代表,1925年10月调任广东革命政府海军局政治部少将主任。他积极支持省港罢工,并协同查处了蒋介石亲信、虎门要塞司令陈肇英的走私案件,被蒋系人物视为眼中钉。1926年3月初,李之龙被任命为代理海军局长、参谋厅长及中山舰长,晋升为中将,全权负责海军工作,成为当时广东革命政府中掌握海军指挥权的重要人物。当时,孙文主义学会分子、海军学校副校长欧阳格企图夺取中山舰的指挥权。李之龙闻讯采取防范措施,报请国民政府委任章臣桐为中山舰代理舰长。这一切加深了国民党右派对他的仇视,必欲置之死地而后快。西山会议派和孙文主义学会分子早已到处散布谣言,谋划"拆散广州的局面","使共产党和蒋分家"。3月17日王柏龄在黄埔军

---

① 《蒋介石年谱初稿》第540页。
② 《蒋介石年谱初稿》第541页。
③ 《蒋介石年谱初稿》第544页。

靜叔　惠存

任

陳祖燕敬贈

十五三

担任蒋介石机要秘书的陈立夫,力阻蒋退离广州,建议"干一下"。陈晚年回忆说自己这是"历史性建言","对以后中国的历史发生了极大的影响"。

校内散布说:"共产党在制造叛乱,阴谋策动海军局武装政变。"①要他所属的部队"枕戈待旦",消灭共产党阴谋②。经过一番谋划,3月18日欧阳格派人到广州文德路李之龙家,矫令调中山舰驶入黄埔。因李本人不在,由李的夫人接待。来人声称:"奉蒋校长命令,有紧急之事,派战斗舰两艘开赴黄

———————————

① 马文车:《中山舰事件内幕》,《文史资料选辑》第 45 辑第 3 页。
② 茅盾:《我走过的道路》,第 305 页,人民出版社 1981 年版。

埔,听候蒋校长调遣。"①并留下海军局参谋厅作战科长邹毅一函,说明已派宝璧舰准备前往,请决定再派一舰。李之龙回家阅函后,即通知中山舰代理舰长章臣桐率舰出发。3月19日上午宝璧、中山二舰奉命开到黄埔,停泊在军校门前,生火待命。下午因苏联顾问团要参观中山舰,李之龙打电话请示蒋介石可否将中山舰返回广州,经蒋同意后,便电调中山舰返回。但王柏龄、欧阳格等人向蒋介石隐瞒派人请李之龙派舰来黄埔候用的实情,向蒋说谎:中山舰已出动,正在开往黄埔,听说共产党要抢黄埔的军火。还造谣说:"共产党阴谋暴动,要推翻政府,唆使中山舰开赴黄埔,劫走蒋校长,送往海参崴转送莫斯科,中山舰已于昨日窜泊黄埔水面,事态十分严重"等等②。蒋介石将信将疑。他害怕自己被擒,于3月19日准备离开广州。在去长堤码头的途中,随行的陈立夫问蒋:"为什么我们一定得走? 军事权在校长掌握之中,为什么我们不干一下?"③蒋采纳陈立夫的主张,行至半途又返回,立即密邀陈肇英、徐桴(第一军经理处长)、欧阳格等人磋商对策,决定对共产党等革命势力发动突然袭击。当天,蒋介石写下的一段日记,反映了他的心态变化:"上午,往访季新兄。回寓会客。准备回汕休养,而乃对方设法陷害,必欲使我无地自容,不胜愤恨。下午五时,行至半途,自思为何必欲私行,予人口实,志气何存! 乃决回寓,牺牲个人一切以救党国也,否则国粹尽矣。终夜议事。四时往经理处,下令镇压中山舰阴谋,以其欲陷我也。"④蒋的这段日记,与陈肇英、陈立夫、王柏龄等人的回忆相一致。

当日深夜,蒋介石以兼广州卫戍司令的身份,突然下令宣布广州戒严,调动亲信部队分别行动。20日凌晨,欧阳格、陈肇英奉蒋的命令拿捕李之龙,调兵占领中山舰及海军舰队;缪斌、惠东长奉命将第二师中一些党代表和政治工作人员拘留在广州卫戍司令部。当天周恩来前往质问蒋介石,也被软禁一天。刘峙派兵从黄埔乘舰在东堤登陆,包围省港罢工委员会,收缴工人纠察队枪支;包围并搜查东山苏联顾问住宅及海军局、航空局、参谋团、

① 《李之龙夫人报告》(1926年3月31日),中国第二历史档案馆藏。
② 马文车:《中山舰事件的内幕》。
③ 陈立夫:《成败之鉴》第52页,台湾正中书局1994年版。
④ 《蒋介石日记》(手稿本),1926年3月19日。

制弹厂等机关单位,收缴卫队枪支,监视苏联顾问,并派兵进入黄埔军校严密监视共产党师生以及邓演达等左派人士。公安局长吴铁城奉命率领一批武装警察,以"保护"为名,包围了汪精卫住宅。

汪精卫被蒙在鼓里,十分气愤。他对匆匆跑来报告的陈公博说:"我是国府主席,又是军事委员会主席,介石这样举动,事前一点也不通知我,这不是造反吗?"①但是蒋介石只说因为共产党意图暴动,不得不如此紧急处置。汪无奈,提出辞职,并对前去探视的蒋介石表现得"怒气勃然,感情冲动,不可一世"②。22日在汪精卫家召开国民党中央政治委员会,汪虽对蒋的擅自行动表示不满,但意志消沉,坚持"请假"。在蒋介石的压力下,会议作出汪"暂时休假",令苏联顾问季山嘉等回国,查办李之龙等"不轨军官"等决定。

中山舰驶往黄埔,本是孙文主义学会分子欧阳格等"设计诱使中山舰异动"③的圈套,并非李之龙"矫命"。它与共产党无关,也与汪精卫、季山嘉无关。疑忌多端的蒋介石却轻信西山会议派和孙文主义学会分子的恶毒谣言,诬陷共产党阴谋暴乱,遽然发动事变,来势汹汹。事件发生后,中共广东区委会发出公开信,驳斥所谓"共产党有推翻国民政府的阴谋"等谣言。当时驻广东的六个军中,除第一军被蒋掌握一部分外,其他各军都同蒋有矛盾,对蒋的行径是不满的。工农群众及其武装都站在革命方面。据此,中共中央曾决定在广州成立特别委员会,组织力量对蒋介石进行反击。但当时苏联顾问力主对蒋介石妥协退让,希望拖住蒋介石来对抗右派势力,维持国共合作的局面。于是,无力独立自主的中共领导也不得不对蒋介石采取妥协政策,同意共产党员撤出第一军等。汪精卫等人更缺乏同蒋斗争的决心和勇气,在事变后感到无力应付,索性装病,隐居不出,表示"不再负政治责任",随后又悄悄地离开广州前往法国。

蒋介石在中山舰事件中向中国共产党和国民党左派等革命势力进行一次试探性的进攻,取得意外的"成功"。但他明白自己的力量还不够大,不得不继续争取中国共产党和苏联的信任和支持。3月23日他上书军事委员

---

① 陈公博:《苦笑录》第37页,现代史料编刊社1981年版。

② 蒋介石日记(1926年3月21日),中国第二历史档案馆藏。

③ 陈孚木:《国民党三大秘案》连载之18,《热风》第85期,香港创垦出版社1956年版。

会,一方面委过于李之龙,同时假惺惺地表示:"此次事起仓卒,处置非常,事前未及报告,专擅之罪,诚不敢辞","自请从严处分,以示惩戒"①。蒋介石一再声称:李之龙"如果有罪,也只是他一个人的问题,不能牵涉到团体的身上"②。"二年以来,我对于共产党同志亲爱的精神是不言而喻的,就是我对共产主义不但不反对,并且很赞成的"③。他还说:"政府对于罢工抵制帝国主义,始终处于赞助地位,余更为拥护罢工政策最力,反对帝国主义最烈之一人。"④又说:"苏俄已成世界革命之中心,中国国民革命又为世界革命之一部分,联俄政策是国民党的生命,岂有轻于变更动摇之理。至于东山警戒有妨俄顾问出入,此亦余深致不安者。"⑤他再三表白自己不会违背孙中山手订的革命政策。他还作出打击右派的姿态,标榜自己坚持革命。事件后不久,他便将陈肇英、伍朝枢等驱逐出广东,将欧阳格、吴铁城免职拿办,囚禁于虎门;还发通电斥责西山会议派"希图颠覆政府,摧残本党,不使吾同志同归于尽而不止",不容他们"视中正为傀儡"。可是不久,蒋介石对从北京、上海等地回广东的国民党右派,包括被国民党"二大"处分的西山会议派人物,视为知己并合作共事。只不过他对胡汉民这样有声望和权势的人物,则担心难以共事。因此,从苏联赶回广州的胡汉民被迫再次离去,恰巧与汪精卫同乘一条轮船离开广东,相对无言。

四、出任国民党主席

蒋介石发动中山舰事变后,出乎意外地感到顺利得手,内心不禁发生出几分傲慢和轻蔑。他在日记中写道:"事前反对此举者,事后奉余言为金科玉律,人心之变化,奈如此其速耶!"⑥蒋深感以铁腕对政敌,凭实力实现政

---

① 蒋介石:《呈军事委员会文》(1926年3月23日),《蒋介石年谱初稿》第550页。
② 蒋介石:《关于中山舰案对第四期学生训话》(1926年3月24日),《中山舰事件》第225页,广东省档案馆1981年版。
③ 蒋介石:《关于中山舰案对全体党代表演词》(1926年5月),《中山舰事件》第232页。
④ 《三月二十日的戒严》,《人民周刊》第7期(1926年3月30日)。
⑤ 《三月二十日的戒严》,《人民周刊》第7期(1926年3月30日)。
⑥ 《蒋介石年谱初稿》第548页。

治目的,竟是如此之便捷和有效。当时新到达广州的苏联顾问斯切潘诺夫决定"利用蒋介石",具体策略是迎合和满足蒋介石的权力欲望,协助其取得更大的权力和实力,同时使蒋摆脱右派的影响,成为左派①。4月16日,在国民党中央党部与国民政府联席会议上,蒋介石被选为军事委员会主席。

4月底,原拟回国述职的鲍罗廷中途返回广州,对蒋介石也采取退让政策。5月15日,国民党二届二中全会在广州召开,通过了蒋介石等人事先拟好的《党务整理案》,排斥和压迫中国共产党。《党务整理案》规定:凡加入国民党的共产党员,对于三民主义"不得加以怀疑或批评";共产党员在中央、省、特别市党部任执行委员的数额,"不得超过该党部执行委员总数三分之一";共产党员不得担任国民党"中央机关之部长";凡其他党党员加入国民党者,必须将名单交国民党中央执行委员会主席保存;党员如违犯本案的有关规定,要视情节给予严惩。《整理党务案》实施之后,原任国民党中央执行委员会秘书长刘芬、组织部长谭平山、代理宣传部长毛泽东、农民部长林祖涵,均因身为共产党员而被免职。共产党被排挤出国民党中央的一切重要领导职务,政治领导地位大大削弱。而国民党新老右派人物在国民党中央的权势大为膨胀,患有半身不遂的蒋介石结拜兄弟张静江,被选出来代替汪精卫任中央执行委员会常务委员会主席,谭延闿出任中央政治会议主席,蒋介石自己则兼任组织部长、军人部长等职。另外西山会议派的叶楚伧、邵元冲分别出任国民党中央秘书长和青年部长,顾孟馀任宣传部长,陈果夫任组织部秘书,按蒋介石的旨意把持中央党务大权。一个月后,蒋介石出任国民党中央执行委员会常务委员会主席,更是大大加强了他在国民党内的领导地位。他通过一些代理人,着力控制国民党及国民政府的大权。

蒋介石在5月27日的一次讲话中说:"要懂得需要一个革命中心","做共产党员,必须承认国民党是国民革命的唯一指挥者","一定要一个主义,一个党来专政"。蒋介石得手了,他的北伐主张也畅行无阻了。6月4日,国民党中央执行委员会举行临时会议,通过迅速出师北伐,任命蒋介石为国

---

① 斯切潘诺夫报告,见张国忱编《苏联阴谋文证汇编》线装本,广东事项类,第36—38页,北京1927年印行。

民革命军总司令的议案。

从廖仲恺被害,到出任国民党中央常委会主席,前后不到一年时光,蒋介石从一个军长一跃而成为国民党领袖,这种变迁,含有很大的机缘巧合的偶然性,他的高位思很不稳固的。陈公博分析说:"汪先生既因三月二十之变出走,虽然大家以为是一个闷葫芦,但抱不平而希望他回来的企图倒是很普遍而到处酝酿。因为汪先生的出走,大家遂想到三月二十之变;因为想到三月二十之变,大家遂不满于蒋先生。那时虽然说不上反蒋,可是崇拜汪而惧怕蒋倒是一个显而易见的心理。唯其三月二十之变太莫明其妙,所以一般党人和将领都有点寒心,就是没有汪先生在国府那一段的成绩,大家也有点芒刺在背的恐怖①。"不无道理。

---

① 陈公博:《苦笑录》第 95 页,现代史料编刊社 1981 年版。

第六章　统率大军出师北伐

一、制定北伐方案

广州国民政府成立后,通过第二次东征和南征,统一广东革命根据地,实行军政、财政和民政统一,逐渐取消苛捐杂税,得到人民的拥护,财政收支显著好转。"国民政府的财政税收大增,1925 年 10 月至 1926 年 9 月的一年间,广东一省的财政收入超过八千万,相当于 1924 年的八倍有余"。1926 年春夏间,"国民政府统一了广东、广西,拥有兵力十三万余人"①。在两广实现统一后,湖南唐生智于 1926 年 3 月宣布拥护国民政府,先任湖南代省长,继任国民革命军第八军军长。随着全国反帝爱国民主运动和工农革命运动日益高涨,广大人民群众大力支持广州国民政府,为北伐战争提供了有利条件。

蒋介石较早敏锐地观察到,形势的迅速发展,需要以广东为基地,"向外

---

① 张海鹏主编、王奇生著:《中国近代通史》第七卷第 246—249 页,江苏人民出版社 2006 年 7 月版。

发展","实行打倒北方军阀的工作"①。早在 1925 年 12 月 28 日,蒋在日记中写道:"预定明年 8 月克复武汉。"②1926 年 1 月 4 日,他在国民政府春酌时又说:"从敌人内部情形看去,崩溃一天快似一天,本党今年再加努力,可以将军阀一概打倒,直到北京。"③他在 1926 年 2 月 24 日的"统一两广特别委员会"会议上,提出了"应早定北伐大计"④的主张。4 月 3 日,他向国民党中央提出,以三个月为准备,6 月底出兵北伐⑤。

为了动员各方面力量支援北伐战争,中国共产党于 1926 年 2 月在北京召开特别会议,"认为本党现时最主要的责任,实在是各方面的准备广州国民革命势力的往北发展,亦就是加紧的在农民之中工作,尤其是在北伐的过程上"⑥。并加紧部署北伐战争必将经过湖南、湖北、河南、河北等省的群众工作,发动和组织工农群众接应北伐军。

然而,当时莫斯科方面并不主张广州革命政府迅速出师北伐。从 1925 年 12 月到 1926 年 5 月,联共(布)中央政治局曾多次作出决议,坚决阻止广州国民政府的北伐设想。1926 年初,冯玉祥的国民军在北方失败后,苏俄对国际环境和中国革命形势的估计更加悲观。共产国际于 1926 年四五月间致函中共中央,认为当前提出北伐问题,无论从政治角度还是宣传角度,都是不妥的。5 月 20 日联共中央政治局"责成广州同志保证实行政治局不止一次重申的坚决谴责在目前进行北伐或准备北伐的指示"⑦。在此指示影响下,当时在广东的某些苏联顾问以及少数中共领导人,也认为北伐的时机还不成熟,还不能贸然行动。陈独秀撰文说:"在国民政府内部的政治状

---

① 蒋介石:《中国国民党第二次全国代表大会军事报告》(1926 年 1 月 6 日),《革命文献》第 11 辑第 335 页。

② 毛思诚编:《蒋介石日记类抄》,中国第二历史档案馆藏。

③ 《广州民国日报》,1926 年 1 月 7 日。

④ 《民国十五年以前的蒋介石先生》第 14 册第 68 页。

⑤ 《民国十五年以前的蒋介石先生》第 8 编 2,第 4—6 页。

⑥ 《关于现时政局与共产党的主要职任议决案》(1926 年 2 月 21 日—24 日),《中共中央文件选集》(1926 年)第 32 页,中共中央党校出版社 1983 年版。

⑦ 《共产国际执行委员会远东书记处会议第 3 号记录》(1926 年 4 月 27 日)、《联共(布)中央政治局会议第 27 号记录》(1926 年 5 月 20 日),见《联共(布)、共产国际与中国国民革命运动(1926—1927)》上,第 228、268 页。

北伐途中蒋介石在小轮船上

时任黄埔军校校长兼东征军总指挥的蒋介石

北伐时期的蒋介石

蒋介石遭遇两次暗杀，但有惊无险，安然无恙

况上,在整个国民政府之实力上,在国民政府所属军队之战斗力及革命的意识上,都可以看出革命时期尚不成熟。"①北伐是孙中山的遗愿,是广大群众和进步人士长期以来的强烈要求,陈独秀对上述要求的迫切性认识不足,对北伐未能持鲜明的支持态度。蒋介石对陈独秀的文章很反感,认为陈"有诽议北伐言论,其用意在减少国民党信仰,而增进共产党地位也"②。

尽管国民革命阵营内部对北伐的意见不尽一致,但并未妨碍北伐的准备工作。经过国共两党有关人士及苏联顾问加仑等的反复研究和磋商,共同赞成迅速出师北伐,确定了一个集中兵力各个击破敌人的战略方案。

1926 年 6 月 5 日,广州国民政府通过出师北伐案。7 月 1 日蒋介石下达北伐部队动员令,宣称:"本军继承先大元帅遗志,欲求贯彻革命主张,保障民众利益,必先打倒一切军阀。"还宣布北伐进军计划为"先定三湘,规复武汉,进而与我友军国民军会师,以期统一中国,复兴民族"③。接着国民党中央讨论通过《北伐宣言》,郑重宣告:"中国人民一切困苦之总原因,在帝国主义者之侵略及其工具卖国军阀之暴虐。中国人民之唯一的需要,在建设一人民的统一政府。而过去数年间之经验,已证明帝国主义者及卖国军阀,实为和平统一之障碍,为革命势力之仇敌;故帝国主义者及卖国军阀之势力不被推翻,则不但统一政府之建设永无希望,而中华民族唯一希望所系之革命根据地,且有被帝国主义者及卖国军阀联合进攻之虞。本党为实现中国人民之唯一的需要,统一政府之建设,为巩固国民根据地,不能不出师以剿除卖国军阀之势力。"④

国民革命军出师时有八个军,参战部队有二十八个师零九个旅,加上特种兵团和后勤部队,约有十万人。其编组情况是:国民革命军总司令蒋介石,总参谋长李济深(留守广州),副总参谋长白崇禧。总政治部主任邓演达,总政治部副主任郭沫若。第一军军长何应钦,党代表缪斌。第二军军长谭延闿,副军长鲁涤平,党代表李富春。第三军军长朱培德,党代表朱克靖。

---

① 陈独秀:《论国民政府之北伐》(1926 年 7 月 7 日),《向导》第 161 期。
② 《蒋介石日记类抄·军务》,1926 年 8 月 23 日。
③ 《蒋介石年谱初稿》第 603 页。
④ 《国民革命军出师北伐特刊》(1926 年 8 月 9 日),《革命文献》第 12 辑第 49 页。

国民革命军总司令蒋介石。

第四军军长李济深,副军长陈可钰,党代表廖乾吾。第五军军长李福林,党代表李朗如。第六军军长程潜,党代表林伯渠。第七军军长李宗仁,党代表黄绍竑。第八军军军长唐生智,党代表刘文岛。其中从事政治工作人员多数是中共党员和国民党左派人士。苏联政府派加仑将军等充当国民革命军顾问①,同时支援了大批军事装备、资金和其他物资等。广东等省人民群众大力支援北伐军。

　　蒋介石领导的总司令部拥有很大的权力,其权力集于总司令一身。国民政府颁布之《国民革命军总司令部组织大纲》规定:"国民政府特任国民革命军总司令一人,凡国民政府下之陆、海、航空各军,均归其统辖";国民政府

---

　　① 韦显文等编:《国民革命军发展序列》第9—13页,解放军出版社1987年版。

原设有之政治训练部、参谋部、军需部、海军局、航空局、兵工厂等均直属于总司令部；"出征动员令下后，即为战争状态，为图军事便利起见，凡国民政府所属军、民、财、政各部机关，均须受总司令之指挥，秉承其意旨，办理各事"①等等。诚如后来中共指出的，实施这个《大纲》的结果，便成为"蒋所在地，就是国民党中央所在地，国民政府所在地；蒋就是国民党，蒋就是国民政府，威福之甚，过于中山为大元帅时"②。

根据"先定三湘，规复武汉"的战略计划，5 月 11 日夜，军事委员会开会，蒋介石、谭延闿、朱培德、李济深、程潜、白崇禧等出席，新自广西来粤的李宗仁和湖南请援的代表刘文岛也参加了会议。会议决定出兵入湘③。继而，又陆续任命唐生智为国民革命军前敌总指挥，兼理湖南民政事宜及第八军军长等职。国民革命军于 5 月中派出第四军叶挺独立团和第七军钟祖培旅先期入湘，援助唐生智军抵御敌军，揭开了北伐战争的序幕；接着第四军陈铭枢第十师和张发奎第十二师由副军长陈可钰率领经粤汉路入湘；第七军又派出李明瑞旅、胡宗铎旅由广西开赴永丰、金兰寺一带。

6 月 23 日，蒋介石主持军事委员会全体会议，讨论通过了李济深拟订的作战方案和兵力部署。7 月 1 日，蒋介石下达了北伐部队动员令，随令颁布了《集中湖南计划》，规定以第七军李宗仁部、第八军唐生智部、第四军陈可钰部进攻长沙，以第二军谭延闿部、第三军朱培德部、第六军程潜部防备江西。7 月 4 日至 6 日，根据张静江提议，在广州召开国民党第二届中央执行委员会临时全会，决定的重要事项有：一、常务委员会主席张静江因足疾请辞，改选蒋介石为常务委员会主席，但在北伐期间，仍由张代理。二、承认蒋介石任党的军事部长，具有指挥各军的全权。

兴师北伐，统一中国，是形势发展的必然趋势，适时地反映了广大民众的强烈愿望。中国共产党号召全国人民热烈响应和支持北伐战争，指出"现

① 《国民革命军总司令部组织大纲》(1926 年 7 月 7 日国民政府颁布)，《国民政府公报》第 38 号第 14 页。

② 《中央局关于最近全国政治情形与党的发展的报告》(1926 年 9 月 20 日)，《中共中央文件选集(1926)》第 242 页。

③ 《广州民国日报》1926 年 5 月 13 日。

在的时候,正是中国人民起来反对外国帝国主义和国内军阀压迫之民族解放运动的新时期"①。在广东、湖南等地,千百万工农奋然跃起。省港罢工工人选出三千精壮,组成北伐运输队。广东妇女组成随军红十字队,医务人员组成北伐救护队,纷纷开赴前线。轰轰烈烈的支前运动在粤湘城乡广泛展开。

二、挥师北伐

北伐战争的对象是北洋军阀的统治。他们在政治、经济和军事等方面拥有强大的实力。在帝国主义支持下,占据北京中央政权和中国经济比较发达的十多个省份。直系军阀吴佩孚,约有兵力二十万,占据了河南、湖北、湖南三省及陕西的东部和直隶(今河北)保定一带,控制着京汉铁路。另一个直系军阀孙传芳,约有兵力二十万,据有江苏、安徽、浙江、福建和江西五省。奉系军阀张作霖,约有兵力三十五万,占有东北各省和北京、天津等重要城市,控制着津浦铁路北段。这三大军阀共有兵力约七十五万。其他各省还有许多地方军阀。为了扑灭日益高涨的人民革命运动,吴佩孚、张作霖在1926年三四月间已采取联合步骤,计划在北方消灭国民军,在南方先进攻湖南,进而消灭广东革命势力。孙传芳由于同吴佩孚、张作霖存在矛盾,表面上打着"保境安民",实际上采取坐山观虎斗,以便从中渔利的态度。北伐军制订了各个击破敌人,首先集中兵力攻取两湖,消灭吴佩孚军队的方针。

国民革命军的具体战略部署是:由广东出发,分三路向北挺进。西路为北伐军的主力,担任正面主攻,由第四、第七、第八军约六万余人,沿粤汉路进攻两湖,消灭吴佩孚主力,夺取武汉;中路由第二、第三、第六和第一军的两个师组成,先担任警戒,准备进攻江西孙传芳部队;东路军由第一军第三师组成,先以攻势防御,继而伺机向福建、浙江进军。待三路大军消灭了吴

---

① 《中共中央第五次对于时局的主张》(1926年7月12日),《中共中央文件选集(1926)》第184页。

佩孚、孙传芳主力后,准备迅速进入长江以北地区,共同消灭控制北京政权的奉系军阀张作霖的部队。

北伐时期的蒋介石。

　　7 月 9 日,国民革命军在广州东校场隆重举行了誓师阅兵典礼,同时举行了蒋介石就职仪式。国民党中央在《为国民革命军出师宣言》中,宣告这次北伐战争的目的、性质及其重要意义,指出"中国人民一切困苦之总原因,在帝国主义者之侵略,及其工具卖国军阀之暴虐"。当前"中国人民之唯一的需要,在建设一个人民的统一政府",为此必须"出师以剿除卖国军阀之势力"。宣言号召全国民众"同情于本党之出师,赞助本党之出师,参加本党之作战"①。蒋介石在就职宣言中声称:"第一,必与帝国主义者及其工具为不断之决战,绝无妥协调和之余地;第二,求与全国军人一致对外共同革命,以期三民主义早日实现;第三,必使我全军与国民深相结合,以为人民之军队,

————————

　　① 《中国国民党为国民革命军出师宣言》(1926 年 7 月 6 日通过,7 月 14 日公布),《革命文献》第 12 辑第 49—52 页。

进而要求全国人民共负革命之责任。"①这些慷慨激昂的言辞,受到人们的热烈赞许。

　　入湘援唐的北伐先头部队第四军叶挺独立团,是一支中国共产党直接领导的部队,共有二千余人,连以上干部都是毕业于黄埔军校的共产党员,士兵中也有许多共产党员、共青团员和革命青年,政治觉悟高,纪律作风好,战斗力强。他们在5月底抵达永兴县城后,即奉命转赴安仁,冒雨星夜兼程,在渌田、龙家湾迎击敌人,6月5日攻占攸县,取得北伐作战的首捷。至6月底,第四军第十师、十二师到达安仁附近,第七军第二、第七、第八旅亦集结于永丰、金兰寺附近。吴佩孚军被阻于涟水、渌水以北。7月上旬,第四、第七、第八军分成三路北进,迅速攻占醴陵、株洲、宁乡、湘潭,于11日即攻克长沙,人心振奋。

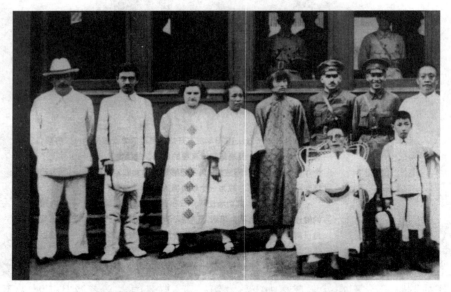

　　蒋介石(右三)与苏联顾问出征北伐前线,去车站送行的人中有:夫人陈洁如(左五)、鲍罗廷(左一)、鲍罗廷夫人(左三)、何香凝(左四)、张静江(前坐者)、谭延闿(右一)等,前立之小孩是蒋纬国。

---

　　①　蒋介石:《国民革命军总司令就职宣言》(1926年7月9日),《民国十五年前之蒋介石先生》第16册第10页。

北伐战争在湖南战场获得的胜利如此迅速,是蒋介石始料不及的。半个月后,他看到前线局势稳定,乃决定率领总司令部开赴前线。7月27日,他偕同苏联军事顾问加伦将军以及白崇禧、邓演达等人,从广州乘车出发,经韶关、乐昌,于8月3日抵达湖南郴州。4日晚召集总部人员及苏联顾问研讨了第二期作战方案,多数主张先攻武汉,相机并图江西。8月12日,蒋介石到达长沙,受当地民众盛大热烈的欢迎,他十分高兴而感动;但是,他的内心不无忧虑。由于唐生智攻克长沙后,收编了大量北洋军队,第八军兵力迅速"扩充至六师之众,实际有二十八个团,照粤军编制,可称十师,军械充足,精神统一,战斗力极强"[1]。唐生智出任湖南省政府主席兼军事厅长,宣布厉行党治,得到湖南的共产党人和国民党左派以及广大民众的支持和拥护。而且,唐生智与第四、第七、第八军的不少将领,均毕业于保定军校,被称为"保定系"。蒋介石"还在途中他的心情就起了剧烈变化。他得知唐生智为首的'保定帮'已经勾结起来,便张皇失措了。他甚至有过这样的打算:把主力开往江西,以便更能控制事件的进程"[2]。到达长沙后,他更加真切地看到,湖南的政权、军权,都已落入唐生智之手,共产党人又掌握了工农群众运动,内心十分不安。尤其使蒋介石伤脑筋的是,他的嫡系部队第一军第一、第二两师,虽然有精良的武器装备,还精心安排为预备队避免杀伤,但是自从中山舰事件排挤了共产党人后元气大伤,纪律松懈,军官吃喝嫖赌成风:入湘后又沿途拉夫、抢劫,骚扰民众,怨声载道。为此,唐生智曾向蒋提出:第一军可以去江西。言下之意,不要参与进军湖北之战,使蒋颇感难堪。蒋曾向共产党人和苏联顾问表示,希望帮助维护他总司令的威信,甚至招回一些共产党员到第一军工作,保持第一军的地位。他在公众场合也一再谈工农运动的必要性和发挥的巨大作用,取得群众的好感。在选举国民党湖南省党部时,他还希望多一些共产党员参加,以便牵制唐生智。当时贵州的地方实力派袁祖铭、彭汉章、王天培都表示愿意加入国民革命军,蒋即将他

---

① 《中央局关于最近全国政治情形与党的发展的报告》(1926年9月20日),《中共中央文件选集(1926)》第240页。

② [苏]亚·伊·切列潘诺夫:《中国国民革命军的北伐》第466页,中国社会科学出版社1984年版。

们编为第九、第十军,扩大自己的声势,以期制约唐生智。

期间,蒋介石与李宗仁频频接触交谈,相互印象都好,在衡阳两人签订盟约结为异姓兄弟①。

8月12日晚,蒋介石在长沙前藩台衙门主持召开军事会议,讨论北伐第二期的战略计划。参加者有代理总参谋长白崇禧,总政治部主任邓演达,苏联顾问加仑,各军军长唐生智、朱培德、李宗仁、陈可钰等,以及各军参谋长和师长如王柏龄等高级将领。与会者对北伐军今后的行动方针有两种不同意见:一种主张对湖北暂取守势,将主力移向江西;另一种意见是以主力攻打湖北,对江西加强防范。蒋介石是赞成前者的,他想率北伐军主力去赣,打出一片天地来。在讨论中,主张前者的认为,孙传芳已在江西陆续集中兵力,对广东、对湖南都是很大威胁。但主张以主力攻打湖北的人指出:目前吴佩孚的主力正在北方攻打南口的国民军,留在湘鄂的兵力不济,北伐军乘胜追击,武汉指日可下;而孙传芳还在坐观成败,可以争取其中立。如若攻赣,则吴军可得喘息,而孙传芳反会与吴联合对付北伐军,形成危局。经过反复讨论,蒋介石改变初衷,同意北伐军主力继续北进,直指武汉,对江西加强警戒。

蒋介石在长沙努力扩大自己的权势和影响。他检阅军队,召开会议,出席公众集会发表演说,发表《对外宣言》、《讨吴宣言》、《给全军将士令》等,声势很大。他在《讨吴宣言》中宣称:"国民与军阀之争,革命与反革命之争,三民主义与帝国主义之争,已至决战最后之时期。"他还驳斥帝国主义和北洋军阀散布的"赤化"谬论,指出"帝国主义口中之赤化者,实则革命之民众化耳","充吴贼之意,举凡爱国者皆赤之"②,言辞颇为激烈。但是,他又在另一些场合表露向帝国主义妥协、反苏反共的意向。8月24日对外国记者说,他身边有苏俄顾问十五人,因为他需要他们的帮助以及苏俄的军械与子弹的帮助;但是他"立意把他们清除出去"。他表白"五卅"运动以来发生的

---

① 《蒋介石日记》1926年8月10日记:"李德邻军长来谈甚久,乃知孟潇(唐生智——引注)决心革命,可喜可贺。下午与夏曦谈天,李德邻谈天甚久。德邻为一血心之军人也,与之订盟。"《李宗仁回忆录》亦有记,惟将衡阳误记为长沙。

② 蒋介石:《讨吴宣言》(1926年8月16日),《革命文献》第12辑第170—174页。

蒋介石对白崇禧的智慧和谋略十分赞赏,任命他为
北伐军总司令部行营参谋长辅佐自己,继后在进军浙、
沪、苏时让白兼任东路军前敌总指挥。

反英和抵制日货运动不是他的政策,而是学生联合会受布尔什维克唆使的,
他必须使"双方调和"①。这是同他的公开宣言和演讲尖锐矛盾的。

　　根据长沙军事会议集中兵力规复武汉的决定,蒋介石将北伐军重新编
组,分为中央、左、右三路军:中央军由前敌总指挥唐生智兼总指挥,第八、第
四、第七军合力挺进湖北,以武汉和武胜关为目标;右翼军由朱培德为总指
挥,第二、第三和第五军一部集结于攸县、醴陵一带警戒江西;左翼军由袁祖
铭任总指挥,率新编的第九、第十军在鄂西集结,相机进占襄阳、宜昌。8月

----

　　① 长沙邮务分局致北京邮政总局公函(1926年8月27日),北京邮政总局档案,中国第二历
史档案馆藏。

19 日,中央军发起总攻,歼击汨罗江北岸之敌,先后攻占平江、岳阳,切断粤汉路。接着进入鄂境作战,25 日开始攻打铁路线上的要隘汀泗桥、贺胜桥。这是两湖战场的关键一仗。汀泗桥是武汉南面的门户,三面环水一面是山,地形险要,筑有坚固的工事,易守难攻。从北方赶回武汉的吴佩孚,把司令部设在贺胜桥,亲自督战,下令死守。25 日起,北伐军以第四军六个团的兵力发起进攻。双方拼死苦战,争夺激烈,弹雨弥天,桥下积尸累累,几使河水断流。汀泗桥得而复失四次易手,仍不能决定胜负。27 日晨,叶挺独立团在当地农民引导下,从东面大山的小路,迂回到汀泗桥东北的敌人背后发起猛攻。敌军受前后夹击,慌乱溃退。吴佩孚命令大刀队当场砍杀败退官兵,也不能稳住阵脚。当天,北伐军占领汀泗桥。第四军英勇善战,获得了"铁军"称号。29 日,第四军与第七军又向贺胜桥发起进攻,再与吴军激战。北伐军将士前仆后继,一再发起冲击,终于突破吴军防线,30 日占领贺胜桥。9 月 1 日,李宗仁率领第四、第七军到达武昌城下。

在北伐军的强大攻势下,吴佩孚企图凭借武昌城垣和长江天险负隅顽抗,守住武汉,等待河南吴军和东南孙传芳军来援。他设司令部于汉口,命其第八师师长刘玉春为武昌城防司令,率兵死守武昌。北伐军第四、第七、第八军合围武昌城,从 3 日起连续三次攻城均未成功。

蒋介石于 9 月 2 日到达武昌城郊,3 日凌晨亲临阵地督战。当晚在余家湾车站召集会议商讨攻取武汉三镇之方案,他求胜心切,未经详细了解和分析情况,便提出强攻武昌的方案,限于四十八小时内攻克。李宗仁回忆当时的情形说:蒋介石"说话的态度非常严厉,那里像开会,简直就是总司令下令攻城罢了。在场的高级将领皆面面相觑,未发一言。我也未便陈述不宜硬攻的理由。大家因而皆接受命令,再作第三次攻城的部署。"[①]5 日凌晨,北伐军发起炮击,第四军十二师三十六团的奋勇队涉过护城河架梯登城,与敌展开肉搏战,独立团潜至城脚,奋勇登梯,城上敌军弹如雨下,第一营登梯官兵十余人全部牺牲,后继者也多牺牲在敌人火力之下。蒋介石到洪山视察后,决定暂停攻城,改强攻为围攻。与此同时,第八军进攻汉阳,守军刘佐

---

① 《李宗仁回忆录》上册第 381 页。

龙部倒戈响应北伐,汉阳6日即下;继而在罢工工人支持下,北伐军于7日进占汉口。吴佩孚退至孝感,不久又退往郑州。武昌城经过一个多月的严密包围,得到守军吴俊卿部的内应,终于在10月10日攻克。北伐军于武昌战役中共俘吴军军官七百四十人,士兵九千二百九十五人,缴获大量战利品。至此,吴佩孚的主力被歼灭,北伐军取得了两湖战场的完全胜利。

三、进据南昌

北伐军在两湖的胜利进军,使孙传芳感到莫大威胁,在"保境安民"的幌子下坐观成败已难以为继了。他与奉系及直鲁联军张宗昌修好,而向北伐军提出了限时退回广东的通牒;同时调集五省兵力十万人集结江西,欲从侧背袭击北伐军。开辟江西战场已是势不可免。蒋介石在日记中写道:"与加伦将军谈天一次,彼对攻赣尚犹豫之意,而余则决心入赣矣。"[①]乃于9月1日下达了对江西的总攻击令。

江西战场历时两个多月的激战,主要以三次攻打南昌为中心。9月中旬以前,第二、第三军分别夺取赣州、吉安、萍乡等地,第六军占领奉新、高安等地。蒋介石在汉口与唐生智等人互不相容,矛盾日深,说"余决离鄂赴赣,不再为冯妇矣,否则人格扫地殆尽"[②],于9月17日离开湖北前线,19日到达萍乡。当天他接到战报:程潜率领的第六军和第一军一部攻占南昌,大喜过望。但继之而来的战报是,孙传芳军得南浔路交通之便,调集增援兵力猛烈反攻。程军只有一万余人;而第一军第一师师长王柏龄抗拒程潜的调遣,在孙军反攻下溃不成军,王柏龄和党代表缪斌孤身逃跑,造成第六军陷于重围,伤亡过半而撤退。

10月上旬,蒋介石到江西前线,亲自指挥围攻南昌。北伐军第二、第三军和第一军第二师强渡赣江,将南昌合围。11日蒋指挥采用云梯登城强攻,但守敌已有准备,发射强烈炮火,北伐军伤亡甚重。守敌还于12日夜偷

---

① 《蒋介石日记》(手稿本),1926年8月31日,美国斯坦福大学胡佛研究所藏。

② 《蒋介石日记》(手稿本),1926年9月14日,美国斯坦福大学胡佛研究所藏。

冯玉祥(左)五原誓师,率领国民军全体加入国民党,使蒋介石的北伐信心大增。(图右是国民军总政治部副主任刘伯坚。)

袭北伐军阵地,使北伐军自相践踏,攻城之战连续三日而不克,各军付出重大牺牲。蒋介石不得不下令停止攻城,撤离南昌。他在日记中写道:"因余之疏忽卤莽,致兹失败,罪莫大此,当自杀以谢党国①。"说自杀当然是假的,不过悔恨之意甚强。

北伐军在两湖战事顺利结束后,蒋介石即调第四、第七军主力由鄂来赣,准备与孙传芳决战。10 月 15 日,蒋介石拟定了《肃清江西计划》。这时,孙传芳的后方极不稳定:所辖的浙江省,一度宣布独立;在赣的浙军第三师周凤岐,与北伐军暗通款曲;上海工人发动了武装起义;运送军火的"江永轮"在九江爆炸……真是楚歌四起。11 月初,北伐军各部对孙传芳军各据点发动总攻,在赣北先攻占德安、马回岭,5 日又克九江,使南昌成为孤城。在北伐军的严密包围下,守城之敌见大势已去,挂起白旗表示投降,但不肯

① 《蒋介石日记》(手稿本),1926 年 10 月 13 日,美国斯坦福大学胡佛研究所藏。

蒋介石统率大军北伐,得到苏联顾问的支持和帮助。图为他与苏联顾问在江轮上合影。

出城听候改编。8 日,北伐军在工人带领下攀城而入,胜利占领南昌。至此,孙传芳在江西的军队被全部歼灭,北伐军打开了向长江下游进军的大门。

江西战事紧急时,福建周荫人部在孙传芳的命令下进攻广东,以袭击北伐军的后方。蒋介石下令何应钦率第一军第三、第十四师及独立第四师等部出兵福建。北伐军在 10 月上旬攻克永定、峰市后,松口一役歼灭敌第三军刘俊部,第二军的两个旅通电归附北伐军,12 月北伐军即占领福建全省。

在江西告捷的北伐军一部进军浙江,会同由福建北进的东路军,以及倒戈起义的浙军陈仪、周凤岐部(被改编为国民革命军第十九、第二十六军),与孙传芳军经过富阳、宁海、汤兰等战役,于 1927 年 1 月底占领兰溪、金华等地。2 月初乘胜前进,占领桐庐、诸暨,并打退孙部的反攻,于 2 月 18 日占领杭州,21 日占宁波。孙传芳残部向淞沪溃逃。

北伐战争不过半年多时间,即击溃了吴佩孚和孙传芳几十万军队,占领了湖南、湖北、江西、福建、浙江等省,把国民革命从两广推进到长江流域。北伐军得到很大发展,已由出师时的八个军十万人扩展到二十个军二十余万人。蒋介石在攻克南昌的第二天,即把国民革命军总司令部迁入南昌。

四、迁都之争

北伐战争的迅速发展,使革命势力由中国的南部扩展到中部,革命的重心已转移到长江流域,国民政府的迁移问题也就提到了日程上来。

以前孙中山领导的革命事业主要在两广和福建一带,特别是广州地区。革命势力要向全国发展,中心就有北移的需要。国民党的许多领导人早有这种愿望和酝酿。随着北伐形势的发展,蒋介石对于如何领导国民党和指挥北伐战争也有许多考虑和谋划。当他看到唐生智已牢牢掌握了两湖地盘时,认为要增强国民政府和国民党中央的权威来控制唐生智。1926 年 9 月 9 日,蒋从武汉致电谭延闿、张静江称:"武昌克后,中(正)即须入赣督战,武汉为政治中心,务请政府常务委员,先来主持一切,应付大局。否则迁延日久,政治恐受影响,请勿失机。最好谭主席先来也。"[1]这表明蒋介石已有迁都武汉的意向。9 月 18 日,他由武汉赴江西途经岳阳时,又致电广州说:"中(正)离鄂以后,武汉政治,恐不易办,非由政府委员及中央委员先来数人,其权恐不能操之于中央,必中央来人另组政治委员会,以代临时政治会议为妥。"[2]蒋介石如此急迫地主张把国民党中央和国民政府从广东迁到湖北,中共方面分析认为是他"见唐生智等部势力之强大,已非他自己所能节制,想提高党的权威,且想把国民政府迁到武汉,一面借此以范围唐等,一面杜绝汪精卫回广州取得国民政府领袖地位"[3]。

当蒋介石离开广州出师北伐时,由张静江代理国民党中央执行委员会

---

① 《蒋介石年谱初稿》第 677 页。

② 《蒋介石年谱初稿》第 692 页。

③ 《中央局关于最近全国政治情形与党的发展的报告》(1926 年 9 月 20 日),《中共中央文件选集(1926)》第 248 页。

常务委员会主席,谭延闿代理中央政治会议主席。他们都唯蒋介石之马首是瞻,在接到蒋的电报后,即集议贯彻落实。为此国民党于 10 月中旬在广州召开了中央执监委员和各省区负责人等的联席会议,讨论了"国民政府现在要不要迁移"到武汉的重要问题。会上出现立即迁移和暂时不动两种意见,未形成决定。

随着革命形势的发展,国民政府的管辖区日渐扩大,迁都的时机已成熟,国民党中央政治委员会便于 11 月 26 日作出了迁都武汉的正式决定。会后,在广州的国民党中央执行委员和国民政府委员分批北上。12 月 2 日,宋庆龄偕国民政府司法部长徐谦、交通部长孙科、财政部长宋子文、外交部长陈友仁以及苏联顾问鲍罗廷等到达南昌,同蒋介石往庐山开会,讨论和决定的主要问题有:早日迁都武汉;继续联络张作霖,集中力量消灭孙传芳军队;积极开展农民运动,实施二五减租;统一财政等。会议结束后,宋庆龄等一行到达武汉,受到人民群众的热烈欢迎。

为了不使国民党中央党部和国民政府的权力中断,到达武汉的各委员商议决定成立中国国民党中央执行委员暨国民政府委员临时联席会议,代行国民党中央和国民政府职权。联席会议成员"以中央执行委员与国民政府委员及湖北省政务委员会主席、汉口特别市党部、湖北省党部代表各一人为限"[1]。12 月 13 日,中央党政联席会议正式成立,其成员除徐谦、陈友仁、宋子文、孙科等四位部长外,还有蒋作宾、柏文蔚、吴玉章、宋庆龄、王法勤、唐生智、张发奎、邓演达、詹大悲、董必武、于树德等,由徐谦任主席,叶楚伧任秘书长,鲍罗廷任顾问。

武汉临时中央党政联席会议各机关迅速选定地址,开始工作。国民政府先设于武昌总司令部行营,不久迁往汉口南洋兄弟烟草公司大楼,外交部设于汉口法租界前交涉署内,财政部设于汉口军警督察处,交通部设于京汉铁路南局,司法部设于武昌三道街原江汉道尹公署内,国民党中央党部设于武昌阅马场湖北省党部内[2]。经过紧张的准备,1927 年 1 月 1 日正式办公。

---

① 徐谦:《关于武汉成立国民党中央执行委员国民政府委员临时联席会议经过报告》,1927 年 3 月 10 日。

② 《国闻周报》第 4 卷第 2 期。

联席会议发布命令说:"确定国都,以武昌、汉口、汉阳三城为一大区域作为'京兆区',定名武汉。又组织委员会,以财政、外交、交通诸部长,汉口、武昌市长及防军司令九人为委员,统治京兆区。"同时发布第一号布告明确宣告:"保障人民资产之安全,非依法律不得查封及没收,至逆产问题须由财政部彻查……无论何机关除财政部外不得执行查封。自此布告之后,商民人等务各安心营业,特此布告。"①这标志着国民政府已迁至武汉,国民政府从广州时期进入武汉时期。

当时武汉地区工农运动蓬勃发展,湖北省已成立和将成立农民协会的县达三十四个,会员数增至二十八万多人,武汉工人罢工影响很大。武汉国民政府积极支持汉口、九江民众收回了英租界,还通过一系列有利于人民的决议案并积极加以实施,为举世所瞩目。当时天津出版的《国闻周报》赞扬说:"赣战既定,党政府迁鄂之议立决。年前中央委员纷纷北上,实行在武汉组织政府,谋政治上之建设,以巩固其地位。军政与外交统筹兼顾。无论其主义之是非如何,要此种果敢之精神,终觉不令中外人士为之钦敬。"②

蒋介石看到武汉临时联席会议成立后,表现出坚决反帝反封建倾向,对唐生智也多支持,并不能按照自己的意愿行事,根本不可能受他控制,便改变了自己一再提出迁都武汉的主张,又提出迁都南昌,并企图胁迫实现。还在 12 月间,他把张静江、谭延闿从广州接到南昌,并截留了部分取道江西去武汉的国民党中央执监委员和国民政府委员,于 1927 年 1 月 3 日擅自在南昌召开所谓"中央政治委员会临时会议",说"为政治与军事发展便利起见",决定中央党部和国民政府暂驻南昌③。会后用国民党中央的名义发表通电说:"现因政治军事发展便利起见,中央党部及国民政府暂驻南昌,待三月一日中央执行委员全体会议公决中央党部及国民政府驻地后,再行迁移。"④

蒋介石为了达到迁都南昌的目的,他在 1927 年 1 月 10 日和 21 日两次

① 《湖北政府公报》1926 年 12 月 27 日。
② 《国闻周报》第 4 卷第 2 期。
③ 重庆《商务时报》1927 年 1 月 10 日。
④ 《国民党中央政治委员会第六次临时会议》(南昌,1927 年 1 月 3 日),中国第二历史档案馆藏。

主持南昌政治会议,作出决定,要求武汉成立政治分会,解散临时联席会议。遭拒绝后,又提出在南昌召开国民党中央全会。1 月 11 日蒋介石亲临武汉游说,处处遭到抵制。1 月 12 日在武汉各界召开的一次大会上,当蒋介石发表讲话后,就有"群众当场起来质问他:为什么违抗国民党中央迁都武汉的决定?为什么无理扣留国民党中央委员?蒋介石被问的张口结舌,面红耳赤。接着苏联顾问鲍罗廷讲话,大意是说要依靠人民群众,反对个人独裁,提高党权,发扬民主。蒋介石受了群众的质讯,恼羞成怒,却把怨毒之气全部都转移到鲍罗廷身上"[①]。

　　蒋介石的主张遭到了在武汉的党政领导人以及工农群众的拒绝。2 月 21 日,在武汉的国民党中央执监委员和国民政府委员举行扩大会议,决定中央党部、国民政府即日开始在武汉办公,结束临时联席会议,并重申准备在武汉召开国民党二届三中全会的决定。同时请南昌各委员即日到武汉视事。蒋介石迁都南昌的主张被否定了。至 3 月初,停留在南昌的中央党部和国民政府领导人绝大多数到达武汉。

五、权力受到限制

　　1927 年 2 月间,迁都之争尚未结束,武汉方面举行了国民党的高级干部会议,提出实行民主,反对独裁,提高党权,扶助工农运动,同时决定召开国民党二届三中全会,解决迫切问题。

　　随着北伐战争在军事上的胜利,蒋介石的总司令身份不受合议制的约束,以个人意志指挥军事委员会各部、局、厂等军事机关;又以战时需要为名,指挥政府各部。这样一来,国民政府就置于他的指挥之下。同时随着北伐的胜利进军,又大批收编旧军阀的军队以及倒戈的部队,未及改造,便原封不动地包了下来,给以新的国民革命军编制,导致不少旧军阀部队摇身一变,便成为"革命军"。原江西省军务督办、五省联军江西军总司令方本仁,

---

　　① 吴玉章:《第一次大革命的回忆》,《吴玉章回忆录》第 140—141 页,中国青年出版社 1980 年版。

于 1926 年 8 月初表示归附国民政府,即被任命为江西宣慰使兼国民革命军第十一军军长;继而于 10 月,原川军第一路总司令杨森,改任国民革命军第二十军军长;12 月原五省联军浙军第三师师长周凤岐,改任国民革命军第二十六军军长;等等。这样,蒋介石这位总司令的个人权势便迅速膨胀起来。据统计,国民革命军由初征时八个军十万人,到 1927 年 4 月还不到一年时光发展到四十余军,近一百万人①。大量旧军队的涌入,造成国民革命军的素质起了重大变化。这一切使国民党的有识之士感到担忧,希望通过党的中央全会采取必要措施,加以解决。

国民党二届三中全会在蒋介石阻挠下延至 3 月 7 日才在武汉召开预备会议。各地的中央执行委员和监察委员陆续到达,已够法定人数,只有蒋介石等少数人未到会。3 月 10 日全会正式开幕,至 3 月 17 日闭幕。出席的委员共三十三人,国民党左派和共产党员占了多数。全会重申了国民革命的反帝反封建方针,坚持孙中山的三大革命政策。全会通过的《对全国人民宣言》指出,北伐军占领武汉以后,全国的一半已经从帝国主义的同盟者军阀的直接压迫下解放出来,人民大众的斗争日益扩大。但军阀与帝国主义绝不甘心失败,正在采取新的策略分化革命阵营。针对这种情况,"我们要把一切行政立法权集中在国民政府手里",防止个人专政或一部分人专政的倾向;"要实现本党的农工政策","使民众运动充量的、普遍的发展";继续向帝国主义和军阀作战,"以革命的方法统一中国"②。

二届三中全会决定改变国民党和国民政府的某些现行体制。针对蒋介石的独断专行,和他的权力过于集中,全会在组织上作出一系列相应决定。在党的制度方面,废除了主席制,设中央执行委员会常务委员会,执行党的最高领导权。会议明确指出了蒋介石存在的一些错误,认为他"自去岁三月二十日武力蹂躏党权、政权以后,不但总理之联俄及容纳共产党政策被其破坏,即本党军队中之党代表制与政治制度亦完全破坏,开个人独裁之渐,启武人专横之端,使总理改组本党之精神及同志两年来之努力,悉付之流

---

① 参见《中华民国时期军政职官志》(上)第 876—883 页,甘肃人民出版社 1990 年版。
② 《对全国人民宣言》,《中国国民党历次代表大会及中央全会资料》(上)第 304—308 页。

水"①。全会作出《统一党的领导机关案》，确定国民党内实行集体领导制，废除中央执行委员会常务主席职，采取主席团制，以常委会对党务、政务、军事行使最终议决权。又在《中央执行委员会组织大纲》中，将原属总司令的部分重大职权收归军事委员会，规定"总司令是军事委员会委员之一"，缩小了总司令的权力。

二届三中全会对国民党中央和国民政府的主要机构进行改组。选出汪精卫、谭延闿、蒋介石、孙科、顾孟馀、谭平山、陈公博、徐谦、吴玉章等九人为中央常务委员；宋子文、宋庆龄、陈友仁、邓演达、王法勤、林祖涵等六人为政治委员，与中央常务委员一起，组成政治委员会。国民党中央各部部长为：组织部长汪精卫（回国前由吴玉章代理），宣传部长顾孟馀，农民部长邓演达，工人部长陈公博，商人部长陈其瑗，妇女部长何香凝，青年部长孙科，海外部长彭泽民。并由汪精卫、蒋介石等十六人组成中央军事委员会。国民政府委员由汪精卫等二十八人组成，以孙科、徐谦、汪精卫、谭延闿、宋子文五人为常务委员。国民政府各部部长为：农民部长谭平山，劳工部长苏兆征，外交部长陈友仁，财政部长宋子文，军事部长谭延闿，交通部长孙科，司法部长徐谦。经过改选，在国民党中央和国民政府中，国民党左派占了优势地位。新成立的武汉国民政府有共产党员直接参加，改变了共产党的"在野党"地位，出现了国共合作的新形势。

蒋介石仍然担任北伐军总司令，拥有强大的军事指挥权。他拒绝出席国民党二届三中全会，根本无视会议的决定，公然与之对抗。蒋介石这种与国民党三中全会对立的立场，蕴藏着他抛弃孙中山的三大革命政策，背离国民革命宗旨和道路的巨大危险。

---

① 《本会经过概况》，《中国国民党历次代表大会及中央全会资料》（上）第299页。

第七章　建立国民党政权

一、急剧转变政策

国民党二届三中全会前后，蒋介石以军驭党，以军干政，同武汉政府公然对立。虽然他继续高喊"打倒列强，除军阀"的口号，但在实际行动上已经把反帝反军阀的政策由逐渐软化到公然转变，寻求帝国主义和资产阶级的支持，把主要打击目标转向中国共产党、工农运动和武汉政权。

面对武汉国民政府的声威日盛，两湖和武汉地区革命形势日益高涨的形势，蒋介石把发展的目标转向东南，向江浙地区推进，大力经营东南各省。他一面扩充嫡系部队，一面更大规模地收编旧军阀军队。在广州出师北伐之前，国民革命军八个军中，只有第一军为蒋介石直辖。北伐战争的发展，使名义上归附北伐军的数量达到四十余军。蒋介石用金钱及军长、师长的军衔收编了一批旧军阀部队。他还严格掌控军官的任免权，不准别人插手。1926 年 11 月间，他得知武汉方面任命一名军长，便很不高兴，特电邓演达"以后委任军长等重要职位，务须电中（正）同意"[1]。在军事指挥权上更是

---

[1]　《蒋介石年谱初稿》第 780 页。

1928年胡汉民等赴欧洲考察

孙中山逝世后，蒋介石开始排共反共，制造中山舰事件，并以流血方式"清党"

中国国民党第二届四中全会开幕

蒋介石与卫队在徐州黄河故道边

自己一手紧抓不放。

蒋介石自以为他是国民革命军的化身,是党的统一和革命成功的关键所在。他说:"现在在我指挥之下,国民革命军只要我自己服从党,其余的军人,决无二心的。所以我们的党,现在确是已到统一时代,只要中央执行委员诸公,能指导我们赶紧负起责任,切实进行党务,党没有不统一的,革命没有不成功的。"①他不经中央讨论,独自以国民党中央政治会议主席名义,任命湖北和江西临时政治会议代主席,而不准其他部门委派干部,说"党与国与各军非组织统一不可"②。

严重的是,蒋介石逐渐背弃孙中山的三大革命政策,将中国共产党视为眼中钉,公开煽动反共风潮。1927 年 2 月 21 日,他在南昌发表演讲,攻击共产党压迫和排挤国民党,说"现在共产党党员事实上有许多对国民党党员加一种压迫,并有排挤国民党党员的趋向,使得国民党党员难堪。"③他认为自己不仅是国民党的领袖,而且是中国革命的领袖,"共产党员有不对的地方,有强横的行动,我有干涉和制裁责任及其权力。"④3 月 7 日他又发表长篇演说,攻击武汉国民政府,指责苏联顾问"拿一种压迫的手段对待国民党领袖";还扬言若苏俄不平等待我,将"像反对帝国主义一样反对他们"⑤。与此同时,蒋介石公开杀害革命群众,镇压工农运动。3 月 6 日他指使亲信用乱枪杀害江西省总工会副委员长、赣州总工会委员长陈赞贤。在他的唆使下,南昌、九江、安庆等地先后发生了迫害左派人士及团体的事件。

反帝反封建的国民革命运动的迅猛发展,严重威胁着帝国主义、北洋军阀和大地主大资产阶级的利益;民族资产阶级也因惧怕工农运动而动摇起来。他们预感到北洋军阀濒临破产,力图寻找新的代理人,以便维护自身的权益。他们感到光用武力威胁已不可能压服中国革命,着手变换方法,力图引诱革命阵营中的"稳健派"走上镇压群众运动、背叛革命的道路。英国政

---

① 《蒋介石年谱初稿》第 834 页。
② 《蒋介石年谱初稿》第 843 页。
③ 《革命文献》,第 16 辑第 14—15 页。
④ 《蒋介石在南昌总司令部纪念周上演讲》(1927 年 3 月 7 日),《蒋胡最近言论集》,1927 年 7 月版。
⑤ 《蒋介石在南昌总部之演讲》(1927 年 3 月 7 日),《华北捷报》1927 年 4 月 2 日。

府"于通盘局势慎加熟计后",建议列强发表声明,"情愿将修改条约问题及其他悬而未决之问题,候华人自己立有政府时,即行与之交涉"①。美国政府发表宣言,"希望中国人民及其领袖承认美国在华人民享有生命财产"等权利,表示必要时愿与中国政府谈判,否则要付诸武力②。日本外相币原喜重郎也在议会宣布"对于中国之内乱严守绝对不干涉主义","期望增加两国共存共荣之关系及经济上之提携";同时也不放弃武力干涉的可能③。拥有越来越大军事实力又呈露反共迹象的蒋介石,正是帝国主义列强物色的对象。

为了适应形势的变化,蒋介石除了约集在南方政权中任职的张静江、陈果夫、戴季陶等到南昌密谋外,急切地延揽在北方任职或隐居的密友和盟兄弟来与自己共事。他从河南召来了留学日本的同学张群,任命为国民革命军总司令部总参议,主持南昌行营的事务。接着致函在天津的黄郛,邀他火速南下共谋大计,"共底于成"④。

黄郛(1880—1936)字膺白,浙江杭州人。早年留学日本,辛亥革命时与蒋同在陈其美部下,并共结为盟兄弟。稍后黄在北京政府中历任外交总长等职,1924年协助冯玉祥发动北京政变,任过摄政内阁总理。黄郛与日本外相币原等以及上海金融界都有较为深厚的关系。当他了解到革命营垒中的分化和蒋的意图后,于1927年1月初离津南下,途经上海时,还与中国银行副总裁张嘉璈等商谈了资助蒋介石的问题。

黄郛到达南昌后,自然成了蒋介石的上宾。蒋与黄郛、张静江等人,在设于旧江西督署的总司令部和牯岭岩旅馆行营内连日反复密谋策划,终于确定了一个背离三大政策,发动反共政变的行动纲要,要点是:

一、"必须离俄清党",放弃"联俄容共政策";并要适时地向国民明示这种政策。

二、在外交上首先谋求同日本、英国的"谅解",特别是"不应该放弃日本

①　《东方杂志》第24卷第3,4号。
②　《东方杂志》第24卷第3,4号。
③　《东方杂志》第24卷第3,4号。
④　沈云龙:《黄膺白先生年谱长编》上册第267页,联经出版事业公司1976年台北版。

这条路",还要注意轻重缓急的处置。

三、力争早日克复京(宁)沪,联络绅商,谋求东南底定。

四、采取步骤联络北方冯玉祥、阎锡山,形成"中心力量","以减少内争而早致统一"。

五、"关会事务乃政治之一部分","必须有根本一贯的大政方针,庶几一气呵成,厘可以裁,债可以理,而财政基础即于是乎定"。"每逢政潮起伏,银行界神经最锐敏",对于财界来访人士,必尽量解说"来根去脉",使其"得到推演的概观以去",以获得银行界的资助①。

蒋介石加紧与帝国主义国家联络,谋求他们的支持,首先是谋求讨好日本。1927年1月中旬蒋接见日本驻九江领事江户千太郎,明确表示他不打算废除不平等条约,而要尽可能地尊重现有条约,保证承认外国借款,并如期归还;外国人投资的企业将受到充分的保护②。1月下旬,蒋在牯岭接见早年在留日期间的老师小室敬二郎,通过谈话向日本当局表白:"我们没有受苏俄利用和指导","苏俄(制度)不可能在中国再现"。又说:"我们没有考虑过用武力收回上海租界"。还强调指出:我理解满洲同日本在政治、经济上的重大关系,日本人在日俄战争中流过血,"有感情上的问题",我认为对"满洲问题"必须"特殊考虑"。蒋明确表示:"我欣赏币原外相的演说,如果日本正确评价我们的主义和斗争,我愿意同日本握手。"③2月14日,蒋介石派戴季陶以国民党中央"特派员"的身份出访日本。在一个半月内,戴先后到东京、大阪、神户、长崎等地,讲演六十四次,自谓"备受彼邦社会之欢迎"。他与日本外务次官出渊胜次、亚洲司长会谈,向日本政府进一步阐明蒋的立场,"结果甚为美满"④。这些表示,促使日本统治者确定了"怂蒋反共"为主的方针,对中国革命进行破坏。

---

① 沈亦云著:《亦云回忆》上册第152—255、260、354页,传记文学出版社1971年台北印行。沈亦云是黄郛夫人,当时随黄郛到南昌和庐山,深知蒋黄共谋活动的内幕。第五项之"关会"即正在北京举行的关税会议。

② 日本外务省亚洲局:《最近中国关系诸问题概要》,1927年第2卷。

③ 英驻日大使蒂雷向外相张伯伦通报蒋介石与小室敬二郎的谈话记录,见英国外交部:《中国机密通信》,F2664/2/10。

④ 《戴季陶由日返沪之谈话》,《广州民国日报》1927年4月8、14日。

　　蒋介石在暗中联络日本的同时,通过多条渠道谋求美英等国对他的支持。

　　1927 年 1 月 26 日,事先征得蒋介石同意的王正廷与美国驻沪总领事高思(C. E. Gauss)秘密会谈,双方表示今后将保持经常联系,互通情报。通过这次密谈,王正廷把革命阵营内部矛盾状况和蒋介石等人的反共计划交了底。美国政府遂下令将上海租界中立照会正本分交蒋介石和张作霖,以示对蒋的器重,而只将抄本送给武汉政府陈友仁等。

　　蒋介石急于同美国政府建立联系。2 月 15 日曾任蒋介石私人保镖的英国人柯亨(Cohen)向美国驻广州总领事詹金斯(Jenkins)说,蒋介石同鲍罗廷已严重不和,造成两人间"几乎是永久性的破裂","列强若想将俄国人赶出中国,他们现在就应与蒋将军建立明确的联系"。柯亨认为"蒋恨俄国人,只是因为苏维埃政府给他提供武器弹药,他才勉强与鲍罗廷合作",如果列强肯承担俄国人正在做的事情,"蒋将军将立即同鲍罗廷决裂,制止其反帝国主义、反资本主义的暴力活动"。3 月初,蒋介石的美国朋友诺曼(Norman)又向美国官方表示了同样的意向。美国驻华南各地外交代表和马慕瑞(J. A. MacMurray)公使也纷纷向美国政府报告革命阵营内部矛盾激化和蒋介石的反共动向,提醒美政府注意正在酝酿中的政变。同时,何应钦、伍朝枢等人亦秘密同外国驻沪领事馆接洽,以避免北伐军到上海后同列强发生冲突。至于怎样切实保障这一目标,高思以外交辞令指出:"相信随着国民党军到达上海,对国民党左右两派的真正考验也将来临。"①

　　蒋介石十分重视争取握有中国主要经济命脉的江浙财团站在自己的一边,以获得资本家的支持。旧中国号称有四大财团,即华北、华南、华西和江浙财团。所谓江浙财团是指以上海为基地,并以江浙籍金融资本为核心的大资本集团的总称,邻近上海的江浙地区的企业资本也属于这一集团。它是旧中国最大的财团。银行资本掌握着金融实力,成为这个财团的代表。江浙财团是第一次世界大战期间迅速发展起来的。至二十年代末,形成了

---

　　① 《美国国务院关于中国内部事务的档案》(缩微胶卷第 329 号)。参见:李新总编、杨天石主编:《中华民国史》第 2 编第 5 卷第 334—336 页,中华书局 1996 年版;张瑛:《蒋介石"清党"内幕》第 109—111 页,国防大学出版社 1992 年版。

若干财力雄厚的大银行,如浙江实业银行、浙江兴业银行、上海商业储蓄银行,在民营银行中居首领地位,称为"南三行"。其他如宁波系的四明、中国通商、中国垦业等银行,资力也颇雄厚。当时人们套用了日本财界的概念,把它们称之为江浙财团。

江浙财团的投资人和主持人,有的是出身于买办或者继续兼任买办职务,有的是北洋时期的军阀官僚,多数是民族资产阶级的上层人物。其中某些代表人物,曾在一定程度上支持民众反对帝国主义和官僚军阀政府的斗争。至第一次国共合作建立后,也有人对广东革命政府有过某些联系和支持。但随着革命形势的发展,工人运动的空前高涨,他们表现出较大的动摇和妥协性,而对蒋介石表示赏识和支持。

蒋介石在这一段时间里,一再表白自已将采取的政策。1927年1月中旬,蒋在武汉宁波会馆与江浙资本家以及工商界头面人物会面,明确表示他反对武汉国民政府的财政经济政策和工人运动,同时又含蓄地透露:"已有亲笔一文印就,惟尚未至相当时期,未能发表。此文足告慰全国实业界也。"[①] 蒋直接派当时任国民革命军总司令部经理处处长、军政署署长要职的徐桴密赴沪联络,首先经钱永铭、陈光甫向上海金融界筹借到一些款项。蒋介石在1927年1月25日亲笔写信给钱、陈说:"沪上来友,皆称诸公主张公道,扶持党义。岁寒松柏,尤为感佩! 尚祈随时指示,贯彻初衷。如有公暇,能来浔汉一游,聊叙积愫,何如?"[②] 钱、陈接信后,立即筹措五十万元供蒋年关之用。2月间,江浙财团的头面人物虞洽卿和钱永铭等,到南昌同蒋介石秘密晤谈,策划反共清党、镇压工人运动诸问题。虞洽卿等从南昌回上海后,在上海总商会之外,组织了一个上海商业联合会,旨在配合蒋介石的行动,为其筹措军费,自称是为"对外应时势之需要,对内谋自身之保障"而成立的[③]。它联络了不少资本家入会,共有六十多个会员团体,七十多名委员,包括了江浙财团的主要人物,成为蒋介石的重要后盾。

蒋介石在寻找靠山的同时开始改变政策,并改变原来的军事部署。按

---

① 《国闻周报》第3卷第36期。

② 《上海银行档案》,陈光甫书信卷。

③ 上海档案馆编:《1927年的上海商业联合会》第29页,上海人民出版社1983年版。

照北伐出师前的决策,打下武汉之后,本应北上河南,与国民军会师。但蒋介石改变预定的军事计划,于 1927 年 1 月 1 日至 7 日国民革命军总司令部在南昌召开的军务善后会议上,提出了向长江下游进军问题。他不顾邓演达等的不同意见,强行制定下一步的作战计划:先攻浙江、淞沪,消灭孙传芳主力,然后合攻南京。为实现这一目标,北伐军分兵三路追歼敌军:东路由何应钦、白崇禧率第一军等六个纵队向浙江进攻;中路军由蒋介石任总指挥,以第二、第六、第七军为主力,由江西沿长江两岸东进,其中由李宗仁率第七军等三个纵队为江左军,程潜率第二、第六军等三个纵队为江右军;西路军由唐生智率第四、第八军等四个纵队为主力,在京汉铁路对付来自河南之敌。

何应钦指挥的东路军 1 月初由闽入浙,2 月 18 日占领了杭州,继占宁波、嘉兴。3 月 21 日白崇禧率东路军右翼占领松江,第一军第一师薛岳部抵达上海近郊龙华。这时守卫上海的直鲁联军军心动摇,工人和民众革命情绪高涨,中共上海区委决定发动第三次上海工人武装起义,由中共中央军委书记兼特别军委书记周恩来担任起义的总指挥。他同上海区委负责人罗亦农、赵世炎和上海总工会委员长汪寿华等在特别委员会领导下,对第三次武装起义作了周密的准备,在工人中建立严密的组织,约有五千名工人组成纠察队。起义前发动了铁路工人举行大罢工,破坏了张宗昌运兵援助上海的计划。3 月 21 日上海总工会发布总罢工令,全市八十万工人实行总同盟罢工,并立即转入武装起义,租界里的中国工人也集合到华界参加起义。随即工人纠察队按指挥部预定计划,分别从南市、虹口、浦东、吴淞、沪西、沪东、闸北等七个区向反动军警据点发动猛攻。经过一昼夜多的浴血奋战,于 22 日晨攻克了敌人的全部据点,取得了第三次工人武装起义的胜利,解放了上海。起义胜利后,上海各界代表举行市民代表会议,成立上海市民政府。在市政府十九名委员中有共产党员汪寿华、罗亦农等九人。

与此同时,北伐中路军的江左军和江右军,也在安徽展开攻势。2 月中旬,中路军江左、江右两军同时东进,分别向皖南、皖西进军,其战略目标是,夺取安庆,攻略芜湖、合肥,会攻南京。江右军在程潜指挥下,自九江出发向安徽边界进攻,江左军则由李宗仁指挥由鄂东向安庆进击。3 月中旬两路军对南京构成三面包围的态势。3 月 23 日,程潜下令总攻,当天突入南京城。北伐军占领了长江中下游,取得了重大胜利。

由于长江中下游局势的急剧变化,特别是上海被工人武装起义所解放,南京被国民革命军进占,英美两国军队决定进行公开的武装挑衅。他们以南京城内溃军和不良分子抢劫外侨为借口,诬称是北伐军"出于明白预定计划之下"的举动。美舰"诺亚号"、"普列斯顿号"和英舰"艾米特号"于下关江面开炮二百多发,轰击南京,打死国民革命军官兵二十四人、居民十九人,重伤二百二十六人,轻伤一千多人,房屋财产遭到严重破坏①,造成了"南京惨案"。随后英、美、日等国继续向中国增兵,一时集结上海兵力达三万多人,停泊在长江流域上海附近的军舰共有一百二十五艘。

蒋介石听到英美炮击南京的消息,惶恐不安。25 日中午蒋介石抵达下关后,没有登岸,召程潜、何应钦等登舰面授机宜。他指派第六军第十七师师长杨杰对日本驻南京领事森冈正平说:这次事件非党军领导人之意,"是军队内部不良分子和南京共产党支部成员共同策划制造的"②,声称已解散共产党支部,表示愿与英美等国谈判善后问题。

3 月 26 日蒋介石乘坐的兵舰抵达上海,28 日命交涉官员往英美日法意驻沪总领事馆,就"南京事件"表示"遗憾"。31 日蒋公开宣布:"国民革命军是列强各国的好朋友,决不用武力来改变租界的现状","保证与租界当局及外国捕房取得密切合作,以建立上海的法律和秩序"③。事实表明,这时蒋介石所确定的基本政策,力求适应帝国主义的要求。

当时,上海大资本家已被工人运动的大发展所吓倒,处于惶恐不安、莫知所措的状态。3 月 29 日蒋介石在会见大资本家代表人物时表示,"决不使上海方面有武汉态度"④。接着他任命金融资本家陈光甫为"江苏兼上海财政委员会"主任,钱永铭等为委员。陈光甫即从银行借出三百万元,作为蒋的急需经费;经虞洽卿的疏通,上海商业联合会承诺将"自动捐助"五百万元,此外"借款可另案办理"。当时中外资本家借给了蒋介石一千五百万元,作

①　《汉口国民日报》1927 年 4 月 10 日。

②　森冈正平:《关于南京事件真相的报告》,日本外务省档案 PVM26。

③　《北华捷报》1927 年 4 月 2 日。

④　《1927 年的上海商业联合会》第 48 页。

为经费,还答应将再送三千万元作为建立政权的基金。为逃避各地农民运动锋芒而到上海的大地主和土豪劣绅,也大力支持蒋介石采取镇压农民运动的措施①。

在帝国主义和大资产阶级、大地主的怂恿和支持下,蒋介石连日召集军事将领和青红帮头目,密商以武力清党反共,屠杀革命人民的计划。

二、发动清党反共政变

在中外反动势力的支持下,蒋介石等在上海发动"四一二"政变,实行清党反共,屠杀革命者和工农群众,用火与血为其另立国民党中央和国民政府开辟道路。同时在四川、浙江、江苏、福建、广东、广西等地也发生了一系列拥蒋反共事件,既加强了政变的声势,实际上又是这次政变的组成部分。

当 1927 年 3 月下旬蒋介石初到上海时,该地区的力量对比显得对他并不有利。上海已有八十万组织起来的工人,有一支二千七百人的武装纠察队,经过三次武装起义的锻炼,得到广大市民和学生的支持。起初进入上海市区的北伐军是驻闸北的第一军第一师,由于受到革命气氛的熏陶,师长薛岳和广大士兵都有进步倾向。蒋急调第二师刘峙部接替第一师驻闸北,但第二师仍有不少中下级军官倾向进步,驻上海附近的第二十一师严重部更有"左"倾迹象。各部一些军官常往蒋介石住所,质问他为什么要改变政策,进行反共。"蒋为此事终日舌敝唇焦地剖白、责骂、劝慰,无片刻宁暇,卒至声音喑哑,面色苍白"②。蒋介石一面用甜言蜜语欺骗工人和士兵,麻痹群众,一面调动亲信军警,准备进行镇压。蒋刚到上海时表示工人纠察队是合法的,3 月 27 日对记者说:"他们如有组织、有纪律,按照党义,可以武装自己。"③当盛传要收缴工人纠察队武器,总工会派代表前来质询时,蒋说:"纠察队本应武装,断无缴械之理,如果有人欲缴械,余可担保不缴一枪一

---

① 《1927 年的上海商业联合会》第 51、54、73、74 页。
② 《李宗仁回忆录》上册第 456 页。
③ 《申报》1927 年 3 月 27 日。

械。"①接着又对日本记者表示，纠察队"系工人自卫上所必要者"②。4 月 6 日还派人赠给总工会一面绣着"共同奋斗"四个大字的锦旗，以示鼓励③，并用军乐队伴送。但他暗中加紧采取措施，将同情上海工人、市民的北伐军调离上海，把仇视工农、反正未久的浙江军阀周凤岐第二十六军调入市内。他派吴忠信出任淞沪警备厅长，恢复全市警察机构，命原来的巡警"一律到署复职"④。他还成立淞沪戒严总司令部，派白崇禧、周凤岐为正、副司令，公布"战时戒严条例"十二条，严禁工人罢工、集会和游行。

为了镇压革命的工人武装，蒋介石把上海的黑社会势力笼络到手里，秘密组建青红帮流氓武装。早在 2 月初，他就派陈群到上海秘密活动。随后派杨虎赶到上海与陈群会合，联络青红帮的"三大闻人"黄金荣、杜月笙、张啸林共同策划，破坏上海总工会对工人的领导；组建一支"民间"武装，协助白崇禧"维持秩序"，准备一旦时机成熟便"一举解决工人纠察队"⑤。4 月初，蒋委任张啸林、杜月笙为江苏水上正副警察长，唆使董福开、张伯岐等流氓兵痞组成"上海工界联合会"与总工会对抗。杜月笙等组建以青帮分子为骨干的"中华共进会"，在法租界当局支持下，获得大量的枪支和弹药。

为了给政变披上合法外衣并作组织上的准备，蒋介石邀集一部分国民党中央监察委员在上海聚会，商讨计谋，制造舆论称共产党"谋逆"。从 3 月底开始，"清党"反共会议连日召开。3 月 28 日，在上海的国民党中央监察委员吴稚晖、张静江、古应芬、李石曾等在一起密谈，以"护党救国"为辞，拉拢蔡元培等一同行动。蒋又邀请前曾被排挤出广东的胡汉民进行"恳谈"，消除彼此的隔阂。他还召集一些将领到沪磋商，除李宗仁、何应钦、贺耀组等就近前来外，李济深、黄绍竑也从广东、广西赶来上海。4 月 2 日，蒋介石约集何应钦、吴稚晖、李石曾、陈果夫、陈立夫、李济深、李宗仁、白崇禧、黄绍竑等人召开秘密会议，蒋介石在会上强调"如果不清党，国民党就要被共产

---

① 《申报》1927 年 3 月 29 日。

② 《申报》1927 年 3 月 31 日。

③ 《申报》1927 年 4 月 9 日。

④ 《申报》1927 年 4 月 1 日。

⑤ 张君毅：《杜月笙传》第 1 册第 313 页，台北版。

上海的军警在清党反共政变中捕杀了很多工人和学生。

党篡夺”，北伐不能继续，国民革命也不能完成。由于会前已经先行疏通，会议一致赞同蒋介石立即“清党”的提议①。同日晚，蔡元培、吴稚晖、张静江、古应芬、李宗仁、黄绍竑、李石曾、陈果夫八人以“中央监察委员全体会议”之名在沪召开特别会议，实际上出席会议者不及全体中央监察委员的半数。会上，吴稚晖提出了“致中央监察委会请查办共产党函”，又提出要给一百九十余名共产党员和革命分子及“各地共产党首要危险分子，以非常紧急处置”。其他与会者也攻击共产党人在各地的活动皆不利于国民党、受外人指使之事实。最后决定，照吴稚晖所请，“备文咨送中央执行委员会”②。

　　4月1日，隐匿出走一年的汪精卫从欧洲回到上海。蒋介石虽心有不

---

①　黄绍竑：《四一二政变前的反共秘密会议》，《文史资料选辑》第45辑第9—15页。
②　《革命文献》第17辑第129—134页。

快，但认为如果能拉汪反共，也算除了心头一块大病。4月3日蒋发通电表示："自汪主席归来以后，所有军政、民政、财政、外交诸端，皆须在汪主席指挥之下"；"中正惟有统率各军，一致服从"①。4月3日和5日汪精卫、蒋介石、李济深、黄绍竑、李宗仁等人在一起开谈话会。会上，蒋介石等提出"赶走鲍罗廷"与"分共"两件事，要汪精卫赞成，同时希望他留沪②。汪精卫原是被国民党左派欢迎回来以制约蒋介石的，因此他当时的态度和言行处于矛盾状态。他一方面以孙中山改组国民党及其联俄、容共政策的继承人和党的纪律

被蒋介石尊为师表的吴稚晖在中央监察委员会议上提出"查办共产党"案，为蒋介石清党反共制造法理依据。

捍卫者的面目出现，没有立即赞成蒋介石"驱逐鲍罗廷"和"分共"的主张；另一方面，他在蒋介石、吴稚晖等的包围和压力下，又同意对共产党采取"暂时应急之法"。他们达成默契：（一）4月15日举行中央全体执、监委员联席会议解决"党内纠纷"，由汪精卫通知陈独秀，开会前各地共产党应停止活动；（二）对中央党部及武汉政府的政令不予接受；（三）由各军队、党部、民政团体和机关的最高长官制裁"在内阴谋捣乱者"；（四）工人纠察队等武装团体应归总司令部指挥，否则不准存在③。

4月3日汪精卫与蒋介石会谈后，汪又会见陈独秀，质询吴稚晖等所言共产党准备"打倒国民党"与冲入租界等事，陈称纯系谣传。遂商定由陈起草，以汪、陈名义共同发表联合宣言④。该宣言认为"国民党最高党部全体会议之决议，已昭示全世界，决无有驱逐友党，摧残工会之事。"他们把蒋介

① 上海《民国日报》1927年4月4日。
② 汪精卫：《武汉分共之经过》，《汪精卫言行录》上册第106页，上海广益书局1932年版。
③ 《申报》1927年4月8日。
④ 《中国国民党中央执行委员会政治委员会第十一次会议录》，中国第二历史档案馆藏。

石暗中策划而舆论又有所揭露的反共阴谋,都说成是谣言,反而说蒋介石已经"表示服从中央,即或有意见与错误,亦未必不可解释",又说"上海军事当局表示服从中央",认为国共两党应"立即抛弃相互间的怀疑","如同兄弟般亲密"①。这个宣言粉饰和掩盖了已经在磨刀霍霍的政变阴谋,起了麻痹革命群众的作用。但蒋介石和吴稚晖等人对此声明仍然不满,认为它会束缚他们反共的手脚,乃对汪精卫群起攻击,并决定立即采取武力解除工人武装。汪精卫害怕蒋介石等人会采取措施于他不利,4 月 6 日悄然离开上海前往武汉复职。

汪精卫在离开上海之前,曾与因"廖案"嫌疑而被迫到沪闲居近一年的胡汉民会晤。蒋介石也拟动员胡出山共谋反共大计。在汪离上海当天,吴稚晖、李石曾、蔡元培同往见胡汉民,约他到南京参加会议,还出示"查办共产党案"的文件。胡早有分共之心,见到此案,即表示同意往南京共事。后来胡汉民回忆说:"民国十六年春,共产党在武汉,益形猖獗,一批莫名其妙的同志,还曲解总理的三大政策,高唱着联俄和容共,党亡国危,很多同志来找我商量大计。我在苏俄六月,深知苏俄破坏中国革命的阴谋,便坚决说:非以壮士断腕的决心,反共清党不可。询谋金同,我才入了南京,在党务政治方面,帮各同志的忙,彻底反共"②。至此,胡汉民公开与蒋介石合作,以蒋介石为首的国民党右派集团顿即形成。

同时,蒋介石加紧联络帝国主义势力,争取他们对政变的支持。4 月 2 日反共秘密会议开完的当晚,黄郛向日本总领事矢田通报政变计划的细节,告知蒋将以在沪的国民党中央执监委"取代武汉派,夺取中央党部,排除共产党",具体措施"首先要做的是解除工人武装"③。在矢田的转达和周旋下,英、美、法、日、意五国态度渐趋一致,决定向武汉政府提交抗议"南京暴行"的照会,并派军舰陆续向汉口集结,而向蒋介石送交一个副本;同时又向蒋表示驻沪的外国武力愿意与他协同行动。

蒋介石对发动政变的部署停当之后,下令查封迁至上海的国民革命军

① 《汪精卫陈独秀联合声明》,上海《时事新报》1927 年 4 月 5 日。
② 胡汉民:《党权与军权之消长及今后之补救》,《三民主义月刊》第 1 卷第 6 期第 20 页。
③ 《矢田致币原》(1927 年 4 月 3 日),日本外务省档案 PVM27。

总政治部机关,宣布上海戒严。8 日蒋委任吴稚晖、钮永建等九人组成上海临时政治委员会,夺取了由上海工人武装起义而产生的上海临时市政府的权力。然后蒋介石留下特务处长杨虎在沪监督执行政变计划,本人起程赴南京,但以电讯联络,遥控政变计划的实施。

蒋介石与卫队在徐州黄河故道边。

到南京后的蒋介石,唆使一批暴徒制造了冲击江苏省党部和总工会事件;4 月 10 日又杀害请愿群众数十人并逮捕了一批共产党员。4 月 11 日,蒋发出密令,要求"已克复的各省一致实行清党"。上海立即行动。当天下午,驻闸北的第二十六军第二师在各条街道上大量配置兵力。晚上,杜月笙在华格臬路(今宁海西路)家里,摆开了杀场。他按预定计划,诱骗上海总工会委员长汪寿华到杜公馆赴宴。当汪刚跨入杜家门槛时,就被暴徒猛然撞倒,然后被捂住口鼻,装入麻袋,运至沪西,于 4 月 15 日惨遭杀害。

4 月 12 日凌晨,由"共进会"组织的配备有机关枪、手枪和手榴弹的流氓武装,袖佩白色"工"字臂章从法租界出发,会同第二十六军便衣队分向闸北、吴淞、浦东、南市、曹家渡等处进发。公共租界当局将通往华界每个路口敞开让他们通过,向工人纠察队总指挥处、上海总工会和其他地区共十四处工人纠察队发起突然袭击。驻闸北商务印书馆东方图书馆等处的工人纠察队进行了英勇抵抗。这时第二十六军赶到,大呼"我们是来调解的",骗取工人信任,将二千七百名工人纠察队员拥有的一千七百支枪全部缴械,并同暴徒一起屠杀工人,造成死伤三百余人,并逮捕多人。13日,全市二十余万工人总罢工。一部分工人、市民和学生整队前往宝山路天主教堂第二十六军第二师部请愿,要求释放被捕工人和发还枪械。当队伍行至宝山路三德里附近时,埋伏的反动军队用机关枪、步枪向密集的游行队伍猛烈射击,当场打死百余人,伤者无数。时遇大雨滂沱,宝山路上尸横遍地,血流成河。14日,杀气腾腾的反动军队解散上海临时市政府、中国济难会,接着又取消市总工会、市党部、市妇联、市学联等革命团体,在全市开始大搜捕,被捕至龙华的有一千多人,大批工人和共产党员被杀害。据不完全统计,至4月15日,共产党员、工人领袖和革命群众被杀者三百余人,被捕者五百人,还有五千余人下落不明。这就是震惊中外的"四一二"政变。

经过这次政变,包括上海临时政府和上海学生联合会、各界妇女联合会以及上海总工会下属各级工会等,都遭封闭。以蒋介石为首的国民党右派集团公然背叛孙中山所手订、国民党第一次全国代表大会所确定、第二次全国代表大会继承的联俄容共扶助农工的政策,解散在大革命高潮中建立起来的上海工人纠察队,镇压工人游行,屠杀共产党人和工人领袖,是叛离孙中山和国民党革命政策的行为,是与武汉国民政府决裂,图谋另立中央的严重步骤。

"四一二"政变获得中外反动势力的欢呼。4月14日,黄金荣、张啸林、杜月笙联名发通电说:"不忍坐视数千年礼教之邦沦于兽域,干净之土蒙此秽污,同仁急起,邀集同志,揭杆为旗,斩木为兵,灭此共产凶魔,以免遗害子孙。"[1]日本《朝日新闻》称蒋此次举动"可造成更稳之空气而终止上海仇外骚乱"[2]。《日日新闻》则说:"上海政变固然意味蒋介石一派与武汉派之决裂,同时亦意味驱逐在武汉派后面之鲍罗廷以下之俄国势力"。"此一目的

---

① 《时报》1927年4月14日。
② 《申报》1927年4月14日。

与北方军阀之主张实属一致,孙传芳与蒋介石一派,除此问题以外殆无相争之理由。"①这次政变也得到中国大资产阶级的支持和民族资产阶级一些上层人物的附和,上海商业联合会和银钱两业公会分别发表通电表示:"对于当局清党主张,一致表决,愿为后盾。"②

在上海"四一二"政变前后,四川、浙江、江苏、福建、广东、广西各地陆续发生拥蒋反共活动及屠杀共产党和革命群众的事件。

一、四川

国民革命军北伐后,国民党四川省党部为共产党人和国民党左派所主持,刘湘在成为国民革命军第二十一军军长后,一度与重庆莲花池左派省党部的关系较密切。但刘担心左派会挖他的"墙角"③。当他了解革命阵营内部的左右分野时,便与右派勾结起来。蒋介石为控制四川发动政变,先后派向育人(传义)、吕超等与刘湘"商洽一切"。刘湘获悉蒋的反共意图,伺机而动。1927 年 3 月 31 日,重庆群众二万余人集会抗议英美两国军队炮击南京,反对蒋介石独裁。刘湘即下令军队"刀枪并用",对手无寸铁的群众实行血腥屠杀。"一时血流遍地,呼声震天,惨不忍睹,痛不忍闻,当地死难者即达五百多人,伤者不计其数,这就是著名的重庆'三三一'惨案"④。惨案发生后,刘湘仍派军队继续搜查大江南北的共产党人,反共浪潮波及全川。4 月 9 日,四川的诸路军阀刘湘、邓锡侯、杨森、刘成勋、赖心辉、田颂尧联名通电反共。其后,奉蒋介石之命入川的向传义以中央特派员的身份设立"中国国民党四川登记委员会",分设成、渝两个办事处,代行省党部职权,还以"清理党籍"之名,大规模搜捕和屠杀共产党人和革命者。

二、浙江

浙江省是蒋介石的故乡,是江浙财团的发祥地,张静江亲自坐镇组织反共"清党"。1927 年 2 月 18 日,东路军克复杭州,张静江与蔡元培、蒋尊簋、褚辅成等组成浙江临时政治会议,建立临时政务委员会。继而,蒋介石委葛

---

① 《东京日日新闻》4 月 14 日。
② 《一九二七年的上海商业联合会》第 61 页。
③ 刘伯承:《纪念杨闇公同志》第 3 页,四川人民出版社 1980 年版。
④ 《吴玉章回忆录》第 168 页。

武繁、郑异以国民党中央党部特派员的身份入浙,组织"一个有钱、有势、有名义的团体"[①],成为浙江反共势力的核心。

北伐战争期间,杭州总工会为共产党人和国民党左派所掌握,拥有产业工人二十万。1927 年春,蒋介石派陈希豪等组织"职工联合会"约四万人,与总工会对立。在蒋介石集团唆使下,3 月 30 日职工联合会以开成立大会为名,组织游行。当职工联合会队伍行至杭州总工会门前时,有一部分暴徒手持棍棒闯入捣毁,引起双方冲突,受伤五十余人[②]。随后,职工联合会游行队伍又围攻了左派领导的浙江省党部。

翌日,杭州总工会、各界联合会等团体决定罢工、罢市、罢课,发动十万人游行请愿。杭州巡警及驻军开枪阻止请愿队伍,并捕去工人三四十人。当晚,工人派代表向省政府、省党部请愿,提出撤换公安局长章烈,解散职工联合会,发还纠察队器械,惩凶等五项要求[③]。4 月 10 日,章烈自沪返杭,奉密令查办各机关"反动分子"。4 月 11 日清晨,全城戒严,章烈率领大批军警,袭击了省市党部、总工会,搜查了共产党员的住宅,逮捕革命者。当日,共捕三十二人。宣中华避至上海,在车站被第二十六军捕杀。同日,总工会及纠察队均被解散。

在杭州发生反共事件的同时,宁波在蒋介石直接操纵下也发生了类似的反共事件。

三、江苏

蒋介石在上海巩固了其地位,秘密部署反共清党,准备发动政变后,于4 月 9 日进驻南京,目的在于对南京的控制。他自迁都之争后,锐意经营东南,力图攻占宁沪,定都南京。

当江右军攻克南京后,蒋介石迅速令温建刚任公安局长,杨虎为特务处长,帮会头目、孙文主义学会分子陈葆元为特务员,加紧部署镇压革命力量。武汉国民党中央政治委员会在得悉蒋介石集团在上海密谋"清党"并拟占据南京的报告后,曾召开紧急会议,计划将国民党中央党部与国民政府迁至南

---

① 浙江省临时省党部上武汉中央报告书(1927 年 4 月 17 日),中国第二历史档案馆藏。
② 《杭州之大工潮》,《申报》1927 年 4 月 3 日。
③ 《杭州工会冲突续闻》,《申报》1927 年 4 月 5 日。

京。但蒋介石先发制人，首先切断了通往南京的铁路联系，急速解除了驻扎在南京的三个师的武装。蒋抵宁后，纠集南京"孙文主义学会"与收买流氓拼凑起来的"劳工总会"等反共势力，连续制造反共事件。

4月9日，南京原定举行欢迎汪精卫复职大会，因蒋介石于当日到宁，临时改为迎蒋大会。下午开会之际，陈葆元率领劳工总会的流氓百余名，手持木棍、铁棒、手枪等凶器，声称"奉蒋总司令命"蜂拥至坚持国共合作的国民党省、市党部。他们先冲入市党部，将办事员十余人捕去；又到省党部将农民部长戴盆天、商民部长黄竞西等二十余人扭入公安局。省政府筹委会秘书主任张曙时也遭逮捕。暴徒们还翻箱倒柜，将省、市党部的文件、印信、财物等抢劫一空。同时，南京市总工会亦被捣毁①。

正在开会的群众闻讯，群情激愤，立即向总司令部请愿，遭到公安局长温建刚和蒋介石的训斥，更激起了义愤。10日上午，南京十万群众集会，决定向蒋介石请愿，并提出要求切实保护省、市党部及南京市总工会，将反动分子交民众审判，武装工人纠察队等七项条件②。会后群众到总司令部请愿，派代表与蒋交涉。群众在风雨中等候五个多小时，毫无结果。至下午5时多，在蒋介石授意下，总司令部内突然有一批流氓向群众大打出手，同时用排枪射击，便衣歹徒以短枪射击请愿队伍，共打死群众数十人，又逮捕了一批共产党员，并加以杀害，为其另立中央扫清道路。

四、福建

国民革命军入闽后，新筹建的福建省党部由左派马式材、李培桐主持，右派以方声涛、黄展云等为首掌握着福建临时政治会议等机构，双方展开了激烈的斗争。

1927年4月3日，在蒋介石的直接命令下，方声涛、谭曙卿（东路军后方代总指挥、新编第一军军长）等在福州南校场举行拥护蒋介石及护党大会，会议提出纲要十六条，主要有：拥护蒋介石"在军政时期行使全部职权"、"驱逐鲍罗廷"、"肃清跨党分子"，取缔一切违反三民主义及国民党政

---

① 张曙时上武汉中央关于南京纠纷及脱险经过报告书，《汉口民国日报》1927年4月29日、30日。

② 《蒋逆在宁屠杀后南京市党部之书面报告》，《汉口民国日报》1927年4月24日。

策之口号、标语、传单、出版物,惩办破坏福建党务、"扰乱北伐后方"的戴任、马式材等人,改组福建省党部筹备处等①。对此,新编一军二师四团党代表范毅表示反对,竟被挟以游街,旋在南台大桥头被枪杀。随后,国民党右派重新改组福建党部筹备处,由黄展云为主任、李广滨负责组织、林寿昌主管宣传。

4月4日,谭曙卿就任福建全省戒严司令官,宣布"一切集会、结社、群众运动,概不举行,如有违反戒严办法,及暗图破坏者,即从严惩办"②。凡中共和国民党左派组织的社团,均被"拥蒋护党执行委员会议决取消"③。4月4日之后,中共福州地委书记余琛、宣传部长方尔灏、组织部长陈兴钟等三十余人先后被捕。

继福州之后,厦门于4月9日发生反共事件。厦门海军警备司令林国赓,依方声涛、谭曙卿的密电指示,策动于9日召开厦门拥蒋护党大会④,会后军区搜查了厦门总工会,逮捕正、副委员长罗扬才、杨世宁,查封厦门学生联合会并捕去其主席黄树埔(以上三人系共产党员)。当晚,有群众四五百人到海军司令部请愿,遭军区驱散。11日晨,厦门军区手执"扰乱公安,格杀勿论"的旗帜,在市街四处巡游。

五、安徽

安徽的反共清党,于1927年3月下旬蒋介石自九江到达安庆时已开始。3月23日蒋在安庆纵容特务处长杨虎指挥暴徒捣毁国民党安徽省党部、安庆市党部、省总工会等团体,抢劫文件财物,殴打职员和群众。这次事件是安徽全面"清党"的先声。上海"四一二"政变后,安徽的反共势力于4月14日晚召开紧急会议,决定于次日采取"清党"行动。15日,当绸布业工会开成立大会时,第十军唆使流氓打手冲入会场捣乱,随后部队入内,逮捕了共产党员和革命群众,造成"该会会员江益裕左臂中弹,受棒伤者无数,失

---

① 上海《民国日报》1927年4月7日。
② 《厦声报》1927年4月14日。
③ 《厦声报》1927年4月14日。
④ 《厦门戒严后整理党务》,《申报》1927年4月11日;《厦声报》1927年4月14日。

踪者十余人,被捕者七人"①。

六、广东

自国民党中央党部和国民政府迁武汉后,留守广东的国民革命军总参谋长李济深等逐渐控制了广州政局。在上海反共会议后,李济深、古应芬等人急忙返粤。4 月 14 日,李济深、钱大钧召集在广州的上层军官紧急会议,讨论反共计划,决定于次日开始对共产党人和革命群众采取行动;并任命钱大钧为广州戒严司令,督同公安局长邓彦华处理一切。

4 月 15 日凌晨 2 时起,广州实行戒严,市内军警密布,反动当局效法上海"四一二"政变办法,纠集地痞流氓袭击革命工人纠察队驻地和工会团体驻地,引起冲突后,钱大钧、李福林所派军警以武力强迫工人纠察队缴械。钱大钧首先派军队控制电报、电话等通讯部门,继而包围全国总工会广东办事处、广州工人代表会、省港罢工委员会、粤汉铁路总工会、广九铁路总工会和农民协会等。广州公安局则派保安队搜索中山大学、妇女解放协会等,很多机构均遭捣毁、查封。黄埔军官学校被解除武装并成为清党的重点。4 月 15 日下达蒋介石《饬黄埔军校不可乱有发言及越轨行动令》、《黄埔军校停止开会令》。反动当局于"14 夜即以中山舰及西江舰驶至黄埔严重监视。原驻四标营之四、五两期入伍生,共有六百名,态度暧昧,亦被钱司令遣兵包围,一律缴械。当缴械时,略有抵抗,死伤约数人云"②。4 月 18 日,"军校集中本岛师生在俱乐部开会,公开实行清党,将二百余共产党人和革命学生解往中山舰扣押,分送虎门、南石头囚禁或杀害"③。广州逮捕屠杀延续一周之久,总计被捕共产党员及革命分子二千一百余人,著名共产党人萧楚女、熊雄等二百余人惨遭杀害。

继广州之后,汕头于 4 月 15 日晚也发生反共事件。汕头代理潮梅警备司令罗权奉蒋介石密令,于是晚 10 时紧急戒严,断绝水陆交通,搜捕共产党员。首先将罢工委员会纠察队枪枝缴去,继而搜查各工会、农会,捕去市党

---

　　① 舒传贤呈武汉中央报告安庆"四一五"事件文,中国第二历史档案馆藏。

　　② 广东革命历史博物馆编:《黄埔军校史料》(1924—1927)第 433 页,广东人民出版社 1985年版。

　　③ 《黄埔军校史料》续编第 601 页,广东人民出版社 1994 年版。

部执行委员李春涛等三四十人。外交后援会、岭东《日日新闻》社亦同时被封闭。次日当地驻军武装接收市党部、工会、农会、商民协会等组织和团体八十余所,捕去工会等重要人物五十多人。

七、广西

上海反共会议之后,黄绍竑打电报给留守广西的黄旭初(第七军参谋长兼旅长)、黄剑鸣(第七军政治部副主任)、黄华表(省党部代宣传部长)、朱朝森(省政府秘书长)等人,命他们按上海反共会议精神,建立清党委员会,权宜行事,放手去干。同时,命令刘日福旅出动兵力进攻韦拔群所领导的农民武装①。随后,黄旭初等立即组成九人的清党临时委员会,并指定龚杰元、黄华表、伍廷飏、黄同仇等为梧州、南宁、柳州、桂林的分区代表。

4月12日,黄旭初等开始逮捕国民党广西省党部及南宁市党部的左派委员梁六度、雷沛涛、冯荫西等十三人,以后逐渐被杀害。李宗仁回忆说:上海会议"清党之议既决,李济深、黄绍竑即分电粤、桂留守人员,告以'清党'的决策,各嘱所部防范共产党的暴动"。"其实,广西当时共产党甚少,省党部委员之中,只有少数左倾分子,没有真正的共产党。谁知电到之后,广西留守人员竟将这些左倾的省委枪杀了,同时各县党部中的极少数共产党也被捕杀。"②

三、在南京另立中央

按照蒋介石的预定目标,于清党反共政变之后,在南京召开国民党中央执行委员会全体会议,产生国民政府。蒋介石到南京后,胡汉民、柏文蔚、吴稚晖、蔡元培、李石曾、张静江、邓泽如、萧佛成、陈果夫、黄绍竑等中央执行委员和监察委员也陆续到南京。4月14日,胡汉民主持召开所谓国民党二届四中全会预备会议,决定并通电武汉于次日在南京召开国民党二届四中全会。当时国民党二届中央执监委员共八十人③,而在宁的中央执行委员只有蒋介石、胡汉民等五人,加上监察委员也只有十余人。4月15日,因武

---

① 黄绍竑:《"四一二"事变关于广西方面资料的补述》,《广西文史资料》第7辑第44页。
② 《李宗仁回忆录》上册第464页。
③ 《中国国民党历次代表大会及中央全会资料》上,第172—173页。

汉方面的中央执监委员不到会,当天会议只好改为"谈话会"。会上萧佛成提出八项主张:以南京为国都,取消不合法的武汉中央党部,取消武汉政府,取消跨党分子党籍,通缉捣乱分子,恢复民国十五年7月所订革命军总司令职权,以武力征讨奸党,通电报告①。

4月16日,南京的谈话会继续举行。胡汉民鉴于当时在南京的国民党中央执行委员的人数远不能与武汉相匹敌,无法按正常程序开会,提出了解决这一问题的办法:"常务会议不能开,而政务、党务急待进行,中央政治委员在宁者已达八人,应即日开中央政治委员会主持一切。"②这一提议得到与会者的赞成。于是蒋介石等人便采用胡汉民的主张,使用已被废弃的"国民党中央政治委员会"的名义,来行使"中央党部"的权力,与武汉的国民党中央执行委员会相抗衡,并为新产生的南京国民政府披上合法的外衣。

4月17日所谓中央政治会议第七十三次会议在南京召开,蒋介石、胡汉民、柏文蔚、甘乃光、吴稚晖、张静江、陈果夫、李石曾、蔡元培九人出席。吴稚晖主持会议时说:"自南昌、武汉间发生中央地点问题以后,武汉以中央自居,其决议案及命令中发见多量危害国民革命之行动,因此经监察委员会全体会议决定举发案以后,确认南京有继续南昌中央政治会议开会之必要。"③蒋介石宣称:总理北上时,因北京时局紧张,曾加添中央政治委员会委员数人,在北京开会。现在武汉之中央同志未来,北伐方在进展,客观的需要与总理北上时相同,请加派萧佛成、蔡元培、李石曾、邓泽如、何应钦、白崇禧、陈可钰、陈铭枢、贺耀组九人为委员。此议自然获得通过,并推选胡汉民为中央政治会议主席。吴稚晖接着说:应时局之需要,国民政府应即开始办公。本席提议国民政府于本月18日开始在南京办公,同时举行庆祝典礼。此议也获得通过。这次会议还决定:任钮永建为国民政府秘书长;以吴稚晖暂代国民革命军总政治部主任,陈铭枢为副主任;以吴稚晖、李石曾、蔡元培为国民革命军政治训练指导员。

---

① 《致各中央常务委员电》,《中华民国史事纪要》1927年4月15日,台湾"中华民国史事纪要"编辑委员会编,台湾"中华民国史料研究中心"版。

② 蒋永敬编:《民国胡展堂先生汉民年谱》第388页,台湾商务印书馆1980年版。

③ 《中央政治会议第七十三次会议记录》,《革命文献》第22辑,总4211页。

　　同日，在胡汉民主持下举行中央政治委员会第七十四次会议，陈铭枢等十一人出席。会议决定由吴稚晖为首组成中央宣传委员会，胡汉民为首组成组织委员会。并通过吴稚晖起草的《奠都南京宣言》、蔡元培起草的《接受监察委员会宣言》。经李石曾提议，会议通过设立中央研究院①。

　　4月18日，南京国民政府以丁家桥原江苏省议会为办公地址。上午9时议会门外举行政府成立庆典仪式。蒋介石、胡汉民、吴稚晖、张静江、柏文蔚、蒋作宾、蔡元培、邓泽如、李石曾、陈铭枢、甘乃光、陈果夫、叶楚伧等人出席了仪式。会上在宣读《国民政府定都南京宣言》后，由蔡元培代表国民党中央党部授印，胡汉民代表国民政府受印，印文为"中华民国国民政府印"。胡汉民随即发表演说，表示"一致拥护蒋总司令，以巩固革命阵营"。会上宣布胡汉民、张静江、伍朝枢、古应芬为国民政府常务委员，钮永建为国民政府秘书长。会上未选主席，通电："汪兆铭、谭延闿来京行使职权。"②

　　南京国民政府成立典礼后，在公共体育场举行"庆祝国民政府迁都南京与恢复党权"大会。吴稚晖、胡汉民、蔡元培、李石曾、蒋作宾、蒋介石等先后发表演说。胡汉民宣称，建都南京，是为实现总理的精神和意旨，"在国民党之下，无论何人，须服从党义，认定党以外无党，而党以内更不能有其他之跨党分子捣乱"③。会议通过"请中央执监联席会议严厉取缔跨党分子"、"请中央执监联席会议训令各级党部从事清党运动"等案。会后，举行游行和阅兵仪式。

　　这天还发布了《中国国民党中央执行委员会政治会议宣言》《国民政府奠都南京宣言》《国民政府告国民革命军全体将士文》，以及蒋介石的《告中国国民党同志书》《告全体民众书》等。《国民政府宣言》声称："在此国民革命急速进展与民众热烈盼望国民革命完成之时期中，政府谨遵总理遗志，接受多数同志之主张，依据中央政治会议决议，于四月十八日在南京开始办公。南京地位在党务上、政治上、军事上、地理上均较武汉重要，定都以后，本政府所负领导国民革命与建设民国之责任愈益重大。"同时宣布"国民革

---

① 《革命文献》第22辑，总4213—4215页。
② 刘寿林、万仁元等编：《民国职官年表》第381页，中华书局1995年版。
③ 《国民政府建都南京之盛典》，《申报》1927年4月22日。

命之方略"四条:"一曰使革命军愈与人民密切的结合;二曰造成廉洁之政府;三曰提倡保护国内之实业;四曰保障农工团体之利益并扶助其发展。"①力图标榜自己的国民党中央和国民政府正统。但这篇宣言的实质之处在于宣称"三民主义为救中国之唯一途径",是"造成新世界之唯一工具"②;认为"凡反对三民主义者,即反革命","凡不利于三民主义之反革命派在所必除"③。《政治会议宣言》用大量篇幅攻击中国共产党"破坏国民革命","不惟自绝于党国,抑且自绝于世界"④。在《告国民革命军全体将士文》中,吹捧蒋介石"忠贞勇敢,受命以来,转战七省,遂定江汉,四十年来,本党军事成绩之伟大无过于今日者"。希望"武装同志亦各以至诚为党国努力,受吴(稚晖)蒋(介石)两同志之指导"⑤。蒋介石则在《告全体民众书》中说:"政治不是群言庞杂、莫衷一是可以解决的,必须有一般艰苦卓绝的人,抱一种审慎考虑适合国家情形的主张,统一坚强的意志,作联合的战线,才可以产生出一点良好的结果。"⑥蒋还在阅兵式上作长篇训话,除说了建立南京国民政府的"重要性"外,还攻击共产党,并号召全体将士"还要在我的指导之下","用十二分努力"、"冲锋"、"拼命","驱逐共产党"⑦,实行清党运动。

军队是南京国民政府产生和存在的主要支柱。4月20日,何应钦、白崇禧、杨树庄等在南京举行陆海军将领会议,至24日闭幕时发通电,公布六项决议:"(一)拥护南京中央党部及国民政府,恢复党权;(二)拥护四月二日中央监察委员会建议案;(三)否认武汉由非法扩大联席会议所产生之所谓第三次执委会会议议决案及由此产生出之机关之一切命令;(四)欢迎武汉及各地纯粹国民党之中央执监委来宁;(五)打倒破坏国民党及国民革命之共产分子及一切叛党卖国的党员;(六)陆海军团结一致,完成北伐。"⑧这个通电显示了军队对新政权的独特地位和影响。

---

① 《国民政府公报》宁字第1号,1927年5月1日。
② 《国民政府公报》宁字第1号。
③ 《国民政府奠都宣言》,《国民政府公报》宁字第1号。
④ 《中国国民党中央执行委员会政治会议宣言》,《国民政府公报》宁字第2号。
⑤ 《国民政府公报》宁字第1号。
⑥ 《国民政府公报》宁字第1号。
⑦ 《四一二反革命政变资料选编》第295—299页,人民出版社1987年版。
⑧ 《国民政府公报》宁字第1号。

　　南京国民政府是个空架子,政府各部、院在以后逐步建立了起来。4月19日,南京国民党中央政治会议决定成立财政部和外交部。财政部先由钱永铭主持常务,5月11日任命古应芬为财政部代部长;外交部长先由胡汉民兼,5月11日任伍朝枢为部长。20日,任命蔡元培、李石曾、汪精卫为教育行政委员会委员,行使教育部职权。同日,江苏兼上海财政委员会在南京成立。21日,蒋介石以国民革命军总司令的名义发布通电,宣布军事委员会由广州迁移南京,即日开始办公。26日,又宣布在南京成立国民革命军总司令部政治部,以吴稚晖为主任,陈铭枢、刘文岛为副主任。27日,中央政治会议决定以胡汉民、丁惟汾等九人为中央法制委员会委员。接着又设立交通部,由王伯群任部长。6月,成立大学院,由蔡元培任大学院院长。7月设立司法部,由王宠惠任部长。8月建立内政部,由薛笃弼任部长。六七月间设立法制局、印铸局、劳工局,分别任王世杰、李晓生、马超俊为局长,直隶于国民政府。

　　4月29日,南京国民党中央政治会议通过修订《中华民国国民政府军事委员会组织大纲》并公布实施。《大纲》规定:"军事委员会为国民政府之军事最高机关";"军事委员会委员由中央执行委员会遴选有军事重责及富有军事政治学识经验者若干人交由国民政府特任之";"在战时为指挥统一起见得设国民革命军总司令,由中央委员会于军事委员中遴选一人交由国民政府特任之"①。5月2日,中央政治会议又通过修订并实施《国民革命军总司令部组织大纲》,规定:"凡编入作战军战斗序列之陆海空军均归总司令指挥;未加入作战各军由军事委员会直辖,必要时总司令得咨请调遣之;战时政务委员会由国民政府特派民政、财政、交通、外交等部负责人员组成,受总司令之指挥处理作战区域内之政务,并任作战上各种要素之筹备调节分配。"②总司令拥有极大的权力,成为南京国民政府的实权掌握者。

　　南京国民政府刚成立时,在对外政策上还未敢公开放弃反对帝国主义的口号,实际上已执行妥协方针。蒋介石到上海后曾密令将"打倒帝国主

---

① 《国民政府公报》宁字第1号。
② 《国民政府公报》宁字第2号,1927年5月11日。

义"的口号改为"和平奋斗救中国"的口号。南京政府成立后,蒋介石等人又把废除不平等条约的斗争解释为同帝国主义"协商而废除"。他们辩解说"至列强谁为友国,谁为敌国,似宜以能否平等待我为标准,不必固定"①。他们大力推行反苏政策,查封苏联驻华机构,逮捕、审讯苏联外交人员。尽管这一切符合列强的愿望,引起列强的极大关注,但各列强对华争夺激烈,矛盾重重。这时南京政府究竟以哪一家为主要靠山,也举棋未定。因此,一时还没有哪个国家准备立即承认它,而采取观望的态度。南京政府成立几天后,日本首相田中义一对报界发表谈话称:中国事态的发展是日本外交"最为重大逼近"之事件,而"在华共产党之活动,其结果直接影响于日本,及其维持东亚地位,吾人实觉有重大之责任,不能置之不顾"。为此,日本政府在加紧直接干涉的同时,又认为应与中国"稳健的政权进行适当的接触,除等待全国统一的形势逐渐发展外,别无他法"②。

南京国民政府是在清党反共中建立起来的。它对内发布的头号命令即"秘字第一号令",是用国家机器的名义通令实行"清党"。该密令诬蔑共产党"祸有甚于洪水猛兽","图谋倾覆本党,逆迹昭著",谓"此次逆谋,实以鲍罗廷、陈独秀、徐谦、邓演达、吴玉章、林祖涵等为罪魁,以及各地共产党首要、次要危险分子,均应从严拿办。"并命令"国民革命军总司令、各军长官、各省政府通令所属一律严缉,务获归案重办"③。首批通缉共产党人和国民党左派达一百九十七人。

4月26日,南京国民政府通电接受南京国民党中央政治会议通过的咨请《查办共党分子案》:一、对各地"共产党首要危险分子,经党部举发者,由就近军区分别看管监视,听候处分","其叛乱行为昭著者,照内乱罪,依法惩办";二、"所有汉口联席会议及国民党第二届第三次全体中央执行委员会议所产生之机关,所发之命令,一律否认"④。

---

① 《南京国民党中央政治会议》(1927年5月9日),中国第二历史档案馆藏。
② 《中国近代对外关系史资料选辑》下卷第1分册,第134、139号,上海人民出版社1977年版。
③ 《革命文献》第16辑,总第2825—2826页。
④ 《国民政府公报》宁字第1号。

4月底,蒋介石提出新"清党"计划《对于第二期清党之意见》,认为"第一期之清党运动,在以极敏捷严厉之手腕,扑灭共产党徒之逆谋,摒除共产党徒于党外";"第二期之清党,则必以至大至久之恒心与毅力,肃清潜伏之共产分子,绝其根株。"为此蒋介石提出具体要求:"各级党部之组织必十分严密,党员必遵守纪律";"应注重消弭之方,对于跨党分子之检举,不容稍宽";为了将中共党员一网打尽,"勿使复活",必须制订出"缜密统一之方案"①。随后,南京国民党中央和国民政府继续进行一场更大规模的"清党"反共运动。

5月5日,南京以国民党中央的名义决定成立"清党委员会",提出六条"清党原则",规定"在清党时期停止入党";"所有党员经过三个月之再发党证";各党部于接到清党广告之日起,限令所属党员于半月内填就审查表,呈报当地清党委员会;党员须每半月将其工作向所属区分部,然后逐级呈报当地清党委员会;无故一月不报告工作者加以警告,三个月不报告工作者取消党员资格;对"混进本党者,一律清除"②。5月17日,南京宣布由邓泽如、吴倚沧、曾养甫、萧佛成、段锡朋、冷欣、郑异七人组成中央清党委员会,邓泽如任主席。其后,南京、上海、广东、广西、福建、安徽、浙江各地陆续建立清党委员会,海外华侨和军队中也建立相应的组织。

清党委员会宣布其职责为:"秉承中央执行委员会训令,肃清党内共产分子、土豪劣绅、贪官污吏、投机分子及一切腐化、恶化分子。"③实际上,他们要清除的是"共产分子"。胡汉民毫不掩饰地说:"我们这次清党,是进一步把共产党的死灰都要送给俄罗斯,不能让他留在中国的,干脆地说,这次的清党,就是要消灭中国共产党。"为此,专门制订了《清党条例》,成立了清党审判委员会。5月25日,南京国民政府通令各行政机关遵照《清党条例》,"遇有反动分子捣乱本党,阻碍清党进行者,当地清党委员会得直接通

---

① 蒋介石:《对于第二期清党之意见》(1927年5月),《国民党政府政治制度档案史料选编》下册第603—605页。

② 中国国民党浙江清党委员会编:《清党运动》第3—4页,1928年杭州版。

③ 《中华民国史事纪要》1927年5月17日。

知该地军警或行政机关,严行缉拿"①。表明"二期清党"仍然以暴力为主要手段。

东南各省和四川等地相继成立清党组织,以"清党"为旗号,任意捕杀革命者,荼毒民众。上海清党委员会杨虎、陈群、潘宜之等人实行告密制度,悬赏查拿共产党员和工人领袖,规定"查获首要者每名赏洋一千元,附从者赏洋五百元"②。6月底,陈群等在上海连破四个中共机关。依蒋介石电令,凡共产党员一经审讯,立即"正法"。共产党人赵世炎、陈延年先后惨遭杀害。南京成立了清党审判委员会,滥杀无辜。宁波对共产党人"施用残酷的肉刑",有的采用"野蛮的斩刑",有的先"刺胸再枪杀","成千的人被投入狱中,很多农民被地主挖眼割舌,火烧和活埋处死"③。

南京国民党当权者除用捕杀手段外,还用"自首"、"自新"办法诱惑一些不坚定分子。6月下旬,上海清党委员会发出通告,对"盲从走入歧途之分子,准其来本会自首,予以从宽发落"④。浙江开始设立"反省院",以后被长期沿用。

南京国民党当局对真正的土豪劣绅和反动势力,多方设法加以笼络、包庇和纵容。南京国民党中央政治会议于5月30日下令,各地凡在4月15日以前逮捕的土豪劣绅,分别予以免究或具结开释。6月10日,南京国民党中央政治会议决定,恢复国民党二大被开除出党的西山会议派张继、谢持、林森、覃振、邹鲁、居正等人的国民党党籍。7月7日又决定,凡因反对共产党而被通缉的国民党员,一律取消通缉。

清党期间,各地土豪劣绅乘机蠢动。5月初江苏江阴就有人指出:"清党后,土豪劣绅乘机报复,地方行政长官有扶助土豪劣绅恢复旧势力之倾向。"⑤浙江长兴有土豪劣绅指使暴徒捣毁县党部,劫夺印章、文书案卷并捕去常务委员等⑥。6月间,温州土豪诬指国民党员蔡雄为共产党员,私设公

---

① 《国民政府公报》宁字第4号。
② 《申报》1927年4月25日。
③ 《浙江革命史特辑》第2辑,浙江人民出版社1980年版。
④ 上海《民国日报》1927年6月1日。
⑤ 《国民政府第十次会议记录》(1927年5月10日),中国第二历史档案馆藏。
⑥ 《国民政府第二十次会议记录》,中国第二历史档案馆藏。

庭,擅自枪杀①。类似事例不胜枚举。

国民党清党的结果,大量的精英被害,新旧官僚、政客、投机腐化分子弹冠相庆,乘机聚集勾结,致使国民党腐败堕落现象滋生蔓延。连白崇禧也不得不承认:"此次清党后,即发生许多以党营私之假革命党,尤其在上海一隅,更加其甚,藉清党之名,奸人妻子,掳人财物,敲诈剥削,随便杀人,以致人民怒声载道。上海是舆论中心,故民众对本党已渐失信仰。"②

在实行清党运动的同时,南京国民政府在其势力控制的范围内,对一些省政府和党务部门逐渐改组或重建,由南京国民政府和国民党中央重新任命政府、政治分会、省市党部的重要职务,分级建立起南京国民政府的下属政权与南京国民党中央所属的各级组织。分述如下:

一、江苏省

1927年4月26日,南京国民政府任命钮永建、何应钦、叶楚伧、白崇禧、杨树庄、陈铭枢等人为江苏省政务委员会委员;由何应钦、钮永建、陈辉德、张乃燕、叶楚伧、甘乃光、陈和铣分别兼任军事、民政、财政、教育、建设、农工、司法各厅厅长③。5月2日,江苏省政府宣告成立。

二、浙江省

4月26日,南京国民党政治会议决定派张静江、蒋介石、蔡元培、何应钦、周凤岐等组成政治会议浙江分会,并于即日成立。5月13日,南京国民政府任命马叙伦、蒋梦麟、陈其采、周佩箴等为浙江政务委员会委员;由马叙伦、陈其采、蒋梦麟、程振钧、朱家骅、阮性存分别兼任民政、财政、教育、建设、农工、土地、司法各厅厅长,5月25日任周凤岐兼军事厅厅长④。

三、广东省

4月29日,南京国民党中央政治会议决定改组广州政治分会,任古应芬、李济深、黄绍竑、戴季陶、陈孚木等十三人为委员。7月11日,南京国民政府任命李济深、许崇智、孙科、陈树人、朱家骅等为广东省政府委员,李济

---

①《国民政府第二十九次会议记录》,中国第二历史档案馆藏。

②《军事委员会纪念周纪》,上海《民国日报》1927年8月26日。

③ 刘寿林、万仁元等编:《民国职官年表》第685页。

④《民国职官年表》第698页。

深为主席,马洪焕为秘书长,陈可钰、古应芬、李文范、朱家骅、曾养甫、冯祝万、陈融、张难先分别兼任军事、财政、教育、建设、农工、司法、土地各厅厅长。

四、贵州省

4月29日,南京国民政府任命周西成、何应钦、王天培、李燊、周恭寿等十五人为贵州省政务委员会委员,周西成为主席。

五、福建省

5月1日,南京国民政府任命杨树庄、方声涛、郑宝菁、陈培锟等为福建省政府委员,以杨树庄为主席,并由方声涛、陈培锟、黄琬、丁超五、郑宝菁分别兼任军事、财政、教育、建设、民政各厅厅长[1]。

六、安徽省

安徽政务委员会早于3月27日由蒋介石任命于安庆成立,由陈调元任主席(蒋作宾兼代),蒋作宾、张秋白、余谊密、唐家骥、李抗文为常务委员。7月25日经南京国民政府任命改组为安徽省政府。

七、广西省

早于1926年3月15日正式成立省政府,同年6月5日起由黄绍竑任省政府主席,李宗仁、白崇禧等均为省政府重要成员。由于他们参与"四一二"政变和组建南京国民政府,故该省也隶属于南京国民政府,省政府维持原建制。1927年5月15日,广西省政府委员会正式成立于南宁,设委员七至九人,从委员中推三人为常务委员,仍由黄绍竑任主席,下设民政、财政、教育、建设、农工、司法、军事七厅,分别由粟威、黄蓟、雷沛鸿、任廷飏、俞作柏、朱朝森、黄绍竑兼各厅厅长[2]。

此外,四川刘湘于5月4日就任蒋介石所委任国民革命军第五路总指挥。次日,刘湘奉蒋介石令出兵武汉,并命第二十军军长兼川鄂边防总司令杨森讨伐武汉,7月入宜昌。这说明四川的一部分也隶属于南京。

5月28日,南京国民政府任命黄郛为上海特别市长。25日,又决定南

---

① 《民国职官年表》第792页。

② 参见郭卿友主编:《中华民国时期军政职官志》上册第811页。

京改为特别市，任命刘纪文为市长。

至此，南京国民政府逐渐直接和间接地控制了江苏、浙江、安徽、福建、广东、广西、贵州、四川等省的全部或一部，并直接掌握了上海和南京二特别市。

四、在反共中宁汉合流

南京国民政府建立后，宁汉之间处于对峙状态。这时国内出现以蒋介石控制的南京国民政府、武汉国民政府与奉系张作霖所控制的北京政府三个鼎足而立的政权。

南京国民政府占有某些优越条件，也存在不少困难。当时蒋介石直接和间接统辖共有约二十万人的军队，只有一部分是嫡系，多数是地方实力派如桂系、粤系、黔系、川系等掌握，有些是收编不久的北洋军阀部队。南京政府占有江苏、浙江、上海等省市，是中国南方的富庶地区，由于得到江浙财团的支持，财源比较充足。南京国民政府在成立之初，便积极采取措施，使江浙财团分享一部分政变成果，吸收了一些金融界的头面人物担任政府要职，参与筹措经费。蒋介石还通电南京统辖下的各省军政当局，"切实保护各地银行、钱庄，对于筹划经费及中央银行纸币处置等事，则责成财政当局妥筹安全具体办法，以安人心"①。

蒋介石在对形势作了反复权衡后，不急于对武汉用兵，而采取军事包围的态势。他继续抓住"北伐"这面旗帜。4月中旬，直鲁联军先后攻占合肥、浦口等地，大有卷土重来之势。5月初，蒋决定分兵三路继续北伐：第一路由何应钦任总指挥从镇江攻扬州，直驱淮海；第二路由蒋介石自任总指挥，以白崇禧代理，沿津浦铁路对敌正面作战；第三路由李宗仁任总指挥，从芜湖渡江袭击津浦铁路直鲁联军的侧翼②。这实际上是采用一种先北后西的策略，即先"北伐"，乘机扩大地盘和实力，"再回来"反对武汉，"解决"共产党

---

① 《申报》1927 年 4 月 21 日。
② 《东方杂志》第 24 卷第 13 号。

问题。

蒋介石在动员南京各高级将领继续"北伐"时,强调这次"北伐"有所谓"双重目标"。他说:"我们现在的目标已不是单纯的了,不是单把北洋军阀打倒就可以统一中国,实现三民主义;现在把北洋军阀打倒之后,还要打倒共产党。因为立在主义上说,共产党实在是我们国民党唯一的敌人,他是破坏国民革命,阻碍三民主义实行的。我们要国民革命成功,就不能与共产党并存。所以现在我们武装同志的责任,也比以前加重。从前打倒了北洋军阀就算完成,现在却还要打倒共产党,打倒武汉的共产政府,才能完成责任。所以现在这个时候我们不能不更加努力,更加奋斗,早日占领徐州、济南",然后"再回来和共产党作战","一定要把北洋军阀的军队赶快打破,再来解决武汉的共产党,我们中国国民党、国民政府,才有确实的保障"①。

5月中旬,当武汉军队已深入河南、冯玉祥军向东推进之时,南京的军队从浦口渡江,沿津浦路北上,进攻张宗昌的直鲁联军和孙传芳残部。经过战斗,6月2日攻克重镇徐州,直鲁联军大部退入山东,江北孙传芳部也放弃淮阴,退往山东。南京势力扩展到陇海线。

南京当局口头上声称在北伐期间不对武汉用兵,实际上则千方百计地颠覆武汉政权。4月29日,南京国民政府发表《为杜防共产党扰乱金融阴谋致蒋总司令及各军长官电》,命令"长江下游各地禁止现金运往武汉,并禁汉票在各地行使,以杜阴谋"②。蒋介石又唆使贵州、广西、广东、四川各省派兵包围、蚕食并准备进攻武汉辖区,并勾结帝国主义等势力对武汉地区进行封锁和破坏活动。

"四一二"政变后,武汉国民政府管辖的地区主要是湖南、湖北、江西等省。蒋介石等人发动政变,另立政府,引起武汉国民党中央和国民政府以及广大人民的极大愤懑。在共产党人和国民党左派的指导和推动下,武汉地区掀起了声势浩大的讨蒋运动,工农运动也继续高涨。

4月10日,汪精卫到达武汉后,以左派领袖的姿态出现,努力适应那里

---

① 《认识我们唯一的敌人》,(1927年5月7日),《蒋总统集》第1册第491页,台湾国防研究院1961年版。

② 《国民政府公报》宁字第1号。

的革命气氛和高昂的反蒋呼声。次日,他发表了一段题词:"中国国民革命到了一个严重的时期了,革命的往左边来,不革命的快走开去。"①在全市各界民众的欢迎大会上,他又发表演说,表示要继续贯彻孙中山所确定的三大政策,说那是"三条革命的路"②。蒋介石等人公开同武汉国民党中央和国民政府相对抗,也是对前来武汉复职的汪精卫藐视。这使汪不能不暂时利用共产党和工农群众的力量,举起"联共反蒋"的旗帜,与南京相抗衡。4月15日,汪精卫在武汉主持国民党中央常委扩大会议,决定开除蒋介石的国民党籍,免去其本兼各职。4月17日,武汉国民党中央宣布"蒋中正屠杀民众,摧残党部,甘心反动,罪恶昭彰,已经中央执行委员会议决,开除党籍,免去本兼各职。着全体将士及革命民众团体拿解中央,按反革命罪条例惩治"③。

中共中央于4月20日在汉口发表的《中国共产党为蒋介石屠杀革命民众宣言》指出:"蒋介石业已变为国民革命公开敌人,业已变为帝国主义的工具,业已变为屠杀工农和革命群众的白色恐怖的罪魁。"宣言还指出,"蒋介石新军阀已经成为帝国主义进攻中国国民革命的新工具",仅仅开除蒋介石不足以消除革命所面临的危险。中共中央强调必须充分认识到农民革命对国民革命的重大作用和意义,"只有国民革命用激进的农民改革政策",才能打倒反动势力,"使蒋介石衰弱下去"④。21日武汉国民党中央执行委员、国民政府委员、军事委员会委员汪精卫、谭延闿、孙科、徐谦、顾孟馀、谭平山、陈公博、吴玉章、唐生智、邓演达、宋子文等四十人联名发表通电,谴责蒋介石由反抗中央进而自立中央等行为,号召:"凡我民众及我同志,尤其武装同志,如不认革命垂成之功毁于蒋介石之手,惟有依照中央命令,去此总理之叛徒、中央之败类、民众之蟊贼。"⑤工人、农民、市民、学生相继集会讨蒋,发电声讨蒋介石的罪行。两湖地区的工农运动继续发展,武汉工人纠察队有

---

① 汪精卫:《给〈中央副刊〉的题词》(1927年4月11日),《汉口民国日报》1927年4月12日。
② 《汉口民国日报》1927年4月11日。
③ 《国闻周报》第4卷第17期。
④ 《向导》第194期(1927年5月1日)。
⑤ 《汉口国民日报》1927年4月22日。

五千人,拥有三千支枪。截至 1927 年 6 月,各地工会会员达二百九十万人,农民协会会员达九百一十五万人,其中湖南四百五十一万,湖北二百五十万。一些地区出现土地革命的形势,个别地区农民自动起来解决土地问题。

尽管武汉国民党中央和国民政府的领导者们在讨蒋通电、集会演说对蒋介石进行极严厉的谴责,然而在实际上并没有采取切实有效的措施回击蒋的背叛行为。大多数共产党员和国民党左派坚决主张出师东征,讨伐蒋介石。周恩来等曾致电中共中央,指出东征讨蒋的必要性,列举了蒋的一系列倒行逆施,认为如不迅速讨蒋,"则蒋之东南政权将益固,与帝国主义关系将益深";届时"即使武汉北伐,能直捣天津,而蒋之政权已固,继蒋而起者亦大有人在"。周恩来指出,革命军如"再不前进,则彼进我退,我方亦将为所动摇,政权领导将归之右派,是不仅左派灰心,整个革命必根本失败无疑"①。但这个很有见地的意见未被采纳。有的人主张先行南征重建广东革命基地,另有些人主张先在两湖开展土地革命,扎下根基后再东讨南京。汪精卫等"不想同蒋介石进行坚决斗争"②,期望在北进中冯玉祥、阎锡山将能加入革命,主张继续北伐。鲍罗廷、陈独秀等没有支持"东征"的主张,而附和汪精卫的北伐意见。武汉当局作出北上的对奉作战的决策。4 月 18 日,武汉国共两党联席会议决定对东、南、西三方取守势,只留小部分兵力镇守湖北外,主力部队继续北伐,进军河南,准备夺取北京。

1927 年 4 月 19 日,武汉政府开始第二期北伐。由唐生智出任北伐军总指挥,21 日沿京汉路向河南进发。5 月中旬,北伐各军集中驻马店地区,向奉军发起总攻。下旬,北伐军三个师在临颍十里头战役中,击溃奉军在河南的主力,连克漯河、郾城、临颍、许昌、新郑等地。

4 月 30 日,武汉国民政府电冯玉祥称,国民政府已下令讨奉,任冯为国民革命军第二集团军总司令。5 月 1 日冯于西安宣布就职,分兵五路,由潼关前进。冯玉祥军在攻克洛阳后分兵两路向新乡和郑州进击。奉军被迫放弃郑州、开封,全部撤往直隶和山东。6 月 1 日,武汉北伐军与冯玉祥军在

---

① 周恩来:《迅速出师讨伐蒋介石》(1927 年 4 月),《周恩来选集》上卷第 6—7 页。
② [苏]亚·伊·切列潘诺夫:《中国国民革命军的北伐》第 537 页,中国社会科学出版社 1984 年版。

郑州会师。4 日占领开封。这标志着武汉二期北伐第一阶段的作战计划顺利实现。武汉的军事力量也到达陇海线。

武汉国民政府在继续北伐的过程中，逐渐陷入严重的经济、政治危机。由于武汉受到敌对势力的封锁破坏以及大规模战争的消耗，困难日益增多。不仅外交上陷入孤立，内部危机也表面化。两湖地区四面被围，京汉、粤汉铁路及长江上下游交通均告断绝，同全国各地的联系中断，物资奇缺，物价飞涨，工厂停工，商店关闭，市场混乱，出现米荒、煤荒，造成民心浮动，社会不安。政府财政收入锐减，只能靠大量发行纸币应付开支。

政治危机也相继发生。强大的工农运动的支持，奠定了武汉政府初期的政治基础，但是工农运动的猛烈发展，同城市的工商业者及农村的富裕阶层存在的矛盾和冲突日益加剧。共产党缺乏经验和足够的干部，未能有效地引导工农运动，在高潮中也有某些过火现象出现，因而引起国共两党之间产生分歧，甚至引发矛盾和冲突。国民党中的反共叫嚣越来越厉害，以汪精卫为首的国民党上层分子的右派面目日益暴露。他们逐渐改变左派的面目，利用所控制的党政机关，发出对工农运动的一系列禁令，大力保护地主富农的利益。蒋介石利用武汉政府的困难，加紧进行分化活动，唆使某些反动分子公开制造反革命叛乱。5 月 17 日，武汉政府所辖独立第十四师师长夏斗寅在宜昌叛变。5 月 21 日，驻长沙的第三十五军许克祥部发动"马日事变"，血腥屠杀共产党员和革命群众。第二次北伐的初步胜利并不能给武汉带来福音。它仍在东、西、南方面受到敌对势力的困扰。在北面，虽将奉系张作霖的军队逐出河南，但代之而来的是冯玉祥的军队。

曾经被共产国际、苏共中央和苏联顾问看作是"新兴的民族军事力量"①，并得到多方面援助的冯玉祥，这时拥有兵力二十五万，号称五十万。汪精卫认为能否拉住冯玉祥一致行动，关系到武汉国民政府的存亡。6 月 10 日至 11 日，汪精卫在郑州陇海花园和冯玉祥等正式举行会议。这次会议由汪精卫主持，双方阐明了对形势的看法，就党务、政治、军事等问题进行了讨论，作出了相应的决议。汪精卫等人企图通过郑州会议拉拢冯玉祥，进

---

① 《魏金斯基致季诺维也夫的电报》(1924 年 11 月，上海)《联共、共产国际与中国》第 454 页。

行"讨蒋、分共"。尽管汉方对冯方作了许多让步,对"分共"问题"取得了一致看法",但冯不同意讨蒋,而是规劝汉方"息争",主张宁汉联合继续北伐。这次会议成了汪精卫等人公开反共的信号。会后,汪精卫即把河南交给冯,将唐生智、张发奎的部队从郑州、开封等地撤回武汉,既为镇压工农运动,也为应付蒋介石的威胁。至此,武汉当局的第二期北伐计划,也就半途而废了。

冯玉祥率领的国民军,具有强大的战斗力,蒋介石
和汪精卫争相拉拢。

蒋介石密切注意汪、冯郑州会议的动态,窥测武汉方面的军事动向。他

认为武汉方面"以豫交冯,而以全力巩固两湖,其后南下攻粤或东下攻宁,皆意中事也"①。而一旦汪、冯联合东征,将会给南京政权致命打击。当时,南京的军队主力集中在江北作战,沪、宁空虚,急需寻找一支实力雄厚的同盟军。冯玉祥在这时恰好占有举足轻重的地位,因此蒋介石急切地发起徐州会议,以便联冯制汉。6月19日至21日蒋、冯等人在徐州花园饭店举行会晤和会谈,并作出决议。初次见面,蒋对冯的印象是"老练沉着,心实钦佩,自惭轻浮,时觉惶恐","甚想以总司令名义交焕章同志任之,余独负训练之责也"②。蒋针对冯急需接济军费的困境,乃以金钱作为笼络手段,答应从7月份起按月提供二百五十万军饷,这是冯从武汉方面求之不得的。蒋、冯双方经过会谈,达成了"宁汉合作,继续北伐,清党反共"的协议,并宣称决心"凡百诱惑,在所不顾;凡百艰险,在所不避;凡百牺牲,在所不惮"③。

蒋介石亲去徐州笼络冯玉祥,开始了他们短暂的合作。

---

① 《蒋介石日记》(手稿本),1927年6月15日。
② 《蒋介石日记》(手稿本),1927年6月19日,美国斯坦福大学胡佛研究所藏。
③ 《国闻周报》第4卷第25期。

冯玉祥依照与蒋介石的协议,于徐州会议结束后,立即电促汪精卫、谭延闿"速决大计",谓宁汉双方"既异地而同心",就应"通力合作"①。这对汪精卫等人放弃讨蒋、加速宁汉合流起着重要作用。

武汉方面在郑州会议后,汪精卫等加紧"分共"和反蒋。唐生智、张发奎部调回武汉后,沿江东进驻扎九江,宁汉间的战争大有一触即发之势。同时,汪精卫着手"分共"。湖南"马日事变"后,江西省政府主席、国民革命军第五方面军总指挥朱培德也开始将共产党员"礼送出境"的行动。5 月 29日,朱培德召集第三军全体政治工作人员谈话,强迫第三军中一百四十二名政工人员离开军队,并派一团士兵将他们押送出境。6 月 6 日,朱培德在逐走了共产党员和国民党左派的同时,下令查封江西省总工会和农民协会等群众团体;并以"制止过火的工农运动"为辞,出动军队收缴了农民自卫队的武装。

当时如何对待工农运动,成为武汉地区国共两党分歧的焦点。局势日渐危急,共产国际、苏共中央和苏联顾问等一筹莫展。他们由于害怕刺激汪精卫、唐生智等,而执行退让政策,其结果是助长反动势力的气焰,导致"武汉越来越像南京了"②。5 月底,远在莫斯科的共产国际给中共中央发来紧急指示。其要点是:改造国民党,使工农分子大批参加进去;把农民协会变成乡村政权;组织七万军队,其中要包括两万共产党员;没收地主土地。对于共产国际的五月指示,无论是鲍罗廷,还是陈独秀为首的党中央,都认为是难以实现的。但共产国际代表团团长罗易(M. N. Roy)却擅自去劝说汪精卫接受莫斯科的建议,并向汪提交了指示的副本。汪精卫以此为口实,迅速发动反共事变。

6 月中旬,山西阎锡山热烈欢迎蒋介石派去的代表刘芙若等,而对武汉派去的代表孔庚由冷遇到送离出境。阎锡山声称:原来对武汉、南京"有两个政府,也不知道何所适从","据一般人的观察,武汉是共产党的政府,南京

---

① 冯玉祥:《致武汉汪谭等电》(1927 年 6 月 21 日),中国第二历史档案馆藏。

② [苏]A. B. 巴库林:《中国大革命武汉时期见闻录》第 185 页,中国社会科学出版社 1985 年版。

才是真正国民党的政府"。阎还称:"山西人听说要实行共产,也很害怕。"①
于是,阎锡山也公开拥蒋反共,武汉政府更加孤立。

6月下旬,冯玉祥也开始分共行动。他于6月22日从徐州回到开封,
即令省政府"严防共党"②。26日集合政工人员训话,要求"认清主义,勿受
共产党所诱惑,勿为第三国际所利用"③。冯要所有共产党员或者宣布脱离
共产党并宣誓效忠国民党,或者一律脱离军队。他又致电河南、陕西、甘肃
省政府,要他们与南京一致行动。在进行一番考察之后,冯玉祥把其军中的
二百多名共产党员以及辖区内的四十多名共产党地方干部集中起来,分级
各给一点川资,派大刀队将全部人员押送到武胜关,强迫遣散④。

6月27日,第三十五军军长何键在汉口发表反共宣言,宣称:"两湖地
方,民众团体时常发现越轨行动。而湖南各县,闹得更是极糟。"认为"农工
运动幼稚"、"工作过火"并非实情,而纯系"共产党中暴徒之策略";要求武汉
国民政府和唐生智"明令与共产党分离"⑤。同时派军队占领、捣毁五金业、
木船、染织业等工会。同日,国民革命军第八军军长兼武汉卫戍司令李品仙
也派军警查封全国总工会、农民协会、工会纠察队,看管苏联顾问,准备遣送
出境⑥。

此时共产党与汪精卫之间已难以维持继续合作。共产国际严厉批评陈
独秀右倾妥协并停止其在中共中央的职务。7月中旬,中共中央改组。13
日,新组成的中共中央发表宣言,指出武汉国民党中央和国民政府"近日已
在公开的准备政变,以反对中国人民极大多数的利益及孙中山先生之根本
主义与政策"。因此决定撤回参加国民政府的共产党员,但暂不退出国民
党,不抛弃与国民党合作的政策。⑦ 14日,汪精卫召开政治委员会主席团会

---

① 《国民党中央政治委员会第三十三次会议速记录》,《中国国民党第一、二次全国代表大会
会议史料》,第1289—1290页。

② 《冯玉祥日记》,1927年6月22日。

③ 《关于清党措施致豫、陕、甘省政府密电》,中国第二历史档案馆藏。

④ 李世军:《回忆徐州会议前后的冯玉祥》,《党史研究资料》1981年第10期。

⑤ 《中华民国史事纪要》1927年6月28日。

⑥ 《李品仙回忆录》第91页。

⑦ 《中国共产党中央委员会对政局宣言》(1927年7月13日),《向导》第201期第2214页。

议,兼有国民党籍的共产党员都被排斥不得参加。汪宣称:对加入国民党的共产党员,"应有处置的方法,一党之内不能主义与主义冲突,政策与政策冲突,更不能有两个最高机关"①。陈友仁代表宋庆龄发言反对说:"联俄、联共和扶助农工三大政策是总理手定的,有了三大政策,革命才能够发展成今天的局面;抛弃三大政策必然要向帝国主义和蒋介石屈服。"②

　　7 月 15 日,国民党中央常务委员会举行扩大会议,讨论"分共"问题。汪精卫以中央政治委员会主席团名义作关于《容共政策之最近经过》的报告,宣称 7 月 13 日中共中央《对时局宣言》"是破坏本党容共政策之最大表示",共产党既然宣布退出国民政府,"则在国民革命中、各级政府机关中,亦无须存在"。汪还报告了从罗易处读到共产国际电报的经过,认为这个电报有五层意思,都很厉害,综合这五条而论,"随便实行哪一条,国民党就完了!"他声称应对共产党一个"处置办法"。汪精卫的讲话,得到了孙科、顾孟馀等的附和支持。最后,会议通过《取缔共产党案》,决定在一个月内召开国民党第四次中央执行委员会全体会议讨论决定"分共"问题,在会议召开之前,国民党中央党部"应制裁一切违反本党政策之言论行动"③,公开扯起反共旗帜。会议还通过《统一本党政策案》(7 月 26 日公开发表)规定:"一、凡列名国民党员,在各级党部、各级政府和国民革命军中任职者,应自即日起,声明脱离共产党,否则一律停止职务;二、共产党不得以国民党名义作共产党工作;三、国民党党员未经中央许可,不得加入他党,违者以叛党论。"④至此武汉汪精卫集团正式与共产党决裂,第一次国共合作终于全面破裂。会后,武汉当局下令逮捕共产党人,在育才学校、文化书社等处一天之内捕去二十多人。

　　16 日,武汉国民党中央政治会议主席团发表声明,声称"六月初旬,政治委员会突然由某一共产党负责同志交付一项秘密决议案,而此项决议案,

---

　　① 《中国国民党中央执行委员会第二届常务委员会第二十次扩大会议速记录》,《中国国民党第一、二次全国代表大会会议史料》。
　　② 《吴玉章回忆录》第 150 页。
　　③ 《中国国民党中央执行委员会第二届常务委员会第二十二次扩大会议速记录》(1927 年 7 月 15 日)。
　　④ 《汉口国民日报》1927 年 7 月 26 日。

实不啻对本党生命予以根本的危害"①;7月13日中共中央又声明撤回参加国民政府之共产党员,"本党容共政策,已被破坏无余"。既然共产党退出国民政府,"便无异脱离本党","在国民革命军及各级政府机关中,亦无须存在"②。这等于向国民党、政府机关和军队发出"取缔共产党"的动员令。同日,虽然武汉国民党中央欲盖弥彰地公布了《保护共产党员个人身体自由的训令》和《保护农工之训令》,但实际上汪精卫集团已经在武汉动手逮捕共产党人。当天,何键的第三十五军占据汉阳,次日又占据汉口。第三十五军一个团长在孔垅镇一次就枪杀二十余名共产党员。在武汉,国民党着手在工会中清党,专门组织特务委员会,改组各级工会;同时也在党、政、军各部门大规模地进行"清党"。

19日,武汉国民政府训令所属各军取缔共产党,要求各军长官于最短期间,查明所属军队中军事负责及政治工作人员,对已知名的共产党员劝导与共产党脱离关系,否则停止职务,未知名者应留心考察,如有违反本党主义及政策者立予惩办。这时,冯玉祥也公开支持武汉政府③。随着共产党人8月1日在南昌发动武装起义之后,汪精卫集团把和平"分共"的政策也加改变,而公开实行赤裸裸的武力清党了。武汉政府8月2日发出布告,宣布凡是继续从事革命活动的共产党员,"一经拿获,即行明正典刑,决不宽恕"。8日,武汉国民党中央政治委员会下达了通缉共产党人的名单。

至此,第一次国共合作的革命统一战线最后破裂,孙中山的三大革命政策和反帝反封建纲领被完全抛弃,国民革命终于失败。宁汉之间在反共的基础上,出现了合流的趋势。虽然蒋介石和汪精卫仍抓住孙中山的旗帜不放,高喊要在中国实行三民主义,而实际上他们把孙中山的革命政策改变"成为相反的政策,使革命政党丧失了革命性,变为虽然扯起革命旗帜而实

① 指罗易交与汪精卫的共产国际给中共中央的《紧急指示》。
② 《武汉反共之重要文件》,《国闻周报》第4卷第29期。
③ 蒋介石在1927年7月28日日记中写道:"焕章通电承认武汉为中央,是其失体统也。军人岂能执持两端乎。"

　　宋庆龄在莫斯科宣布成立中国国民党临时行动委员会,坚
持孙中山的三大政策。

际上却是拥护旧社会制度的机关"①。

---

　　① 宋庆龄:《为抗议违反孙中山的革命原则和政策的声明》(1927 年 7 月 14 日),《宋庆龄选
集》上卷第 44 页,人民出版社 1992 年版。

第八章　主政南京国民政府

一、以退为进的下野

　　蒋介石在南京建立国民政府后,既对共产党和人民群众进行血腥镇压,又同国民党内各派系进行激烈的角逐。由于他掌握军权,又以孙中山三民主义为号召,在夺取中央政权后,逐渐站稳脚跟,确立了统治地位。但在云谲波诡的政坛中也潜在着风险,有过起落。他于 1927 年 8 月间,被迫首次下野,经过相当步骤,才化险为夷,又重新上台。

　　武汉"七一五"反共事变后,国民党存在三个主要派系:以蒋介石、胡汉民、李宗仁为代表的宁派;以汪精卫、唐生智为代表的汉派;以张继、许崇智为代表的沪派(西山会议派)。宁、汉两方各自都掌握有军队、中央党部和国民政府,沪派则只有一个中央党部。此外,在北方还有冯玉祥、阎锡山,他们也以实力为基础,各自成派。宁、汉、沪各派之间,为争夺谁来继承国民党的"正统",进行了激烈的争斗。汪精卫坚持既反共又反蒋的立场,自称"在夹击中奋斗",联合唐生智组织东征军向南京进逼,他抨击蒋介石是破坏党权的罪魁祸首,挟持军队、党部,实行个人独裁,"使国人知有蒋中正,不知有

蒋介石与宋美龄

南京国民政府要员在汤山

1931年《时代》周刊封面上的蒋介石夫妇

孙科、胡汉民、汪精卫在上海

党,此实为党所不容"①。蒋介石则指责汪精卫是勾结共产党的祸首,企图将汪置于被告席上,排斥于国民党中央之外。蒋介石为对付汉方的进攻,采取措施先谋求与奉方休战,派代表到北方谈判,并令李宗仁调北伐主力第七军到芜湖以西地区布防,加强在安徽、江西等省的防务,以防汉方东下;同时继续拉拢冯玉祥,共同对付汉方。

此时,拥有大量军队,已在绥、甘、陕、豫站稳脚跟的冯玉祥,担心宁汉相争,奉方可能发起进攻,于己不利,乃在宁汉之间进行斡旋。他向双方发电,主张平息内争,全力北伐。7 月 14 日,冯与孔祥熙等通电宁汉,倡议召开开封会议,讨论合作之事。16 日冯致电唐生智说:"务请均以大局为念,对于内部意见,均各化除,庶集中革命全力,以先灭奉鲁反动势力,则党国根基自可巩固,一切问题均易解决。"②22 日,冯再次通电,提出"统一中央,政府迁宁",双方"停止军事行动"等主张。经过冯玉祥和一些力主调和内争的人士如孔祥熙、居正、宋子文等的调解,宁、汉双方有了达成妥协的表示。沪方在这时也表现了和解的愿望,于是出现了宁、汉、沪三方合作的可能性。

但是,汉方提出了蒋介石必须下野作为各方和解的强硬条件,汪精卫等人甚至声称要和蒋等"一切假革命派决一死战"。8 月 9 日,唐生智发出讨蒋通电,历数蒋介石"以军治党,以党窃政","营私误国……跋扈专横,中央稍加裁抑,乃以'反共'为名叛党抗命","复于南京自立政府,擅开会议,屠杀异己"等等,声称"奉中央命令率师罚罪"③。他派程潜为东征江右军总指挥,何键为江左军总指挥,沿长江两岸分兵东进;同时拉拢宁方中的桂系,欲与他们"通力合作,共除凶孽"④。

7 月底至 8 月初旬,蒋介石亲赴蚌埠前线指挥南京的北伐军反攻徐州失利,回南京后,将失败的责任诿过于西翼军指挥、第十军军长、黔军将领王天培。蒋下令将王逮捕,先关押,后秘密处死,引起舆论大哗,个人威信骤降。这给桂系将领李宗仁、白崇禧乘机而起掌握大权提供了难得的机遇。

---

① 《武汉国民政府宣言》(1927 年 7 月 28 日),《国闻周报》第 4 卷第 31 期。
② 冯玉祥:《致唐生智电》(1927 年 7 月 16 日),中国第二历史档案馆藏。
③ 《国闻周报》第 4 卷第 33 期。
④ 《国闻周报》第 4 卷第 30 期。

他们插手宁汉交涉,争取有利地位。8月8日,李宗仁领衔致电武汉表示:"前电明令,共党全退出党部,则党之祇有整个善后,并无两派争执",当前大计在于北伐,要求汉方及早到南京召开中央全会①。

汪精卫在与李宗仁函电往来中,坚持倒蒋立场,还声明此"乃公愤而非私仇"。李宗仁等认为只要蒋去职,即可消除宁汉合作的障碍,也借机表示:"我们两面受敌不了,蒋先生暂时歇一歇也好。"②12日,在南京中央执行委员会上,李、白等主张派使者与武汉谈判合作,又透露武汉以"倒蒋"为必要条件,"请总司令自决出处",使蒋十分尴尬。蒋在多种不利因素的制约下,无可奈何地表示:"武汉方面一定要我下野,否则势难甘休,那我下野就是了。"③这时日本表示要武装干涉北进,美英等国对蒋持观望态度。蒋介石感到"时局纷扰,内部复杂,南北皆同;只有静镇谨守,持之以定,则待机而动"④,不得不于8月12日晚宣布辞去国民革命军总司令等本兼各职。次日在上海发表下野宣言,随即乘船去宁波回奉化老家。他在辞职宣言中表示:"进退生死,一以党之利益为依归。""若认中正一退,可解纠纷,中正固无时无刻或忘归隐者也。"他还向国民党人提出三点希望:宁汉合作,并力北伐,彻底清党⑤。事后蒋介石表白:"此次引退,比较心和气平,毫无怨恨,即被白崇禧加以词迫,亦不以为意,以心地光明良知无疚也。"⑥其实他内心对桂系的逼宫还是耿耿于怀的:"白崇禧与李宗仁通敌求全,谋叛败党之罪,世世国民不能忘也。敬之(何应钦——引注)无主,亦非无责"。⑦ 当他得知"黄埔学生到处受白逆惨残","惊慨无已"⑧。

8月14日蒋介石到达溪口。他先到自家的老宅丰镐房,毛福梅哭闹着向他要儿子,因为被他送到苏联留学的蒋经国,当时毫无音信。经过劝解,毛福梅方平静下来。接着他又看望哥哥蒋介卿,一起祭扫蒋母之墓,然后下

---

① 《革命文献》第 17 辑,总第 3014 页。
② 吴敬恒:《弱者自给论》,《广州事变与上海会议》第 44 页。
③ 《李宗仁回忆录》上册第 484 页。
④ 《蒋介石日记》(手稿本),1927 年 8 月 12 日。
⑤ 《革命文献》第 15 辑,总第 2567—2568 页。
⑥ 《蒋介石日记》(手稿本),1927 年 8 月 15 日,美国斯坦福大学胡佛研究所藏。
⑦ 《蒋介石日记》(手稿本),1927 年 8 月 17 日。
⑧ 《蒋介石日记》(手稿本),1927 年 8 月 25 日。

榻于四明山的雪窦寺。在溪口居住期间,蒋曾接见日本《每日新闻》和美国《密勒氏评论报》等报记者,谈及出国游历计划及有关政治问题。他声言:"共产党势力必须排除于中国历史之外,即其名称亦不容存在。"又说:"今日中国,当视美国为列强中一真正良友矣!华府会议之精神,余望其能始终维持之。"他常与寺中的老僧谈经说风水,还报生辰八字,求签问卜。和尚恭维他:"从此逢凶化吉了!"逗得他非常高兴,连声称谢。为了保障自身安全,他从杭州抽调一个团的嫡系部队,以训练为名驻扎宁波。自己带领的二百名卫士也隶属于这个团。他还选派一批亲信往日本深造,进一步培植忠实于自己的侍从。

蒋介石下野后,南京方面支持并依靠蒋的胡汉民、吴稚晖、李石曾、张静江、蔡元培等相继辞职,离开南京往上海。桂系一时掌握了南京的实权,立即着手与汉方谋求和解合并的途径,从而加快宁汉合流的进程。8月15日,李济深、黄绍竑通电各方,主张武汉政府即行迁宁,以"消除分裂之局面"①。16日,李宗仁再电汪精卫催促,要求中止东下之师。17日,汪精卫向武汉国民党中央政治委员会提出迁都南京的议案。他说:"迁都南京亦是中央四月初旬就决定了的议案,何况南京政府现已无人负责……南京政府已经停止办公,事实上已不存在,那么我们应该决定到南京去的方式。"②会议通过了迁都南京的议案,并于8月19日发表《迁都宣言》。随后,汪精卫、谭延闿邀李宗仁赴九江商议合作具体办法。22日晚,李宗仁与汉方中委汪精卫、谭延闿、孙科、陈公博、唐生智、朱培德、程潜等在九江举行会议。李宗仁称:"南京自蒋氏离开后,党、政府人员全已解体,津浦路军事亦颇紧张,非中央即日迁宁,不足鼓舞诸同志的精神,安内攘外。"③经过讨论,双方达成一些协议,如:武汉国民政府于9月3日以前迁往南京,与南京国民政府合并;9月15日召开第四次中央全会;谭延闿、孙科随李宗仁东下;武汉东进部队暂停前进;等等。

正当宁汉双方商谈合作期间,孙传芳于8月28日晨指挥残军渡过长

---

① 《汉口民国日报》1927年8月16日。
② 武汉国民党中央执委政治委员会第四十七次会议速记录(1927年8月17日)。
③ 《陈公博谈主席团与李宗仁在浔会晤详情》,《汉口民国日报》1927年8月25日。

江,占领了栖霞山及龙潭车站,进逼南京,情势危急。何应钦的第一军与李宗仁的第七军由南京、镇江夹击,陈绍宽率海军在江面截击。经南京国民政府的军队奋力反攻,8月30日在龙潭大败孙军,战至8月31日,歼敌万余人,俘敌三万余人,使南京转危为安。龙潭一役使宁汉双方都感到继续分裂、内讧的危险,乃加快商议合作的进程。

在宁汉商谈合作时,西山会议派的沪方也积极谋求同宁汉合作。还在6月间,南京国民党中央已废除"打倒西山会议派"的口号,决定恢复西山会议派成员的国民党党籍。7月间,宁沪双方密议党务统一办法。宁方同意沪方提出的"双方推举同数委员组成筹委会筹备第三次全国代表大会"的主张。8月初沪方代表又赴武汉商谈合作问题。汪精卫提出请沪方派代表参加汉方召开的第二届四中全会。沪方主张宁、沪、汉三方合作,不同意汉方单独召开会议。蒋介石下野后,汉方谭延闿、孙科至宁后,与宁方商洽宁、沪、汉三方合作问题。

9月5日,谭延闿、孙科专程到沪,邀请胡汉民等回南京参加二届四中全会。汪精卫等于同日到南京,9日亦赴上海。胡汉民、吴稚晖、蔡元培、张静江、李石曾等均以"法统"问题为辞反对召开四中全会。西山会议派也不同意召开四中全会,而提出组织"特别委员会",合宁、汉、沪三个中央党部于一炉,以实现三派的团结。

9月11日,宁、沪、汉三方国民党中央执监委员在上海戈登路(今江宁路)伍朝枢寓所举行谈话会。出席会议的有汪精卫、谭延闿、孙科、伍朝枢、程潜、叶楚伧、王伯群、杨树庄、许崇智、覃振、邹鲁、谢持、居正、李宗仁、蔡元培、张静江、于右任、李石曾、褚民谊、朱培德、李烈钧共二十一人,谭延闿主持了会议。经过激烈的讨论后共同商定:一、统一宁沪汉三方中央党部,成立中央特别委员会,在国民党第三次全国代表大会之前行使中央执行委员会职权。二、特别委员会委员三十二人,候补特别委员九人,由三方共同提出。三、宁汉两个国民政府的合并及改组方法,人选,由中央特委会决定。四、统一宣言推汪精卫、谭延闿、蔡元培、谢持起草。

9月12日,宁汉沪三方共同推出汪精卫、胡汉民、张继、吴稚晖、戴季陶、张静江、蒋介石、唐生智、冯玉祥、阎锡山、杨树庄、李济深、何应钦、白崇禧等人,加上三方各自推出的六人,合计三十二人为特别委员会委员①。

13日,三方继续开谈话会。汪精卫见前两次会议情形对己不利,借故离会,当日发表"退休通电",自称对共产党"防制过迟",宣告下野。这次会议公推特别委员张继、于右任、何香凝、李石曾、蔡元培五人代行监察委员会职权。

9月14日,出席谈话会的三方人员乘专车赴宁。15日,宁汉两方和沪方中央执监委员分头举行中央执监委员临时会议,分别通过组织特委会议案和人选名单。这表明宁、汉、沪三方正式合流,国民党暂时完成了形式上的统一。

中国国民党中央特别委员会于9月16日在南京宣告成立,宣布:"从前峙立之三党部,均不复行使职权",今后的任务是"一方面继续清党,不使全党中有一不忠实之党员得厕身其间;一方面继续北伐,期于最短期间完成中国之统一"②。

特别委员会连日举行会议,汪精卫、蒋介石、胡汉民等人均缺席,到会者多为桂系和西山会议派人物。会议匆忙通过了《中央党部组织案》、《国民政府组织案》,并决定改组国民政府和军事委员会,推定国民政府委员、常委、各部部长人选,以及设置监察院,等等。

9月20日,新产生的国民政府委员和军事委员会委员同时在南京宣誓就职,并在小营举行阅兵式。同日,国民政府发表成立宣言,提出施政大纲六条:一、"继续北伐,削平军阀,以完成全国之统一";立即率师继续北伐直鲁军阀,以"永绝内乱之萌蘖"。二、"贯彻废除不平等条约主张,以恢复民族独立自由平等之地位"。三、继续反共清党,"竭智尽能,肃清共党"。四、"建设革命秩序,厉行革命纪律"。五、实行平均地权,节制资本,"并建设国家资本"。六、"扫除文武官吏贪污腐败之恶习"③。

特别委员会的成立和国民政府的改组,使国民党宁、沪、汉三个互不统属的中央,归于一个统一的领导机构,又使宁汉两个对立的政府合并起来,

---

① 《宁沪汉三方同志接洽统一党务之经过》,中国第二历史档案馆藏。
② 《中国国民党历次代表大会及中央全会资料》上册第487页。
③ 《国闻周报》第4卷第39期,1927年10月9日。

这无疑是有意义的。但这两个杂凑起来的党政机构，仍然处于矛盾重重之中。由于特别委员会的形式和产生办法与国民党的组织程序不相符，遭到许多地方国民党部的反对；拥有实力的首领蒋介石、胡汉民虽被推为中央特委会委员、国民政府常委、军委会主席团常委，但他们对特委会持冷眼旁观态度，没有参与其事；重要军事将领冯玉祥、阎锡山、李济深、朱培德等，则各在自己的地盘内经营而拒绝赴宁；汉方首领汪精卫、唐生智等因失去正统地位和权柄转而坚决反对特委会集权。结果新组合起来的国民党特委会和国民政府，从一开始就处于软弱无力的状态，根本无法有效地行使权力。

实际上，"代行中央职权"的中央特别委员会，主要由西山会议派诸元老撑持门面，在各地纷纷传来的责难声中惨淡经营。国民政府和军事委员会则一时在新桂系首领李宗仁、白崇禧掌握之中，由谭延闿、蔡元培、李烈钧苦撑门面。这时南京当局所遇到的困难颇多，财政枯竭，运作维艰。孙科等人四处设法，邀人筹款，成效不佳。尽管他们在艰难中苦撑，亦不可能保持长久。

特别委员会的成立，实际上剥夺了汪精卫自以为是"合法领袖"的地位，使他丧失执掌国民党中央大权的机会。他不甘心就此失败，便暗中联络和操纵唐生智和正在回粤途中的张发奎，从湖北和广东两地分头发动，反对特委会。9月21日，唐生智等以奉中央政治委员会主席团8月22日训令的名义，宣布正式成立武汉政治分会，由唐生智、顾孟馀、陈公博等为常务委员，统辖湘、鄂、皖等省党、政、军事务，公开与南京特委会相对抗。9月27日，唐生智以武汉政治分会名义任命何键为代理安徽省政府主席，并任命各厅厅长，将安徽归入其支配范围。次日又通电称：南京特别委员会代行中央职权"在党章上毫无根据，且为将来破坏党的组织者开一恶例"。并谓在党的合法机关未回复职权以前，可以将特委会产生的政府视为事实政府，进行有限合作，但不承认特委会关于党务、政治的决议①。此时，唐生智指挥的东进部队进抵安庆、占领芜湖、威胁南京。

对于来自武汉的政治、军事攻势，南京方面采取了两手对付办法。他们

① 《武汉政治分会通电》，《汉口国民日报》1927年9月29日。

派出孙科、伍朝枢先后往庐山、武汉会晤汪精卫、唐生智等进行会谈,作出和解姿态,达成一些协议,并以政治攻势争取冯玉祥等以舆论的支持。但主要是作好军事部署,准备发动强大的军事攻势。

10月19日,桂系以国民政府军事委员会名义,下令讨伐唐生智:任命程潜为第四路军总指挥,率江左军沿长江南岸攻击唐军;李宗仁为第三路军总指挥,率江右军由江北入安徽西进;密令朱培德为第五路军总指挥,准备在江西策应,夹击唐军;何应钦、白崇禧则分率第一、第二路军,在津浦线上对奉鲁军取守势,掩护西征。10月22日,唐生智发表宣言,否认南京中央特委会,并调兵遣将迎战宁方的桂军。但唐部难以抵挡宁方的进攻。唐部第三十五军和三十六军同时遭到李宗仁和程潜所率部队的攻击,逐渐向西撤退。11月7日宁方陈绍宽的海军第二舰队占领了武汉的门户武穴。鲁涤平率部反戈由宜昌东下,将武汉至长沙间的铁路切断。11月11日,讨唐军威逼武汉。这时唐生智感到大势已去,当晚在武汉召集高级将领会议。唐表示:"各方队伍都向我们进攻,我们不能对付,我只好暂时离开部队到日本去。"①接着令其所部何键、刘兴、李品仙各军向湖南退却。11月21日,退入湖南的唐生智旧部表示"暂时保境休养,听候中央第四次全体会议解决"。

南京特别委员会已于11月14日决定取消武汉政治分会,改设湘鄂临时政务委员会,"任程潜、李仲公、王世杰、张肇元、甘介侯为委员,以程潜为主席。"②15日,南京国民政府下令通缉唐生智。19日,改组湖北省政府,任命张知本、熊斌、李难先、石瑛、王世杰、胡宗铎为省政府委员,以张知本为主席。

宁方西征讨唐的胜利,使桂系势力向两湖方面扩张,并使其与广西连接起来,实力有所加强。然而此举没有使南京国民政府的地位巩固起来。在新的形势下,各种反对中央特委会和国民政府的势力逐渐汇合起来,发动攻势。

早在9月下旬,中央特委会电令撤销广州政治分会时,便遭到李济深的

---

① 《晨报》1927年11月12日。

② 《东方杂志》第25卷第1号第197页。

拒绝。他一面要求特委会收回成命,一面于10月间组织了临时军事委员会,声称待中央四中全会后才决定存留。汪精卫在宁方下讨唐令后,于10月24日自汉秘密抵沪,随后转往广州。10月29日,汪精卫在广州向报界重申召开国民党第四次中央全会恢复中央执监委员会的主张。30日,汪精卫、李济深、甘乃光、陈树人、陈公博、何香凝、李福林等集会。会后,汪精卫、李济深、何香凝联名通电,通告会议决定:在广州速开二届四中全会,以解决党内一切纠纷,及其他军事、政治、党务问题;在全体会议未成之前,中央执行、监察两常务委员会及秘书处均照常办公,"庶党之中枢,不致动摇"①。汪精卫在广东省党部设立了国民党中央执委会通讯处。他还公开指责中央特委会"背党非法",表示要"为挽救本党危亡,恪守本党纪律而反对特委会"②。11月1日,在广州的一些国民党中央执行委员举行会议,决议三点:一、国民党中央执行委员会应从速在广州履行最高机关职务。二、国民政府在广州再行设置。三、由常委召开第四次中央全会解决一切争端③。于是,汪精卫、陈公博、张发奎等就在广州竖起公开反对南京特委会的旗帜,宁、沪、汉之间的对立,又转化为宁、粤之间的对立。另外,国民党江苏、浙江等省党部,也认为中央特委会是非法的,连南京市区的一些国民党员也不承认中央特委会的领导地位。这些反对派处于南京的周围,对桂系和西山会议派所把持的中央特委会和国民政府构成了直接的威胁。

中央特别委员会的产生及此后的种种困境,下野在乡和出游日本时的蒋介石,均作壁上观,不置一词。其实他是无时无刻不在关注南京、上海、武汉、广州的一举一动,思考着事态发展的种种,因为他要伺机东山再起。

蒋介石虽已下野,但他仍然对政治、军事、财政等方面发生巨大影响,他的触角继续伸向四面八方。吴稚晖、张静江等与他同进退,在上海、杭州等地四出活动,为蒋的复职制造舆论,疏通各方;在南京的总司令部和陈果夫控制的中央党部,继续在与桂系等抗争;外交方面,黄郛和宋子文加紧同日美等国联络。蒋介石担心他的黄埔嫡系因自己的下野而土崩瓦解,在9月

---

① 《一周国内外大事述评》,《国闻周报》第4卷第43期。
② 《汪主席演说要点》,《广州民国日报》1927年11月1日。
③ 《一周国内外大事述评》,《国闻周报》第4卷第43期。

20日特地发表了一篇《告黄埔同学书》,号召他们深刻反省,吸取失败的教训,认清失败的"第一个重大的原因","是全体同学意志不能统一,精神不能团结,不顾团体的重要,只逞私人的意气,同室操戈,自相残杀"。他要求黄埔师生经受住"挫折和失败","摒绝一切骄傲、奢侈、放纵、浪漫的恶习","忍辱知耻","重新创造革命的基础"[①]。

二、与宋美龄结缡

蒋介石在南京建立国民政府后,既对共产党和人民群众进行血腥镇压,又同国民党内各派系进行激烈的角逐。1927年8月12日起的一段时间是他首次下野,但这仅是一种以退为进的策略。

蒋介石依靠外国势力的决心早已下定,但究竟以哪一个国家为主要靠山仍然悬而未决。当时,日本与美英对中国的争夺十分激烈。蒋已在谋求与宋氏家庭联姻,出现倾向美英的趋势,但担心因此而迁怒于日本。他企望既取得美英的支持,同时又博得日本的谅解与好感,决定利用下野时机出游日本和欧美,力争实现自己的愿望。9月28日,蒋介石在张群、陈群等陪同下,从上海登轮前往日本访问。

蒋介石到日本的首要目标是,拜见正在日本神户有马温泉疗养的宋美龄的母亲倪桂珍,请允正式与宋美龄结婚。9月30日蒋等在长崎登岸后,即往神户。在宋子文的事先安排下,于10月4日拜谒了宋母。蒋追求宋美龄多年,因他早有妻妾,宋母一直未同意,这次他向宋母表示已确定与妻妾分离。宋母要求他入基督教,并赠给《圣经》一册,他答应先研究教义,终于得到了宋母的允诺。

实现蒋宋联姻,是蒋介石政治生涯的重大抉择。宋美龄祖籍广东海南文昌,父亲宋嘉树(1866—1919)是受过美国教育的基督教传教士,回国后在上海经营印刷业,专门出版宗教书籍,积累了一笔不小的财富。在辛亥革命前后,他积极赞助孙中山的革命事业。他的三个儿子与三个女儿,都在美国

---

① 《国闻周报》第4卷第39期。

读书长大。宋美龄是最小的女儿,生于 1898 年 3 月 4 日(清光绪二十四年二月十二日)①,幼年在家学英文,后和二姐宋庆龄去美国求学,1917 年于韦尔斯利文理学院毕业后回国,在上海参加基督教青年会活动,曾任电影审查委员及上海工部局委任的童工委员会委员。她于 1922 年 12 月在上海孙中山家中与蒋介石邂逅。这时蒋已三十五岁,是个已有一妻二妾的中年男子,但从此对她追求不舍,常有书信往还,还请她的大姐宋霭龄和大哥宋子文帮助说合。1927 年"四一二"政变前夕,身任北伐军总司令的蒋介石抵达上海,到宋家作客,向宋美龄重诉前愿,双方定情。

　　蒋介石迫切追求与宋家联姻,不仅因为倾慕宋美龄的品貌,还想要借助宋氏家族对他掌控政权的支持。宋家与美国政界、财界人士有广泛而密切的联系;它的巨大财力在江浙财团中具有信誉和影响。在美国哈佛大学经济系深造有年的宋子文是理财能手,在广州和武汉国民政府期间已显示才华,在未来的中央政府中又是最有资格出掌财政的人选。宋霭龄的丈夫孔祥熙,是山西有名的财主,拥有大量资产;又曾在美国留学,交游甚广。尽管宋庆龄在政治上与自己迥然不同,但她与孙中山的姻亲关系更是蒋介石所要攀结的。因此在蒋介石辞职离开南京后,迫不及待地要求同宋家结亲。他曾写信给宋美龄说:"余今无意政治活动,惟念生平倾慕之人,厥惟女士。前在粤时,曾使人向令兄姊处示意,均未得要领,当时或因政治关系,顾余今退而为山野之人矣,举世所弃,万念灰绝,曩日之百对战疆,叱咤自喜,迄今思之,所谓功业,宛如幻梦。独对女士才华容德,恋恋终不能忘,但不知此举世所弃之下野武人,女士视之,谓如何耳?"②这次到日本,蒋介石终于实现了梦寐以求的目标,使他欣喜若狂。他离开神户后,即以快速度继续游日的其他安排。

　　10 月 23 日蒋介石到东京后,发表了一篇《告日本国民书》,呼吁"中日

---

　　①　见宋美龄 1907 年护照(美国西雅图美国国家档案库 298972 号藏);并见美国纽约郊区亚芬克利夫墓园之宋美龄墓碑(1898,2,12—2003,10,23)。惟《武岭蒋氏家谱》(第 17 卷第 311 页)及王舜祁:《宋美龄出身年月日考》(《蒋介石家世》第 166—167 页,浙江人民出版社 1988 年版)记为宋美龄 1899 年 3 月 23 日生于上海,存疑。
　　②　天津《益世报》1927 年 10 月 19 日。

亲善"，希望日本朝野"彻底了解"他的雄心抱负，"而予以道德及精神上之援助"①。但是他受到了冷遇，在日记中感慨道："到东京后，感想不佳，旧人仍以亡命视余，对国人之欺辱，令人愤慨"。② 蒋与日本黑龙会首领头山满会晤，在反共等问题上意见完全一致。临别时，蒋还亲笔写了"亲如一家"的条幅赠给东道主。随后，蒋又通过头山满的搭桥，于 11 月 5 日偕同张群到东京青山田中私邸与日本首相田中义一会谈二小时。蒋表示自己对田中"以师长相待，毫无隔阂，愿蒙教诲"③。在蒋的请求下，刚在三个多月前召开东方会议制订"征服满蒙"、"征服支那"侵略方针的田中，露骨地阐述了日本帝国主义对中国问题的一系列见解。田中认为，如果国民党不"统一"，长江以南大片疆域，共产党将发展，造成"极大的隐患"。日本反对中国"赤化"，对共产党的发展"断难袖手旁观"④。田中出于控制张作霖、霸占我国北方的帝国主义立场，反对蒋继续北伐，劝蒋"应以先行整顿江南为当务之急"，对北方张作霖等以"放任自流为上策"⑤。与田中的会谈，使蒋介石对于反共可以得到日本帝国主义支持这点，获得了保证；但是对继续北伐问题，他看到了日本有意阻挠。蒋在与田中会谈后的日记中写道："日本必将妨碍我北伐之行动，以防止中国之统一。"

蒋介石在日本的一系列活动，促使美国政府改变了观望态度，积极拉蒋站在自己的一边。美国外交代表在上海加紧与蒋方人员频繁接触的同时，指派美国驻日本使节直接与蒋介石谈判，双方达成默契。基本内容是：美国愿意全力支持蒋在中国建立政府，统一中国；蒋介石政府应尽力保障美国在中国所取得的一切权益，并以极友谊的态度襄助新的措施的建立和发展。在进行重大政治交易之后，蒋改变了再去欧美的初衷，于 11 月 10 日径由日本回到上海。

蒋介石回国后，立即筹办与宋美龄结婚事宜。经过磋商，蒋宋达成协

---

① 秦孝仪主编：《中华民国重要史料初编——对日抗战时期》绪编（一）第 108 页，中国国民党党史委员会编印，1981 年台北版。

② 《蒋介石日记》，1927 年 10 月 24 日，美国斯坦福大学胡佛研究所藏。

③ 《田中义一与蒋介石会谈记录》，《近代史资料》1981 年第 2 期第 119 页。

④ 《田中义一与蒋介石会谈记录》，《近代史资料》1981 年第 2 期第 220 页。

⑤ 《田中义一与蒋介石会谈记录》，《近代史资料》1981 年第 2 期第 222 页。

蒋介石与宋美龄。

议:宋美龄与原未婚夫刘纪文解除婚约,由蒋负责予以补偿;蒋与元配毛氏公开离婚,与两妾割断关系。陈洁如经张静江等人出面调解,获得一笔款项已于8月去美留学、旅居。姚怡诚留住苏州照料蒋纬国。毛福梅以仍留在老宅丰镐房做主妇为条件,在"协议离婚书"上签了字。12月1日蒋在《申报》上登载一则启事说:"毛氏发妻,早经仳离,姚、陈二氏,本无契约。"①

　　1927年12月1日蒋宋在上海正式结婚。11月26日,上海各大报登载了他们的《结婚启事》,称要"节婚礼费用及宴请朋友筵资,发起废兵院"②。但事实上仍然举行了非常盛大而豪华的婚礼,花费了巨款。当时的上海报

---

①　参见王月曦:《毛福梅与蒋氏父子》,《蒋介石家世》第128—131页。
②　上海《新闻报》1927年11月26日。

　　蒋介石为与宋美龄结缡，把陈洁如哄骗去美留学。陈途经檀香山时，当地国民党人仍把她作为"蒋夫人"欢迎。

纸报道说："这是近年来的一次辉煌盛举，也是中国人的一个显赫的结婚典礼。这次婚姻使南京军队过去最强有力的领导人和新娘的哥哥宋子文博士的家庭以及国民党创始人已故孙中山博士的家庭联结成一体。"①婚礼先在西摩路（今陕西北路）宋家举行宗教仪式，由基督教青年会总干事余日章为主婚人；再到大华饭店举行盛大的新式婚礼。蒋喜不自主，在当天的日记中感慨道："见余爱姗姗而去，如云飘露荷，平生未有之爱情，于此一时间并现，不置余身是何处矣。"②实际上这在当时是一次政治和外交活动，为蒋再次上台铺奠基石。参加这次婚礼的不仅有国民党朝野诸要人，上海的名流大亨，还有美、法、日等国的领事，以及美国的布里斯托尔（Bristowal）海军上将。蒋通过与宋美龄结婚，进一步走上了亲美英的道路。

---

① 《上海时报》1927年12月2日。
② 《蒋介石日记》（手稿本），1927年12月1日，美国斯坦福大学胡佛研究所藏。

此后,蒋介石与宋美龄的情感渐深。由于宋的家庭背景非同寻常,蒋在初期对宋之爱中多有一分"敬爱"之情,常有"自惭"之意,在 1928 年初期的日记中多有记载①;后来双方感情渐增,随着蒋在事业上之蒸蒸日上,宋对蒋之依偎与恋情亦渐增长。

三、掌握党政军大权

蒋介石经过深思熟虑,精心策划,图谋再起,他利用国民党内各派相互争斗的混乱局面,再度独揽大权。

蒋的首要目标是摧垮中央特别委员会。为了加强力量,蒋采取联汪制桂方针。当他回到上海的当天,即致电广州汪精卫、顾孟馀等"赴沪共商召集四中全会预备会议事宜",声称"若欲使本党复归完整,非互相谅解,从速恢复中央执行委员会不可"②,表明他愿同汪派合力反对特委会。当时正值汪精卫在广州聚集留粤中委讨论召开四中全会问题。汪接电后,立即停止会议,决定由汪精卫和李济深赴沪接洽③。汪精卫在动身前与张发奎等密谋乘机在广州发动事变由粤系夺取军政权力。11 月 16 日,汪以赴沪出席四中全会为名,挟李济深北上。同时,张发奎声称出洋,离穗赴港④。李动身前,电召在广西的黄绍竑到粤,将广东政治分会主席及临时军事委员会主席职务交黄代理。18 日汪精卫、李济深到达上海。蒋汪即在环龙路(今南昌路)宋子文寓所会晤,两人一致同意召开四中全会解决党内纷争问题,汪公开表明"极愿与蒋先生同时出面为党国努力"。19 日,蒋介石、汪精卫、李济深、谭延闿等进行会谈。汪提出粤方中委对于"宁汉沪合作之提案",主张恢复中央党部、取消特委会,整理各级党部,改组国民政府和军事委员会⑤,并表示支持蒋介石。

---

① 《蒋介石日记》1928 年 1 月 2 日:"三妹怜爱可敬";1 月 8 日:宋"勉我国事,劝我和霭,心甚感愧";1 月 20 日:"三妹时勉我以勤劳国事,心甚自惭"等等,不一而足。
② 《东方杂志》第 25 卷第 1 号第 198—199 页。
③ 李云汉:《从容共到清党》第 789 页。
④ 《广州事变与上海会议》上编第 48 页。
⑤ 《革命文献》第 17 辑第 155—158 页。

正当汪精卫、李济深离粤赴沪的当晚,在广州的第四军军长黄琪翔、第五军军长李福林的代表及新编第二师师长薛岳在一起密议驱桂。11 月 17日,张发奎从香港潜回广州,与黄琪翔、李福林、薛岳等合伙发动事变。他们以"护党救国"为名,"声言打倒新桂系",围搜李济深、陈济棠住宅,谋捕黄绍竑。黄绍竑逃离广州潜行返桂,命令桂军退出广州,扼守梧州。11 月 18日,广州政治分会任张发奎为广州军委会主席,顾孟馀为广州政治分会主席,陈公博代理广东省政府主席。汪派完全控制了广东。

接着,蒋介石等采取了一系列扳倒特委会的举措,先是怂恿一些拥蒋派骨干,寻找借口与特委会发生冲突。陈果夫把持的中央党务学校学生带头在南京闹事,捣毁市党部,并向国民政府请愿;在 11 月 22 日的集会游行中又高呼"打倒西山会议派"、"打倒特别委员会"的口号。南京军警开枪镇压,造成死三人、伤数十人的惨案。蒋在上海闻讯,立即发表谈话,表示对此"愤慨实达于极度",认为不能"坐视",要"惩戒"肇事者①,乘机向特委会和西山会议派猛烈抨击,使他们没有立足之地。

12 月 3 日至 10 日,国民党二届四中全会预备会议在上海拉都路(今襄阳南路)蒋介石的住宅举行。出席会议的中央执监委员有蒋介石、汪精卫、谭延闿、戴季陶、李济深、于右任、丁惟汾、李宗仁、蔡元培、张静江、吴稚晖等三十三人。预备会议共举行了四次会议,蒋在会上"痛陈政客与腐化分子捣乱……西山会议派之罪恶,诚不容于世人"②。会议决定由地方法院院长、军法处处长等七人组织特别法庭,审理"一一二二"案件,对被"指控之居正、谢持等十人先行监视,听候法庭检举传讯"③;并决定特委会于四中全会正式召开之日取消。会议还先后通过"政治委员会改组案"、"改组国民政府案"、"党员审查登记案"、"蒋总司令复职案"、"改组军事委员会案"、"对苏绝交案"等,并决定二届四中全会在南京召开,蒋介石负责筹备全会召开各项事宜。

12 月 11 日,中国共产党乘两广军阀混战之机,发动了广州起义。桂系

① 《时报》1927 年 11 月 27 日。

② 《蒋介石日记》(手稿本),1927 年 12 月 4 日,美国斯坦福大学胡佛研究所藏。

③ 《申报》1927 年 12 月 12 日。

1928 年胡汉民等赴欧洲考察。

和反汪派乘机对汪精卫大加攻讦,提出请拿办"粤变主谋"汪精卫、顾孟馀等人。蒋介石一面鼓励张发奎与广州各军合作,血腥镇压中共党人及起义的工农群众,一面为张发奎解脱共党嫌疑,也为汪精卫解围,同时以人身安全为由,示意汪速离沪躲避。13 日,蒋介石发表《对时局之谈话》,表示除非共产党起来"扰乱"或再次北伐,"如不到这两个时候,我决无出来的时候";并声称要变更外交方针,对苏联绝交,禁止一切民众运动①。蒋的这番表白,受到国民党一些人的赞赏。而汪精卫由于得不到蒋介石的支持,不得不于12 月 16 日秘密离沪,经香港赴法国。汪在《辞职宣言》中称"此后关于军事之一切措置,自有蒋总司令悉心筹划,必能永弭共祸,兼杜内争"②。这时胡汉民在国民党内声望甚高,积极催促查办汪派的骨干人物。蒋此时刁难并监视胡的行动,同时通知陈公博等出席二届四中全会。由此激怒胡汉民等,1928 年 1 月 25 日,胡与孙科、伍朝枢等以赴美考察为名,拒绝参加由蒋介

---

① 蒋介石:《对于时局之谈话》(1927 年 12 月 13 日),《革命文献》第 16 辑第 110 页。
② 《汪精卫先生最近演说集》附录。

石主持召开的二届四中全会①。这样,阻挠蒋介石复职的障碍和竞争对手相继扫除,给他复职掌权提供极有利的条件。

　　蒋介石于 1928 年 1 月 4 日从上海到南京准备复职。7 日,国民党中央党务委员会通电恢复办公。9 日,蒋通电全国,宣布复任国民革命军总司令。11 日,国民党中央恢复政治会议。在蒋一手策划下,国民党二届四中全会于 2 月 2 日至 7 日在南京丁家桥中央党部举行。国民党中央执监委员

中国国民党第二届四中全会开幕。

蒋介石、蔡元培、李石曾、谭延闿、于右任、张静江、李宗仁、何应钦、朱培德、何香凝等近三十人参加了会议。蒋介石在致开幕词中说:四中全会是"推翻"共产党后,"本党中兴的一个会,也是中国中兴的一个机会"。今后的任务是"共同一致反对共产党。我们不仅反对他的主义,而且要反对他的理论和方法"。"对于共产党的势力须要有坚确的决心,根本上来铲除消灭"②。反共成为这次会议的基调,它彻底背离了孙中山亲手制定的三大政策,把国

---

　　① 参见李石曾致张静江密函,《历史档案》1984 年第 2 期第 67 页。
　　② 《中国国民党历次代表大会及中央全会资料》上册第 507—508 页。

民党引向歧途。四中全会共举行三次正式会议,讨论通过二十多项议案。蒋介石在这次会议上被推举为中央常务委员会委员、组织部长和军事委员会主席,会后又担任了中央政治会议主席,重新控制了国民党的最高权力。

国民党二届四中全会通过了《中华民国国民政府组织法》、《国民政府军事委员会组织大纲》、《国民革命军总司令部组织大纲》,并相应推定各机构的人选。这次全会废除了武汉国民党中央在三中全会的重要决定,再次确立蒋介石在党、政、军的主宰地位。

四、完成二次北伐

蒋介石经过国民党二届四中全会,取得合法地位后,加紧整顿军队,进而与冯、阎、桂各实力派协调一致,举行第二次北伐,打垮奉系军阀,统一全国。

当南方政局陷入混乱之际,盘踞北方的张作霖及孙传芳等曾乘机反攻,对国民党实力派构成严重威胁。处在北方的冯玉祥、阎锡山首当其冲。蒋复职前就反复强调"北伐"的重要。四中全会上通过了于右任提出的"两个月内会师北京,完成统一,肃清残余军阀"的"集中革命势力限期完成北伐案"[①]。蒋在复职后,立即着手北伐的筹划工作。

蒋介石首先从何应钦手中夺回军事实权。何统率的第一路军是蒋的嫡系部队。蒋感到何对他若即若离,十分不满。1928 年 2 月 9 日,他与总参议何成濬前往徐州。蒋抵徐州后,连日召集各军官长训话,宣称"此次出来,就是决心牺牲个人,挽救党国危机"。他直接至第一路军总指挥部,适何应钦打猎未归,他严厉批评军队"精神已堕落了,纪律已废弛了,道德已没有了,勇气已退缩了"[②]。2 月 13 日,他将第一路军整编为第一集团军,下辖第一、二、三纵队,分别任刘峙、陈调元、贺耀组为纵队总指挥,蒋自兼集团军总司令。同时宣布何应钦调任国民革命军总司令部参谋长。

---

① 沈云龙:《黄膺白先生年谱长编》上册,第 321 页。
② 《先总统蒋公思想言论总集》第 10 卷第 59—63 页。

　　继而蒋介石进一步拉拢冯玉祥、阎锡山,控制和调动北方军队。蒋一到徐州即电邀冯、阎来徐州开军事会议。冯、阎只派代表前来。2 月 16 日蒋抵开封,会晤冯玉祥及阎锡山代表,商量北伐计划,决定将国民联军改组为第二集团军,冯玉祥为总司令;北方革命军改组为第三集团军,阎锡山为总司令。同时决定由第一集团军担任津浦路作战,第二、第三集团军分别担任京汉、京绥路作战①。17 日冯玉祥陪蒋介石到郑州检阅部队。蒋、冯并换贴结拜为盟兄弟②。冯给蒋的手书为:"结盟真意,是为主义,碎尸万段,在所不计";蒋给冯的手书是:"安危共仗,甘苦同尝,海枯石烂,死生不渝。"③

　　此外,蒋介石先后同李石曾、谭延闿会商两湖军事和党务。又与李济深、李宗仁等会晤、商谈。在得到桂系李宗仁、白崇禧的保证后,以国民政府军事委员会名义,于 4 月 8 日正式任命李宗仁为国民革命军第四集团军总司令,白崇禧为第四集团军前敌总指挥。

　　为了筹措军费,蒋介石和宋子文极力拉拢江浙金融资产阶级,用发国库券的办法应付急需。蒋于 2 月 25 日致电上海总商会、银行公会等团体说:"中正受命于最短期间完成北伐,大宗饷源全在推行二五库券","无论如何困难,务希办到,以应急需。"④3 月 4 日蒋又亲往上海召开会议筹集款项。蒋提出:"北伐费必须筹足,每月千万始可进行。"经会议商定,增发国库券与纸烟捐各一千四百万元,当场令中国银行每月垫支五六百万元⑤。

　　蒋介石力图掌握国民党中央党务大权,但还没有充足的力量控制各地,不得不于广州、武汉、开封、太原设立四个政治分会。3 月 7 日,国民党中央政治会议任命蒋介石为中央政治会议主席;同时任命李济深、李宗仁、冯玉祥、阎锡山分别为广州、武汉、开封、太原政治分会主席。这样便使蒋集党政军大权于一身,又暂时安抚了地方实力派,集中力量北伐。

　　3 月 27 日,蒋介石由浦口出发,4 月 1 日到达徐州督师北伐。当时的国

---

①　《开封会议之内容》,《时事新报》1928 年 2 月 23 日。

②　《蒋介石日记》(手稿本)1928 年 2 月 17 日记:"下午到郑州欢迎会,后往郊外参观农村,焕章欲约为兄弟,乃换兰谱。八时由郑州出发。"

③　冯玉祥:《我所认识的蒋介石》插页影印件,黑龙江人民出版社 1980 年版。

④　《申报》1928 年 2 月 28 日。

⑤　《张嘉璈日记》。

蒋介石督师北进，在徐州成立了行辕。图为他在徐州黄河故道边与将士们
交谈。

民政府军队，总计近八十万人，号称百万，据统计为：第一集团军十八个军两
个独立师约二十九万人；第二集团军二十五个军，约三十一万人；第三集团
军作战部队十一个军，约十五万人；第四集团军作战部队十六个军，九个独
立师，约二十四万人[①]。

　　4月7日，国民党中央正式发布《北伐宣言》，蒋介石向全军发布《誓师
词》，声称"党国存亡，主义成败，人民祸福，同志荣辱，在此一战"[②]。同时下
总攻击令。北伐作战的总体部署为：第一集团军沿津浦铁路正面北进；第二
集团军任京汉路以东、津浦路以西的攻击任务，右与第一集团军、左与第四
集团军联络，会攻京津；第三集团军出京绥路，进攻保定、石家庄，与第四集
团军会师北京；第四集团军沿京汉路北上，直取北京。

　　当时奉张的"安国军"，兵力亦号称百万，其部署是：对京汉、津浦两线采

①　陈训正：《国民革命战史初稿》第 3 卷第 484 页,1929 年南京版。
②　《中华民国史事纪要》1928 年 4 月 7 日。

取攻势防御,对正太路及鲁西、大名一带采取攻势。张作霖任孙传芳为鲁西、大名方面总指挥;张宗昌、褚玉璞为津浦线正副总指挥;张学良、杨宇霆为京汉线正副总指挥;张作相为京绥线总指挥。参加作战兵力共约六十万人。

国民政府北伐反奉之战开始后,各路大军挥师北上。第一集团军在津浦线对鲁南发起进攻,进展迅速,先后克复台儿庄、枣庄、临城、兖州,4月28日攻克泰安,打破张宗昌、孙传芳联军主力,4月30日兵临济南城下。5月1日进占济南。次日上午蒋介石率总司令部到达济南,在山东督办公署设立总部。同日南京政府外交部长黄郛也来到济南,在商埠区津浦路局设立临时办事处。

北伐军的胜利进军,遭到日本帝国主义的敌视和阻挠。当蒋介石率军进入济南,准备继续北进时,日本侵略者制造了震惊中外的济南惨案,打乱了南京方面的北伐进程。早在1927年5月南京军队北进徐州直指山东时,日本就派兵进驻济南,准备武力干涉。因此蒋介石在决定二次北伐之际,曾表示要求外国势力"勿加妨碍",尤望日本"不为损人利己之举"①。英美等国表示理解和支持,但日本的态度截然相反。

蒋介石率总司令部进入济南后,日军第六师团主力在福田师团长率领下赶到济南,摆出与国民党军直接交锋的架势。先是日军进行了多次挑衅未被制止,乃得寸进尺,于5月3日突然向中方贺耀组率领的第四十军第三师第七团发起攻击,将该团一千多人缴械;还用炮火轰击中国军用电台。蒋介石惊叹:日本军队横暴强硬,"唯有忍辱而已,对一般愤激之军民,亦唯有劝止……其种种挑衅侮辱行为令人难受。不屈,何以能伸?"②蒋一面严令中国军队全部撤出商埠区,一面派外交部长黄郛到日军司令部交涉。日军强横地将黄郛扣留十八小时;还于当夜不顾国际公法强行闯入交涉署,将战地政务委员会外交主任兼山东交涉员蔡公时及署内全体职员捆绑起来。蔡公时等十七人坚持民族气节,怒斥日军暴行,惨遭杀害。此外,日军还任意

---

① 蒋介石对日本新闻记者之谈话(1928年3月6日),《革命文献》第18辑第25页。
② 《蒋介石日记》(手稿本),1928年5月2日。

大批日本军队从青岛开赴济南，蓄意阻挠蒋介石率领的北伐军队前进。

枪杀济南居民，焚烧房屋，无恶不作，激起全中国人民的义愤。

　　蒋介石顾忌事态扩大，阻碍北伐大局，在5月4日下令除以两团留守济南外，其余国民党军队"忍辱负重"撤出济南。他和黄郛退往济南西南十几公里的党家庄车站，把部队撤至泰安、兖州一线。6日蒋电南京政府"转饬所属，对各友邦领事、侨民生命财产，须加保护，凡有碍邦交之标语宣传，宜随时取缔"①。同时连续派出代表请求日方停战议和。5月7日日军驻济南司令福田向蒋提出最后通牒，其中要求中国军队不得驻扎在济南及胶济铁路两侧二十里以内。不久日军占领了济南城。据不完全统计，在济南惨案中，中国军民死三千二百五十四人，伤一千四百五十人②。蒋介石也感到极为羞耻，于5月9日在日记中写道："如有一毫人心，其能忘此耻辱乎！"③

　　这时蒋介石产生了暂停北伐的意向，想要撤兵回江南，与奉军隔江而治。奉系首领张作霖因在北伐军强大攻势下奉军节节败退，于5月9日通电全国，要求息兵与国民政府谋和。5月10日蒋介石与谭延闿、李烈钧、吴

　　①　《济南中日冲突面面观》，《国闻周报》第5卷第18期。
　　②　据济南惨案代表团调查，见国民政府国史馆筹务会编《中华民国史史料长编》第6册。
　　③　《总统蒋公日记摘录》，《先总统蒋公有关论述与史料》第1页，台北近代中国社1979年版。

稚晖等在兖州举行党政联席会议,王正廷、蒋作宾等列席。会议主张济南事件上对日妥协,吁请国际联盟出面调停,仍用外交方法解决。蒋介石在会上对是否继续挥军北上有所犹豫,谭延闿等多数人认为奉军张作霖已下令停战撤兵,对北伐进军很有利。最后作出决定:各军绕开济南,由长清以西渡河北上,继续完成北伐。蒋介石托辞要南返主持党政事务,将第一集团军指挥委诸冯玉祥,自己悄然回南京。他饮恨而退,在日记中表示:"有雪耻之志,而不能背时容忍者,是匹夫之勇也,必不能达成雪耻之任务。"[①]

兖州会议后,被授予北进指挥权的冯玉祥,急令方振武、贺耀组、孙良诚三部绕过济南,北渡黄河,于 5 月 17 日攻下德州,张宗昌、孙传芳军节节败退,北伐军方面军心、民心大振。同日,蒋介石给前线发出密电:"我军到达京、津,应力避免与外兵冲突"[②]。19 日蒋介石赶抵郑州,同冯玉祥商议进军京津计划,决定第一、第二集团军进击津浦线,第三集团军进击京绥线,第四集团军进击京汉线,分三路向京津进发。第三集团军随即在保定西南与奉军激战,第四集团军于 26 日攻占石家庄。28 日,各集团军全线总攻击,进展顺利。30 日蒋介石抵石家庄,同阎锡山商量克复京津的善后事宜。他看到冯玉祥兵力最盛,不愿京津落入冯部之手,宁可交给阎部控制,因而允诺阎为京津卫戍总司令。他提出为了避免外交纠纷,要求冯玉祥下令前方各军于破敌后,进至静海、永清、固安、长辛店一线后停留待命。

在京津日益告急的情况下,日本为了确保在东北的"特殊利益",逼迫张作霖下野或退守东北,并调集兵力于长城各口,严防北伐军出关。英美等国也希望奉军撤出关外,让国民党军队和平接收京、津,避免在该地区开战。5 月 30 日,安国军政府召开最高紧急会议,张作霖、张学良、杨宇霆、张作相、孙传芳、潘复等军政要员出席。会上,张作霖决定以大元帅名义下总退却令。6 月 1 日,张作霖在怀仁堂举行招待会,向列强公使告别。2 日,通电宣布:"整饬所部退出京师,所有中央政务暂交国务院摄理,军事归各军团长负责,此后政治问题,悉听国民裁决。"[③]这实际上是奉系宣告结束对北洋中央

---

① 《蒋介石日记》(手稿本),1928 年 5 月 14 日。

② 李勇、张仲田编:《蒋介石年谱》第 167 页。

③ 《张作霖通电》,《申报》1928 年 6 月 3 日。

政权的控制。奉系军队遂逐渐撤离京、津，向滦河方向退却。6 月 3 日，张作霖一行三十余人乘专车离京返奉。日本关东军因张作霖未能完全满足他们在东北筑路、开矿、设厂、租地、移民等要求，决定置他于死地。6 月 4 日晨，张作霖一行的专车驶至沈阳附近的皇姑屯车站以东、京奉和南满两铁路的交叉点时，关东军高级参谋河本大作一手策划预埋的一百二十公斤炸药轰然爆炸，张作霖伤重身亡[①]。东北局势虽曾出现了暂时的混乱，但很快被张作相等奉系元老稳住，支持张学良接管了权力。

6 月 4 日，被南京国民政府特任为京津卫戍总司令的阎锡山，急调晋军向北京进发。此时第二集团军的韩复榘部已走在前头，于 6 日完全占领南苑，但被蒋介石下令不许进城。8 日第三集团军张荫梧部兼程赶到，进入北京城，12 日又接收了天津。冯玉祥的第二集团军虽然在山东、河北打了几场硬仗，为此次北伐出力最大，但未能得到一心想占有的京津两市和河北省，上下皆愤愤不平。不久冯玉祥即告病离职，赴百泉休养。

国民革命军终于平定京津，实现了第二期北伐的目标。1928 年 6 月 12 日，国民政府发表"对内施政方针"之通电，声称北伐完成后，政府将立即实行之事，约有五端，即"励行法治"、"澄清吏治"、"肃清盗匪"、"蠲免苛税"、"裁减兵额"[②]。6 月 15 日又发表对外宣言宣布："中国之统一，因全国人民奋斗与牺牲，正告完成"。声称"建设新国家"，对外关系应另辟"新纪元"，解除八十余年所受的"不平等条约之束缚"，签订"相互尊重主权"的平等新约[③]。

经过二次北伐，国民党的实力派冯玉祥、阎锡山、李宗仁的军事势力均得到较大发展。他们都想和蒋介石平起平坐，而不是俯首称臣。冯、阎派还列举种种理由，鼓吹应当定都北京。这对以江浙财团及美英等国为靠山的蒋介石是很不利的。此时，蒋便故作姿态提出辞职，倡议将军队指挥权统归国民政府。6 月 9 日他在辞呈中说："中正本年二月复职之际，亦经剀切陈

---

① 参见〔日〕河本大作：《我杀了张作霖》，《近代史资料》1982 年第 1 期第 11 页。
② 《国民政府公报》第 67 期第 1—3 页。
③ 《国民政府对外宣言》(1928 年 6 月 15 日)，《申报》1928 年 6 月 16 日。

明,一俟北伐完成,即当正式辞职,以谢去年弃职引退之罪。"①表示要辞去
国民革命军总司令和军事委员会主席的职务。两天后又声称要辞去中央政
治会议主席,便和宋美龄返回奉化溪口省亲去了。他的这一举动,引出了从

1928 年 7 月,蒋介石与冯玉祥、阎锡山、李宗
仁等在一起。

中央到地方的一股挽留呼声,冯、阎、李终究无法与他匹敌。6 月 17 日,蒋
宣布改变辞意,表示要对军事负责到底。在南京、上海的一些人也竭力主
张,南京是孙中山生前所指定的首都,万不能改变,把迁都北京的呼声压了
下去。6 月 20 日蒋介石主持中央政治会议,决定直隶省改为河北省,北京

①　《中央日报》1928 年 6 月 10 日。

改称北平,并以北平、天津为特别市。与此同时,蒋介石特派孔祥熙慰问"告病"的冯玉祥;7月1日又亲自偕同李宗仁至郑州,对冯倍加抚慰和推崇,还邀他赴北平同祭孙中山灵,使冯难以推托。7月6日,蒋介石率领各集团军总司令、各路总指挥在北平香山碧云寺孙中山灵前,举行北伐完成祭告典礼。

五、东北易帜

在北伐军克复北京、天津后,新疆督办杨增新于7月1日宣布易帜,隶属于南京国民政府。这样,东北的归属问题,成为标志国民党政权能否统一全国的大事。蒋介石积极催促张学良改旗易帜,将东北归附南京国民政府。

张学良字汉卿,辽宁海城县人,1901年生,奉系首领张作霖的长子。1919年7月毕业于东三省陆军讲武堂,授陆军炮兵上校衔。随后晋升旅长,协助张作霖整军。1924年9月第二次直奉战争中任镇威军第三军军长,在山海关一带作战。1925年春,率部进驻天津,升任陆军上将。1928年4月任奉军正太、京汉线总指挥,与北伐军作战。6月张作霖被日本炸死后,奉军全线向东北撤退,集结于滦河以东。这时二十七岁的张学良于6月17日化装秘密回到沈阳,在张作相等元老辅佐下,继任东三省保安总司令,初步稳定了东北局势。他鉴于皇姑屯事件的教训,集国耻家仇于一身,不顾日本的多方压力,7月1日通电宣布与南京方面停止军事行动,派代表联络,商谈东北易帜问题。

蒋介石在北平期间,亲自处理东北问题。7月10日他接见奉方代表王树翰、邢士廉时表示:只要东北易帜,宣布服从三民主义,张学良将仍然是东北三省的全权统治者。他还派刘光、何成濬等赴奉同张直接谈判。他感到:"汉卿(张学良——引注)仰慕之忱,似属诚意,惜其未经危难,恐不能当此危局耳"[①]。这时日本政府也加紧了干涉中国南北统一的步骤,由日本驻奉天总领事林久治郎出面,强硬阻止东北率行易帜。7月19日,林久治郎将日

---

① 《蒋介石日记》(手稿本),1928年7月20日。

本首相田中义一的一封信交给张学良,声称南京政府含有"共产色彩",且其地位尚未稳定,东北殊无与其联系之必要;并表示日本愿给军事援助和财政接济。8月初日本利用给张作霖治丧名义,派原驻华公使林权助赴沈阳,进一步威胁张学良说:"日本政府具有决心反对东三省对南方妥协,即所谓干涉内政亦所不辞。"①张学良严正表示,要以中国人的立场为出发点,以东三省的民意为定,坚决顶住了日本的压力。但为谨慎从事,避免日本借口出兵,决定将易帜时间延后几个月。他派代表一再向南京方面解释,谓东三省事实上早已服从中央,所差的只不过是悬旗这一形式问题。

为了促进东北易帜,蒋介石在10月8日的国民党中央常务委员会上,力排众议,提名张学良为国民政府委员,获得通过。12日他致电张学良指出:"易帜之事,全属我国内政,彼方本不能公然干涉,况目下党国形势,团结一致,彼尤无可借口。"②接着南京方面与张学良代表邢士廉达成四点协议:一、东北设边防司令长官公署,以张学良为司令长官,张作相、万福麟为副司令长官。二、设置东北政务委员会,委员人选须经中央同意。三、东三省及热河省政府委员人选,由张学良推荐,经中央任命。四、易帜不能迟于民国十八年元旦。此外,蒋还答应由南京中央每月接济东北军饷一千万元,东北党务允俟党员训练完成后再行推进。

在东北易帜的背后,反映了日美两国在华争夺势力范围的斗争。美国支持蒋介石统一东北。1928年7月25日,中美两国签订了《整理中美两国关税关系条约》。美国驻华公使马慕瑞(John Van Antwerp MacMurray)征得南京政府的同意,以赴朝鲜的名义,于8月13日到奉天与张学良会晤,力劝张要及早实现东北易帜,表明美国愿为此作出努力。蒋介石和张学良都通过外交途径争取美英等国的支持,使日本陷于孤立地位。8月他们分别打电报给正在美国访问的伍朝枢、孙科就近宣布真相,揭露日本干涉东北易帜的行为。9月蒋介石派张群以参加日本阅兵典礼的名义访日,要求日本首相田中等不干涉奉天易帜事。11月3日,张学良派莫德惠为特使赴东京

---

① 《国闻周报》第5卷第32期。
② 《中华民国重要史料初编——对日战争时期》绪编(一)第232页。

参加日皇加冕典礼,终于促使田中对莫表示东北易帜"是中国内政问题"而加以默许。

经过半年多的曲折斗争,12 月 29 日东北终于易帜。当天张学良等联名通电全国宣布:"于即日起宣布遵守三民主义,服从国民政府,改易旗帜。"[1]辽宁、吉林、黑龙江和热河四省同时换旗。至此中华民国结束了多年来的分裂混乱局面,初步实现了全国的统一。

东北易帜对结束长期分裂割据之混乱局面,维护国家领土主权完整,抵制日本帝国主义侵占东北,具有重大作用。蒋介石通过二次北伐和东北易帜,瓦解了奉军,结束了北洋军阀十余年统治的分裂混乱局面,符合历史的潮流和人民的愿望,对于实现国家的统一和推进社会的发展,维护共和政体,遏止列强侵略,以至后来能够全国一致团结抗日,都有其重要的历史意义。另一方面,蒋介石扩大了统治范围和实力,也为他进一步镇压人民革命和压服其他实力派提供了有利条件。

六、开始实施训政

当 1928 年 6 月国民政府军队占领北京后,蒋介石声称:"军政时期"结束,"训政时期"开始。他的所谓"训政",说是要由国民党来训练人民行使政权,实际是推行国民党"一党专政之制"[2],"以党治国"。这时蒋大力鼓吹"一个主义"和"一党专政"。他认为要建立一个健全的国家,必须"要谋中国人思想统一,要确定以三民主义为中国唯一的思想","再不好有第二个思想来扰乱中国",各社会团体"一定要养成党化、军队化",完全听命于国民党[3]。但是,国民政府军队占领北平、天津后,蒋、冯、阎、桂四派间的矛盾就尖锐起来,他们围绕着地盘的分配和军队编遣问题展开了激烈的斗争。蒋要主持中央大权,领导进行经济建设,巩固自己的统治地位,就要扩大本系的势力和地盘。他打着贯彻孙中山"建国大纲"的旗号,鼓吹"统一军政"、

---

① 《申报》1928 年 12 月 30 日。

② 《蒋介石呈请中央召集国民会议电》(1930 年 10 月 3 日)。

③ 蒋介石:《中国建设之途径》(1928 年 7 月 18 日),《革命文献》第 22 辑第 291—294 页。

"实施训政",挟中央之令向地方实力派开刀。冯、阎和桂系等对蒋的这些做法深为不满。

8月8日,蒋介石在南京主持召开国民党二届五中全会。他提出的《军事整理案》虽然得到通过,但受到消极抵制,统一整编全国军队,以削弱各实力派的方案,实际上未能推行。这次会议决定实行"训政",宣称"依照总理建国大纲,设立行政、立法、司法、考试、监察五院,逐渐实施,并决定迅速起草约法,预植五权宪法之基础"①。

9月间,胡汉民、孙科从国外归来,蒋介石出于维护自己统治地位的需要,经过同胡汉民多次密谈,达成了联合执政的协议。胡起草了实行五院制的《国民政府组织法草案》,规定国民政府是在国民党中央的指导与监督下,执行训政职责。国民政府设主席委员一人,委员十二至十六人,五院正副院长由委员担任;主席兼陆海空军总司令;法律、命令需经国务会议议决,由主席和五院院长署名后才能公布。国民政府设立互相平行的五院,分别执掌行政、立法、司法、考试、监察等权力。蒋介石明知胡汉民等人是要从他手里分取一些权力,但主席这一最高名位非己莫属,军权并没有受到限制,国民政府又要接受以自己为首的国民党中央"指导与监督",这些规定对他的独裁起掩护作用,因而暂时可以接受。

根据五中全会的决定,在10月3日的国民党中央常务会议上,还通过《训政纲领》,其要点为:一、"中华民国于训政期间,由中国国民党全国代表大会领导国民,行使政权",国民党在全国代表大会闭会时,"以政权付托中国国民党中央执行委员会执行之";二、中国国民党"训练国民逐渐推行""选举、罢免、创制、复决"四权,国民政府总揽执行"行政、立法、司法、考试、监察"五项治权;三、国民党中央政治会议"指导监督国民政府重大国务之施行",并修改及解释国民政府组织法②。这些规定成为训政时期国民党党政关系的最高依据。这样,蒋介石作为国民党中央政治会议主席,便拥有极大的权力。在这种制度下,人民既不能行使选举、罢免、创制、复决四种权利,

---

① 《国民党二届五中全会宣言》(1928年8月15日),《革命文献》第21辑第1698—1699页。

② 《训政纲领》(1928年10月3日),《革命文献》第22辑第316页。

也不能使用行政、立法、司法、考试、监察五种治权。人民的一切权利均被国民党在"训政"名下剥夺殆尽。

10月8日,《国民政府组织法》正式公布,其引言声称:"中国国民党本革命之三民主义、五权宪法建设中华民国,既用兵力扫除障碍,由军政时期入于训政时期,尤宜建立五权之规模,训练人民行使政权之能力,以期促进宪政,奉政权于国民。"①该法规定,国民政府在国民党中央政治会议监督下"总揽中华民国之治权","以行政院、立法院、司法院、考试院、监察院五院组织之"②。同日,国民党中央政治会议还公布了五院组织法。

南京国民政府要员在汤山。

在组织南京国民政府五院时,蒋以对各实力派首领封官进爵、晋调中央供职为名,严加控制。各实力派则企图通过五院分立,分享权力。经过台前幕后的算计、策划及紧张的政治交易,10月8日,国民党中央常会决定任蒋

---

① 《中华民国国民政府组织法》(1928年10月18日),《中华民国史档案资料汇编》第5辑第1编政治(1)第22页。

② 《中华民国国民政府组织法》(1928年10月18日),《中华民国史档案资料汇编》第5辑第1编政治(1)第22页。

介石为国民政府主席兼陆海空三军总司令；任命谭延闿、冯玉祥为行政院正副院长，胡汉民、林森为立法院正副院长，王宠惠、张继为司法院正副院长；同时产生了国民政府委员和各部部长。这就使国民党政权的政府机构完备起来，也使蒋介石正式集党政军大权于一身。

为了取得在国民党内的稳固统治，排除异己，蒋介石一手操纵了1929年3月在南京召开的国民党第三次全国代表大会。会前产生的四百〇六名代表，由蒋指派者二百一十一人，圈定者一百二十二人，共占81.2%。他不顾反对派和各地党部的抵制，一手操纵大会追认《训政纲领》、《军队编遣大纲》以及针对反对派而有利于本集团的决议。在"三大"的决议案中规定，国民党对中华民国之政权治权，"独负全责"。又说：中国人民"在政治的智识和经验之幼稚上，实等于初生之婴儿；中国国民党者，即产生此婴儿之母；既产之矣，则保养之、教育之，方尽革命之责"①。国民党公然把全国人民比作初生的婴儿，它的"训政"完全是剥夺人民权利的一党专政。

尽管蒋介石努力表白自己是孙中山的最忠实信徒，一切遵循"总理遗教"，但是所作出的决议"确定总理主要遗教"，却是"三民主义、五权宪法、建国方略、建国大纲及地方自治开始实行法"②，阉割孙中山的遗嘱，故意抽掉了《第一次全国代表大会宣言》。而国民党一大宣言，是孙中山在临终《国事遗嘱》中强调指出必须"继续努力，以求贯彻"的。抽掉这篇宣言也就是公然否定了孙中山的联俄、容共、扶助农工三大政策，抛弃了1924年孙中山重新解释的三民主义的革命内容。实际也是如此。大会通过的《外交决议案》认为在实现"真正之统一"之前，要求取消不平等条约是不合适的，公然放弃了反帝旗帜。这些事实有力地说明，这次大会彻底推翻了第一、第二次代表大会所作出的正确决议和制定的各项革命政策，是国民党丧失革命性的标志。这次大会选出的中央执行委员会和中央监察委员会，大量安插了蒋介石的亲信人物，向他屈服的西山会议派人物也纷纷当上了执、监委员。

自此以后，五院成为南京国民政府处理政务的中枢机构，也是政府组织

①　《中国国民党历次代表大会及中央全会资料》上册第658页。
②　《中国国民党历次代表大会及中央全会资料》上册第654页。

系统中的基本组成部分和核心机构。

七、新的外交政策

　　南京国民政府初建时,其外交体制同整个政治体制一样,基本沿袭广
州、武汉国民政府,而逐渐取消集体负责制度。1928 年 10 月,开始实施"训
政",建立五院制政府。外交职能形式上由国民政府外交部行使,其决策机
构则是国民党中央政治会议。从外交政策的制定、外交官的任免,以至涉外
事件的处理,都必须由它决定。蒋介石兼任国民党中央政治会议主席,直接
掌握外交大权。中央政治会议设有外交组,由委员九至十三人组成,分任外
交方面的审查和设计工作。1931 年"九一八"事变发生后,外交组改组为特
种外交委员会,为外交上的最高指导机关。1932 年 1 月,特种外交委员会
改组为外交委员会,对中央政治会议负责,其决议直接交外交部执行①。

　　南京国民政府成立后,急切需要争取得到列强的支持和外交承认,以对
付国内的反对派、巩固其统治,并确立其国际地位。它抛弃了国民革命中人
民群众的迫切正义要求,而在对列强的外交中采取妥协立场。南京事件的
交涉是其中很突出的事例。1927 年 4 月底,蒋介石下令解除参加攻克南京
的第六军第十九师的武装,并通缉第六军政治部主任林伯渠,既显示其反
共,又是对列强献媚。5 月初,南京政府首任外交部长伍朝枢即向美国驻上
海总领事高思表示,准备尽快谈判解决宁案。接着就与美国外交官接洽解
决南京事件。后因蒋介石下野而中断。蒋介石再上台后,任黄郛为外交部
长。1928 年 2 月 21 日,黄郛代表国民政府发表对外宣言。这个宣言不再
提"打倒帝国主义"的口号,而要求修改不平等条约。宣言称"按照外交手
续,与各国厘正不平等条约,期获得中国在国际上应有之平等地位,……同
时,国民政府亦必须依照国际法,十分努力,以尽其国际上应尽之合法义
务"。宣言还提出如下六个要点:一、根据互尊及平等原则,重订商约;二、新
的条约未订立以前,与列国维持并增进亲善关系;三、国民政府按国际法保

---

　　① 参见石源华著《中华民国外交史》第 318—319 页,上海人民出版社 1994 年版。

护外侨;四、各地与外国政府或与外国公司或个人订立之任何契约,经国民政府参与或认可者为有效;五、国民政府准备于适当时期,以公平互谅之精神解决悬案;六、对于干涉中国内政或破坏中国社会组织之外国,国民政府当施行最适宜之应付方法①。

　　这个宣言除表示与列强亲善、解决悬案外,还包含坚持反苏方针(其中第六点就很明显)。继而,英国驻华公使蓝普森(M. W. Lampson)、美国驻华公使马慕瑞相继南下。2月26日,黄郛与马慕瑞开始谈判,经过反复磋商,双方就解决宁案和修约问题确定了一些原则,由南京政府外交部第三司司长何杰才与美国驻上海总领事克银汉继续谈判。3月30日,国民政府外交部长黄郛在上海与美方代表马慕瑞以互换照会的形式,签署《中美宁案协定》。该协定诬指宁案为中国共产党人所煽动,国民政府愿向美方"深表歉意",答应"惩办肇事兵卒及其他人",赔偿美方的损失;并保证今后"对于美侨生命及其正当事业,不致再有同样之暴行及鼓励。"美方对国民政府态度表示满意,并敦促国民政府"从速完全履行"②。《中美宁案协定》是南京国民政府推行妥协外交所签署的第一个重要协定,它所确定的原则为其后签署中英、中意、中法、中日宁案协定所沿用。

　　当中美解决宁案时,奉系北京政府还存在,中国尚未统一,美国政府虽认为它与国民政府已经有了事实上的关系,但它并不认为已给予国民政府以外交承认。1928年6月南京政府二次北伐胜利后,美国于7月25日与国民政府签署《整理中美两国关税关系条约》,才标志着两个政府关系的正式确立。

　　南京国民政府以屈辱妥协的条件与美国解决"南京事件"后,经过曲折的交涉和谈判,于1928年10月陆续同英国、意大利、法国签署《宁案协定》;并于当年内得到英国、挪威、比利时、丹麦、葡萄牙、法国的外交承认。1929年1月蒋介石又授意国民政府新任外交部长王正廷与日本交涉济案问题,于3月28日达成协议,基本内容是:一、由中日双方派同数的委员,共同调

①　洪钧培:《国民政府外交史》第1集第241—242页,上海华通书局1930年版。另参见王芸生编著:《六十年来中国与日本》第8册第150页。

②　南京国民政府外交部编:《外交部公报》第1卷第1号第69—72页。

查双方的损失。二、中国政府负责保护在中国的日本居民,日本在换文后两个月撤兵。这就把日本侵占中国城市,屠杀数千军民的罪行一笔勾销了。其后,国民政府取得日本、意大利、德国等的外交承认。

南京政府屈从帝国主义的对外政策,激起全国人民的强烈反对,形成了要求独立自主、反对妥协屈从的潮流。蒋介石为"安抚"人心,加强其统治,命外交部于 1928 年 6 月 15 日发表对外宣言,声称:"中国八十余年间,备受不平等条约之束缚。此种束缚,既与国际相互尊重主权之原则相违背,亦为独立国家所不许……今当中国统一告成之际,应进一步而遵正当之手续,实行重订新约,以副完成平等及相互尊重主权之宗旨。"[①]7 月 7 日南京政府《关于重订条约的宣言》提出对不平等条约分三种情况处理的方案:"(一)中华民国与各国间条约之已届满期者,当然废除,另订新约。(二)其尚未期满者,国民政府应立即以相当之手续解除而重订之。(三)其旧约业已期满,而新约尚未订定者,应由国民政府另订适当临时办法,处理一切。"[②]

此次"改订新约",是南京政府只就关税自主和领事裁判权两个问题向列强进行的一次软弱的外交活动,它是在承认不平等条约的基础上,对这两个问题进行若干条款的修订。除此以外,列强在中国享有的租界、租借地、驻兵、内河航行等特权,并没有触及。

首先是关税自主问题。当时与中国订有关税协定的国家有十二个,其中条约已经期满的有意、丹、葡、比、西、日六国,尚未期满的有英、美、法、荷、挪、瑞(典)六国。另有原无约国如波兰、希腊、捷克与中国订约,还有与德国重新修订关税条约。美国政府首先作出了对南京政府表示友好的反应。美驻华公使马慕瑞奉华盛顿的指示与南京政府财政部长宋子文在北平谈判,并于 7 月 25 日签署了《整理中美两国关税关系之条约》。该条约承认中国实现关税自主,自 1929 年 1 月 1 日起生效;但同时规定两国"在彼此领土内享受之待遇,应与其他国家享受之待遇毫无区别",即只要其他国家依然保

---

① 《南京国民政府对外宣言》(1928 年 6 月 15 日),程道德等编:《中华民国外交史资料选编》第 414 页,北京大学出版社 1985 年版。

② 《中华民国外交史资料选编》第 456 页。

持关税特权,美国仍可照样享受①。中美订约后,南京政府又先后与挪威、荷兰、瑞典、英国、法国、意大利、丹麦、葡萄牙、西班牙签订了新的关税条约和通商条约。日本虽然也是条约期满国,但当时南京政府提出改订新约要求时,它却蛮横地加以拒绝。日本的态度激起了中国人民的强烈抗议,延至1930 年 5 月,日本才与南京政府订立了《中日关税协定》,有条件地承认了中国的关税自主。

新的关税条约,在一定程度上克服了以往在关税问题上所存在的弊端,开始以差额税率取代均一税。新条约改变了以往进口货物一律值百抽五的状况,而将其分为不同等级,按不同的税率征税。1928 年 12 月 7 日国民政府公布《海关进口税税则》,将进口货物分为七类,税率自 7.5%到 27.5%不等;1931 年 1 月又把进口货物分为十二类,分别课征 5%至 50%的进口税,1933 年最高税率提高到 80%。另外,新关税条约取消了陆路进口货物减半的优待税率,统一了海陆关税。这些都是实施关税自主所取得的成果,不仅使南京国民政府的财政收入大幅度的增加,经济实力有所增强,而且对于保护和扶植民族工业的发展也发挥一定的积极作用。但南京政府的"关税自主"是很不彻底的。例如,总税务司和各地海关仍继续为外人把持,在中英、中日等关税条约中都有一些干涉、践踏中国关税主权的条文,这表明中国关税自主并未完全实现。

至于废除领事裁判权问题,南京国民政府遇到的阻力更大。当时在中国享有领事裁判权的国家共有十六个,其中 1928 年条约到期的有日、比、意、丹、葡、西、墨等七国。南京政府首先与条约已届满的比利时等国商谈重订条约,要求废除在华领事裁判权。七国中只有墨西哥于 1929 年 10 月 31日与中国互换照会,表示自动放弃在华领事裁判权。日本表示坚决反对,而其他五国虽答应废除,但都附有保留条件。1929 年 4 月南京外交部又照会条约尚未届满的美、英、法、挪、巴(西)等国,要求撤销在华领事裁判权。但各国暗中协商,议定一致拒绝。美国等复照称,目前不能取消领事裁判权,因为中国法制尚未完善。交涉持续至年底仍无结果。同年 12 月 28 日,南

---

① 王铁崖编:《中外旧约章汇编》第 3 册,第 628—629 页。

京政府发布特令,宣布"自民国十九年 1 月 1 日起,凡侨居中国之外国人民,现时享有领事裁判权者,应一律遵守中国中央政府及地方政府依法颁布之法令规章。"①英、美、法等国随即声明,可以认为 1930 年 1 月 1 日是逐渐取消治外法权的开始时间,但国民政府应与各国公使商谈具体办法。这项交涉仍无结果。1931 年 5 月 4 日,国民政府公布了一个《管理在华外国人实施条例》共十二条,声称从 1932 年 1 月 1 日起施行。该条例虽规定外国人应受中国各级司法法院管辖,但仍为外国人保留不少特权。当"九一八"事变发生后又通令暂缓实行。这样,废除领事裁判权之事也就束之高阁了。

南京国民政府成立初期同苏联的关系迅速恶化。1927 年 12 月,南京政府下令撤销各地苏联领事馆及商业机构。苏联政府随即撤回了广州、上海、武汉、长沙等地领事及商业机构。但东北地区尚不在南京国民政府统辖之下,苏联的领事馆仍然保留。1928 年 12 月张学良"东北易帜"归附南京,1929 年发生了中东路事件,造成中苏邦交一度完全断绝。

1929 年 5 月 27 日,东北当局秉承蒋介石的旨意,以苏联在中东路"宣传赤化"和苏联在哈尔滨总领事馆召开远东党员大会为由,派军警包围,搜查苏驻哈领事馆,监禁总领事及馆员,没收领事馆文件,逮捕来馆的人员。随后对苏联政府的抗议置之不理。7 月 7 日蒋介石亲赴北平与张学良策划,接着命令武力占领中东路全线。苏联政府遂于 7 月 17 日宣布与南京国民政府绝交。7 月 20 日,中苏边境开始发生武装冲突。八九月间双方武装冲突加剧。10 月,苏军与东北军在满洲里激战,11 月东北军全线崩溃。蒋介石曾希望美、英、法等国进行干涉,组织调查团来华。但苏联拒绝第三者介入,坚持须由两国直接谈判。蒋不得不授意张学良派代表赴伯力与苏方谈判。12 月 22 日双方签订了《伯力会议草约》,确认:两国立即息争,恢复 7 月冲突以前之状态;关于中东路争议及恢复中苏国交问题,另由中苏会议解决。中苏莫斯科会议于 1930 年 10 月至 1931 年 10 月共举行二十五次,但始终没有达成协议,"九一八"事件发生后会谈即停顿。

---

① 《东方杂志》第 27 卷第 3 号。

第九章 与各派系的角逐

一、编遣会议和征讨桂系

    东北易帜后,南京国民政府在形式上统一了全国,蒋介石掌握了中央统治权,但是各地仍然是军事实力派各据一方。蒋、冯、阎、桂四派间的矛盾日益尖锐,他们围绕着地盘的分配和军队编遣问题展开了激烈的斗争。当时蒋介石的军队依仗占有上海和江苏、浙江等富庶地区,拥有雄厚的经济实力,又据有中央军的金字招牌;冯玉祥部占有河南、陕西、甘肃、青海等省区,虽然拥兵四十万,地广兵多,但经济不发达,财源枯竭;阎锡山占据山西、河北、绥远、察哈尔以及北平、天津,拥兵二十万,潜力较大;桂系势力从两广伸展到两湖,甚至直达河北的东北部,战线很长。张学良虽然易帜,但东北仍为他的地盘。蒋挟中央之命自重,冯、阎、桂深感不满,但他们彼此之间也有戒心。蒋介石要巩固中央大权,实施"训政",维护全国的统一,并着手经济建设,就要削除各派的军权,统御各省地盘。他以贯彻孙中山"建国大纲"为号召,强调"统一军政"、"实施训政",首先要求各地方实力派裁兵。二次北伐一结束,蒋介石就提出"裁兵建国"的口号,筹划召开编遣会议实行裁兵,当然,蒋介石也可以借此达到削弱各派力量、扩大嫡系势力的目的。

1928 年 6 月中旬,蒋介石与宋子文等共同制定了《军事善后整理案》和《军事整理案》,提出要节省财政开支,实行和平建设,在上海、南京分别召开全国经济会议、财政会议。宋子文提出的《克期裁兵从事建设案》指出,当时全国共有八十四个军(二百七十二个师)、十八个独立旅、二十一个独立团。这些部队一年共需军费六亿四千万余元,而全国财政总收入只有四亿五千万元。因此,"自非重行厘定军制,大加裁汰,实无以苏民生之积困。"[1]7 月 5 日蒋介石发出两个通电,呼吁裁军。他在致全国经济会议的电报中说:"今日非裁兵无以救国","中正当与各同志一致努力,决不稍有私意,以负人民责望之殷。"在致各总司令、总指挥的通电中说得更加急切:"今日非裁兵无以救国,非厉行军政、财政之统一无以裁兵。""中正尤当竭其绵薄,与我同志共勉之。"[2]

接着,蒋在北平提出了《军事善后案》,认为全国军队共达三百个师,应裁二百五十个师、留五十个师,每师一万五千人,共八十万人;全国划分十二个军区,各军区按比例裁汰,各集团军自行办理[3]。依此方案,冯、阎、桂各派需大量裁军,蒋系军队因用中央军名义可分驻到其他军区,不但可以不裁,又可另立名目增强实力。蒋的这一方案遭到各实力派的反对。随后,国民党二届五中全会于 8 月 8 日在南京举行。会议着重讨论和通过整理军事案和政治分会废存案。整理军事案提出的几项原则有:军政、军令必须绝对统一;军费在整个预算上不得超出一半;军事教育必须统一;裁兵计划必须与化兵为工、移兵垦殖等相结合。

1929 年 1 月 1 日,全国编遣会议在南京正式开幕,国民党中央执监委员、各集团军总司令等四十余人出席。蒋介石将冯玉祥、阎锡山提出的两个方案交会议讨论。在多数表明倾向阎案而否定冯案后,蒋表示赞成阎案,同时提出在中央编遣区外,再增加一个东北编遣区,以确保东北的安定和国家的统一。冯玉祥以为自己受了蒋介石的玩弄,气得称病离会。会议强调"以至公大信精神","不偏私,不欺饰,不假借,不中辍"为原则,最后确定全国设

---

① 《全国经济财政会议要案汇存》,《国闻周报》第 5 卷第 26 期。
② 《国闻周报》第 5 卷第 27 期,1928 年 7 月 25 日。
③ 《蒋冯阎告祭孙灵记》,《国闻周报》第 5 卷第 27 期。

冯玉祥

阎锡山

李宗仁

白崇禧

中国国民党第三届三中全会

广州国民政府部分委员合影

中原大战前的冯玉祥、蒋介石、阎锡山

八个编遣区,蒋介石直接控制的中央直辖编遣区、海军编遣区、第一编遣区,设办事处于南京;而其他军队如冯玉祥的西北军、阎锡山的晋系军、李宗仁桂系军、张学良东北军各设编遣区于开封、太原、汉口、沈阳,贵、川、康各部队办事地点待定。编遣大纲规定,从此全国军队权力都归中央。

这时,阎、冯、桂、粤各派首领感到,是上了蒋介石用心设置的圈套。李宗仁回忆说:对于裁军,蒋介石早有自己的"腹案"。"他的第一集团军断难裁减;至于其他各军,他意对第二集团军首先开刀,然后再及其他,庶可各个击破"①。至此,各派首领包括阎锡山在内均"已像热锅上的蚂蚁一般,急于回防"②。蒋介石无法继续控制会议,只好宣布休会,大家不欢而散。

全国编遣会议未能达到削藩的目的。1929 年至 1930 年间,担负国民党中央和国民政府首领之责的蒋介石,不断发兵征讨桂、冯、阎等派的武力割据和反抗。

1929 年 3 月,首先爆发了蒋桂战争。李宗仁率第四集团军桂系部队十余万人控制两湖,坐镇武汉,武汉政治分会无论财政、军事都自成一个系统。在西征唐生智和北伐奉张的过程中,白崇禧进驻华北,占有京津唐(山)地区,远至河北的滦河以东,号称有兵十多万人。黄绍竑在广西招兵买马,扩充实力。加之同桂系有密切关系的李济深控制着广东,与广西互相支持,互为结托。桂系势力的急剧发展,对国家的统一和南京国民政府的集权统治,是一个严重威胁。但桂系战线很长,首尾难顾,内部桂籍军人同鄂、湘、粤籍军人间常有龃龉,容易被利用,因此,蒋介石决心首先剪除桂系势力。

1929 年 2 月,李宗仁派鲁涤平取代程潜任湖南省主席,但鲁日渐听从南京国民政府的领导因而获得大批军火,为桂系不满。李宗仁主掌的武汉政治分会以"潜运军械,阴谋破坏"为由,决定撤免鲁涤平以何键继任湘省主席职。蒋介石当即下令"彻查桂军侵湘事",派兵与桂军对峙。蒋利用桂系战线过长力量分散的弱点,采取了南、北、中并进,分头瓦解的一整套谋略,对桂系展开进攻。

---

① 《李宗仁回忆录》下册第 589—591 页。
② 《李宗仁回忆录》下册第 591 页。

3月21日,蒋介石发表了《关于湘事之声明》,指责武汉政治分会不顾中央编遣会议决议之规定,擅自调动军队,扰乱湘赣,且擅自任免湖南省政府主席及全部委员,斥责桂系破坏政治统一和中央威信。随即调兵遣将,组成讨伐军,由何应钦任参谋长,蒋介石亲任总指挥,向武汉进军。3月26日,国民政府下达"讨伐令",指名李宗仁、白崇禧等"借革命之名义以消灭革命","实为国民革命之障碍,三民主义之叛徒",宣布"即免去本兼各职,听候查办";并令前方各军,对桂系所属各军"痛加讨伐"①。蒋在九江设立讨逆军行营,亲自督师,制定了分两期实现的作战计划,首先攻取武汉,然后肃清湘南、两广之桂军。他命朱培德、刘峙、韩复榘分别为讨逆军第一、第二、第三路总指挥,率部从九江、皖鄂边界和南阳等地出发,向武汉推进。同时蒋派人收买俞作柏、李明瑞、杨腾辉做内应,视机倒戈。4月3日桂军见大势已去,放弃武汉,向荆州、沙市、宜昌撤退。4日,蒋军进入武汉,次日鲁涤平、刘文岛分别被蒋任命为武汉卫戍司令和武汉市长。

与此同时,蒋介石采取重新起用唐生智的办法取得河北一带的桂系实力。因为白崇禧驻河北的部队原是唐生智的旧部,只是换了一些高级将领,基本建制未变。唐生智携巨款到天津后,即派人往唐山串联旧部。3月20日,李品仙等通电讨伐白崇禧,白南逃,所部重归唐节制。旋蒋任命唐生智为第五路总指挥,在北方的桂军终被解决。

蒋介石还瓦解粤桂联盟。李济深原任广州政治分会主席、广东省主席和第八军军长,坐镇中国的南疆,长期以来与桂系结为一体,也是广西桂军的屏障。蒋介石托词调解湘案诱骗李济深北上,于3月21日将他囚禁于南京城郊汤山;同时策动陈济棠等人剥夺了李济深的党政军大权,使广西的桂军陷于孤立。3月底,陈济棠等通电称:"粤系为中央统治下一省"②,限令粤省之桂军立即离开省境,从而拆散了粤桂同盟。然后,蒋发布进攻广西的作战计划,命令何键从湘南率军攻桂林,"5月1日由集中地出发,限同月15日以前占领桂林后,即向柳州前进"。陈济棠率粤军由肇庆、英德攻梧州,龙

---

① 蒋介石司令部参谋处:《西征讨桂占领武汉,解决鄂西诸役阵中日记》,1929年3月27日,南京国民政府战史编纂委员会档案,中国第二历史档案馆藏。
② 《饬令何键陈济棠龙云攻击桂林电令》,中国第二历史档案馆藏。

云率滇军由滇北经贵州攻柳州，并限 4 月 30 日以前向龙州、南宁前进①。

　　李宗仁、白崇禧潜回广西后，与黄绍竑共同组织力量反攻。5 月 5 日李宗仁在梧州组织"护党救国军"，自任总司令，发出反蒋通电。桂军分两路进攻广州，但在粤军反击下，被迫退回广西。6 月下旬粤军在蒋介石派来的援军配合下先后进攻桂林、梧州，桂系首领相继潜逃。蒋介石任命俞作柏为广西省政府主席，蒋桂战争以蒋介石取得胜利而宣告结束。

李宗仁（右）、白崇禧不甘于失去自己的兵权，回到广西图谋再起。

二、击垮冯阎军事实力派

　　蒋桂战争临近尾声之时，蒋、冯战幕又起。冯玉祥对编遣会议极为不

---

① 《饬令何键陈济棠龙云攻击桂林电令》，中国第二历史档案馆藏。

满,认为遭到蒋的暗算,认为是蒋蓄意要向西北军开刀。于是称病离会,秘密离南京赴河南。他想回西北"整军经武,三年不问国事",待机争雄。蒋介石密切注视冯的举动,密令下属制定了《国军对冯军警备计划》,谓"为防编遣期内冯军发生异变起见,国军集结主力于豫西、鄂西及平汉、陇海沿线一带,俟其发动,一举而歼灭之。"①但蒋为防冯助桂,又派邵力子、贺耀组等赴华山拉冯通电讨桂,许给冯玉祥行政院长的高位以及两湖地盘。冯便派韩复榘为总指挥,率部沿京汉线南下。蒋于讨桂军事即将结束时,在武汉召见韩复榘并赠以巨款笼络,而自毁事前对冯约言。此时还出现传言,说冯玉祥勾结苏联,叛党叛国。冯玉祥感到与蒋兵戎相见已不可避免,大力整军备战,将驻山东、河南的兵力集结于豫西地区待命。5 月 15 日,冯部将领刘郁芬、孙良诚、韩复榘等通电"护党救国",推冯任"护党救国军西北总司令"。

中央大战前的冯玉祥、蒋介石、阎锡山。

---

① 《国军对冯军警备计划》(1929 年 4 月),南京国民政府战史编纂委员会档案,中国第二历史档案馆藏。

蒋介石早已成竹在胸,立即下令朱培德率第一路军集中徐州、开封之间,刘峙率第二路军集结于信阳、襄樊一带,唐生智率第五路军在洛阳、郑州等处待命;同时用高官和金钱分化收买冯部将领。5 月 22 日韩复榘、石友三等通电声称"维护和平,拥护中央"。接着刘镇华、杨虎城、马鸿逵也先后离冯投蒋。5 月 23 日国民党中央常务会议决定革除冯玉祥的一切职务,永远开除党籍。在蒋的强大压力下,冯玉祥不敢贸然迎战,于 5 月 27 日发表通电宣告隐退,并称下野后"入山读书"。

冯玉祥下野后,阎锡山为"挟冯以自重",6 月下旬,以与冯共商反蒋大计为名,诱冯入晋,将冯软禁于太原晋祠。蒋介石先派吴稚晖、孔祥熙到山西活动,离间阎冯关系。7 月初,蒋又亲往北平与阎密谈,蒋许诺阎为全国陆海空军副总司令,阎答应协助蒋尽快解决西北军,并将冯转禁于五台县建安村。

蒋介石拉拢阎锡山,纯系权宜之计;最急迫的还是加紧把他们手中的军队削减下来。1929 年 8 月,南京召开国军编遣实施会议,蒋强调要"牺牲权利,服从命令","勿得反抗";还用"反革命"、"假革命"等大帽子压那些不愿接受编遣的实力派。阎锡山感到自身难保,于是又转身过来联冯。阎于 9月 16 日夜至建安村向冯道歉,并商量联合反蒋计划。双方约定,由西北军先发动,晋军立即响应。阎表示对冯军粮秣等方面"充分供应"[1]。北方的唐生智、石友三也表示愿意加入反蒋行列。

10 月上旬,冯部将领秘密联络,不动声息,暗中完成反蒋作战部署。10月 10 日,借庆祝双十节机会,西北军将领宋哲元等二十七人通电反蒋,宣布蒋介石毁党、误国等六大罪状,宣称"蒋氏不去,中国必亡","谨率四十万武装同志,即日出发,为国杀贼,万死不惜"[2]。旋冯部分三路向河南进军:北路在孙良诚指挥下,沿陇海线东进,出潼关入豫西;中路孙连仲、刘汝明部,经紫荆关,攻取南阳;南路由吉鸿昌等率部从汉中等地出鄂豫边界之老河口。宋哲元部于 13 日从西安移至潼关。冯部进军之初,攻势迅猛,连战皆

---

① 《冯玉祥日记》1929 年 10 月 13 日。
② 《国闻周报》第 6 卷第 41 期,1929 年 10 月 20 日。

捷,进展顺利。

10月11日,蒋介石下令讨伐西北军。12日,又召开军事会议,研究作战部署,决定由蒋介石亲自指挥,朱培德任总参谋长,兵分三路迎战冯军,决计将其"歼灭于潼关—紫荆关—白河以东地区,直驱长(西)安,一鼓而荡平之"①。

蒋冯战初,冯军官兵"士气甚盛",1929年10月24日,宋哲元的总司令部进驻洛阳,冯军猛攻,蒋军处于被动守势。至11月,蒋军对河南发起攻击,两军肉搏相接,战斗极烈;蒋介石亲临武汉又赴河南指挥、督战,调集重兵发动三次对冯军的进攻。蒋冯两军在洛阳东南的临汝、登封、黑石关一线和豫西的淅川、紫荆关一带发生激战,短兵相接,血肉拼搏,战斗很剧烈。在军队激战的同时,蒋介石趁势扩大冯、阎间的矛盾。在蒋下令讨伐西北军的当天,同时以南京五院长名义电阎,请其就近处理西北问题,并以国民政府名义授任阎的部属朱绶先为代理军政部长。

阎锡山在蒋介石拉拢下,违背同冯玉祥的约定,不仅按兵不动,使冯军陷于孤立,且向南京五院长示好。正当蒋军猛击冯军,战局激烈进行之时,阎于10月26日发表声明,主张以政治手段解决时局,劝冯军各部停战。11月5日,阎宣布接受蒋的任命,就任全国陆海空军副总司令职,并在太原等地召开"讨逆大会",表示晋系完全拥护"中央",晋军宣告与冯军处于敌对状态。嗣后,在蒋军的强大攻势下,西北军孤立无援,军事指挥又不统一,不得不将主力撤回潼关以西,蒋委任唐生智为河南省政府主席。至此冯玉祥第二次反蒋又告失败。

1929年11月至12月间还发生了张发奎联合桂系进攻广东,以及唐生智、石友三联合反蒋的战争。先是张发奎部因不满蒋介石编遣措施,于11月在湖北宣布迎汪讨蒋,广西俞作柏部起兵响应,张桂联军以"护党救国军"的名义进兵广东。12月蒋派何应钦率部援粤,张桂联军被击败。1929年12月初,唐生智、石友三联合反蒋,引发了新的战争。12月3日石友三部在

---

① 《讨逆军作战指导计划案》(1929年10月),国民政府战史编纂委员会档案,中国第二历史档案馆藏。

浦口起兵,5 日,唐生智在洛阳通电响应,唐就任"护党救国军第四路总司令"。蒋介石联合阎锡山、张学良夹击唐生智部。12 月 21 日,石友三见势不利,发通电表示"主张和平,反对改组派"①。唐军陷入孤军奋战。至 1930年 1 月初,蒋唐战争以唐生智失败告终。

蒋介石虽先后击败了桂系、冯系等反对势力,但"引起战争的矛盾并未解决,且日益加深地向前发展"②。1930 年又发生了一场新的更大规模的中原大战。

蒋、冯战争结束后,蒋、阎之间的矛盾又日益尖锐起来。阎锡山自从兼任平津卫戍司令后,即截留了这两个市的税款,蒋长期默许;但至此时南京国民政府强调统一财政税收,要求将税款上缴中央,同时又不拨给军饷,多方削除晋军。阎锡山广泛联络失利的桂系和张发奎等势力,又同困在山西的冯玉祥和解,共同商议反蒋;对汪精卫、陈公博等改组派和谢持、邹鲁等西山会议派也加以联络和利用。经过阎多方的纵横捭阖,终于逐渐形成了一个各派联合反蒋的局面。

1930 年 2 月蒋、阎之间开始了一场电报战,成为中原大战的直接酝酿和准备。1930 年 2 月 9 日,蒋介石电阎"请赵戴文早日返京",电文中说"武力平定两广,极有把握",以警告和威胁阎③。阎锡山感到蒋介石将对他下手,便于次日复蒋"蒸"电,指出蒋是内战的根源,表示愿与蒋"共息仔肩"④。从此蒋阎间电报往还争吵不休。阎谴责蒋独揽大权,武力消灭异己的行径,提出了"整个的党,统一的国"的主张,打出"和平统一"、"礼让为国"的旗号,反对蒋介石一手包办的编遣会议、国民党"三大"的决定。蒋在电报中一再辩解,并称:"对于凭藉武力谋危党国者,舍以武力制裁之外,别无他法"⑤;"制裁反侧,戡定内乱,是为讨伐,而非内战",要军人认清"顺逆之分"、"公私之辨"⑥。蒋坚持谁不服从"中央"就用武力讨平之,反对三全大会者即为叛

---

① 《国闻周报》第 7 卷第 1 期。
② 《中共中央给红军第四军前委的指示信》(1929 年 9 月 28 日),《周恩来选集》上卷第 29 页。
③ 《国闻周报》第 7 卷第 6 期。
④ 1930 年 2 月 10 日阎锡山致蒋介石电,《讨阎军事纪略》(上),中国第二历史档案馆藏。
⑤ 《国闻周报》第 7 卷第 6 期。
⑥ 《国闻周报》第 7 卷第 7 期。

逆,坚持自己不能辞职下野。

在双方电报战期间,各反蒋派系纷纷派遣代表云集太原,表示愿意拥戴阎锡山为反蒋领袖。阎、冯之间结成反蒋联盟,成为纠集其他反蒋各派的基础。其实他们各怀鬼胎。蒋介石认为,"阎阴谋,专博旧社会之同情,联旧派以反对中央;冯阳忿,迎合新潮派之趋向,联新派以反对中央"①。经过各方代表协商,3 月 15 日,原属冯、阎、桂系的将领鹿钟麟、商震、黄绍竑等五十七人发出联合通电,历数蒋介石十大罪状,劝其辞职、引退。同时联名推戴阎锡山为中华民国陆海空军总司令,冯玉祥、李宗仁、张学良为副司令。他们还颁布反蒋联军统一名号,任命将领,分配战区与作战任务。4 月 1 日,阎锡山、冯玉祥、李宗仁分别在太原、潼关、桂平宣誓就职,但张学良表示沉默。

反蒋的军队共编列了八个方面军:桂军为第一方面军,由李宗仁统率并兼总司令,拟出兵湖南,进攻武汉;西北军为第二方面军,由冯玉祥统率,总司令鹿钟麟,担任河南境内陇海、平汉两线作战;晋军为第三方面军,由阎锡山统率,总司令徐永昌,担任山东境内津浦、胶济两线和陇海线东段作战;石友三为第四方面军兼任山东省主席;内定张学良为第五方面军;刘文辉为第六方面军;何键为第七方面军;樊钟秀部为第八方面军。5 月,作为主力的西北军、晋军首先开赴陇海、平汉、津浦各线,摆开阵势。

蒋介石对各实力派的军队,早有应变的准备。他确定"讨逆剿共,应分二事"②,按照"分区清剿"的方针进行。他指出"阎逆实为祸首,冯逆同为逆魁。其余桂逆等尚属局部之患"③。4 月 5 日,国民政府下令免去阎锡山本兼各职,"着京内外各省政府各军队一体严拿归案"④。蒋以总司令名义通电全国讨伐阎、冯。接着国民党中常会决议永远开除阎锡山的党籍。4 月 9

---

① 《蒋介石日记》(手稿本),1930 年 3 月 5 日,美国斯坦福大学胡佛研究所藏。
② 蒋介石:《陆海空军总司令部自十九年三月至十月政治工作报告》(1930 年 10 月),中国第二历史档案馆藏。
③ 蒋介石:《陆海空军总司令部自十九年三月至十月政治工作报告》(1930 年 10 月),中国第二历史档案馆藏。
④ 《国民政府令》,1930 年 4 月 5 日。南京国民政府战史编纂委员会档案,中国第二历史档案馆藏。

日蒋到徐州召开军事会议,确定主要的作战目标,部署在徐州以西的陇海战场压倒阎冯联军,一举粉碎其东进和南下的计划,迅速取胜。蒋介石将其投入这场大战的"中央讨逆军"编为四个军团:以韩复榘为第一军团总指挥,在山东据守黄河南岸,以阻晋军沿津浦路南下;刘峙为第二军团总指挥,率嫡系部队分防徐州、砀山、宿县等处,准备沿陇海路西进;何成濬为第三军团总指挥,集结于平汉路许昌以南地区,牵制西北军主力;陈调元为预备军团总指挥,主要据守黄河南岸。

蒋介石于5月1日在南京举行誓师典礼后,8日去徐州坐镇,亲自指挥陇海、津浦两个战场的战事,11日下达了总攻击令。至此中原大战爆发。

战争初期,双方把主要兵力使用在陇海线,蒋介石首先命令刘峙指挥第二军团由徐州沿陇海线向阎、冯军据守的归德(今商丘)方面进攻。蒋于5月15日亲赴马牧集(今虞城)督战。5月下旬刘峙部占领了归德、宁陵等地,陈诚等部也沿陇海线西进。但冯玉祥急派孙良诚、吉鸿昌反攻,歼灭蒋大批有生力量,迫使蒋军退往山东曹县、定陶地区,蒋本人险些在归德附近的朱集车站被擒。在津浦路,晋军进入山东,占领济南,蒋军败回黄河南岸。同时,在南方,桂军从广西攻占了长沙,进而又占岳州,使蒋军的后路受到威胁。

七八月间,战局发生变化。蒋介石调粤军出师衡阳,桂军退回广西。蒋军组织三路大军对津浦路反击,晋军不支,8月15日蒋军重占济南,晋军北撤。蒋军回师陇海线,打垮了冯玉祥发动的夺取徐州的"八月攻势"。9月17日蒋军杨虎城部攻占洛阳龙门,截断了冯军西撤之路,迫冯军败退豫北。

财力是解决战争胜负的重要因素。蒋介石利用掌握中央政权的地位,聚集钱财,使他在这场中原大战中,有雄厚的实力。他将编遣经费移用为内战经费;又以首都建设为名发行三千万元公债,将筹得的款项从国外进口新式武器。国民政府先后向美、英、德等国取得大量政治借款,至1930年从美国取得这类借款达四千一百七十万美元。并同美国签订《中美航空邮务合同》,以沪汉、宁平、沪粤三条主要航线的权利为条件换取美国支持南京国民政府发展空军。又从德国等聘请军事顾问,进口武器装备、通讯器材,装备蒋介石的嫡系部队。同时,蒋利用金钱拉拢同盟者和收买反对派中的将领。

蒋介石派张群(左)、吴铁城去东北反复说服张学良出兵入关,以期结束"中原大战"。

自中原大战爆发后,张学良及东北军处于举足轻重的地位。战争初期,张学良采取中立态度,交战双方都竞相派代表前往争取拉拢。蒋介石先后派张群、吴铁城等要员到沈阳等处向张游说,许给青岛等地盘,又委张为陆海空军副总司令,并支付巨款;美、英、法驻华使节也出面对张施加影响。张学良经过几个月的观望,于9月18日发出了"拥护中央"、"呼吁和平"的巧电,"吁请各方即日罢兵,以纾民困","静候中央措置"①。他自称此电是"站在中间而偏向南方"的立场上,实际上是在紧要关头有力地支持蒋介石。继而,张学良即派于学忠、王树声率东北军分三路入关进据平、津等地。至此,整个形势急转直下,反蒋联军难以为继。10月3日蒋军攻占开封,冯军向黄河北岸败退。阎、冯等于10月5日致电张学良表示愿意停战,听候和平解决。但蒋军继续进攻,6日占郑州,9日占洛阳。冯、阎军十余万人被俘。

① 《国闻周报》第 7 卷第 37 期。

10月下旬,蒋军攻占西安。冯军全部瓦解,阎军缩回山西,桂军也从湖南退回广西。11月4日阎锡山、冯玉祥通电"即日释权归田"[①]。

　　中原大战历时七个多月,以蒋介石的胜利、反蒋势力的失败而告终。这次战争的规模在中国近代史上是罕见的。双方参加战争的兵力达百万以上,战线绵延数千里,死伤兵员超过三十万人,给人民造成空前深重的灾难。黄郛于1930年为纪念世界大战结束十二周年而作的文章中说:"本年国内战起,战线之长,在近代世界史上,除欧战外无可与匹。战争之烈,在国内战史上,亦少其例。双方死伤总数达三十万人之巨,而战地人民之伤亡流离者,当十百倍于斯。"[②]蒋介石集团通过这场战争,击溃了阎、冯等几十万军队,在军事上、政治上确立了优势地位,增强了对国民政府的控制。蒋介石的独裁统治得以巩固和加强,并有可能集中力量对中国共产党领导的工农红军和苏区,实行大规模的军事"围剿"。

三、"扩大会议"的召开与消亡

　　在中原大战的同时,反蒋各派在政治上的倒蒋活动,也配合军事上的反蒋战争而展开。1930年6月1日,汪精卫发表通电,主张速开"中国国民党中央党部扩大会议",解决党务问题。6月12日,汪又在香港发表《中央党部扩大会议之必要》一文,提出改组派要与西山会议派、实力派合作,以党治军,杜绝内战,要求军事领袖参加中央党部扩大会议,共同负责。六七月间,反蒋联军在北方打了一些胜仗,特别是晋军于6月下旬打下了山东省会济南,对反蒋力量起了鼓舞作用。

　　反蒋联军在北方战场上取得进展,促进了改组派和西山会议派的合作的积极性。粤方改组派倡议提出召集扩大会议的宣言,沪方西山会议派也发宣言表示赞同,署名同是"中国国民党第二届中央执行委员会",表示双方都有握手言和的愿望。北方各派比较赞成汪精卫通电的内容,部分代表人

---

　　① 《国闻周报》第7卷第44期。
　　② 《中原大战人民群众受之损失》,见彭明主编:《中国现代史资料选辑》第3册第222页,中国人民大学出版社1988年版。

物于 7 月 13 日在北平中南海召集会议,商议成立"中国国民党中央党部扩大会议"的相关事宜,并发表反蒋宣言。同时发电敦促汪精卫早日北上。汪精卫等在联合宣言中指责蒋介石"背叛党义,篡窃政权",将民主集中制变为个人独裁。宣称:"本党目的在扶植民主政治,蒋则托名训政以行专制。人民公私权力剥夺无余,甚至生命财产自由一无保障,以致党既不党,国亦不国。"①8 月 7 日,汪精卫在北平主持召开了扩大会议第一次正式会议,通过了《扩大会议组织大纲》和《党务宣言》等文件。宣言指出:"蒋中正实总理之叛徒,本党之罪人,全国人民之公敌。"中央党部扩大会议将"勖勉军事同志,同心戮力去此元凶","荡涤党务上政治上瑕秽,不留余孽,使党的真面目真精神得以实现,以竟总理之志,而慰全国人民之望"。

依据《扩大会议组织大纲》,推定汪精卫、赵戴文、许崇智、王法勤、谢持、柏文蔚、茅祖权为常务委员,还设立了组织、宣传和民众训练等相关部门。他们还宣称要"依法"召开国民党第三次全国代表大会和筹备召开国民会议、制定约法。9 月 1 日,北平扩大会议通电公布了《国民政府组织大纲》并推定阎锡山、唐绍仪、汪精卫、冯玉祥、李宗仁、张学良(未经本人同意)、谢持为国民政府委员,以阎锡山为主席。9 月 9 日,阎锡山、汪精卫、谢持等在北平怀仁堂宣誓就职,宣告阎氏国民政府成立。随后,冯玉祥、李宗仁等也在其所在地宣告就职。依据扩大会议的《国民政府组织大纲》,这个国民政府下设内政、外交、财政、司法、陆军、海军、交通、农矿、工商、实业等部,同时还设置各种专门委员会。阎氏国民政府的成立,使中国政坛出现了南北两个国民政府,南京政府遭到挑战。但是双方在战场上也出现新变化,8 月 15日,南京中央讨逆军夺回了济南,晋军被迫退至黄河以北,军事上的形势逐渐变得不利于反蒋联军。9 月 15 日,北平扩大会议约法起草委员会成立,推汪精卫为委员长。9 月 18 日,张学良宣布"拥护中央",随即东北军入关进据平津,引起局势剧变。阎锡山决意固守山西,北平扩大会议于 9 月 20日移到太原。10 月 9 日,蒋军攻占洛阳,历时五个月的中原大战以冯、阎军失败告终。10 月 27 日,太原扩大会议通过约法草案,公布宣言,次晨,汪精

---

① 《中国国民党历次代表大会及中央全会资料》(上)第 839 页。

卫离太原南下,阎锡山逃匿大连,其他与会分子纷纷离开,扩大会议随之烟消云散。

四、"约法"之争与"非常会议"

中原大战结束后,蒋介石认为"此次讨逆战争后,深信本党统一中国之局势已经形成,叛党乱国之徒,今后绝无可能再起"①。他急需将这次从战场上所取得的战果在"法统"上加以巩固;同时完善独裁体制,以镇压革命者和反对派的反抗。他提出要立即召开国民会议,制定约法,以便可以选他为权力至高无上的大总统。但他的主张遭到国民党元老、立法院长胡汉民等人的坚决反对,从而发生了激烈的政争。

当张学良通电参加中原大战,派兵入关,蒋看到胜利的大局已定。1930年10月3日,他在开封前线致电国民党中央执行委员会,主张召开国民会议,制定训政时期约法。回南京后,又于10月15日宴请胡汉民、戴季陶、孙科等人,商讨对召开国民会议的意见。他对召开国民会议的准备事项向其亲信作了一番布置。

10月下旬,蒋介石以胜利者的姿态偕宋美龄南下省亲。他们先于10月23日到上海,在美国的江长川牧师主持下为蒋介石举行加入基督教的洗礼仪式。旋回浙江奉化老家省亲祭祖。他在家乡大兴土木,建造了占地近百亩的武岭学校、妙高台别墅、武岭门城楼和扩建了丰镐房蒋家故宅。家乡父老为庆祝他衣锦还乡,演戏三日,白天开欢迎会,晚上办提灯会,好不热闹。蒋介石说:"余对欢迎会无不厌弃,而独于乡间此次之欢迎,使余略述余母训及家庭教育之优良,以舒积愊,特加欣快"。"以今日中正略有所成,是不能不认母教严厉。"②这"舒积愊"三字,多少表述了他早年在乡间受欺而今得以"光宗耀祖"之心情。

蒋介石一心想当总统,并非通行无阻。在国民党内,反对蒋介石独裁专

① 蒋介石:《告中央同志书》(1930年11月12日),《国闻周报》第7卷第45期。
② 《蒋介石日记》(手稿本),1930年10月27日,美国斯坦福大学胡佛研究所藏。

制的斗争不仅来自南京政府以外的国民党民主派、改组派、西山会议派和阎冯桂等实力派,而且在南京政府内部也存在着反对蒋独裁专制的势力,胡汉民、孙科等就是这一势力的代表。南京国民政府成立后,表面上看,是胡汉民坐镇南京筹划和指挥党务、政务等号令四方,蒋介石专理军事征战前方,实际上胡汉民等人一切得服务于、服从于蒋介石,这种状况必然会导致矛盾的产生。胡汉民与蒋合作,本想能以他的中央执行委员会常委兼立法院长身份实现其主张的以党治国理想,但蒋介石要立即准备召开国民会议,制定约法,为其当上总统制造合法依据,这就引起胡汉民等人的异议。

中原大战的胜利把蒋介石推上了权力的顶峰,然而,在制定约法问题上却发生一场斗争。立法院长胡汉民等虽赞成召开国民会议,但反对制定约法,更反对选举总统。胡发表文章指出:国民党"第三次全国代表大会,已决议将总理所著的遗教定为效力等于约法的根本大法,现在又谈约法,岂非将总理遗教搁开而另寻别径?"①在 11 月 12 日至 18 日的国民党三届四中全会上,胡汉民坚持反对制定约法和选举总统。蒋介石回避了总统问题,而强调制定约法的必要性。吴稚晖等人为蒋力辩,与胡汉民发生了激烈的争吵。最后全会通过的《召开国民会议案》,只确定了召开会议的日期,而对是否制定约法则未有一字。蒋介石依仗人多势众,通过了《国民政府组织法》的修正案,规定国民政府五院正副院长均由国民政府主席任命,提高了国民政府主席的职权。全会并推举蒋介石为国民政府主席兼任行政院长,大大加强了蒋的实际权力。

四中全会后,蒋介石依据新修订的政府组织法,对南京国民政府作局部改组。主要有两个方面:一、扩大行政院职权,调整部分部委行政机关。12 月 3 日,蒋介石主持召开国民党中央政治会议,决定改组国民政府,宣布外交、军政、交通、铁道、财政等部照旧;原农矿、工商两部合并为实业部;决定将行政院原有的秘书、政务两处改为两厅并增设总务、参事两厅。二、重新任命行政院各部部长。依蒋介石圈定,12 月 4 日国民政府公布的名单中,除外交部长王正廷、财政部长宋子文、军政部长何应钦、交通部长王伯群、铁

---

① 胡汉民:《国家统一与国民会议的召开》,《中央日报》1930 年 10 月 13 日。

道部长孙科等五人留任外,其余均作新的调整。原教育部长蒋梦麟免职,由高鲁继任;原内政部长钮永建调任考试院铨叙部长,内政部长由刘尚清担任;原农矿部长易培基、工商部长孔祥熙免职,孔祥熙任新成立的实业部长;原卫生部长刘瑞恒免职,改任卫生署署长。同时将各部长都改为"特任官职"。蒋系人物在这次国民政府改组中得到进一步加强。

1931 年《时代》周刊封面上的蒋

介石夫妇

　　与此同时,蒋介石按照制定约法、选举总统的既定方针,加紧筹备国民会议。胡汉民也不肯沉默,继续同蒋介石辩论。1930 年 1 月 5 日胡在立法院纪念周上发表题为《遵依总理遗教开国民会议》的演讲。他引经据典地指出:一、孙中山所主张的国民会议,是训政时期带有政治协商会议性质的组织形式,而不是权力机关;二、国民会议无权承担国民大会的任务,无权制定法律、选举总统等;三、在孙中山遗嘱中没有提出在短期内制定约法,更不应该效法汪精卫搞约法。胡汉民表示,希望大家"能深识国民会议的性质、组织效能,避免许多无谓的误解"①。胡的这些阐述,引起蒋的极大反感,他在

————————

①　《遵依总理遗教开国民会议》,《中央日报》1930 年 1 月 21 日。

日记中泄愤不已："见人见面，即受刺激，小人不可与共事也。纪念周上几欲饮泣，而又耐止，何人而知我痛苦至此耶！"①

2月24日，胡汉民、戴季陶、吴稚晖、张群在蒋介石处聚会，商讨约法问题。张群力主"立宪救国"，受到胡汉民的强烈批驳。胡认为当时条件不够，"各项法律案还没有完备"，"军权高于一切"，"约法这件东西，寒不能为衣，饥不能为食，有而不能行，或行而枉之，只于人民有害"②。2月25日，《中央日报》将胡汉民反对国民会议讨论约法的言论公开发表③。这引起了蒋介石的极大愤怒，他在日记中写道："彼坚不欲有约法，思以立法院任意毁法、乱法，以便其私图，而置党国安危于不顾。"④

胡汉民的言论在国民党内产生重大影响。许多人原本对蒋介石的专横跋扈很不满，更不愿意选他当总统。据蒋系特务暗中估量，若竞选总统，倾向胡的达三分之二以上，明确赞成蒋者还不足三分之一。而在双方争夺国民会议代表席位上，已显示出胡的势力超过了蒋。蒋惊慌不已，派吴稚晖去劝说胡汉民"休养"，胡愤然拒绝，斥吴无耻。蒋于2月25日制订了一个处理胡汉民的行动计划，详尽地列了十四点。前四点是对胡本人：一、请胡私邸；二、派监视护兵；三、令警察监视胡的寓所；四、请孙科往见，在"公开审判"和"自行辞职"两者中问胡自愿；同时要胡保荐立法院正副院长，并要胡函慰立法院各委员，使其安心供职；最后将胡迁往中山陵。其他十点为善后：明告中央委员；开国民党中央临时政治会议；开中央常务会议，推任立法院院长；由监察委员提起弹劾，令国府紧急处分，严重监视；监察院提起政治弹劾；通告各地党部与各军队；等等。蒋还拟议"令各报不准登载中央未发表之消息"以及"请立法委员组长明午吃饭"等，考虑得相当周详。蒋遂于2月28日夜以宴请的名义将胡诱捕，派兵押解到汤山软禁了起来。3月1日蒋系报纸纷纷报导胡汉民辞去立法院长的职务的消息，但口径不一，引起了人们的怀疑。

---

① 《蒋介石日记》(手稿本)，1931年2月9日，美国斯坦福大学胡佛研究所藏。
② 《胡汉民自传续编》，《近代史资料》1983年第2期第54页。
③ 《胡院长谈国民会议意义》，《中央日报》1931年2月25日。
④ 《蒋介石日记》，毛思诚分类摘抄本，中国第二历史档案馆藏。

扣押胡汉民导致了国民党内矛盾的再次大爆发,不仅蒋、胡两派间由合作变成对立,也引起国民党内外各派政治势力的抨击。南京国民政府文官长古应芬首先通电辞职,一些支持胡汉民的中央执监委员亦纷纷离宁赴粤。各方的反蒋人物陆续聚集广东,形成了宁、粤之间的对立和纷争。

但是,蒋介石仍一意孤行,继续准备召开国民会议。3月2日,蒋介石在国民政府纪念周报告时,怒责胡汉民"在中央未有具体决议以前,徒凭个人见解,发表国民会议不当议及约法之言论"①。继而,蒋召开国民党中央常务临时会议,通过蒋介石、戴季陶、于右任、蔡元培、孙科等十二人提议,决定召集国民会议,提出要"排除一切困难与谬见",确立约法,推吴稚晖、王宠惠等十一人组成约法起草委员会。会议并决议批准"胡汉民同志因积劳多病","不足膺重要繁剧之任",辞去本兼各职②。为了缓和舆论的抨击,蒋在22日发表谈话说,国民会议只制定约法,"总统问题不必提,亦不应提"③。

5月5日国民会议在南京召开。蒋介石在开幕词中讲训政时期要以三民主义训练国民行使政权,竟然鼓吹要借鉴和实行法西斯主义。他说,在这个时期内,"共产主义之政治理论""尤不适于中国产业落后情形及中国固有道德,中国无需乎此,可以断言也。"而"自由民治主义之政治理论",虽"亦可以进行",但没有英美"长期演进之历史",行时"不免生效能迟顿之感"。在当今的社会阶段,"意大利在法西斯蒂党当政以前之纷乱情形,可以借鉴"。蒋介石进一步说:"法西斯蒂之政治理论","认定国家为至高无上之实体,国家得要求国民任何之牺牲,为民族生命之绵延,非以目前福利为准则。统治权乃与社会并存,而无后先,操之者即系进化阶段中统治最有效能者。"他强调指出,"今日举国所要求,为有效能的统治权之行施"④。蒋介石如此鼓吹借鉴和实行法西斯主义,有力地说明了他所要实行的"训政"究竟是什么了。

在蒋介石的操纵下,国民会议通过了《中华民国训政时期约法》,计八章八十九条。这是一个有宪法性质的文件,它以法律形式肯定了国民党一党

---

① 《蒋主席报告约法问题》,《中央日报》1931年3月4日。
② 参见《国闻周报》1931年第8卷第11期。
③ 《国闻周报》第8卷第11期。
④ 《国民会议记录》,国民党中央执行委员会档案,中国第二历史档案馆藏。

专政和蒋介石个人独裁的合法性。《约法》规定:"训政时期由中国国民党全国代表大会代表国民大会行使中央统治权;中国国民党全国代表大会闭会时,其职权由中央执行委员会行使之。"国民政府主席、委员"由中国国民党中央执行委员会选任"。《约法》的解释也由国民党中央"行使之"。这个文件中虽然用了孙中山《建国大纲》的一些词句、概念,采用某些资产阶级共和国宪法形式,但本质上是确立国民党一党专政的政治体制。它虽在一些条文上允许人民有各种"权力"和"自由",还规定"非依法不得停止或限制",而实际上后来制订了不少的"法"剥夺了人民的权力和自由。《约法》关于"国计民生"问题,除一些空洞条文外,没有给人民实际利益,连孙中山平均地权也只字不提;相反,却规定以"国家"和"中央"的名义兴办工矿企业和垄断专利、专卖事业,为其国家垄断资本的发展提供便利条件。为取得反对派及资产阶级自由派的支持,在不妨碍建立一党专政和个人独裁统治的前提下,《约法》也作了某些妥协和让步,如承认党权仍高于政府主席,不提出"总统问题",也规定民营事业"予以奖励及保护"等,因而使这个约法有较长的稳定性,在国民党统治区内沿用了十八年之久。

蒋介石通过国民会议进一步巩固独裁统治,集党政大权于一身,加剧了国民党内部的斗争。由扣押胡汉民而引起的政治风潮愈演愈烈。4月30日,胡汉民派国民党中央监委邓泽如、林森、萧佛成、古应芬联名发表《弹劾蒋中正提案》通电,列举蒋的罪状,指出他横征暴敛、排除异己、毁法乱纪等,提出必须严厉处分,以肃纪纲;要求蒋介石立即下野[①]。5月3日两广将领陈济棠、李宗仁、白崇禧等数十人联名发表通电响应四监委提案,要求立即释放胡汉民,蒋介石下野,声言"不达目的誓不罢休"[②]。反蒋的旗帜一举,孙科为首的改造派、汪精卫为首的改组派、西山会议派,以及遭受过蒋介石打击的唐绍仪、唐生智、李烈钧等各派反蒋势力齐集广州。唐绍仪、邓泽如、古应芬、林森、萧佛成、汪精卫、孙科、陈济棠、许崇智、李宗仁、陈友仁等于25日联名通电,要求蒋介石在四十八小时之内下野。

---

① 《古应芬弹劾蒋中正电》,中国第二历史档案馆藏。
② 《国闻周报》第8卷第18期,1931年5月11日。

胡汉民(中)、汪精卫(右)、孙科(左)联袂在广州集结了强大
的反对势力,使蒋介石难以抵御。

　　5月27日,反蒋各派在广州举行了"国民党中央执监委员会非常会议",凡属国民党一、二、三届中央执监委员赞成反蒋者都可参加。他们打着"救护党国"、"打倒独裁"的旗号,通过宣言,称其主要任务在于推倒蒋介石之独裁统治,完成国民革命,在广州另组国民政府。同日,公布《国民政府组织大纲》,推唐绍仪、汪精卫、孙科、李宗仁、陈济棠等十六人为国民政府委员(随后伍朝枢辞驻美国公使职务回国,被加推为委员),其中以唐绍仪、汪精卫、古应芬、邹鲁、孙科为常委,轮流担任国务会议主席,汪为首任主席。5月28日,广州国民政府宣告成立。下设外交部、政治部、财政部、军事部,附设参军处、秘书处。以陈友仁为外交部长,邓青阳为财政部长,古应芬掌管

广州国民政府部分委员合影。

国民政府常务,陈济棠主持军事,李宗仁任参军处参军。当天由唐绍仪领衔发表政府成立宣言,声称由于蒋介石犯有非法扣押胡汉民、违法召开国民会议、任用陈果夫等把持党政等罪行,限令蒋在四十八小时内下台①。随后,广州国民政府委员在联名就职通告中进一步阐明其政治主张:"反对武力统一,中央集权;当以建设求统一,以均权求共治;不主张以武力解决时局,如有以武力相压迫者,亦所不畏。"②同时,陈济棠调集军队,沿广东边境布防,加强了军事戒备。6月初,粤方派邹鲁携巨款去河北收买石友三反蒋。随后两广军队出兵北上,在湖南和江西与南京方面军队发生过一些战斗。各省一些地方势力,也在观望形势,伺机反蒋。

蒋介石在国民会议后,调集国民党军队的主力到江西"围剿"中央红军,由于屡遭失败,无力对两广用兵。他对粤方实行又打又拉的方针,力求"和平统一",在一段时间内以分化瓦解为主。先是蒋率领一批文武官员向粤方发动"电报反击战",重点是揭露汪精卫和孙科,还冷嘲热讽,辱骂粤派是"一堆垃圾"。他授意国民党中央于6月2日作出决定,开除邓泽如、林

---

① 《国闻周报》第 8 卷第 22 期。
② 《国闻周报》第 8 卷第 22 期。

森、古应芬、孙科等人的党籍。同时又恢复李济深党籍,希望李能影响粤方。还将软禁中的胡汉民推举为中央常务委员会委员、国民政府委员,以减少粤方攻击的借口。又分别拉拢陈济棠、陈铭枢,制造矛盾,瓦解粤军;授意黄绍竑赴南洋,削弱桂系。蒋在军事上也有所部署,如命令张学良派于学忠等率部在顺德(今河北邢台)一带击败石友三的反蒋武装;另一方面又拉拢陈铭枢率第十九路军到江西与红军作战,准备伺机回粤驱逐陈济棠;又派何应钦率部增援湖南对粤桂军作战。

正当宁、粤间纷争不止的时候,日本帝国主义发动"九一八"事变,大举侵略东北。中华民族面临空前的危难。全国人民掀起了要求停止内战,一致抗日的怒潮。宁粤双方内部也有一些人士提出和平倡议,希望当政者尽快息争。形势迫使蒋介石和反蒋各派从武力争夺转入和平谈判。9 月 19日,南京由李石曾、张继、吴铁城等致电汪精卫等,提出停战议和共赴国难。蒋介石也意识到,这种分裂的局面必须迅速结束:"日本侵略东三省是已成之事,无法补救。如我国内能从此团结一致,未始非转祸为福之机。故内部当谋统一也"①。21 日在南京干部会议上他提出:"团结国内,共赴国难","对广东以诚挚求合作"。同时表示:一、令粤方觉悟,速来南京,加入政府;二、南京中央二部均可退让,只要粤方能负统一之责,来南京改组政府;三、胡、汉、蒋合作亦可。② 当日会议并决定:抽调部队北上助防,并将讨粤与剿共计划悉予停缓。21 日广州回电要求释放胡汉民并坚持蒋介石下野。在陈铭枢、张继、蔡元培往返斡旋下,蒋同意于 10 月 13 日释放了胡汉民,14日向胡表示:"过去之是非曲直,皆归一人任之,并自承错误"③;并由陈铭枢率十九路军担任南京、上海卫戍任务。10 月 27 日宁粤两方在上海召开所谓统一会议,经过激烈的争吵和讨价还价,蒋介石声称:"只要团结能早日实现,任何委屈痛苦,都能忍受。"④11 月 7 日双方达成妥协:由南京和广州分别召开四全大会,双方分别发表表示统一的通电,选出数量相等的中央委员

① 《蒋介石日记》(手稿本),1931 年 9 月 20 日,美国斯坦福大学胡佛研究所藏。
② 《蒋介石日记》(手稿本),1931 年 9 月 21 日。
③ 《蒋介石日记》(手稿本),1931 年 10 月 14 日,美国斯坦福大学胡佛研究所藏。
④ 《总统蒋公大事长编初稿》第 2 卷第 145 页,中正教育基金会 1978 年台北版。

作为双方合作的基础,双方的提案交四届一中全会处理;南京政府改组后,广州政府立即取消。

11 月 12 日,宁方国民党"四大"在南京开幕。蒋介石作了《党内团结是我们唯一的出路》的讲话,高喊国民党要"精诚团结"。他指出,这几年来,内部纠纷不停,国民党支离破碎,"国民革命的生机几乎断绝,连已经统一的局面都不能保全",要求大家为了党的团结"讲宽容"、"肯退让"①。为了表示团结的诚意,这次大会宣布恢复自二届四中全会以来因政治原因用各种罪名被开除党籍的李济深、汪精卫、李宗仁、阎锡山、冯玉祥、宋哲元等三百一十二人的党籍。蒋介石承认:"以前党员之叛变,皆非为中央与政府,而独为中正一人之故,自觉愧惶无地,使党国益陷于艰危。故从前一切错误,皆由余一人任之。"②但是粤方坚持蒋介石必须下野,使蒋空忙了一场,在会议闭幕时他按捺不住气恼。

反蒋派于 11 月 18 日在广州召开四全大会。大会谴责蒋介石、张学良对日本的不抵抗主义。坚持必须以蒋介石下野为宁粤合作的先决条件。广州会议因陈济棠等与孙科、汪精卫派在协商中央委员席位时发生争吵,使会议分裂。二百多人离开广州经香港到上海,在汪精卫的主持下于 12 月 3 日在大世界游乐场又另开四全大会。

三个国民党"四全大会"后,1931 年 12 月 22 日举行了四届一中全会,宣告分崩离析的国民党重归统一。广州非常会议遂告结束。

五、第二次下野

蒋介石看到了下台是不可避免的,再次采取以退为进的策略,作出一系列的布置。他调兵遣将,把亲信安插到要害的地区和部门,使京畿和江浙等省都置于蒋系的政治、军事实力的掌控之中,中央机构也充满蒋系势力。在蒋授意下,宋子文辞去了财政部长职,取走了财政部重要档案,遣散科长以

---

① 蒋介石:《党内团结是我们唯一的出路》(1931 年 11 月 12 日),《蒋总统集》第 1 册第 575—576 页。

② 《蒋介石日记》(手稿本),1931 年 11 月 21 日,美国斯坦福大学胡佛研究所藏。

上的职员。蒋还召集黄埔系贺衷寒、康泽等人筹组特务组织力行社，并下令秘密杀害了第三党领袖邓演达。蒋感叹："此次失败之原，在于对老奸严拒，所以唐绍仪、陈友仁、伍朝枢等外交派，不恤卖国倒蒋，此其一。其次对于学者及知识阶级太不接近，各地党部成为各地学生之敌，所以学生运动全为反动派操纵，而党部毫无作用，且有害之，此其二。又，政治与党务人才缺乏，根本上干部无一得力之人。季陶虽弱，但能共同奋斗。此外竟无为公为友之人。"①蒋在布置就绪后，于 1931 年 12 月 15 日发表辞职通电。他把辞职归咎于胡汉民坚持"必须中正下野，解除兵柄，始赴京出席等语，是必使中正解职于先，和平统一始得实现"②，标榜自己的辞职是为了党的团结、和平统一。当天，国民党中央常务委员会议批准蒋介石辞去国民政府主席、行政院长、陆海空军总司令等职务，决定以林森代理国民政府主席、陈铭枢代理行政院长。这是蒋执政后的第二次下野。22 日，蒋介石出席了四届一中全会开幕式后，因不愿与"腐败恶类""一蹴"③，当日偕宋美龄乘飞机离开南京，经宁波回奉化溪口老家，以示"还乡归田"。他还留函给于右任、何应钦、孙科等人说："此去须入山静养，请勿有函电来往。既有函电，弟亦不拆阅也。"④似乎就此隐退不出了。其实他于第二天即致电各路军总指挥和军、师长表示："中正辞职通电谅达，但中正对我患难生死相从之将士必仍负责维护，望各安心服务。"⑤为他日后再起埋下了伏笔。

　　蒋介石回到奉化后，反思这次的下野，认为"今次革命失败，是由于余不能自主，此误于老者。对俄对左皆不能贯彻本人主张，一意迁就，以误大局。再误于本党之历史，先纳胡汉民、孙科，一意迁就，乃至于不可收拾。而本人无干部、无组织、无情报，乃致外交派唐绍仪、陈友仁、伍朝桓、孙科勾结倭寇与卖国，而来预知。陈济棠勾结在粤各派，左应芬利用陈逆，皆未能信。乃

　　① 《蒋介石日记》（手稿本），1931 年 12 月 4 日，美国斯坦福大学胡佛研究所藏。
　　② 《反蒋运动史》第 535 页，中国青年军人社 1934 年版。
　　③ 《蒋介石日记》（手稿本），1931 年 12 月 22 日记云："腐恶败类，凡为余之仇敌，而为余所打倒者，今皆蝇集一块，刺人心目。余对彼等，惟有可怜、可笑、可咄、可憎，而毫无芥蒂之嫌。眇兹群丑，皆不值余一蹴也。"
　　④ 《国闻周报》第 9 卷第 2 期。
　　⑤ 《蒋公电各总指挥军师长十二月铣电》（1931 年 12 月 16 日），《蒋主席下野与再起》，台湾"图书馆"藏"蒋中正总统档案·革命文献"。

至陷于内外夹攻之境,此皆无人之所致也。而对于反动组织階以之不注意教育,仍操于反动者之手,此亦本人无干部、无组织之过。军事之干部,后进者有熊、陈、胡等,而党务者实一无其人,处交更无其人矣。"①语多谩骂责人,但颇沉痛。

蒋介石离职后,南京、广州、上海三方中央执监委员于1931年12月22日至29日召开国民党四届一中全会。会议对中央政治体制进行了改革,变个人专权为分权、均权。首先,缩小国民政府主席的权力。全会通过的《关于中央政治改革案》规定"国民政府主席为中华民国元首,对内对外代表国民政府,但不负实际政治责任,并不兼其他官职;任期两年,可连任一次"②。国民政府主席不掌实权,实际上是虚位元首。其次,实行五院完全分离制。新政制规定,行政院长负实际行政责任,五院独立行使五种治权,各自对中央执行委员会负责,实行五权分立。第三,高级官吏任免权分散行使。国民政府主席和委员、五院院长和副院长、委员长、副委员长、委员,由行政院长提请国民政府主席依法任免;立法委员、监察委员半数分别由立法院长、监察院长提请国民政府任命,另一半数由法定人民团体选举。这次中央政治改革,实际上是国民党统治集团内部权力的调整。它试图打击蒋介石继续实行个人独裁,也是国民党统治集团内部为了各自利益反对独裁专制而采取的措施。这次会议同时改组国民政府,选举林森为国民政府主席,孙科为行政院长,张继为立法院院长,伍朝枢为司法院院长,戴季陶为考试院院长,于右任为监察院院长;还推举蒋介石、汪精卫、胡汉民三人为国民党中央政治会议常务委员,不负实际行政责任。

1932年1月1日,孙科在南京宣誓就职。但蒋介石给孙科留下了两个难题:一是财政危机,二是外交危机。在财政方面,由于宋子文从中作梗,无人敢于接手财政部长之职,孙科起用了黄汉梁和林康侯主持财政部,但都不能从上海金融界弄到钱。当时各省自行收税,日本侵占东北后,税源更少,江浙等省又在蒋系势力的掌握之中。结果一月财政收入只六百万元;而何

---

① 《蒋介石日记》(手稿本),1931年12月24日。
② 《中国国民党历次代表大会及中央全会资料》下册第119页。

应钦催迫军费月需即达一千八百万元,使孙科难以招架。外交方面,新政府遇到了不少麻烦。孙科和外交部长陈友仁主张对日"积极抵抗",收复东北失地,取得了一些人的支持,冯玉祥等将领也表示赞成。但孙科政府并没有切实的抗日措施,却希望在上海、南京与日本相安无事。日本的侵略气焰很嚣张,使孙科政府处境艰难。至此,孙科不得不到上海吁请汪、蒋、胡来南京主持一切。一些军政要员和各界人士也感到南京处于困境,呼请蒋介石回宁主政。

蒋介石看到时机日渐对己有利,决定拉拢汪精卫,抛开胡汉民,推行蒋、汪合作重返政坛的计策。1 月 13 日,蒋从奉化到杭州,各派人物也蜂拥而至。蒋 15 日托陈铭枢等带信约汪精卫前来会商,汪精卫夫妇次日即从上海赶到杭州会蒋,连日举行密谈。报纸没有报导会谈内容,只是宣扬"蒋汪相见甚欢","晤谈甚融洽"①。经过多次密谈,双方约定了蒋主军、汪主政,蒋、汪共管党的政治格局。蒋 15 日日记载:"余为公、为私、对国、对友、对总理、对旧部皆不能不出而往救,以尽良知,故决赴京一行。"②1932 年 1 月 21 日和 22 日,蒋、汪相继到南京。在 1 月 23 日的国民党中央紧急会议上,蒋、汪指责孙科政府对日"和平绝交"的外交政策是逞一时意气、孤注一掷的亡国之举。孙科政府在内外交困的危机之下,一筹莫展,被迫于 1 月 25 日辞职。1 月 28 日正当日本侵略者在上海发动战争之时,蒋介石主持国民党中央临时政治会议,决定由汪精卫、宋子文继任行政院正、副院长。蒋说他"见各委大半皆被余消灭或为余仇敌,今竟相聚一堂,不知所怀。回途万感交集,甚欲辞去。饭后再思,如果辞去则政府必散,国家必亡,故决忍痛驻留"③。两天后他在日记中又写道:"切思对外须先统一国内,即欲在下次世界大战中为一自由中立或战斗事,更须统一内部,余即不能由余之名义统一,应该设法使实际上由余之行动统一,只有礼让他人得名,而余退下为其部属,助其成名也。"④1 月 30 日国民政府迁都洛阳。汪精卫于 3 月 1 日在洛阳主持召

---

① 《国闻周报》第 9 卷第 5 期。
② 《蒋介石日记》(手稿本),1932 年 1 月 15 日,美国斯坦福大学胡佛研究所藏。
③ 《蒋介石日记》(手稿本),1932 年 1 月 28 日。
④ 《蒋介石日记》(手稿本),1932 年 1 月 30 日。

开国民党四届二中全会,提名由蒋介石担任军事委员会委员长。经过多次讨论,中央政治会议于 3 月 6 日正式决定蒋为军事委员会委员长兼军事参谋部参谋总长,重新掌握了军权。南京国民政府从此进入了蒋、汪联合执政的时期。

蒋介石重新上台后,颇为注重政务治理的改进。"杨卿(杨永泰——引注)说我从前缺点:一、在精神过于集中,致有轻重不均,顾此失彼之弊,此无组织之故。二、在重事而不择人,赏罚不明,善善不能用,恶恶不能去,此无干部之故。三、不能独裁,遇事轻裁,用人行事均无审查负责机关,此革命之所以不成也。以后必须有干部之组织,且不必事事之躬行,又要门无留客,案无留牍,方得事半功倍也。"①他听取了杨永泰的谏言,反思以往,感到:"为政在人,余一人未得,何能为政? 尝欲将左右之人试量之,多非政治上人。戴季陶、陈景涵、余日章三友可为静友,而不能成为我畏友。其它如朱骝先、蒋雨岩、张岳军、余樵峰皆较有经验而不能自动者也。其次如朱益之、朱逸民皆消极守成而已,无勇气不能革命也。其它如贺贵岩、陈立夫、葛湛侯皆气小量狭,不足当大事也。兹再将新进者分析之,党务陈立夫、张后生、张道藩、刘建群、罗志希、段锡朋、方觉慧、齐世英、蒋坚忍、方治、鲁涤平、罗贡华选之,其它如内政、外交、经济、法律、教育诸部从长考选,不意多得也。"②他把周边的人数落了一遍,多有不满,便四出张罗人才,以解决"无干部"的困局,维护和增强自己的统治地位。

---

① 《蒋介石日记》(手稿本),1932 年 5 月 24 日。
② 《蒋介石日记》(手稿本),1932 年 6 月 22 日。

第十章 "安内"与"剿共"

一、对中央苏区连续三次的"围剿"

面对严重的内外危机,为维护和加强国民党一党专政,蒋介石和汪精卫合作,把"安内攘外"确定为具有全局性的战略国策,以"攘外必先安内"作为处理对内对外关系的基本准则。"安内攘外"政策的核心是对内实行武力统一,"消灭反侧";对外"寻求与日本较长时间的妥协"。蒋一再宣称:第一是"剿匪来安内",第二"才是抗日来对外"。他强调"安内是攘外的前提","安内"的重点是消灭共产党和红军,"同时也要消灭一般违抗中央的叛逆军阀"。

1929—1930年间连续爆发的蒋介石与李宗仁、冯玉祥、阎锡山等各地方实力派之间的战事,一方面给广大人民带来无穷的灾难,另一方面又为中国共产党领导的武装革命发展创造了有利时机。中国工农红军利用国民党各派系混战的时机,开辟了赣南、闽西根据地,并逐渐连成一片,形成中央苏区。其他地区的红军也相继开辟鄂豫皖、湘鄂西、湘鄂赣、闽浙赣、广西右江、琼崖、陕甘等十几个根据地。到1930年,正规红军发展到十万人。其中,中央根据地和闽浙赣、鄂豫皖根据地,接近国民党统治的政治、经济中心南京、上海、武汉等地,给国民党的统治造成严重威胁。蒋介石对此视为"心腹之患",在中原大战结束后,立即调兵遣将,"围剿"红军和苏区。从 1930 年 11 月至 1931 年"九一八"事变之前,仅对中央苏区就进行了三次大规模"围剿"。

1930 年 8 月 5 日,还在中原大战激烈进行之时,蒋介石即在柳河致电国民政府:"请即发表"武汉行营主任何应钦为"鄂湘赣三省总指挥",主持"剿匪"事宜。何应钦于 8 月 27 日至 29 日召集湘、鄂、赣三省党政军最高机关代表举行"绥靖"会议,策划合力"围剿"红军和苏维埃区域①。

在中原大战即将结束的 10 月 7 日,蒋介石开始任命各地"剿匪"、"清乡"、"绥靖"督办和总指挥:孙连仲任江西清乡督办,谭道源任赣西"剿匪"司令,张辉瓒任永丰县"剿共"清乡委员会主任,胡祖玉任赣北"剿匪"司令,朱绍良任福建"剿匪"司令。蒋还在 10 月 10 日发表告国民通电,宣称目前最切要的五项工作为:"肃清匪共"、"整理财政"、"澄清吏治"、"开发经济"、"励行地方自治",而将"肃清匪共"列为头等大事,谓将"划定区域,责令分区各负全责",按"整个会剿计划,务使歼灭根基","期以三月,至多六月,限令一律肃清"②,对红军进行"围剿"。

10 月底,奉调入赣的国民政府"围剿"军共十一个师又二个旅陆续开进,约十万人,并配三个航空队随时准备助战。11 月 12 日至 18 日,国民党举行三届四中全会讨论讨逆军事善后,"铲共剿匪",召开国民会议及制定约法等。一些土豪劣绅,冒充湘、鄂、赣、豫等省乡民,跑到南京中央党部请愿,伪造民意,要求政府出兵"剿匪"。蒋介石在接见时,表示"四中全会后本人就赴湘、鄂、赣督剿匪共"③。四中全会随即通过了"剿共剿匪与军事善后施政急务"案。此时,鲁涤平秉承蒋介石旨意,将所部编为三个纵队,两次对红军发动总攻,企图寻找红军主力决战,只因红军采取战略退却隐蔽主力而落空。

12 月 7 日,蒋介石到江西南昌,于 9 日至 15 日在南昌、庐山连续召开

① 《中华民国史档案资料汇编》第 5 辑第 1 编军事(3)第 26 页。

② 上海《申报》1930 年 10 月 11 日。

③ 《国闻周报》第 7 卷第 46 期,1930 年 11 月 24 日。

豫皖兩省行政督察專員宣誓就職典禮攝影紀念 民國二十二年十月十四日

1932年5月，蒋介石在汉口成立豫鄂皖"剿匪"总部
1932年10月，豫、皖行政督察专员在鄂豫皖"剿匪"总司令部门前宣誓就职

蒋介石与"剿匪"训练团教官学员

蒋介石与何键

宋希濂等在福建长汀"围剿"时察看地图

湘、鄂、赣三省高级将领"剿共"军事会议,决定"围剿"赣南红军新方案。会上宣布悬赏五万元"缉拿"红军统帅,并颁布《剿匪赏罚令》,驱使官兵卖命冲杀。蒋还召见军官指示方略。蒋介石认为,赣南是红军主力所在地,"此股一经扑灭,其余自易解决"。于是,在南昌设"陆海空军总司令南昌行营",以江西省主席鲁涤平兼行营主任,"决于吉安、泰和、赣州以东,永丰、乐安、南丰以南地区,向东固匪巢包围而聚歼之"①。国民党军采用"分进合击,长驱直入"的战术,从江西吉安到福建建宁,形成八百里弧形围攻线。工农红军第一方面军约四万人,在毛泽东、朱德指挥下,采取积极防御、诱敌深入的作战方针,以少数兵力结合地方武装,节节阻击,消耗、疲惫敌人,主力则隐蔽集结于宁都北部的黄陂、小布地区。

12月16日,鲁涤平发出总攻击令,限各师20日开始行动,但自己为了抢功,命直属部队提前行动。国民党军队五个半师分路进攻到吉安、吉水、永丰、乐安、宜黄等地,将兵力增加到九个师继续前进。30日,第十八师师长张辉瓒率师部及两个旅由赣南推进到龙冈时,遭到红军伏击。两军于早晨接触,张部一面应战,一面求援;下午,红军冒雨出击,张部副旅长洪汉杰、团长朱志等被击毙;当晚国民党军队"四面被围,地势险峻,粮弹罄尽,既难突围而出,复无坚守之资"②,张师部被红军突破,张辉瓒本人、旅长王捷俊、代参谋长周伟黄以下官兵九千人被俘。第五十师谭道源部在由源头向东韶撤退途中,于1931年1月3日在东韶南方山中再遭红军追击,一个多旅被歼。国民党军在五天内连败两仗,被毙伤俘者达一万五千余人,损失各种兵器一万二千多件,第一次"围剿"遂以失败告终。

第一次"围剿"败之后,蒋介石立即部署第二次"围剿"。他在南京召见何应钦、何成濬、王金钰、朱培德等高级将领举行军事会议,商讨"剿共"策略。他特派何应钦赴江西督剿,代行总司令职权,主持一切事宜。1931年2月初,何应钦赶到南昌,奉命重组"陆海空军总司令南昌行营",何兼主任,以贺国光为参谋长,开始制定第二次"围剿"计划。

①《关于第一次赣南围剿之经过情形》,国民政府军事机关档案,中国第二历史档案馆藏。
②《关于第一次赣南围剿之经过情形》,国民政府军事机关档案,中国第二历史档案馆藏。

参加对中央苏区第二次"围剿"的兵力,除原在江西参加第一次"围剿"的第六、第九、第十九路军外,由湘鄂赣边增调王金钰第五路军,由山东增调孙连仲第二十六路军,于1931年3月中旬陆续入赣①。集结兵力达二十个师又三个独立旅,三个航空队,约二十万人,比第一次"围剿"兵力增加一倍。

国民党军在第二次"围剿"中采取了新的作战方针:"以歼灭赣南匪军之目的,以主力分别由东、北、西三方面进剿,一部由南面协剿,并依稳扎稳打,步步为营之原则,将匪军严密封锁,逐渐紧缩包围圈,断绝匪区物资来源,最后一举而歼灭之。"②根据以上方针,要求"按各路划定作战地区,推进时分进合击,互相策应";以宁都为目标,先"严密包围",后发起进攻③。3月25日,蒋介石电令何应钦"限令4月底前肃清各处共匪"④。何部署国民党军队从江西吉安到福建建宁,构成一条数百里长的战线,4月初分兵四路,大举进攻红军,先后占领了南水、富田等地。红军在第一次反"围剿"后尚没有得到休整补充,仅有三万余兵力,毛泽东、朱德决定,采取集中兵力先打弱敌,在运动中各个消灭敌人的方针,以少数部队监视北面敌人,主力转移到广昌、石城等地隐蔽,伺机歼敌。4月下旬,红军主动放弃宁都,退至龙冈、上固、石头坑、回龙地区集中,随后又西移至东固附近地区隐蔽集中,总部驻敖上。但是国民党军队进展迟缓。5月上旬,蒋介石为了以"剿共"的军事胜利庆祝其南京国民大会的召开,急电何应钦对红军火速"进剿"。11日,何应钦电令王金钰第五路军"不顾一切,奋勇前进,如期攻下东固,树各路之先声"⑤。13日,王金钰指挥的第五路军分左、中、右三路纵队,脱离富田巩固的阵地,向东固地区前进。毛泽东、朱德抓住战机奋力歼敌。5月16日,当国民党军第五路第二十八师公秉藩部和第四十七师王冠英部进东固时,遭到隐蔽在白云山上的红军的拦击、围攻,激战一昼夜,国民党军大败。这次战斗,第二十八师大部和第四十七师一部被歼,副师长王庆龙以下二千余

① 《中央日报》1931年3月16日。
② 台北"国防部"史政局编:《剿匪战史》第1册第125页,1967年版。
③ 《关于第二次赣南围剿之经过情形》,中国第二历史档案馆藏。
④ 《蒋介石致何应钦电》(1931年3月25日),中国第二历史档案馆藏。
⑤ 《中央根据地史要》第230页,江西人民出版社1985年版。

人毙命,被俘释放二千余人,损失各种兵器近六千件①。接着,红军连续作战,由西向东横扫,在富田到建宁的七百里战线上,各个击破:5月19日,红军左翼乘胜追击郭华宗师,歼其一部,右翼攻占沙河镇;27日红军力克广昌城,歼敌一部;30日,红军紧追国民党军第五十六师刘和鼎部至建宁城,31日攻占该城,歼敌约一团。当时红军是"横扫千军如卷席"②,十五天内连续作战,国民党军五战皆败,共被歼三万多人,损失枪支二万余。蒋介石发动的第二次"围剿"又告失败。

蒋介石对第二次"围剿"的惨败,痛心疾首,认定"赤祸"是"最大祸患",再次匆忙组织第三次"围剿"。蒋介石宣称,将"不顾一切,决定以歼灭赤匪为唯一之急务"。"不能成功,誓当成仁"③。6月15日,蒋在国民党三届五中全会重申"政府唯一之责任在剿匪,党国存亡在此一举"④。会议通过了《全力消灭赤匪决议案》。21日蒋到达南昌亲自"督剿",调集二十三个师又三个旅共三十万军队,并配有几十架飞机参战。增加的部队中有陈诚、罗卓英、赵观涛、卫立煌、蒋鼎文五个师,皆是蒋的精锐部队。同时邀请德、日、英等国军事顾问随军策划。蒋介石亲自出任"围剿"军总司令,命何应钦为前敌总指挥兼左翼集团军总司令,率七个师从南丰进攻;陈铭枢为右翼集团军总司令,率领六个师从吉安进攻;另命二个师和一个旅为总预备军⑤,要求在三个月内消灭红军。7月初,何应钦和陈铭枢两部分别从南丰、吉安出发,采用"长驱直入"、"分路围剿"的战法,形成钳形攻势,企图先击破红军主力,然后再深入"清剿",捣毁苏区。

其时,红军仍然只有三万余人,主力还在闽西北新区,苦战之后尚未获得休整补充。面对国民党的大举进攻,红军采取"避敌主力,击其虚弱,乘退追击"的战术。红军以一部兵力迟滞敌人的进攻,而主力从闽西地区出发,

---

① 参见李新、陈铁健主编:《中国新民主主义革命史长编·星火燎原》第482页,上海人民出版社1994年版。

② 毛泽东:《渔家傲·反第二次大"围剿"》(1931年夏),《毛泽东诗词集》第40页,中央文献出版社1996年版。

③ 上海《申报》1931年6月6日。

④ 《国闻周报》第8卷第24期,1931年6月22日。

⑤ 《关于第三次赣南围剿之经过情形》,中国第二历史档案馆藏。

绕道千里,转到敌后的赣南兴国地区集中。8月4日红军通过敌人空隙地带,向东突进到莲塘地区。7日全歼上官云相四十七师之第二旅两个团及师部特务营,乘胜追歼退却的郝梦龄第五十四师,又歼其两个团。继而,红军兼程东进,赶到黄陂,至11日上午对守敌发动猛攻,一举突入黄陂,歼毛炳文部两个团,并击溃逃敌两个团。至此红军从8月7日至11日,取得三战三捷,歼敌二个师又二个团,缴枪万余支。黄陂战后,蒋介石急调所有向西向南的部队,急转向东面的黄陂,密集接近包围红军。8月13日,红军用红十二军伪装主力,向东北大金竹方向佯动,当夜毛泽东率领主力利用山区有利的地形,跳出包围圈,重返兴国,争取得到半个月的休整时间。这时,在广州的反蒋各派另立"国民政府",于9月初兴兵进窥湖南,陈济棠率五万大军于11日开始进攻衡阳。蒋介石不得不下令从"围剿"部队中抽兵前往防堵陈济棠部。红军乘机击敌,蒋鼎文第七师一部和韩德勤第五十师先后在老营盘和方石岭被歼。随着"九一八"事变发生,蒋介石不得不最终停止了第三次"围剿"红军。经过二个半月的战斗,国民党军被歼十七个团,被毙伤俘共三万余人,被缴枪一万四千八百支。蒋介石对此十分沮丧,无可奈何地说:"反观我们的情形,则远不如土匪。政府自政府,人民自人民,军队自军队,各不相谋,甚至省政府和县政府之间,也不能十分联络得好,所以,土匪一个人能当十个人用,我们十个人不能当一个人用。"①。

　　1931年9月,国民政府军对中央苏区的第三次"围剿"遭到粉碎后,被迫于一段时间内转为守势,暂时没有再发动大规模的进攻。12月14日国民政府第二十六路军一万七千人在该路军总参谋长赵博生(中共秘密党员)和第七十三旅旅长董振堂等率领下,在江西宁都起义,改编为中国工农红军第五军团,使红军增加了一支重要力量,促进了中央苏区的迅速扩大。在赣南,已拥有十八个县的范围,其中兴国、雩都、寻邬、会昌、瑞金、石城、宁都、广昌拥有全县,面积纵三百七十多公里、横二百七十公里,人口二百四十五万人以上。在闽西,以长汀县为中心,包括长汀、上杭、武平、永定等县的范围。当时赣南、闽西苏区连成一片,成为比较巩固的中央苏区。主力红军编

---

　　① 《蒋介石在南昌的一次演讲》,见中国革命博物馆陈列。

宋希濂等在福建长汀"围剿"时察看地图。

成红一方面军①。

其他如闽浙赣、湘赣等苏区也有所发展。还有鄂豫皖苏区,地处长江以北,平汉路东。

从总体上说,当时全国苏维埃区域拥有十六万平方公里的面积和一千多万人口。红军共发展到十五万人左右。

二、对鄂豫皖等苏区的"围剿"

1932年初蒋介石重新上台后,对中国共产党领导的革命势力在全国的迅速发展,深感忧虑。蒋后来曾追述当时的形势而惊叹地说:中共"在瑞金成立'苏维埃临时中央政府',并且开辟了鄂豫皖区、鄂中区、鄂西区与鄂南区,相互联系,包围武汉。其扰乱范围,遍及于湘、赣、浙、闽、鄂、豫、皖七省,

---

① 1931年11月中华苏维埃共和国临时中央政府成立后,一度取消红一方面军建制,至次年6月恢复。

1932 年 5 月,蒋介石在汉口成立豫鄂皖"剿匪"总部。1932 年 10 月,豫、皖
行政督察专员在鄂豫皖"剿匪"总司令部门前宣誓就职。

总计面积二十万平方里以上,社会骚动,人民惊惶,燎原之火,有不可收拾之
势。"①蒋一再强调"剿共"是"救国"的唯一途径,于 4 月任命何应钦、陈济棠
为闽、赣、粤三省"剿匪"总、副司令。6 月初蒋介石离南京赴汉口再转庐山,
召集国民党军政要员,谋划"剿共"。6 月 15 日蒋在庐山主持召开鄂豫皖湘
赣五省"清剿"会议,会商"围剿"红军计划。6 月 28 日蒋介石到汉口就任
"豫鄂皖三省剿匪总司令部"总司令。经过编组策划,拟定"剿共"要诀:"以
少击众,以实击虚,以整击零,以正击奇";战术为:"纵深配置,并列推进,步
步为营,边进边剿"②。下组设左、中、右三路军,以左路军"围剿"湘鄂西苏
区,中、右两路军"围剿"鄂豫皖苏区。

"围剿"鄂豫皖苏区的中路军司令部设于河南信阳(后迁湖北广水)。蒋
介石兼任司令官,刘峙为副司令官,指挥六个纵队和一个预备队。第一至六
纵队的指挥官为张钫、陈继承、马鸿逵、张印湘、上官云相、卫立煌,总预备队
指挥官钱大钧。右路军司令官李济深兼任,副司令官为第三军军长王均,司
令部设于安徽六安,指挥三个纵队和一个预备队,纵队指挥官为徐庭瑶、王
均(兼)、梁冠英,预备队指挥官阮肇昌。中、左两路军总兵力有二十四个师
另六个旅,约三十万人。

国民党军的进剿方案为首先进攻"平汉路以东,潢川麻城之线以西地

---

① 蒋介石:《苏俄在中国》,第 1 编第 3 章第 4 节。
② 王德胜编:《蒋总统年表》第 154 页,台北世界书局 1982 年版。

区","以黄安七里坪新集为目标",达到将红军第四方面军主力驱逐出鄂豫皖边境。然后再以"两师兵力由水路移到安庆上路,东西夹击皖西红军根据地。再由北而南,将红军主力压迫至长江北岸聚而歼之"①。其总体意图为:集中主力于平汉铁路东侧,以中路军的第一、第二、第三纵队为主攻,第四、第五、第六纵队和右路军各纵队为助攻。"围剿"计划分为:"第一步,从东西北三面发起攻击,从东南方向将红四方面军驱出鄂豫境;第二步,实施东西夹击,将红军主力压至长江北岸,聚而歼之。"其"围剿"战术以"纵深配备、并列推进、步步为营、边进边剿","遇红军主力,据地固守,待援合围;击破红军主力后,并进长追,四面堵截,等等。"②国民政府当局还在政治上进行编组保甲,实行"连坐法",强化各地党政机关和地方武装,动员外逃的土豪劣绅"回乡执政"等措施,配合军事进攻。

当国民党军队向鄂豫皖苏区大举进攻时,担任中共鄂豫皖中央分局书记兼军事委员会主席的张国焘,认为"国民党动员任何多少部队,都不堪红军一击"③。他积极地执行临时中央关于攻打中心城市等"左"倾冒险主义方针。7月初张国焘在湖北夏店主持召开会议,否定关于加紧部署反"围剿"的准备工作的正确意见。会后集中主力五个师南下进攻武汉的屏障麻城。蒋介石命令国民政府军死守麻城,以便牵制红军兵力,并配合中路、右路军作战。

8月上旬,国民党军开始大举进攻,向苏区的中心区域逼近,中路军第一、第二纵队进至大新店、宣化店、花山集一线,第三、第六纵队进至夏店、蔡店、长轩岭等地;右路军第一、第二纵队进至霍丘南之河口、丁家集一带。蒋介石见各纵队进展顺利,便改变其原定的稳扎稳打的战法,于8月7日下令"总攻",命令各路"进剿"军疾速进击,深入苏区中心,企图一举消灭红军。10日陈继承的第二纵队开始向七里坪急进,卫立煌的第六纵队进抵河口一带并向黄安进犯。

各路"围剿"军加快向鄂豫皖苏区中心区域逼近,8月13日攻占黄安,9

---

① 中国第二历史档案馆藏。

② 徐向前:《历史的回顾》上第198页,解放军出版社1985年版。

③ 《中央致鄂豫皖苏区党省委信》,1933年3月15日。

月 9 日占领苏区政治中心新集,14 日占领商城,20 日占领金家寨。蒋介石特电告南京国民政府主席林森:"金家寨已克,长江北岸赤匪不难根本肃清。刻来庐山准备清剿江西残匪,期得早日平定,以慰廑念。"[①]

蒋介石在对鄂豫皖苏区进行"围剿"的同时,对湘鄂西苏区也发动了"围剿"。

"围剿"湘鄂西苏区的左路军由武汉"绥靖"主任何成濬兼任司令官,第十军军长徐源泉任副司令兼总指挥。下分设四个纵队和一个预备队,各纵队指挥官为:万耀煌、萧之楚、张振汉、刘建绪。总兵力十万余人。

7 月初,左路军下达"第一期进剿计划",强调步步为营,稳打稳进,企图先包围歼灭襄河北岸的红军,然后转入襄河南岸作战。其部署是:四个纵队及一个预备队,集中向襄北苏区进攻;王陵基指挥的川军向襄南苏区进攻;其余部队担任游击、堵截、佯攻、牵制等任务。

7 月 15 日起,徐源泉命令"围剿"军开始发动进攻。红三军在强大压力下撤出襄北,于 8 月初转移至潜江西南熊口地区。8 月上旬,"围剿"军对洪湖苏区展开大规模进攻。在此前后,湘鄂边、巴兴归、襄枣宜等苏区也被国民党军队夺占。

三、对中央苏区第四次"围剿"

蒋介石在督师进剿鄂豫皖、湘鄂西苏区的同时,加紧策划对中央苏区的再次"围剿"。1932 年 8 月 21 日,蒋召集何应钦等在庐山商定六省"剿共"严密计划,拟定消灭赣、粤、闽边区红军的办法:粤军直攻赣粤边红军和苏区,驻赣州、吉安、抚州、南丰各军向宜黄、乐安红军包抄,切断赣粤边红军归路,再以新调到赣境各部加入,在赣东将红军整个消灭。由于红军的坚决反击,未能实现战略目的。

蒋介石先后击败鄂豫皖和湘鄂西红军后,即抽调部队部署对中央红军发动大规模的进攻。12 月 30 日,以何应钦为总司令的赣、粤、闽边区"剿

---

① 《中华民国重要史料初编——对日抗战时期》绪编(2)第 387 页。

匪"总司令部下达第四次"围剿"江西红军的命令,决定分兵三路向江西中央苏区"进剿":以驻赣部队大部编为中路军,陈诚为总指挥。闽北、闽西部队编为左路军,蔡廷锴任总指挥。赣南、粤北部队编为右路军,余汉谋任总指挥。限令各路军于1933年1月6日前到达指定地点,随即实施"围剿"计划,总兵力达五十万人,包括二十九个师四个旅,四个航空队。其作战部署是:中路军总指挥陈诚,指挥罗卓英、吴奇伟、赵观涛三个纵队,共十二个师,约十六万人为"进剿"军主力。

蒋介石十分害怕中共的发展壮大会对国民党统治造成巨大威胁。他在1933年1月20日的日记中说:"近日甚思赤匪与倭寇,二者必舍其一而对其一。如专对倭寇,则恐明末之匪乱以至覆亡,或如苏俄之克伦斯基及土耳其之青年党,画虎不成,贻笑中外。惟以天理与人情推之,则今日之事,应先倭寇而后赤匪也。"[1]面对日本的加紧侵华,他想要先攘外而后安内。但是他眼见江西等地的形势危急,他又悍然决定继续发动剿共军事。1933年1月29日,蒋介石从南京到达南昌,亲自坐镇指挥对中央苏区进行第四次"围剿"。30日,蒋介石在南昌国民党江西省党部作《剿匪要实干》的训话,声称此次"剿匪"之成败,关系国家存亡,亦即我民族能否自卫自存之"试金石"。号召所属要"硬干、实干、快干","要下有匪无我、有我无匪的决心"[2]。31日,蒋介石召集军事会议,拟订"剿共"具体计划,决定采取"分进合击"的方针。

1933年1月初,陈诚指挥的赣粤闽边区"剿匪"中路军,以抚州为中心,采用外线作战、分进合击的战术,向苏区黎川、建宁、泰宁地区包围和截击。1月5日,在黄狮渡遭红军袭击,第五师的第十三旅被歼,旅长周士达被俘。驻在临川的三个师奉命经浒湾分两路向金溪、黄狮渡增援,在南城的一个师从南面策应,企图南北夹击红军,同红军主力决战。但在尚未会合之际,在浒湾经过一天激战,被红军击溃,撤出浒湾。

2月6日,蒋介石亲自兼任江西"剿匪"总司令,并设置南昌行营,统一

---

① 《蒋介石日记》(手稿本),1933年1月20日。

② 蒋介石:《剿匪要实干》,《蒋总统集》第1册第609—611页,国防研究院1961年台北版。

指挥"围剿"中央苏区的军事行动,采取"固守城防"的新战术。其时,中路总指挥陈诚深知南丰地势险要,是尔后"进剿"赣南的支撑点,除要求陶峙岳第八师固守南丰外,还令驻在南城的许克祥部第二十四师驰援南丰。2月13日调整部署,"令其各纵队向赣南挺进,尤其是第一纵队速在宜黄地区集中,解救南丰之外围"①。其第一纵队指挥官罗卓英,根据陈诚的部署,于14日向所属各部队下达攻击命令:第一师开至宜黄、棠荫;"第五十二师师长李明率该师经蛟湖向黄陂附近集中,第五十九师经霍源向河口附近集中,以备编入本纵队序列参加作战"②。这时,第二纵队也向南丰开进,该纵队第九十师抵东馆,四十三师向宜黄开拔,14日到达公陂,二十七师已集中永丰、新淦。而南丰守军在东、北门外和城墙上增筑了坚固的工事,阻击红军。鉴于国民党军队部署情况的变化,13日夜,红军只留少量部队担任佯攻任务迷惑敌人,陈诚错误地把开往黎川的红十一军当成红军主力部队,立即制定了在黎川、建宁地区围歼红军的作战计划:令第三纵队由金溪出黎川,攻红军正面;第二纵队由南城东向,对红军进行侧击;第一纵队由乐安、宜黄出击广昌,堵截红军归路,并深入苏区袭击红军后方。不料2月27日红军发起黄陂战斗,处于孤立态势的第五十二、第五十九两师被一举歼灭,两师师长李明、陈时骥亦先后被俘。

黄陂战斗后,陈诚判断红军主力在广昌一带,于3月中旬令两个纵队从黄陂、东陂南下,向广昌推进,寻找时机消灭红军主力。当两个纵队距离拉开后,3月21日,红军在草冈一带突然发起攻击,当日第十一师大部、第九师一部被歼,师长萧乾及两个旅长重伤,三个团长毙命。此次战斗结束后,陈诚指挥中路军各部纷纷后撤,第四次军事"围剿"以失败告终。

国民党军队在第四次"围剿"中所付出的代价是沉重的,仅黄陂、草台冈两役即损失第五十二、第五十九、第十一计三个师,被俘一万余人,损失枪支一万余,还有其他多种军用物资包括不少最新式武器装备。蒋介石对嫡系部队三个师被歼懊丧不已。他在给陈诚的手谕中沉痛地写道:"惟此次挫

---

① 蒋纬国总编著:《国民革命战史》第4部《反共戡乱》上篇第3卷第577页,台湾黎明文化事业股份有限公司1980年版。

② 《国民革命战史》第4部《反共戡乱》上篇第3卷第600页。

失,惨凄异常,实有生以来唯一之隐痛!"①陈诚接读手谕后,惶恐地写道:"诚虽不敏,独生为羞!"②罗卓英在致负伤住院的萧乾信中说:"昨今两日抚视负伤回来之官兵,每忍泪不敢外流者,恐伤部下之心,堕部下之气耳";"英在今日已成党国之大罪人"③。

4月1日,国民党江西省政府主席熊式辉密电南京向国民政府和蒋介石报告"剿共"失败情形,请求速调部队赴援。电称:"江西'剿匪'前有第五、第二十七、第九十二师之损失,最近一月以来有第五十九、第五十二、第十一各师之挫败,计师长死伤四员,旅长六员,团长十六员,步枪损失当以万计。"他认为,江西情况严重,红军"赤化民众,如火燎原。赣南大股攻城略地更无可奈何",外间或不尽知。他要亲自赴京面陈详情,还悲叹:"现在各军士气已馁,若再敷衍,将全局崩溃不可收拾矣!"乞蒋速筹办法,加调得力部队并派大员到赣"督剿"。4日,蒋介石由南京乘专机赴江西。6日偕熊式辉、贺国光到临川视察,并发表《告各将领先清内匪再言抗日电》,声称"外寇不足虑,内匪实为心腹之患,如不先清内匪,则无以御外侮"。7日,蒋召中路军各将领作"剿共"布置,在训话中声称:"我们的敌人不是倭寇而是土匪,东三省、热河失掉了,自然在号称统一的政府之下失掉,我们应该要负责任",不过"没有多大关系"。"我们要以专心一志'剿匪'","不能不消灭这个心腹之患"。"无论外面怎样批评谤毁,我们总是以先清内'匪'为唯一要务。"

4月10日,国民政府军事委员会惩处在宜黄、东陂一带"围剿"失利长官:中路军总指挥陈诚"骄矜自擅,不遵意图",降一级,记大过一次;第五军军长罗卓英"指挥失当,决心不坚",革职留任;第十一师师长萧乾"骄矜疏忽",记大过一次。4月11日,蒋介石决定派刘峙任抚河、信河"剿匪"督办,取代陈诚指挥临川一带的"剿共",并从刘峙、张钫等部中抽调三师一旅入赣。这表明:蒋介石虽在"围剿"红军和苏区的战争中屡遭失败,仍不肯改弦更张,而以"唯一要务"顽固地坚持下去。

一次又一次的"围剿"失败,蒋介石心力交瘁。他自己感到不时"语无伦

---

① 《红色中华》第71期,1933年4月20日。

② 《红色中华》第71期。

③ 《红色中华》第71期。

次,心如悬罄,粗急异甚,是诚忙迫无片暇之故,反致坏事也"①。忧患之际,"所幸夫妻和睦,爱情益贤,家庭之乐聊以自慰也"②。为排除蒋内心之焦虑,宋美龄时常陪他游历于林泉山水之间。蒋得暇返沪休息时,宋美龄都精心准备,蒋赞叹"妻盛装整室相候,敬礼如宾,欣慰快乐"③,疲备的身心获得不少缓释。

四、百万军队的第五次"围剿"

蒋介石在对中央苏区第四次"围剿"失败后,决心倾力进行第五次大规模"围剿"。1933 年 5 月 21 日,蒋介石撤销赣粤闽边区"剿共"总司令部,在南昌设立由他主持的"国民政府军事委员会委员长南昌行营",委任江西省主席熊式辉兼行营办公厅主任;行营原参谋长贺国光为第一厅厅长,主管军事;行营秘书长杨永泰兼第二厅厅长,主管政治。行营全权管赣、粤、闽、湘、鄂五省党军政要务。行营并组设党政军调查设计委员会,为五省一切党政军参谋部。蒋亲自部署和指挥对中央苏区的第五次"围剿"。

在中日"塘沽协定"签字后,蒋介石迅速调集兵力南下,部署对中央苏区的大规模"围剿"。他总结对鄂豫等苏区"围剿"的成功经验和对中央苏区"围剿"的失利教训,从而提出了新的方针,于 6 月 8 日在南昌召开"剿共"军事会议,确定第五次"围剿"的基本原则为"三分军事,七分政治"。蒋介石说:作为基本原则"三分军事,七分政治,意思是指军队而言,用三分的力量作战,用七分的力量来推行作战区的政治"④。"具体点说,就是我们一方面要发挥军事的力量,来摧毁土匪的武力;一方面要加倍地运用种种方法,消极地来摧毁土匪所有的组织,及在民众中一切潜势力";"尤其是要教化一般民众,使他能倾向我们的主义,以巩固我们在民众中精神的堡垒"⑤。他强

---

① 《蒋介石日记》(手稿本),1932 年 11 月 11 日,美国斯坦福大学胡佛研究所藏。
② 《蒋介石日记》(手稿本),1933 年 12 月 31 日。
③ 《蒋介石日记》(手稿本),1932 年 12 月 24 日。
④ 蒋介石:《剿匪成败与国家存亡》,《先总统蒋公全集》第 1 册第 209 页。
⑤ 《先总统蒋公思想言论总集》第 11 卷第 233—234 页。

调要在第五次"围剿"中实施党政军合一,军事力量作战与政治工作相结合的新方略。

蒋介石与"剿匪"训练团教官学员。

7月蒋介石在江西庐山海会寺举办军官训练团,自任团长,命陈诚为副团长兼教育长,聘请以曾任德国国防军总司令塞克特为首的德、意、美等国军官组成军事顾问团,讲授"剿共"军事战略战术。受训者主要是参加"剿匪"的中下级军官。训练团的任务是"刷新干部思想,统一战术行动,完成党政军总体战之战争体制"。蒋介石对受训的党、政、军干部说:"举办训练团的唯一目的,就是要消灭赤匪"①,"我们要从此奠定一个新的伟大的基础,来完成剿匪的工作"②。训练课程特别注意对山地战、堡垒战、搜索战的训练。训练团共举办三期,受训者达七千五百余人。蒋介石还命令大量印制《剿匪手本》、《剿匪要诀》《剿匪部队训练要旨》《曾胡用兵术》等小册子,除作为训练团的课程外,还在部队中广为散发。

蒋介石采纳"堡垒政策"的主张,并根据德国军事顾问的筹划,规定堡垒战以"步步为营,碉堡推进"的原则,进攻时取缓慢、持久的步骤,通过不断建立稠密的碉堡体系步步向前推进,军队与碉堡齐头并进,逐步缩小根据地,最后

①　蒋介石:《军官训练团的要旨和训练方法》,《蒋总统集》第1册第633页。
②　《先总统蒋公思想言论总集》第11卷第283页。

蒋介石在庐山开办军官训练团,以期扭转"围剿"工农红军的败局。图
为他与陈诚检阅受训军官。

围歼红军主力。蒋介石说:"匪区纵横不过五百里。如我军每日能进展二里,
则不到一年,可以完全占领匪区。"①据统计:在 1934 年 1 月,国民党军队在江
西苏区构筑碉堡、堡垒、桥头堡、护路堡、圩塞等各种碉堡四千九百二十座,到
"围剿"终了时,达一万四千二百九十四座②。仅第三路军在第五次"围剿"中,
就构筑碉堡四千二百四十四座③。为沟通碉堡群,还修筑公路五千余公里。

　　国民党军队利用碉堡和公路组成的封锁网,对苏区实行严密的"三封"
政策,即经济封锁、交通封锁和邮电封锁,颁布了《封锁匪区办法》、《粮食统
制办法》、《匪区食盐、火油、药料、电器运购办法》、《邮电封锁暂时办法》等十
三种禁令,严禁粮秣、食盐、煤等物资进入苏区,并尽量断绝苏区与外界联
系。同时在政治上励行保甲制度,加强特务活动。在思想文化上,实行法西
斯教育,加强对民众的思想文化控制。

　　蒋介石为筹措第五次"围剿"经费,大量举借内外债及加征各种苛捐杂

---

　　① 《国民革命战史》第 4 部《反共戡乱》上篇第 4 卷第 14 页。
　　② 《碉堡业务报告书》,南昌行营第一厅第六课编,中国第二历史档案馆藏。
　　③ 《五次围剿战史》下册,第 9 图。

税。1933 年国民政府与美国订立棉麦大借款和《航空密约》借款共九千万美元,用来订购军用飞机、战车和化学武器。同时向德、英、法等国借款,用以订购机关枪、大炮、飞机等重武器。据中央信托局统计,在 1933 年和 1934 年两年间,购买军火费用达六千零五十九万多元①。

1933 年 8 月底,蒋介石对部队整编结束后,加快了军事部署,从江苏、浙江和北方各省调集的总兵力达一百万,计正规陆军六十四个师、七个旅、六个团,并有各省地方保安团,又有十一个航空队,飞机一百零五架。蒋称准备对各地苏区同时发动"围剿",而直接用于中央苏区的兵力达五十万人。10 月 2 日,蒋介石在南昌召集"围剿"部队师长、师参谋长以上高级将领会议,部署"围剿"计划。蒋在会上作了《'剿匪'成败与国家存亡》的演说,要求各将领"振作精神"、"信仰统帅"、"服从命令"、"尽职报国"、"视死如归","来造成百战百胜的成功"②。同时提出"严密封锁、发展交通、挺进游击、争取主动"四项战略,"以迂为直(曲线行动)、独立作战、全力决战、注重工事、就地固守、以静制动、以拙制巧、以实击虚、纵深配备(梯次序列)、机动灵活"等十一项战术,和"侦察、搜索、警戒、连络、掩护、观察"六项要务。对此蒋一再"耳提面命,期在必胜"③。10 月 17 日,蒋介石颁发行动纲要和"围剿"计划,指示各"进剿"部队遵照"战术守势,战略攻势","步步为营,稳扎稳打"的原则,"以占领所必争之要地为目的"。计划规定:以歼灭赣南"匪军"主力及"流窜"于闽西、鄂南、赣西北、浙赣闽边区"匪军"为目的,区分为北路军、西路军、南路军及浙赣闽边区。定于 10 月中旬开始"围剿",以政治配合军事,本战略攻势、战术守势及组训民兵之原则,构筑绵密之碉堡封锁线,防止"匪军流窜",逐步缩小包围圈,期于最后聚歼"匪军"于赣南地区。

按照"围剿"计划,各路军战斗序列为:北路军总司令顾祝同,前敌总指

---

① 《中央信托局经办各项军械军火及航空器材数额统计图》(1936 年),中国第二历史档案馆藏档案。

② 王多年:《国民革命军战史》第 4 部第 4 卷第 5 页,台北黎明文化事业股份有限公司 1982 年版。

③ 《国民革命军战史》第 4 部第 4 卷第 11 页。

蒋介石与何键。

挥蒋鼎文,指挥三十三个师、三个旅,担任"围剿"主攻。下辖第一、第二、第三路军及浙赣闽边警备部队,其中,又以陈诚为总指挥的第三路军所辖十八个师又一个补充旅为进剿主力,集结于南城、南丰、硝石、黎川等地区,任务是在第一、第二路军的策应下,依托堡垒,向广昌方向推进,寻找红军主力决战。西路军总司令何键,指挥九个师、三个旅,其主力部署在阳新、大冶、通山、平江、万载、铜鼓一带,并构筑封锁线,担任围攻湘赣、湘鄂赣苏区和防止红一方面军向赣江以西运动的任务。南路军以陈济棠为总司令,下辖三个军共十一个师又一个旅,分布于赣南的寻邬、安远、信丰、赣县、南康、上犹、崇义、上杭、武平一带,任务是阻止红军向南发展,相机向筠门岭、会昌推进,配合北路军作战。另有五个航空队,配合作战。蒋光鼐、蔡廷锴指挥的第十九路军四个师和原驻福建的二个师又二个旅负责扼守闽西一带,防止红军向东发展。

9 月 25 日,国民党军队乘红军东方军、中央军分离作战之机,第三路军总指挥陈诚令其第八纵队刘兴的三个师,由南城、硝石向中央苏区北部要地黎川发动进攻,揭开了对中央苏区第五次"围剿"的战幕。

国民党军队的"三封"政策,给中央苏区造成了极大的困难,苏区的食盐、布匹、煤油、药材等生活必需品极端匮乏。红军的枪械、弹药很困难,"全部火力却只有不到十万支枪,没有大炮,手榴弹、炮弹和弹药来源极其有限"①,又没有任何外援。中央红军直属独立师,枪支不齐全。地方红军的独立团,每团人数千计,武器配备三分之二为火力,三分之一为白刃②。敌我之间真正的实力对比超过五比一。尤其是处于领导地位的"左"倾教条主义者不能正确估计敌我双方的形势,推行错误的政治路线和军事路线,以堡垒对堡垒"分兵把守","全线防御",运用"短促突击"战术,与敌人打阵地战,拼消耗。从9月下旬到11月中旬,东奔西突,转战于敌占区和敌我交界处,虽取得一些胜利,但未能达到御敌于苏区之外的目的,红军受到不少损失,陷入被动状态。

1933年11月20日发生了福建事变,迫使蒋介石暂时改变军事部署,从进攻中央苏区的北路军抽调嫡系部队九个师和宁杭地区抽调两个师,分别由江西和浙江入闽讨伐十九路军。蒋介石也飞闽北建瓯直接指挥"讨伐",对中央苏区暂时采取守势。但红军的主要领导者没有能够及时利用这一事件带来的机遇,在军事上积极配合十九路军的反蒋斗争,结果使红军丧失了打破国民党军第五次"围剿"的难得时机。

1934年2月,蒋介石镇压了福建事变后,于13日在南昌召集顾祝同、陈诚、熊式辉、陈调元及西、南两路将领举行重要军事会议,部署推进第五次"围剿"后期计划。21日,南昌行营重新调整兵力部署,将入闽军队改编为东路军,任蒋鼎文为东路军总司令,率第二路军与第五路军及预备队共十六个师又一旅、二团,向中央苏区东面的建宁、泰宁、龙岩、连城等地推进,目标是夺取广昌及中央苏区中心地长汀和瑞金,协同已组成的北、西、南三路军,形成对中央苏区红军的四面合围之势。同时,北、南、西三路军都增强了兵力。二三月间,双方在黎川周围、建宁以北等地交战。4月上旬,北路军、东路军集中十一个师沿抚河两岸向广昌推进。27日,在抚河东西两岸同时向广昌发起总攻,飞机大炮猛烈攻击,28日占广昌。广昌一战历时十八天,伤

---

① 斯诺:《西行漫记》第160页,三联书店1979年版。
② 《国民革命军战史》第4部第4卷第20页。

亡达两万余人。占领广昌后,蒋介石集中第八纵队三个师、第十纵队四个师,于 5 月 15 日向建宁发动进攻,并于 16 日占领该地。7 月上旬,又分六路向中央苏区中心区全面进攻,飞机轰炸,重炮轰击,步兵攻击,步步推进,在高虎垴、半桥、万年亭等地及温坊地与红军发生了激烈的战斗,进展迟缓。至 9 月逐渐逼近兴国、古龙岗、石城、长汀、会昌等地。10 月上旬,北路军和东路军、南路军加紧对兴国、古龙岗、宁都、石城、长汀、会昌等地的进攻,瑞金处于被包围态势。10 月 10 日,主力红军五个军团和中央军委机关直属部队从瑞金出发,开始了向湘西方面的战略转移。国民党军队次第进占了宁都、雩都、瑞金。

蒋介石的第五次"围剿",经历了一年之久。在红军英勇顽强的抗击下,国民党军队伤亡重大。只是由于依仗强大的军力和炮火,加以红军"左"倾冒险主义领导采取了错误的战略指导,第五次"围剿"才得以如愿结束。

五、福建事变的处置

当民族敌人深入国土,国内阶级关系发生重大变化,而国民党当局却加紧对内镇压、对外妥协的严峻时刻,东南沿海的福建省于 1933 年 11 月爆发了一场以抗日为号召的反蒋斗争,通称福建事变或简称"闽变"。

发起福建事变的政治力量主要是从国民党分化出来的民主派李济深、陈铭枢和黄琪翔等第三党人;其军事主力是蒋光鼐、蔡廷锴二将军统率的第十九路军,该军驻地福建省则成为其依托的基地。

1932 年 1 月 28 日,十九路军在上海进行抗战,威震全国,但触犯了蒋介石、汪精卫的对日妥协退让政策。4 月 26 日,复出担任国民政府军事委员会委员长的蒋介石,召集蔡廷锴等人至南京励志社,蛮不讲理地训斥他们"以后须绝对听政府命令"①。这不能不引起了十九路军广大官兵的强烈不满。

6 月 1 日,国民政府无视民众的挽留要求,从洛阳发布命令,调十九路

---

① 《蔡廷锴自传》上册第 296 页,黑龙江人民出版社 1982 年版。

军去福建,撤销十九路军隶属的驻京沪卫戍长官司令部,另行设立驻闽绥靖公署,以蒋光鼐为主任,蔡廷锴任十九路军总指挥兼十九军军长,邓世增为公署参谋长。随后,十九路军按第六十一师、第六十师、第七十八师的序列,在镇江乘船南下。第六十一师在泉州登陆,其余则在厦门、嵩屿、海澄登陆,然后分驻漳州、福州等地。

为了健全福建省政府,蒋光鼐征得蒋介石的同意,改组了省政府,于12月6日正式就任省政府主席的职务。随后,蔡廷锴奉蒋介石命任驻闽绥靖主任,于1933年1月6日就职。至此,福建省的军政大权基本上掌握在蒋光鼐、蔡廷锴手里。

1933年春,蒋介石谋划向中央苏区发动第五次军事"围剿"。6月,开始实行"五省三路包剿计划"。蒋介石派黄绍竑到广州,召开粤、桂、闽三省军事会议,宣布以陈济棠为五省南路总司令,蔡廷锴为前敌总指挥,决定广东出兵二十个团,广西出兵六个团,开往赣南,十九路军进入闽西。7月蒋介石坐镇南昌,一再迫令十九路军向苏区进攻。

8月,十九路军与由彭德怀指挥的红军第三军团在连城、朋口等地交战,十九路军第七十八师的三个团被歼。接着十九路军最精锐的第三六六团又在沙县青州附近被歼。蔡廷锴等一再向蒋介石求援,均告落空,还遭到多方责难。在严峻的形势和一系列事实面前,十九路军的领导者认识到:"归根到底,两条路变成一条路,'剿'也败,不'剿'也败,打也完,不打也完……积极反共固然败,消极反共也难于立足。"[1]遂下决心走联共反蒋抗日的道路。

十九路军入闽后,继续高举抗日的旗帜,但屡遭蒋介石的阻挠,使蒋光鼐、蔡廷锴等人进一步认为蒋介石和汪精卫主政的国民政府是抗日救国的根本障碍。蔡廷锴为抵制蒋系特务对十九路军的渗透和破坏,维护内部团结,防止官兵腐化变质,在十九路军总部秘书长徐名鸿的协助下,1933年春在军内建立了一个秘密组织"改造社",由蔡任总社长,徐任书记。每师成立分社,师长兼分社长,分社下设支部,从忠于十九路军的中下级军官中发展

---

① 蔡廷锴:《回忆十九路军在闽反蒋失败经过》,《文史资料选辑》第59辑第77页。

社员。"口号是对外主张团结抗日,对内防止腐化,发扬十九路军光荣历史"①。实质上对抗特务的斗争是首要任务。同年夏,"改造社"在厦门查获一起由南京化名汇款给十九路军中的复兴社分子做活动经费的事件。经查明,军统意欲在十九路军搞颠覆,密令潜伏下来的特务履行使命,如"谁敢违抗领袖、反对政府就要制裁"。据此,蔡廷锴下令对复兴社恐怖分子进行一次清查,对全军团以下参加蒋系特务组织的百余人,均加以捕留,对其中数十名情节严重者进行秘密处决。这一斗争激发了十九路军官兵的反蒋情绪,加强了内部团结,也增强了蔡廷锴等人的反蒋决心。

随着全国抗日形势的发展,国内阶级关系的变化,国民党营垒中也逐渐分化出来一些抗日民主派,陈铭枢加入了这一行列,并成为推动福建事变最积极的人物。陈与十九路军有深厚的历史关系,蒋光鼐、蔡廷锴对他很尊重,彼此配合默契,成为他从事重大政治活动的武力后盾。1933 年 5 月,陈铭枢从欧洲回国后,积极联络李济深、冯玉祥以及第三党,酝酿以十九路军为主力,组织抗日反蒋联合阵线,发起反蒋斗争。

1933 年 9 月,蔡廷锴派遣陈公培(即吴明)为代表,越过前线直接与红军军部建立联系。9 月 22 日陈公培等一行五人,从延平进入苏区到达红军驻地王台。红军第三军团长彭德怀,遵照中央电示,和政治部主任袁国平代表红军与陈公培等人进行了谈判。随后,彭德怀给蒋光鼐、蔡廷锴写信"告以反蒋抗日大计,请他们派代表到瑞金"进行谈判。10 月初蒋光鼐、蔡廷锴、陈铭枢共同决定派十九路军总部秘书长徐名鸿为全权代表,由陈公培陪同赴瑞金。10 月下旬徐和周恩来、中央局宣传部长潘健行(潘汉年)谈判。毛泽东、朱德会见徐名鸿和陈公培,表示"赞同和第十九路军在抗日反蒋问题上的合作"②。双方通过会谈,于 10 月 26 日签署了《中华苏维埃共和国临时中央政府及工农红军与福建政府及十九路军抗日作战协定》③,亦称《反日反蒋的初步协定》。

十九路军初步实现了联共的步骤之后,加速了发动"闽变"的进程。这

---

① 《文史资料选辑》第 59 辑第 81 页。
② 《毛泽东年谱》上卷第 414—415 页,人民出版社、中央文献出版社 1993 年版。
③ 中共中央书记处编:《六大以来》上,第 486 页,人民出版社 1981 年版。

时,陈铭枢在香港与李济深、陈友仁和第三党领袖黄琪翔等人酝酿反蒋亦趋成熟。11月中旬他们先后由港至闽。经过与蒋光鼐、蔡廷锴等人多次磋商,11月18日在福州鼓山举行的会议上,对发动事变的时间、方式以及新政府的纲领、政策等问题取得共识,作出了最后决定,公开树起抗日反蒋的旗帜。

11月20日上午,"中国人民临时代表大会"在福州举行。当地的工人、农民、学生、商人、士兵等数万人以及二十五个省市及华侨代表万余人,齐集城南公共体育场(今五一广场)。9时40分,福州公安局长邱国珍宣布开会。大会推举黄琪翔等十七人为主席团,黄以执行主席致开幕词。接着,萨镇冰、李济深、陈友仁、蒋光鼐、蔡廷锴相继讲话。其后,黄琪翔宣读《中国人民临时代表大会人民权利宣言》,号召"全国的革命大众立刻起来,打倒蒋中正御用的国民党南京政府,建立生产人民的彻底民主政权"。并宣布:在民族危亡的紧要关头,为"救护国家,保障人权",特提出谋求中国自由独立的十三条基本主张。其主要内容分为三个部分:(一)规定"中国为中华全国生产的人民之民主共和国",最高权力机关为"生产的农工,及共同支持社会结构之商学兵之代表大会"。对内不分种族、性别、职业,"除背叛民族、剥削农工者外",都有"绝对自由平等权";对外以国家独立不容侵犯为最高原则。(二)施政纲领要"排除帝国主义在中国势力","否认一切帝国主义者强制订立之不平等条约,首先实现彻底之关税自主";"发展人民经济,实现彻底的民主政权","实行计口授田,以达到农业共营国营之目的";要"发展民族资本,奖励工业建设","肉体劳动及精神劳动均受最大保护"。(三)宣布"打倒以南京政府为中心之国民党系统","于最短期间,召集第一次全国生产人民代表大会,制定宪法,解决国是"。大会"号召全国反帝反南京政府之革命劳力,立即组织人民革命政府","迅速推翻此反革命政府"[①]。随后,翁照垣、邱国珍展示了一面新旗帜,图案为上红下蓝中嵌一颗黄色五星,经大会通过为新国旗。举行升旗礼毕,在一片口号声中,进行了环城大游行。大会发布

---

① 《中国人民临时代表大会人民权利宣言》(1933年11月20日自福州发),见《福建事变档案资料》第12—13页,福建人民出版社1984年版。

的口号有:一、保障人民权利;二、实行农工解放;三、实施生产人民政权;四、组织人民革命政府;五、否认一切卖国密约;六、打倒蒋介石;七、打倒卖国残民的南京政府;八、打倒日本帝国主义,收复东北失地;等等①。

当晚,大会主席团举行会议,决定立即组织"人民革命政府"。21 日下午会议,正式推定李济深、陈铭枢、蒋光鼐、蔡廷锴、陈友仁、徐谦、戴戟、黄琪翔、李章达、何公敢、余心清(代冯玉祥)等十一人为中央委员,李济深任主席②。"中华共和国人民革命政府"于 22 日正式宣告成立,并发出政府对内对外宣言,废除南京国民政府年号,定 1933 年为中华共和国元年,福州为首都。同时"电饬各军官兵取下青天白日帽徽及孙中山遗像,停止每周的总理纪念周,取消党国旗"③。《中华共和国人民革命政府组织大纲》第六条规定:"人民革命委员会之下,设左列各会、部、院:(一)经济委员会,(二)文化委员会,(三)军事委员会,(四)内政部,(五)外交部,(六)农工部,(七)最高法院。"④新政府将福建划分为闽海、延建、兴泉、龙漳四个省,另设福州、厦门两特别市。

福建"人民革命政府"共召开了十六次委员会议,先后颁布了《人民革命政府成立宣言》、《最低纲领十八条》、《对外宣言》、《告全国武装同志书》、《大赦令》、《通缉蒋中正及其党羽汪精卫等布告》、《建立全国生产人民革命政权案》、《第二次宣言》等重要文件、文告,规定了一系列的政策和措施。其主要内容有:一、内政方略:认为南京政府是出卖民族利益、残害人民生存的蒋介石的工具,提出"打倒蒋介石和卖国残民的南京政府","铲除封建残余制度","取消党治,还政于民","保障人权"⑤。声明集体退出国民党,并以集体签名的方式发起组织"生产人民党"。根据《反日反蒋初步协定》,与共产党进行初步合作。二、财政举措:主张改变封建土地所有制,实行计口授田,实现耕者有其田。宣布实行保护工商业的政策,鼓励发展民族资本,奖励工

---

① 福建《人民日报》1933 年 11 月 20 日。
② 福建《人民日报》1933 年 11 月 23 日。
③ 蔡廷锴:《回忆十九路军在闽反蒋失败经过》,《文史资料选辑》第 59 辑 96 页。
④ 《国闻周报》第 10 卷第 49 期。
⑤ 福建《人民日报》1933 年 11 月 26 日。

业建设,"创造一个自由平等的理想社会"①,没收和限制危害中华民族利益的外贸经营企业。三、军事设施:撤销原福建绥靖公署,建立人民革命军第一方面军,保存十九路军番号,将原五个师十个旅,扩编为五个军十个师,二个航空队。四、文化、教育改革:废弃国民党的教育制度和内容,规定了民族的、社会的与生产的教育原则,要求以政治、军事、劳动三点并重为教育方针。五、对外关系:主张排除帝国主义者之侵略,以保障中华民族的独立解放,废除不平等条约,采取适当步骤与各国订立平等互惠的条约,实现关税自主原则。

"福建人民革命政府"和"生产人民党"的出现,表明国民党营垒的进一步分化。他们揭起抗日反蒋的旗帜,与蒋介石集团决裂,把原来对着红军的枪口掉转向日本帝国主义和南京国民政府。他们的纲领、口号、方针、政策,包含着反帝、反对封建制度、反对独裁统治的内容,主张实行民主、发展民族经济,说明具有资产阶级民主革命的性质。但由于他们自身的软弱性,在思想理论上存在混乱,缺乏科学性,使其所颁布的纲领和措施大多难以贯彻执行。加上由于蒋介石的武力镇压和破坏,内部困难重重,连有些可行的政策也未能实施,没有给人民大众任何实际利益。他们公开放弃孙中山的三民主义旗帜,摘除孙中山遗像,也使自己陷于孤立境地。

福建事变的发生,闽府的建立,使蒋介石极为震怒。他绝不容许再出现一个"中华共和国",加深国家分裂局面,决心采取一切手段,尽快加以消灭。他与汪精卫急忙召开国民党中央政治会议,"决议着各军政机关迅予处置,务使叛乱尅日枚平"②。

国民政府首先以"叛党乱国"、"联共勾日"的罪名,对"闽变"进行抨击,挑动国民党各派势力对陈铭枢、李济深、黄琪翔等的怀疑、愤懑。闽府揭幕当晚,汪精卫在国民党第三八四次中政会上,声称定要严厉处置"闽变",在通电中攻击闽变为"叛乱",认为"若任其猖獗,则荼毒生民,危害国家,为患不堪设想"③。继而他在京、沪等地抨击"闽变"是"继袁世凯以来所谓洪宪,

---

① 福建《人民日报》1933 年 11 月 25 日。
② 《救国通讯》第 59 期,1933 年 12 月 7 日。
③ 《救国通讯》第 59 期。

张勋复辟,苏维埃,伪满之后第五次变更国体制度的叛国行为"①。11 月 22 日起,蒋介石连发《告十九路军全体将士书》《告将士长官电》,斥责陈铭枢等人为"联共叛党"、"降敌通匪"、"以联共勾日为手段,以毁党叛国为目的"。国民党的宣传工具又配合发表大批社论、消息,称闽府"背叛党国、毁裂纪纲"②。11 月 23 日,在国民党中常委会议上,决定"将陈铭枢、李济深、陈友仁永远开除党籍"③,接着又对他们发出通缉令。

其次,蒋、汪鼓动各地效忠中央,激烈声讨"闽变"。蒋的家乡浙江省最早通电指责陈铭枢等,并表示相信"中央安定国本,保障民生,德威所及,必能戡逆谋于乍著,定变乱于俄顷"④。国民党各绥靖区的军事首领,陆续通电表态。

第三,蒋、汪费尽心机分化瓦解闽粤桂联盟,并抑制了一些地方势力准备响应"闽变"的举动。陈济棠在蒋介石的拉拢、收买下,改变初衷,一面屯兵粤闽边界,一面封闭十九路军在粤机构,停止协饷,扣押十九路军过境的军火、武器,还调兵遣将,准备随时入闽。由于蒋介石的高压手段,加上闽府一些政策措施的失当,因而没有获得有力的响应和支持。

蒋介石在对福建发动政治攻势的同时,不断派飞机袭扰福建重要城镇,又派军舰封锁福建海面,给闽府造成沉重压力。同时派遣大批特务和军事特派员潜入福建和人民革命军内部,进行分化瓦解和破坏工作,收买和策动一些地方实力派和不坚定分子倒戈。蒋介石在南昌根据获得的情报,并经与熊式辉、顾祝同、陈诚等紧张谋划后,制订《讨伐闽逆作战计划》,于 1933 年底自任"讨逆军"总司令,从进攻中央苏区的主力中抽调九个师,又从南京、杭州抽调二个师,合计十一个师约十五万人的兵力⑤,分三路向福建进攻。他声称:"我们此次讨逆,名义虽不叫剿匪,实际上完全与剿匪一样,尤其是我们要根本剿灭赣南的土匪,非同时剿灭福建方面接济土匪的叛逆

① 蒋光鼐:《对十九路军与"福建事变"的补充》,《文史资料选辑》第 59 辑第 130 页。
② 《申报》1933 年 11 月 23 日。
③ 《申报》1933 年 11 月 24 日。
④ 《国闻周报》第 11 卷第 49 期,1933 年 12 月 11 日。
⑤ 《申报》月刊,1934 年第 3 卷第 2 期。

不可。"①

福建方面"军委会"直到12月中旬蒋介石派大军压境时,才在福州召开紧急会议。经过辩论,多数赞成固守福州,形成决定。按照这一方案,十九路军调集主力部队集中于福州周围。

12月25日,蒋介石从杭州飞临浦城,亲自指挥并拟定攻取延平、古田、水口等地之作战方案及攻击部署。他决定分兵三路发动进攻,一路集中浦城一带,向建瓯推进,规取延平;一路由光泽向邵武、顺昌推进,以击敌之背;一路集结于德胜关附近遏制红军,并相机向泰宁进攻。1934年1月5日,蒋介石指挥所部与十九路军在闽北重镇延平一带发生激战,1月6日国民政府军占领延平。蒋介石指挥蒋鼎文所部于8日夜沿延平东下袭水口,与闽军第五军激战昼夜,使第五军几近全军覆没,终占水口。

军事形势的急剧变化,迫使福建人民革命政府于1月8日在白沙召开紧急会议决定,十九路军向闽南撤退,背靠广东与苏区,保存实力。蔡廷锴命第四军军长张炎为福州戒严司令,并通知闽府各机关和人员作撤退安排,主力南下,在峡兜附近过闽江。蔡并命区寿年第三军先占仙游,掩护主力,又命毛维寿第二军速占惠安、泉州等。

古田位于福州的西北部,丛山环抱,形势险要,是福州的重要屏障、战略要地。原由第五军师长赵一肩率三个团防守,已被张治中率领下的国民政府军第八十七、第八十八师团团围困。张设计"此次攻取方略,先攻延平,次攻水口,两地克服,则古田之敌如瓮中捉鳖,可避免攻坚所受之牺牲"②。此计得到蒋介石的首肯。十九路军主力南撤,古田守军陷入绝境,张治中部于1月12日进占古田,至此闽北战事结束。1月13日,蔡廷锴等通电表示将在漳州设人民政府,在泉州设总部,继续坚持战斗。李济深、陈铭枢、蒋光鼐、黄琪翔等分别离开福州。16日,海军陆战队及蒋鼎文部占领福州。

蒋介石对十九路军不断进行分化瓦解工作,以高官厚禄诱惑一些将领。掌握着十九路军主力指挥权的毛维寿此时萌生归降蒋介石之意。这与戴笠

---

① 王德胜编:《蒋总统年表》第159页,台北1956年增订本。
② 国民政府战史编纂委员会档案,中国第二历史档案馆藏。

派遣特务潜入福建策反有关。戴笠曾派特务运用私人关系,联络十九路军六十一师参谋长赵锦雯,策反该师师长毛维寿等许以高官厚禄。当十九路军向闽南退却时,戴笠赶往厦门,亲自指挥策反,并到漳州与毛维寿等密谈,软硬兼施。毛维寿乃有意放弃晋江口洛阳桥的战略要道,致使十九路军聚集的泉州无险可守。在此前,黄强已于 1 月 9 日将厦门交给海军要港司令林国赓,黄所带部队被收编。20 日,蒋鼎文所部从厦门嵩屿港登陆,占领同安、漳州,切断泉州十九路军西撤之路。这时,八十三师参谋处长符昭骞进泉州,找张炎等接洽。1 月 21 日,沈光汉、毛维寿、区寿年、张炎联名发表通电,称:"同室操戈,贻害邦国,智者不为。光汉等决议一致脱离人民政府,拥护中央,促李、陈、蒋、蔡诸公先行离开,并推戴戟出任维持,一切政治问题,静待商决。化干戈为玉帛,保护国之安宁,全国明哲,谅表同情。除令各部队集结停止军事行动,静待和平处理。"①经十九路军代表与蒋介石方面接洽,决定将十九路军缩编为第六十、第六十一、第七十八、第四十九共四个师,毛维寿任十九路军总指挥。

1 月 22 日,宋希濂师占莆田,续向泉州推进;王敬久师与刘戡师相配合进逼泉州,形成包围的态势。受命负责闽战全面指挥的蒋鼎文拟定收编十九路军办法,营长以上离营,余则点械收容。蒋介石即日复电照准,令十九路军集合莆田、福清、惠安听候改编。次日,蒋鼎文电泉州十九路军将领,限三日内作出明白表示。沈光汉等复向蒋介石要求仍驻泉州并保留十九路军名义,另派戴戟来闽负责改编,至 25 日晚仍未开出泉州。30 日,蒋鼎文指挥所部以重兵相逼,强行取消十九路军番号,任命毛维寿、张炎为第七路军正副总指挥,统率所部。不久又将各师缴械,强令各师分赴河南归德、开封等地整训,并将连、营以上军官全部更换,彻底肢解了十九路军这支闻名遐迩、战功卓著的抗日军队。

蔡廷锴退抵龙岩时,尚有周力行(即周士第)团及余部四千余人。蔡曾拟与闽西地方武装傅柏翠等合作,以游击战同蒋介石周旋。由于粤军陈济棠等的步步进逼,使他感到坚持反蒋已无实力,参加红军又无决心,最后决

---

① 厦门《江声报》1934 年 1 月 22 日。

定让余部接受粤军改编。"闽变"领导人李济深等分别离龙岩往香港后,陈济棠将改编为粤军一个旅的原十九路军唯一的一支部队,缴械遣散。周力行果断机智地投奔苏区,幸免于难。徐名鸿在通过广东大埔时,被粤军查获,并以"叛国叛党"的罪名惨遭杀害。徐名鸿临危不惧,曾言:"死后如立'社会主义者徐名鸿之墓',吾愿足矣。"[①]2月1日,蒋介石从南京飞到杭州,召集军政要员部署福建善后事宜。至此,历时两个多月的"闽变"终于被蒋介石镇压了下去。

六、两广事变的处置

1936年发生的"两广事变",是广东实力派陈济棠与广西实力派李宗仁、白崇禧等为反对蒋介石专权独裁,企图继续保持半独立状态而发动的一次事变。这次事变的主要特点是打出"出兵抗日"的旗帜,以抗日的名义反对蒋介石主政的国民党中央和国民政府。这是在民族危机日趋加剧,全国人民抗日救亡运动高涨的历史背景下发生的。其导火线是蒋介石要撤销广州方面于1931年12月31日宣布设立的国民党西南执行部和国民政府西南政务委员会,消除两广半独立局面。

1932年1月,陈济棠出任西南军分会委员长,兼国民党西南执行部和西南政委会常委,其后把广东党政军的权力集于一身,被时人称为"南粤王",并借助西南盟主胡汉民的资望及西南三机构招牌,与蒋介石抗衡。广西桂系李宗仁、白崇禧也积极推动陈济棠等地方实力派组成反蒋联合阵线,以抗衡蒋介石。当蒋介石全力用兵"剿共"之时,对两广的半独立状态暂取容忍态度,而在第五次"围剿"红军结束能腾出手来时,继掌控了川、黔、滇之后,便将矛头转向西南的两广。

蒋介石要解决西南地方割据,削夺两广,筹谋已久。早在1934年,蒋介石以国民政府为名,请胡汉民北上,胡因与蒋矛盾很深,未为所动。次年初,国民党中央召开五届一中全会,蒋介石以提名胡为中央常务委员会主席的

---

① 转引自冯玉祥1935年3月日记。

高位请胡入京,又为胡所拒。胡汉民一方面依靠陈济棠的军事实力与蒋对抗,另一方面又受制于陈济棠,颇感在粤无可作为,遂以养病为由赴欧游历。1936年1月下旬,胡汉民回国,仍拒绝入京,居住广州。胡时而同陈济棠、李宗仁等西南要人磋商政局,时而约见各界,指责国民政府的内政外交。蒋对此极为恼恨。5月12日,胡汉民因脑溢血在广州逝世,引起各方面的关注。蒋介石认为这位西南盟主之死,是解决两广问题的大好机会。5月13日,蒋电陈济棠,请其兄陈维周赴京晤谈。次日,陈维周乘飞机抵南京。蒋介石对陈维周说,中央将对桂用兵,但维持广东现状,嘱其转达陈济棠。陈在南京探悉"中央解决西南的三大原则:(一)彻底解决广西李、白,由中央协助广东出兵。(二)驱逐萧佛成等反蒋的元老离粤。(三)广东仍维持原来局面"①。陈济棠闻悉大惊失色,认为此举是项庄舞剑意在沛公。粤桂唇齿相依,桂系若垮,广东地盘何存? 与其坐以待毙,不如铤而走险,先发制人,联合桂系共同反蒋。

蒋介石见陈济棠动作迟疑,于5月19日以祭胡汉民为名,派王宠惠到广州,要求两广当局加强与全国"精诚团结"。次日,王宠惠代表中央对陈济棠提出五项条件:一、西南执行部和西南政务委员会取消;二、改组广东省政府,省主席林云陔调京任职;三、在西南执行部和政委会工作的负责人,愿意到京工作者,中央将妥为安排,愿意出国者,将给以路费;四、陈济棠的第一集团军总司令改为第四路军总指挥,各军师长由军委重新任命;五、统一币制。这五条实际上是要陈济棠把广东军权和政权交还中央②。这也就是说,陈济棠必须从"南粤王"宝座上退下来,同时表明了蒋介石已把先收拾广西、稳住广东的战略方针,改为先解决广东、再吃掉广西、以实现各个击破,彻底解决两广问题。

陈济棠对这五条当然不肯接受,他当即与前来吊唁胡汉民之丧的白崇禧密商,催促李宗仁迅速到广州共商大计。时值日本侵略华北气焰嚣张,先后逼使中方签订了"塘沽协定"、"何梅协定"、"秦土协定"之后,又对华北

①　《李宗仁回忆录》(下)第662—663页。
②　程思远:《政坛回忆》第77页,广西人民出版社1986年版。

大举增兵,威逼中国签订中日"共同防共协定"。而蒋介石坚持"攘外必先安内",一面加紧消灭"违抗中央的叛逆军阀",按部就班地进行抗日方面的准备,一面仍然对日妥协退让,激起全国人民的义愤。陈济棠看到当时抗日救亡运动的兴起,可以"掮起抗日大纛,要求中央领导抗日"①。他致电李宗仁,认为全国民众抗日救国呼声日高,两广联合反蒋,唯有打出"出兵抗日"大旗,才能争取全国民众的支持和响应。

李宗仁于5月20日飞抵广州,与陈济棠商议两广联合行动,决定为抗日反蒋着手军事部署。白崇禧与陈济棠的高级参谋刘斐到粤桂边境视察地形,并拟定作战计划:对福建和贵州方面采取守势,对江西、湖南方面采取攻势;粤军主力集中在全州、桂林地区,准备进攻湖南,并在粤桂两省与各邻省的边境地区构筑防御工事。

5月27日,陈济棠、李宗仁、白崇禧以中国国民党西南执行部的名义,发出"反对日本增兵华北"的通电,打响"两广事变"的信号。6月1日,西南执行部和西南政务委员会召开联席会议,决定命令第一、第四集团军北上抗日;通过了给南京中央的呈文,吁请国民政府和国民党中央领导抗日。次日又以同样内容通电(即"冬"电)全国,声称"日本侵我愈亟,一面作大规模走私,一面增兵平津,经济侵略、武力侵略同时迈进。瞻念前途,殷忧曷极。属部属会等,以为今日已届生死关头,惟抵抗足以图存,除全国一致奋起与敌作殊死战外,则民族别无出路"。"时危势急,敝部等认为非立即对日抗战,国家必无以求生"。"乞一致主张,即行督促中枢,领导全国从事抗日"②。同时,派出代表分赴山东、山西、陕西、四川、云南、贵州等省联络,欢迎全国要求抗日反蒋的党派、团体及有关人士南下,共商抗日反蒋大计。粤桂大造舆论,四处张贴"中国人不打中国人!""反对内战,一致对外!""全国抗日势力联合起来!"等标语,争取各团体群众的响应。6月6日,西南两机构联席会议还决定成立军事委员会,把两广部队改称为"中华民国国民革命抗日救国军"(亦称"抗日救国西南联军"),由陈济棠任军事委员会委员长兼总司

① 《李宗仁回忆录》(下)第663页。
② 南宁《民国日报》1936年6月2日、3日。

令,李宗仁任副司令,开始向湖南进军。

蒋介石对两广事件的发生虽甚为恼怒,但未有立即动用武力镇压。这是因为:当时国民政府所属主力部队尚分散各地,在南方乘"追剿"红军长征之机,对川、黔、康、滇各省分兵驻防,以求军、民、财等的"统一";在北方则分出一部兵力进入山西,又在洛阳、潼关一带驻扎重兵,督促张学良、杨虎城"剿共"。因此,蒋介石可动用的兵力,不过十余万至二十万左右,不足以对付两广。蒋介石原拟集中力量催逼张、杨"剿灭"经过长征到达陕北的工农红军,但两广事变使他不得不先着手解决两广问题。他急令原驻贵州的薛岳部开往桂北边境,原驻福建的蒋鼎文部移防粤东边境,令调甘丽初部集结衡阳,陈诚、卫立煌等部集中湘赣边境,将空军集中于赣、湘两省基地,以一部分海军集中厦门,以作防备①。同时,蒋重申"攘外必须安内,统一方能御侮",还宣布在南京召开国民党五届二中全会,将邀两广派员出席。6月7日,蒋致电陈济棠指出:"今日救亡图存,必以整个国力,取一致之步骤",若"一隅独标揭于先,则整个国家之尊严,即已失于国际之间"②,劝告两广不应同中央对立。同日,国民党中央复电西南两机构,令其转饬两广部队不得自由行动,从政治上对两广施加压力。

两广打出"出兵抗日"的旗帜后,粤、桂军队立即分别从湘赣两省边境向湖南推进。6月5日桂系精锐强渡黄沙河,于8日进抵湖南永州。粤军也于6月9日进占郴县,直指衡阳,作出一举下长沙而直逼武汉之态势。部队所到之处,散发抗日传单,以争取沿途各界民众的支持。

两广"北上抗日",必须借道湖南,首先要争取何键的支持。两广事先已和何键有所接洽,得到支持,但何派人向蒋介石报告两广的行动计划,表示对中央绝对忠诚、绝对服从,愿以所部湘军十余万兵力拨归中央直接指挥。此举换得蒋介石的四十万元奖赏,蒋立即派陈诚坐镇长沙,同时调驻浏阳一带的中央军第七十七师以及驻防武汉、武胜关一带的第四十三、第九十七师兼程南下。6月10日早晨6时左右,三个师师长等随中央军先头部队,比粤

---

① 刘斐:《两广"六一"事变》,《文史资料选辑》第3辑第12页。
② 《申报》1936年6月10日。

桂军队早三个小时到达衡阳。桂军获悉中央军已全部达衡阳,北上道路被堵,白崇禧遂令已到达祁阳的广西部队停止前进。6月16日,陈济棠和李宗仁令粤桂军撤出湘境,同时发出"铣"电斥蒋"诬抗日为对内"、"指救国为异动",要求蒋介石"调攻击粤桂之中央军北上抗日"①。

蒋介石为挫败两广事变,一方面调重兵南下,阻止粤桂军北上,另一方面对陈济棠部属采用各种手段进行收买和策反工作,从内部瓦解广东势力。其中戴笠运用特务组织发挥了特殊作用。戴笠对南方地区的特务活动早有安排。1936年春天,他获港粤区有关两广军队调动、备战的情报,即派员加强该地区的特务力量。两广事变发生时,在广州方面的特务骨干有梁干乔等,在韶关方面有谢镇南等,他们工作的重点是在海陆空军中进行策反。在收买和分化瓦解下,7月上旬,广东空军有四十余架飞机离粤北飞听从中央调遣。7月7日,第二军副军长兼广东绥靖区委员李汉魂在香港通电拥护中央,并劝陈济棠"悬崖勒马,听从中央"。7月8日,第一军军长余汉谋飞南京出席国民党五届二中全会,表示"拥护中央"。蒋介石立即委余汉谋为第四路军总司令,统辖广东军队,迅速回粤倒陈,并拨给四百万元作为军费和活动费。

7月10日,粤桂双方在广州达成两项协议:一、成立第一、第四两集团军的联合司令部,粤桂两军协同作战;二、粤军采取内线作战部署。西南政委会15日委任陈济棠为抗日救国军第一、第四两集团联军总司令,李宗仁为副司令。两广采取应变措施,竭其全力挽回危局。但此时局势已陷粤桂于困境。7月中旬,国民党二中全会在南京开会,蒋介石在会上发表演讲,称要以武力解决两广事件。他说:"最近两粤运动,揭橥对外之旗帜,动摇统一之根本,使国家于忧患痛苦之中,增分崩离析之惧"。"广东军事当局,即已首唱异议,自由行动,破坏党国纪律,摇动革命根基,虽经中央苦心之容忍,仍无悔悟之表示,律以国家之纪纲,宜为国民所不恕。"②13日,蒋又在中央纪念周上说:"我们也要有整饬纪纲、维持统一的决心和勇气,负起责任

---

① 刘斐:《两广"六一"事变》,《文史资料选辑》第3辑第14页。
② 《中华民国重要史料初编——对日抗战时期》绪编(3)第50—51页。

来,弭乱定变,决不能因外患严重而放弃平定内乱的工作;决不可因顾虑外患之压迫,就听少数地方军人破坏纪律,自由行动。"①当天,国民党五届二中全会通过决议,撤销国民党西南执行部和西南政务委员会;任命李宗仁、白崇禧为广西省绥靖正、副主任,任命余汉谋为广东绥靖主任。蒋介石又以军事委员会委员长名义发布命令,取消第一、第四两个集团军,对陈济棠、李宗仁采取分化政策。

余汉谋受命后,即率部由南雄向韶关南进。陈济棠部署军队进行抵御,两军在粤北形成对峙。7月中旬,粤军内部分裂。第二军军长张达声明"不愿内战"。第四、第九、第十四师在东、北江宣布独立,表示"拥护中央",反对陈济棠。广东空军在黄光锐、陈卓林的精心策划下,于7月18日清晨从广州天河机场大批起飞,其中黄光锐、陈卓林乘飞机至香港新界降落,大部分北飞韶关、南雄。黄、陈飞抵港后,发出团结御侮通电,倒陈投蒋。这次由各中队长率领北飞的共有七十二架飞机,一百五十名飞行员、机械员,在韶关受到余汉谋的接见,于20日飞赴南昌。陈济棠视为王牌的空军共六个中队,一百余架飞机,至此全部归顺了中央。

这时的陈济棠,已处于内外交困,四面楚歌的绝境。17日晚11时,陈济棠面告李宗仁说,大势已去,决定一走了之,并赠以巨款和武器弹药,作为"散伙费",劝李回桂处理善后。18日,陈济棠携带家眷乘英国"蛾号"军舰赴香港,并发出"巧"电宣布下野,声明自行解职离穗。电文称:"此次呈请中央领导抗日,不蒙鉴谅,致徒怀救国之心,未遂请缨之志。诚恐所部将士,因受外部压迫,发生内战,为免纠纷起见,特于昨日解除职务,乘舰离省。"②同日还致电余汉谋:"棠诚信未孚,现决摆脱仔肩,此后对于救国责任,广东治安,袍泽维系,偏劳吾兄,独负其责,望善为之,以补吾过。"③至此,陈济棠失去了"南粤王"的宝座,结束了他对广东的统治。

陈济棠出走香港,两广联盟解体,西南变局的重心移至广西。李宗仁依靠广西十余万兵力,处内线作战之势,内部较粤团结,蒋介石无隙可乘,局面

① 《中华民国重要史料初编——对日抗战时期》绪编(3)第51页。
② 《广州民国日报》1936年7月19日。
③ 《广州民国日报》1936年7月19日。

尚可维持。但广东已失,唇亡齿寒,广西陷入孤立态势。李宗仁、白崇禧退回广西后,也无进一步动作的良策,遂借五届二中全会决议和蒋介石发布"广西维持现状,仍以李、白分任正副绥靖主任"的命令为由,采取"缓和"之策,于7月20日分电南京中央,表示"广西仍坚持抗日主张,如中枢真诚抗日,则广西军民效命驰驱"。

蒋介石见广东问题已解决,转而将兵锋直指广西,企图一举了却多年的心患。7月25日,国民政府下令,撤销国民党五届二中全会对李、白的任命,另委李宗仁为军事委员会常务委员,白崇禧为浙江省政府主席,特委黄绍竑、李品仙为广西绥靖正副主任。蒋介石立即调集几十万军队进逼广西:汤恩伯、薛岳等部自贵州向桂西北、桂北推进;陈诚第十八军循西江而上,进逼梧州;余汉谋部自高州一带进逼广西南部;何键部取道湖南压向桂林。双方剑拔弩张,一场内战大有一触即发之势。

李宗仁、白崇禧认为蒋介石擅自改变二中全会决定,派大兵压境,已将他们逼上梁山,非兵戎相见不可。当即召集广西军政要员黄旭初、廖磊、夏威、李品仙、韦云淞、李任仁、潘宜之、刘斐、王公度等举行会议。会议决定,蒋如悍然进犯,即将武力抵抗,成败利钝,在所不计。并复电中央,指出蒋介石更调李宗仁、白崇禧原来广西绥署主任的职务,是"别有用心",斥蒋为"阴险毒辣的野心家","墨沈未干,自毁信誉",表示对任命"殊难遵令"。同时,在广西下达全民动员令,迅速扩编退役军人组成战斗部队,将民团改编为"别动队",数天之内就编组了二十一个师。7月下旬,桂系驻梧军政干部举行"效忠宣誓大会",发表《告军民书》,"期望全部将士宁为玉碎,不为瓦全,与蒋奋战到底"①。南宁等地还举行了"刺血宣誓"。李宗仁、白崇禧发表讲话,声称决不因广东内变而停止抗日运动,竭诚欢迎各抗日反蒋党派、团体、人士到南宁共商救国大计。李、白还派特使黄旭初赴香港邀请李济深,告之"德公有意请任公出来主持大计"。同时,函请抗日名将蔡廷锴、区寿年等入桂重组十九路军。7月底,李济深、蔡廷锴、翁照垣、胡鄂公等陆续入桂。全国抗日组织救国会的杨东莼、华南"救国会"代表何思敬、第三党的章伯钧和

_____

① 《广西文献》第10期第13页。

民族革命同盟、中华职业教育社、乡村建设派、民社党、青年党,均有代表到南宁。国内各界名流邓初民、彭泽湘、刘芦隐、邓龙光、张文、翁照垣等也应邀来桂,一时抗日豪杰,冠盖云集。在抗日救国的号召下,广西全省各界都发动了起来,学生也纷纷入伍,老百姓也订立《抗日公约》,被动员起来的民众,抗日激情持续高涨。

广西当局在全国范围大造抗日声势,号召各方抗日力量,摆出与蒋介石决一生死之战的姿态。蒋介石看到用强硬压力不能逼广西就范,又闻广西将组织独立抗日政府,深恐局面再度恶化而不可收拾。但到8月1日未见广西就组政府采取行动,蒋于8月2日致电李宗仁、白崇禧说:不容对内有用兵自残的举动,否则只有自陷于绝境。当时整个局势也不利于蒋介石对广西用兵。诚如黄绍竑说:"对广西用兵三个月,未必即能解决问题,当前日军集中多伦,绥东吃紧;西北国共两军对抗,形势亦未可乐观,似宜经由政治途径解决,以保全国家元气。"①蒋介石亦看到四川刘湘、山东韩复榘、云南龙云等对"伐桂"态度暧昧,遂有放弃武力解决的打算。适冯玉祥自南京上庐山,向蒋进言毋断丧国家元气。在冯等的缓颊之下,蒋介石答应和平解决广西问题。

7月底至9月初这一个多月期间,南京和广西双方派出使者开始频繁往来,一触即发的战局有了转机。首先是蒋的使者香翰屏、邓世增、程潜、居正、朱培德等先后去桂,并带去了蒋给李、白表示愿意和平解决桂局的亲笔信②。8月10日,李宗仁、白崇禧委托刘斐随香翰屏、邓世增赴粤,了解蒋之真实意图。8月12日,蒋介石在黄埔召见刘斐,会商解决广西问题。刘斐趁机转达李、白对蒋介石"攘外必先安内"政策的看法。蒋与刘斐就此问题发生争执。刘斐最后表示:"只要不自己打自己,只要不是无尽期地准备,而是有限度地来从事抗战准备工作,就好商量了。我可想法劝说广西当局。"蒋说:"好!就照你的意见去办吧,看他们还有什么要求?"刘感到当时蒋的真心"是要和"③。刘斐回南宁向李、白汇报并商定和平的具体办法。李宗

① 程思远:《我所知道的白崇禧》,《学术论坛》1987年第4期。
② 《桂局大有转机》,《国闻周报》第13卷第35期。
③ 刘斐:《两广"六一"事变》,《文史资料选辑》第3辑第24、26页。

仁、白崇禧为此征求各方抗日人士意见。救国会代表杨东莼力劝李、白:"真正从抗日救国出发,以国家民族利益为重,不宜轻率对内用兵,酿成内战。"①此时,中共方面赶抵广西的代表云广英,也按照中共中央依据共产国际执委会关于对中国抗日的指示作出的决定,向李、白讲述中共对国际国内形势的分析,宜将"抗日反蒋"政策调整为"逼蒋抗日",希望通过和平谈判解决冲突,希望看到广西方面"在实际行动上表现他们抗日的诚意"②。李、白接纳了中共、抗日救国会及其他抗日力量的中肯意见,同意在蒋介石真正领导抗日的前提下,接受和谈要求,并提出议和方案。8月21日,邓世增等到广西斡旋和平,带回广西方面和平谈判条款。桂方获悉蒋基本接受和平条款后,于8月23日再次派刘斐以正式和谈代表身份赴广州见蒋介石,进一步沟通双方的立场和态度。蒋对刘斐说:"好,叫我吃亏我能吃的,我的地位可以吃亏"③,表示对某些问题可以作些让步。8月25日,李、白致电程潜等,表示欢迎他们入桂谈判和平。

9月2日,司法院长居正、参谋总长程潜和朱培德,携蒋介石的亲笔信和所拟的和平方案,到南宁会晤李、白,商谈和平解决桂事办法。双方会谈后达成协议八条,基本精神是:南京国民政府许诺领导抗日,李宗仁、白崇禧表示"拥护统一,接受命令"。9月6日,国民政府明令李宗仁为广西绥靖主任,白崇禧为军事委员会常务委员,黄旭初仍为广西省政府主席。此外,在协议基础上还商定:一、关于救亡工作及国防计划等,嗣后均须服从中央领导;二、广西军队缩编为六个师,归李宗仁节制;三、准恢复十九路军,并指定暂驻粤南;四、广西省内政及党务由中央派员整理;五、桂省实行禁绝烟赌。9月9日,李、白接受新职电令,桂军撤回原防。9月16日,李宗仁、白崇禧、黄旭初在南宁举行了隆重的就职仪式④。9月17日,李宗仁、黄旭初抵广州与蒋介石晤谈,共同决定取消第四集团军,改为第五路军,李宗仁任总司令,辖八个师,蔡廷锴部归并编入。整理桂省党政由中央派员负责,军事由李宗

---

① 沙千里:《回忆救国会的七人案件》,《文史资料选辑》第 89 辑第 4 页。
② 云广英:《"六一运动"前后我党在南宁活动的片段》,《广西文史资料选辑》第 9 期。
③ 《桂局和平解决经过》,《国闻周报》第 13 卷第 37 期。
④ 南宁《民国日报》1936 年 9 月 16 日。

仁主持。经过一场轩然大波之后,两广事变终于以和平方式解决。9月28日,蒋介石离粤赴赣。两广事务另设广州行营,委任何应钦处理。各路大军同时撤回原防。

两广事变的发生,再次表明蒋介石坚持"攘外必先安内"武力镇压国内反对势力,而对日本执行妥协退让政策之不得人心。蒋介石和国民党中央执政集团能够妥善处置,求得事变的和平解决,使中国避免新的内战,符合全国人民团结抗日的愿望,顺应了国内"停止内战,一致抗日"的形势。周恩来不久在致蒋介石函中说:"先生解决西南事变,渐取停止内战方针,国人对此,稍具好感。"①这就成为举国上下同仇敌忾,共赴国难的前奏。

---

① 《周恩来关于大敌当前亟应团结御侮致蒋介石信》,《中国共产党关于西安事变档案史料选编》第141页,中国档案出版社1997年版。

第十一章　训政时期的内政

一、国家资本经济的发展

　　蒋介石在南京建立国民政府后,不断进行反共战争和对各军事实力派的征讨,连年用兵,军费不断增加,外债日多,财政赤字巨大。为了摆脱财政危机,国民政府采取了一系列财经政策措施,包括改革税收制度,进行币制改革等,收到一些成效,使社会经济也有一定的发展。

　　北伐于 1928 年 6 月结束后,全国形式上宣告统一,蒋介石宣称要裁军,结果是战争不断,继续扩军,军事开支也随之膨胀;加上为了得到列强和本国资产阶级的信任和支持,承认整理偿还清政府对外赔款和北京政府积欠的内外债务,因此国民政府面临严重的财政问题。一方面是财政收入有限,另一方面是军费和偿债支出巨大,入不敷出,债台高筑。1928 年政府实支总额四亿一千二百六十万元,实收数为三亿三千二百五十万元,亏短(赤字)为八千零十万元,亏短占实支总额的 19.4%;1936 年是政府实收与实支最多的一年,实支总额达十八亿九千四百万元,实收数为十二亿九千三百三十万元,亏短六亿零七十万元,占实收总额的 31.7%。收入虽多,支出更大,赤字不但没有减少,反而猛增①。

　　为了筹措军费和清偿债务,弥补巨额的亏空,蒋介石授权掌理财政的宋子文、孔祥熙等人采取措施,加以解决。他们采用的办法首先是整顿税务,增加税收。国民政府成立后,分别与各国谈判收回海关自主权。经过协议允许提高一些关税。政府的关税收入 1928 年约为一亿二千八百万元,1929 年增为二亿三千八百万元,1931 年达到高峰,年收入为三亿八千五百万元,1937年为三亿四千三百万元②。关税逐步实现基本自主后,逐年得到一些提高,在一定程度上保护了国内市场,有利于民族工商业和国民经济的发展。

　　盐税历来是中国政府的重要财源之一。财政部长宋子文提出统一收入、统一税率、整理场产、推广销运(废除包商制)及就场征税等原则,在管理上将盐务稽核所纳入财政部。1931 年 6 月公布新《盐法》,明确规定"盐就场征税,任人民自由买卖,无论何人不得垄断"。同时提高税率,使盐税收入逐年增加。1936 年盐税收入达二亿五千万元,比 1927 年增加十倍。这种盐税带有明显的半封建特点。据统计,盐税约占盐价的四分之三。诚如一位外国学者所说:"中国对盐的消费量,据估计每人每年平均二十磅。数字大是因为保存食物主要用盐,对盐的需要无分贫富,所以盐税等于是一种人头税。"③

　　统税是对工业品征收统一的一次性捐税。1928 年国民政府以给裁撤厘金作准备为由,对卷烟、面粉征收统税。1931 年宣布实行裁厘,对棉纱、火柴、水泥等货物征收统税,以后又扩大到其他工业品。开征税率普遍大幅度提高,例如棉纱实行统税时,每包税银由一元五角增至八元,提高四倍以上。1933 年,全年统税收入已达一亿元以上。

　　国民政府还进行统一财政的工作,主要是分清中央与地方财政的权限。1927 年 6 月和次年 7 月,先后召开两次财政会议,讨论统一财政问题,同时公布了《划分国家收入地方收入暂行标准》及《划分国家支出地方支出暂行

---

　　① 杨荫溥著:《民国财政史》第 43 页,中国财政经济出版社 1985 年版。
　　② 《中华民国统计年鉴》第 248—250 页,1948 年版。
　　③ ［美］阿·恩·杨格:《一九二七至一九三七年中国财政经济情况》第 58 页,中国社会科学出版社 1981 年版。

1928年7月，蒋介石与冯玉祥、阎锡山、李宗仁等在一起

1928年7月，蒋介石与李宗仁、冯玉祥、阎锡山等合影

1937年，蒋介石在朱培德的葬礼上，面容哀恸

标准》。其中规定：凡盐税、关税、常关税、烟酒特税、卷烟特税、煤油税、厘金
及邮局税、矿税、印花税、国有营业收入、禁烟罚款等十一种税收为国家收
入；田赋、契税、牙税、当税、商税、船捐、房捐、屠宰税、渔业税、其他之杂税杂
捐等十种税捐为地方收入。这就使民国以来中央和地方长期争执、混乱不
堪的财政制度，厘清归属，统一了起来。经过统一财政，分清中央与地方的
财政权限，整顿和提高税率，国民政府税收总收入逐年迅速增长，1936 年突
破十亿元，比 1927 年增加二十二倍。这表明国民政府初期的财力，比起主
要靠借贷度日的北京政府来是明显地增强了。人所共知，赋税归根到底是
由人民负担的，国民政府的税收增加，必然使国民特别是工人和农民受到更
多的榨取而日趋贫困。

　　国民政府还大量举借内债和外债。由于当时已积累了历年来外债达
十余亿元，可抵押的收入项目几乎都用来作为抵押品；而外国政府承认国
民政府不久，还不可能提供大量新贷款。因此，国民政府成立后，首先面
向国内，发行各种名目的国债。仅 1927 年至 1931 年五年间便发行了二
十五种公债，计十亿多元，到 1936 年共发行国债二十六亿元[1]。国债最
终是要人民纳税来偿还的，人民增加了负担，而资产阶级从中发了财。有
的政府要员和金融资本家从承购公债的买卖中获得 50％ 左右的厚利。
国民政府从 1927 年到 1937 年公开举借的外债十四起，总计达四亿
美元[2]。

　　为了统一全国币制，控制白银外流，国民政府先后实行"废两改元"和
"法币政策"，对币制进行改革。原先社会流通的本位币是银两和银元，种类
繁多，币制混乱，而银两和银元之间的比价又常变动不定，不利于经济发展。
1928 年 3 月，著名经济学家马寅初率先提出"统一国币应先行废两用元
案"，财政部核议后呈报国民政府，得到采纳。但当时国库空虚，无力及此。
1933 年 3 月，财政部拟定的《银本位币铸造条例》，先后由国民党中央政治
会议和国民政府立法院通过。确定银本位定名为元，废两改元首先在金融

---

①　千家驹：《旧中国公债史资料》第 19—23 页，中华书局 1984 年版。

②　《中国金融年鉴》第 1 册第 70 页，文海出版社 1939 年版。

中心上海实行,以银两七钱一分五可换算银元一元。在上海顺利实施后,财政部于 4 月 5 日发出布告,规定自 4 月 6 日起,"所有公私款项之收付与订立契约、票据及一切交易,须一律改为银币,不得再用银两。……至持有银两者,得依照银本位铸造条例之规定,请求中央造币厂代铸银元,或送交就地中央、中国、交通三银行兑换银币行使,以资便利"①。废两改元遂推广至全国。

由于美国面对当时资本主义世界的严重经济危机,实施《白银法案》,造成世界白银市场价格猛涨,致使中国的白银大量外流。据统计,各国在上海的银行自 1934 年 1 月至 10 月间共向国外运出白银二亿三千万两,走私白银除外。据美国财政专家估计,1935 年一年之内,从中国走私白银出口额约达一亿五千万元至二亿三千万元之间②。这又导致国内银根奇缺、通货紧缩,不少工商金融企业关闭。仅上海一地 1934 年内便倒闭工商户五百一十家,1935 年倒闭工商户一千零五十家,倒闭银行十二家,钱庄十一家③。为对付上述严重情况,国民政府采取了一些措施,如开征白银出口税,加征平衡税,严格管理白银,严禁私运白银出境等,但均难摆脱严峻的金融困境。为此,国民政府邀请美、英财经专家来华协助筹划币制改革。

1935 年 11 月 3 日,国民政府发表《财政部布告》、《财政部长宣言》,颁布了币制改革令,宣布实行"法币"政策。主要内容如下:一、发行法币为新货币,从当年 11 月 4 日起"以中央、中国、交通三银行(1936 年 2 月又增加中国农民银行)所发行之钞票定为法币。所有完粮纳税及一切公私款项之收付,概以法币为限,不得行使现金"④。二、设发行准备金管理委员会,办理法币准备金的保管及其发行收换事宜。三、实行白银国有,凡银钱行号商店及其他公私机关或个人,持有银本位币或其他银币、生银等类者,"立即将其缴存政府,照面额换领法币"⑤。如有故存隐匿,意图偷漏者,应准照危害

① 《中华民国货币史资料》第 2 辑第 94 页。
② 《一九二七至一九三七年中国财政经济情况》第 238 页。
③ 谢菊增:《1935 年上海白银风潮概述》,《历史研究》1956 年第 2 期。
④ 《财政部实行新货币有关文电》,《革命文献》第 28 辑第 522 页。
⑤ 《财政部实行新货币有关文电》,《革命文献》第 28 辑第 522 页。

民国紧急治罪法处治。四、法币实际以外汇为本位,与英镑发生固定等价联系,初发行时法币一元合英镑一先令二点五便士。

中国法币与英镑集团建立了紧密联系,引起美国不满,并采取干涉措施。中美双方经过谈判,1936 年 5 月签订《中美白银协定》规定,中国保持货币独立,并确定法币与美元的汇率为法币一元合零点二九七五美元。法币与美元有了固定的比价,同美元也发生了紧密联系①。因而英、美资本集团均对此次币制改革持支持态度,虽然日本坚持反对立场,也未能阻止得了。

法币政策的成功实施,统一了货币,结束中国货币长期混乱状况,有利于全国的经济交流,加强了国民政府对全国的经济控制,对当时社会经济发展起到了促进作用。但它也为后来通货膨胀开了方便之门。

国民政府为控制全国经济,巩固统治,逐步建立了国家金融垄断资本、国家产业垄断资本等,形成了国家垄断资本。在抗日战争全面爆发前的国家垄断资本,首先和最主要的是建立了国家金融垄断体系,形成了对金融业的垄断局面;稍后也建立了一部分国家产业资本。

财政与金融密不可分。国民政府在整理财政、实行税制改革的同时,也推行了一系列的金融政策,建立了国家金融体制,形成金融体系垄断网,为后来垄断全国经济命脉奠定了基础。它的金融垄断网,是以"四行二局"为中心建立起来的。"四行"即中央、中国、交通、中国农民银行,"二局"即邮政储金汇业局和中央信托局。

国民政府的国家银行,是 1928 年 11 月 1 日开业的中央银行。根据同年 10 月 5 日修正公布的《中央银行条例》规定,该行为"特许国家银行,在国内为最高之金融机关,由国家集资经营"。中央银行总行最初设于上海,开业时仅有资本二千万元,由政府以公债形式一次拨足。中央银行享有下列特权:一、发行兑换券;二、铸造与发行国币;三、经理国库;四、募集和经理内外公债,以及办理其他事业②。1935 年 4 月,国民政府为充实中央银行的资

_____

① 参见朱镇华:《重评一九三五年的"法币改革"》,《近代史研究》1987 年第 1 期;任东来:《1934—1936 年间中美关系中的白银外交》,《历史研究》2000 年第 3 期。

② 陈真、姚洛合编:《中国近代工业史资料》第 1 辑第 320 页,三联书店 1957 年版。

本实力,决定将其资本总额增加到一亿元,并将总行由上海迁至南京。中央银行经国民政府特派,由九人组成理事会、七人组成监事会;设总裁、副总裁各一人,由国民政府特任或简任,总裁总理全行事务,副总裁辅助总裁处理全行事务。由财政部长宋子文兼任总裁(后为孔祥熙),陈行为副总裁。在各地设分行和办事处。中央银行凭借其特权,在经营银行业务的过程中,大力排挤其他银行,获取巨利,1936 年比 1928 年其资产总额增加二十三倍、存款额增长三百四十一倍、兑换券发行增加二十五倍,从中所获得的纯利增加六十一倍[1]。中央银行的迅速发展和所积累的大量资本,奠定了国民政府垄断全国金融的基础。

中国、交通两行原是创立于清末的两家民营银行,曾经成为北京政府两大金融支柱,资本额分别为二千万元和一千万元,在中国金融界占有重要地位。国民政府为了加强对这两家银行的控制,将其管理处从北平迁至上海,1928 年分别加入官股五百万元和二百万元;中央银行成立后,取消了这两行在北京政府统治时期曾经享有的代理国库的特权。1933 年 3 月,宋子文与蒋介石在发行公债问题上发生分歧,蒋更嫌宋倨傲不逊,乃选处事圆滑的孔祥熙接替宋子文出任财政部长兼中央银行总裁职务。继而蒋介石和孔祥熙谋议对中国、交通两行再次改造,力图将其控制于国民政府的管辖之下。1935 年 3 月中旬,孔祥熙和宋子文到汉口同蒋介石密议回南京后,于 3 月 20 日由财政部向国民党中央政治会议提交为增拨三行资本发行公债的提案;接着,孔电告在贵阳的蒋介石:"一万万元金融公债案,赖兄鼎力主张,已于今日立法院大会通过"[2]。3 月 22 日在报上报导要发行一亿元公债,充实中央、中国、交通三行资金,以间接救济工商业的消息。24 日又报导了一亿元公债的分配计划,其中以三千万元充实中央银行的基金,二千五百万元交中国银行,一千万元投入交通银行,以增加两行的官股[3]。

按照孔祥熙拟定的计划实施后,国民政府完全控制了中国和交通两行。中国银行原来资本二千五百万元,其中政府的官股只占 20%,计五百万元,

① 石毓符著:《中国货币金融史略》第 288 页,天津人民出版社 1984 年版。
② 《中国银行行史资料汇编》第 387 页,档案出版社 1991 年版。
③ 《申报》1935 年 3 月 22 日第 9 页、24 日第 10 页。

商股为二千万元；增加官股二千五百万元后，政府资本就拥有三千万元，即超过商股一千万元，占增资后资本总额五千万元的 60％。交通银行的原资本为一千万元（实收资本八百七十一万元），其中政府官股二百万元，只占 20％；增加官股一千万元后，官股共一千二百万元，占增资后的资本总额二千万元 60％。这样，两行的官股占了绝对优势，加上人事的变动，政府就夺得了主宰权力[①]。随后国民政府任命宋子文、孔祥熙分别为这两个银行的董事长。

中国农民银行的前身为豫鄂皖赣四省农民银行，原是蒋介石为筹措浩大的内战经费，又以复兴农村经济为名而创办的。1933 年 4 月，蒋介石以国民政府军事委员会委员长兼总司令身份发出布告，设立豫鄂皖赣四省农民银行（由豫鄂皖三省"剿匪"总部主办），并发行流通券，资金五百万元，实收只有二百五十万元。至 1935 年 3 月 13 日，他又致电汪精卫、孔祥熙和陈公博，要进一步将四省农行扩大为中国农民银行，扩充资本为一千万元，实收资本七百二十万元。4 月 2 日正式成立[②]，蒋介石任理事长，总行设于南京。不久国民政府也准其发行法币。这家银行后来成为陈果夫、陈立夫所控制的 CC 金融资本的核心。

同时，国民政府还设立以经营进口军火为主的中央信托局和从事储蓄、汇兑的邮政储金汇业局，终于形成了以"四行二局"为中心的金融垄断体系。这个金融垄断体系进而控制一批具有相当实力的民营银行，例如改组兼并了新华信托银行、江浙财团的中国通商银行、四明银行及中国实业银行。被称为"北四行"的金城、盐业、中南、大陆银行，和"南三行"的上海商业、浙江实业、浙江兴业银行，也先后被控制。据不完全统计，1936 年仅中、中、交、农四大银行的资产总额，占全国银行的 59％，其发行的兑换券占 78％。到 1937 年上半年，全国一百六十四家银行的实收资本共有四亿三千四百三十万余元，分支行数一千六百二十七处，行员共二万八千八百七十八人。其中国民政府的四大银行和省市地方政府的二十六家银行，在实收资本额中占

---

① 中国银行行史编委会编著：《中国银行史》(1912—1949)第 377—378 页，中国金融出版社 1995 年版。

② 《民国货币史资料》第 2 辑第 78—80 页。

有 55％,分支行数中约占 59％,行员数中约占 51％。另外,还有一些官商合办银行。至此,国民政府的金融业垄断网已布满全国。

蒋介石对统管全国经济比较重视。国民政府在南京初建时曾起用江浙财团的某些人,采纳了他们"取蛋必先养鸡"的计策,注意保护工商业,整顿交通,保护商人财产,整理劳资纠纷,保护及提倡国货等措施。稍后,蒋介石等人还大力宣传生产建设是"求统一"、救国"治本"、"增强国力"之要图,多次许诺借款用于建设,发展工商,复兴农业。1933 年 10 月 4 日,正式成立全国经济委员会,直隶于国民政府,其职掌范围经国民党中政会决定,近似于全国经济行政最高机构。它采用常委制,先以汪精卫、孙科、宋子文为常委,秦汾为秘书长,蒋介石、孔祥熙、陈立夫、黄绍竑、朱家骅、王世杰、吴鼎昌、黄宗敬、钱新之、陈光甫、刘鸿生、史量才等为委员。1934 年增加蒋介石、孔祥熙为常委。该年的经费为一千五百万元,约为中央内政部年预算的6.5％,或为中央其他支出预算的 18％[①]。全国经济委员会内设秘书处处理会内一切事务。为完成特定经济建设或发展计划的直接实施,设立专门的审议和实施机构。审议系统的主要机构有:一、公路委员会,二、水利委员会,三、卫生委员会,四、教育委员会,五、农村建设委员会,六、湖北堤工专款保管委员会,七、棉业统制委员会,八、蚕丝改良委员会。工程实施系统的主要机构有:一、公路处,二、水利处,三、卫生实验处,四、农业处,五、信托处,六、江西办事处、西北办事处,七、驻沪办事处。1934 年 11 月国民党召开四届五中全会,确定建设的重点项目为:发展交通运输业、救济农业、改良重要生产事业等三项。而对"事业虽属重要,而非少数经费所能克济事者,暂置不办。"[②]

1935 年 4 月 1 日,蒋介石在贵阳发起"国民经济建设运动",并发表讲演说:"经济建设运动乃以振兴农业,改良农产,保护矿产,扶助工商,调节劳资,开发道路,发展交通,调整金融,流通资金,促进实业为宗旨。"[③]同年 8

---

① 秦孝仪主编:《中华民国经济发展史》第 414 页,台北近代中国出版社 1983 年版。
② 《全国经济委员会工作报告》,《革命文献》第 28 辑第 530 页。
③ 国民党中央党部经济计划委员会编:《十年来之中国经济建设·序》,南京古旧书店古籍部1990 年版。

月,他在成都通电各省政府主席,指定经济建设实施纲要的主要内容。10月 10 日,发表《国民经济建设运动之意义及其实施》,宣称经济建设运动与新生活运动互为表里①。1935 年 12 月,蒋介石在国民党五届一中全会上取得中央执行委员会常务委员会副主席和行政院院长两要职,由此其职权范围从军事而政治而经济,开始直接干预和全面控制国民经济工作的时期。继宋子文之后的财政部长孔祥熙唯蒋之命是从,曾被外界讽喻为"橡皮图章"。由于国民政府的经济建设是与国际资本主义紧密联系的,1935 年以前受世界资本主义经济危机的影响,加上国内连年天灾人祸,中国经济并不景气。随着世界资本主义经济的复苏,半殖民地性质的中国经济也活跃起来。加上 1936 年全国没有大的自然灾害,使得当年中国工业、商业、农业都有较大增长,达到了旧中国经济发展的高峰。

国民政府成立初期,对资本主义民营工业的控制比较薄弱,有些保护措施起了作用,因此发展比较迅速。据不完全统计,在 1928 年至 1931 年间,国内新设立的厂矿企业六百六十二家,资本总额二亿五千二百四十五万元,平均每年新设厂二百二十家,新投资本八千四百十五万元,无论新设厂数和资本额都是前所未有的。工业的产量和生产效率较北京政府统治时期都有显著的增长。据不完全统计,1927 年至 1937 年,工业平均年增长率超过8％。1936 年全国工业总产值达到一百二十二亿七千四百万元,比 1927 年六十七亿一千万元增加了 83％。蒋介石的设想是:"对工,分配红利,奖励劳动保险,以增加生产为目的。对商,以保护私产、节制资本为目的。"②但列强对中国的侵略,成为国民经济恢复和发展的严重障碍,这在工业方面尤为突出。日本帝国主义于 1931 年发动"九一八"事变后,辽宁、吉林、黑龙江三省近百万平方公里的土地在短短几个月的时间内沦为日本的殖民地,从经济上来说,是失去了占全国产量 79％的铁、93％的石油、55％黄金、23％的电、41％的铁路、37％的对外贸易,以及大量的资源和财产,这对中国的民族经济是巨大的打击。

---

① 《蒋总统集》第 1 册第 917—920 页。
② 《蒋介石日记》(手稿本),1932 年 9 月 30 日,美国斯坦福大学胡佛研究所藏。

　　同时,1929 年至 1933 年世界资本主义爆发了严重的经济危机,各列强加紧对中国输出资本,到 1936 年外国在中国的资本已达到四十三亿美元。他们控制了中国的绝大部分重工业,在轻工业方面的投资增长也超过民族资本。例如,1930 年,中国全年生铁产量为三十七万多吨,几乎全部被外国所控制。铁矿产量为一百七十七万多吨,其中日资控制的为一百七十六万多吨,占 99.7%。又如棉纺织业历来是中国最发达的行业,1927 年全国纱锭数量是三百六十七万五千枚,1936 年增加到五百一十万零三千枚,但其中日、英等国投资所占的纱锭数由一百五十七万五千枚增加到二百三十五万六千枚,增加几乎达到 50%,在全国总数中所占份额由 42.9% 提高到 46.2%;华资工厂所拥有的纱锭数从二百零九万九千枚增加到二百七十四万六千枚,只增加 31%,在全国总数中所占份额由 57.1% 降到 53.8%。布机的情况也相类似:1927 年总数是二万九千七百八十八台,1936 年总数为五万八千四百三十九台。其中外国资本由一万六千三百二十九台增加到三万二千九百三十六台,增加一倍多,在全国总数中由 54.8% 提高到 58.1%;华资数由一万三千四百五十九台增加到二万五千五百零三台,增加约 90%,在总数中由 45.2% 降到 41.9%[①],可见实际兴旺起来的是外国的在华资本。随着国民政府所控制的国家垄断资本的发展,对工业的控制也逐渐加强。这就使中国民族工业的发展遭到更大的阻力。

　　国民政府虽然标榜要实行孙中山"耕者有其田"的政策,但在实际上并不限制和反对封建土地所有制,毫不触动地主豪绅的权益。掌握着国民政府实权的蒋介石也曾研究过土地问题的解决办法[②],但他申令全国:"承认业主地权,保持目前农村秩序。"[③]他还声称:"吾人应绝对取消共产党阶级斗争的抗租、罢工、怠工、减工之亡国灭种之政策。"甚至荒谬地说:"今日不

---

　　① 朱斯煌主编:《民国经济史》第 335—336 页,银行学会 1948 年编印。
　　② 《蒋介石日记》(手稿本)1932 年 6 月 2 日记:"土地问题有二说:一在恢复原状,归还地主;一在设施新法,实行耕者有其地主义。对于耆绅亦有二说:一在利用耆绅,招徕土民;一在注重贫民,轻视耆绅,以增平民欢心。""余意二者皆可兼用也。"1932 年 9 月 30 日日记更记:"对农,以土地农有为目的。"但这只是纸上谈兵。
　　③ 蒋介石:《对于解决土地问题意见》,《地政月刊》第 1 卷第 11 期,1933 年 11 月。

患地主、资本之压迫农民,而反恐农民之转而压迫地主、资本。"①致使整个农村的土地关系继续恶化,封建地主与贫苦佃农的矛盾更加激化。根据国民政府行政院在六个省的调查,1933年地主占农村户数的3.57%,占有土地45.8%;富农占户数的6.4%,占有土地18%;中农占户数的19.6%,占有土地17.3%;贫农占户数的70.5%,占有土地18.4%②。实际上有不少地区比这个统计情况严重得多。

由于内战连绵,广大农村饱受战乱之苦,征兵拉夫造成农村劳力枯竭,地租、地税的盘削更使农民无力对土地进行投资,加上常有水旱灾害发生,致使广大农村呈现一片破败荒芜的景象。蒋介石为了发展经济建设,保证税源,对农业方面也采取了一些措施,如1930年公布《土地法》,规定地主所得田租限额不得超过土地常年常量的37.5%,提出"二五减租",但都不能切实执行;1933年在行政院下成立一个农村复兴委员会,对农业市场、土地租佃和农业信贷进行了调查,制订了一些调整方案;1934年大幅度增加粮食进口税率,由以前不到0.5%提高到27%以上;推行了一些良种和生产一些农用杀虫剂;在一些地区组织合作社,给农业提供一些信贷等。据统计从1933年至1936年,全国农业总产值平均每年增长1.5%,1936年一些农产品如甘薯、小麦、高粱等达到1931年以来的最高产量。稻、麦、棉的进口量逐年降低。但农业的资本主义经济极其微弱。

国民政府对交通运输业比较重视,尤其是为了"围剿"红军,动用了大量军、民力量修筑公路。全国铁路和公路通车总里程有较大增长。其他如国内外贸易,比起北京政府统治时期,也有较大的发展。

1936年是国民政府统治时期我国社会经济发展达到高峰的年份。全国工农业总产值约为法币三百零六亿一千二百万元,其中工矿业总产值为一百零六亿八千九百万亿元,农业总产值为一百九十九亿二千三百万元。在工矿业总产值中,手工业为七十三亿七千一百万元,近代工矿业为三十三亿一千九百万元,约占全国工农业总产值的10%强。这表明在国民政府统

---

① 蒋介石:《对于关税之感想》(1929年2月1日),《先总统蒋公全集》第573页。
② 国民政府行政院农村复兴委员会1933年在陕西、河南、江苏、浙江、广东、广西等六省农村调查总结。见《农村复兴委员会报》1934年出版。

治下,即使在经济发展的最好年份,资本主义经济有所发展但比重仍不大,中国仍然是一个以农业经济为主的社会。

国民政府曾没收旧军阀、旧官僚的股本,兼并了招商局等一批企业。而以国家名义设立的经济机构中,有着不同的类型,例如实业部、建设委员会、经济委员会、资源委员会等,其职能不一:有的是专职行政管理机构,如实业部;有的是经济建设的协调指导监督机构,但又兼有管理职能,如建设委员会、经济委员会;有的是专职的建设和经营机构,如资源委员会。但不管那种机构,都多少不等地兼管辖有一些企业,只是管辖方式有所不同。国民政府曾规定:"国营事业(国有产业)在可能的范围内应尽量采用公司管理制,并相应地制定职员服务法。"①当时的国家企事业一般以工厂或公司管理为主要形式,各部委只是行使行政管理的职能。而全国经济委员会本身没有所属的国营工矿企业,却有由银行团和私人资本组成的投资公司,即中国建设银公司。

国民政府实业部在陈公博任部长期间,曾同华侨商人合资办起一个中国酒精制造厂。在吴鼎昌接任部长后,于1936年6月设立了"国民经济建设运动委员会",至8月15日成立一家"中国植物油料厂股份有限公司"。该公司由实业部和川鄂湘浙皖赣六省政府及各大都市油商巨头组织而成,资本额二百万元,实业部承担五十万元,也是官商合办企业。它除筹建炼油厂外,实际上从事垄断中国植物油出口贸易。从1936年10月开业至1937年7月,该公司于上海、汉口、长沙等地设立贸易办事处七处,销售植物油一万七千吨,价值一千三百万元,其中以桐油为主(数量占60%,价值占70%),主要销往美、德、英三国②。

继实业部之后,国民政府于1927年底至1928年初设立了建设委员会,由张静江任主席。在抗战前十年中,它共建成了两家电厂、两家煤矿,外加一个电机制造厂,合计五个企业单位。其中最主要的是由南京市电灯厂和戚墅堰电厂合并,同时靠发行电器公债而扩大组成的扬子电气公司,1937

---

① 《革命文献》第22辑第368页。

② 陈真编:《中国近代工业史资料》第3辑第799—800页,中华书局1962年版。

年 5 月股本定为一千万元。另一个是淮南路矿公司,至抗战前夕,资产总额定为一千万元,建设委员会保留 20％的股权,其余 80％由中国建设银公司筹足①。

全国经济委员会是 1931 年成立的国民政府的国家经济机构之一。1933 年 10 月,宋子文主持这个机构的工作后,其职能由咨询机构改为参与经济建设活动。1934 年 6 月由宋子文组建的中国建设银公司,是专门用于控制工商企业的投资公司,名义上隶属于全国经济委员会。这个公司的全称为"中国建设银公司股份有限公司"。加入该公司的成员有两部分:一为银行团体,计有中央、中国、交通、金城、中南、上海、浙江兴业、中国实业等十多家公私大银行;二为个人,计有孔祥熙、宋子文、张公权、李馥荪、陈光甫、宋子良等数十人②。当时国内的一些重要企业如扬子电气公司、淮南路矿公司、渤海化学工业公司、中国棉业公司、南洋兄弟烟草公司等,都是在1936 至 1937 年间被控制和接管的;另外有一些单位如华南米业公司、中国国货联营公司、川滇铁路特许公司等,也是抗战前夕由该公司新创设的。

资源委员会是国民政府为调查控制全国国防资源及基本工业建设事业的管理机构,其前身为国防设计委员会。该会于 1932 年 11 月 1 日设立,隶属国民政府参谋本部,会址设于南京。蒋介石兼任委员长。当时聘有设计委员五十余人,主要是监督与计划军事开支以及从事与军事有关的资源调查、统计、研究、设计等工作。1935 年 4 月,国防设计委员会改组为资源委员会,隶属军事委员会,仍由蒋介石兼委员长,翁文灏、钱昌照为正副秘书长。其职能由单纯从事资源调查、研究转向资源开发。同年 12 月蒋介石兼任行政院院长后,资源委员会的活动大为加强。它的资本来源主要有两个途径:一是由政府从国库直接拨款,在国家财政中开支,如国民政府在 1936年度预算中指定一千万元供建设重工业之用。二是运用国家政权的强制力量,没收私人企业或接管地方企业,使其变为国家资本。如对湘潭煤矿公司,就是 1937 年直接从一个姓谭的商人手中强行夺取过来的;对湘乡恩口

---

① 陈真编:《中国近代工业史资料》第 3 辑第 782—784 页。
② 《申报》1934 年 6 月 1、4 日。

煤矿也是如此①。

该会起初负责统制全国钨、锑等战略产品运销事宜,1936年起在湖南、江西等地筹建中央钢铁厂、中央机器制造厂、中央电工器材厂、湘潭煤矿、龙溪河水电厂等二十余家重工业厂矿。总之,在抗战前,国民政府对工业所控制的比重较小,但增长迅速,至1935年约占整个工业资本的12%②。

蒋介石和国民政府对军事工业极为关注。在没收和接办北洋军阀官僚资本的军工厂的基础上经过整理后,由兵工署直辖的兵工厂有金陵兵工厂、巩县兵工厂、济南兵工厂、汉阳兵工厂、汉阳火药厂、上海炼钢厂,还整理和新建一些制炮厂、炮弹厂、炼钢厂、动力厂、氮气厂、军用化工厂等。据统计,30年代,国民政府兵工署系统的兵工厂有十余家,军需署系统被服、粮秣、炼钢、化工等企业十六家,海军部系统的造船、飞机等企业和工程处十多家,航空委员会所属的飞机修理厂三处③。

国民政府对商业实行一些统制政策,进行垄断活动。如1933年全国经济委员会设立棉业统制委员会,次年又在江浙两省设立蚕桑管理委员会等,名为改良品种,重点在于统制产销,垄断市场。名为改良品种,更重要的是包销进口货物和搜集国内战略物资出口。例如蒋介石在江西"剿共"时发现经营稀有金属矿砂有大利可图,便命资源委员会垄断了钨、锑、锡等战略物资的矿产。以后又成立贸易委员会,对丝、茶、桐油、猪鬃等主要出口物资实行统购统销。孔祥熙在天津、上海等开设"祥记商行"等,专营布匹、煤油、颜料等重要物资,在全国各重要都市设有七八个大商号,享有国家经营的特权,而又以"商办"的名义出现。宋子文利用对外联络的便利条件,专营粮、棉进出口,开设"华南米业公司"、"中国棉业公司",还在香港设有"中国物产公司",都是全国经济委员会中国建设银公司控制的企业,带有垄断性质。国民政府又通过设立"专卖"制度,对食盐、糖、烟、火柴等日用品先后实行专卖,并对钢铁、煤、木炭、汽油、煤油、金、水泥等物资成立管制机构,从而对重要商品进行控制和垄断。

---

① 石柏林著:《凄苦风雨中的民国经济》第219页,河南人民出版社1993年版。
② 陈真编:《中国近代工业史资料》第3辑第1419页。
③ 许涤新、吴承明主编:《中国资本主义发展史》第3卷第101页,人民出版社1993年版。

在交通运输方面,国民政府继承清政府和北京政府修筑的铁路,计有一万二千七百二十八公里[1];1931 年东北沦陷后,东北铁路六千多公里连同丧失。30 年代前期,国民政府修筑了浙赣铁路、粤汉铁路的株洲至韶关段、湘黔铁路的株洲至湘潭段等,至抗战前夕,全国共有铁路二万一千七百六十一公里,国民政府实际控制一万一千四百十九公里,约占 52.5%,其余皆在外国资本控制下[2]。公路建设方面先后由交通部、铁道部、全国经济委员会掌理。1933 年全国通车里程除东北外,有六万三千四百零六公里,到抗战前夕扩展到十万零九千五百公里[3]。航运业主要是招商局,1932 年由国民政府接办。到抗战前,招商局拥有船舶一百五十三艘,吨位八万六千三百余吨[4],占当时全国国营和民营船舶总吨位五十七万六千吨的 15%左右。航空运输业,至 1936 年底,有航空公司四家,即中国(与美国合办)、欧亚(与德国合办)、西南、惠通航空公司,还有中苏航空公司。中国和欧亚两航空公司有飞机二十七架[5]。

据统计,1927—1937 年,国家资本在工矿业中的资本额为二亿零六百万元,在交通运输业中的资本额为二亿三千五百万元[6]。交通运输业中的国家资本的资产为十六亿三千八百九十七万元(其中铁路为九亿八千六百五十七万元,公路四亿五千一百十四万元)。这期间国民政府国家资本的资产在工矿业和交通运输业中合计为十八亿四千四百七十九万元[7]。国家资本已在交通运输业的铁路、公路、空运和邮局部门取得垄断和独占地位,但在航运部门不及民营资本。在工矿业中,国营、民营工矿业资本合计为十三亿七千六百万元,其中国营为二亿零六百万元占 15%,民营为十一亿七千万元占 85%。这表明国家资本在抗战前,在工矿企业中还没占据绝对垄断与统治地位,仅处于初步形成阶段。然而,如前所述,国民政府的国家资本

---

① 《中国资本主义发展史》第 3 卷第 87 页。
② 《中国资本主义发展史》第 3 卷第 87—88 页。
③ 《招商局 75 周年纪念刊》。
④ 简锐:《国民党官僚资本的发展概况》,《中国经济史研究》1986 年第 3 期。
⑤ 陈真主编:《中国近代工业史资料》第 3 辑第 838 页。
⑥ 吴承明:《中国资本主义与国内市场》第 130 页,中国社会科学出版社 1985 年版。
⑦ 简锐:《国民党官僚资本的发展概况》,《中国经济史研究》1986 年第 3 期。

在金融业中已占统治地位,它通过货币信用和外汇政策等,已经能够掌握全国经济命脉。

二、两支特务组织

蒋介石为消除异己势力的反抗,镇压共产党和人民革命运动,加强内部控制,维护和巩固独裁统治,吸取和运用历代封建统治者以及德、意等国法西斯统治的经验和措施,建立了庞大的特务系统,形成了南京国民政府统治体制的一个重要特点。特务组织主要有CC系"党方"组成的系统和黄埔系"军方"组成的系统。它们都有一个形成和发展过程,其活动范围和内容也各具特点。

CC是陈果夫、陈立夫为首掌握国民党党务大权的一个派系。他们在1927年为拥戴蒋介石把持中央大权,与戴季陶、丁惟汾等组织起"中央俱乐部"(英文译名为Central Club,简称CC,恰好与二陈的英文第一个字母相同),集结了一批亲信人物,从而形成了以二陈为中心的CC系集团。他们以国民党中央组织部党务调查科为基础,逐步扩大,在各省市党部设置"肃反专员"等,形成了全国性的特务系统。

1927年4月南京国民政府组成后,为适应当时清党反共的需要,在国民党中央组织部调查科的职能内,增加"调查党员思想及派系隶属"一项,调查科即"向特务工作转化"①。1928年2月,蒋介石经第一次下野又复职,着力改组和扩大中央组织部,调陈立夫任调查科科长,并指示"其主要任务为对付共产党的活动而制裁之"②。在此期间,CC系秉承蒋介石的旨意,大量逮捕和杀害共产党员和进步人士。后来中统局向国民党五届十中全会报告称,"从1928年至1930年,党务调查科逮捕中共高级干部十九人,中级干部八十人,下级干部一万五千人"③。

---

① 刘不同:《国民党的魔影——C·C团》,《文史资料选辑》第45辑第242—243页。
② 王禹廷:《中国调统机构之创始及其经过——〈细说中统军统〉代序》,载徐恩曾等:《细说中统军统》第3—7页,台湾传记文学出版社1992年版。
③ 王金铻等著:《中国现代政治史》第632页,黑龙江人民出版社1990年版。

1929 年,调查科趁各省市清党委员会结束与各省市党部改组为"指导委员会"或"整理委员会"、办理党员登记并重新确定党籍的机会,以中央组织部的名义,在各省市党部委员中指定 CC 系的亲信为"肃反委员",初步建立起下属机构,从而使其能以公开身份对国民党各级地方组织和党员进行监视,有对蒋介石、国民党执政集团不满或进行反对活动者,常以"反革命"的罪名予以整肃。在办理国民党员登记和确定党籍中,CC 分子把一些坚持孙中山三大政策或对国民党的倒行逆施有疑虑者视为异端,多方刁难,不准恢复其党籍,甚至横加迫害。仅据浙江十四个县的不完全统计,1928 年初该区域有国民党员二万二千九百人,参加登记者一万七千人,被审查确定准予重新获得党籍者仅为一万二千人[1]。

1929 年 12 月,国民政府立法院通过并颁布了《反省院组织条例》,接着一些省市设立"反省院"或"感化院"。1930 年陈立夫等制定《共产党人自新自首办法》,徐恩曾等人也提出一套加强对"反省院"管理和加紧诱叛劝降的实施办法。自 1932 年起,各地"反省院"院长改由"党方"特工人员担任。"反省院"的组织,名义上是各省最高法院的一个机构,实际上是 CC 系的特设监狱,借司法机关为掩护,实行对政治犯的非法审讯和拘押。"管制的方法,主要是以教育训练为名,实则采用刑逼或利诱的方法,使政治犯出卖同志,背叛组织,向国民党'立功自首'"[2]。"反省院"的人事任免和实际活动,完全听从 CC 系统安排,只有经费开支由法院承担。

1932 年 4 月,在蒋介石授意下,"党方"特务系统扩大了组织,设立了特务工作总部(简称特工总部),由徐恩曾为主任,具体负责。秘密办公地点设在南京道署街(今瞻园路)瞻园内。它"自始至终都是一个完全秘密的组织","对外活动从不用'总部'的名义,指挥其所属活动,用的也是化名、代号","没有一定编制,它可以随时间和活动的需要而更易"[3]。

"特工总部"设置了一整套严密的特务机构。书记室是其核心,在徐恩曾直接控制下,主要为插手各地方的组织人事安排;侦查、破坏共产党及其

---

① 国民党浙江省党务指导委员会编:《浙江党务》1928 年第 18 期。
② 柴夫编:《CC 内幕》第 71 页,中国文史出版社 1988 年版。
③ 张国栋:《中统局始末记》,《细说中统军统》第 14—15 页。

他党派的组织,指引逮捕、关押以至杀害共产党人和进步人士;对被捕人员进行"审理"、诱叛等。总部设有:总督察,为监督考核特工人员而设,有"特务中的特务"之称;设计委员会,供咨询,参与设计,提出建议;情报科,配有专用电台,逐日编成《每日情报》,遇有特别重要情报按特殊格式抄报蒋介石;训练科,培训特工,强化思想,提高技能;总务科,主管会计、事务、文书、保管武器弹药等;电讯总台,下辖五六个分台,分别与各地联系通报。特工总部在各省市设有下属机构,上海、南京等特别市称为"区",省、市及铁路干线称为"特务室"。省、市特务室设主任、秘书各一人,下设总务、情报、组织、行动等科。"区"和"特务室"以秘密方式存在,其活动以调查科派驻各地的"特派员"和"肃反委员"的公开名义进行[1]。

CC 集团曾在蒋介石的授意下,派出一些骨干到德、意考察效法希特勒、墨索里尼法西斯党的模式,准备在国内建立类似的秘密组织。1932 年由陈果夫、陈立夫出面集结一批亲信,秘密成立"青天白日团"(简称"青白团")和"中国国民党忠实同志会"(简称"同志会"),作为整个 CC 集团的核心组织。这两个组织均以蒋介石为最高领袖,以陈果夫、陈立夫为正副干事长,张厉生、张道藩、余井塘、叶秀峰、徐恩曾为常务干事。他们招纳盲目崇拜蒋介石的分子,仿效德意法西斯和封建帮会的做法,入团、入会者要在阴森恐怖的气氛中履行手续,并举行带有神秘色彩的仪式;要宣誓绝对拥护蒋介石为国民党唯一领袖,一切唯蒋之命是从,如违背誓言甘受严厉的制裁。

二陈通过"青白团"和"同志会"这种核心组织,操纵整个 CC 系统,并成立各种外围组织,把势力渗透到政府部门和文教、经济等机构中去。为了将其组织发展到全国,先后派出一些骨干分子到各地去建立地方组织。30 年代以后,CC 组织扩展到国民政府许多部门。1934 年,陈果夫出任江苏省政府主席,又进而控制了一些地方政府部门。同时,CC 集团还派骨干人物到各省担任行政督察员或实验县长,将其触角伸向全国的四面八方。CC 分子也常打入机关团体,对工作人员特别是进步人士加以监视、侦查,甚至迫害。

---

[1]　参见张文:《中统 20 年》,《江苏文史资料选辑》第 23 辑。

"CC掌控的调查科,与首都警察厅、宪兵司令部等建立了密切的关系。它经常利用首都警察厅公开合法的名义,指挥该厅督察长令其部属借故检查户口,每于深夜突然进入某一被认为有嫌疑的人士私宅搜查,如发现可疑书刊,便予以没收,甚至把人也扣押起来。自1930年秋起,宪兵司令谷正伦聘徐恩曾为顾问,又给特务组组长顾建中在宪兵司令部以正式名衔,使得徐、顾等人可随时进出该司令部。调查科捕获的人,还可关押在该司令部所设监狱中的专门号房,进行特别审讯。据"党方"特务首领后来供称:自1931—1937年经其逮捕的中共党人计有:中共中央委员以上干部四十多人,中共省市级干部八百二十九人,中共县市级干部八千一百九十九人,中共区委以下干部与普通党员一万五千七百六十五人,中共领导的少年先锋队、全国总工会、反帝大同盟、中国互济会等"赤色群众"五千人,以上各项计共二万九千八百三十六人①。

1931年"九一八"事变后,"党方"特务组织调查科通过国民政府内政部和警察机构,在各重要城市的邮电局设立邮电所,以其派在各省市部门党部的调查统计室为主体,对各地报刊和信件进行非法拆封检查。如发现有反抗国民党、蒋介石的言行,立即严密追查,残酷迫害当事人员,以此钳制人们的通讯和言论自由。

此外,1933年,调查科趁财政部撤销盐务缉私队的机会,经蒋介石批准并为财政部同意,于该部盐务总局下设立了"盐务缉私督察处",实现了其打入财政部的夙愿。1936年7月,调查科又趁财政部设立税务署的机会,经特批由徐恩曾推荐一批人担任该署的税务督察,将其势力伸入这个肥缺机构。

以上是"党方"特务系统的概况。

"军方"特务组织的前身是力行社的特务处。1932年2月,复出的蒋介石汲取"无组织"的教训,于2月21日召集"贺(衷寒)、康(泽)等生谈组织事,必欲组织以秘密奋斗、人尽其才,控制全国之机关,方得完成革命。如仅普通组织,则必腐化消灭也。乃得数语曰:抗日锄奸、为党牺牲、实行主义、

---

① 徐恩曾:《我和共产党战斗的回忆》,《细说中统军统》第211—213页。

革命革心、矢勇矢勤、严守秘密、服从命令，如违誓词，原受极刑"①。3 月 1 日，蒋介石召集黄埔系的骨干分子建立了一个法西斯主义性质的秘密政治组织，称为"三民主义力行社"（简称"力行社"），亲任社长。紧接着力行社成立了其二级组织"革命军人同志会"和"革命青年同志会"，三级组织"中华民族复兴社"，四级组织"忠义救国会"。为掩护力行社核心组织的机密，力行社成员一般以复兴社名义相称，力行社的骨干分子包揽了复兴社上层核心机构的组织领导，戴笠领导的力行社特务处，也称作复兴社特务处。

"军方"系统特务活动的历史轨迹，实际上可以追溯到黄埔军校的孙文主义学会和黄埔同学会，经中央军校毕业生调查科（后改为处）、戴笠为首的"十人团"、"三民主义力行社"等若干发展阶段。1932 年 4 月 1 日成立国民政府军事委员会调查统计局第二处（军警处，实即"三民主义力行社特务处"），标志着"军方"特务组织被正式纳入国民政府机构编制之中。

"三民主义力行社"的名称，为蒋介石亲定，其中央书记、常务干事、干事、候补干事，均由蒋亲笔书写派定。中央干事会为该社的最高决策中心，所设的书记处与总务、组织、宣传、特务各处工作，由书记总其成，并对"领袖"、对中央干事会及其常务干事会负责。首任常务干事兼书记为滕杰，第二任为贺衷寒，第三任至第五任分别是酆悌、刘建群和康泽，后两任改称书记长。

力行社还承担情报、侦探之责。蒋介石在事前就设想："组织政党，澈底政策，必先组织侦探队，防止内部叛乱，制裁一切反动，监督党员腐化，宣传领袖主张，强制社会执行，此侦探队之任务，而侦探队之训练与组织指挥运用则须别订也。"②力行社成立初起，即设立特务处，担负起"侦探队"之使命。

力行社是一个由蒋介石亲自领导建立的法西斯主义性质的秘密政治组织。它实行领袖独裁制，一切重大问题都由蒋个人最后裁决，具有高度秘密性质。组织结构分多层次，核心组织以及外围组织、秘密组织、公开组织。

---

① 《蒋介石日记》（手稿本），1932 年 2 月 21 日，美国斯坦福大学胡佛研究所藏。
② 《蒋介石日记》（手稿本），1932 年 2 月 17 日，美国斯坦福大学胡佛研究所藏。

武装与非武装组织之间,既严格区分,又相互制约。它追逐当时正在意、德等国泛起的法西斯主义狂潮,鼓吹法西斯的"救国"独裁论,宣扬"只有仿效意大利和德国的法西斯残酷斗争的精神"①,才是拯救中国的出路,"建立中心偶像是统一国民党的重要条件"②,为蒋介石实行专制独裁统治鸣锣开道。它渲染暴力与恐怖,主张以野蛮、残酷手段,对付中国共产党、其他革命势力和国民党内的反对派。

力行社还承担情教、侦探之责。蒋介石在事前就设想:"组织政党,澈底政策,必先组织侦探队,防止内部叛乱,制裁一切反动,监督党员腐化,宣传领袖主张,强制社会执行,此侦探队之任务,而侦探队之训练与组织指挥运用则须别订也"③。力行社成立初起,即设立特务处,担负起"侦探队"之使命。

力行社的组织体系是:在中央设总社,在省设分社,在县设支社,在区设小组。此四级组织由"三民主义力行社"、"革命同志会"(包括"革命军人同志会"和"革命青年同志会",前者于 1933 年蒋下令撤销)、"中华复兴社"、"忠义救国会"四种不同名称构成④。在力行总社之下,设有南京、上海、江苏、浙江、安徽、江西、湖北、湖南、山东、河南、北平(兼河北)、山西、陕西、四川、江宁实验县、中央军校、炮兵学校、首都卫戍司令部和宪兵司令部共十八个分社,与东北、绥远、广东三个特派员,以及军事委员会、参谋本部、军政部、步兵学校、工兵学校、军需学校六个直属小组,其各分社亦设书记、助理书记或干事⑤。此外,还设有民族运动委员会、中国童子军励进社、西南青年社、中国文化学会等外围组织。

1934 年 4 月,戴笠把力行社特务处与军委会南昌行营调查科和别动队合并,成立了军委会特务处,并在各地广泛设立"区、站、组特务情报网,并开始布建各地秘密电台",采取"秘密领导公开,公开掩护秘密"的方法,开展特

---

① 《国民党与法西斯蒂运动》,《社会新闻》1933 年 8 月 24 日。

② 《组织与领袖》,《社会新闻》1933 年 5 月 15 日。

③ 《蒋介石日记》(手稿本),1932 年 2 月 17 日,美国斯坦福大学胡佛研究所藏。

④ 邓元忠:《三民主义力行社史》,实践出版社 1984 年 8 月。

⑤ 《细说中统军统》第 384—387 页。

务情报活动①。1935 年 2 月，豫鄂皖三省"剿匪"总司令部第三科亦并入军委会特务处，使其特务人数猛增至一千七百多人。除正副处长戴笠、郑介民外，设有书记室，还有情报、总务、司法行动、电讯等科室。西安事变后增设了"张学良管理处"。外勤单位有北平、天津、西北、南京、武汉、香港、重庆川康七个区和上海行动组、华盛顿通讯组，还有南京国际组、铁道通讯组、财政密查组等十余个单位，可以说"初步形成了特务网络，奠定了特务基层组织的基本模式"。特务处的"编制工作人员达三千六百余人，并有电台约二百座配置于全国各地"②。

"军方"特务组织的主要活动有：

一、反对和镇压共产党及其他革命力量。"军方"特务把共产党及其领导的革命力量作为首要敌人，是他们破坏和消灭的主要对象。在蒋介石发动对苏区的第四、五次"围剿"中，他们为消灭工农红军、摧毁红色政权而费尽心机，不惜采用一切卑劣伎俩。蒋介石在南昌行营中设立调查课，还令康泽组织别动队，其任务是在"围剿"红军的国民党军队中和湘、赣、豫、鄂、皖等苏区发达的省份，进行反共军事间谍活动，搜捕共产党员，镇压人民革命斗争，侦查监视"剿共"部队官兵。

1933 年 6 月，为对付宋庆龄及其中国民权保障同盟的活动，由戴笠亲自指挥上海的军统特务，暗杀了中国民权保障同盟总干事杨杏佛。1934 年11 月，戴笠又指挥华东区行动组，在沪杭公路上暗杀了著名报人、爱国人士史量才。同时，力行社和宪兵第三团在平津等地残酷镇压民众运动，屠杀共产党人和革命青年。继而，秘密杀害察哈尔抗日同盟军的前敌总指挥共产党员吉鸿昌等。在上海、武汉、厦门等地，特务处破坏中共组织多处，并广泛搜罗中共的叛徒，用以破坏革命。例如顾顺章叛变后，由陈立夫、徐恩曾的CC 特务机构移交力行社特务处，成为戴笠手中的反共工具。

二、为蒋介石剪除异己，镇压反对派。蒋介石为巩固其统治，镇压国民党内部的反对派，力行社特务组织成为蒋的得力工具。1933 年 6 月力行社

---

① 章微寒：《戴笠与庞大的军统局组织》，台湾《传记文学》第 54 卷第 5 期。
② 《细说中统军统》第 153 页。

特务组织以"华"机关为代号所开列的暗杀名单,就包括大批国民党反对派人士。在镇压和瓦解反对派发动事变方面,军方特务组织发挥了特殊作用。1933年11月福建事变发生前后,戴笠就通过潜入福建的特务获得多方面情报,并利用各种关系,对十九路军的将领进行分化和收买工作。为配合蒋介石对福建的大规模军事进攻,军方特务12月紧急赶往厦门、漳州,用软硬兼施的办法,迫使十九路军第六十一师师长毛维寿等于1934年1月通电降蒋,促使"福建人民革命政府"迅速瓦解。

当1936年两广事变发生时,军方特务又在广东海陆空军将领中大力开展策反工作。戴笠亲自会见广东空军总司令部参谋长陈卓林,以每架飞机二万元的奖金和升官为诱惑,策动广东空军投降。7月,广东空军总司令黄光锐领衔通电反对陈济棠,率空军归附国民政府,迫使陈济棠下野出走香港。

三、对国民党陆海空军的控制。力行社以军事委员会政训处为总机关,在各级部队和各军事学校、各军事机关设立政训处,派驻政工人员,秘密监视、侦察军官、士兵和学生的思想行动,宣传反共,进行法西斯主义教育,并通过有关机关对"共产党嫌疑分子"予以禁闭、开除、监禁以至杀害。

力行社还控制军队中国民党的党务系统,在陆海空军部队师以上单位和各军事机关、军事学校成立特别党部,由力行社特务分子担任党的特派员或书记长等职。管辖军队党务事项的党务处,名义上隶属于国民党中央党部组织部,实际上由力行社主要骨干分子掌握。

四、将全国青壮年置于军事控制之下。力行社乘对青壮年实行军事组织和训练之机,把其置于军事控制之下。军训活动的开展以训练总监部下设的国民教育处为总机关,各省市设国民军事训练委员会,各省市及各中等以上学校都派驻军训教官。这些教官大都由力行社特务分子担任。各中等以上学校编成总队或大队,由军训教官对学生实施军事训练和军事管理,并借此监视和控制学生的思想和言行,从中发展力行社的外围组织复兴社的成员。

五、为蒋介石收集国际情报。力行社从1932年起开始派复兴社员到日本和欧洲留学,受派的学生在国外发展组织和搜集情报。1934年起,蒋介石派力行社成员去日本和欧美各国任中国驻外使馆武官。这为力行社在各国华人中发展组织提供便利，也为蒋开辟了广阔的情报来源。1934年在欧洲的中国留学生中有一百多名复兴社成员，柏林设有复兴社的分社组织，下辖有伦敦、巴黎、罗马、莫斯科支社。各支社小组每周有一次聚会，每月向柏林分社提供一份书面报告，柏林分社向南京总社综合报告。在新加坡和菲律宾也有力行社的耳目。

六、宣扬法西斯主义。力行社信奉的是法西斯主义的理论，宣扬法西斯主义思想是它的一项基本任务。在力行社成立的同时，黄埔军校第六期的毕业生杨周熙写了一本《三民主义法西斯化》的小册子，呈送蒋介石审阅。蒋将其改名为《三民主义之复兴运动》，批准按原文出版①。力行社是30年代前期甚嚣尘上的法西斯主义思潮在中国泛起的大本营。当时力行社主办一批报刊和书店，南京有拔提书店、《中国时报》《我们的路》；上海有《前途》；南昌有《扫荡日报》；等等。他们鼓吹"绝对拥护一个党、一个领袖"，出版蒋介石言论集、蒋介石传记、希特勒《我的奋斗》等书籍。

力行社鼓吹法西斯主义的所谓领袖独裁论。它的喉舌《社会新闻》发表社论认为："法西斯主义是濒临毁灭的国家自救的唯一工具，它已经拯救了意大利和德国……因此，再也没有别的路可走了，只有仿效意大利和德国的法西斯残酷斗争的精神了。"②他们断言："中国的出路，无疑是法西斯主义的出路……中国的前途，无疑是法西斯主义的前途。"③力行社的骨干分子大力鼓吹"服从领袖是无条件的，每个人必须真挚地与他同生死，共患难。"④《社会新闻》社论鼓吹："建立中心偶像是统一国民党的重要条件，是复兴中国革命的第一步。我们不必隐瞒，我们需要中国的墨索里尼。"⑤而谁是中国的墨索里尼呢？在一篇题为《领袖的认识》的文章中赤裸裸地说："在今天革命战线上，德力足以感人，威力足以创业的，就莫如蒋介石先生了！……因此我说蒋先生是中国革命的唯一领袖。"⑥这些鼓吹法西斯主义的言

① 康泽：《复兴社的缘起》，《特工秘闻》第68页，中国文史出版社1990年版。
② 《国民党与法西斯蒂运动》，《社会新闻》1933年8月24日社论。
③ 陈穆和：《法西斯蒂与中国出路》，《社会主义月刊》第1卷第7期。
④ 刘建群：《银海忆往》第35页，台北传记文学出版社1966年版。
⑤ 《组织与领袖》，《社会新闻》1933年5月15日社论。
⑥ 贺衷寒：《领袖的认识》(1933年9月)，中国文化服务社北平分社1945年版。

论,曾起过某些蛊惑人心的作用,但早已被历史证明是极为荒谬的。

三、实施保甲制度

保甲制度是县以下的一种地方统治制度,也是传统的人口户籍管理制度。国民政府成立后,蒋介石提出了要编组保甲民团的旨意,认为"兴保甲,办团练,此法虽古,可行于今,且甚易兴办而能确实也"[①]。他的主张虽得到了一些省的地方长官的响应,但至 20 年代末,国民政府并未颁布统一的保甲法规。各地推行某些类似保甲制的做法,杂乱不一。如江苏以五至十家为一甲,三十至五十家为一保;广东则以二十五家为一"牌",以数牌为一"甲"。1928 年 9 月 15 日,国民政府公布《县组织法》,其中规定县下为区,区下为村(里),再以下行"闾、邻制",即以五户为一邻,五邻为一闾。至 30 年代在全国推行了"保甲运动",使保甲制度成为国民政府辖区内占的人口管理制度。

1931 年夏,蒋介石对江西苏区发动第三次"围剿"时,为了配合军事进攻,"剿匪"总司令部党政委员会的地方自卫处研究了保甲制度,草拟了保甲法规,下令在江西修水等四十三县试行"编组保甲,清查户口"工作,废止旧有的乡(镇)闾邻组织,继而将保甲推广到江西全省。1932 年 6 月蒋介石调动大军发动第四次"围剿"时,将江西试行的保甲法规加以修订,于 8 月在豫鄂皖三省接近苏区根据地的地区颁布《施行保甲训令》及《剿匪区内各县编查户口条例》。1934 年,国民党中政会第四三二次会议议决由行政院通令各省市切实办理地方保甲。据此,行政院于同年 12 月通知各省,普遍实行保甲制度。于是,保甲制度便由"剿匪区"推向全国,进入了所谓"保甲的复兴"[②]阶段。

国民政府宣称,其编组保甲的目的在于,"严密民众组织,彻底清查户口,增进自卫能力,完成剿匪清乡工作"。其主要内容是:

---

① 《中华民国重要史料初编——对日抗战时期》绪编(1)第 398—399 页。
② 李宗黄:《现行保甲制度》,中华书局 1945 年版。

一、编组保甲，清查户口。条例规定："剿匪区内各省县长应根据实际情形划分全县为若干区，依照本条例之规定，限期编组保甲，清查户口。"①各县地方原有层级太多、名目不一的自卫组织一律编为保甲。其编组标准的基本形式是十进位制，以户为单位，设户长，十户为一甲，设甲长一人，十甲为一保，设保长一人。十保以上为乡镇。在特殊情况下，也要按规定灵活掌握。继而，由县长派员充任保甲户口编查委员，分赴各区会同保甲长挨户清查人口，各户成员逐一登记，内容包括性别、年龄、婚姻、文化程度、职业、家中有无枪支，连失踪或迁居异地死亡者也要登记在册。以上事项经过复查审核后，由当局编造清册，并按编定各户挨次发给门牌，令各户张挂户外易见处，以备军警及保甲长随时检查。

二、订立规约，推行联保连坐。保甲编定后，由保长负责召集甲长开保会议，强行订立《保甲规约》。在规约中，强迫民众承担各种义务，如勒令住民协同盘查境内出入人员，遇有形迹可疑分子必须报告，甚至帮助捕拿、取缔；对于"匪患"进行警戒，通报及搜查；修筑碉堡、公路和交通设备。规约还有关于经费筹建、征收、保管、支用报销，以及保甲职员和"住民怠于职务"者的处罚等事项。同时强行实行"联保连坐法"，规定各户户长除一律加盟《保甲规约》外，"应联合甲内他户户长至少五人，共具联保连坐切结，声明结内各户互相劝勉、监视，无通匪或纵匪情事，如有违犯者，他户应即密报惩办，倘瞻徇隐匿，各户须负连坐之责。"②。

三、抽选壮丁，编练民团。保甲内十八岁以上、四十五岁以下的男子编成壮丁队，平时受军事政治训练，必要时编成武装民团，分区分期实行集合训练。在一些有红军活动的地区，则组织"铲共义勇队"，其任务是救灾"御匪"，搜捕"匪共"，建筑碉楼堡寨、公路、递送情报、通信，守护、巡查地方，清查户口等。

四、强迫劳役，摊派费用。保甲条例规定，壮丁队及住民要在保长、甲长督率下，办理救灾、"御匪"或建筑碉楼、堡寨、公路等事务。保甲经费得向保

① 《剿匪区内各县编查户口条例》，《国民党政府政治制度档案史料选编》上册第407—408页。

② 《国民党政府政治制度档案史料选编》上册第411页。

甲内之住民征集。保甲经费则名目繁多,数不胜数。例如保长办公处书记之生活费,保甲长因公赴县之旅费,壮丁出队时之伙食费,保长办公处其他杂费等,都要由保甲经费开支①。这就既加重了住民的负担,又为保甲长进行敲诈勒索、贪污中饱提供借口。

五、保甲长的选任与职权。保设有保办公处,除正副保长外,设民政、警卫、经济、文化干事各一人,保长兼任壮丁队或"铲共义勇队"队长和保国民学校校长,与乡(镇)长一样,亦实行政、军、文"三位一体"。保甲制对保甲长人选极为重视,有的省明文规定"有危害民国行为"或"曾为赤匪胁从"等一系列事情之一者,均不得充当保甲长②。保甲长的人选,形式上是保甲内互相推举,实际上在地方政府的操纵和庇护下,当选保甲长的人,大多是那些地方豪绅、地主富农或与当权者有千丝万缕联系的人。保甲条例规定"县长查明保甲长不能胜任,或认为有更换之必要时,得令原公推人另行改推"。至于保甲长之职权,按条例规定,保长的职责是承区长的指挥监督,负维持保内安宁秩序之责。甲长则是承保长指挥监督,负甲内安宁秩序之责。实际上,在保甲长中有些人,私设公堂,鱼肉人民,盘剥勒索,无恶不作。

六、配合国民党军队"围剿"红军。保甲法所规定的措施大都是针对"围剿"红军而订立的,在具体条文中还立专条加以强调,如第二十七条规定,"壮丁队遇军警搜捕匪共时,应受军警长官之指挥,尽力协助;于搜捕、追剿已达本区域以外时,亦应受军警官长之指挥,互相应援"③。第三十八条又特别规定,凡是侦查到红军动向,破获了红军重要机关,擒获了红军重要人物,搜获了红军埋藏的枪支粮食等,因而立功或伤亡者,均可受到奖赏或抚恤。这是鼓动一些不明真相的民众或反共分子为非作歹。

关于保甲制度的实施,首先从河南、湖北、安徽三省办理执行,继而扩大到全国。豫、鄂、皖三省"剿匪"总司令部于1932年8月颁布《剿匪区内各县编查保甲户口条例》,并制定各路完成保甲限期进度表,说明进行步骤及其办法,要求三省各路在当年9月、10月、11月开始编查。由于准备工作不

---

① 闻钧天:《中国保甲制度》第678—679页。
② 《江苏省清查户口编组保甲规程》(1934年2月),中国第二历史档案馆藏。
③ 《国民党政府政治制度档案史料选编》上册第412页。

足,各省工作有所推迟,例如河南定当年 12 月 1 日为保甲编查开始期,在大约三个月内分三期展开编查工作。至 1933 年豫、鄂、皖三省分别上报基本完成编查保甲、清查户口的工作。其中河南省的经扶、固始两县,湖北的通城、阳新、黄安、宣恩、鹤峰等五县,安徽的嘉山、立煌两县延至 1934 年才先后宣告编查完毕。除三省外,江西省编查保甲,虽在豫鄂皖三省之先,但因战争频繁剧烈,至红军长征后才编查完成。福建省各县,于 1934 年 8 月开始编查至次年编查结束。陕西、甘肃、江苏、浙江、湖南在 1936 年进行编查①。到 1936 年底为止,全国有河南、湖北、湖南、安徽、陕西、福建、江苏、浙江、甘肃、宁夏、江西、绥远、四川共十三个省及北平、南京两市先后推行了保甲制度②。

从 30 年代初开始推行的保甲制度,陆续在全国范围落实编查,绝大部分省是按照《剿匪区县编查保甲户口条例》为蓝本,结合实际贯彻实行的。也有个别省份在具体名称和实施上并不完全相同。如 1935 年 1 月颁布的《绥远省政府试办保甲暂行规定》中规定,编查保甲仍沿用原有之组织,以户为单位,户设户长,户以上为邻,邻以上为闾,闾以上为乡镇,乡镇以上为县区。"乡镇长同于保长阶级,闾邻长同于甲长阶级"③。各省编办保甲时间也先后不尽一致,约于 1934 年至 1935 年间达到高潮。江苏省主席陈果夫亲自审定的《关于江苏省办理保甲案》在 1936 年初颁布时指出:"令饬南通、盐城、淮阴、东海、铜山五行政督察区所属各于本年 4 月 1 日起先行试办,其它各县于本年 11 月起一律举办。"

蒋介石和国民政府通过推行保甲制度,加紧对城乡人民的控制、束缚和掠夺,加强了地方民团的武装力量,配合了"剿共"战争;同时编查了户口,对开展经济建设和巩固其独裁统治发挥了一定的作用。

1937 年 2 月,国民政府内政部向国民党五届三中全会的报告中说:"值兹非常时期,民众应有严密组织,以资运用,地方应有自己力量,以助国防,

① 《中华民国重要史料初编——对日抗战时期》绪编(1)第 497 页。
② 参见《申报年鉴》1936 年等。
③ 《绥远省政府试办保甲暂行规程》(1935 年 1 月),中国第二历史档案馆藏。

均有赖于保甲制度之健全。"①这时,蒋介石和国民党执政集团正在全国人民强烈要求"停止内战,联共抗日"的呼声中与中共方面进行谈判,国民政府乃将1932年颁布的《剿匪区内各县编查保甲户口条例》作了某些修改,以《修正保甲条例》的名称向全国公布。从立法程序和施行范围看,原条例颁布机关是豫鄂皖"剿匪"总司令部,仅在所谓"剿匪"省份推行,《修正保甲条例》则经立法院通过,由行政院令全国实行;从举办保甲的目的看,原条例以"剿匪"为中心,而修正条例是"依县自治法第七十四条之规定制定之"②;从内容看,修正的条例删去了原条例中如"赤匪"、"匪共"、"御匪"等词句,对后来国共两党联合抗日和全国准备对日抗战、动员民众加强国防具有积极意义。

四、进行文化"围剿"

蒋介石和国民党执政集团为巩固其统治,一方面集中强大的兵力,对中国共产党领导的红军和苏区进行多次"围剿";另一方面采用各种高压手段,对其统治区进步文化进行限制和打击。它打着三民主义和"训政"等旗号,推行文化专制主义,宣称:"本政府所行政策惟求三民主义之贯彻,凡反对三民主义者即反革命。"③蒋介石更是强调:"思想之统一,比什么事都要紧";要确定"三民主义为中国唯一的思想,再不好有第二个思想,来扰乱中国"④。实际上蒋介石和戴季陶一样,打着孙中山的旗号,对孙中山的主义尤其是他晚年的思想随意割裂与歪曲,其重要特点之一就是将三民主义儒学化,给它接上中国古代正统思想传承的"道统"。

蒋介石曾以一种新的专制主义作为他推行个人独裁和巩固其统治地位的武器。他虽然十分欣赏意大利和德国的法西斯主义,但仍继续打着三民

---

① 《中国国民党五届三中全会内政部工作报告》,《革命文献》第71辑第355页。

② 《修正保甲条例》第1条,《旧中国治安法规选编》第252页。

③ 《国民政府定都南京宣言》(1927年4月18日),《中华民国史档案资料汇编》第5辑第1编政治(1)第1页。

④ 蒋介石:《中国建设之途径》(1928年7月18日),《先总统蒋公全集》第1册第55页。

20 世纪 30 年代的蒋介石,在一次集会上讲话。

主义的旗号。他不主张公开提"三民主义法西斯化"的口号,而赞赏用"三民主义之复兴","三民主义为体,法西斯主义为用"①的提法。按照他的解释,作为"体"的三民主义,其"基本思想渊源于中国正统的政治思想和伦理思想"②。正是在"三民主义为体,法西斯主义为用"的口号下,蒋介石把西方的法西斯主义与中国封建社会的政治伦理思想相结合,成为具有封建性的法西斯主义,这也是蒋介石对进步文化进行"围剿"的武器。1928 年 10 月在国民政府颁布的《中华民国训政纲领》中规定,在必要时,国民党当局可对民众的言论、出版等自由权,"在法律范围内加以限制"。后来甚至进一步规

---

①　《法西斯蒂与中国出路》,《社会主义月刊》第 1 卷第 7 期。

②　蒋介石:《三民主义之体系及其实行程序》,《先总统蒋公全集》第 1279 页。

定,思想必须一元化,所有民众读物,"应把握三民主义为唯一出发点,不许有其他思想存在其间"①。

国民政府推行的文化专制主义政策的重要内容之一,是大力宣传和推行国民党党治文化,将国民党的意识形态国家化。这种意识形态集中表现在蒋介石的力行哲学。

蒋介石极力谋取军事上、政治上的"领袖"地位之外,还极力谋求思想领域中的"领袖"地位,以便确立"有效能"的统治,为此提出了所谓"力行哲学"。它的直接思想来源是宋、明两代哲学家陆九渊、王阳明的"心学"。他强调:"心即理"、"心外无物"、"心外无事"、"心外无理"、"道不外索"等命题和"致良知"学说。这一哲学把封建道统和秩序说成是"天生的良知"。蒋介石"力行哲学"的显著特点是强烈的政治实用性质。他把"行"抬到异乎寻常的地位,认为"唯认'行'字的哲学,为唯一的人生哲学"②。他把孙中山的"知难行易"说,阐释为以所谓"国家意志"对抗人的政治自由权利,以迷信盲从的"力行"对抗独立思考的精神自由。蒋介石对"阳明之学"推崇备至,认为"当努力以提倡之",以达到"一个主义、一个政党、一个领袖"的政治目的。

说破了,"蒋介石提倡力行哲学,其中心是要人民于不识不知之中,盲目的服从他,盲目地去行"③。蒋介石直接操纵的力行社,极力鼓吹文化专制论调。力行社成员提出"文化统制是社会、政治、教育以及一切活动的症结……它是民族复兴的灵魂,具有不可思议的魔力,能使每个人不知不觉地被它所统治"④。力行社认为要用"国家至上"的文化,去取代所谓"颓废的文化"。他们要效法希特勒、墨索里尼,对旧文化发起毫无怜悯的进攻,重演秦始皇焚书坑儒的故伎,说由于秦始皇焚书坑儒才打下秦朝建国的基础。他们甚至提出,文化统制的目标不局限于文化上,所有的社会现象、行动,都是文化统制所干预的对象,认为"秦朝文化统制的成功,恰好是我们今天要仿

---

① 《中华民国史档案资料汇编》第 5 辑第 1 编文化(1)第 58 页。
② 蒋介石:《自述研究革命哲学经过的阶段》,《蒋总统集》第 1 册,第 580 页。
③ 周恩来:《论中国的法西斯主义——新专制主义》,《周恩来选集》上卷第 146 页。
④ 茹春蒲:《文化统制的根本意义与民族前途》,《前途》第 2 卷第 8 期。

效的"①。这种极权主义的主张,反映力行社所追求的文化专制主义的目标是:不仅要连根拔除文化上的自由和民主,而且要将他们所梦寐以求的"新的共同生活的文化模式"深入、熔染到民众的习惯中去②。在国民政府的文件中,把文化统制列为国民政府的重要政策。1935年12月国民党五全大会原则通过《确定文化建设原则与推进方针以复兴民族》一案,交国民政府核办,其中一项为:"在国家政治、社会、经济之建设上,辟除阶级奋斗与自由竞争之主张,而遵照最高原则,实行统制运动,以为文化建设之趋向。"③

蒋介石把三民主义、法西斯主义和封建伦理道德融为一体。早在1928年4月,国民政府在南京初建时,就下令恢复孔孟旧道德,把"忠孝仁爱信义和平"和"格物致知、正心诚意、修身齐家治国平天下",作为道德"标准"④。1933年2月国民党中央令各级党部及社会团体悬挂"忠孝仁爱信义和平"匾额。接着国民政府教育部又宣布以"忠孝仁爱信义和平"为"小学公民训练标准"。陈立夫在担任国民党中宣部长时提出,要用上述"八德""作为对付共产党一切偏激宣传的对策"。在蒋介石等人的提倡下,思想文化领域掀起了一股"尊孔祀圣"、"复古读经"的潮流。

国民政府自成立后,就开始打击进步文化,摧残进步团体,迫害进步人士。1927年5月,郭沫若因发表《请看今日之蒋介石》,揭露蒋叛变革命、屠杀工农等罪行,而遭到通缉,后被迫流亡日本。此时,国民党中央党部秘书处以"武汉寄来之讨蒋特刊,阅之深为骇异"⑤为由,请示蒋介石后,立即派员到邮局查扣,此为封锁进步书刊之肇端。1928年4月,国民政府颁布法令,要求"阐扬我国固有文化"。它指责新文化运动的提倡者"袭人皮毛,反视吾国固有之文化敝屣",因而造成"邪说横行,世风日漓"的状况,极力推行恢复"固有道德"和"固有智能"⑥。接着对进步文化施行更严厉的限制和压迫,对报刊图书实施《宣传品审查条例》,大量查禁进步图书和报刊。1929

---

① 李冰若:《中国历史上的文化统制》,《前途》第2卷第8期。

② 茹春蒲:《文化统制的根本意义与民族前途》,《前途》第2卷第8期。

③ 《中华民国史档案资料汇编》第5辑第1编文化(1)第27页。

④ 《国民政府公报》第51期,1928年4月。

⑤ 《国民党为迫害中共革命宣传开始邮电检查有关文件》,中国第二历史档案馆藏。

⑥ 《国民政府公报》第51期,1928年4月出版。

年 7 月明文列入《中央查禁反动刊物表》的就达一百七十三种，上海国民通讯社、创造社、艺术剧社等被先后查封。

1930 年 9 月，国民党当局密令取缔"左联"等组织，通缉鲁迅等进步文化工作者。10 月，在南京枪杀"剧联"盟员宋晖。12 月，国民政府颁布《出版法》四十四条①，对于报刊杂志和书籍的出版、发行施加种种限制，规定任何机关团体或个人出版刊物，都必须在首次发行十五日前，以书面向所属的省政府或中央直辖市政府转内政部申请登记。凡被当局视为"意图破坏中国国民党或三民主义"，"意图颠覆国民政府或损害中华民国利益"的出版物，一概不得出版。1931 年 7 月，国民政府又颁布《出版法施行细则》二十五条②，对《出版法》中的原则和办法更加具体化，例如规定："未经许可出版而擅行出版之书籍概行扣押"，"凡经许可出版之书籍，如出版后与核准之原稿不符，内政部得予以禁止或扣押之"等等。1931 年被国民党当局查禁的书刊有二百二十八种，以"共产党宣传刊物"、"宣传共产主义"、"鼓吹阶级斗争"、"普罗文艺作品"③等理由被查禁的有一百四十多种。同时，在国民政府通过的《危害民国紧急治罪法》中，把反对国民党统治的行为说成"危害民国"，以"叛国"论罪，可定罪判处死刑的条文多达八款，例如第二条第二款规定："以文字图画或演说为叛国之宣传者"，"处死刑或无期徒刑"④。

国民党当局还设置公开或秘密的稽查机构，禁止进步文化的发行流通。1934 年 5 月，国民党中宣部在上海成立了"图书杂志审查委员会"。6 月，公布了《图书杂志审查办法》，其中规定凡出版的图书杂志，"应于付印前""将稿本呈送中央宣传部图书杂志审查委员会申请审查"⑤；同时公布了《新闻检查大纲》。按照这些法令和措施，稍有进步内容的出版物都要受到干涉，

---

① 《出版法》于 1930 年 3 月 17 日订立，见《中华民国史档案资料汇编》第 5 辑第 1 编文化(1)第 78—84 页。

② 《出版法施行细则》于 1930 年 5 月订立，见《中华民国史档案资料汇编》第 5 辑第 1 编文化(1)第 84—87 页。

③ 普罗文艺亦称普罗文学，即无产阶级革命文学。"普罗"是法文和英文译音的缩写，当时进步作家为避免国民政府注意而采用的译名。有关查禁普罗文学的禁令，参见《中华民国史档案资料汇编》第 5 辑第 1 编文化(1)第 232—234 页。

④ 《危害民国紧急治罪法》，《东方杂志》第 28 卷第 3 号第 121 页。

⑤ 张静庐编：《中国现代出版史料》乙编第 525 页，中华书局 1957 年版。

甚至没收查禁。根据国民党中宣部等编印的秘密材料,自1928年至1937年6月,国民党查禁的书刊有一千一百多种。国民党当局给这些被查禁、扣留的报刊、书籍罗织了种种罪名。

国民政府甚至动用警察、特务及流氓暴徒,袭击、捣毁进步文化机构,绑架暗杀进步文化人士。国民党当局根据检查书刊获得的线索,经常派遣特务、侦探,组织流氓暴徒持械袭击和捣毁进步的报馆、书店和电影院,砸碎门窗家具,焚烧报刊书稿等。例如,上海艺华影片公司因聘请了一些左翼作家担任影片的编导工作,拍摄了一些进步影片,国民党特务就扬言说:"艺华公司系共党宣传机关,普罗文化同盟为造成电影界之赤化,以该公司为大本营",要求当局命令该公司"立即销毁业已摄成各片,自行改组公司,消除所有赤色分子"①。1933年11月12日,一批特务、暴徒以"影界铲共同志会"的名义捣毁该公司,同时发函警告上海各大小电影院不准放映各种所谓"鼓吹阶级斗争、贫富对立的反动影片","否则以暴力手段对付"②。《良友》画报开辟了一个栏目刊登一些进步的新文学作品,也在同月遭到袭击。国民政府当局并发信威胁各书局、各刊物一律不得刊行、登载、发行所谓"赤色作家所作文字",否则"必以较对付艺华及良友更激烈更彻底的手段"来对付③。紧接着受到袭击、捣毁的还有发表宋庆龄为首的"中国民权保障同盟"揭露国民党暴政文章的美国人士编辑的《中国论坛报》,以及陈铭枢等人投资的神州国光社,等等。

国民政府对于进步作家和文化人,有的先以投寄匿名恐吓信、列入黑名单等进行威胁,其后则绑架、逮捕甚至暗杀。1931年2月7日,上海警备司令部秘密杀害了"左联"的五名作家李伟森、柔石、胡也频、殷夫和冯铿。鲁迅也因此案牵连而被迫离家避难。上海一批进步出版单位和书店,随之又遭封闭。1932年7月,上海反帝大同盟大会被特务破坏,到会代表当场被枪杀者八十余人。1933年4月,北平文化界人士安葬革命先烈李大钊,遭到军警阻挠,军警向送殡队伍开枪射击,当场有青年学生及文化界人士等多

---

① 上海《大美晚报》1933年11月13日。
② 《准风月谈·后记》,《鲁迅全集》第5卷第379页。
③ 上海《大美晚报》1933年11月13日。

人受伤,四十多人被捕。"左联"作家、共产党员洪灵菲在这次事件中被秘密杀害。同年5月,应修人等在上海牺牲,丁玲、潘梓年、田汉、阳翰笙等被捕入狱。6月,中央研究院总干事、中国民权保障同盟总干事杨杏佛被特务暗杀于上海。宋庆龄、蔡元培、鲁迅以及许多社会知名人士也被列入黑名单。上海《申报》馆总经理史量才因发表一些反对不抵抗政策的言论,也于1934年11月在沪杭公路上遭到特务刺杀。稍后,爱国人士杜重远因《新生》周刊发表《闲话皇帝》一文,被诬为妨碍"中日邦交"罪名而入狱。在全国很有影响的《生活周刊》和生活书店也先后被查封,负责人邹韬奋被迫流亡国外。对此,中国左翼作家联盟曾发表宣言揭露说:"国民党在虐杀我们的革命作家以前,已经给我们革命文化运动以最高度的压迫了,禁止书报,通缉作家,封闭书店;一面收买流氓、侦探、堕落文人组织其民族主义和三民主义文学运动,以为如此就可以使左翼文化运动消灭了,然而无效,于是就虐杀了我们的作家。"[①]

尽管国民政府全力进行文化"围剿",取缔了一些进步文化团体,查禁了大量进步书刊,逮捕和杀害了不少进步作家,但是这种文化"围剿"阻挡不住进步文化运动的发展。

五、推行新生活运动

30年代初期,蒋介石和国民政府为使其统治能在社会生活方面得到体现,于1934年初在南昌发起一个企图恢复中国固有道德,达到"民族复兴"的所谓"新生活运动"。它试图从改进国民生活的衣食住行日常生活习惯的"清洁"、"规矩"入手,用"礼义廉耻"等传统的伦理纲常、四维八德,与民众生活军事化的要求相混合,来统一人们的思想,规范人们的言论行动,以期提高国民性与民族精神,增强整体国力,维护国民党的政治统治,达到其控制下的国家复兴。

---

① 《中国左翼作家联盟为国民党屠杀大批革命作家宣言》,《三十年代左翼文艺资料选编》第155页,四川人民出版社1980年版。

　　新生活运动的组织发起,与国民党内的"三民主义力行社"关系密切。力行社成员多数到国外考察过,十分倾慕西方的社会生活。有的成员去德国考察,更觉得那里秩序井然,而国内却是糜烂杂乱,遂有倡导新生活的建议。1933 年 11 月,蒋介石在南昌行营成立"党政军调查设计委员会",下分政治、党务、军事三组,以力行社成员为骨干,制订军事、政治的大政方针。其中政治组的设计任务之一是中国文化的改进,目标是"要从教育学术和一切文化事业上,将国民心理和社会风气,以至民族的气质性能,使之革新变化,以保根本的挽救危亡,复兴民族"①。这实际上就是后来新生活运动所揭示的基本思想。力行社成员在建议报告中包含有"礼义廉耻中,应表现在衣食住行"②的思想,遂被蒋介石采纳为新生活运动的重要内容。这一运动的筹划设计工作,由政治组中的数名委员暗中进行,其中邓文仪作为力行社的发起人与主要负责人之一,主持了新生活运动的规划工作。

　　1933 年冬至 1934 年初,蒋介石离开南昌亲自调兵遣将镇压福建事变,留下一些亲信为其筹划新生活运动的事宜。经过一段时间的酝酿准备,至 1934 年 2 月蒋介石回江西指挥"剿共"战争时正式推行。

　　1934 年 1 月底,蒋介石赴南京参加国民党四届四中全会,继而赴杭州视察。2 月 2 日他在杭州航空学校发表《基本生活修养之重要》的讲话。蒋提出国民性和民族精神与一般民众的基本生活密不可分,指责中国一般人生活的"野蛮",如随地吐痰,衣冠不整,居室肮脏凌乱等,认为这正是国家民族无法振兴的根本原因,因此转变也要由改变基本生活——即衣食住行开始。他强调"要使全国国民从衣食住行日常生活上表现我们中国礼义廉耻固有道德习惯来达到行动一致的目的"③。2 月 5 日在对浙江省政府人员的讲话中,蒋介石更系统地诠释了如何以改造生活来复兴民族。他认为,根本要务就是"教"、"养"、"卫"三件事。教,即教民众以礼义廉耻为核心的道德修养;养,则是培养民众基本生活的整洁端正;卫,意指使民众守纪律,团结

---

①　《先总统蒋公全集》上册第 794 页。
②　邓元忠:《三民主义力行社史稿》第 418 页。
③　蒋介石:《新生活运动言论集》第 50—51 页,正中书局 1940 年版。

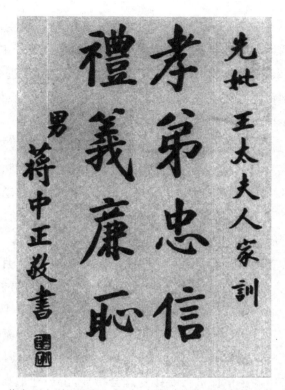

蒋介石在"新生活运动"中，把儒家宣扬的"孝弟忠信，礼义廉耻"说成是他母亲的家训。

一致，进行地方保卫①。

2月19日，江西南昌市各学校的校长、国民党党政军界官员各界五百多人齐集百花洲附近的乐群电影院，参加扩大的总理纪念周。蒋介石在会上发表题为《新生活运动之要义》的讲演。他首先强调，"改革社会"，"复兴一个国家和民族，不是用武力所能成功的"，而是"第一，就是要使一般国民具备国民道德；第二，就是要使一般国民具备国民知识"，而国民道德是通过"衣食住行"四项基本生活表现出来，其道德的标准就是"礼义廉耻"。他宣称："我们现在在江西一方面要剿匪，一方面要使江西成为一个复兴民族的基础。要达此目的，必须自江西，尤其是从江西省会所在的南昌这个地方开

① 蒋介石：《复兴民族之要道》，《先总统蒋公思想言论总集》第12卷第22—33页。

始,使一般人民都能除旧布新,过一种合乎礼义廉耻的新生活。"①2月21日,南昌新生活运动促进会成立,蒋介石自任会长,邓文仪任主任干事,萧纯锦任副主任干事,李焕之任书记。次日,南昌新生活运动促进会召开首次干事会议,研究制订新生活运动推向社会的各项规划、章程。会议决定以南昌为试验区,逐步推行。

南昌发起新生活运动后,由于蒋介石及各级机构的倡导实行,迅速推向全国。南京、上海、北平及福建、江苏等省市,相继成立地方性的新生活运动促进会。3月21日,何应钦从北平致电国民党中央民众运动指导委员会,通告北平新生活运动促进会成立。5月,处于半割据状态的山东军阀韩复榘也发起组织新生活运动。6月,蒋介石亲自拟定《新生活运动纲要》,7月颁行全国,作为各地推行新生活运动的理论和组织依据。7月1日,南昌新生活运动促进会改组为新生活运动促进总会,作为全国开展新生活运动的指导机关,蒋介石仍任会长,熊式辉、邓文仪分任正、副主任干事,阎宝航为书记,并聘何应钦、陈果夫、张群、康泽、邓文仪、杨永泰、熊式辉、蒋孝先等国民党要员三十三人为指导员。同时颁布了各级新生活运动促进会组织大纲,规定各地各级新生活促进会要接受总会指导,由当地最高长官主持,由民政、教育、警察、军事等部门派出的高级官员组成。基层乡村由区保甲长、工人由厂长或工会负责人、商人由各业公会负责人、学校由校长、公务员由机关主管、家庭妇女由妇女协会、军队由党部或政训处长或主管长官分别负责。国民党中央民众训练部通令各地各级国民党党部,要求"以新运列为党务考绩"。这一措施进一步加速新生活运动的推行。到1934年底,全国除东北及西南等少数省份外,南京、上海、北平、湖北、湖南、山西、山东、河南、河北、福建、安徽、陕西、江苏、浙江、甘肃、察哈尔、绥远、青海等省市均已完成新生活运动的组织工作,平汉、陇海、胶济等铁路线也组织了新生活运动促进会,独立开展活动。新生活运动的组织工作在全国范围内基本完成。

从1934年2月至7月,蒋介石先后发表了《新生活运动之要义》《新生

---

① 《中华民国史档案资料汇编》第5辑第1编政治(5),第758页。

活运动之中心准则》《力行新生活》《新生活的意义和目的》等六篇演说,又手订《新生活运动纲要》《新生活须知》等文件,稍后再加订《新生活运动公约》《新生活运动推行方案》《新生活运动歌》,形成了新生活运动的一整套理论、方针和方法,大张旗鼓地宣传,以使人们了解新生活运动的内容及其目的。

首先,蒋介石确定以"礼义廉耻"为新生活运动的准则。3 月 5 日,蒋介石在南昌行营扩大纪念周上作了题为《新生活运动之中心准则》的演说,规定"新生活运动之中心准则为'礼义廉耻'",而其中"第一紧要的就是'礼'"。他要求人们要"学礼、知礼、行礼";"礼一定要有节","节就是合理的规矩节度"①。他特别强调礼是"四维"、"六艺"之首,是新生活运动的中心内容。他把礼解释为循规蹈矩,是同历代封建统治者崇尚"礼治"一脉相承的。《新生活运动纲要》和《新生活须知》则全面表达了新生活运动的内容、目的和要求。"纲要"规定新生活运动的内容,"就是提倡'礼义廉耻'的规律生活"。提出"'礼义廉耻',古今立国之常经,然依时间与空间之不同,自各成其新义。""'礼'是规规矩矩的态度。'义'是正正当当的行为,'廉'是清清白白的辨别,'耻'是切切实实的觉悟。"②在《新生活须知》中则作了比较通俗的说明,说"礼、义、廉、耻"都围绕"礼"来阐述,而礼的核心就是要人们遵守社会定律和国家纪律,也就是国民党政权制定的法规法律。

第二,新生活运动从改造国民的"衣、食、住、行"等日常生活为实行起点。蒋介石说:"新生活运动之意义和内容,可以综合起来说,就是:要使全国国民从衣食住行日常生活上表现我们中国礼义廉耻固有的道德习惯来达到行动一致的目的。"③他是要以衣食住行的方方面面来使人们循规蹈矩,安分守己,严守纪律。

第三,以生活的"军事化"、"生产化"、"艺术化"为追求目标,以"军事化"为最终目标。也就是说,"必须提倡以'礼义廉耻'为日常生活之规律。""提倡'礼义廉耻',使反乎乱邪昏懦之行为,求国民生活之军事化";"使反乎争盗窃乞之行为,求国民生活之生产化";"使反乎粗野卑陋之行为,求国民生

---

① 蒋介石:《新生活运动之中心准则》,《革命文献》第 29 辑。
② 《中华民国史档案资料汇编》第 5 辑第 1 编政治(5),第 765—766 页。
③ 蒋介石:《新生活运动言论集》第 50—51 页。

活之艺术化"①。新生活运动也提倡禁烟、禁赌、禁娼等。

蒋介石把新生活运动的内容和目的讲得天花乱坠，但新生活运动从开始就带有强烈的专制色彩。蒋把民众反抗邪恶势力的斗争，同国民党统治集团中的黑幕混为一谈，把多少年以来封建统治和当今的治理所造成的社会灾难，反诬为人民"麻木"、"堕落放纵"、"腐败昏庸"所致。蒋强调新生活运动的基本要求是生活革命，要使中国传统伦理道德"礼义廉耻"的精神发挥出来，进而达到更高的目标，找到一条"今日立国救民唯一之要道"。力行社的骨干、新生活运动总会的干事贺衷寒讲得很明白："新生活运动唯一的目的，就是要把'五四'的新文化运动底破坏运动，改变成一个建设运动。'五四'是把中国固有的精华完全不要，今天的新生活运动，是把中国固有的精华加以发扬。"②

新生活运动从 1934 年 2 月由江西南昌发起到 1937 年抗日战争爆发前，是它的发端和比较认真实施的阶段，其中又可分为江西和南京总会两期。

第一期，蒋介石确定从反共前线的江西省开始，"尤其是从江西省会所在的南昌这个地方开始，使一般人民都能除旧布新，过一个礼义廉耻的新生活"，即要对江西的人心加以"彻底改革"，"先以'规矩'与'清洁'两项为第一期运动之中心工作"③，使其成为"一个建设国家复兴民族的基础"④，成为新生活运动的试验地。

与此同时，有些省市和铁路交通干线也开展"规矩"、"清洁"运动，还开展识字、体育、守时、节约、禁烟、禁赌、用国货、造林、放足、举行集体婚礼等多项活动。

在新生活运动推行一周年之际，蒋介石感叹新生活运动的成绩进度"未

---

① 《中华民国史档案资料汇编》第 5 辑第 1 编政治(5)，第 770—771 页。

② 贺衷寒:《新生活运动之意义》,《新生活月刊》创刊号。

③ 蒋介石:《新运周年纪念告全国同胞书》,《中华民国史档案资料汇编》第 5 辑第 1 编政治(5),第 774 页。

④ 蒋介石:《新生活运动之要义》,《中华民国史档案资料汇编》第 5 辑第 1 编政治(5),第 758 页。

能尽如吾人之所期"①,又提出了新生活运动的第二步骤,即实施《新生活运动纲要》中所提出的"军事化"、"生产化"、"艺术化"三大目标。1935 年 4 月,新生活运动总会颁布实行新生活三化的初步推行方案,公布《劳动服务团组织大纲》,规定团员每日至少义务劳动一小时。当年各省劳动服务团共有二百九十五个,总人数达六万九千余人。至年底,四川、云南、贵州、宁夏等内地和边远省份也相继建立新生活运动组织,还有十二条铁路及一千一百三十二个县成立了当地的新生活运动促进会。当年新生活运动总会还提出开展守时、民众识字、体育、开渠、筑路、修桥补路、提倡国货、戒烟戒赌等运动。

　　1935 年 11 月,国民政府发起了"国民经济建设运动",蒋介石提出"国民经济建设运动一定要与新生活运动同时并进,相辅相行"②。在此前后,各地纷纷开展的新生活运动中,利用劳动服务团为地方建设服务。如湖北省曾组织武昌市、汉口市市民中十八至四十八岁的男子、公务员、学生等参加工地劳动,工期约三十天。绥远省军队也组织了新生活运动劳动服务团,在 1935 年秋天参加修筑道路的工程③。

　　1935 年驻华日军策动华北各省实行"自治",民族危亡迫在眉睫,全国人民同仇敌忾,也促使国民政府开展对国民的军事训练,而这项工作在有些地方也借助于新生活运动在各层次民众中进行。据记载,当时的江西、福建、湖北、河南、青海、山西等省以及一些铁路干线,都以"新生活劳动服务团"为基础开展国民军训。如平汉铁路全路的新生活劳动服务团团员自 1935 年 10 月以后,每周二、周五下午 5 至 6 点钟集中军训。军事训练还在各行各业广泛开展,一些中、小学也组织起童子军,进行一些军事训练。

　　1936 年起,新运总会从南昌迁至南京,新生活运动发生了一些新的发展变化。关于总会迁南京经过,新运总会有如下记载:"因会长离赣常驻京,聆受训示诸多不便,乃由阎书记宝航于是年十二月率领一部工作同志先行来京,暂假黄浦路励志社设临时办公处,至总会全体同仁,于二十五年 1 月

────────────

① 《中华民国史档案资料汇编》第 5 辑第 1 编政治(5),第 774 页。

② 《民国二十四年全国新生活运动》第 49 页,新运促进总会 1936 年编印。

③ 《民国二十四年全国新生活运动》第 24 页。

1 日始行迁京，正式通告各地新运会知照；并另成立江西省新运会，以便负责指导各县市。旋因励志社办公地点纯系临时性质，复于 2 月间移入第一公园内陈列所旧址为总会会址。"①总会迁南京后，调整了内部人事组织，蒋介石仍任会长，改任钱大钧为主任干事。又经过几次改组，1936 年 3 月 1 日改正、副主任干事为正、副总干事，由黄仁霖任总干事，实际负责新运具体实施工作。还在总会下增设妇女指导委员会，宋美龄任指导长。此后，新运组织仍在扩大。1936 年 7 月陈济棠在广州宣布下野后，新运迅速在广东推行。至此，国民政府下属的省区，除被日本侵占的东北及盛世才控制的新疆、李宗仁控制的广西外，均成立了新运促进会。新运会扩展至二十一个省和南京、上海、汉口、北平四个直辖市，共一千三百五十五个县，十四条铁路，另有海外华侨也成立十九个新运促进会，总计一千四百二十一个②。新运劳动服务团总数增至四百九十五万余人③。另外，新运总会制定了区乡镇新运会组织大纲，试图将新运由"城市推广至乡村"，还组织了大规模的视察活动，曾有一百三十多人组成视察团，分赴江苏、浙江、安徽、河南等省以及重要铁路线及沿海、沿江等处视察。

新运总会迁南京后，大力展开宣传活动。蒋介石以为前两年新运颇呈"沉闷现象"，1936 年起，将新运定期刊物"新运会刊"改为"新运月刊"，又出版了《新生活半月刊》，宣传新运理论。又组织编印新运丛书，新运标语、挂图、电影，并利用电影和广播等，在全国广为传播新运的思想、理论。宋美龄还把"礼、义、廉、耻"四个字译成英文，供外国人理解蒋介石发动新生活运动的意义。

蒋介石用推行新生活运动来维护和加强其专制独裁统治，也用以直接服务于国民政府的现行政策。在共产党、红军比较集中的地方，新生活运动就主要被用来配合反共、剿共斗争。1935 年 6 月中旬，蒋介石到四川成都督促"剿共"，大谈《推行新运以实施文武合一的教育》，讲到具体任务就是要协力"剿共"。在红军长征过程中和胜利到达陕北等地后，西南和西北的一

---

① 《总会迁京经过》，《民国二十四年全国新生活运动·附录》。
② 《二十五年度本会工作概况》，《新运导报》第 4 期第 85 页。
③ 《新运促进会战时工作简报》第 2 页，南京中国第二历史档案馆藏。

些省份的新生活运动也是这样。

新生活运动从发展到结束,历时长达十五年。其中 1934 年 2 月至 1937 年 7 月抗日战争爆发前,是蒋介石等人推行新运下大力的时期。他们为此投入了大量的人力、物力和财力,对新生活运动的作用和影响寄予厚望。《新运导报》曾发表评论说:"新生活运动之伟大功能,在此三年来所贡献于社会者,在军政党方面,在工商学方面,无不显出灿烂之异彩。"①实际上三年多的新运声势虽大而收获甚微,蒋介石也认为,新生活运动自创始以来,"就一般成效和实际情形来说,实在不能满足我们的期望,达到原来的目的"。"我们现在到处都可以看到新运的标语,而很少看到新运的实效;到处都可看到新运的团体或机关,却是很少看得见有多数国民确实受了新生活运动的效果。至于一般社会能在衣、食、住、行中表现礼、义、廉、耻的四维,其生活方式能达到军事化、生产化、艺术化,而且厉行劳动服务,具备互助合作的品德,爱国家民族的现代精神,那当然更是少了。"蒋介石说:"过去的工作,在推行方面,标语多而工作少,方案多而实行少,在推行对象方面,只注意到社会上层,而未及于下层;只注意到通街马路,而未及于街头巷尾。所以三年来新运的结果,只做到表面一时的更新,而未达到永远彻底的改革。"②这的确反映这个运动的实际情况。

事实上,人民群众特别是青年学生,曾以树立良好社会风尚和抗日御侮的愿望参加一些活动,但多数人并没有接受蒋介石设计的这种"新生活"。这是有缘由的:企图以儒家思想为核心的封建礼教,再次作为中国人民的精神准则,是不得人心的。反对独裁,停止内战,实行民主政治,团结抗日,乃是全国人心之所向,蒋介石企图把人民的注意力引上"攘外必先安内"的轨道上去,用新生活运动来配合"剿共",是力不从心的。在民族危亡日益严重,民众饥寒交迫的情况下,要求人们循规蹈矩,苟且偷生是不可能的。而在国民党的大小官吏普遍贪污腐化,不顾廉耻的情况下,蒋高唱"礼义廉耻",更是一种极大的讽刺。

①　《新运导报》第 3 期,1937 年 2 月。
②　蒋介石:《关于新生活运动三周年纪念的广播词》,《中华民国史档案资料汇编》第 5 辑第 1 编政治(5),第 787 页。

对蒋介石所鼓吹的伦理道德的实质和虚假性,中外都有政治家和学者进行过评述和揭露。冯玉祥在评价新生活运动时说:当 1936 年 2 月,新生活运动开展两周年之际,蒋介石自己也不得不感叹,"到处都可看到推行新运的团体或机关,却是很少看得见多数国民确实受了新生活运动的效果","简直可以说有退无进"①。"蒋介石是利用新生活的名称来骗人。实在说起来,蒋介石一生就决没有实行新生活"②。英国著名的汉学家李约瑟在论及新生活运动时指出:"那些国民党的领袖们也许本能地意识到他们的经济制度是根本不适合中国国情的,因而高谈什么封建道德,提倡什么新生活运动之类的社会禁欲主义,在群众中大肆宣扬。而他们自己却大量搜刮财富,这和他们所倡导的新生活教条完全不相符合。这种心口不一、自相矛盾的做法更使人深刻地认识到他们的虚伪本质。所以,事实上,只有极小的一部分知识分子会受到国民党的诱惑。"③

新生活运动在抗战前所经历的三年多时间中,已显出由盛而衰的趋势。抗日战争爆发后,新生活运动促进总会随国民政府先后迁至武汉和重庆,开展了一些战时的服务工作。虽然当时的工作已与其原初意义的社会活动不同,但新生活运动的名义仍延续下来。1946 年 2 月,新生活运动总会迁回南京。当蒋介石发动内战后,利用新生活运动作为发动全面内战的工具。直到 1949 年国民党政权在大陆的统治总崩溃,前后历时十五年的"这个运动已经走到尽头了"④。

① 《新生活运动二周年纪念之感想》,《新生活运动辑要》第 1 编第 92—93 页。
② 冯玉祥:《我所认识的蒋介石》第 204 页,黑龙江人民出版社 1981 年版。
③ 李约瑟:《四海之内》第 38 页,三联书店 1987 年版。
④ 《黄仁霖回忆录》第 64 页。

第十二章　对日政策的失误

一、对日本侵略的"隐忍自重"

　　担负国民政府首领重责的蒋介石,对于虎视眈眈的日本帝国主义,在很长一个时期里,一再妥协退让,致使国土沦丧,主权受损。

　　隔海相望的日本,处心积虑侵略中国,推行"大陆政策"由来已久。日本自 1868 年明治维新后,随着资本主义迅速发展,即谋在海外寻求原料和市场,扩张它的政治和经济利益。军国主义就在这样的土壤里孳生、疯长,野心勃勃地图谋称霸东亚。半殖民地半封建的旧中国,地大物博而又羸弱,便成了它最大的侵略目标。

　　1894 年,日本发动侵略朝鲜和中国的甲午战争,战后签订《马关条约》,向清政府索取赔款库平银二万万两,并迫使清政府将台湾全岛及所有附属岛屿、澎湖列岛以及辽东半岛①割让给日本,承认朝鲜"完全无缺之独立自主",而成为日本的保护国。1904 年日俄战争后,日本从沙皇俄国手里,获

---

　　① 《马关条约》签订后,俄国伙同法国、德国,出于各自在华侵略利益的需要,要求日本退还辽东半岛。经过交涉,日本与清政府签订《辽南条约》,清政府增加赔款三千万两,"赎回"辽东半岛。

取了旅顺、大连租借权和南满铁路(即东北境内长春以南段铁路)经营权。

1910年日本吞并朝鲜,派总督直接管辖,为进一步侵略中国打开方便之门。

1914年第一次世界大战爆发后,日本取代德国,侵占中国青岛、济南及胶济路沿线。

1915年,日本支持袁世凯复辟帝制,逼袁接受"二十一条",企图独占中国。袁死后的十余年间,又支持并力图操纵北洋军阀的皖系和奉系,扩大它在中国的权益,进一步侵略中国。

"征服满蒙,再征服支那",是田中义一(右三)召开"东方会议"确定的方针。

1927年六七月间,日本内阁首相兼外务大臣田中义一召开"东方会议",确定了把满蒙①同中国领土"分离开来"的方针。田中义一狂妄地声称"满蒙非支那领土",说日本"惟欲征服支那,必先征服满蒙;如欲征服世界,必先征服支那。倘支那完全可被我国征服,其他如小中亚细亚及印度、南洋等异服之民族,必畏我敬我而降于我。使世界知东亚为我国之东亚,永不敢向我侵犯,此乃明治大帝之遗策,是亦我日本帝国之存立上必要之事也"。

————————

① 日俄战争后,日俄两国背着中国清政府,签订了《日俄密约》,将中国东北分为南满、北满两个部分,南满为日本势力范围,北满为沙俄势力范围。后来,两国又将中国的内蒙古划分为东西两个部分。日本将南满与东蒙合称"满蒙"。

1937年7月7日，卢沟桥事变爆发。图为第二十九军士兵向桥头增援

蒋介石在庐山发表讲话

接受检阅的国军部队

满蒙对日本"在国防上及国民的生存上有重大的利害关系",日本"要作特殊的考虑"①,必须以铁与血来占领中国的满蒙。

1929 年,世界资本主义各国陆续爆发经济危机,日本也于次年卷入,工业总产值在 1929 至 1931 年间下降了 30％以上。垄断势力同日本政府结合在一起,千方百计把经济危机所造成的恶果转嫁到劳动人民身上,失业工人达三百万,农民辛劳一年还不够温饱,城乡充满不安和反抗。为了摆脱严重的政治经济危机,转移国内人民的视线,并掠夺中国的巨大资源,日本帝国主义加紧了对中国的侵略步伐。尤其是蒋介石自上台以来,忙于对付冯玉祥和阎锡山等地方实力派发动的一次又一次战争,1930 年 9 月还挑动张学良率七万余东北军入关助战,造成东北防务空虚。之后蒋介石又调动几十万军队"围剿"共产党领导的工农红军,亲自坐镇江西,置日本帝国主义在东北地区的侵略扩张行径于不顾。日本军国主义分子认为,"如今正是日本兴亡关头最重要的天赐良机",应当使用武力进攻东北,"以周密计划与闪电行动断然予以实行"②。

于是,日本帝国主义在国内大造侵略中国的舆论,大规模地扩军备战,驻扎在中国东北的关东军,更是加紧行动。1930 年 10 月至 1931 年 1 月短短几个月间,日本关东军在沈阳等地进行了五十余次军事演习,为"闪电行动"作准备。

1931 年 6 月,日本参谋本部和陆军省会商后,精心制订了武装侵略东北的八条行动纲领——《解决满洲问题方策大纲》,确定了侵占东北的步骤和措施。

为了给侵略制造借口,日本关东军在东北极力挑起事端。1931 年 7 月,他们利用侨居在长春西北万宝山的朝鲜人和当地农民因开渠引水纠纷引发的冲突,开枪伤害中国农民多人。事后,日本在朝鲜煽动大规模暴力排华风潮,袭击华侨的店铺和住宅,杀害华人上百名,打伤数百人,大批华侨被

① 《日本田中首相兼外相训令:关于东方会议"对华政策纲领"》(1927 年 7 月 7 日),[日]外务省编《日本外交年表和主要文书(1840—1945)》下卷《文书》第 101—102 页,日本原书房 1969 年版。
② [日]石原莞尔:《武力解决满蒙问题方案》(遗稿),日本防卫厅战史室编《大本营陆军部》,译文见《日本军国主义侵华资料长编》(上)第 192 页,四川人民出版社 1987 年版。

驱逐回国。日本以此制造侵华舆论,向中国提出了"严重交涉"。

"万宝山事件"还未结束,日本帝国主义又借"中村事件"大做文章。1931 年 6 月上旬,日本参谋本部一个名叫中村震太郎的军官,带了三名军事间谍,冒充农业专家组织"黎明学会"的干事,打着农业考察的幌子,携带军用地图、测绘仪器和手枪等,潜入中国东北大兴安岭地区侦探,搜集军事情报。6 月 27 日,中村一伙在洮索路终点葛根庙附近活动,被中国东北屯垦军抓获,搜出间谍证据确凿,即被处死。事发后,日本以此为借口,提出凶蛮无理的要求,并在国内大肆炒作"满蒙危机",煽动侵华。日本首相若槻公开煽动战争,说:"中国的处理措施如有非法和不妥之处,为保卫国家的生存,一定要不怕任何牺牲,勇敢奋起。"[①]第九师团根据日本陆军师团长会议决议,派出六架飞机在日本全国主要地区散发传单,鼓动出兵东北。

与此同时,日本增兵中国。他们把驻朝鲜的第十九师团开到图们江沿岸,并往朝鲜增兵两个师团以备后继;把敢死军一联队从朝鲜龙山开到沈阳,关东军和铁路守备队也向沈阳一带集结,举行军事演习。关东军还下令在东北的日侨在乡军人会会员迅速集中到沈阳、长春、哈尔滨。这些"在乡军人"到沈阳后,集会叫嚣战争,说要"洒军人之热血保障日本在满蒙之权益"。一时间沈阳上空,战争乌云密布。

日本帝国主义的暴行和战争叫嚣,激起了中国人民的愤怒。南京、上海、北平、天津等地召开反日护侨救国大会,纷纷要求对日经济绝交,要求将对日交涉中表现得软弱、屈让的外交部长王正廷和驻日公使汪荣宝撤职。蒋介石虽然感到日本制造"万宝山事件""如此蛮横,吾国已不成国",但是他告诫大家"宜隐忍自重,以待机会"[②]。对于各地人民的愤怒声讨,蒋介石十分惊慌,7 月 23 日特地发表了一个《告全国同胞一致安内攘外》文告,声言"攘外应先安内,去腐乃能防蠹","不先消灭赤匪,恢复民族之元气,则不能御侮"。他要求全国军民"持以镇静,不恃一时之热度,严守秩序,毋失国民

---

① 《六十年来中国与日本》第 8 卷第 238 页。
② 《盛京时报》1931 年 7 月 15 日。

之风范,外对帝国主义之侵略,则以有纪律之行动,誓死抗拒之;内对赤匪与叛徒之变动,则以有组织之努力,共同扑灭之"①。接着蒋介石于 8 月 5 日从江西打电报给南京国民政府:"请对国民排日运动采取防制态度。"②他也担心东北军起来抵抗日军侵略暴行。9 月 6 日,张学良在给东北的代主席臧式毅电报中说:"对于日人,无论其如何寻事,我方务万分容忍,不可与之反抗,致酿事端。即希迅速密令各属切实注意为要。"③这无异于紧紧捆住了十余万东北军的手脚。

张学良的不抵抗命令,完全放松了对日本帝国主义的警惕和防备。当时在野的外交家顾维钧"对于日本情况感到非常不安",后来他回忆说:"我并没有什么特别情报,但报纸上发表的东西已把满洲局势的发展充分告诉了我……来自日本的新闻报道,谈到有关日本政府、特别是军事当局的部署,相当激荡人心。有群众集会抗议中国当局特别是满洲当局的行为,有军事当局,即所谓少壮派军人团体接连煽动群众集会抗议几个悬案,特别是一个野村(应为中村——引注)上尉在兴安被杀事件……我担心如果日本这次采取行动,可能要成为严重事件……我能够从最后几天出版的报纸上的消息整理出一个结论:我怕很可能日本人这次要采取军事行动。"他把这些担忧写信告诉了张学良,后来并会见了张,但是他抱憾地说:张"并不像我那样看出局势的严重性。"④

二、"九一八"事变的处置

日本帝国主义正是看透了中国方面的麻痹和松懈,又发现英、美等国疲于应付世界经济危机而无力东顾,才敢于肆无忌惮地发动侵略我国东北的战争,终于发动了"九一八"事变。

---

① 《总统蒋公大事长编初稿》第 2 卷第 116 页。
② 《六十年来中国与日本》第 8 卷第 235 页。
③ 辽宁省档案馆藏《日人中村案》第 104 号;《张学良文集》第 488 页,香港同泽出版社 1996 年版。
④ 《顾维钧回忆录》第 1 分册第 412—413 页,中华书局 1983 年版。

日本驻旅大的关东军司令官本庄繁,是直接下令制造"九一八"事变的罪魁祸首。

1931年9月18日夜晚10时半,日本关东军铁路守备队河本末守中尉带领几名部属,将沈阳北郊北大营附近柳条湖①地方一段路轨炸坏。他们贼喊捉贼,反诬是中国军队破坏南满铁路。关东军随即以此为借口,大举进攻北大营。东北军向在北平的张学良报告,张学良饬其部"绝对不抵抗,尽任日军所为"②。驻扎北大营的东北军王以哲旅,忍辱执行不抵抗命令,被迫撤退。爱国士兵持枪实弹,义愤填膺,但一纸命令让他们不能动弹,只能抱枪痛哭,怒吼悲叹!关东军如入无人之境,一夜间即占领沈阳全城,次日凌晨6时进占东北边防军司令长官公署。日军迅速扩大侵略范围,仅一天就占领了安奉、南满两铁路沿线从长春至营口的二十余座城市,掠地千余

---

① 过去许多著作和文件多记为"柳条沟"。据查,柳条沟距沈阳城六十一里,距北大营五十里,距南满铁路线三十余里,不属南满铁路附属地。而当时日军炸毁路轨的地方是在北大营西南不到一公里、属南满铁路线的柳条湖。

② 张学良1931年9月19日下午答记者访问,《盛京时报》1931年9月21日。

里。随后只一周时间，就占领了辽宁、吉林两省的大片领土。

　　"九一八"事变是近代历史上罕见的事件，举世震惊。数十万平方公里国土沦丧，三千万东北三省同胞成为亡国奴，这对一个有五千年文明历史的伟大民族，是无法忍受的莫大耻辱。蒋介石也大感意外，在 9 月 19 日日记中云："昨晚倭寇无故攻击我沈阳兵工厂，并占领我营房。顷又闻已占领我沈阳与长春，并占领牛庄消息，是其欲乘此粤逆叛变，内部分裂之机会，据有我之东三省矣！"①9 月 20 日的日记中他说："闻沈阳、长春、营口被倭寇强占以后，心神哀痛，如丧考妣。苟为我祖我宗之子孙，则不收回东省，永无人格矣！小子勉之！内乱平定不遑，故对外交太不注意。卧薪尝胆，教养生聚，忍辱负重，是我今日之事也。"②但是蒋介石却幻想同日本帝国主义讲公理，把全部希望寄托于国联③。他"主张日本占领东省事，先提国际联盟与'非战公约'国，以求公理之战胜"④。9 月 21 日，蒋介石从"剿共"前线江西回到南京，召集党政军要员商讨对策，于右任、邵力子、张治中等慷慨陈词，力言应当坚决抵抗，与日寇决一死战。何应钦等则说国力不足，军力不够，抵抗无益，不足言战。蒋介石在发言中强调"务须慎重，避免冲突"，提交国联和签订"非战公约"诸签字国，"此时唯有诉诸于公理"，才能期望"获得公平的处断"⑤。他在日记中说，提交国联和"非战公约"诸签字国，"以求公理之战胜。一面则团结国内，共赴国难，忍耐至相当程度，以出自卫最后之行动"⑥。第二天蒋介石在南京国民党党员大会上说："此刻必须上下一致，先以公理对强权，以和平对野蛮，忍痛含愤，暂取逆来顺受态度，以待国际公理之判断。国家存亡，关系至大，此时务须劝告民众——严守秩序，服从政府，尊

---

　　①　《蒋介石日记》（手稿本），1931 年 9 月 19 日，美国斯坦福大学胡佛研究所藏。

　　②　《蒋介石日记》（手稿本），1931 年 9 月 20 日。引征时对原文之标点符号有补正。下同。

　　③　国联，全称国际联合会，亦称国际联盟，第一次世界大战结束后建立的国际组织，1920 年 1 月成立。最初在国联盟约上签字的有四十四国，以后又陆续接纳新会员国二十个。国联原是为"增进国际间合作，并保持和平和安全"而设，但实际上由英法等国把持，并没有达到这个目的。第二次世界大战爆发后，国联瓦解。1945 年 10 月 24 日联合国成立，国联于 1946 年 4 月正式宣告解散。

　　④　《蒋介石日记》（手稿本），1931 年 9 月 21 日。

　　⑤　李云汉：《九一八事变后蒋总统的对日政策》，《中国现代史论和史料》第 284 页，台湾商务印书馆 1979 年版。

　　⑥　《蒋介石日记》（手稿本），1931 年 9 月 21 日。

重纪律,勿作轨外之妄动。"①《国民政府告国民书》亦强调"全国军队对日军避免冲突"②。23 日,张学良派万福麟等人来到南京,要求蒋介石早日与日本交涉,解决东北问题。蒋介石很不高兴,认为"与其单独交涉而签丧土辱国之约,急求速了,不如委之国际仲裁,尚有根本胜利之望"③。但是,由英、法等国把持的国联,虽然一再开会,作出一纸又一纸的决议,却只是停留在"遗憾"、"警告"、"要求立即撤兵"、"避免事件扩大"等空洞的外交辞令上,并没有制止日本侵略的实际行动。

这时的日本若槻内阁本身也意见纷歧,军方更加气焰嚣张,10 月 5 日扬言将派五十艘军舰到长江举行大示威,翌日即有四艘开入黄浦江。但为欺骗国际舆论,日本称要与中国讲和平,拟订了一份《中日和平基本大纲》,说要"尊重中国领土之完整",但又要中国"尊重满洲之日本既成条约"。

蒋介石虽然不能承认日本的苛刻条约,但仍寄希望于外交上。他决定与日本政府直接交涉,寻求解决事变的途径。此前,国民党中央执行、监察委员联席会议已决定组建一个特种外交委员会,由戴季陶任委员长,宋子文为副委员长,顾维钧④为秘书长。后又任命顾维钧为国民政府外交部长。顾维钧十分清楚:蒋介石"是个现实主义的政治家,他觉得必须对日谈判。另一方面,作为一个精明的政治家,他不愿意公开明言直接谈判的政策"。顾说:"我猜想那就是我被任命为外交部长的缘故,要我首当其冲。"⑤由于各方面的反对,直接交涉未能进行。蒋介石陷于困境。

蒋介石指望国联,更指望英、美等国出来干涉和制止日本。他一再约见各国公使,希望各国主持公道与正义。10 月 23 日,法国外长白里安向国联理事会提出解决满洲问题决议草案,限日军在 11 月 16 日前完全撤兵。24日国联理事会表决,十三票赞成,日本一票反对。蒋介石甚为兴奋,认为"公

---

① 上海《民国日报》1931 年 9 月 23 日。

② 《国民政府告国民书》(1931 年 9 月 23 日),《国民政府公报》第 882 号,国民政府文官处印铸局 1931 年 9 月 24 日出版。

③ 《蒋介石日记》(手稿本),1931 年 9 月 23 日。

④ 顾维钧在北洋政府时期曾任外交总长、总理等职,1928 年 6 月北伐军进占北京时,顾维钧护送张作霖等奉系军政人员逃离北京。国民政府因顾支持奉张政府而曾下令通缉。

⑤ 《顾维钧回忆录》第 1 分册第 425 页。

道与正理已经表显于世界"①。然而,在英、美等国看来,日本侵占东北之举,是日本以后进攻苏联的重要步骤,因此实际上采取容忍、观望态度。美国曾通过外交途径先后向日本表示"惊讶"、"遗憾和忧虑"以至"警告",但亦仅此而已。苏联在道义上同情和支持中国,表示愿意给一切必要的帮助;但是为了缓和苏日关系,防止引发两国冲突,也采取了不干涉的中立主义态度。

蒋介石和以他为首的国民政府一味指望国联和英美干涉,结果东北三省迅速沦丧。全国各阶层人民极为愤怒。中共中央于"九一八"事变爆发后发表宣言,强烈谴责日本的侵略暴行,要求日本立即撤退在华的一切陆海空军;并作出决议,号召全党"加紧的组织领导发展群众的反帝国主义运动",在东北发动"游击战争,直接给日本帝国主义以严重的打击"②。正在紧锣密鼓进行反蒋的广州"非常会议派"也猛烈抨击蒋介石,坚持蒋必须下野。上海、广州、香港等地连日举行反日大罢工,要求立即出兵抗日、对日经济绝交、组织民众义勇军等。东北各地军民,在中国共产党领导下组成许多支爱国武装力量,在白山黑水之间与敌人搏斗。黑龙江省代主席马占山曾率兵与日军激战于中东铁路之嫩江桥。各地爱国工人和学生的抗日救亡示威、请愿此起彼伏,成千上万的学生拥向南京。请愿学生 9 月 28 日分别到国民政府、中央党部、外交部,要求"惩办失地长官、丧权外长"以及"驱逐日军出境"等。外交部长王正廷不敢接见学生,学生们冲进他的办公室当面质问,一个学生用墨水瓶击伤了他的头部。第二天,蒋介石在陆军军官学校接见上海各大专学校请愿学生团数千人,说政府为应付学生请愿而分散精力,影响政治与外交之筹划。他要求学生返校专心学习,说如愿到前线去打仗,也可以报名从军。

全国人民抗日救亡的呼声不断高涨,国民党内的众多反蒋派系也猛烈抨击蒋介石的错误政策。这对于一个具有强烈民族主义思想的军事统帅来说,无疑是莫大的耻辱,远非三年前济南"五三"惨案蒙受的耻辱可比。"九

---

① 《蒋介石日记》(手稿本),1931 年 10 月 25 日。

② 中共中央《关于日本帝国主义强占满洲事变的决议》(1931 年 9 月 22 日),《六大以来》(上)第 153、154 页。

蒋介石在南京接见爱国学生代表,对出兵抗日的要求虚与委蛇。

"一八"事变后不几天,蒋介石对于日本拒绝国际联盟调停的嚣张气焰十分愤慨,曾在日记中写道,要"决与之死战,以定最后之存亡。与其不战而亡,不如战而亡,以存我中华民族之人格。故决心移首都于西北,集中主力于陇海路也。"①随着时局的发展,蒋介石面临第三次"围剿"红军的失利、长江流域遭受百年不遇的洪灾以及反蒋各派的逼压,他欲求北上抗日以摆脱困境之心更切。11月17日他在南京召开高级干部会议上表示:"余决心率师北上,与倭决战。"②11月19日的国民党第四次全国代表大会上,亦"表示其个人决心北上,竭尽职责,效命党国"③。他下令警卫军及第一、第二、第三、第四、第十三等师北上,声言自己要以国防军总司令名义出驻北平坐镇④。11月23日,蒋介石对杭州来南京请愿的七百余学生,"以诸葛孔明《出师表》与

① 《蒋介石日记》(手稿本),1931年9月26日。
② 《蒋中正总统档案事略稿本》第12册第353页。
③ 《国闻周报》第8卷第47期。
④ 《黄郛日记》1931年11月18日记曰:"傍晚岳军(即张群——引注)来报告蒋之新决定(让中央于汪,己则以国防军总司令名义出驻北平)。"

岳武穆尽忠报国自况"①。次日接见各地请愿学生时更表示:如三个月内不出兵,砍蒋某之头以谢国人。学生们不信他的话,翌日即在国民政府大门前悬挂一口大钟,不断敲打,以示催促。蒋竭力克制对请愿学生的嫌恶心理,"用尽精力以应之"②。但他怀疑是"反动派所鼓(蛊)惑"③,"为邪说所诱惑,邪党所操纵"④,是"共产与粤派必欲毁灭国府,败坏国家,灭亡民族而后快,可叹亦可恨也"⑤。他特别憎恨此时正促其下台的胡汉民等人,一次又一次在日记中咬牙切齿地写下"胡逆汉民之肉不足食矣"等语⑥。他又顾虑自己北上会有"万一不测"之风险,11月28日写下遗嘱:"时局严重已极,内忧外患相逼至此,人心之散坠好乱,国亡无日矣。孔明云鞠躬尽瘁,死而后已。余于今兹,惟此而已。终不愧为父母之子,总理之徒而已。万一不测,当见危受命,特书此为遗嘱:持其复仇之志,毋暴雪耻之气,兄弟阋墙,外侮其御,愿我同胞团结一致,在中国国民党领导指挥之下,坚忍刻苦,生聚教训,严守秩序,服从纪律,期于十年之内,湔雪今日无上之耻辱,完成革命之大业。蒋中正遗嘱。"⑦

　　尽管蒋介石表示了抗日的决心,但是不见实际行动,学生们对蒋的态度日趋激烈。12月4日,北平大学生示威团到达南京,蒋介石接见,作长时间的训话⑧。次日,示威团在南京游行示威,高呼"反对出卖东三省"、"打倒卖国政府"等口号,当局采取镇压措施⑨。这就进一步激起了学生的反对,济南、北平、武汉、上海等地大批学生去车站候车,准备到南京请愿声援。7日,蒋被迫再接见请愿学生⑩。9日,上海各校学生五千多人赴市政府请愿,

---

　　①　《蒋介石日记》(手稿本),1931年11月23日。
　　②　《蒋介石日记》(手稿本),1931年11月27日。
　　③　《蒋介石日记》(手稿本),1931年11月25日。
　　④　《蒋介石日记》(手稿本),1931年12月2日。
　　⑤　《蒋介石日记》(手稿本),1931年11月26日。
　　⑥　《蒋介石日记》(手稿本),1931年11月25、27、30日。
　　⑦　《蒋介石日记》(手稿本),1931年11月28日。
　　⑧　《蒋介石日记》(手稿本)1931年12月4日记:学生"不向敌国示威,而向政府示威,此中国之所以被辱也"。
　　⑨　《蒋介石日记》(手稿本)1931年12月5日记:"北平大学生示威团在京暴动,殴辱军警,乃即拘捕百余人,惟禁止军警开枪。"
　　⑩　《蒋介石日记》(手稿本)1931年12月7日记:"青年之无智无礼,殊为民族寒心也。"

要求惩办市公安局长及市党部工作人员，释放被绑架学生；有三百余学生于下午到市党部请愿，因无人接见，愤怒群众将市党部办公室捣毁。12 日，蒋介石接见济南来京的三千余学生，冒着严寒谈了两个小时①。15 日，北平学生五百余人赴外交部示威，将办公室捣毁；继赴中央党部，将蔡元培、陈铭枢打伤，架出门外。事态之严重，已至不可收拾之地步。

当时，对于蒋介石欲出驻北平北上抗日之决定，南京政府的许多人都表示反对，蒋介石的结拜兄弟黄郛更是"深以为不安。因此种形式等于对日宣战（最少亦可谓对日备战）。在此国联尚未绝望之时，似尚不可孤注一掷，举国以殉也"②。后来由于反蒋势力的加紧逼压，蒋介石不得不于 12 月 15 日通电下野，辞去党政军各职，"北上抗日"之事也就不了了之。

杭州十万民众举行抗日救国大会，在雨中鹄立几个小时，精神抖擞，悲壮激昂。

在蒋介石和国民政府的许多人看来，对日本侵略"避免冲突"而寄望国

---

① 《蒋介石日记》（手稿本）1937 年 12 月 12 日记："余现身说法，至少四分之三以上之学生能受理解感化，而极少数之学生亦无如彼何也？"
② 《黄郛日记》第 8 册，1931 年 11 月 18 日。

际调停,乃是当时唯一的"救国之道",因此诬言广大民众的抗日救亡行动为"误国"。1932年1月11日,下野的蒋介石在奉化武岭学校纪念周会上讲"东北问题与抗日方针",指责"九一八"事变后各地人民的抗日活动,是"过当之言动","非特不能爱国救国","反适以误国"。他说,从"九一八"事变以来,"政府对于外交,本有一定之方针,即一方坚持不屈服,不订损失领土国权之约,并尽力抵抗自卫;一方则诉之国联,请其根据国联盟约为公道正义之处置,以保障世界之和平"。广大人民对日绝交和宣战的要求,被他说成是"绝路",是"自取灭亡",因为中国没有"国防实力","尚无可伐之实力"。蒋介石认为,"我国民对政府唯一之要求,则在绝对不订立丧权割地之条约",其他"无论用何种方式与行动,无论解决对日外交问题之迟速,皆应予政府以斟酌情势自由运用之余地"。他进一步说,"不绝交、不宣战、不讲和、不订约"的对日外交方针,是"今日我国外交唯一之途径"[①]。

然而,日本帝国主义并不因为蒋介石的"不绝交、不宣战、不讲和、不订约"而放弃侵略或稍加收敛。1932年1月2日侵占锦州后,于2月5日攻入哈尔滨,东北三省全部沦陷。接着,按照既定步骤,于2月25日组成伪满洲国,3月9日扶植溥仪出任"满洲国"执政。从此,"满洲国"成了日本帝国主义卵翼下的傀儡,东北三省完全沦为日本的殖民地,成了日本进一步侵略中国的基地。

蒋介石下野称要"入山静养",只是一种姿态。他虽然退居奉化故里,住在妙高台,游憩于山水之间,却时时担心接替他执掌南京政权的孙科、陈铭枢"贸然与日本绝交,绝无通盘计划,妄逞一时血气,孤注一掷,国必亡灭";自信只有自己重掌大权,继续对日本妥协退让,才能"挽救危机"[②]。1月13日,他由奉化乘专机到杭州,谋划重新出山。经过与汪精卫的晤谈,决心两人合作,共掌南京大权。1月21日,蒋介石与汪相继返回南京。

---

① 上海《民国日报》1932年1月21日。
② 蒋介石在杭州招待汪精卫、孙科晚餐时的讲话(1932年1月18日),《蒋总统秘录》第8册第132页。

三、淞沪抗战的寄望交涉

"九一八"事变的硝烟弥漫未息,日本帝国主义又在上海燃起战火,发动了"一二八"事变。这是日本精心策划的又一侵略事件。

日本帝国主义强占中国东北的侵略行径,受到国际舆论的强烈谴责。1931 年 12 月 10 日,国联也作出派遣调查团赴东北调查的决议。日本力图转移国际上对它强占东北的视线,以便下一步拼凑傀儡政权①。尤其是日本政友会首领犬养毅,于 12 月 13 日接替了无力收拾时局的若槻,组成了"与军部协力"②的新内阁,一群军国主义分子欣喜若狂,扩大侵华战争的叫嚷甚嚣尘上。他们决心进攻上海,直接打击中国政治经济统治的中心地区,这样不仅威逼南京国民政府屈服,迫使其承认东北被侵占的既成事实;还可以取得一个以后进攻华中、华南的新基地。于是,日本侵略者向青岛、上海派遣侵略军,在上海竭力制造事端。

1932 年 1 月 18 日下午,在上海的五名以僧人打扮的日本人故意向三友实业社总厂工人义勇队掷石块挑衅,酿成互殴事件。事后日本总领事馆声称,其中一人死于医院。随即唆使数十名暴徒前往三友实业社纵火、破坏,煽动大批日侨集会、游行,捣毁商店,杀死、打伤三名中国警察。日本调派大量海军到上海,"能登号"航空母舰等十艘军舰开进了黄浦江。同时,日本总领事村井仓松向上海市政府提出抗议,无理要求"道歉"、"惩凶"、"赔偿"和"取缔抗日运动"、解散抗日救国会、封闭《民国日报》。尽管上海市政府复函表示完全接受这些要求,日军还是于 28 日深夜 11 时 10 分,由租界兵分五路在铁甲车掩护下向驻闸北的中国军队发起攻击。

"一二八"事变又是一次不宣而战。但是驻守在上海的第十九路军,在总指挥蒋光鼐、军长蔡廷锴和淞沪警备司令戴戟的指挥下,奋起抵抗,揭开

---

① 据当时任日本驻上海领事馆武官的田中隆吉在战后审判的证词中供认:"日本人想使满洲独立起来,可是外国方面非常麻烦。于是关东军高级参谋板垣征四郎打了一个电报给我:'外国目光很讨厌,在上海搞出一些事来!'就是说打来电报,叫把外国的目光引开,使满洲容易独立。这样,就送了两万日元来。"见〔日〕东京广播电台第 12 频路报道部编:《证言·我的昭和史》第 1 卷。

② 犬养毅"应与军部协力,积极解决满蒙问题"的谈话(1931 年 12 月),日本防卫厅战史室编:《大本营陆军部》。

了淞沪抗战的战幕,伸张了中华民族的正气。他们向全国通电表示:"为救国保种而抵抗,虽牺牲至一人一弹,绝不退缩。"①第七十八师第一五六翁照垣旅的将士英勇抵抗,打退了敌人的攻击,并乘胜追击敌人。在丹阳的第六十、第六十一师和第七十八师一五五旅,也迅速进驻上海周围的阵地,投入战斗。各地爱国官兵纷纷响应,要求参战,"请缨待命"、"愿为前驱"的函电不断传来。远在西南的川军,也表示要调六个师援沪抗日。淞沪抗战得到了上海和全国人民的热烈支持。上海工人、学生组织义勇军、敢死队、服务团、慰问队等,到前线支援和配合十九路军作战,或在后方担任勤务。许多地方的民众向十九路军献款、献物。

蒋介石回到南京尚未正式复职,即遇上"一二八"事变。蒋介石大为意外,"昨日对上海日领要求已承认,彼亦满足,傍晚表示撤兵,及至午夜,彼海军司令忽提出要让出闸北,乃即冲突"②。国民党中政会于 29 日凌晨召开高级会议,决定迁都洛阳,并组织军事委员会。其时第十九路军奋起抗战和全国人民热烈支持的形势已成,蒋介石提出"一面预备交涉,一面积极抵抗"的方针,说"交涉必须定一最后防线与最大限度,此限度至少要不妨碍行政与领土完整","如果超此限度,退让至不能忍受之防线时,即与之决战,虽至战败而亡,亦所不惜"③。30 日蒋介石发表《告全国将士电》,说"抱宁为玉碎毋为瓦全之决心,以与此破坏和平蔑视信义之暴日相周旋","今身虽在野,犹愿与诸将士誓同生死,尽我天职"④。蒋介石信誓旦旦,人心士气为之一振。同日,国民政府又发表《移驻洛阳办公宣言》,召开军事会议确定"全国防卫计划",给人以决心与日本长期作战的印象。

日本帝国主义原本以为事变一旦发生,上海即可得手。战事一开始,日军的兵力就超过侵入东北时的一倍以上,还配有军舰、飞机、铁甲车等。日本海军第一遣外舰队司令官兼驻沪特别陆战队司令官盐泽幸一甚至扬言四

---

① 第十九路军为日军犯境通电(1932 年 1 月 29 日),国民政府军事机关档案,中国第二历史档案馆藏。并见《中央周报》第 191 期,1932 年 2 月 1 日。

② 《蒋介石日记》(手稿本)1932 年 1 月 29 日。

③ 《蒋委员中正平定对日交涉之原则与办法》(1932 年 1 月 29 日),《中华民国重要史料初编——对日抗战时期》绪编(一)第 431 页。

④ 《中央周报》第 19l 期(1932 年 2 月 1 日)。

个小时内即可占领上海。十九路军的坚决抵抗,粉碎了日本侵略者的迷梦。日军惨败后,佯求驻沪英国领事出面调停,停战三天。2月2日日本参谋部和军令部决定增兵上海,并命令陆海军协同作战。日军虽接连发动进攻,但屡攻屡败。2月7日盐泽被撤职,由日本海军第三舰队司令官野村吉三郎继任。进攻吴淞、江湾、闸北均受创,又换率第九、第十二师团来沪之植田谦吉中将指挥。日军改攻庙行、江湾、八字桥等地,十九路军肉搏血战,一再击退日军。日本又加派第十三、第十四两师团来沪,2月25日改由白川义则大将任侵沪日军指挥官。

在十九路军英勇抗战、节节胜利的凯歌声中,蒋介石害怕战事扩大酿成灾祸。驻防杭州的俞济时第八十八师于1月30日电蒋介石请缨:"沪案严重。十九路军应战颇获胜利,唯恐不能撑久。可否将本师调沪增援,乞示。"2月1日蒋复电说:"贵师行动,一听何部长命令。"①在南京的张治中也要求出援十九路军,何应钦2月6日报告蒋介石,并提出可否给张以军长名义,指挥第八十七、第八十八两师,"乞示遵"。蒋介石不能不表示"赞成,请即委"②。但对于各地请缨杀敌、枕戈待发的爱国将士,蒋介石则不发出征命令,而迟疑观望,以致坐失戎机。2月13日蒋介石到浦镇召集何应钦等研讨战事,认为"以十九路军保持十余日来之胜利,能趁此收手,避免再与决战为主"③。他不再给十九路军接济枪弹和军饷。对于调集在京沪沿线和浙江、江西的六十多个师,只为防备日本扩大侵略,而未下令增援前线。军政部长何应钦命令原配属十九路军的航空队:"对日海军,决不能抛掷炸弹。"④只是张治中迟至2月14日才得令以第五军军长之责,率第八十七、第八十八师和中央军校教导团于16日驰沪。

① 《蒋委员中正复第八十八师俞济时师长勖勉调沪增援电》,(1932年2月1日)《总统府机要档案》,《中华民国重要史料初编——对日抗战时期》绪编(一)第445页。

② 《何应钦部长自南京呈蒋委员中正请以张治中充任第八十师长并给以军长名义电》(1932年2月6日)及蒋介石之齐电(1932年2月8日),《总统府机要档案》,《中华民国重要史料初编——对日抗战时期》绪编(一)第448页。

③ 见何应钦致蒋光鼐、蔡廷锴、吴铁城、宋子文之急电(1932年2月13日),国民政府军事机关档案,中国第二历史档案馆藏。

④ 何应钦致吴铁城等密电(1932年2月5日),国民政府军事机关档案,中国第二历史档案馆藏。

蒋介石说要"一面预备交涉,一面积极抵抗",但十九路军"积极抵抗"开了个头,2月4日蒋介石对汪精卫说:"只要不丧国权,不失守土,日寇不提难以忍受之条件,则我方即可乘英美干涉之时,与之交涉。"[①]他要求十九路军"趁此收手"的13日,即派军政部次长陈仪等人到上海,与日、美、英等国驻沪领事磋商和谈。

淞沪抗战终因未能得到及时有力的增援而陷入不利态势。日军源源增兵达十万,于3月1日在白川义则指挥下发起强大攻势,袭占浏河口、七浦塘。十九路军与第五军顽强抵抗,伤亡重大,在腹背受敌的险恶形势下不得不撤至南翔昆山第二道防线。日军未再进攻,双方自3月3日起实际上停止了军事行动。经英国驻华公使蓝普森(Miles Wedderburn Lampson)斡旋,中日双方于3月14日起进行非正式会晤,24日开始正式进行停战谈判,5月5日签订了中日《上海停战及日方撤军协定》。《协定》规定:中国军队"留驻其现在地位"即昆山、苏州一带不再前进;"日本军队撤至公共租界暨虹口方面之越界筑路区域",即"一二八"事变前原驻地域。中国方面还默认:淞沪一带不得有防御设施,吴淞口炮台不得重修;中国政府取缔抗日组织及活动,并将十九路军调离。按照这个协定,日本军队可以合法留驻上海,而中国军队从此不得进入淞沪地区,不能在上海及其周围驻守、设防。当时的报纸即尖锐指出:"误国祸国,政府尤为罪魁。"[②]但蒋介石在《为淞沪停战协定告全国将士书》中说:"中日之根本问题,全在东北土地之得失与主权之存亡,故我政府仍本向来一贯之方针,以交涉与抵抗并行,期得最后之解决。"[③]为签署屈辱的协定开脱。

四、与汪精卫联手对日妥协

蒋介石和国民政府在"九一八"、"一二八"两次事变中的妥协退让,不仅

---

① 《总统蒋公大事长编初稿》第8册第156—157页。

② 上海《时事新报》1932年5月6日。

③ 蒋介石:《为淞沪停战协定告全国将士书》(1932年5月7日),《中华民国重要史料初编——对日抗战时期》绪编(一)第545页。

未能满足日本帝国主义的欲望,反而助长了它侵华的更大野心。但是以蒋介石为首的国民党执政集团把"先安内后攘外"奉为根本国策,1932 年 12 月 15 至 22 日举行的国民党四届三中全会确定"应付国难,剿清赤匪"的基本方针:"谋求国内统一"为当前首要任务,"围剿赤匪"为"安内"重点;在对外方面继续执行"一面交涉,一面抵抗"的政策。这就使得日本军国主义更加肆无忌惮地加快了对华的侵略步伐。

日本在拼凑成立伪满洲国之后,即制造舆论,说热河①是"满洲国"的领土,长城是"满洲国"的国界,把侵略矛头直指热河。1932 年 12 月,蒋介石预测到形势的险恶,致电张学良按预定计划火速布置,云"今日之事,惟有决战,可以挽回民心,虽败犹可图存"②。1933 年 1 月 1 日夜,日本侵略军借口驻守山海关的东北军何柱国骑兵部队向"满洲国国境警备队"投掷手榴弹,即进犯山海关,3 日日军侵占临榆县。2 月下旬又纠合日伪军共十万人,分三路向赤峰、凌源、承德进攻热河。当地国民党军队虽有二十万人,但多纷纷溃逃或投敌,热河省主席汤玉麟未闻敌声即已逃离承德,躲进了天津租界。日军先头部队只一百多人,3 月 4 日轻而易举地进占承德。几天后热河全省沦陷。这是日本帝国主义又一次扩大侵华的重大行动,是实施其先占满蒙进而侵占全中国的又一重要步骤。

日军侵占热河后,随即分兵攻击长城各口,妄图突破长城南下。驻守在长城内外的中国守军,怀着国耻奇痛的爱国激情,自动奋起抵御日军,用大刀、手榴弹与侵略者拼死肉搏,在冰天雪地中英勇杀敌,沉重打击了骄横的日本侵略军。赵登禹部喜峰口一战,使日军遭受了"六十年来未有之侮辱"(日本报纸语)。古北口战斗悲壮激烈。罗文峪战斗也取得重大胜利。还有民众自动组织起来参加抗击日军的战斗,使敌胆寒。长城抗战,充分显示了中国人民和爱国将士不屈不挠的英雄气概和抵御侵略的战斗意志。

日本制造热河事变后,蒋介石和汪精卫主政的国民政府则害怕战火蔓

---

① 热河省,1928 年设置,辖今河北省东北部和辽宁省西部约 19 万余平方公里的地区,共十六县和二设治局(相当于县),人口三百余万,省会承德县。1956 年撤销。

② 《蒋委员长致张学良主任电》,《中华民国重要史料初编——对日抗战时期》《绪编》(一)第563 页。

长城抗战中我国军队的大刀队决心坚守阵地,不惜与敌军肉搏。

延,不敢支援当地驻军抵抗。对于各地民众要求实行全民族抗战的强烈呼声,以及一些国民党军将领的请缨,也不予理会,仍然幻想国联能予以制裁。然而热河全省在旬日之间迅即沦丧,全国人民悲愤异常,同声谴责。3 月 2 日,张学良致电蒋介石"拟亲赴前方指挥军事"①。知识界著名人士胡适、丁文江、翁文灏 3 日联名致电蒋介石说:"热河危急,决非汉卿所能支持,不战再失一省,中央必难逃责",敦促蒋介石即日北上指挥抗战。3 月 6 日蒋介石从"剿共"前线南昌北上处置。但是,他把丢失热河的责任,推诿于当时担任军事委员会北平分会代委员长职务的张学良,迫使张引咎辞职,改由军政部长何应钦兼任。24 日蒋介石从保定到北平,对于正在长城各口英勇抗日的部队没有丝毫支援的表示,反而说不能希望再增加援军。后来他更是下令我国军队不得出击。5 月 6 日蒋介石致电何应钦、黄绍竑称:"我军实力不充,只能妥择阵地抵抗。此种战略既经策定,宜使全线一体恪遵,怯者固不得擅退,勇者尤不许轻进。"他告诫说:"欲乘敌人薄弱之点,贪图小利,轻于突击,徒为局部一时之快意耳,固于事无济,且最易牵动全线。"②

在蒋介石看来,"我们的敌人不是倭寇,而是土匪"③。对于国民党军队

---

① 《长城抗战资料选辑》第 33 页。

② 《总统蒋公大事长编初稿》第 2 卷第 308 页。

③ 蒋介石在很长一个时期诬指中国共产党和工农红军为"共匪"、"土匪",这里所说的"土匪"即是。下同。

请缨抗日他十分恼怒,要他们一心"剿共",甚至说"若复以北上抗日请命而无意剿匪者,当以贪生怕死者视之","立斩无赦"①。4月7日他召集中路军各将领部署"剿共"军事,说:"我们的敌人不是倭寇而是土匪,东三省、热河失掉了,自然在号称统一的政府之下失掉,我们应该要负责任,不过我们站在革命的立场上,却没有多大关系"。"我们要以专心一志剿匪,要为国家定长治久安的大计,为革命立根深蒂固的基础,皆不能不消灭这个心腹之患。"他要部属坚定"剿共"的意志,"无论外面怎样批评谤毁,我们总是以先清内匪为唯一要务"②。

面对中国人民和爱国军队在长城的英勇抵抗,日本帝国主义一时不能再打下去。加以此时日本与苏关系比较紧张,又要避免与英、美等国发生直接的利害冲突,因此决定暂缓实施侵占平津的计划。日本遂加强政治攻势,压迫国民政府订立城下之盟。蒋介石也急于同日本妥协,"先行缓和华北之局势",把我国抗日军队先行从长城沿线后撤,将古北口至山海关等地划为缓冲地带③,以便集中精力"剿共"。于是,国民政府设立行政院北平政务整理委员会,蒋介石请出了隐居在莫干山的盟兄黄郛,委任他为委员长,北上负责与日交涉停战。国民政府授予黄郛"除签字于承认伪国、割让四省之条约外,其他条件,皆可答应"④之大权。汪精卫估计这是要遭到全国斥责的屈辱行径,怕黄郛不敢承担,特电黄郛说:"弟决不听兄独任其难,弟必挺身负责"⑤。蒋介石也电何应钦、黄郛等人说:"事已至此,委曲求全,原非得已,中正自当负责"⑥,给他们壮胆撑腰。

黄郛受命之先,在上海向日本驻华使馆武官根本博探询日军意向,秘密接治妥协途径。在日方恫吓下,他在上海密电何应钦赶快下令前线撤军。5月17日他到北平后,声称对日本"绝不妥协,亦不求和",同时又表示要"于

---

① 《蒋委员长告各将领先清内匪再言抗日电》(1933年4月6日),《中华民国重要史料初编——对日抗战时期》绪编(三)第35—36页。
② 《革命文献》第28辑第212页。
③ 《总统蒋公大事长编初稿》第2卷第307页。
④ 汪精卫致黄郛电(1933年5月22日),《革命文献》第38辑第2120页。
⑤ 汪精卫致黄郛电(1933年5月22日),《革命文献》第38辑第2120页。
⑥ 蒋介石致何应钦、黄郛电(1933年5月24日),《革命文献》第38辑第2125页。

互相谅解之程度下,谋一和平解决办法"①。
黄郛秉承蒋介石、汪精卫的意旨,5 月 22 日到
日本海军武官的住所,与日本驻北平代办中
山、武官永津、藤原彻夜会谈,接受日方提出
的撤兵线及"今后不准有一切之挑战行为"等
条件,写成停战案概要备忘录。三天后黄郛
又派人到密云日军阵前议和,在永津出示的
题为《关东军司令官意志》的备忘录上签字。
28 日,汪精卫与立法院院长孙科、外交部部长
罗文干等一行赶赴庐山,与蒋介石商讨双方
停战事宜。蒋介石随即致电何应钦、黄郛说
"孤诣苦心,众意均已谅解";只是要签订条约
的话,"唯盼文字勘酌,打磨干净,不可有影

黄郛受命与日本谈判,自
谓是为蒋介石"跳火坑"。

射;纵属同一意义,而用语必须堂皇"。电文中还表示:"诸事弟必负责⋯⋯
共尝艰苦之宿约,必始终不渝。"②同日,汪精卫也电何、黄说:"弟等本不主
张文字规定,惟前方有万不得已的情形,已签定觉书,弟等自当共负责任。"
他还表态:倘因此而招国人之不谅,"弟必奋身以当其冲,绝不令两兄为
难"③。由于蒋介石、汪精卫作出这种表示,因而妥协活动在日方胁迫下继
续进行。

　　5 月 30 日北平军分会总参议熊斌等人到塘沽,与日本关东军参谋副长
冈村宁次进行停战会谈。第二天即在日方先已写好的一字都不容修改的文
本上签字。这就是《塘沽协定》。它规定:"(一)中国军一律迅速撤退至延
庆、昌平、高丽营、顺义、通州、香河、宝坻、林亭口、宁河、芦台所连之线以西、
以南地区。尔后,不得越过该线,又不作一切挑战扰乱之行为。(二)日本军
为证实第一项的实行情形,随时用飞机及其他方法进行监察。中国方面对
此应加保护,并给予各种便利。(三)日本军如证实中国军业已遵守第一项

---

①　黄郛对北平市新闻记者谈话(1933 年 5 月 18 日),天津《大公报》1933 年 5 月 19 日。
②　蒋介石致黄郛电(1933 年 5 月 29 日),《革命文献》第 38 辑第 2133 页。
③　汪精卫致何应钦、黄郛电(1933 年 5 月 29 日),《革命文献》第 38 辑第 2133 页。

规定时,不再越过上述中国军的撤退线继续进行追击,并自动退回到大致长城一线。(四)长城线以南,及第一项所示之线以北、以东地区内的治安维持,由中国方面警察机关担任之。上述警察机关,不可利用刺激日军感情的武力团体。"[1]这是一个丧权辱国的城下之盟,实际上承认了日本帝国主义侵占东北三省和热河省的合法性,承认了长城一线为"满洲国"的"国界线";并且承认了冀东地区为非武装区,中国军队不能进驻,而日军随时可以用飞机或任何"其他方法进行监察",这就为日本进一步侵略华北打开了方便之门。日本陆军参谋部也说《塘沽协定》使"日军越过长城线、在关内河北地区设置了有力据点一事,意味着作为未来继续进入华北的第一步,也可以看作不久即走上通往中国事变的道路"[2]。蒋介石、汪精卫和国民政府不敢将《协定》全文公布,而只宣布了一个概要。汪精卫还竭力粉饰说,《协定》"限于军事,不涉政治","局部缓和不影响于领土主权"[3]。当时天津《大公报》发表社论指出,这个《协定》"核其辞句与意义,充满战胜国对战败国之形式,狰狞面目,活跃纸上,故在我当然为败辱的屈服"[4]。蒋介石却另有一番自我开脱之辞:"协定成立,停战政策得告一段落;人民暂可安息,国际当有进步。对内对外,得此整顿准备之余豫,其足为复兴之基乎!"他还说:"于此停战蒙耻之时,使人卧薪尝胆,而不自馁自逸,则将于建设计划确定步骤,切实推行,以期十年之可湔雪此耻乎!"[5]又把雪耻之期推延十年。

五、对抗日军民的压服

1933 年春长城抗战的失利,以及蒋介石、汪精卫的妥协谋和,激起了全国人民的愤懑,一部分国民党爱国将领也不满蒋、汪行径,要求举兵抗日,其中冯玉祥是最著名的一位。"九一八"事变后,冯玉祥不断谴责妥协退让政

[1]　日本外务省编:《日本外交年表和主要文书(1840—1945)》下卷《文书》第 274 页。《革命文献》第 38 辑第 2232—2233 页所载的行文略有不同。

[2]　《日本军国主义侵华资料长编》(上)第 233 页。

[3]　汪精卫书面谈话(1933 年 5 月 31 日),《国闻周报》第 10 卷第 22 期。

[4]　《大公报》社论:《中日停战协定痛言》,天津《大公报》1933 年 6 月 1 日。

[5]　《蒋介石日记》(手稿本)1933 年 5 月 30 日。

策,主张出兵抗击,奔走呼号不遗余力,但仍不能改变蒋介石的主意。冯便与中国共产党取得秘密联系,寻求抗日救国的途径。在中国共产党的推动和帮助下,冯玉祥于1932年10月移居张家口,着手筹建抗日武装。日本侵略军侵占热河后又进逼平、津,察哈尔省①危急。1933年5月26日冯玉祥联合方振武、吉鸿昌等发出通电,宣告建立察哈尔民众抗日同盟军,以"武装保卫察省,进而收复失地"②。冯任总司令,佟麟阁代察哈尔省主席,吉鸿昌为察省警备司令。冯揭橥抗日,得到了全国各爱国团体和广大民众的拥护和支持,也得到许多爱国官兵的响应。抗日同盟军迅速扩大,参加的除冯玉祥部原第二十九军教导团和方振武在晋南组织的抗日救国军外,还有从东北和热河退至察省的义勇军、防守长城各口的爱国军队、原西北军旧部、察省地方武装等。北平、天津、太原等地的爱国学生也成批赶来参加同盟军。这支抗日武装队伍迅速发展到八万人以上。

冯玉祥号召抗日同盟军将士武装保卫察哈尔,收复失地。此举乱了蒋介石的方寸。

　　1933年6月15日至19日,察哈尔民众抗日同盟军在张家口召开了第一次代表大会,宣布同盟军为"革命军民之联合战线",以外抗暴日、内除国贼为宗旨,否认一切卖国协定,反对任何方式的妥协,决心以武力收复失地。同盟军还确定政纲为取消苛捐杂税,改善工人、农民、贫民、士兵的生活,释放因爱国而被拘禁的政治犯,保障民众集会、结社、言论、出版和武装的自由等。抗日同盟军代表大会结束后,冯玉祥任命方振武为北路前敌总司令,吉鸿昌为北路前敌总指挥,率军收复察东各地。6月下

───────────

　　① 察哈尔省,1928年设置,辖今河北省西北部和内蒙古锡林郭勒盟大约二十七万余平方公里的地区,共十六县、十四旗和一牧场、四牧厂,人口二百余万,省会万全县。1952年撤销。
　　② 《国闻周报》第10卷第22期。

旬至 7 月初,抗日同盟军出征连战告捷,先后收复康保、宝昌和沽源,继又与敌血战五昼夜,光复了军事重镇多伦,收复了察省全部失地,全国人民大为振奋。冯玉祥通电全国,愿"自率十万饥疲之士,进而为规复四省之谋"①;并于 7 月 27 日成立"收复东北四省计划委员会",自任委员长。

但是,蒋介石和汪精卫及其为首国民政府,不能容忍冯玉祥领导察哈尔民众抗日同盟军抗御日军之举。他们不仅担心此举会贻误既定的对日妥协退让的大计,还担心冯另立军队和政府,东山再起,割地自雄,动摇自己的统治地位;对于冯和中国共产党合作,放手支持民众运动,更是不能容忍。7 月 3 日蒋介石从江西"剿共"前线打给汪精卫的电报中称,冯玉祥"赤色旗帜已益鲜明,使中外皆易认识,不为所蔽,则中央处置更易。业已切电敬之(何应钦),速筹军事之彻底解决办法。亦电百川(阎锡山)、明轩(宋哲元)一致觉悟协力"②。6 日,何应钦即调大军入察围剿同盟军。同时,在他们的指使下,一时间诬蔑、辱骂冯玉祥的舆论四起。国民党南京市党部通电咒骂冯"冒名抗日","割据地盘",要求蒋、汪下令讨伐。他们还把日军从承德、围场调往察边及多伦图谋扩大侵略的行动,说成是因同盟军抗日所引起的。

对于抗日同盟军,蒋介石采用武力镇压和分化瓦解"双管齐下"的方针。7 月 17 日,军事委员会按照他的指令,电告汪精卫:"对察处理,现定一面令庞(炳勋)傅(作义)各部、冯(钦哉)关(麟徵)各部进兵;一面由宋(哲元)、庞、秦(德纯)派人劝冯取消名义,奉还察政,离去张垣,另谋安置。双管齐下,大约不久当可得相当之解决也。"③

还在 7 月初,抗日同盟军进军察东之时,蒋介石就命令何应钦"速筹军事之彻底解决办法"④。7 月 6 日,何下令庞炳勋、冯钦哉两个军向察省推进,调孙德荃、关麟徵等部向沙城、怀来、延庆集结。至 7 月下旬,入察军队已达十六个师,计十五万余人,试图威逼冯玉祥取消同盟军,停止抗日。此

---

① 冯玉祥 1933 年 7 月 12 日通电,《国闻周报》第 10 卷第 29 期。四省是指辽宁、吉林、黑龙江和热河。
② 国民政府行政院档案,中国第二历史档案馆藏。
③ 国民政府行政院档案,中国第二历史档案馆藏。
④ 国民政府行政院档案,中国第二历史档案馆藏。

时,日伪军也向察东并进,企图夺回多伦和沽源。

7月28日,蒋介石和汪精卫联名发表时局通电,公开指责冯玉祥"擅立各种军政名义","妨害统一政令","妨害中央边防计划","滥收散军土匪","引用共匪头目,煽动赤焰"等等①,施加更大的政治压力。

在蒋介石"双管齐下"的攻击下,察哈尔民众抗日同盟军陷于困境。8月5日,冯玉祥被迫通电全国,忍痛收束军事;8月9日撤销同盟军总部,交出察省军政大权。嗣后,方振武、吉鸿昌等爱国将领坚持抗日,于9月上旬宣布成立抗日讨贼联军,继续奋战于热河、长城一带。蒋介石又调集军队围剿,日军也出兵夹击,使这支抗日队伍终至弹尽粮绝,于10月失败。

镇压"闽变",是蒋介石不容许国民党军队抗日爱国的又一典型事件。

"一二八"事变中英勇抗日的第十九路军,在《上海停战协定》签订后,被蒋介石调往福建"剿共"。十九路军爱国将士对日军侵占热河和长城各口极为愤慨,毅然派出两个纵队(计四个团),与粤、桂方面共组"援热联军",由蔡廷锴任总指挥,北上抗日。当先头部队抵达湖南时,便传来了签订《塘沽协定》的消息。蒋介石下令北上部队回防继续"剿共"。蒋光鼐、蔡廷锴愤慨至极,通电表示反对。嗣后他们与中国共产党和工农红军联络,于1933年10月签订了抗日反蒋的初步协定,双方停止了军事行动。他们还联络陈铭枢、李济深、黄琪翔、陈友仁、徐谦等人从香港来到福州,共同发动了福建事变,揭橥反蒋抗日。11月20日召开"中国人民临时代表大会",成立"中华共和国人民革命政府",谴责蒋介石对日本妥协投降,号召"全国的革命大众立刻起来打倒蒋中正御用的国民党南京政府"②。蒋介石急忙调遣陆海空军进攻福建,于次年1月镇压了这次事变③。

六、"中日亲善"的幻梦

日本帝国主义在东北建立起伪满洲国、占领热河后,力图取得中国的承

---

① 《国闻周报》第10卷第31期。
② 《中国人民临时代表大会人民权利宣言》(1933年11月20日),《国闻周报》第10卷第47期。
③ 详见本书第十章第五节。

认,便于 1933 年 9 月开始标榜"和协外交",作出愿意改善中日关系的姿态。

然而,日本帝国主义侵略中国的野心很大。1934 年 4 月 17 日,日本外务省情报部长天羽英二发表了一个妄图独霸中国的声明,扬言不许其他国家向中国提供任何援助,中国也不能与其他国家发生关系。他声称:"如果中国采取利用其他国家排斥日本、违反东亚和平的措施,或者采取以夷制夷的排外政策,日本就不得不加以反对。"①同年 7 月,日本海军大将冈田启介组阁后,军国主义分子的战争叫嚣更加猖狂。

为谋求与日本的妥协,对工农红军第五次"围剿"结束后,蒋介石授意撰写了一篇题为《敌乎?友乎?——中日关系的检讨》的长文,由陈布雷执笔,用徐道邻的名义于 1935 年 1 月发表在《外交评论》上。文章表示:"日本人终究不能做我们的敌人,我们中国亦究竟须有与日本携手之必要",渴望与日本亲善友好。文章表白说,日本方面切不要"以为中国国民党是发动排日势力的中心……以为非打倒中国国民党则中日问题无法解决,日本不能安枕",国民党早在 1927 年以后就已"明白放弃容共政策……没有使日本害怕理由",日本应该"明悉窥伺于中国国民党之后者为何种势力,此种势力之抬头将与东亚生何种影响",劝告日本对国民党不要逼迫太甚。这篇文章还提出:两国"不必拘泥过去悬案,应以诚意谋互利的解决,扫除国交上的障碍"②。把日本侵占东北、热河都作为"悬案"搁置一边了。

蒋介石这篇文章,表明了他对日本的基本立场和愿望:一、中日两国必须合作,国民党对日本是友好的;二、国民党坚持反共,日本不必害怕,而应当诚意合作;三、中日两国合作要以维持国民党对中国的统治为前提,如果国民党统治崩溃,两国合作便不可能,对日本也不利。

蒋介石这篇文章,引起了国内外,尤其是日本朝野的重视。1 月 22 日,日本外相广田弘毅在日本第六十七届国会发表外交政策演说,假意作出友好姿态。他说,日本要实行"日中亲善,经济提携"的新方针,"希望中国能从速早日安定,并对于东亚之大局能予以觉醒,以使帝国真挚之期待与之吻

① 《日本外交年表和主要文书(1840—1945)》下卷《文书》第 284 页。
② 《先总统蒋公全集》第 3133—3146 页。

合"①。日本政府提出要和中国政府互派高级官员进行访问,以"调和感情"和"增进邦交"。

对于日本政府这种"友好"姿态,蒋介石立即作出反应。1 月 29 日,蒋介石在南京接见日驻华武官铃木美通时说,中、日两国有提携之必要,希望日本不要妨碍中国的统一。至于中国人民的排日、排货运动,"至当极力取缔"②。第二天,他接见日本公使有吉明及驻南京总领事须磨弥吉郎,又说"中日应该亲善,这是中山先生的遗策"③。两次接见后,日方大造舆论,并传出种种谣言。中国各界十分重视,纷纷质疑,因为这是"九一八"事变以来三年多蒋介石第一次接见日方代表。为了澄清"谣传",2 月 1 日蒋对中央社记者发表谈话:"此次日本广田外相在议会所发表对我中国之演词,吾人认为亦具诚意,吾国朝野对此当有深切之谅解"。"中国过去反日之感情,与日本对华优越之态度,皆应共同改正,方为敦友睦邻之道。我全国同胞亦当以堂堂正正之态度,与理智道义之指示,制裁一时冲动及反日行动,以示信谊。"④14 日他又对日本记者说,广田的演说"至少可说是中日关系好转之起点"⑤。

为推进"中日亲善",蒋介石与汪精卫商定,派国际法庭法官王宠惠乘返海牙任所之便,取道日本,"以探明日方之真意,较之另派他人为最无痕迹"⑥。2 月 19 日,王宠惠抵东京,连日晤访日本外相广田、首相冈田及陆相、海相等要人,探询日本对"亲善"之真意,并表达蒋介石、汪精卫的愿望。广田强调中国应当完全制止排日、排货行动。2 月 27 日,蒋介石和汪精卫联名向全国各机关、团体发布严禁排日运动的命令。

此后,蒋介石、汪精卫大讲与日本"敦友睦邻之道"。5 月 17 日,南京和

---

① 天津《大公报》1935 年 1 月 23 日;《国闻周报》第 12 卷第 5 期。

② 《外交周报》第 3 卷第 6 期(1935 年 2 月)。

③ 天津《大公报》1935 年 1 月 31 日。

④ 《中央日报》1935 年 2 月 2 日;《国闻周报》第 12 卷第 6 期。

⑤ 《正风》第 1 卷第 6 期(1935 年 3 月);《国闻周报》第 12 卷第 7 期。

⑥ 蒋介石致汪精卫(1935 年 2 月 9 日),转引自吴相湘:《第二次中日战争史》上册第 203 页,台湾综合月刊社 1973 年版。

东京同时宣布两国公使馆升格为大使馆,以显示"两国国交的增进"①。6月10日,国民政府郑重其事地颁发了"邦交敦睦令",宣布:"凡我国民对于友邦务敦睦谊,不得有排斥及挑拨恶感之言论行为,尤不得以此目的组织任何团体,以妨国交……如有违背,应予严惩。"②当时,《新生》杂志第2卷第15期发表了一篇题为《闲话皇帝》的文章,说现在的皇帝"有名无实",是"古董"、"傀儡"。日本的统治者要保留天皇,"是企图用天皇来缓和一切内部各阶层的冲突和掩饰了一部分人的罪恶"。文章并嘲笑"在现今的皇帝中,最可怜的,恐怕还要数到伪满洲国的伪皇帝溥仪了"。日本驻沪总领事石射即以"侮辱天皇,妨害邦交"为词提出抗议,并要求向日本谢罪、封闭《新生》周刊社、惩办主编及作者等。国民党当局一一承诺,以"不敬日本天皇"的"诽谤罪",迫令《新生》停刊,判处主编杜重远有期徒刑一年零两个月。从此,一切报刊书籍均不再允许出现"抗日"字样,只能以"抗×"表示;连蒋介石的文集,也只以"××帝国主义"、"×寇"来表示。

日本外相广田一篇"日中亲善"、"经济提携"的演说,被蒋介石视为中日两国友好合作的时代已经到来。其实广田的演说,只不过是冈田内阁推行新的侵华政策的一枚烟幕弹而已。1934年12月冈田内阁确定对中国的"帝国政策",一方面是"扩张日本在中国的经济权益"(被其外相广田粉饰为"日中亲善,经济提携"),另一方面是使华北"形成不同于南京政权的形势"③,就是要使华北脱离中国政府,变成第二个伪满洲国,达到不战而取的目的。于是,在华北就发生了一起又一起事端。

七、"华北事变"面前步步退让

1935年1月10日,在察热边境龙关、赤城一带活动的日本关东军第八师团一部,进入察哈尔东部石柱、小蒜沟一带烧杀抢掠,被我驻沽源的第二

① 国民政府外交部发言人谈话(1935年5月17日),天津《大公报》1935年5月18日。
② 《国民政府公报》第1764号。
③ 日本防卫厅防卫研究所战史室编著:《中国事变陆军作战史》第1卷第1分册第23页,中华书局1979年版。

十九军刘汝明部阻止。15日,日伪军又到乌泥河、长梁一带抢劫,我驻军立即予以阻止,并将四十余名伪军缴械。18日,日本关东军声称我军违反《塘沽协定》及此前双方接触之非正式协议,限定我驻察东丰县大滩一带的第二十九军所属骑兵连撤出,乘机占领沽源、独石口等地。北平军分会何应钦等人秉承蒋介石、汪精卫的旨意,处处息事宁人,步步退让。但日方得寸进尺,侵占了东栅子,并越过长梁、乌泥河一线。

2月2日,中日双方代表在大滩会商。日本第七师团第十三旅团长谷寿夫等人凶蛮专横,一再称热河是"满洲国"领土,中国军队违约"越境"。中方代表第二十九军三十七师参谋长张樾亭遵照何应钦之嘱咐,秉承蒋、汪之旨意,竭力避开伪满洲国一词,不留文字协定,对"越境"一事表示道歉,并答应将如数归还缴获的伪军武器。

1935年5月初,在天津的日本租界发生了亲日分子《国权报》社长胡恩溥和《振报》主笔白逾桓被刺杀的"河北事件"。日本天津驻屯军参谋长酒井隆和驻华使馆武官高桥垣等人,密谋借此挑起事端,以"彻底驱逐东北系及中央势力出华北"。东北义勇军孙永勤部恰于此时进入了滦东"非武装区"。酒井和高桥即以此为口实,向北平军分会代理委员长何应钦提出责问和无理要求,称"今后如再发生如此行为,或得悉将要发生此种行为,日本军将根据条约的规定,采取自认为必要的自卫行动"①。天津的日本驻屯军连日在河北省政府门前武装示威,日本军用飞机在平、津上空低飞恐吓,东北的关东军大批开入关内。

在日本的武力威逼下,国民政府将河北省主席于学忠调离,由该省民政厅长张厚琬代替;天津市长张廷谔免职,由亲日分子王克敏接任;将宪兵第三团调离河北;将河北省党部迁往保定,天津市党部结束;下令平津取缔有害"中日邦交"的团体。

但是这些屈辱行为,还不能满足日方的要求。6月9日,酒井和高桥会见何应钦,又提出了新的要求:"(一)河北省内一切党部完全取消(包括铁路党部在内)。(二)五十一军撤退,并将全部离开河北日期告知日方。(三)中

---

① 《中国事变陆军作战史》第1卷第1分册第32页。

央军必须离开河北省境。(四)全国排外、(排)日行为之禁止。"还说"希望即日办理,否则日军即采取断然之处置"①。第二天何应钦根据汪精卫的指示约见高桥,表示承诺这些要求。事后高桥写了一个《备忘录》,又提出了新的侵略要求,要何应钦签字盖章。国民政府慑于日方的强硬威逼,最后于7月6日以何应钦名义,复函日本华北驻屯军司令官梅津美治郎:"6月9日酒井参谋长所提各事项均承诺之,并自主的期其遂行。特此通知。"②这个措词含混的复函,构成了法律上的承诺,完成了何、梅之间的协议,史称"何梅协定"。

当中日双方还在交涉上述事件的时候,日本又制造了一起"张北事件"。6月5日,日本特务分子四人潜入察哈尔省张北县偷绘地图,被驻守在那里的第二十九军所部扣留。察省主席宋哲元为免引起事端,下令将这四名特务释放,但是日本关东军却反诬称中国军队侮辱了日本士兵。6月11日,日本驻张家口领事桥本和特务机关长松井,向第二十九军副军长兼察省民政厅长秦德纯提出"惩办直接负责人"等三项无理要求。接着,日本关东军司令官南次郎于17日在长春召集会议,确定"应使宋哲元绝对无法阻碍我在察哈尔省内的行动"③的方针,制订《对宋哲元之交涉要领》,派驻沈阳特务机关长土肥原贤二负责实施。同时日军派轰炸机在北平上空盘旋示威,调集四万军队屯驻察省边境。兵临城下,经蒋介石、汪精卫之首肯,6月19日国民政府发布命令,免去宋哲元之察哈尔省主席职务,由省民政厅长秦德纯代。但日军仍不罢休,又进一步逼使秦德纯于6月27日在北平与土肥原签订了《秦土协定》。协定规定:一、第二十九军调离察东地区,成立察东非武装区;二、解散排日机构;三、对日表示遗憾,并处罚负责人;四、停止向察省屯田移民;五、援助日本在察省的特务机关、"经济发展和交通开发"、"建立各种军事设备"以及"旅行"、"进行调查"等④。

7月,日本提出双方要进行一次秘密谈判,派出了驻华使馆武官矶谷廉

---

① 国民政府军事机关档案,中国第二历史档案馆藏。

② 古今、恽修编:《第一次世界大战以来帝国主义侵华文件选辑》第174页,三联书店1958年版。

③ 《中国事变陆军作战史》第1卷第1分册第38页。

④ 协定全文见[日]《日中战争》(1)(《现代史资料》(8)),东京みすず书房1965年版。

介。矶谷在谈判之先即态度蛮横,攻击国民党和蒋介石,于 6 月 5 日发表声明,称蓝衣社、宪兵、党部和中央军"均是蒋介石的私有物",中日之间发生争议,"祸根恰恰就在蒋介石政策本身之上"①。蒋介石、汪精卫见日方来势汹汹,乃商请原军政部政务次长、时已调任福建省主席的陈仪为代表应对。8 日,矶谷在谈判中抛出《日中直接交涉要领案》,强硬要求中国方面承认有关满洲问题之诸条约,"国民党之组织一律撤销",国民党舍弃"一国一主义","更正中央军"。矶谷在谈判中还说,应由蒋介石亲自出面与日本高层谈判。面对日本的步步紧逼,蒋介石在日记中写道,"倭驻沪武官矶谷私提亡国条件,阅之逼愤已极"②。陈仪秉承蒋、汪旨意虚与委蛇,谈判无任何成果。

日本帝国主义通过"何梅协定"和《秦土协定》,攫取了冀、察两省大部分主权。但并不以此为满足,又进而加紧策动冀、鲁、晋、察、绥五省"自治运动",以便完全操纵华北五省。9 月 24 日,日本新任华北驻屯军司令多田骏露骨地表示,为要"救济华北的中国民众",日军要"把反满抗日分子彻底地驱逐出华北",实现"华北经济圈独立","通过华北五省的军事合作,防止赤化",为此,"必须对组织华北五省联合自治团体的工作予以指导"③。于是,在日本帝国主义精心导演下,"华北自治运动"的丑剧上演。

10 月 22 日,前北平商会会长安厚斋等一小撮汉奸,在日本宪兵掩护下,闯入香河,占领县城,组织起伪自治政府,安任"县长"。多田即表示保护和支持。安次、庆云、曲阳等县也先后在日人操纵下发生"自治运动"。

与此同时,日本派土肥原不断拉拢和威胁平津卫戍司令宋哲元,许以军事经济援助,要求其组织伪自治政府,"使华北五省得到南京政府宗主权认可,政治、外交、财政脱离南京政府"④。11 月 11 日,土肥原提出一个严重侵犯中国主权的《华北高度自治方案》,要挟宋哲元限期宣布"自治",否则日军将占取河北、山东。

---

①　[日]松本显治著,曹振威、沈中琦译:《上海时代》第 213 页,上海书店出版社 2005 年版。

②　《蒋介石日记》(手稿本),1935 年 8 月"本月反省录"。

③　[日]秦郁彦:《日中战争史》第 56—57 页,日本河出书房 1961 年版。

④　日本陆军次长致关东军、中国驻屯军参谋长、南京、北平、上海武官的电报(1935 年 11 月 26 日),[日]《日中战争》(1)第 148 页。

这时候,河北滦榆兼蓟密区行政督察专员殷汝耕在土肥原的策动下,于11月15日致电宋哲元,要求接受"华北自治"方案。24日殷汝耕在通县擅自宣称冀东二十二县"脱离中央"、"自治独立",次日即成立"冀东防共自治委员会",自任委员长,甘当日本傀儡。

又一个"满洲国"的阴魂在华北大地游荡,民族危机空前严重。华北五省紧连中原,交通便捷,物产丰富,小麦产量占全国的三分之一,棉花、煤炭产量几占一半,财政收入占全国六分之一①。全国各地及海外侨胞要求保卫领土、维护主权、制止华北"自治运动"的呼声日益高涨。11月13日,中国共产党发表宣言,号召全国人民广泛联合起来,积极参加抗日反蒋斗争。北平十五所大中学校的学生自治会联名通电全国,表示誓死反对断送领土主权之"自治"行动以及任何变相之"独立"阴谋;要求政府下令讨伐殷汝耕,动员全国对敌抵抗,切实开放人民言论、结社、集会之自由②。北平各大学的校长、院长、教务长五十余人,在11月19日宋哲元、秦德纯等人招待教育界的宴会上,一致反对"华北自治运动",要求宋、秦竭力撑持危局,勿使国家主权招致分裂。北京大学校长蒋梦麟、清华大学校长梅贻琦等二十余位校长、教授于24日发表郑重宣言,坚决反对一切脱离中央和组织特殊机构的阴谋举动,要求政府用全国力量维持国家领土及行政的完整。

"华北自治运动"使蒋介石和国民政府对北方的统治,陷入岌岌可危的境地,英、美等国在华的利益也受到威胁。全国人民的愤怒声讨和维护主权的强烈要求,也迫使蒋介石不能不有所表示。他调动部队在南京附近进行了一次"特别大演习";又下令将陇海路的军队西调河南,并调集十一个师屯集在京沪路沿线。与此同时,他也告诫晋、鲁、平、冀负责人阎锡山、韩复榘、宋哲元、商震,要他们抵制日本的"自治"方案。11月20日,蒋介石会见日本驻华大使有吉明和驻南京总领事须磨弥吉郎时,要求日方抑制"华北自治运动"。蒋表示:对引起违反国家主权完整,破坏行政统一等之自治制度,绝对不能容许。同日,蒋致电宋哲元,提醒他不要中了日本"诱陷之毒计",而

---

① 蓝天照:《华北五省的经济地位及日本的企图》,《外交评论》第6卷第2期(1937年2月)。
② 《北平学生之声》,《读书生活》第3卷第4期。

应"仍本初旨,坚定应付","万一彼方因此不满,对兄等为局部压迫,中央必当以实力为兄等后盾"①。

但是,日本侵略者置蒋介石的表态于不顾,依然我行我素,态度嚣张。关东军司令南次郎主张利用当前时机,一举策动华北各省"完全脱离南京政权而完全独立",并称关东军"已将一部分兵力集结于(伪满洲国)国境",以便使"华北的实力者"坚决行动②。日本内阁的外、陆、海三省大臣要驻华大使有吉明向蒋介石提出"准许华北某种自治"要求,并对蒋调军北上表示"决不默视"③。日本侵略者策动殷汝耕挂出"冀东防共自治委员会"招牌后,一方面向宋哲元施加更大压力,迫宋必须在 11 月 30 日前宣布"自治";另一方面公然抢占丰台车站和天津总站、西站,出动军宪肆意捕人,加紧军事威胁,制造恐怖气氛。

在日本帝国主义恐吓下,蒋介石和国民政府不敢硬抗。11 月 26 日,国民政府宣布撤销军事委员会北平分会,改何应钦为行政院驻北平办事长官,派宋哲元为冀察绥靖公署主任,由宋等负责维持地方治安。30 日,蒋介石和国民政府的行政、立法、司法、考试、监察五院院长共同拟订"华北自治办法"六条,主要内容是:一、实行共同防共;二、关于币制改革,在华北方面可作适当修改;三、考虑关内外人民关系密切,对两地的经济关系予以方便;四、在财政方面,给华北政权以相当支配权;五、给予就地合理解决对外悬案权;六、根据民意录用人才,实行理想的政治④。并命何应钦等北上"斟酌情势,负责办理"。何到北平后,就着手设立半傀儡式的"冀察政务委员会",指派宋哲元为委员长;十七名委员由日方推荐七名,其中有出名的亲日派政客王揖唐、王克敏、齐燮元、曹汝霖等,满足了日方"华北政权特殊化"的要求。就这样,河北和察哈尔两省实际上被置于日本侵略者的操纵之下,国家民族到了生死存亡的紧急关头。

---

① 《中华民国重要史料初编——对日抗战时期》绪编(一)第 714—715 页。

② 南次郎关于促进华北分离工作对广田外相的建议(1935 年 11 月 13 日),《日本外交年表及主要文书(1840—1945)》下卷《文书》第 309—310 页。

③ 《中国事变陆军作战史》第 1 卷第 1 分册第 50 页。

④ 《中国事变陆军作战史》第 1 卷第 1 分册第 51 页。

　　为什么蒋介石和国民政府对日本帝国主义之侵略步步退让？为什么"攘外必先安内"成为蒋介石和国民政府应变内外变局之主要方针？人们看到——

　　蒋介石认定中国共产党及其领导的工农红军，是国民党统治的最大敌人，是"心腹之患"。他告诫部属说，国家大患不在日本的侵略，而是江西的共产党和工农红军，"外患不足虑，内匪实为心腹之患"①。他解释说，长江一带是中国的精华所萃，江西、湖北等地是中国的中枢，共产党和工农红军在这些地方建立根据地，实在是"心腹之患"。在他看来，抗御日本侵略乃是手足捍卫头脑，"围剿"工农红军则是拔除"心腹疽毒"。他认定"抗日必先剿匪，征诸史事，必先安内始能攘外"②。

　　把"剿共"作为头等大事，不只是蒋介石一个人的错误理念，而且是国民党统治集团的众多共识。1931年6月反蒋各派系在广州以"国民党中央执监委员非常会议"名义谋求大联合时，就把"肃清共匪"作为誓词的重要条款③。在9月1日的《北伐讨蒋令》中更把蒋"轻视共祸"、"剿共"不力作为头等罪状，声称"剿共必讨蒋，讨蒋必剿共"④。反蒋首领人物汪精卫甚至抨击蒋"对剿共绝无诚意，致匪势蔓延浙闽"⑤。

　　面临广东反蒋势力的"讨伐"和江西红军的反"围剿"奏捷，蒋介石更是要把"安内"、"剿共"作为当务之急，宣称"攘外应先安内"⑥。"九一八"事变后，日本大举侵略东北，他仍说："攘外必先安内，统一方能御侮"，"今日之对外，无论用军事方式解决，或用外交方式解决，皆非先求国内统一"⑦。他甚至认为，中国亡于帝国主义，我们还能当亡国奴，尚可苟延残喘；若亡于共产党，则纵肯为奴隶亦不得。由于这种荒谬的逻辑，在热河失守后长城抗战激烈进行之时，许多爱国将士不愿在江西打内战，请缨北上抗日，他居然斩钉截铁地说："余严令剿匪部队，在匪未清前，绝对不言抗日。希望党政军各方

　　① 《蒋委员长告各将领先清内匪再言抗日电》(1933年4月6日)，《中华民国重要史料初编——对日抗战时期》绪编(三)第35页。
　　② 蒋介石在江西省党部对各将领训话(1933年4月1日)，天津《益世报》1933年4月11日。
　　③ 《中国国民党中央执监委员会誓词》，《中央导报》第2期(1931年7月8日)第49页。
　　④ 《民友》第2卷第5号(1931年7月27日)第14页。
　　⑤ 汪精卫广州国民政府总理纪念周上的讲话，《反蒋运动史》(下)第409页。
　　⑥ 蒋介石：《告全国同胞一致安内攘外》(1931年7月23日)，《先总统蒋公全集》第3124页。
　　⑦ 蒋介石在顾维钧就职外长时的讲话(1931年11月30日)，《革命文献》第72辑第29页。

同志,须专心剿匪。"[①]他要大家下决心"实干",而且还要"硬干到底"[②]。蒋介石固执地推行"攘外必先安内"的政策,置国土沦丧于不顾,使国家和民族陷于沉重的灾难之中。

蒋介石对日本侵略一再妥协退让的另一个重要原因,是他慑于日本之国力军力远远超过我国。他认为日本太强,我国太弱,枪不如人,炮不如人,教育训练不如人,机器不如人,根本没有抗御日本侵略的能力,必须经过长期充分的准备,将来"作长期不断的抵抗"[③]。他对国民党军队的高级将领说,我们"国家的生死存亡,完全操在日本人手里。他要我们那天死,我们就不得不那天死"[④]。他不只一次地表示:日本三天内就可以亡我中华。若是贸然和日本开战,日本"只要发一个号令,真是只要三天之内,就完全可以把我们中国要害之区都占领下来,灭亡我们中国"[⑤]。他完全不相信中国人民高昂的爱国精神将会迸发出无可比拟的抗御力量,他也看不到像十九路军这样的爱国将士不胜数计,更不要说工农红军了。他囿于成见,只从武器上看到暂时是敌强我弱的表面现象,害怕战争会毁掉全中国。

在危急关头,蒋介石迫于内外压力,也曾多次表示要与日本"决一死战",但在实际上他是畏战,避战,"避免正面冲突"[⑥],一再采取拖的办法[⑦]。他认为,对日抗战必须经过长期准备,然后进行一场长时期持久的战事,要"以时间为基础,与敌相持,在久而不在一时"[⑧];绝不能"一线配备"、"一次决定",而必须"要长期不断的抵抗。他把我们第一线部队打败之后,我们再有第二、第三等线的部队去补充;把我们第一线阵地突破以后,我们还有第

---

①　蒋介石在江西省党部扩大纪念周对各将领训话(1933 年 4 月 10 日),天津《益世报》1933年 4 月 11 日。

②　蒋介石:《剿匪要实干》(1933 年 1 月 30 日),《先总统蒋公全集》第 662 页。

③　蒋介石:《国家兴亡责在军人》(1933 年 4 月 12 日),《总统蒋公大事长编初稿》第 2 卷第 294页。

④　蒋介石:《剿匪成败与国家存亡》(1933 年 10 月),《先总统蒋公全集》第 223 页。

⑤　蒋介石:《抵御外侮与复兴民族》(1934 年 7 月 13 日),《先总统蒋公全集》第 878 页。

⑥　《蒋介石日记》(手稿本),1934 年 11 月 10 日。

⑦　1936 年 6 月,蒋介石对英国人李滋罗斯说:"对日抗战是不能避免的。由于中国的力量尚不足以击退日本的进攻,我将尽量使之拖延。"摘引自杨天石:《蒋氏秘档与蒋介石真相》第 383 页。

⑧　《蒋介石日记》(手稿本),1933 年 7 月 20 日;《总统蒋公大事长编初稿》第 2 卷第 340 页。

二第三各线阵地来抵抗",总之"越能持久,越是有利"①。他反复强调要集中国力,经过长期充分的准备,才能考虑对日抗战,于是对日本的侵略一再忍让,而将抗战长期拖延,反之,集中力量"剿共"和征讨反蒋势力。这种本末倒置的"忍"与"战",实在是不能用"效法勾践"来解释和开脱的。

那么,对于日本不可遏制的侵略野心,该采取什么对策呢?蒋介石除了妥协和退让,就是把希望寄托在依靠英、美等外国的力量来干涉和制止上。他认为,现在的中国是世界各国的公共殖民地,因此日本欲将中国变成一个国家所独有的殖民地,就要和世界各国决战。如果日本不能和各国决战,他就掌握不了东亚霸权,也就解决不了太平洋问题,更不能吞并中国。蒋介石把驱逐日本、收复失地的希望,寄托在英、美与日本交战的世界大战上。还在 1933 年 4 月,他在一次题为《最近剿匪战术之研究》的讲话中,就用第二次世界大战来安慰他的部属:我们不怕日本的压迫,不久的将来,第二次世界大战一定要爆发,只要我们准备能做个战斗员,将来我们就可以收复失地。他并不是立足于增强国力、团结全国军民来抗御侵略,而只是空谈要"长期抵抗"、"卧薪尝胆"、"不到最后关头决不轻言牺牲"等等,实际上都不过是为眼前的妥协退让寻找托词与等待世界大战爆发而已。

基于上述逻辑,蒋介石制订了一个对日本"不绝交、不宣战、不讲和、不订约"的外交方针。蒋介石认为,如对日本绝交、宣战,则"沿海各地及长江流域,在三日内悉为敌人所蹂躏";而且日本是采取"战而不宣"的方式,如果我们宣战,反倒要承担"破坏和平的责任"。所以他认为绝交、宣战乃是"自取灭亡"②。同时,也不能公开与日本讲和、正式签订承认伪满洲国和割地赔款的卖国条约,否则必会遭到全国上下的反对,国民党和自己的统治地位也将难保。蒋介石不能不承认:"这种政策并不是彻底的","比较是无法之法";"因为国力兵力绝不相同的国家,只可用这个政策和战略与之相周旋"③,为自己的妥协退让辩解。

_____

① 蒋介石:《国家兴亡责在军人》(1933 年 4 月 12 日),《总统蒋公大事长编初稿》第 2 卷第 294 页。
② 蒋介石在奉化武岭学校纪念周的讲话(1932 年 1 月 11 日),上海《民国日报》1932 年 1 月 21 日。
③ 《敌乎? 友乎?——中日关系的检讨》(1934 年 10 月),《先总统蒋公全集》第 3133—3146 页。

第十三章　向联共抗日转变

一、生死存亡面前的抉择

　　日本帝国主义策动华北"自治",使中华民族濒临亡国灭种的危险境地。国内各阶级各阶层每一个炎黄子孙,都必须作出自己的抉择:是当汉奸、亡国奴,任人宰割? 还是奋起抗战,死里求生?

　　在民族矛盾急剧上升为第一位后,国内各个阶级的关系发生了新的变化。广大人民群众绝不甘于国土沦丧、做亡国奴,强烈要求抗御敌寇侵略。中国共产党于1935年8月1日发表《为抗日救国告全体同胞书》,指出:"今当我亡国灭种大祸迫在眉睫之时,共产党和苏维埃政府再一次向全体同胞呼吁:无论各党派间过去和现在有任何政见和利害的不同,无论各界同胞间有任何意见上或利益上的差异,无论各军队间过去和现在有任何敌对行动,大家都应当有'兄弟阋于墙外御其

北平学生领袖黄敬在天桥市民大会上攀登在电车上向群众演说抗日救亡。

侮'的真诚觉悟,首先大家都应当停止内战,以便集中一切国力(人力、物力、财力、武力等)去为抗日救国的神圣事业而奋斗。"①随长征队伍到陕北的毛泽东、朱德,在 11 月 18 日《抗日救国宣言》中,提出成立国防政府和组织抗日联军的主张。

"华北之大已安放不得一张平静的书桌了!"爱国青年学生发出了抗日救亡的呼号。北平数千学生举行反对"华北自治"的游行示威,爆发了轰轰烈烈的"一二九"运动。全国各阶层人民给予广泛同情和声援,半个月内有三十五个城市发生六十五起学生游行示威,广州、上海等许多地方工人集会、罢工声援,各团体单位和海外华侨也响应和支援,掀起了全民族抗日救亡运动的高潮。

直接受到日本侵略损害的民族资产阶级和敏于时政的上层知识分子,面临殖民地化的威胁,在全国人民抗日救国的高潮中,抗日倾向也有所增长。他们指责国民党和国民政府镇压抗日爱国运动,发出了"万般有罪,爱国无罪"的呼声。马相伯、沈钧儒、章乃器、邹韬奋等二百八十余人,于 12 月12 日联名发表《上海文化界救国运动宣言》,呼吁"用全国的兵力、财力反抗敌人的侵略"②。随即成立上海各界救国联合会和全国各界救国联合会,得到了宋庆龄的直接支持,为促成全国各党各派团结合作共同抗日救国而努力工作。

在国民党内,也出现了新的分化趋势。一些反蒋派系把反蒋斗争与抗日民族斗争联系起来,猛烈抨击蒋介石的妥协退让政策。

国民党元老胡汉民指出,当今面临形势之艰危,严重于中国民族史上之任何一页,蒋介石和国民政府"今日只当问抗日方面有何进展,如旁及其他,不但无意思,亦且无意义"③。他说,"'攘外必先安内'是自杀政策",而"攘外才能安内,是救国政策",主张从"攘外中求安内"④。停止内战,抗日救国,已是大势所趋。

---

① 《六大以来》(上)第 680 页。
② 《大众生活》第 1 卷第 6 期(1935 年 12 月 21 日)。
③ 胡汉民:《什么是我们的生路》,《三民主义月刊》第 1 卷第 9 期(1933 年 3 月)。
④ 胡汉民:《什么是我们的生路》,《三民主义月刊》第 1 卷第 9 期(1933 年 3 月)。

国民政府主席蒋介石

20世纪30年代的蒋介石，在一次集会上讲话

由于日本妄图独占中国，"华北自治"运动直接损害其他国家在华的利益，使英、美等国已无法再"不干涉"了。1935年12月5日英国外相贺尔(Samue L.Hoare)公开表示，对日本在华北的行动，"英国政府深为焦虑"。英国下院讨论时，许多人主张英国政府不能放弃责任。美国国务卿赫尔(Cordell Hull)发表文告，声明美国政府对于华北"自治"运动不能熟视无睹，请各国尊重现有条约。英、美等国的强硬表示，使国际关系开始出现了一些变化的迹象。

日本的加紧侵略和英、美等国与日本的矛盾、斗争，使得国民党领导内部开始分裂。以亲日著称、担任行政院长主持国民政府的汪精卫，早已为全国人民所斥责，1935年11月1日被一爱国青年志士枪击受重伤。不久，听命于汪，直接办理对日妥协的原外交部次长唐有壬在上海遇刺丧命。汪被刺后离职出国，一些亲日分子即在行政院改组时受到排斥。以蒋介石为首的亲英美派控制了国民政府，蒋介石兼任行政院长。蒋介石的个人声望迅速提高。胡适其时评论道："蒋先生成为全国公认的领袖，是一个事实，因为没有别人能和他竞争这领袖的地位。"①但是蒋所面临的是十分险峻的局面：如果继续对日本妥协退让，势必不战而失华北，那么中枢腹地长江流域即在日本侵略军随时可以践踏的危境之下，那时国民党统治不是垮台就是投降当傀儡，蒋介石及国民党领导集团的成员不是当张作霖就是当溥仪。这不仅为全国人民所不容，也是英、美等国不愿意的。

总之，日本进一步侵略华北，使国内外形势都发生了重要变化。民族矛盾已经上升为主要矛盾，它"变化了中国各阶级之间的相互关系，扩大了民族革命营垒的势力，减弱了民族反革命营垒的势力"②。

1935年11月12日至23日，国民党第五次全国代表大会在日本加紧策动华北"自治"，国家民族处于危难的形势下召开。蒋介石在开幕词中声称："绝对不订立侵害我们领土主权的协定，并绝对不容忍任何侵害我们领

---

① 转引自黄仁宇：《从大历史的角度 读蒋介石日记》第154页。

② 毛泽东：《论反对日本帝国主义的策略》(1935年12月27日在陕北瓦窑堡党的活动分子会议上的报告)，《毛泽东选集》第135页。

土主权的事实。"①19 日蒋介石在大会上发表了对外关系演说。一方面,他仍抱着与日本和平妥协的希望,说:"苟国际演变不斩绝我国家生存、民族复兴之路,吾人应以整个的国家与民族之利害为主要对象,一切枝节问题,当可为最大之忍耐;复以不侵犯主权为限度,谋各友邦之政治协调,以互惠平等原则,谋各友邦之经济合作。"表示:"和平未到绝望时期,绝不放弃和平;牺牲未到最后关头,决不轻言牺牲。"另一方面,他也声称:"和平有和平之限度,牺牲有牺牲之决心",若到了和平绝望的时期和牺牲的最后关头,"即当听命党国下最后之决心",并将"抱定最后牺牲之决心,而为和平最大之努力。期达奠定国家复兴民族之目的",作为国民党"建国唯一之大方针"②。这些表示,虽然是相当含糊而不彻底的,但较之以往的一味妥协退让以及"不绝交、不宣战、不讲和、不订约",已开始有所变化。

二、开始抵制日本的欺凌

在蒋介石作上述表示的第二天,日本驻华大使有吉明骄横地向蒋威胁:如果中国采取压迫或武力镇压等方法处置华北"自治"运动,"势必引起纠纷事态和破坏治安,进而还会严重影响与该地有密切关系之日本及满洲国。特别是作为负责满洲国安全之关东军,决不会对此默视不问"。蒋介石当即表示:"作为中国,对引起违反国家主权完整、破坏行政统一等之'自治'制度,绝对不能容许。"蒋还针对日方诈称"自治"运动是"基于民意"加以驳斥:"根据连日来华北当局及各团体报告,并无一人希望自治和独立。"③虽然后来蒋介石和国民政府对华北"自治"运动仍然作出了一些退让,但日本侵略者以"自治"为名欲使华北完全脱离中国政府的阴谋未能得逞。

1936 年 1 月 21 日,日本外相广田对他的"对华三原则"又作了一番新

---

① 蒋介石:《中国国民党第五次全国代表大全开幕词》(1935 年 11 月 12 日),《先总统蒋公思想言论总集》第 14 卷第 381 页。
② 蒋介石:《对外关系之报告》(1935 年 11 月 19 日),《先总统蒋公全集》第 1017 页。
③ 日本驻华大使有吉明向外务大臣广田之第 1290 号报告(1935 年 11 月 21 日),《日本外交年表及主要文书(1840—1945)》,下卷《文书》第 310—311 页。

的解释：一、中国取缔一切排日运动，放弃以夷制夷政策，中日两国积极合作；二、中国承认"满洲国"，完全调整日"满"华三国的关系；三、中日合作共同防共。广田宣称：中国政府"对以上三原则表示了赞成的意思。到了最近，更进一步提议，根据以上三原则，举行日华亲善提携的谈判"①。第二天，国民政府外交部立即发表声明说："广田外相演说谓中国业已同意，殊非事实。"②表明了态度。蒋介石明白表示："决不签订断送主权的条约"，"如果和平交涉不能成功，最后当然只有一战"③。

　　1936年3月间，中日双方就调整两国关系举行了四次会谈。外交部长张群秉承蒋介石的意旨，向日本新任驻华大使有田八郎提出：调整中日邦交，最正当之办法，应自东北问题谈起，第一步至少限度，也须先行设法消除妨碍冀、察、内蒙行政完整之状态。日方企图逼使中国承认"广田三原则"，因而会谈没有任何成果。

　　7月国民党五届二中全会上，蒋介石对于第五次全国代表大会上讲的外交政策，作了进一步的解释。蒋介石说："中央对于外交所抱的最低限度，就是保持领土主权的完整。任何国家要来侵害我们领土主权，我们绝不能容忍，我们绝对不签订任何损害我们领土主权的协定，并绝对不容忍任何损害我们领土主权的事实。再说明白些，假如有人强迫我们签订承认伪国等损害领土主权的时候，就是我们不能容忍的时候，就是我们最后牺牲的时候。"他又解释说："从去年11月全国代表大会以后，我们如遇有领土、主权再被人侵害，如果用尽政治、外交方法而仍不能排除这种侵害，就是要危害到我们国家民族之根本的生存，这就是我们不能容忍的时候。到这时候，我们一定作最后的牺牲。所谓我们的最低限度，就是如此。"④应当指出，蒋介石的这番言论，比半年多前所讲的对外政策，有了很大的变化。他明确宣布决不签订承认伪满洲国的协定，表示一旦我国领土和主权再被日本帝国主

---

　　①　日本驻华大使有吉明向外务大臣广田之第1290号报告(1935年11月21日)，《日本外交年表及主要文书(1840—1945)》，下卷《文书》第329页。

　　②　《中华民国重要史料初编——对日抗战时期》绪编(三)，第646页。

　　③　蒋介石对全国中等以上学校校长与学生代表讲述对日政策(1936年1月16日)，《中华民国重要史料初编——对日抗战时期》绪编(一)，第747页。

　　④　蒋介石：《御侮之限度》(1936年7月13日)，《先总统蒋公全集》第1052页。

义侵害,即下最后牺牲的决心。

然而,日本帝国主义置若罔闻。8 月,他们强行要在成都设立领事馆,成都民众一万多人于 23 日集会抗议并游行示威,第二天到大川饭店驱逐已到成都的四名日本人。日本人恼羞成怒,竟抢起棍棒打人,激怒了示威群众,其中两名日本人被打死。9 月 3 日,又发生了一起广东北海事件:当地群众在反日示威中,将开设丸一药房的日本人中野顺三打死。日方企图重演"九一八"、"一二八"的故伎,扬言要对海南岛和青岛作"保护性占领",悍然将舰队开向广东和上海,两千多名海军陆战队员在上海登陆,进入备战状态。日本帝国主义以武力要挟为背景,于 9 月与中国政府重开外交谈判,在成都、北海事件上借题发挥,无理要求中国解散一切抗日团体,杜绝一切排日运动,实行共同防共、华北"经济提携"和减低关税等,以此作为中国"对调整邦交具体表示诚意之确实证据"。

此时全国抗日运动已经形成,蒋介石已表明维护领土、主权的决心,他授意外交部长张群在会谈中,提出了关于调整邦交的五条希望条款,包括取消《塘沽协定》、《上海停战协定》,取消冀东伪政权,停止走私,华北日军及日机不得任意行动及飞行,解散冀东及绥北伪军。在谈判过程中蒋介石还电令张群:"此时外交斗争应目无斗牛以视之,不可以蓉、北二案自馁其气。彼既不欲先解决蓉案,则我亦以应作无蓉案时方针与态度处之。"[①]蒋还电何应钦准备万一:"预防对日交涉恶化,应即准备一切,并令军事各机关积极筹办,加长办公时间,勿致疏虞。如日军占领北海或海南岛,则一处发动,必波及各方,引起大战也。"[②]9 月 24 日,蒋再电何:"据昨今形势,日方已具一决心,务令京、沪、汉各地,立即准备一切,严密警戒,俾随时抗战为要。"[③]他在日记中云:"以倭寇之横逆,决不能避免战争,而倭寇未料及启衅以后,决无谈和之时,非我亡即彼亡也。"[④]中方的原则态度和必要警惕,特别是全国人

---

① 蒋介石致张群电(1936 年 9 月 17 日),《中华民国重要史料初编——对日抗战时期》绪编(三),第 673 页。

② 蒋介石致何应钦电(1936 年 9 月 18 日),《中华民国重要史料初编——对日抗战时期》绪编(三),第 673 页。

③ 《蒋中正总统档案事略稿本》第 38 册第 513 页,台湾中正教育基金会 1978 年起。

④ 《蒋介石日记》(手稿本),1936 年 9 月 24 日。

民的强烈抗议,使日本重演故伎的幻想破灭。

日本是不肯就此善罢甘休的。10月8日,日本新任驻华大使川樾茂晋见蒋介石,要求继续"调整两国邦交"。蒋对他说:"我方所要求者,重在领土之不受侵害及主权与行政完整之尊重。故中日间一切问题,应根据绝对平等及互尊领土、主权与行政完整之原则,由外交途径,在和平友善空气中从容协商,则国交之调整,必可有圆满之结果。"①嗣后张群和川樾举行四次会谈,蒋指示张:"应以完整华北行政主权,为今日调整(中日两国)国交最低之限度。"②由于日本不肯放弃侵略华北的计划,一再要求"华北特殊化"和"中日共同防共",谈判无任何进展。川樾在给日本外务省的报告中说:"中国态度强硬出于意外,对华北特殊地位与中日合作防共,坚持不同意。"③

日使川樾黔驴技穷,在12月3日一次会谈中,竟然朗读其事先拟就的所谓备忘录,企图强加于人。张群当即表示:"无论如何不能接受此种文件。"④蒋介石亦电张群"应即严词驳斥,从速发表"⑤。

中日外交谈判至此停顿。蒋介石和国民政府表示了前所未有的拒不退让的强硬立场。这是将近一年对日政策逐步变化的结果。诚如毛泽东指出的:"蒋氏政策之开始若干的转变","实为近可喜之现象"⑥。

日本帝国主义一面想在谈判桌上逼迫蒋介石就范,一面继续诉诸武力扩大侵略。他们指挥李守信的伪蒙军⑦等向绥远东北部侵扰。绥远省主席兼第三十五军军长傅作义指挥所部予以反击,国民政府即于9月18日明令

---

① 蒋介石接见川樾谈话纪要(1936年10月8日),《中华民国重要史料初编——对日抗战时期》绪编(三),第675页。

② 《蒋委员长致张群部长指示交涉破裂时之宣言须预拟定电》(1936年11月10日),《中华民国重要史料初编——对日抗战时期》绪编(三),第680页。

③ 《日本外交年表及主要文书(1840—1945)》下卷《文书》,第348—350页。

④ 《国闻周报》第13卷第49期;张群:《任外交部长的回忆》(陈香梅笔记),《张岳公闲话往事》第79页,台湾传记文学出版社1978年版。

⑤ 蒋介石致张群电(1936年12月5日),《中华民国重要史料初编——对日抗战时期》绪编(三),第687页。

⑥ 毛泽东致王以哲函(1936年),《毛泽东书信选集》第49页,人民出版社1983年版。

⑦ 蒙奸德穆楚克栋鲁普等人,在日本帝国主义指使下,于1936年5月成立了伪蒙古军政府,德穆楚克栋鲁普为总裁,并将所部编为"蒙古军",李守信为军长,其军费、武器皆由日本关东军供给。

嘉奖傅"剿匪安民，厥功优伟"。毛泽东也赞扬傅此举"四万万人闻之，神为之王，气为之壮"①。

10月28日蒋介石在接见《大公报》记者谈话时表示："中日交涉，政府始终本既定方针守必要限度，以竭诚周旋；而河北省内行政完整之恢复，察北、绥东匪祸之取缔，在我方尤为必要。"②他虽然还不敢明白揭起抗日旗号，但对傅作义在察北、绥东反击日伪军表示了明确的支持，开始采取有限度的局部抵抗的方针。

11月，日伪军对绥远又大举进犯。他们图谋在百灵庙建立一个伪"大元国"。蒋介石根据情报分析，预测到日军将进犯绥远百灵庙等地，遂于10月21日命令阎锡山：抢在敌人之前，在一星期内由绥远东进，攻击察西伪军，彻底粉碎其占领绥远的企图。他提醒阎："若此时徘徊莫令，坐令匪势庞大，交通完成，则我处被动地位，终陷不利也。"③11月1日蒋下定对日作战决心："彼以不战而屈来，我以战而不屈破之；彼以不宣而战来，我以战而不宣备之。"④11月16日蒋介石致电阎锡山："即令傅主席向百灵庙积极占领，对商都亦可相机进取。"⑤17日蒋介石至太原，与阎面商绥远局势并与各将领见面。傅作义至平地泉，指挥所部与晋军骑兵部队奋起抵抗。全国掀起了援绥运动，蒋亦派陈诚入晋协同指挥，以备绥战扩大。抗日军队在红格尔图战斗中，击败日伪军，乘胜收复百灵庙；嗣后又收复锡拉木楞庙。我军三战三捷，给日本侵略者沉重一击，振奋了全国人民的抗日精神。蒋介石公开赞扬说："百灵庙之收复，实为吾民族复兴之起点，亦即为我国家安危之关键。"⑥

蒋介石对待日本帝国主义侵略，由长时间的妥协退让，开始逐渐转变为交涉谈判以至局部抵抗，不是偶然的，而是内外形势促使他逐渐转变。无论是要遏制日本的侵略，适应英、美等国的要求，或者是要平抑人民群众不断

---

① 毛泽东致傅作义函(1936年10月25日)，《毛泽东书信选集》第82页。
② 《国闻周报》第13卷第44期。
③ 《蒋中正总统档案事略稿本》第39册第42页，台湾中正教育基金会1978年起。
④ 《蒋介石日记》(手稿本)，1936年11月1日。
⑤ 《中华民国重要史料初编——对日抗战时期》绪编(三)第681页。
⑥ 蒋介石在洛阳军分校纪念周的训话(1936年11月29日)，《国闻周报》第13卷第48期。

高涨的反抗,维护国民党统治全国的执政地位,都需要在一定程度上调整和转变政策。人们从这种转变中看到,蒋介石的变化是受多种因素制约的,他是一个处在极其复杂的历史环境中的政治人物。

三、着手抗战的各项准备

自 1935 年起,蒋介石督饬国民政府军事委员会和有关部门,着手在内政、外交、财经、教育及军事诸方面,进行了抗战的一些准备。

制订防卫外患的国防计划,筹划抗日的作战基本方针和国防方略,是蒋介石及其部属费力最多的。在 1935 年国防计划中,他们将全国划分三道防卫区域,以消耗战略的长期抗战,"制止敌之蚕食野心,确保我之领土完整"①。在 1936 年度国防计划中,又将全国分为抗战区、警备区、绥靖区、预备区,确定"大江以南以南京、南昌、武昌为作战根据地","大江以北以太原、郑州、洛阳、西安、汉口为作战根据地","以四川为作战总根据地"②。在 1937 年的国防计划中,提出要极力拒止敌人于长城以北平津以东,利用时机反攻东北,"恢复已失之土地"③,显示了积极抗御日本帝国主义的决心。

为了增强抗御日本的作战能力,蒋介石决心对原有庞大而杂乱的军队加以整编。他提出了整理全国六十个陆军师的计划,半年一期,每期编练六至十个师,三至四年完成,目标是加强和提高军队的素质和战斗力,为抗击日军建立一支国防陆军的基干部队。蒋介石任命他最为信赖的陈诚为陆军整理处处长。嗣后,他又命令全国的炮兵、骑兵、工兵也都归陈诚督导整理。陈诚全力以赴,至"七七"抗战爆发前完成了三期,编练了三十个师。

对于南京和上海地区的战备工作,蒋介石加倍关注。1936 年 2 月,他责成张治中负责,在这个地区秘密进行对日作战的准备工作。张立即在中央军校以"高级教官室"为名,组成指挥作战的司令部,秘密准备。半个月后由南京移驻距上海仅几十公里的苏州,在狮子林和留园,以"中央军校野营

① 国民政府战史编纂委员会档案,中国第二历史档案馆藏。
② 国民政府战史编纂委员会档案,中国第二历史档案馆藏。
③ 国民政府战史编纂委员会档案,中国第二历史档案馆藏。

办事处"名义,加紧进行备战的各项工作。

整顿和加强江防、海防,以防御日本海军袭击,也是蒋介石注意到的。对于南京、镇江、江阴、镇海、福州、厦门、汕头、虎门等要塞,他下令要加以整顿,充实装备。同时,他也注意战略要地的国防工事构筑,曾调集四个师的兵力,秘密构筑苏州、常熟、嘉兴、江阴等地的国防工事,增强以南京为中心的防御力量。抗战爆发前的两年间,在江浙地区共建立工事两千两百多个,占全国总建工事数的三分之二。此外在沿海和黄河沿线以及黄河以北各战略要地,也构筑了一批工事,以加固战略要地的防御。

扩大枪械弹药、军需装备的生产和供给,是备战的重要环节。在当时我国十分落后的重工业基础上,蒋介石极力调整和扩大军工生产。他下令整修上海、南京、武汉、巩县、太原等兵工厂,充实西安、南昌、株洲兵工厂、火药厂,扩大生产规模,大量制造步枪、机枪、迫击炮等军械,并试制榴弹炮、高射炮等重武器。1936 年开办了二十一个重工业厂矿,分布在湘、鄂、赣、川、云等地区,为军工生产提供原材料。他下令将沿海地区一些兵工厂秘密迁往四川、贵州,以免战争爆发后沦于敌手。他几次派人去英、德等国洽购军火。

蒋介石还督饬交通部门加紧铁路、公路的建筑,以适应战争的需要。在短短的两三年中,铁路建设投资巨大,收效显著,贯通了粤汉、湘赣、同蒲线,延伸了陇海、平绥线,兴建了湘黔、湘桂、苏嘉线。公路建设以西南公路系统为主,修筑了川陕、川黔、川滇、湘黔、黔滇、川湘等公路,并兴建甘新、滇缅等战略公路,使全国公路总长度超过十万公里。无疑,这些铁路、公路的建设,对于抗战时期集结和调动兵力、运输物资和供给,都具有重要意义。

此外,蒋介石还着眼于长期抗战,下令有关部门保护和转移北平等地文化古物,布置沿海地区的高等学校、科研机构等作撤退和内迁的准备,以备不虞。

蒋介石检讨各项战备工作后认为:"对倭之政策,彼以不战而屈来,我以战而不屈破之;彼以不宣而战来,我以战而必宣备之。"[①]然而,蒋介石对中日双方及国际形势的全局,缺乏全面的正确的审察,恐日思想并未消除,因

---

① 《蒋介石日记》(手稿本),1936 年 10 月 31 日,"本月反省录"。

此对日战略的科学构想并未形成。蒋对日的备战,偏重于军力和装备上,并没有广泛发动全国军民,备战的进度和规模也就远不能适应抗御日本帝国主义全面侵略的需要;有些重大的战备工作还是停留在政府上层的纸上谈兵阶段,以致卢沟桥事变骤然爆发时,准备远未就绪。他还希望谈判停战,企求再有二三年的时间完成各项战备工作。

四、探求调整国共关系

蒋介石抗御日本的准备工作中,意义最为重要的一项是:改善同苏联的关系,调整与中国共产党的关系。

日益强大的苏联,是我国北方的邻国,蒋介石懂得这是可以与日本抗衡,牵制日本向我国腹地侵略的一支重要力量。他除了依靠美、英等国外,还积极谋求改善和加强同苏联的关系,以取得苏联在外交上的支持和物资上的援助。1935 年 10 月 25 日在南京成立了中苏文化友好协会,由孙科任主席,作出积极谋求改善两国关系的姿态。这年的 12 月和次年 1 月间,蒋介石指派陈立夫几次与苏联驻华大使鲍格莫洛夫(Дмитрий Богомолов)会见,表示为了对付日本,中国可以同苏联签订秘密军事协定。当他得知苏联坚决支持中国抗御日本的态度后,即派陈立夫秘密赴苏谈判,谋求同苏联政府建立共同对日的军事同盟,以应付日本的进一步侵略。

在谋求改善中苏关系的同时,蒋介石也设法"着手中共问题的解决"①。他对于第五次军事"围剿"终于得手十分得意,迫使红军撤离江西、福建、安徽、湖北等地而长征,不仅解除了他的"心腹之患",还在一年的围、追、截、堵中将长征的红军消灭了十分之九。

蒋介石是一个深知军队决定政权存亡的人,他容不得有一支红军存在于他的眼皮底下。他后来追述:"我对于中共问题所持的方针,是中共武装必先解除,而后对他的党的问题才可作为政治问题,以政治方法来解决。"②

---

① 蒋介石:《苏俄在中国》(1956 年 12 月),《先总统蒋公全集》第 303 页。
② 蒋介石:《苏俄在中国》(1956 年 12 月),《先总统蒋公全集》第 303 页。

他要完全消灭已经长征到达陕北的红军,除了加紧军事部署外,在同苏方接触中也表示,若要他同意中共合法化,中共就要先取消红军。后来他说,如果红军承认中央的权威,服从他的指挥,去参加抗日战争,也可以考虑同中共谈判。这只是在方式上将武力消灭改换为收编溶化而已,并没有放弃他的初衷。

在此前后,中国共产党已经调整了对国民党和蒋介石的基本政策。如前所述,1935 年 8 月,中国共产党根据共产国际第七次代表大会发出各国共产党"建立广泛的反法西斯人民阵线"的号召,发布了著名的"八一宣言",号召一切爱国将领和士兵、一切党派团体以及一切民族和侨胞,共同组织国防政府和抗日联军,团结起来一致抗日。同年的 12 月,中国共产党在陕北安定县瓦窑堡举行政治局会议,制定了建立最广泛的抗日民族统一战线的新策略,确定要发动、团结与组织全国的一切革命力量,去反对当前主要的敌人——日本帝国主义。1936 年 2 月起,中国共产党开始改变"反蒋"的口号,5 月 5 日发出了《停战议和一致抗日通电》,宣布红军停止东征回师河西,提出"在全国范围首先在陕甘晋停止内战,双方互派代表磋商抗日救亡的具体办法"①。此后,中共公开放弃了"反蒋"的口号,采取"逼蒋抗日"方针,为国共谈判奠定了基础。

蒋介石寻求用政治方法解决中共问题的可能性,于 1935 年 11 月派陈立夫负责,主持打通与中国共产党关系的工作。陈立夫秉承蒋的意旨,交给时任铁道部次长的曾养甫具体负责。经过铁道部劳工科长谌小岑的秘密联系,中共北平市委派在北平中国大学执教、担任自由职业者大同盟书记的吕振羽,到南京和曾养甫接触。后来,中共北平市委宣传部部长周小舟到南京,直接和曾养甫进行了会谈。同时,谌小岑还接通了与上海地下党的关系,中共长江局代表张子华也到南京和曾养甫接触。

这期间,宋庆龄受宋子文的委托,派出曾经是共产党员的牧师董健吾,秘密到达陕北瓦窑堡,传递了国民党愿意谈判的信息。毛泽东提出了国共谈判的五条原则:一、停止内战,一致抗日;二、组织国防政府与抗日联军;

---

① 《六大以来》(上)第 762 页。

三、主力红军集中河北抵御日寇；四、释放政治犯，人民政治自由；五、内政和经济实行初步和必要的改革。国共两党接通了中央的联系。

1936 年 5 月，陈立夫向曾养甫口授了国共谈判的四个条件：一、欢迎共方的武装队伍参加对日作战；二、共方武装队伍参加对日作战时，与中央军同等待遇；三、共方如有政治上的意见，可通过即将成立的民意机关提出，供中央采择；四、共方可选择一地区试验其政治经济理想①。中共中央获悉这些条件后，5 月 15 日周恩来写信邀请曾养甫等人来陕北直接商谈。这时，在莫斯科共产国际的潘汉年回国，经国民政府驻苏使馆武官邓文仪的安排，到南京、上海，与国民党代表张冲和曾养甫进行了接触，了解到国民党方面的态度，于 8 月初到陕北向中共中央作了详细汇报。

调任广州市长的曾养甫，继续进行国共两党之间的联系工作。他在武汉设立电台，与陕北建立了联系。他希望周恩来到广州来直接进行谈判。中共中央经过研究，决定邀请陈立夫、曾养甫到陕北或陕西华阴会晤。中共中央还研究了蒋介石在国民党五届二中全会上对日关系的讲话，认为"南京已开始了切实转变，我们政策重心在联蒋抗日"②，于 8 月 25 日发表《中国共产党致中国国民党书》，呼吁"立即停止内战，组织全国的抗日统一战线"，提出实行国共合作，"开始具体实际的谈判"③。9 月 1 日中国共产党还向全党发出《关于逼蒋抗日问题的指示》，指出："目前中国人民的主要敌人是日本帝国主义，所以把日本帝国主义与蒋介石同等看待是错误的，'抗日反蒋'的口号也是不适当的"。"我们的总方针应是逼蒋抗日。"④同一天，周恩来给陈果夫、陈立夫写信，希望他们向蒋介石"更进一言，立停军事行动，实行联俄联共，一致抗日"，并希望他们直接参加两党会谈⑤。所有这些，表明了中国共产党对于国共合作和进行会谈的诚意。

蒋介石虽然派陈立夫主持同中共谈判，有一段时候也曾一再催促，但是

---

① 谌小岑：《西安事变前一年国共两党关于联合抗日问题的一段接触》(1960 年)，《文史资料选辑》第 71 辑第 14—15 页。

② 毛泽东致潘汉年电(1936 年 8 月 26 日)，《文献和研究》1985 年第 3 期。

③ 《六大以来》(上)第 773—777 页。

④ 《六大以来》(上)第 778 页。

⑤ 《周恩来统一战线文献》第 17—18 页，人民出版社 1984 年版。

他并没有改变消灭红军的基本意图。就在国共双方进行接触和联系的同时,国民党军队也没有停止对陕北红军的进攻和对苏区的封锁。两广事件结束后,蒋介石调胡宗南部队入陕,并亲自赶到西安和洛阳,催逼东北军和第十七路军进击陕北红军,再次企图依仗武力来解决问题。他错误地认为,共产党已陷于困境,提出"联蒋抗日"是为急于同国民党妥协来摆脱困境,他可以乘机把红军消灭在西北。这使得顺利进行的国共联系又出现了曲折。

9月22日,周恩来在给陈果夫、陈立夫的信中质问:"蒋先生于解决两广事变之后,犹抽调胡军入陕,阻我二、四方面军北上抗日。岂停止内战可以施之于西南,独不可施之西北耶?""内战不停,一切抗日准备无从谈起",希望他们"力促蒋先生停止内战,早开谈判,俾得实现两党合作,共御强敌"[①]。潘汉年随即携带周信和中共中央起草的《国共两党抗日救国协定草案》从陕北动身去上海。这时,曾养甫受命邀请周恩来去香港或广州谈判。中国共产党10月8日表示应当以不再进攻红军和立即准备抗日为前提,嗣后告知陈立夫、曾养甫:由潘汉年代表中国共产党先作初步谈判。

11月10日,陈立夫在上海沧州饭店会见潘汉年,对于中国共产党的积极态度和一系列建议,代表蒋介石答复说:对立的政权和军队必须取消,红军只可保留三千人,师长以上的领袖一律解职出洋,半年后回国再按才录用。他还要求周恩来到南京来与蒋介石面谈。此后,陈立夫又与潘汉年进行两次谈判,答应将红军人数由三千改为三万,但是仍然坚持收编招降的立场和态度,而没有平等谈判合作抗日的诚意;对于立即停战一点始终不予承诺。事实上,蒋介石此时正在加紧调兵遣将,部署最后剿灭红军。

将近一年的接触、谈判,虽然为后来实现第二次国共合作开拓了谈判的道路,但远远没有取得预期的成果。

五、"军事解决红军"方案的落空

蒋介石是一个深谙统治权术的当政者,很懂得枪杆子的厉害。他派陈

---

① 《周恩来书信选集》第103页,中央文献出版社1988年1月版。

立夫等人与中国共产党谈判,谋求"政治解决"的同时,对于工农红军,则处心积虑地要加以"军事解决"——"剿灭",调集重兵一次又一次地继续"围剿"经过长征到达陕甘的红军。在1936年9月和平解决两广事件后,他立即将南下军队北调,在平汉路、陇海路一带集结了三十个师,准备大规模进击陕甘红军。

驻在陕西奉命"剿共"的,是张学良的东北军和杨虎城的第十七路军。还在红军主力经过长征刚到陕北落脚不久的1935年10月,蒋介石即在西安成立了"西北剿匪总司令部",自兼总司令,张学良为副司令。东北军一到陕西,就奉命"围剿"红军。但1935年10月1日大小劳山一战,东北军第一一〇师损失惨重。接着在榆林桥,第一〇七师一个团被歼。11月直罗镇一战,第一〇九师被歼,师长丧命。在张家湾地区,第一〇六师的一个团又被歼灭。不到三个月,东北军接连损兵折将近三个师,张学良和将士们都十分沮丧。他们本是一支爱国军队,怀有故乡沦丧的国仇家恨,退入关内后颠沛流离,将士们渴望抗击日军,打回老家去,而不愿与红军交战。另一支杨虎城第十七路军,原是冯玉祥领导的西北军一部,被蒋介石改编后备受歧视,一直与蒋介石有矛盾,在奉命"围剿"红军中亦是一再受挫。在日本帝国主义入侵华北,民族危亡迫在眉睫的时刻,两军官兵抗日情绪不断高涨。在中国共产党抗日民族统一战线的影响和多方面的团结、争取下,他们逐步同共产党和红军建立了联系。

1936年2月,中共代表与杨虎城秘密会见,达成了双方停战,各守原防互不侵犯,互派代表密切联系,共同准备联合抗日,以及建立电台、交通站等协议。张学良和东北军主要将领自接到毛泽东、周恩来等红军领导人的《致东北军全军将士书》(1936年1月25日)后,也积极谋求合作。二三月间,张学良和第六十七军军长王以哲先后在洛川会见中共代表。4月9日,张学良与周恩来在肤施(今延安)进行会谈,在联合抗日等一系列重大问题上,取得了一致意见,达成了九条协议,以及互不侵犯、互相帮助、互派代表等协定。此后,双方在前线的军队敌对状态基本结束,红军代表叶剑英常驻西安,许多共产党员到第十七路军和东北军帮助工作,推进抗日救亡运动。东北军和第十七路军之间,也在与共产党合作的过程中,消除了隔阂,增强了团结。红军、东北军、第十七路军在抗日的旗帜下,停止内战,团结合作,开全国抗日民族统一战线之先河。

对于张学良、杨虎城及其军队的上述动向,蒋介石不断得到情报。他处理完两广事件后,即于 10 月 22 日赶到西安,分别召见张、杨,宣布了他进一步"剿共"的计划,要求他们迅速出兵向陕北红军进攻。张学良委婉地要求蒋介石不再内战,共同抗日。蒋感叹:"汉卿要求带兵抗日,而不愿剿共,是其无最后五分钟之坚定力也。"[1]蒋介石对张的谏言无动于衷,还认为张"如此无识,可为心痛!"[2]他在张学良创办的王曲军官训练团讲话时仍然声称:"我们最近的敌人是共产党,为害也最急;日本离我们很远,为害尚缓。"他威胁说:对于"不积极剿共而轻言抗日"的人,"要予以制裁"[3]。10 月 29 日蒋介石在洛阳召开军事会议,部署分兵四路围攻陕北红军。31 日还发出了总攻击令。对于张学良提出的带兵北上、不再在西北打共产党的要求,则叹他"学无根底,徒事敷饰"[4]。他固执地把这一次"剿共"作为"国家安危最后之关键",谓自己"不可不进驻西安镇慑"[5],于 12 月 4 日从洛阳再到西安,以临潼华清池为行辕,连日约见陕、甘诸将领,扬言一个月内要完全消灭红军。他调动万耀煌部开赴潼关,胡宗南部向宁夏和陕甘边境移动,刘峙部集结陇海线随时准备西进。同时命令张、杨立即出兵进击红军,中央军在后面"接应"。他威胁张、杨:若违抗"剿共"命令,不将全部军队开赴前线,则东北军和第十七路军将分别调往福建、安徽,由中央军进驻西北"剿共"。他派遣嫡系将领蒋鼎文为前敌总司令。

"剿共"或调离,都意味着东北军和第十七路军将陷入可悲的境地,这是张、杨和两军上下都不能接受的。12 月 7 日,张学良到华清池,痛切陈说利害,力劝蒋介石改变内战政策,停止"剿共",一致抗日,苦口力谏达三小时。但蒋介石不仅不听谏言,反而申斥张"年轻无知",最后把桌子一拍,斩钉截

① 《蒋介石日记》(手稿本),1936 年 11 月 28 日。

② 《蒋介石日记》(手稿本),1936 年 10 月 28 日。

③ 蒋介石在王曲军官训练团讲话(1936 年 10 月 27 日),《西安事变资料》第 1 辑第 11 页,人民出版社 1980 年版。

④ 《蒋介石日记》(手稿本),1936 年 10 月 31 日。

⑤ 《蒋介石日记》(手稿本),1936 年 12 月 2 日。

铁地厉声说:"你现在就是拿手枪将我打死了,我的剿共政策也不能变。"①
这使张、杨看到,蒋介石"剿共"的"主张和决心,用口头或当面的劝谏,是决
不能改变的"②。

张、杨的劝谏失败了,怎么办? 出兵打红军,即是自相残杀,自取灭亡;
离开西北,则必然是被改编和吞并。12 月 8 日,张学良和杨虎城经过反复
思考后商定:采取非常措施——"兵谏"捉蒋,"为最后之诤谏"③。

张学良在华清池向蒋介石苦口力谏达三个小
时,但未能改变蒋"剿共"的决心。

12 月 9 日,西安爱国青年学生纪念"一二九"一周年,游行请愿要求抗
日。他们冒着凛冽的寒风从西安步行去临潼,要求见蒋介石。蒋闻讯后,立
即派军警在十里铺架设机关枪拦阻游行队伍,并命张学良前往阻止,说如果
学生不听劝阻,就派军警镇压,格杀勿论。张学良赶到灞桥附近,劝说学生
们不要再往前去,"前面不是坦途"。学生们悲愤陈词,高呼:"我们愿为救国
而死,让我们前进吧!"张学良深为感动,热泪盈眶,恳切地对学生说,"我和
你们是一样的心,你们的要求就是我的要求","一星期内,我保证用事实回

_____

① 申伯纯:《回忆双十二》(1946 年 12 月),《冀中导报》1946 年 12 月 13 日。申当时在第十七
路军任政治处长。张学良从临潼回来后,向杨虎城等人叙述了苦谏的经过。

② 张学良在西北各界拥护张、杨两将军救国主张民众大会上的讲话(1936 年 12 月 16 日),西
安《解放日报》1936 年 12 月 17 日。

③ 张学良、杨虎城对时局宣言(1936 年 12 月 12 日),西安《解放日报》1936 年 12 月 13 日。

答你们的要求"①。当晚,蒋介石听了张学良陈述学生的要求,非但不予考虑,反斥责张:你是代表学生还是代表我? 你是站在学生的立场还是站在国家大事的立场? 并说:"对于那些青年,除了用枪打,是没有办法的。"②事后蒋介石虽然提醒自己"对汉卿说话不可太重",但认为"此人小事精明,心志不定",在 10 日下午听了张的劝谏后"心甚悲愤"③。第二天,张学良除继续劝谏外,与杨虎城分别加紧了捉蒋的周密部署,共同指挥行动。

张学良和杨虎城一再口谏蒋
介石不成,密商决心发动兵谏。

六、接受张杨兵谏停止内战

12 月 12 日凌晨,张学良派出自己的卫队,由卫队第一营营长王玉瓒、第二营营长孙铭九率领,包围临潼华清池,迅速粉碎了蒋介石卫队的抵抗。蒋介石听见枪声,赶紧披起睡衣仓皇出逃,连假牙也来不及戴上。在翻越院

---

① 应德田:《张学良与西安事变》第 89—90 页,中华书局 1986 年版。应当时任张学良英文秘书。

② 张学良在西北各界拥护张、杨两将军救国主张民众大会上的讲话(1936 年 12 月 16 日),西安《解放日报》1936 年 12 月 17 日。

③ 《蒋介石日记》(手稿本),1936 年 12 月 10 日。

墙时,他没料到墙外是一道深沟,跌伤了脊背。蒋忍痛由侍卫搀扶爬上骊山的山坡,躲藏在一块岩石后的缝隙乱草丛中①。初冬凌晨的寒风,使蒋哆嗦不止。上午9时,搜山的卫队营官兵发现了蒋,将他扶掖下山,专车带回西安城内,扣押在作为陕西绥靖公署的新城大楼。在捉蒋的同时,杨虎城指挥所部解除了西安城内宪兵二团等蒋系的武装,控制了飞机场等要地,扣留了随同蒋介石来西安,以及准备替换张、杨指挥"剿共"的陈诚、卫立煌、蒋鼎文②等十余人,解除了中央宪兵一团等武装。

蒋介石被扣押后极为惊恐,后来他追忆说,"我当时就断定这是张、杨二逆受共匪欺诈,甘心被其利用","主谋之共匪必认为千载一时的良机,……非迫我接受他的条件,即必制我的死命"③。他担心自己的性命难保,一再要求张学良放他回南京。他发现不能立即获释,即以死相抵,拒不进食,拒不交谈,还立下了给宋美龄的遗嘱。14日当他看到英籍顾问端纳(William Henry Donald)带来的宋美龄信中有南京"戏中有戏"一语,不觉大惊。端纳劝慰蒋说:"张将军对您并无加害之意,只要您答应他们的主张,他们还是忠心地拥戴您做领袖。"④蒋听了后心里才安定了些,并接受劝说,由新城大楼移到张学良公馆附近、设备条件较好的金家巷高桂滋公馆。但是他还是担心自己的生命操在张、杨手中,难保安全无虞。15日他写了一封给宋美龄的信,交给与端纳同来西安的黄仁霖带回:"兄决为国牺牲,望勿为余有所顾虑。余决不愧为余妻之丈夫,亦不愧为总理之信徒。余既为革命而生,自当为革命而死,必以清白之体归还我天地父母也。对于家事,他无所言,惟经国与纬国两儿既为余之子,亦即为余妻之子,务望余妻视如己出,以慰余灵而已。但余妻切勿来陕。"⑤据蒋介石当天日记载,蒋"恐张扣此函,而使

①　蒋介石当时藏身之处的大岩石,当地称为"虎斑石",也有叫"虎绊石"的。1946年胡宗南在虎斑石下修建了一座"蒙难亭",后改称"民族复兴亭",解放后曾称"捉蒋亭",今称"兵谏亭"。

②　蒋介石于12月9日亲笔函陕西省主席邵力子:"可密电属驻陕《大公报》发表如下之消息:蒋鼎文、卫立煌先后皆到西安。闻蒋委员长已派蒋鼎文为西北剿匪军前敌总司令,卫立煌为晋陕绥宁四省边区总指挥。陈诚亦来陕谒蒋,闻将以军政部次长名义指挥绥东中央各部队云。"原函影印件见《西安事变与第二次国共合作》第121页,长城出版社1986年版。

③　蒋介石:《苏俄在中国》(1956年12月),《先总统蒋公全集》第303—304页。

④　应德田:《张学良与西安事变》第111页。

⑤　《蒋介石日记》(手稿本),1936年12月15、16日。

黄回京见妻时能以此意口头报余妻",还将上述给宋的信向黄朗读了两遍,命黄准确记忆。过了五天,被囚禁的蒋介石浑然不知西安、延安、南京方面的近况,更担心自己生死难卜,又写下了给宋美龄和蒋经国、蒋纬国的遗书,在与宋子文单独谈话时交给了宋,"嘱其转寄余妻"。蒋还写了一份像是遗嘱的"告国民书",说"惟望全国同胞对于中正平日所明告之信条:一、明礼义,二、知廉耻,三、负责任,四、守纪律,人人严守而实行之,则中正虽死犹生,中国虽危必安"①,也一并交给了宋子文。

张学良、杨虎城扣押了蒋介石后,当日即发表对时局宣言,除说明兵谏理由外,提出八项主张:一、改组南京政府,容纳各党各派共同负责救国。二、停止一切内战。三、立即释放上海被捕之爱国领袖。四、释放全国一切政治犯。五、开放民众爱国运动。六、保障人民集会结社一切政治自由。七、确实遵行总理遗嘱。八、立即召开救国会议②。张、杨还宣布撤销"西北剿匪总司令部",成立"抗日联军临时西北军事委员会";解散国民党陕西省党部,成立西北民众运动指导委员会;决定组成抗日援绥第一军团,准备北上援绥。

西安事变的突然爆发,国内国外都大为震惊,纷纷作出了各不相同的反应。全国各界爱国人士对张、杨的爱国行动表示同情和支持,函电如雪片飞来。中共中央 13 日通知西安,派周恩来率中共代表团赴西安。南京则陷入一片混乱。戴季陶、何应钦等人坚决主张"讨伐"张、杨,轰炸西安。事变当天的深夜,国民党中常会和中政会举行临时会议,决定何应钦负责指挥调动军队。何随即下令陕、甘、宁、绥、豫之中央军作战略性移动,开赴潼关等地,对西安取包围态势。16 日,何任"讨逆军"总司令,举行白衣誓师仪式,声称"督率三军,指日北上",并派飞机轰炸西安附近地区。

然而,宋子文、宋美龄、孔祥熙等人则力主营救蒋介石,用政治方式和平

---

① 1936 年 12 月 20 日蒋写给宋美龄、给蒋经国、蒋纬国的遗嘱和"告国民书",当时交给宋子文;宋给张学良看时,张认为这时传出去不好,予以扣下,并保证如果战事一旦发生,一定将遗嘱传出。两年后蒋介石在 1938 年 12 月 13 日和 12 月 20 日的日记中,"特录"了这三份遗嘱。宋子文在《西安事变日记》中记:蒋介石交给三份遗嘱的时间是 12 月 21 日。

② 西安《解放日报》1936 年 12 月 13 日。

解决西安事变,坚决反对武力讨伐和轰炸西安而置蒋于死地。事变发生当日,他们在上海研究了张、杨的八项主张,次日清晨回到南京,即向何应钦强烈表示了反对讨伐的态度。宋美龄竭力陈说用和平方法解决西安事变、营救蒋介石的重要性,要求各方面"检束与忍耐,勿使和平绝望",在"推进讨伐军事之前,先尽力求委员长之出险"①。她不仅在会议上与力主讨伐的戴季陶公开冲突,还到中央军校发表演讲,要求军校学员"未明事实真相前,切勿遽加断定",还指出主张讨伐的人是"别有用心"②,嘱咐他们不要听从何应钦的命令而轻举妄动。她派端纳飞往西安探测动向,并直接向蒋报告南京情况,要蒋下停战手令。

宋、孔和戴季陶、何应钦等人的分歧,某种程度上也反映了英、美和日本对华政策的矛盾。英、美希望维持蒋介石在中国的领袖地位,抵制日本扩大对中国的侵略;日本则希望中国爆发内战,亲日派上台,制止抗日运动,便于进一步侵略中国。19 日,日本外相有田八郎召见中国驻日大使许世英,表示如果南京与张、杨妥协,日本政府不能坐视。21 日,日本驻华大使川樾茂奉命向外交部长张群提出上述同样警告,并声明张、杨八项主张在"思想上和日本为东亚大局着眼的根本方针恰正相反"③。他们唯恐中国不乱。

各种力量一时纷纷展开各种活动,力图影响事变的进程。然而"停止内战,一致抗日"的呼声响彻神州大地,人心向背不以少数人或日本帝国主义的愿望为转移。不过,这时的中国,没有人可以代替蒋介石来主政国民政府实现对日的全面抗战。中国共产党中央对时局经过详细研究后,力主和平解决事变,争取说服蒋介石停止内战,实现全国一致对日抗战。17 日周恩来到西安后进行了大量艰苦的工作,透彻地分析形势,阐述和平解决事变的必要,讲解中共的方针,支持和坚定了张、杨和平解决事变的信心和决心。

12 月 20 日,宋子文到西安,与张、杨会晤,宋并派随同前来的郭增恺④

---

① 宋美龄:《西安事变回忆录》(1937 年 1 月),正中书局 1937 年版。
② 陈公博:《苦笑录》。
③ 《西安事变资料选辑》第 488 页。
④ 郭增恺原任第十七路军参议,1936 年春国民党特务在十七路军中搜出一本宣传抗日的小册子《活路》,误断为是郭写的,将其逮捕。这次宋子文将郭带来,是想借郭做杨虎城的工作。

见了周恩来,详细了解到张、杨和中国共产党对和平解决事变的方针和要求,对中共的态度十分钦佩。宋子文和蒋介石密谈时,汇报了张、杨和中共的态度。蒋授意一面和平谈判,一面不放松武力威胁,以达到他早日离开西安的目的。宋子文回南京磋商后,22日又偕宋美龄等到西安。蒋介石见了宋美龄,悲喜交加,"惊呼:'余妻真来耶?君入虎穴矣!'"顿即"泪潸潸下"①。他在听了宋子文、宋美龄与张学良、周恩来会晤的情况后,表示自己是领袖,不能出面与下级谈判,授权宋子文、宋美龄代表他谈判。他还说了三个月后开救国会议,改组国民党,同意联俄联共等条件,但又表示:对于商定的条件,他以"领袖的人格"作保证,不作任何书面签字。

23日、24日,宋子文、宋美龄代表蒋介石,与张学良、杨虎城及周恩来正式进行谈判,对于改组南京政府、组织过渡政府、停战、从陕西撤兵,释放政治犯和爱国领袖,放蒋回南京等问题进行了讨论。由于各方面的诚意和努力,谈判进展顺利。周恩来对宋美龄说:只要蒋介石同意抗日,中共拥护他为全国领袖。并表示除蒋介石外,全国没有第二个合适的人②。宋子文、宋美龄对谈判的一些问题作了明确的承诺。谈判最后达成六项协议:一、明令中央入关(潼关)各部队自25日起调出潼关。二、停止内战,集中国力,一致对外。三、改组政府,集中各方人才,容纳抗日主张。四、改变外交政策,实行联合一切同情中国民族解放之国家。五、释放上海各被捕爱国领袖,即下令办理。六、西北各省军政,统由张学良、杨虎城负其全责③。25日上午,已病的蒋介石会见周恩来,表示:一、停止剿共,联红抗日,统一中国,受他指挥;二、由宋子文、宋美龄、张学良全权代表他与周解决一切;三、他回南京后,周可以直接去谈判④。他承诺:"决不打内战了,我一定要抗日。"⑤

---

① 宋美龄:《西安事变回忆录》(1937年1月)。蒋介石在《西安半月记》中记述当时他是"感动悲咽,不可言状"。见《先总统蒋公全集》第4196页。

② 金冲及主编:《周恩来传》第337页,人民出版社、中央文献出版社1989年2月版。

③ 杨虎城:《函各县长述双十二事件之经过及解决情形并号以今后施政之方针》(1936年12月29日),中国革命博物馆藏。

④ 参见周恩来致中共中央的电报(1936年12月25日),《周恩来统一战线文选》第34页;《蒋介石日记》(手稿本)1936年12月25日记为:"若尔等以后不再破坏统一,且听中央,完全受余统一指挥,则余不但不进剿,且与其他部队一视同仁。"

⑤ 周恩来:《论统一战线》(1945年4月30日),《周恩来选集》上卷第193页。

　　蒋介石准备回南京了。但是东北军和第十七路军的高级将领不相信蒋介石的诺言,于 25 日联名给宋子文写了一封信,说商定的条件必须有蒋介石的签字,中央军必须首先撤至潼关以东才能放蒋,否则虽然张、杨答应了,大家也誓死反对。蒋介石看到这封信大惊失色,立即派宋子文去见张学良,宋恳求他尽快放蒋离陕。这天下午,张为防意外,决定立即释蒋,张还决定亲自陪蒋回南京。杨虎城虽不同意,但他一向尊重张,不便反对,只得和张一起去机场送蒋。蒋在西安机场见到有两千多人齐集在那里(原是欢迎预定来西安的抗日将领傅作义),心头一紧,急忙对张、杨说:"我答应你们的条件,我以领袖的人格保证实现,你们放心。假如以后不能实现,你们可以不承认我是你们的领袖。"接着他重申了一遍答应的六项条件。他还说:"今天以前发生内战,你们负责;今天以后发生内战,我负责。今后我绝不剿共。我有错,我承认;你们有错,你们亦须承认。"①

　　蒋介石在张学良陪同下飞离西安,在洛阳过了一个圣诞之夜后,于 12 月 26 日回到南京。他要陈布雷赶快杜撰了一篇《对张杨训词》于 27 日发表,而假称是 24 日在西安对张、杨当面讲的。《训词》中竟然说:这次事变得以如此结局,是由于张、杨"勇于改过",是张、杨之"人格与精神,能受余此次精神之感召"②。随后,蒋声称要引咎自请处分,并请免去本兼各职。国民政府和国民党中央表示慰留,给假一个月。蒋返回奉化故里养伤,并命陈布雷执笔为其撰写《西安半月记》。

　　张学良陪送蒋介石到南京后,即遭软禁。蒋介石派人示意张应写请罪书,张无奈,写了一封给蒋的信,说"愿领受钧座之责罪"③。蒋将此信交给国民政府军事委员会,遂于 12 月 30 日组成高等军事法庭会审张学良,第二天以"首谋伙党,对于上官为暴行胁迫"的罪名,判处有期徒刑十年,褫夺公民权五年。当日下午,蒋介石为表示"宽大",具呈国民政府请予"特赦",并请责令张"戴罪图功,努力自赎"。结果,张学良被"交军事委员会予以管

---

　　①　参见周恩来致中共中央的电报(1936 年 12 月 25 日),《周恩来统一战线文集》第 34 页。

　　②　蒋介石:《对张杨训词》(1936 年 12 月 24 日),《先总统蒋公全集》第 1053 页;《国民政府公报》第 2241 页。

　　③　[美]傅虹霖:《张学良的政治生涯》第 259 页,辽宁大学出版社 1988 年版。

束"，从此失去了自由①。

嗣后，蒋介石对于在西安答应的各项协议，企图加以否认，曾调集三十七个师的兵力，分五路进逼陕、甘加以威慑。东北军和第十七路军被分化瓦解，调往豫、皖等地。杨虎城先被撤职留任，不久被迫解职出国。但是，蒋介石在全国人民强烈要求停止内战、一致抗日的呼号下，不敢冒天下之大不韪，终究停止了内战政策，坐下来与共产党谈判。

西安事变的爆发与和平解决，推动中国时局发生重大转折，为国共两党重新合作共同抗日奠定了基础。张学良、杨虎城为国家和民族建立的历史功勋永垂史册。

七、与中共谈判两党合作

西安事变给予蒋介石的教训是深刻而沉重的。他获释回南京后，虽然竭力消除事变所产生的巨大影响，甚至想否认在西安所作的承诺，但是他不能也不敢完全这样做。西安事变所体现的全国人民要求停止内战、团结抗日的历史潮流，更加汹涌澎湃地在各地兴起，谁想逆潮流而动，都将被席卷而去。

西安事变的和平解决，使国共两党前已开始进行的谈判，进入到一个新阶段。中国共产党为要使西安协议的停止内战共同抗日早日成为现实，同蒋介石和国民党代表进行了一系列正式谈判。

1937年2月9日至12日，蒋介石派顾祝同和周恩来在西安开始进行会谈。谈判集中在以下诸点上：红军改编后编几个师、多少万人，是否设总指挥部；苏区是独立的还是分属各省，苏区行政长官人选是由共产党任命还是由国民政府派遣；两党合作的形式、纲领以及共产党公开的时间问题。周恩来陈述了中国共产党对这些问题的基本观点和意见，顾祝同表示同意红军在西安设办事处，保证不迫害民众团体。双方就共产党在适当时候公开、

① 张学良自被"军事委员会""管束"后，先后被囚禁于奉化溪口，安徽黄山，江西萍乡，湖南郴州、永兴、沅陵，贵州修文、桐梓、贵阳等地，1946年11月被押去台湾囚禁。

苏区政府改为中华民国特区政府、红军改编为国民革命军、扩大民主、分期释放在狱的共产党员等问题,达成了初步协议。

由于蒋介石在西安谈判中答应过要改组国民党,1937 年 2 月 15 日起,国民党召开了五届三中全会,中心议题是如何调整对中国共产党和对日本的政策。中共中央为了促进国共两党重新合作,迅速对日抗战,于 2 月 10 日致电国民党三中全会,希望本着团结御侮的方针,将下列五项定为国策:一、停止一切内战,集中国力,一致对外;二、保障言论、集会、结社之自由,释放一切政治犯;三、召集各党各派各界各军的代表会议,集中全国人材,共同救国;四、迅速完成对日抗战之一切准备工作;五、改善人民生活。如果国民党能毅然决然确定此国策,则中国共产党愿作如下四项保证:一、在全国范围内停止推翻国民政府之武装暴动方针;二、工农政府改名为中华民国特区政府,红军改名为国民革命军,直接受南京中央政府与军事委员会之指导;三、在特区政府区域内,实施普选的彻底民主制度;四、停止没收地主土地之政策,坚决执行抗日民族统一战线之共同纲领①。中国共产党的这些主张,对国民党五届三中全会产生了重大影响。

蒋介石在三中全会上作了关于西安事变的报告,并把张学良、杨虎城的八项爱国主张提交会议讨论。他说自己在西安被拘期间,没有理会张、杨的这些主张。他还贬斥这些主张没有丝毫意义。然而,张、杨的爱国主张深得人心,也受到国民党内有识之士的赞赏。宋庆龄、何香凝、冯玉祥等十四人,向全会提出了《恢复孙中山先生手订联俄联共扶助农工三大政策案》,要求"趁此机会恢复总理三大政策,以救党国于危亡,以竟革命之功业"②。宋庆龄还发表了题为《实行孙中山的遗嘱》的演说,指出:为了抗日,必须实行孙中山的三大政策。强调:"救国必须停止内战,而且必须运用包括共产党在内的全部力量,以保卫中国国家的完整。"③

国民党五届三中全会经过激烈的争论,终于确定了停止内战、与共产党

① 《六大以来》(上)第 798 页。

② 《救国时报》1937 年 4 月 15 日。

③ 宋庆龄:《实行孙中山的遗嘱》(1937 年 2 月 18 日),《为新中国奋斗》第 78 页,人民出版社1952 年版。

重新合作的方针。2月21日通过《宣言》承认"和平统一……为全国共守之信条",此后惟当依据这一信条,"以适应国防,且以奠长治久安之局"。《宣言》还声明:对日本如果让步"超过忍耐之限度……只有出于抗战"。这是国民党的正式文件中第一次出现"抗战"这个词。全会还通过了一个汪精卫等人提出的《关于根绝赤祸之决议案》,诬称中国共产党"破坏国民革命","以暴力手段危害民国"等等,提出了"根绝赤祸"四条"最低限度之办法":一、取消红军;二、取消"苏维埃政府";三、停止赤化宣传;四、停止阶级斗争。其实,这四条办法同中共中央致三中全会电中的四项保证相当接近。正如周恩来所说:"这个东西是双关的,因为红军改了名称,也可以说是取消红军,但红军还存在;苏区改了名称,也可以说是取消苏区,但苏区还存在。所谓停止阶级斗争,停止赤化宣传,就是不让我们在国民党统治区有政治活动。"①蒋介石和国民党没有放弃要"根绝"共产党和红军的根本方针,只不过已由"武力剿灭"改变为"和平统一",使全国开始进入团结御侮、共同抗日的新阶段。三中全会标志着国共两党重新合作开始转机。

三中全会后,蒋介石于2月22日向报界发表谈话,对于开放言论、集中人才、释放政治犯三个问题,部分地接受了中国共产党提出的要求。这也表明他开始向着联共抗日的方向转变。

2月底,蒋介石派张冲到西安,协同顾祝同及贺衷寒,与中共代表周恩来、叶剑英继续进行谈判。蒋介石向张冲交代了谈判的要点:共产党的公开要等宪法公布之后;特别区恐怕中央的法令不能容;红军可以改编为三师九团,但不可再加②。对于这些问题,双方在西安进行反复磋商,意见逐渐接近。在3月8日的会谈中,双方认为许多意见大体已趋一致,决定将一个月来的谈判做一个总结,由周恩来写成条文,主要内容是:一、红军现驻地区,改为陕甘宁行政区,执行中央统一法令与民选制度,其行政人员经民选推荐,请中央任命;二、红军改为国民革命军,服从中央军事委员会及蒋委员长之统一指挥,其编制人员给养及补充,按照国军同等待遇,其各级人员由其

---

① 周恩来在中国共产党第七次全国代表大会上的发言(1945年4月30日),《周恩来选集》上卷第194页。

② 参见周恩来致中央中央书记处电(1937年2月27日),《周恩来传》第354页。

1937年,蒋介石在朱培德的葬礼上,面容哀恸。

自己推选,呈请军委会任命,政训工作由中央派人联络;三、在红军改编的三个师以上,设某路军总指挥部,其直属队为特务营、工兵营;等等。当晚蒋介石接读这个条文后,颇不满意,责令顾祝同、张冲、贺衷寒修改协议的条文,特别是对红军和苏区的领导,一定要在中央的直接控制之下。3月11日,贺衷寒起草出了一个修改案,包括:红军改编为三个师后,每个师只能有一万人,共三万人,要服从军事委员会和蒋介石的一切政令,政训人员由国民政府派人参加,各级副职也由国民政府逐渐派人充当;"陕甘宁行政区"改为地方行政区,直属所在各省,并取消"民选制度"一语,还将"民选推荐"改为"地方推荐";在善后事宜中,也将停止进攻黄河以西的红军一条删去。贺案把双方已经达成的协议作了重大改动,受到中共方面的严厉拒绝,周恩来当晚向张冲指出:贺案横生枝节,一切都有根本动摇的可能。周要张冲把原拟条文电蒋。西安的谈判至此中止。

3月下旬,蒋介石和周恩来在杭州直接开始会谈。蒋在会谈开始时表示:中共有民族意识、革命精神,是新生力量;十年来国共分家,造成国民革命的失败和军阀割据、帝国主义侵占的局面,各自应当检讨过去的错误。在会谈中,蒋提出了一个奇怪的主意:不是国共合作,而是蒋共合作。他对周恩来说,你们不必提和国民党合作,只是同我个人合作。希望你们这次改变政策后,与我永久合作;即使我死后,也不要分裂,免得因内乱造成英、日联合瓜分中国。因此要商量一个永久合作的办法。至于边区、红军改编等,都是小事,容易解决。对于共产党和他合作的形式,蒋没有提出方案,而要共产党拿出一个永久合作的办法来商量①。中国共产党对蒋的这个主张进行了严肃认真的研究,起草了两党合作的共同纲领稿。

4月,旅苏十二年的蒋介石唯一的儿子蒋经国,几经颠沛流离,终于携同妻儿回到中国,18日抵达杭州。怀念儿子甚殷的蒋介石,虽然嫌其曾经辱骂过自己,但"十年苦斗奋勉不知费尽多少心血,为国家为人民为祖宗为子孙节操之苦,前有吾母,今有小子,上帝不负苦心人也,可不勉乎"。但又云:"家事愁闷,不可言喻。"②第二天,蒋介石偕同宋美龄在杭州见了蒋经国及其妻儿③。蒋经国跪见,并称宋为"母亲"。这才化解宿怨,言归于好④。

6月4日至15日,蒋介石在庐山同周恩来继续举行多次会谈。周提交了中共中央提出的《关于御侮救亡复兴中国的民族统一纲领(草案)》,并表示:中国共产党主张与国民党合作,而不是与蒋个人合作。这时,蒋介石又提出了国共合作的新主意,说可以成立一个"国民革命同盟会",由国共两党各推出相同名额的成员组成领导机构,蒋为主席,有最后决定权。两党一切对外行动及宣传,由同盟会讨论决定。如果合作顺利,同盟会可以发展成为国共两党分子合组的党。他还说,这个同盟会可以与共产国际发生关系,以代替共产党与共产国际的关系。在谈判中,双方还磋商了两党合作的一系列实质问题。由于日本帝国主义侵华战争迫在眉睫,蒋介石同意中共提出的意见:红军编为三个师,每师一万五千人。但是他不答应红军在三个师以上设总司令部,而设"政治训练处"指挥之。他在谈判中还提出要朱德、毛泽

---

① 参见《中央关于同蒋介石谈判经过和我党对各方面策略方针向共产国际的报告》(1937年4月5日),《中共中央文件选集》(11),第180—182页。

② 《蒋介石日记》(手稿本),1937年4月18日,美国斯坦福大学胡佛研究所藏。

③ 《蒋介石日记》(手稿本)1937年4月19日记:"下午见经国,以昨日到杭,不愿即见也。"

④ 《蒋介石日记》(手稿本)1937年4月30日"本月反省录"记:"经儿由俄归家,一别十二年,骨肉重聚,不足为异,而对先妣之灵可以告慰。"

东出国留洋;陕甘宁边区政府主要负责人的正职由南京派遣,共产党方面任副职,可由林伯渠担任。蒋介石的这些主张,引起了激烈的讨论,双方争执不下。对于要朱、毛"出洋"之议,更受到周恩来的驳斥①。

不难看出,蒋介石虽然与共产党进行两党合作的谈判,但他是想在"合作"的名义下,把共产党"联合"在自己的统治之下,"联合"在国民党当中逐渐溶化掉;把"围剿"多年不能消灭的红军,在改编后直接操纵在自己手里。

关系到国家和民族前途的国共合作谈判,在曲折地进行着。

---

① 参见《周恩来选集》上卷,第 195 页;《中共中央关于与蒋介石第二次谈判情况向共产国际的报告》(1937 年 6 月 17 日),《中共中央文件选集》(11),第 265—267 页。

第十四章　全面抗战的战略政略

一、应对日本大举侵华之严峻形势

　　日本帝国主义策动"华北自治"没有完全实现它的侵略计划,通过谈判又未能压服蒋介石和国民政府,决定发动新的侵略。1937 年 7 月 7 日在北平西南宛平发动的卢沟桥事变,正是日本加快对华侵略的新步伐,是它长期推行"大陆政策"的必然结果。

　　1937 年 1 月 20 日,日本参谋本部提出要给中国"给予致命的痛击"[1]。一个月后外务省制定《第三次处理华北纲要》,声言"要对南京政权采取措施"[2]。4 月 16 日,外、藏、陆、海四大臣制定《对中国实施的策略》和《指导华北的方针》,确定完全占领华北的策略和破坏中国抗日民族统一战线的措施[3]。6 月 9 日关东军参谋长东条英机向陆军省和参谋本部提出《对苏对华战略意见书》,认为:"从准备对苏作战的观点来观察目前中国的形势,我们

---

[1]　《中国事变陆军作战史》第 1 卷第 1 分册第 11 页。
[2]　《日本外交年表和主要文书(1840—1945)》下卷《文书》第 356—357 页。
[3]　《日本外交年表和主要文书(1840—1945)》下卷《文书》第 360—362 页。

第一战区司令长官程潜(中)与杨杰等

第二战区司令长官阎锡山

第三战区司令长官顾祝同

第四战区参谋长吴石(中)

第五战区司令长官李宗仁

第六战区司令长官冯玉祥

第七战区司令长官余汉谋　　　第八战区副司令长官徐源泉　　　第九战区司令长官薛岳

宋希濂　　　　　　　　　　黄杰

相信:如为我们武力所许,首先对南京政权加以一击"①。日本虎视眈眈,蓄谋进犯。

日本帝国主义为发动侵华战争,备战已久,其军队装备精良,无论从数量和素质来说,与中国军队相比,都占有绝对优势。据统计,当时日本拥有受过训练的战斗兵员一百九十九万七千人,陆军有十七个常备师团,海军舰艇有一百九十余万吨,仅次于英、美,居世界第三位,空军有二千七百架飞机。而我国历来实行募兵制,一年前才改为征兵制,陆军虽有一百七十余万人(不包括工农红军),但只有小部分经过整编或正在进行整编,大多数官兵缺乏严格训练,武器陈旧,装备缺乏,不能适应现代战争的需要。海军约有十一万吨小型舰艇,只及日本的十八分之一,基本不能出海应战。空军有三百一十四架各式飞机,也只及日本的九分之一。由于帝国主义长期侵略和连年战乱,我国处于国贫民穷、国力衰弱的境地,工业落后,三分之二还是外国投资,重工业和军事工业基础更差,战争需要的重型武器和械弹全部或大部依赖进口,而国家财政储备极少。因此,日本帝国主义从来没有把中国的军力放在眼里。

1935年华北事变后,日本在天津设立了驻屯军司令部,不断增兵华北,在北平、天津、唐山、山海关及许多地方驻兵。日军牟田口廉第一联队的一木清直大队在1936年9月进占丰台后,控制了平汉、平绥、北宁三线的交会之地,直接从南面威胁北平。他们不断在丰台至卢沟桥地区演习,从1937年6月起更是日夜不停地演习攻城技术,时时鸣枪放炮。日军还在靠近中国驻军营地的卢沟桥龙王庙一带构筑工事。

7月7日夜,日军第一联队第三大队第八中队由中队长清水节郎率领,在卢沟桥西北龙王庙附近搞军事演习,开枪射击。驻守在宛平城内的中国驻军第二十九军三十七师一一〇旅二一九团第三营,在营长金振中率领下严密注视。不久,日军诈称:宛平城内中国军队发出枪声,使演习部队一时纷乱,结果失落士兵一名,要求进城搜查。中国驻军严正拒绝了日军的无理要求,日军即鸣枪示威,两军对峙。稍后,日方承认"丢失士兵"已经归队,但称:为查明原因,日军一定要进城,并说最初的枪声是中国军队放的。河北

---

① ［日］秦郁彦:《日中战争史》第333页。

1937 年 7 月 7 日,卢沟桥事变爆发。图为第二十九军士兵向桥头增援。

省第三督察区专员兼宛平县长王冷斋予以有力驳斥。但日方仍坚持要入城检查,并扬言如不允许,将以武装保护进城。

此时,日军大量集结宛平地区,作好总攻准备,战争大有一触即发之势。8 日凌晨 4 时,双方代表到宛平城谈判。谈判刚开始不过五分钟,日军即以猛烈炮火轰击宛平城,并攻占宛平东北的沙岗。第三十七师师长冯治安、第一一○旅旅长何基沣和第二一九团团长吉星文均表示要坚决抵抗。第三营官兵在营长金振中指挥下,不畏强暴,英勇还击,重创敌人。日本全面侵华和中国全面抗战从此拉开序幕。

日军突然袭击,企图重演"九一八"事变,但在第二十九军将士抗御下,阴谋没有得逞,遂与冀察当局进行谈判,表示愿意就地和平解决争端。其实此乃缓兵之计,9 至 11 日三次协议停火,日方三次违约,用大炮、战车反复冲击,铁路桥、龙王庙几得几失。另一方面,日本迅速调集兵力开往北平附近,部署全面大战。

卢沟桥畔日军的蛮横行径,激起中国人民的极大愤怒。中国共产党 7 月 8 日发出通电,紧急呼吁"平津危急! 华北危急!"号召"全中国同胞、政府与军队团结起来,筑成民族统一战线的坚固长城,抵抗日寇的侵略"①。许多爱国将领通电请缨杀敌。各界爱国人士声援抗日官兵的壮举,要求国民政府出兵抗日,保卫平津。许多地方的爱国民众组织起抗敌后援会。北平的市民和青年学生纷纷奔赴前线,冒着敌人的炮火硝烟,为抗日军队修筑工事,送饭送弹药,救护伤员。

卢沟桥事变的电报传到江西庐山,蒋介石极为震惊:"倭寇在卢沟桥挑衅,彼将乘我准备未完之时使我屈服乎?""将与宋哲元为难乎? 使华北独立化乎?""决心应战,此其时乎?"②他立即作了紧急应付事变的部署。7 月 8 日,蒋电令第二十九军军长宋哲元:"宛平城应固守勿退,并须全体动员,以备事态扩大。"③又电北平市长秦德纯等人,"应先具必战与牺牲之决心,及继续准备,积极不懈,而后可以不丧主权之原则与之交涉"④。9 日蒋电令军政部长何应钦:立即从四川返回南京,编组作战部队,部署应战准备。同日密令第二十六路军孙连仲部两师向石家庄、保定集中,第四十军庞炳勋一部及第八十五师高桂滋部开赴石家庄。又令宋哲元往保定指挥,"从速构筑预定之国防工事,星夜赶筑",对于日军的抵抗要"坚持到底,处处固守,时时严防,毫无退缩余地"⑤。蒋介石还决定设立石家庄行营,以军事委员会办公厅主任徐永昌为行营主任,督导冀察军事行动。他从各方情报获悉,意识到事态的严重,战事"势必扩大,不能避战矣","我已决定对日宣战"⑥。他命令军事委员会各行营主任、各绥靖主任、各省主席、各市长:"通饬一体戒备,准备抗战。"⑦并于 13 日电宋哲元说:"卢案必不能和平解决,中(正)早已决心运用全力抗战,宁为玉碎,不为瓦全,以保持我国家与个人之人格。""中央

　　① 《六大以来》(上)第 843 页。

　　② 《蒋介石日记》(手稿本),1937 年 7 月 8 日。

　　③ 国民政府战史编纂委员会档案,中国第二历史档案馆藏。

　　④ 《总统蒋公大事长编初稿》第 4 卷(上)第 1120 页。

　　⑤ 蒋介石致宋哲元、孙连仲、庞炳勋、高桂滋之函电及给宋哲元之手令(1937 年 7 月 9 日),国民政府战史编纂委员会档案,中国第二历史档案馆藏。

　　⑥ 《蒋介石日记》(手稿本),1937 年 7 月 12 日。

　　⑦ 蒋介石通饬电(1937 年 7 月 10 日),《中华民国重要史料初编——对日抗战时期》第 2 编(2)第 37 页。

决定宣战,愿与兄等各将士共同生死,义无反顾。"①

为了国家的独立和领土完整,为了民族的生存和延续,中国政府和人民奋起自卫的时刻到来了!

卢沟桥事变后,日本军国主义分子一片狂喜,他们确信日军只消"对支(那)一击"便可降服中国。陆相杉山元奏报日皇称:事变能够在一个月左右解决②。参谋本部《关于华北用兵时的对华战争指导纲要》中,预定"扫荡"驻北平一带的中国第二十九军的时间为两个月,击败中央军的时间是三个月③。日本不仅在卢沟桥地区不断违约侵犯,而且从东北增调重兵入关。同时还设置了"就地解决"、"和平谈判"的政治圈套。宋哲元等二十九军一部分上层将领,对这种圈套一时缺乏认识,害怕事态扩大,会丢失经营有年的平津地盘,幻想以妥协退让求得事变的和平解决。

在日本直接压力下,宋哲元是处于第一线的华北军政首领。1935年秋,日本策动"华北自治"后,蒋介石未予抵制,又力图维持华北的"统一"。宋哲元当时任平津卫戍司令兼北平市长,利用局势,当上了冀察政务委员会委员长兼河北省政府主席。他表面上对南京国民政府保持隶属关系,实际上竭力扩大自治权,用人、行政、关税、盐税、统税等都归自己支配,逐渐形成独立化的状态。对于日本帝国主义,他不愿完全受其操纵而成傀儡。日方要求宋扩大"自治程度"、取缔抗议日本增兵的学生示威等,宋表示"丧权辱国之事决不去做"④。面对日本的经济侵略要求,如建筑津石铁路、开采龙田煤矿、收购华北棉花、输出长芦余盐、修改海关税则等,宋则极力敷衍,托辞要由中央政府解决。后来日本要求与宋哲元签订"经济提携"的条约,宋于1937年5月21日借口"扫墓"躲避到山东乐陵老家去了,五十天不返。直到卢沟桥事变后的第四天,才在第二十九军将领催促和敦请下回天津视事。

当时驻平津的第二十九军,有冯治安第三十七师、张自忠第三十八师、赵登禹第一三二师、刘汝明第一四三师及第九骑兵师和一个特务队,加上地

---

① 蒋介石致宋哲元电,《中华民国重要史料初编——对日抗战时期》第2编(2),第43页。
② [日]矢部贞治:《近卫文麿》,第606页,日本东京1976年版。
③ 《日中战争》(2)《现代史资料》(9),第17—18页,东京みすず书房1965年版。
④ 《抗战前华北政局史料》第767页。

方保安部队,兵员约十万人,真要对付当时驻在平津地区的几千名日军,是绰绰有余的。但是除少数将领主战抗御外,宋哲元等一些人幻想经过一番周旋,作出一些让步,事变便可平息,因而力主与日方进行谈判。他们还婉言拒绝中央军北上,害怕第二十九军被蒋介石吞并、分化而消灭掉①。7 月 11日,宋哲元从山东乐陵抵达天津,当晚即电副军长张自忠与日方签订《卢沟桥事件现场协定》。次日,宋发表谈话说:自己"向主和平","卢沟桥事变乃系局部冲突,希望能够合法合理的解决"②。虽然蒋介石在这天电宋哲元以"不屈服,不扩大"的方针就地抵抗,并派参谋次长熊斌北上宣达"不挑战,必抗战"之旨,13 日又电宋"绝对与中央一致","无论和战,万勿单独进行"③,但是 14 日日本驻屯军提出的七项要求,包括彻底镇压共产党的策动、罢免排日要员、北平市内不得驻扎军队而由保安队担当警备等等,宋表示"原则上无异议,惟希望延缓实行",派张自忠与日方商谈。在日本驻屯军司令官香月清司的限令下,19 日双方签订七项"细目协定"。同日,宋回到北平,认为从此可以息事宁人,下令拆除北平城内的防御工事,打开封锁了的城门,并按日方要求将冯治安第三十七师调离北平。宋还电请北上赴援、归己节制的孙连仲、庞炳勋等部停止前进。

　　日本帝国主义设下的政治圈套,使中国军队徒然贻误和丧失了战机④。

　　就在宋哲元派张自忠与日方签订《现场协定》的 7 月 11 日,日本召开首、外、陆、海、藏五相会议和内阁紧急会议,通过了陆军占领华北、平津地区的计划,决定"军部必须把预先在关东军和朝鲜军方面准备着的部队赶快增援在中国的驻军。同时,在国内也必须动员所需要的部队,迅速派到华

---

　　① 蒋介石的亲信刘峙,曾于 7 月 20 日电询蒋介石:"未知中央此次对日作战,对各该军,是否整个或分割加入战斗序列,抑将乘机分别他调?"(国民政府军事委员会委员长侍从室电稿,中国第二历史档案馆藏)说明第二十九军将领的顾虑不是没有道理的。

　　② 《大公报》1937 年 7 月 13 日。

　　③ 《中华民国重要史料初编——对日抗战时期》第 2 编(2),第 43 页。

　　④ 国民政府军事委员会德国军事顾问法根豪森(Alexander von Falkenhausen)曾赴平津前线视察,回到南京后报告说:中国军队是"士兵奋勇,高级官恐惧"。他认为:"如在一星期前采取攻势,必可将平津敌人歼灭。"见国民政府军事委员会办公厅副主任刘光在 1937 年 8 月 9 日卢沟桥事件第三十次汇报会上的报告,会议纪录,中国第二历史档案馆藏。

北"①;公开发表增兵华北的声明,声称日本政府已下了重大决心,决定采取一切必要的措施向华北派兵;任命香月清司中将为中国驻屯军司令官。日本各报纸出了号外,"日本决定出兵华北!""四个师团将立即开拔!"的大字标题赫然夺目,激起侵略战争的狂热。至 7 月 16 日,日本第五、第六、第十、第十二、第十六等五个师团十万侵略军已进入关内,中日双方在平津地区的军事力量顿即逆转。日本陆军参谋本部 17 日制定的《关于华北用兵时的对华战争指导纲要》,规定战争初期的目标是"惩罚并击溃"第二十九军,完全占领华北;然后与中央军作战,"通过全面战争求得对华问题的彻底解决"②。

二、抵制谋和主张,宣示抗战决心

中日大战已是势不可免。正在庐山举行的有一百五十八名各界知名人士参加的暑期谈话会上,许多人发言要求政府抗争卫国,对抗战作切实准备,表示在民族危难之际,民族生存之重要高于一切,愿竭尽全力,共赴国难。7 月 17 日,蒋介石在第二次共同谈话会上发表了重要讲话。他说:"卢沟桥事变的推演,是关系中国国家整个的问题。此事能否结束,就是最后关头的境界。"因为"如果卢沟桥可以受人压迫强占,那末我们百年故都,北方政治、文化的中心与军事重镇的北平,就要变成沈阳第二;今日的北平若果变成昔日的沈阳,今日的冀察,亦将成为昔日的东四省。北平若可变成沈阳,南京又何尝不可变成北平"! 我们"希望由和平的外交方法,求得'卢事'的解决。但是我们的立场,有极明显的四点:(一)任何解决,不得侵害中国主权与领土之完整。(二)冀察行政组织,不容任何不合法之改变。(三)中央政府所派地方官吏,如冀察政务委员会委员长宋哲元等,不能任人要求撤换。(四)第二十九军现在所驻地区,不能受任何的约束。这四点立场,是弱国外交最低限度。"蒋在讲话中严正表示:"我们固然是一个弱国,但不能不

---

① 《日本外交年表和主要文书(1840—1945)》下卷《文书》第 365—366 页。
② 《日中战争》(2)(《现代史资料》(9))第 17 页。

蒋介石在庐山发表讲话。

保持我们的民族的生命,不能不负起祖宗先民所遗留给我们历史上的责任;所以到了必不得已时,我们不能不应战。至于战争既开之后,则因为我们是弱国,再没有妥协的机会,如果放弃尺寸土地与主权,便是中华民族的千古罪人! 那时便只有拼民族的生命,求我们最后的胜利。"最后蒋介石宣称:"我们希望和平,而不求苟安;准备应战,而决不求战。我们知道全国应战以后之局势,就只有牺牲到底,无丝毫侥幸求免之理。如果战端一开,那就是地无分南北,年无分老幼,无论何人,皆有守土抗战之责任,皆应抱定牺牲一切之决心。"①

　　蒋介石这篇重要讲话,于 19 日以《最后关头》为题公开发表,引起了全国人民和世界舆论的重视。它表明了中国政府和人民的庄严立场,确定了准备抗战的方针,为多年以来第一个对日本侵略的严正声明,受到了全国人民和各党各派的热烈欢迎和赞扬。

---

　　① 《先总统蒋公全集》第 1063—1064 页。这篇"讲话"原是一篇《应战宣言》,先在 7 月 16 日的谈话会上进行了讨论,17 日正式宣读。对于这篇《宣言》是否发表,何时发表,如何发表? 众说纷纭。蒋介石几经考虑,决定于 19 日发表时,改称为个人的"讲话"。据刘维开《蒋中正委员长在庐山谈话会讲话的新资料》(《近代中国》第 118 期,1997 年 4 月)介绍:蒋介石在 7 月 17 日讲演时,提出对日交涉的"最低限度"是三点:一、"决不能再订第二个塘沽协定";二、"绝对不容许在华北造成第二个伪组织,使华北脱离中央";三、"日本不能要求撤换"华北地方官吏。

蒋介石指着军事地图，向庐山谈话会的与会者说明抗日形势已到了最后关头。

　　从讲话可以看出，它是蒋介石对日抗战从犹豫不决到下定决心的一个重要标志。在 19 日日记中他写道："再不作倭寇回旋之想，一意应战矣。""人之为危，阻不欲发，而我以为转危为安，独在此举。但此意既定，无论安危成败，在所不计。"①他同时致电何应钦等军事将领："对日抗战，立意已定。"②第二天即从庐山到南京，召集军政负责人研讨应战对策。

　　①　《蒋介石日记》(手稿本)，1937 年 7 月 19 日。
　　②　郭廷以编著：《中华民国史事日志》第 3 册第 707 页，台北中研院近代史研究所 1984 年版。

　　当时,在南京国民政府内部,对于是否抗御日本的侵略,是有不同主张的。有相当一部分人认为,中日两国的国力、军力相差悬殊,我们目前的抗战准备工作尚未就绪,不能贸然对日作战,应当采取和平谈判,或者设法推迟大战时间。奉派为石家庄行营主任负责督导前线军事行动的军事委员会办公厅主任徐永昌明言"和平仍须努力求之","在能容忍的形势下,总向和平途径为上计"①。他还推动阎锡山"请为和平运动"②。7 月 19 日蒋介石公开发表《最后关头》后,徐于 21 日致函蒋,谓:"对日如能容忍,总努力容忍为是。盖大战一开,无论有无第三国加入,最好的结果两败俱伤,但其后日本系工业国,容易恢复,我则反是,实有分崩不可收拾之危险。"③

　　蒋介石"应战而不求战",此时仍未放弃用外交手段争取卢沟桥事变就地和平解决的企望,以便抗战的各项准备工作能按部就班地继续进行,增强抗御实力。7 月 20 日蒋介石从庐山回到南京后,立即展开外交活动,于 21 日、25 日、26 日、27 日连续接见英、美、德、法、意驻华大使,希望各国斡旋、调停。对于宋哲元的签约谋和,他表示"不予反对"、"极度容忍",愿意承担责任。虽然他对于宋哲元在北平与日方进行的谈判不无忧虑,一再电示宋哲元保持警觉,"倭寇不重信义,一切条约皆不足为凭"④,"应以彼方撤退阳(7)日后所增援部队为重要关键"⑤,但是他没有采取果断措施及时调大军北上,不敢与日本在平津地区打一场硬仗,不敢断然将增援部队开进平津地区,更不要说放手发动全国军民实行全民抗战了。他命令第二十九军"不求战,必应战",也使得守军不能主动出击歼灭敌人有生力量。蒋介石这种迟缓、犹豫和不彻底,使得日军源源增兵、从容入关,以致后来可以轻而易举地击溃第二十九军进占平津。

　　宋哲元谋求与日妥协心切,对蒋介石接连发来告诫保持警觉的电文将

　　①　徐永昌致何应钦函(1937 年 7 月 14 日)、请魏道明报告王宠惠语(1937 年 7 月 18 日),见《徐永昌日记》第四册第 76、79 页。
　　②　徐永昌致何应钦函(1937 年 7 月 16 日),《徐永昌日记》第四册第 77 页。
　　③　徐永昌致蒋介石函(1937 年 7 月 21 日),《徐永昌日记》第四册第 82 页。
　　④　《蒋委员长致冀察绥靖主任宋哲元、北平市市长秦德纯嘱勿受日欺骗电示》(1937 年 7 月 17 日),《蒋委员长中正抗战方案手稿汇辑》,第 16 页,中国国民党党史委员会 1992 年台北版。
　　⑤　蒋介石致宋哲元电(1937 年 7 月 23 日),《中华民国重要史料初编——对日抗战时期》第 2 编(2),第 62 页。

信将疑,未予应有的重视。他也没有料到日方在 19 日签订停战协定后只几小时,即炮轰宛平城、卢沟桥,进犯北平南苑的大红门;25 日日军又袭击廊坊,进攻团河、黄村、通县,切断了平津交通。26 日,中国驻屯军司令官香月清司向宋哲元下最后通牒,限令驻守卢沟桥及北平各地的第二十九军各部必须于 28 日完全撤退,否则日军将"自由行动"。至此,宋哲元才知苟且偷安不可得,战争已无法避免,乃召开紧急会议。第二十九军诸将领一致表示今除奋起抵抗外,别无它途可以自救。

为抗御日军侵占平津,27 日上午国民政府军事委员会在南京黄埔路中央军校内的蒋介石官邸举行汇报会,决定电告宋哲元:"中央军以援助平津,期与敌在永定河地区作战之目的,先以主力集结于沧州、保定之线。第二十九军应固守北平、卢沟桥、长辛店、涿县之线,与保定方面保持确切连络。为增援二十九军,令孙连仲部二十六路军即向永定河地区线前进。"①当晚,宋哲元与南京通电话,表示决心拒绝日方最后通牒。宋通令第二十九军各部奋起抵抗;指示北上的第四十军向静海、独流镇集结,策应天津;第二十六路军进驻长辛店、良乡,以支援北平。

可惜为时已晚。日本侵略军已经做好了大战的一切准备。27 日,日军参谋总长按照日皇的"敕命",发出武力占领平津地区的命令。28 日黎明,日军对北平近郊发动了总攻,向南苑、北苑、西苑大举进犯,还出动四十架飞机对中国守军的工事轮番轰炸。第二十九军爱国官兵奋勇应战,反攻丰台,组织南苑保卫战,反击日军对广安门的进攻,痛歼五里店日军,均取得胜利。但是日军依仗其优势装备和众多兵力,狂暴进犯丰台、南苑,而我守军仓促应战,因缺乏准备,牺牲惨重。在南苑保卫战中,该军副军长佟麟阁和第一三二师师长赵登禹身负重伤仍指挥作战,先后壮烈殉国。各地守军不畏牺牲,英勇作战,但终因敌众我寡,军力悬殊,经过昼夜血战,故都北平和北方大港天津于 29 日、30 日相继沦陷。这倒反而坚定了蒋介石的抗战决心。他在日记中写道:"平津既陷,人民荼毒至此,虽欲不战,亦不可得,否则国内

---

① 国民政府战史编纂委员会档案,中国第二历史档案馆藏。

必起分崩之祸。与其国内分崩,不如抗倭作战。"①

授受检阅的国军部队。

三、顺应民心实行国共合作

　　卢沟桥事变以后,在全国军民抗日洪流的推动下,蒋介石与中国共产党代表进行两党合作共同抗日的谈判,加快了步伐。7月初,周恩来等人应蒋介石之邀抵达庐山,竭力促进蒋介石下定发动全国抗战的决心,并向出席暑期谈话会的各方人士表示拥护蒋介石领导全国抗战。7月15日,周恩来向蒋介石面交《中国共产党为公布国共合作宣言》,提出了共赴国难的三项奋斗目标:"(一)争取中华民族之独立自由与解放。首先须切实地迅速地准备

_____

　　① 《蒋介石日记》(手稿本),1937年7月31日,美国斯坦福大学胡佛研究所藏。

与发动民族革命抗战,以收复失地和恢复领土主权之完整。(二)实现民权政治,召开国民大会,以制定宪法与规定救国方针。(三)实现中国人民之幸福与愉快的生活。首先须切实救济灾荒,安定民生,发展国防经济,解除人民痛苦,与改善人民生活。"中共中央"为着取消敌人的阴谋之借口,为着解除一切善意的怀疑者之误会",特向全国郑重宣布:"(一)孙中山先生的三民主义为中国今日之必需,本党愿为其彻底的实现而奋斗。(二)取消一切推翻国民党政权的暴动政策。(三)取消现在的苏维埃政府,实行民权政治,以期全国政权之统一。(四)取消红军名义及番号,改编为国民革命军,受国民政府军事委员会之统辖,并待命出动,担任抗日前线之责。"①但是,蒋介石认为这个《宣言》须待中日全面开战后再发表。7月17日蒋与周恩来的谈判中,承认中国共产党和陕甘宁边区政府的合法地位,惟仍坚持红军改编为三个师后要设政训处,直属行营,参谋长要由南京派任。他还不允许周恩来等中共人士出席庐山谈话会,不准共产党公开进行合法活动,遂使谈判陷于僵局。

随着日本侵略的急剧扩大,全国抗日救亡运动汹涌澎湃。蒋介石既已下了不惜牺牲抗战到底的决心,就深切感到集中全国一切力量共同抗日的紧迫与必要,乃于8月上旬邀周恩来、朱德、叶剑英至南京参加最高国防会议。会议期间,蒋介石与周恩来等人举行了谈判。对中共中央提出的《为公布国共合作宣言》,蒋提出三项奋斗目标可以删掉,只留四项保证,为中共方面拒绝。关于红军改编问题,蒋同意改编后的红军由中共设指挥部,但仍坚持由南京派政治部主任。"八一三"淞沪抗战开始,全面抗战局面形成。8月19日,几经考虑,蒋介石终于同意红军改编后,完全由中共领导,南京不派参谋长或政治部主任,而只向总部和三个师各派一名联络参谋。8月22日,国民政府军事委员会正式宣布红军编为国民革命军第八路军,朱德、彭德怀为正副总指挥。9月12日第八路军改称第十八集团军,旋列入第二战区序列,任命朱德为第二战区副司令长官。

大敌当前,国家和民族处于存亡绝续的关键时刻。以继承孙中山三民

---

① 《六大以来》(上)第844—845页。

主义爱国传统为旗帜的国民党及其领袖蒋介石,在这个历史关头表现了毅然抗日的决心。蒋介石和他领导的国民政府,直接掌握着国家权力,抗日战争只有蒋介石和国民党的参加,才有可能运用国家政权推动全国抗战的开展,实现全民族的全面抗战。不然单凭中国共产党的力量,是无法独力担负和支撑全国抗战大局的。中国共产党的领导人显然认识到了这一点,因而愿意考虑和接受蒋介石提出的国共合作条件。

9月中旬,国共两党代表继续谈判加强合作事宜。蒋介石同意全文发表《中国共产党为公布国共合作宣言》。双方还达成一些重要协议,如:长江南北的红军改编为国民革命军新编第四军,任命叶挺为军长;在南京出版中共机关报《新华日报》;在南京、武汉等大城市设立中共代表团和八路军办事处;释放政治犯;等等。

平津迅速沦于敌手,全国上下无比悲愤,蒋介石也极为震惊。苟且已不能偷安。7月29日,他在南京两次召开特别会议,商讨对策。当晚他向新闻界发表谈话,说他17日在庐山讲话的立场"绝无可以变更,今既临此最后关头……岂能复视平津之事为局部问题?""政府有保卫领土主权与人民之责,惟有发动整个计划,领导全国一致奋斗,为保卫国家而牺牲到底!"宣布:"此后决无局部解决之可能","决无妥协与屈服之理","余已决定对于此事之一切必要措施"①。在日记中他说:"平津既陷,人民塗(荼)毒,至此虽欲不战,亦不可得,否则国内必起分崩之祸。与其国内分崩,不如对倭抗战。"②7月31日蒋介石发表《告抗战全体将士书》:"现在既然和平绝望,只有抗战到底,那就必须举国一致,不惜牺牲来和倭寇死拼。我们大家都是许身革命的黄帝子孙……我们要大家齐心努力杀贼,有进无退,来驱逐万恶的倭寇,复兴我们的民族!"③

但是,南京国民政府中,主张妥协和屈服的自有人在。位居国民党中央政治会议主席的汪精卫于7月29日发表广播讲话说,对日抗战"只是牺

---

① 《中央日报》1937年8月1日。
② 《蒋介石日记》(手稿本),1937年7月30日本月反省录。
③ 《先总统蒋公思想言论总集》第30卷第221页。

牲","无论是通都大镇,无论是荒村僻壤,必使人与地俱成灰烬"①。过了几天,汪又发表了一篇题为《大家要说老实话,大家要负责任》的广播讲话,说什么:"一个弱国对于一个强国,不得已而战,极度的牺牲是万万不能免的";"和呢,是会吃亏的,就老实的承认吃亏,并且求于吃亏之后,有所抵偿。战呢,是会打败的,就老实的承认打败仗,败了再打,打了再败,败个不已,打个不已"②。他甚至说:"中国战下去,日本不免于伤,中国则只有死而已"③。在他周围,还有国民党中央宣传部副部长周佛海以及梅思平、罗君强、陶希圣、高宗武等人,也各用不同语词宣扬"战必大败,和未必大乱"的"和平低调",形成了一个"低调俱乐部"④。

其时,这种"谋和"主张,在知识界也有附和之声。著名学者胡适7月底、8月初两次谒见蒋介石,进言"与其战败而求和,不如于大战发生前为之",主张"放弃力所不能及之地"——东三省,承认"满洲国",以求得保持冀察领土之完整和以外交手段收回平津⑤。

9月22日,国民党中央通讯社发表了《中国共产党为公布国共合作宣言》。第二天蒋介石发表谈话,赞扬中共宣言所举各项,"皆为集中力量,救亡御侮之必要条件"。他强调:"在存亡危急之秋,更不应计较过去之一切,而当使全国国民彻底更始,力谋团结,以共保国家之生命与生存。"最后指出:"中国民族既已一致觉醒,绝对团结,自必坚守不偏不移之国策,集中整个民族力量,自卫自助,以抵暴政,挽救危亡。"⑥蒋介石的这个重要谈话,公开承认了中国共产党的合法地位,宣示了抗战的决心,受到国内外的重视;不过他仍然没有承认共产党及其他抗日民主党派同国民党的平等地位。

第二次国共合作终于正式形成,毛泽东指出:"这在中国革命史上开辟了一个新纪元。这将给予中国革命以广大的深刻的影响,将对于打倒日本

---

① 汪精卫:《最后关头》(1937年7月29日),《中央日报》1937年7月30日。
② 汪精卫:《大家要说老实话,大家要负责任》(1937年8月3日),《中央日报》1937年8月4日。
③ 《汪主席和平建国言论选集》第125页。
④ 周佛海:《走火记》,《往矣集》第83页,平报社1945年版。
⑤ 杨天石:《胡适曾提议放弃东三省,承认"满洲国"》,《近代史研究》2004年第6期。
⑥ 《中央日报》1937年9月24日。

帝国主义发生决定的作用。"①全国人民精神振奋，各种抗日组织如雨后春笋，抗日武装风起云涌，海外侨胞纷纷捐献，并派儿女回祖国参加抗战，全国一派新气象。四万万同胞的心情正如宋庆龄发表的文章所说："这几天读了中国共产党共赴国难宣言和中国国民党领袖蒋委员长团结御侮的谈话，使我异常兴奋……中共宣言和蒋委员长谈话都郑重指出两党精诚团结的必要。我听到这个消息，感动得几乎要下泪。"②邹韬奋评论说："短短三四个月的时期里，就发生了数千年数百年中所绝无仅有的事情（如就全面抗战，一致对外反抗侵略这一点说，简直是数千年历史上空前的事情）。例如民族统一战线的建立，民主政治的初步开展，共赴国难的党派团结……都在抗战第一阶段短短三四个月内放出了一点点曙光。"③

全国人民从国共合作中看到了中华民族复兴的曙光。蒋介石也表示了"持久抗战"的决心，并相应采取了一些措施，以取得各党派和全国人民的支持和拥护，巩固自己的领袖地位。

在中国共产党和其他党派团体以及人民大众的强烈要求和推动下，蒋介石决定开放党禁，给人民以某些言论、出版、结社的权利和自由。7月底释放了被拘捕一年多的救国会领袖沈钧儒等"七君子"。9月，国民政府修订了《危害民国紧急治罪法》，规定私通敌国、泄漏军政机密、叛国者都要判处死刑④。还公布《战时军律》、《惩治汉奸条例》等，表达了全国人民抗战的意志。在蓬勃发展的抗日救亡运动中，中国青年救亡协会、中华民族解放先锋队、青年救国团、蚁社等几十个群众组织先后出现，十分活跃。

中国共产党在武汉设立了代表团，并设立八路军、新四军办事处，加强了国共两党的联系。《新华日报》1938年1月11日在武汉创刊发行，使国民党统治区人民可以直接了解到中国共产党的政策和言论。

蒋介石于1938年1月17日改组军事委员会，设立的政治部以陈诚为部长，周恩来、黄琪翔为副部长，开辟了一个国共两党在军事上政治上具体

---

① 毛泽东：《国共合作成立后的迫切任务》（1937年9月29日），《毛泽东选集》第335页。

② 宋庆龄：《国共统一运动感言》（1937年9月24日），《申报》1937年9月25日。

③ 邹韬奋：《抗战以来（三）》（1941年4月），《韬奋文集》（三）第169页，三联书店1955年版。

④ 《国民政府公报》第2450号，1937年9月6日。

合作的渠道。4月政治部成立第三厅,以郭沫若为厅长,主管抗日宣传工作。在周恩来直接领导下,政治部和第三厅团结和组织文化界进步人士,运用多种方式扩大爱国宣传,有力地推动了抗日救国的进步文化运动蓬勃发展,促进了全国抗战的新高潮。7月开展大规模的抗战一周年纪念活动,更使抗日救国的思想深入人心。武汉举行了献金运动,各阶层五十万人踊跃捐献,爱国热情十分感人。蒋介石和宋美龄两次献金共一万九千余元;中国共产党拨出一千元党费,周恩来等也献出一个月的薪水。四天的献金运动,共计收到各界人士、广大民众的献金一百万元,用于购置各种军用物品,分送到各战区,支援英勇杀敌的抗日将士,其中一小部分也送给了八路军、新四军。

根据国共两党协议,在抗战初期,国民政府军事委员会为八路军、新四军提供一部分军饷、被服、武器弹药、医药器材和其他物资。据不完全统计,从1937年9月至1938年10月间,国民政府每月发给八路军军费五十万元,米津十万元,河防米一万四千元,合计六十一万四千元。

四、争取国际调停,坚持民族立场

抗日战争全面爆发之初,蒋介石仍寄希望于英、美等国"主持公道",期待他们出面干预和制止日本侵略,认为"现在局势只有各关系国尤其美、英两国之合作,可挽危机"[①]。他下决心在淞沪地区打一场大仗,动机之一也是想推动英、美等国改变不干涉的"中立"态度。8月14日国民政府自卫声明中,还有吁请英、美各国"在其郑重签订之国际条约下各尽其所负之义务"的话。

英、美等国对日本的侵华战争,当然并不赞成,因为这直接损害他们的在华利益,但是他们不愿得罪日本,更不肯为中国而卷入战争。他们既想维护自己在中国和东南亚地区的利益,又想满足日本的侵略要求,然后"和平

---

① 蒋介石接见美国大使詹森的谈话(1937年7月25日),《中日外交史料丛编》(4);《卢沟桥事变前后的中日外交关系》第424页,台北版。

解决"中日战争,把日本帝国主义这只贪婪的恶狼引向苏联。因此,英、美长时间采取"中立"政策,容忍日本侵华战争。日本制造卢沟桥事变挑起战争后,英国外交大臣艾登(Robert Anthony Eden)7 月 11 日在下院报告说:日本及其他各国"有在华北数处驻屯军队之权力",把日本对中国的侵略合法化。7 月 12 日美国国务卿赫尔(Cordell Hull)照会中国驻美大使,竟然佯装不知道日本侵华真相,要求中国和日本一样承担对"和平与世界进步之重大打击"的责任。在华北和上海扩大战事后,日本于 8 月 25 日悍然宣布封锁中国海岸,英、美竟然都予接受和承认。9 月 14 日美国实施"中立法",声称对中日双方均禁止输出"武器、弹药及战事材料",包括军舰、飞机、战车等[①],断绝了对中国战争物资的供应。美国总统罗斯福(Franklin Delano Roosevelt)也承认"对中日战争运用中立法,吃亏的是中国,占便宜的是日本"[②]。

英、美等国对中日战争的政策,完全出于他们自身利益的考量。罗斯福直白地说过:中日战争是"一场英国式的足球赛",美国把中国当作"先上场的第一队",任其"和日本间拼命厮杀",到"快要疲乏的时候","先坐在一旁瞧人家的"美国再"参加进去作最后的一着,以决定全局的胜利"[③]。时候不到,英、美始终不动声色。12 月 8 日,日军飞机在长江江面炸毁英国"德和"、"大通"两商船,12 日又在芜湖炮击英国军舰"瓢虫号"和"蜜蜂号",英海军死一伤二。同日日本飞机在安徽和县江面击沉美舰"巴纳号",对于跳上救生艇逃生的人,日机还低空扫射,致使美军士兵死三伤十七。但是英、美两国对日本的这种野蛮行径,并不如人们预料的迅速采取强硬态度,而是以接受"道歉"和"赔偿"了事。

蒋介石和国民政府没有从英、美等西方国家获得军事方面的援助,相反

---

① 美国实施"中立法"是片面的:只对中国禁止输出"武器、弹药及战事材料";而对日本,照样以种种手段输给。据统计资料:1937 年日本进口军用原料和物资中,美国的钢占 92%,汽车及零件占 91%,石油及原油制品占 60%,废钢铁占 58%,机床、机器占 48%,生铁占 41%;1938 年,日本在侵华战争中消耗的军用物资,92%是从美国进口的。据[苏]德波林主编:《第二次世界大战史》第116 页,甘肃人民出版社 1984 年版。

② 《第二次世界大战史》,第 81 页。

③ [美]伊利奥·罗斯福:《罗斯福见闻秘录》第 51 页,新群出版社 1949 年版。

却一再被劝说:从速与日本"和平解决",以利国际通商。当英国将少数飞机高价售给中国时,却不允许供应飞机上所必需的机枪;在香港装配并飞出的三架飞机,都被装成救护机的机型,还要中国担保不得供作其他用途。而美国对日本允诺:不用美国船只运输飞机去中国。后来美国将一架波音飞机卖给中国,还不得不借道澳洲。但澳大利亚总理表示拒绝其出境去华,并将此事通知日本总领事。端纳叹道,中国"因对条约与国际法的信念与对国联势力及英国等信誉之依赖过深,卒成为重大的牺牲"①。

苏联出于政略战略考虑,与英、美等国不同,表示愿意给中国军火和借款的援助,这使蒋介石感到意外。还在卢沟桥事变发生的第二天,蒋介石就电召立法院院长孙科和外交部部长王宠惠去庐山说:如果事态扩大,可能会演变成一场中日两国的全面战争。到那时候"最关键的因素"是与苏联达成协议,由苏联供应军事装备,并缔结一个中苏互助条约②。孙、王即于7月9日去上海,与苏联驻华大使鲍格莫洛夫商谈。苏使向莫斯科报告了中国方面的要求。14日苏联外长李维诺夫(Максим Максимович Литвинов)在莫斯科接见中国驻苏大使蒋廷黻,表示苏联愿意帮助中国抗击日本侵略。蒋介石即决定与苏联谈判具体合作事宜。外交部草拟了一份"中苏互助条约"草案,提出"中华民国或苏联远东领土有被第三国直接或间接侵犯之恐怖或危险时,两国应即商定办法,以实行国际联合会盟约第十六条之规定";一旦发生这种侵犯,"两国即彼此予以军事及其他援助"③。然而苏方颇为顾忌,这样规定就意味着苏联参战,会招致日方进攻苏联,因此在谈判中苏方坚持主张改签两国"互不侵犯条约",并以"提供军事物资务必以首先签署互不侵犯条约为先决条件"④。8月2日,在与鲍格莫洛夫的会谈中蒋介石提出,如

---

① 转引自董显光:《蒋总统传》第287页,台湾中华文化出版事业社1962年版。董显光与蒋介石同庚,浙江鄞县人。蒋介石1905年入奉化龙津中学堂就读时,董在该校执教。后董留学美国,毕业于密苏里新闻学校、哥伦比亚新闻学院,获博士学位。回国后投身新闻事业,后转入政界,曾任国民党中央宣传部副部长、国民政府新闻局长,去台后任总裁办公室宣传组长、"国策顾问"、台湾当局驻日、驻美"大使"等。董撰著蒋介石之传记,初版于1937年,1952年出增订版,1958年又出新增版,约36万字。其持论之偏颇自不待言,然所记许多史事仍可资参考。

② 孙科:《中苏关系》第16页,中华书局1946年版。

③ 《中华民国重要史料初编——对日抗战时期》第三编(战时外交)(二),第327页。

④ 《苏联外交部7月31日给鲍格莫洛夫的特急电》,《苏联外交文件》,第20卷第430页。

果互不侵犯条约中不含有侵犯中国主权的内容,原则上同意签约;但是如果把这一条约作为中国为获得军事援助而付出的代价,那是绝不同意。鲍格莫洛夫解释说,互不侵犯条约的实质在于双方承担互不进攻的义务。他希望中国政府理解苏联的处境:"我们如果不能以互不侵犯条约的形式作为起码的保证,不致让中国用我们的武器打我们,那我们是不能向中国提供武器的。"蒋介石回答说:中国绝不会进攻苏联。蒋还对苏使说:日本正是要与中国结成反苏军事同盟,为此日本愿意作出很大的让步,但是中国政府断然拒绝了日本的要求,且以后任何时候也绝不会同意这个要求。此后双方经过多次磋商,于8月21日正式签署《中苏互不侵犯条约》,并于30日公布。诚如孙科所云:这一约定"有着十分重大的意义,一方面表明了苏联对我的友好态度,对于我们在艰苦奋斗中的人民自是一种精神上的鼓励;另一方面无疑坦白地告诉日本侵略者,他们对这种不义的举动是绝不同情的"[1]。接着中苏两国达成协议,苏联向中国提供一亿元的军事物资,以后在1938年、1939年又订立两笔信用贷款协定。中国源源不断地从苏联获得军事物资援助,包括从其他国家难以购得的轰炸机、驱逐机以及坦克、大炮、反坦克炮、高射炮等重型武器。苏联虽然没有答应中国的要求立即出兵参战,但采取了一些不致引起苏日战争的暗中军事介入行动,如以"志愿队"的名义陆续向中国派出二千名空军作战人员,投入了打击日本的战斗;又派出军事专家帮助中国训练飞行技术人员;还应中国要求在中央军事机关、各战区司令长官部和各军事兵种建立起完整的军事顾问体系,作出了重要贡献。

9月13日,国际联盟第十八届大会开幕,蒋介石希望能对日本作出制裁。中国代表顾维钧奉命正式向国联提出申诉,要求援用"盟约"处理中日冲突,对日本采取适宜和必要的行动。9月24日,蒋介石在南京对外国记者说,中国抗战,不仅在中国之存亡,亦为九国公约[2]、国联盟约伸张正义。

---

[1]　孙科:《中苏关系》第35页。

[2]　九国公约是1922年2月6日在华盛顿会议期间,由英、美、日、法、意、比、荷、葡、中九国签订的公约。该公约表示尊重中国之主权与独立行政之思想,同时强调各国在华机会均等,中国门户开放。

他强调各签约国"均应遵守其义务","应对于中国之奋斗加以援助"①。在苏联代表、外长李维诺夫的支持下,由二十三国组成的咨询委员会于9月27日通过两项报告:一、认定日本的军事行动违背九国公约及巴黎非战公约;二、目前中日冲突与一切国家均有若干关系,应由九国公约签字国会议解决。10月6日,国联大会通过了《关于中日冲突事件决议案》,表示对中国"以精神上之援助";建议各会员国"避免采取一切动作,其结果足以减少中国抵抗之能力,致增加中国在现在冲突中之困难"②。然而这种空洞的决议,对日本是毫无效力的。

11月3日,九国公约签字国按照国联大会决议在比利时首都布鲁塞尔举行会议,讨论中国问题。日本做贼心虚,拒绝出席会议。蒋介石及国民政府则对这次会议寄予很大希望,甚至不惜改变军令,要求淞沪前线的将士在极端不利的态势下不惜重大牺牲再撑持半个月,期待取得各国的同情。中国政府向各国表示"愿竭力促成中日问题之永久解决",提出"顾及各国及日本在华利益"的、以恢复卢沟桥事变以前状态为中心内容的十四条建议。但是,以美国为首的各国均采取观望和消极调停态度,还拒绝苏联代表提出的集体安全原则和讨论对日本的制裁。结果,会议只在11月15日通过了一个宣言,说中日冲突影响各国权益,日本施用武力绝不能达成公正而永久的解决③,等等。24日会议结束时,重申了一番九国公约维持世界和平的原则。这次会议没有取得任何成果,中国代表顾维钧提出严重抗议,但各国代表只是表示同情而已。"一开始就表现出它主要不是一个向中国提供有效援助或解决中日冲突的工具,而是一个为英法提供摆脱困境的方法"④。

蒋介石大失所望,他痛苦地看到,"中国不能从各主要国家获得有形的援助,他已了解到至少在暂时中国只能独自抵抗其敌人"⑤。

① 《公理必占最后之胜利》,《先总统蒋公思想言论总集》第38卷第97页。
② 《中日外交史料丛编》(四):《卢沟桥事变前后的中日外交关系》第359页。
③ 《中日外交史料丛编》(四):《卢沟桥事变前后的中日外交关系》第387—390页。
④ 《顾维钧回忆录》第2分册第693页。
⑤ 董显光:《蒋总统传》第286页。

五、陶德曼调停的周折

　　日本帝国主义希望战争速战速决,迅速占据华北和上海,迫使国民政府投降屈服。但是中国军民坚决抗战,实行持久消耗战,使得日本侵略军陷入战争泥沼而不能自拔。日本的疯狂侵略,受到世界人民和公正舆论的严厉谴责;苏联援助中国抗战,也是对日本侵略者的重大威慑;而日本国内人民的反战呼声,也此起彼伏。因此,日本帝国主义急欲早日解决"中国事变",在军事侵犯的同时,谋求与中国直接交涉。10 月 1 日,日本内阁四相会议制订《处理中国事变纲要》,希望"在军事行动取得成果与外交措施得宜的配合下尽快结束"[①]这场战争。他们谋求在其盟国德国或意大利政府的斡旋下,与中国政府直接交涉,以便轻易压服中国,也可以逃避国际制裁。10 月 21 日外相广田弘毅向德国驻日大使狄克逊(Heabert Von Dinkson)表示:"日本随时都准备与中国直接谈判,假如有一个与中国友善的国家,如德国、意大利,劝说南京政府觅取解决办法,日本是欢迎的。"[②]

　　与日本于 1936 年 11 月订有《反共产国际协定》的德国希特勒(Adolf Hitler)政府,希望日本对中国的侵略适可而止,在远东保持实力,以钳制苏联,并能维持德国在华的经济利益[③]。所以德国乐于促成中日谈判,期求两国战争早日平息。一时间,东京—柏林—南京之间的机密电报穿梭不停。10 月 29 日,德国驻华大使陶德曼(Oskar P.Trautmann)奉德国政府之命,在南京会见国民政府外交部次长陈介,正式转达德国政府愿为中日谈判从中联系的意向。11 月 2 日,日本外相广田向德国驻日大使狄克逊提出七条议和条件:一、内蒙古在国际法下建立一个与外蒙古情形类似的自治政府;

---

　　① 《日本外交年表和主要文书(1840—1945)》下卷《文书》第 370 页。
　　② 德国驻日大使狄克逊给德国外交部电(1937 年 10 月 21 日),《德国对外政策文件集1918—1945》D 编第 1 卷第 501 号,华盛顿 1949 年英文版,中译本参见《近代史资料》1957 年第 3期。
　　③ 中德贸易额当时占德国对外贸易额的 12％,仅次于美、日。德国出售军火给中国政府,从中国进口的主要是军工生产原料,如钨矿石占德国进口总量的 70％。参见 *German Interests and Politics in the Far East*,New York,1939,P28.

二、在华北沿"满洲国"边境至平津铁路线以南一点建立一个非军事区,委派一个亲日的首长;三、在上海建立一个比现在更大的非军事区,由国际警察管制;四、停止反日政策;五、共同反共;六、减低对日本货物的关税;七、尊重外侨权利。广田表示,"假如日本被迫继续作战,他就要把战争进行到使中国完全溃败,然后再提出远较现在为苛刻的条件"①。第二天清晨5时,狄克逊即将日方条件电告德国政府,并建议德国"可对南京施加压力,使它接受这些条件",还可"令(德国)军事顾问们在向蒋介石报告战局时鼓吹和平谈判"②。

11月5日,德国驻华大使陶德曼遵照德国政府外交部训令,在南京秘密会见蒋介石,在座的只有行政院副院长孔祥熙。陶德曼将日本的议和条件告知了蒋,还说中国不应该等待打到精疲力尽的时候才与日本谈判。蒋表示应当恢复卢沟桥事变前状态,说假如日本不愿意恢复战前状态,他就不能接受日本的任何要求;对于某些条件,当然可以讨论并且觅取友好的

德国驻华大使陶德曼(中,左为其夫人)竭力劝说蒋介石接受日本提出的谈判条件。

谅解,但是只有在恢复卢沟桥事变前状态这一点做到了之后。蒋介石对陶德曼说(并说只让德国政府知道):假如他同意日本提出的那些要求,国民政府是会被舆论的浪潮冲倒的,中国会发生革命。蒋认为,日本正在执行错误的政策,不对中国作友好的姿态,以奠定日后友善的基础,却提出那样的要求。假如日本继续作战,中国当然不会有在最后获得军事胜利的机会,但是也不会放下武器。蒋还对陶德曼说,假如由于日本采取的政策,而使中国政

① 德国驻日大使狄克逊给德国外交部密电(1937年11月3日),《德国对外政策文件集1918—1945》D编第1卷第514号。值得注意的是:日方提出的这些条件中,并没有"承认满洲国"的问题,因此与蒋介石希望的"恢复卢沟桥事变前状态"比较接近;但后来关东军等强硬派提出必须承认其侵略现状,日方于12月21日重新提出新的四项条件。

② 德国驻日大使狄克逊给德国外交部密电(1937年11月3日),《德国对外政策文件集1918—1945》D编第1卷第514号。

府倾覆了,那么唯一的结果就是共产党将会在中国占优势;这就意味着日本不可能与中国议和,因为共产党是从来不投降的。

蒋介石对于日本方面的"和平条件"将信将疑,而此时他还是寄希望于正在布鲁塞尔举行的九国公约签字国会议,更希望英、美能制裁日本,因此他不愿意考虑日方的条件。会见陶德曼结束前蒋介石明确地说:他不能正式承认日本的要求,因为中国现在正是布鲁塞尔会议列强关切的对象,而列强有意要在华盛顿条约的基础上觅致和平的[1]。

德国政府在调停中日谈判的同时,还施加种种影响,促使中国接受谈判。11 月 9 日,国民政府军事委员会德国军事顾问团团长法根豪森在南京向行政院副院长孔祥熙和副参谋总长白崇禧"指出战局的严重"时说,"如果战事拖延下去,中国的经济崩溃,共产主义就会在中国产生"[2]。

此时尽管太原失陷、上海危急,但蒋介石表示要坚持抗战,陶德曼第一次调停失败。

日本为谋求迅速结束战争,外相广田不久又对德使狄克逊说,日本希望短期内再进行和平谈判。广田还表示,尽管最近日本获得军事胜利,但议和条件并不变得比以前苛刻,特别是不要求华北自治[3]。11 月 28 日,陶德曼奉德国政府之命在汉口会见孔祥熙,翌日又访见外交部长王宠惠,转达日本政府的新提议,表示希望面见蒋介石。

由于布鲁塞尔九国公约签字国会议已于 11 月 24 日告终,蒋介石对英、美和国际调停的希望已经落空,淞沪会战和忻口会战的失利又使抗战的精锐力量受到很大挫伤,乃表示愿意接见陶德曼。11 月 30 日陶德曼由外交部次长徐谟陪同,由汉口前往战火纷飞的南京。12 月 2 日,蒋介石先召见徐谟,并与在南京的副参谋总长白崇禧、第三战区副司令长官顾祝同、南京

---

　　① 陶德曼给德国外交部电(1937 年 11 月 5 日),《德国对外政策文件集 1918—1945》D 编第 1 卷第 516 号。蒋介石在 11 月 5 日日记(手稿本)中记:"敌托德国传达媾和条件,试探防共协定为主,余严词拒绝。"

　　② 陶德曼给德国外交部电(1937 年 11 月 9 日),《德国对外政策文件集 1918—1945》D 编第 1 卷第 521 号。

　　③ 参见德国外交部长牛拉特给驻日大使狄克逊的密电(1937 年 12 月 4 日),《德国对外政策文件集 1918—1945》D 编第 1 卷第 532 号。

卫戍司令长官唐生智、军事委员会办公厅主任徐永昌等人作了商讨。诸将领听了徐谟的报告后认为,如果日方只是如此七项条件,可答应。蒋遂表示:如此尚不算是亡国条件,德国调停不应拒绝,惟华北政权要保存①。

当天下午,蒋介石接见陶德曼。陶德曼转述了日本政府的新提议,并说:如果现在不答应,战事再进行下去,将来之条件恐非如此。蒋问日本条件是否还同以前一样,陶德曼答还是一样。蒋表示可以将这些条件作为谈判之基础及范围。但是蒋介石认为日本说话不算数,可以随时撕毁条约,所以他向陶德曼提出:中日谈判,德国要始终为调停者。蒋着重指出:中国对华北行政主权须维持到底,这是谈判的基础;日本不可自视为战胜国,以为此七项条件乃是哀的美敦书,否则就无法谈判。陶德曼说,在谈判中中国政府宜采取忍让态度,蒋说双方是一样的。末了蒋介石提出:在战事如此激烈进行的情况下,无法调停和进行谈判,希望先行停战。陶德曼表示届时可以由希特勒提出中日两方先行停战②。5日,蒋介石在南京公开表示:日军应先退出中国,始能谈判和平③。这表明蒋介石对和平谈判没有完全放弃原则。

此时,华北和东南的战局恶化,国际对日绥靖政策又甚盛行,以汪精卫为首一伙人十分活跃。他们竭力怂恿蒋介石、孔祥熙接受日方的条件,与日本谈判;同时大肆鼓吹民族失败主义,鼓噪“战必大败,和未必大乱”④。12月5日汪精卫在汉口向新闻记者发表谈话说:“若日本真愿意要求和平,提出了可接受条件,则中国亦可考虑从事停战。”⑤12月6日汪精卫主持国防最高会议常务委员会议,通过了接受日本条件的决议,委派孔祥熙向蒋介石汇报,作最后决定。

但是日本发动和平谈判只是一种姿态,不仅不肯停战,相反仍然疯狂进

① 参见徐谟在国防最高会议常务委员会会议(1937年12月6日)上的报告,《中华民国重要史料初编——对日抗战时期》第六编(三)第113页。

② 参见徐谟在国防最高会议常务委员会会议(1937年12月6日)上的报告,《中华民国重要史料初编——对日抗战时期》第六编(三)第113页。“哀的美敦书”(ultimatum),最后通牒。

③ 《中央日报》1937年12月6日。

④ 周佛海:《低调俱乐部及其他》,《中国现代史资料选编》第4卷第588页。

⑤ 《新闻报》1937年12月6日。

攻。12 月日军次第攻陷南京、济南等大中城市,推进甚速。这使日本帝国
主义,特别是陆军方面和实业界一些战争狂人更为嚣张。12 月 21 日日本
内阁会议提出了四项新的媾和条件:"一、中国应放弃容共和反抗日满的政
策,对日满两国的防共政策予以协助。二、在必要地区设置非武装地带,并
在该地区内的各个地方,设置特殊机构。三、在日满华三国间,签订密切的
经济协定。四、中国应对帝国赔款。"①同时他们还拟订了九条"细目",包
括:中国正式承认"满洲国";内蒙设立与外蒙相同地位的防共"自治"政府;
华北应设置适当的机构,赋予广泛的权限;华中地区也设置非武装地带;等
等。第二天,日外相广田向德使狄克逊说了这些条件,并称:中国不仅要全
部接受这些基本条件,还要向日本"表示乞和态度","蒋介石须在规定的时
期内派遣和平谈判的代表至日本所指定的地点"。广田强硬地表示:"在和
平谈判中,日本必须继续军事行动,不到和约缔结时,敌对行动的停止是不
可能的。"②12 月 26 日,德使陶德曼向孔祥熙转达了日本的新条件和备
忘录。

对于这一无异要中国投降的最后通牒式的"和谈"条件,蒋介石认为"其
条件与方式之苛刻至此,我国无从考虑,亦无从接受,决置之不理"③。但在
27 日最高国防会议上,汪精卫主张接受,与日本进一步谈判。他怂恿孔祥
熙签字,以造成既成事实。孔因没有蒋的许诺,不敢贸然行事。28 日,蒋再
与汪、孔、张群等人商讨,蒋在当天的日记中记下了他的讲话要旨是:"国民
党革命精神与三民主义,只有为中国求自由与平等,而不能降服于敌人,订
立不堪忍受之条约,以增加我国家民族永远之束缚! 若果不幸全归失败,则
革命失败不足以为奇耻,只要我国民政府不落黑字于敌手,则敌虽侵占,我
国民随时可以有收复主权之机会也。"④蒋介石于 12 月 29 日向国民党元老
于右任、居正等人反复说明"抗战方略不可变更! 此种大难大节所关之事,

　　① 《日本外交年表和主要文书(1840—1945)》下卷《文书》第 380 页。
　　② 德国驻日大使狄克逊给德国外交部的密电(1937 年 12 月 23 日),《德国对外政策文件集
1918—1945》D 编第一卷第 540 号。
　　③ 《蒋介石日记》(手稿本),1937 年 12 月 26 日。
　　④ 《蒋介石日记》(手稿本),1937 年 12 月 28 日。

必须以主义与本党立场为前提。今日最危之点,在停战言和耳!"[1]他明白地表示:"倭寇所提条件,等于灭亡与征服,即严拒。""与其屈服而亡,不如战败而亡。"[2]

蒋介石坚持抗日的立场,克服了国民党内出现的动摇恐慌情绪,顶住了汪精卫等人的"和平"压力。他不顾日本方面规定的期限,决定"暂不正式答复"[3]。直至半个月后的 1938 年 1 月 13 日,才由外长王宠惠向陶德曼宣读了一个口头声明,说"改变了的条件,范围太广泛了。因此中国政府希望知道这些新提出的条件的性质和内容,以便加以仔细的研究"[4]。日本政府十分恼火,在给德国政府的照会中指责"中国的答复仅仅是一个敷衍的答复……这种拖延的态度,表示没有以接受全部和平谈判的基本条件来谋求和平的意念";日本将"从一个完全新的立场来处理目前的事件"[5]。陶德曼的调停就此告终。德国希特勒政府没有能够使中日两国停战,更没有实现其在远东的战略目标——使中国也纳入德日法西斯的反苏同盟体系。

日本帝国主义等待蒋介石俯首乞和的梦想破灭了。1 月 11 日,日本政府举行御前会议,通过《处理中国事变的根本方针》,决定:"如中国现中央政府不来求和,则今后帝国不以此政府为解决事变的对手,将扶助建立新的中国政权,与此政权签订调整两国邦交关系的协定,协助新生的中国的建设。对于中国现中央政府,帝国采取的政策是设法使其崩溃,或使它归并于新的中央政权。"[6]16 日近卫文麿发表由大本营和政府联席会议通过的《不以国民政府为对手的政府声明》,公然宣布"今后不以国民政府为对手,而期望真能与帝国合作的中国新政权的建立与发展,并将与此新政权调整两国邦交,协助建设复兴的新中国"[7]。这是日本帝国主义决心要推翻中国政府、极度

---

① 《蒋介石日记》(手稿本),1937 年 12 月 29 日。

② 《蒋介石日记》(手稿本),1938 年 1 月 2 日。

③ 《中国事变陆军作战史》第 1 卷第 2 分册第 146 页。

④ 转引自德国驻华大使陶德曼给德国外交部电(1938 年 1 月 13 日),《德国对外政策文件集1918—1945》D 编第 1 卷第 552 号。

⑤ 转引自德国驻日大使狄克逊给德国外交部电(1938 年 1 月 16 日),《德国对外政策文件集1918—1945》D 编第 1 卷第 556 号。

⑥ 《日本外交年表和主要文书(1840—1945)》下卷《文书》第 385—386 页。

⑦ 《日本外交年表和主要文书(1840—1945)》下卷《文书》第 386 页。

蔑视蒋介石、召唤汉奸卖国贼另组傀儡政府的公开表示。

日本帝国主义的骄横,使蒋介石无法容忍。18 日,国民政府发表《维护领土主权及行政完整的声明》,严正表示"必竭全力以维持中国领土主权与行政之完整。任何恢复和平办法,如不以此原则为基础,决非中国所能忍受"①。同日,中国召回了驻日大使,日本也召回了驻华大使,两国外交关系从此中断。

中日双方和平谈判的尝试终止了,蒋介石进一步坚定了抗战的意志。但是日本帝国主义对蒋介石政治诱降的策略并没有就此放弃,继续通过秘密渠道不断进行秘密接触。

六、接受抗日民族统一战线

抗战爆发后,上海等沿海、沿江城市的一些民族资本家出于爱国热情,将一部分工厂迁往内地。蒋介石指派国民政府交通部次长卢作孚主持这项具有重大意义的运迁工作。交通运输战线上的广大职工,以高昂的爱国激情,不畏艰险劳苦,克服重重困难,奇迹般地完成了搬迁工作。据统计,内迁厂矿共四百四十七家,半数以上迁入四川,其余分至湘、桂、陕、云、贵等省。这对加强内地的工业基础,促进抗战初期的工业生产,支持抗战事业,发挥了重大作用。

其时,民众抗日救亡运动蓬勃发展。中国共产党努力促进国共合作的民族统一战线,政治影响日益扩大。这种形势使得蒋介石和国民党领导深切感到,国民党自身普遍存"组织松懈,纪律废弛,以致党的精神衰颓散漫,党的基础异常空虚"②等严重弊端,急切需要加以改进。同时对于中国共产党和许多爱国人士提出的一系列抗日建国的建议,也需要加以研讨,制订政

---

① 《中央日报》1938 年 1 月 18 日。
② 蒋介石:《临时全国代表大会开会讲词》(1938 年 3 月 29 日),国民党中央执行委员会秘书处档案,中国第二历史档案馆藏。

策。1938年3月29日至4月1日,国民党在武昌召开了临时全国代表大会①。在听取了党务、政治、外交、军事、财政等报告后,大会通过了一系列决议案。《改进党务并调整党政关系案》提出:要"采取以党统政的形态","以最高政府之命令,贯彻党的意旨,推行党的政策"②;决定"强化党的组织,设立总裁制度"③,选举蒋介石为国民党总裁,汪精卫为副总裁,进一步强化了蒋的个人权威和国民党一党专政统治地位。蒋颇为兴奋,自谓"对总裁责任应当仁不辞,以救国与对外之道已无他法。此为最后一着,实与抗战增加实力不少,而且确定党国重心,无异于敌精神与其策略上一大打击也。"④大会按照蒋介石的意旨,决定建立三民主义青年团,力图将全国青年"以一贯之训练,集之于同一之组织,纳之于新生活之规律"⑤。蒋介石自任三青团团长,陈诚为书记长,下令解散中华民族解放先锋队、青年救国团等革命组织,把全国青年"统一"归纳在国民党、三青团中。

国民党临时全国代表大会的重要议案,是制订《抗战建国纲领》。这个《纲领》规定了国民党的军事、政治、经济、外交等诸方面的政策,在"抗战必胜,建国必成"的口号下,提出要"制止日本侵略",全国官兵"一致为国效命","训练全国壮丁,充实民众武力,补充抗战部队"。《纲领》还提出要设立国民参政机关,改善各级政治机构等。《纲领》宣称抗战建国要以三民主义为"最高准绳",全国抗战力量要在国民党和蒋介石"领导之下"⑥。大会还通过了宣言,表示:"抗战之目的,在于抵御日本帝国主义之侵略,以救国家民族于垂亡","不达目的,决不中止";强调"国家至上"、"政治统一"、"在非常时期中,行动固宜统一,理论尤贵一致",应"消灭政治斗争之意识","阶级斗争更不容许其发生"⑦,表明国民党将继续坚持一党专政的基本政策。

---

① 大会开幕式3月29日上午在重庆国民政府大礼堂举行,由丁惟汾代表蒋介石宣读了开会词。为便于前方将领参加大会,预备会及正式会议于当日晚开始在武昌珞珈山武汉大学礼堂举行。
② 《中国国民党临时全国代表大会决议案》,《革命文献》第76辑。
③ 《中国国民党临时全国代表大会决议案》,《革命文献》第76辑。
④ 《蒋介石日记》(手稿本),1938年4月1日,美国斯坦福大学胡佛研究所藏。
⑤ 蒋介石:《为组织三民主义青年团告青年书》(1938年6月16日),《先总统蒋公全集》第3165页。
⑥ 《中国国民党临时全国代表大会决议案》,《革命文献》第76辑。
⑦ 《中国国民党临时全国代表大会决议案》,《革命文献》第76辑。

《抗战建国纲领》作为国民党的抗战纲领,并施之于全国。这是一个对全国抗战具有政治领导作用的基本纲领,既有积极方面,也有消极方面。国共两党的抗战纲领在抗日目标和军事、外交、经济政策等方面,有一致或近似之处,但在抗战目的、政治改革、发动民众、改善人民生活等方面,有重大区别。为了抗战大局,中国共产党对国民党临时全国代表大会的宣言和纲领,"立在主动地位,取积极赞助与拥护的态度"①。中共中央向全党发出指示,说国民党临时全国代表大会通过的宣言和纲领,"其基本精神同我党的主张是一致的",应"用一切方法推动其具体实施";又指出"关于其中反对阶级斗争与反对国际主义的理论以及其他缺点,应给以侧面的、适宜的解释"②。

国民党临时全国代表大会决定设立国民参政会,以"集思广益,团结全国力量"③。这是蒋介石和国民党为要动员各方面力量和广大民众参加抗日战争,在政治上作出的重要让步。参政会遴选各方面"著有信望"的包括中国共产党和其他抗日党派领袖以及无党派社会人士在内的二百人为参政员。参政会虽然只是一个咨询性质的机构,只有听取国民政府施政报告及询问、建议之权,其决议对政府没有任何约束力,但毕竟是使"政治生活向着民主制度的一个进步","团结统一的一个进展"④,有利于全国团结抗战,因此受到全国人民的重视和欢迎。

国民参政会第一次大会于 1938 年 7 月 6 日在汉口开幕,蒋介石在致词中说:"此次国民参政会成立最重大的意义和唯一的目的,就是要集中全民族的力量,对侵略的势力作殊死的斗争,以求得抗战的胜利和建国的成功!"⑤为达此目的,必须完成加强团结、巩固统一及建立民主政治为基础两项基本任务。参政员们纷纷提出建议、提案,最后会议通过了《切实保障人

---

① 《中共中央关于国民党临全大会宣言与纲领立场的指示》(1938 年 4 月 18 日),《六大以来》(上)第 924 页。

② 《中共中央关于国民党临全大会宣言与纲领立场的指示》(1938 年 4 月 18 日),《六大以来》(上)第 924 页。

③ 《国民参政会组织条例》(1938 年 4 月 12 日国民政府公布),《国民参政会纪实》上卷第 46 页,重庆出版社 1985 年版。

④ 毛泽东等:《我们对于国民参政会的意见》(1938 年 7 月 5 日),《六大以来》(上)第 965 页。

⑤ 蒋介石:《国民参政会的任务》(1938 年 7 月 6 日),《先总统蒋公全集》第 1161 页。

民权利》《发动广大民众抗战以救危亡》《拥护政府长期抗战国策》等许多提案，发出宣言："中国民族必以坚强不屈之意志，动员其一切物力人力，为自卫，为人道，与此穷凶极恶之侵略者长期抗战，以达到最后胜利之日为止。"①

　　在抗战初期国共合作相当融洽，但关于两党合作的形式问题，虽经多次谈判，仍未能完满解决，采取了不成文、不固定、遇事协商谈判的特殊合作形式。国共两党在抗日目标一致的前提下，各自掌握着武装力量，领导着政权。两党各自调整政策，成为友党友军的关系。在抗日民族统一战线内部，既有合作，也有斗争。

---

① 《国民参政会纪实》上卷第 183 页。

蒋介石传

下 1937—1975

严如平
郑则民 著

中华书局

第十五章　全力指挥抗御侵华日军

一、确定"持久消耗"的作战方针

　　面临日本帝国主义的大举侵略,是谋和?还是抗御?蒋介石和每一个中华儿女都必须作出自己的生死抉择。

　　1937年8月7日,蒋介石在南京召开国防会议,讨论对日侵华的抗御问题。军政部长何应钦报告各地军事准备情形,说第一期拟动员一百万兵力投入作战,其中,冀、鲁、豫方面约六十万人,热、察、绥方面约十五万人,闽、粤方面约十五万人,江、浙方面约十万人。何在报告中说,困难方面是财政开支扩大,枪械子弹不足,防御工事未完成,空军机械不足等。蒋介石讲话中对主和之见表示不可取。与会的参谋总长程潜在发言中甚至指责胡适为汉奸①。7日夜间,国民党中央政治委员会和国防会议举行联席会议,讨论对日方针。蒋介石在发言中指出日本没有信义,对日本想以局部解决求

_____

　　① 《王世杰日记》(手稿本),1937年8月7日,第1册第84—85页,台北中研院近代史研究所1990年印行。

永久平安无事,这是不可能的,"我们国家不抗战要灭亡的,当然非抗战不可"。这次会议决定:一、在未正式宣战以前,与日交涉,仍不轻弃和平;二、今后军事、外交上,各方之态度均听从中央之指挥与处置。蒋介石要求团结一致,共同一致努力,相信日本侵略者必败,最后胜利必属于我①。这次会议以决定积极抗战与备战为国策而载入史册。

自8月8日起,蒋介石与来到南京的各地各派军事领导人会晤,计有广西白崇禧、山西阎锡山、四川刘湘、广东余汉谋、湖南何键以及程潜、唐生智等。9日云南龙云亦到南京。中国共产党军事领导人周恩来、朱德、叶剑英也于10日抵宁。这些高级军事将领,对于日本帝国主义的疯狂侵略,无不同仇敌忾,强烈表示绝不能再妥协退让,一定要不负全国军民的厚望,抗御强敌。蒋介石连日召开谈话会,增进与诸将领的相互了解,征询他们对抗御日军的战略构想、全国的军力配置、战略战术原则等方面的意见。与会者多表示:大敌当前,举国上下应团结一致,捐弃前嫌,共赴国难,保证出兵抗日。

中国共产党领导人在8月11日的军政部谈话会上,就抗日战争的战略战术问题发表了一系列重要意见。周恩来指出:日本吞并华北并在其他地区挑起事端的意图已经十分明显,欲恢复卢沟桥事变以前状态已不可能,因此"外交拖延办法只可便利军事完成及民众动员与一切军事准备,但不可动摇抗战决心"。应当发动全民族一致抗日,立即组织敌后民众并开展战区内的民众政治工作。朱德建议:为了维持战略持久作战,在"战术上应取攻势",在兵力部署上,不宜实行正面消极防御和一线配置,而应将有力部队置于敌之侧后,"由阵地战转为平原与山地之扩大运动战",在正规战之外,还须采用游击战术,"牵制敌人不能不以大量兵力守其后方"②。蒋介石对周、朱的建议颇为重视,在持久战略思想上,大体取得了一致的认识;但是他对周、朱所述战争初期之守势防御阶段,应持积极的攻势防御战术这一精当见地,并未理解并付诸实施,以致正面战场的战略指导,蕴含了失败的危险。

---

① 《抗战爆发后南京国民政府国防联席会议记录》(中国第二历史档案馆藏),《民国档案》1996年第1期第27—32页。

② 陈诚对抗日战争的回忆资料,国民政府国防部参谋总长办公室记录,国防部资料室编,中国第二历史档案馆藏。

抗战时期的蒋介石

陪都重庆市政府各机关劳军游行

人力车夫捐款

抗战军人家属鼓励亲人抗日杀敌

8月11日,国民党中央政治委员会第五十一次会议决定设立国防最高会议,作为全国国防最高决策机构,其职权为决定国防方针、国防经费、国防总动员及其他与国防有关之重要事项①。按照《国防最高会议组织条例》,蒋介石作为军事委员会委员长担任国防最高会议主席,副主席是国民党中央政治委员会主席汪精卫,成员包括国民党中央、国民政府五院、军事委员会和行政院各部门的长官。12日,国民党中常委举行会议决定:自该日起,全国进入战时状态。8月14日,国防最高会议举行了首次会议,蒋介石指定孙科等九人为常务委员,张群为秘书长。

8月20日,蒋介石正式颁发了《国军作战指导计划》训令,宣布举全国力量,从事持久消耗战,以争取最后胜利。作战指导原则为:"国军一部集中华北持久抵抗,特别注意山西之天然堡垒;国军主力集中华东,攻击上海之敌,力保吴淞要地,巩固首都;另以最少限度兵力守备华南各港。"②国防最高会议决定蒋介石为陆海空军大元帅(不久仍称军事委员会委员长);改组军事委员会为抗战最高统帅部;设国防参议会,网罗各党派人士及社会名流为参议员,包括中国共产党的周恩来、林祖涵、秦邦宪等。为加强具体的军事指挥,将全国划分为五个战区:第一战区为河北和山东北部,司令长官蒋介石兼;第二战区为晋、察、绥,司令长官阎锡山;第三战区为苏南、皖南及浙江,司令长官为冯玉祥,顾祝同副;第四战区为闽、粤,司令长官何应钦,余汉谋副;第五战区为鲁中、鲁南和苏北、皖北,司令长官蒋介石兼,韩复榘副。

这时蒋介石已经认识到,这场战争将是一场持久战,但他估计战期大约一年③。他设想:以战术补正武器之不足,以战略补正战术之缺点,使敌军陷入被动地位,而争取战争的最后胜利。后来的战争过程表明,他太乐观了。

蒋介石和国民政府军事委员会,把抗日战争的基本战略,确定为"持久消耗战略",以对付日本的"速战速决"。蒋介石分析说:"倭寇此次的企图,在倾其全国可能对华的兵力,运用飞机大炮战车的威吓,要求速战速决","所恃的是他强横的兵力。我们就要以逸待劳,以拙制巧,以坚毅持久的抗

———————

① 《国防会议条例》,中国第二历史档案馆藏,《民国档案》1985年第1期第60页。

② 《国军作战指导计划》(1937年8月),国民政府军事委员会档案,中国第二历史档案馆藏。

③ 《蒋介石日记》(手稿本),1937年8月13日。

战,来消灭他的力量"①。他很看重我国的地域条件对实施持久消耗战略的意义,认为:"我国面积广大,东西经度跨有六十五度以上,自南至北兼有寒、温、热三带的气候,所以我国论述军事的成败,就以天时和地利并举。内地及西部,湖沼纵横,山岳错杂,平原、沙漠,无所不备。所以就面积言,过去无论任何外族,皆只能占我一部分、一时期,而不能永久占我之全部。"②因此,他主张:"拿我们劣势的军备,一面逐次消耗优势的敌军,一面根据抗战的经验,来培养我们自己的力量,以逐渐完成我们最后胜利的布置。"③持久作战期间必然会要丧失一部分国土,于是他提出一个"以空间换时间"的口号。他反复强调:"倭寇要求速战速决,我们就要求持久战消耗战"④,以持久的抗战消耗敌人的力量,积蓄壮大自己的力量,争取最后的胜利。无疑,这是切合两国国情和军事力量对比的长期抗战的方针,有利于利用我国的长处和日本的弱点。

二、指挥正面战场第一仗

日本帝国主义占领平津后,叫嚣进一步扩大侵略。一些军国主义分子力主在上海开辟东战场,以牵制华中地区的中国军队,使之不能增援华北战场,进而迅速占领整个华北;并且通过东战场的战事,摧毁中国的经济中心上海,控制江浙地区,压迫蒋介石迅速投降,以实现速战速决的战略方针。一些日本海军将领尤为狂热,第三舰队司令官长谷川清一再鼓吹在上海、南京一带发动战争,他说:"为制中国于死命,须以控制上海、南京为最要

---

① 蒋介石:《敌人战略政略的实况和我军抗战获胜的要道》(1937 年 8 月 18 日),《先总统蒋公全集》第 1073 页。

② 蒋介石在国民党五届五中全会上的演说:《以事实证明敌国必败及我国必胜》(1939 年 1 月 21 日),《先总统蒋公全集》第 1211 页。

③ 蒋介石:《第一次南岳军事会议开会训词》(1938 年 11 月 25 日),《先总统蒋公全集》第 1172 页。

④ 蒋介石:《敌人战略政略的实况及我军抗战获胜的要道》(1937 年 8 月 18 日),《先总统蒋公全集》第 1073 页。

着。"①7月29日日本参谋本部提出了"在青岛及上海附近作战"②的作战方针。8月7日,日本海军大臣米内光政建议陆军大臣杉山元向内阁提出"为保护青岛和上海日侨,应迅速准备派遣陆军赴华"③。蓄意要在上海挑起战争。

上海是我国政治、经济的中心,距首都南京不过三百公里,一直是日本军国主义垂涎之地。1932年日本制造"一二八"事变,想一举侵占上海以威逼中国政府屈服,不料遭到我第十九路军等抗日爱国将士坚决抗御。但后来《上海停战及日方撤军协定》规定,在上海地区只能由保安队维持秩序,日军则可以在上海公共租界及吴淞、江湾、闸北等地驻军,建立据点。为了防止日军从上海入侵,蒋介石和国民政府自1934年起秘密部署在上海周边地区吴江至福山、无锡至江阴、乍浦至嘉兴三线修筑了国防工事,其后又在龙华、徐家汇、江湾、大场等地构筑包围攻击阵地。蒋介石指令军政部长何应钦拟订了《扫荡上海日军据点计划》。

日本在上海的军队、浪人,到处寻衅闹事,制造事端。8月9日,日本驻上海海军陆战队第一中队长大山勇夫中尉与水兵斋滕要藏,驾驶汽车闯入我虹桥军用机场,不服机场保安队劝阻,发生冲突,打死我一名守卫,日两凶手亦被击毙。日方立即扩大事态,无理要求中国撤退保安队,拆除防御工事;同时增兵进行威胁。日本海军第三舰队三十二艘军舰于11日驶集黄浦江及淞沪一带港口。12日一批日本海军陆战队强行登陆,在闸北、虹口、杨树浦一带布防。12日夜,日本首、外、陆、海四相举行会议,决定向上海派遣陆军部队。当夜11时55分,日本军令部总长伏见宫博恭王向第三舰队司令官长谷川清发出放手行动的指示。

对于日本帝国主义图谋在上海、南京一带发动侵略战争,蒋介石和国民政府军事当局是有所戒备的。当时受命担任京沪警备司令的张治中认为:"这次在淞沪对日抗战,一定要争先一着。先发制敌,先下手为强。"7月30

---

① 长谷川清1937年7月17日向日本海军军令部的报告,《中国事变陆军作战史》第1卷第2分册第19页。

② 日本参谋本部对华作战计划(1937年7月29日),《日中战争》(2)第25页。

③ 《中国事变陆军作战史》第1卷第2分册第1页。

日张向蒋介石郑重提出此意见,蒋介石复电:"应由我先发制敌,但时机应待命令。"[①]虹桥机场事件发生后,战事已不可免。8月11日蒋介石下令张治中率领精锐的孙元良八十八师和王敬久八十七师向上海推进。当日夜半,张率部离开苏州,12日清早进据上海。

8月12日蒋介石主持召开国民党中常会议,经过讨论秘密决定:自本日起,全国进入战时状态。过去对抗日曾持有"三月亡国论"的何应钦,也自卢沟桥事变以来,一直积极辅佐蒋介石,尽责于军政部长和国家总动员设计委员会主任委员之职,他在会上发言说:"和平已经绝望,如果他稍有动作就要打他,否则等他兵力集中,更困难了。"[②]

张治中部原拟于8月13日拂晓前发起攻击,以先发制敌。蒋介石考虑到英、美、法、意等国使节正在调停,令张"等候命令"[③]。结果13日这天上午9时许,日本侵略军在上海北站与北四川路间越过对峙线,向我国守军开枪射击,挑起冲突。下午4时许,日军在八字桥向持志大学发动进攻,并用钢炮轰击。我军英勇抵抗,击退了日军的进犯。此时,日本海军陆战队在虹口的驻地大楼已经悬挂起了信号旗,命令全线对中国军队发动总攻击。是日深夜,蒋介石在南京决定向上海日军发动总攻击,电令张治中"明拂晓攻击",并令空军出动轰炸,令海军封锁江阴[④]。8月14日,国民政府发表《自卫抗战声明书》,历数日本的横暴行径,"中国为日本无止境之侵略所逼迫,兹已不得不实行自卫,抵抗暴力"。宣称"中国决不放弃领土之任何部分,遇有侵略,惟有实行天赋之自卫权以应之"[⑤]。

在蒋介石的直接部署下,淞沪抗战拉开序幕。14日,张治中指挥所部英勇出击,夺回八字桥、持志大学、沪江大学据点。中国空军同日上午10时飞临上海上空,对汇山码头的日本海军司令部和停泊在黄浦江的日舰进行

---

① 《张治中回忆录》上册第117页。

② 《中常会第五十次会议速记录》,1937年8月12日。中国国民党(台北)党史馆藏。转引自杨天石:《蒋介石与1937年的淞沪、南京之战》,《中国社会科学院学术委员会集刊》2005年3月。

③ 《蒋介石复张治中电》(1937年8月12日),国民政府军令部战史会档案,中国第二历史档案馆藏。

④ 《顾维钧回忆录》第二分册第694页。

⑤ 《抗战以来中国外交重要文献》第6—8页,1943年版。

轰炸,不顾日舰高射炮的射击,炸伤了旗舰"出云"号。

同日,日本木更津海军航空队派出96式重型轰炸机,袭击我杭州笕桥机场,中国空军第四大队在队长高志航率领下驾驶美式霍克Ⅲ型战斗机升空迎战。空军将士斗志高昂,英勇无畏,次第击落敌机三架,击伤敌机多架。连同这天还有三架受伤敌机坠入海中,中日第一次空战,我军以6:0全胜。全国人民大为振奋,蒋介石也十分高兴。他在第二日的日记中说:"二日来共击落敌机已发见者十七架之多,而我军仅伤失三架,倭寇技术之劣于此,可以寒其胆矣。"后来中国政府于1939年11月定8月14日这一天为"航空节"。此后不断来犯的日机,连连受到中国空军的惩罚。中国空军还不断轰击停泊在吴淞口、浏河等处的日本军舰。

当时,华北战事形势险恶,日本分兵三路扩大侵略,企图利用其近在一墙(长城)之隔的东北后方补给线,在华北平原发挥其机械化部队和重武器的优势,进行大兵团作战,长驱南下攻占战略要地,以实现其速战速决的方针。8月17日日本内阁决定"放弃以前所采取的不扩大方针"[①],气焰更是嚣张。

蒋介石及其幕僚在南京反复分析敌我态势,权衡利弊得失,于8月18日派陈诚等人至上海视察战况。20日陈诚向蒋汇报说,敌对北平西北的南口在所必攻,同时亦为我部必守,华北战事扩大已无可避免。敌如在华北得势,必将利用其快速装备沿平汉路南下直扑武汉,于我不利,不如扩大沪事以牵制之。对于战略重点放在华北或在上海,犹豫再三的蒋介石听了陈诚之言后决定放在上海,表示"一定打"[②]。

蒋介石决定在淞沪地区与日本进行大规模会战,除陈诚所说之利弊得

① 《日中战争》(2)第34页。
② 陈诚对抗日战争的回忆资料,国民政府国防部参谋总长办公室纪录,国防部资料室编,中国第二历史档案馆藏。蒋介石决定发动淞沪抗战,目的在于分散日军兵力,粉碎其首先占领华北的战略计划。他在事后的一篇《杂录》(1938年5月5日)中写道:"敌军战略本以黄河北岸为限,如不能逼其过河,则不能打破其战略,果尔,则其固守北岸之兵力绰绰有余,是其先侵华北之毒计乃得完成,此于我最大之不利。我欲打破其安占华北之战略,一则逼其军队不得不用于江南,二则欲其军队分略黄河南岸,使其兵力不敷分配,更不能使其集中兵力安驻华北。中倭之战必然先打破其侵占华北之政策,而后乃可毁灭其侵略全华之野心。总之,倭寇进占京沪,其外交政策已陷于不可自拔之境,而其进占鲁南,则其整个军略亦陷于不可收拾之地也。"

失外,还有一系列之因素:一、淞沪地区河港交错,近几年又筑有碉堡等国防工事,可以遏制日本机械化部队的优势;二、可以利用已集中的我军优势兵力,迅速击溃尚未完成军事部署的日军,确保上海和南京的安全;三、上海是一个国际性城市,在上海开战可以促成国际干预,争取英、美等国出面调停,向日本政府施加压力。蒋介石决定在战略防御阶段的作战指导方案是:集中国军精锐在华东,扫荡长江敌舰及上海之敌,守备海岸,巩固首都。

8月18日,蒋介石发表《告抗战将士第二书》,宣示以持久战、消耗战打破日军速战速决的企图。8月20日,组成以上海为中心包括苏南和浙西的第三战区,司令长官为冯玉祥,陈诚任前敌总指挥。蒋介石虽然兼任第一、第五两个战区的司令长官,但他的主要精力用于直接指挥上海战事。9月中旬,冯玉祥调任新编组的第六战区司令长官,蒋自兼第三战区司令长官。蒋不断调集中央军之精锐部队投入会战,并且调川军、粤军、桂军增援。

日本帝国主义原打算迅速侵占华北,然后在东南发动攻势,十天占上海,三周陷南京,使中国丧失全部抵抗能力。现在面临中国以重兵抗御的局面,8月20日首相近卫文麿声称:"日本政府决定以武力解决日中冲突,不容任何第三者之干涉。"随即组建"上海派遣军",由大将松井石根率领第十一、第三师团,在猛烈炮火掩护下,于8月22日在吴淞、川沙强行登陆。我抗日守备部队虽英勇抵抗,但兵力薄弱,伤亡惨重,未能阻截,此后亦未能阻挡敌军向纵深发展。淞沪战事日趋激烈。

蒋介石亲自指挥淞沪会战,直接向各军各师发布指令,尽力实施"持久消耗战略",坚守阵地,最大限度地消耗敌军的进攻力量。然而持久战略的正确实施,本应当实行积极防御的方针,在战役、战斗中主动打外线的速决的进攻战、歼灭战,以运动战为主体,与阵地战、游击战有机地结合起来,而不能够把"持久消耗"这个概念机械地套用到战术运用中去,以致在战斗中沦于消极防御、被动挨打。可惜蒋介石在指挥作战中,恰恰采用了消极防御的战术。战事一开始,他就提出了五条应敌战术,下令各部要守住每一个地方每一个据点,坚守阵地,多筑工事,层层布防,处处据守,以深沟、高垒、厚壁战胜敌人的飞机、大炮、战车①。他把以阵地战为主体,看作"抗敌胜利的唯一要诀",源源不断地把各路军队调集到上海及其附近地区,挖战壕,筑工事,步步为营,处处设防,进行单纯防御的阵地抗击战②。

　　持久消耗战打破了日本速战速决的迷梦,将日本侵略军拖进了长期战争的深渊。日本方面不断增兵驰援淞沪战场,先后三次共调派了二十二万多名侵略军来到上海。中国方面也不断增兵,蒋介石前后共调集了七十三个师(占当时全国可调兵力的三分之一以上)计七十多万人投入战斗。他以朱绍良为中央作战军总司令,辖第九集团军、廖磊第二十一集团军和胡宗南第十七军团;以陈诚为左翼作战军总司令,辖第十五集团军、薛岳第十九集团军和杨森第六军团、罗卓英第十六军团、上官云相第十一军团;以张发奎为右翼作战军总司令,辖第八集团军和刘建绪第十集团军;并以刘兴为江防司令。一时,在河港交错、无险可守的狭小三角地带,双方近百万大军展开大规模的战斗,前后持续达三个月之久,其战斗之激烈,双方死伤之惨重,为古今中外战争史所罕见。蒋介石在一篇日记中写道:"凡我中国之寸土失地皆洒满吾中华民族黄帝子孙之血迹,使我世世子孙皆踏此血迹而前进,永久不忘倭寇侵占与惨杀之历史,必使倭寇侵略之武力摧毁灭绝,期达我民族斗争最后胜利之目的。"③

　　我国军队在前期抗御中,拥有相当的主动权,在抗击沿江登陆的日军以及在罗店、宝山、月浦、浏河等地,均有激烈战斗。其中罗店争夺战,鏖战月余,敌我层层包围,阵地犬牙交错,双方短兵相接,近战肉搏不止。在一些重要据点,敌人凭借猛烈炮火的掩护,野蛮冲杀,我抗战将士坚守阵地,在战壕风餐露宿,不畏艰苦和牺牲。有的部队几天吃不上一口饭,忍饥挨饿而不离战斗岗位。伤亡太大,许多伤员得不到应有的护理。遇到滂沱大雨之日,官兵没有雨衣,至多只能打着伞坚守在战壕里。有的壕沟积水深达二三尺不

---

① 蒋介石:《敌人战略政略的实况及我军抗战获胜的要道》(1937年8月18日),《先总集蒋公全集》第1073页。

② 蒋介石:《敌人战略政略的实况及我军抗战获胜的要道》(1937年8月18日),《先总集蒋公全集》第1074页。

③ 《蒋介石日记》(手稿本),1937年9月11日"本周反省录",美国斯坦福大学胡佛研究所藏。

退,士兵日夜浸泡在水里坚持战斗,把子弹袋挂在脖子上射击敌人。

在敌人的猛烈炮火和飞机轰炸、海舰炮击的强大攻势下,我军死守阵地,被动挨打,伤亡甚大,逐渐失去了主动权。蒋介石严令前线阵地死守,于9月中旬亲临昆山督师。10月上旬,敌我在蕴藻浜南岸激战四昼夜,继后又以大场为中心展开激烈战斗。许多战事都是在蒋介石直接指挥下进行,他用长途电话频频向在苏州的第三战区副司令长官顾祝同和上海前线的前敌总指挥陈诚发出命令,常是一天数次甚至十余次。他有时还偕同高级将领亲赴前线督战,鼓励士气。他曾向李宗仁说:"要把敌人赶下黄浦江去。"李宗仁对蒋建言:淞沪不设防三角地带,不宜死守。为避免不必要的牺牲,我军在沪作战应适可而止[1]。但蒋不以为然,坚持决战方针。10月17日亲往苏州督师。夫人宋美龄有时也赴前线慰问将士,10月22日一次,她与顾问端纳同车赴前线,途遇日机空袭,车速太快而翻入沟中,宋美龄折断了几根肋骨,端纳也受了伤。

虽然我国抗日军队英勇作战、节节抵抗,但是蒋介石囿于"持久防御"的战略战术,没有抓住战机组织局部进攻以消耗敌人,致使我国几十万军队困守在闸北到大场不到三十平方公里阵地的战壕里,分兵把口,各守一隅,等待敌人来打。这种消极防御的阵地战术,使得战局日益不利。10月21日广西增援部队廖磊第二十一集团军到沪,向蕴藻浜沿河之敌发起全线进攻。桂军作战十分勇敢,但武器落后,也缺乏与现代化武装的日军作战的经验,未能挽回危局。22日蒋介石的日记记下了战况:"沪局以桂军挫败顿形动摇。满拟以桂军加入战线为持久计,不料竟以此为败因也。"[2]次日,桂军因伤亡过大,撤至京沪铁路以南地区整理;其他部队也伤亡惨重。10月25日大场失守,翌日中央作战军在四面受敌的危境下,放弃北站到江湾间的阵地。为掩护主力部队撤退,第八十八师五二四团一营官兵在团附谢晋元指挥下,坚守闸北四行仓库,孤军奋战,阻敌前进。10月28日,蒋介石在松江召开军事会议,仍然要求各军"严密纵深配备,强固阵地工事","不怕阵地毁

---

① 《李宗仁回忆录》第 692—693 页。
② 《蒋介石日记》(手稿本),1937 年 10 月 22 日,美国斯坦福大学胡佛研究所藏。

灭,不怕牺牲一切"①。

　　然而战局已经异常严峻,巨大的伤亡已难以守住阵地。10月31日,蒋介石采纳副参谋总长白崇禧和军事委员会作战组长刘斐的意见,下令前线部队向吴福(吴江至福山)线和锡澄(无锡至江阴)线既设阵地转移。前线部队立即行动。但是第二天蒋介石在南京召集紧急会议,说"九国公约"签字国②即将举行会议,只要我们在上海继续顶下去,"九国公约"签字国就可能会出面制裁日本。他收回成命,各部队仍回原阵地死守。当夜,他带领白崇禧、顾祝同等人乘车至南翔前线,召集师长以上将领开会,说明收回成命之原委:在上海战场再支持一个时期,至少两个星期,以便在国际上获得有利的同情和支援。但是朝令夕改,反而使得整个战场陷于混乱:已经在撤退途中的部队,又要返回原阵地;有的部队没有接到重返阵地的命令继续后撤;有的怀疑是否传达有误而徘徊瞻顾。几十万后撤和重返前线的部队你退我进自相践踏,又在敌人的追击之下,结果不仅未能恢复原来的阵线,连吴福线的布防部署也未能形成,造成重大的损失。事后,连最听命于蒋介石的陈诚也抱怨:"这次战略受政略的影响极大,乃是国家的不幸。"他指出:"此次淞沪战役,当敌主力已被我诱致于该方面,同时我军亦损失极大,增援已穷,反攻无效的关头,就应该转移阵地,再图歼灭(敌人)。这种勉力支持,待部队溃乱、战线动摇时,才实行被迫而撤退,因此不能为整齐而有计划的退却,是很失策的。"③

　　蒋介石的另一个失策是,对日军增援上海的第十军第六、第十八、第一一四师团及国崎支队等登陆金山卫,先是疏于防备;发现后没有迅速调集军队坚决抗阻;敌军登陆后又未加以坚决阻击。结果日军迂回成功,侵占松江,切断沪杭线,陷中国军队于腹背受敌之危险境地。11月8日,松江失险。次日,蒋介石下令上海全线撤退。12日,最后一批守军撤出南市,上海

---

　　① 《总统蒋公大事长编初稿》第4卷(上)第1174页。

　　② 卢沟桥事变后中国政府向国联申诉,国联提议召开"九国公约"签字国会议讨论。10月16日比利时向有关国家发出邀请。会议于11月3日在布鲁塞尔开始举行,经过两周讨论,仅通过一纸重申"九国公约"原则要求停止战争行动的宣言外,并无实际任何成果。

　　③ 陈诚:《沪战的经过和教训》(1938年2月28日在武昌珞珈山将校研究班的讲演)。见陈诚对抗日战争的回忆资料,国民政府国防部参谋总长办公室记录,国防部资料室编,国民政府战史编纂委员会档案,中国第二历史档案馆藏。

陷于敌手,租界沦为孤岛。一年后蒋介石在讲话中沉痛地说:敌人"乘虚在杭州(湾)金山卫登陆,这是由于我们对侧背的疏忽,且太轻视敌军,所以将该方面布防部队全部抽调到正面来,以致整个计划受了打击,国家受了很大的损失。这是我统帅应负最大的责任,实在对不起国家!"①

淞沪会战后,谢晋元率部退入公共租界的四行仓库坚持抗日。但谢不幸于1941年4月24日被害,重庆举行了隆重的追悼大会。

历时三个月的淞沪会战,是抗日战争爆发后的第一次重大战役。在蒋介石和军事委员会的统一组织和指挥下为保卫祖国而战,参战的七十余万大军,不分派系,同仇敌忾,团结战斗。广大官兵为抗日救亡所鼓舞,士气极其高昂,不畏艰险,不怕牺牲,浴血奋战,英勇杀敌,显示了中国军民的抗战意志和力量。他们可歌可泣的英雄事迹,不仅激励了全国人民,也为国际舆

---

① 蒋介石:《第一次南岳军事会议开会训词(四)》(1938年11月28日),《先总统蒋公思想言论总集》第15卷第545页。

论所赞誉。英国伦敦《泰晤士报》10 月 28 日社论中说:"十周之英勇抵抗,已足造成中国堪称军事国家之荣誉";"一般所认为不能保持一日之阵地,彼等竟守至十周之久,此种奇迹,自属难能可贵"①。英国《新闻纪事报》10 月 28日社论也说:"华军在沪抵抗日军攻击之战绩,实为历史中最英勇光荣的一页。"②美国政府特派驻上海的军事观察家埃文斯·福代斯·卡尔逊(EvansF.Carlson)说,淞沪之战已足证明两点:一、中国已下决心为她的独立而战,而且中国军队确有作战的能力;二、日本军队自日俄战争(1904—1905)后,被世人认为可怕的军队,经中国一打,降到了第三等的地位。他指出,中国军队过去不被外国军界重视,这次对日抗战英勇坚毅,使外国观察家大为惊异,恢复了中国军队的荣誉③。

淞沪会战是近代中国历史上规模空前的一次抗御外敌的战役,蒋介石直接组织和亲自指挥了这场会战,在强敌凶猛进攻面前,相持达三月之久,遏制和阻击了日军的攻势,毙、伤侵略者五万余名④,彻底粉碎了日本"三月亡华"的狂妄计划,争取了上海、南京和江浙地区重要工厂、学校、机关转移内地所必需的宝贵时间;还为对日作战提供了重要的经验教训,开持久消耗战之先河,其意义是深远的。在淞沪会战中英勇作战的抗日将士,为国家的独立和民族的生存作出了重大贡献,甚至献出宝贵的生命,是永垂青史的。遗憾的是,蒋介石没有放手发动人民群众来参加抗战,而是政府包办、军队包办;在战术指挥上以消极防御的阵地战为主,又有一系列失误的决策,致使付出极其惨重的代价。

三、南京保卫战的惨烈结局

日本侵略军占领上海后,立即乘势分三路进逼南京:第十一、十三、十六

---

① 何应钦:《日军侵华八军抗战史》第 44 页,台北黎明公司 1982 年版。

② 何应钦:《日军侵华八军抗战史》第 45 页。

③ [美]Major Evans F.Carlson,*Twin Stars of China*,P.31,New York Press,1941.

④ 日本方面统计,至 11 月 8 日,日军在上海战场死九千一百一十五人,伤三万一千二百五十七人,合计四万〇六百七十二人。见《从卢沟桥事变到南京战役》第 555 页,台北"国防部"史政编译局 1987 年版。

师团沿沪宁线经丹阳、镇江、句容西犯；第三、九师团经苏州、无锡由金坛直扑南京；第一一四师团沿宜兴、溧阳、溧水公路推进。以松井石根大将为司令官的华中方面军，还派第六、十八师团沿宁国—芜湖公路前进，以攻下芜湖而截断中国军队沿长江西撤的通道；派国琦支队渡江占领和县封锁江北，以截断中国军队退往江北的后路。日军力图从东、西、南三面合围南京，占领我国的政治中心，迫使中国政府迅速投降，尽快解决战事。

南京是守还是弃？蒋介石于上海失守后，曾于南京召见陈诚，陈认为不能守。蒋遂命陈率所部径向皖南方面转移，沿江防守。继后，蒋在南京连续召开三次高级文武官员会议进行商讨。多数将领认为，南京乃是易攻难守之地，日本侵略军来势凶猛，而我国军队在淞沪战场撤退下来，长途跋涉，士气沮丧，战斗力薄弱。为保存实力，坚持长期抗战，不能再在南京作过多牺牲。有的主张南京只能以十二个团最多十八个团的兵力作象征性防守，适当抵抗后即主动撤退。蒋介石权衡再三后说，南京乃民国首都之地，国际观瞻所系，应该守卫，至于如何守法，还值得再加考虑。训练总监唐生智在第二次会议上坚主死守，他说：如果放弃，将何以对总理在天之灵！在第三次会议上，蒋介石最后决定：南京必须防守。但是，对于这场必败的战事，无人出来主持。蒋介石表示：既然如此，我与南京共存亡吧。时在病中的唐生智见此状况，表示愿意承担死守南京的责任。蒋即以手令特派唐为南京卫戍司令长官，罗卓英、刘兴为副司令长官。11月16日制定《淞沪抗战第三期作战计划》，确定作战方针为："京沪线方面应利用既设工事，节约兵力，抽调一部转用于沪杭线方面，阻止敌人之发展；同时抽调一部拱卫首都，待后续兵团到达，以广德为中心，转为攻势，压迫敌于钱塘江附近而歼灭之。"[①]蒋介石认为："老派与文人动摇主张求和，彼不知此时求和乃为降服而新和议也。"[②]

11月20日，国民政府发表宣言，揭露日军进逼南京的阴谋，宣告中外："为国家生命计，为民族人格计，为国际信义与世界和平计，皆已无屈服之余

---

① 国民政府战史编纂委员会档案，中国第二历史档案馆藏。
② 《蒋介石日记》(手稿本)，1937年11月20日。

地。凡有血气之中国人,无不具宁为玉碎不为瓦全之决心。""此后将以最广大之规模,从事更持久之战斗,以中华人民之众、土地之广,人人本必死之决心,以其热血与土地凝结为一,任何暴力不能使之分离。外得国际之同情,内有民众之团结,继续抗战,必能达到维护国家民族生存独立之目的!"①宣布国民政府本日起移驻重庆。此前,国民政府各机关多已往重庆、武汉、长沙等地搬迁,有一百万人口的南京进入战时状态,仅余五十多万人。蒋介石坐镇南京,于 21 日通电全国将领:国民政府迁渝以后,"我前方军事不但绝无牵动,必更坚决奋斗。首脑既臻安固,则手足百体更能发挥充分之作用。……就整个抗战大计言,实为进一步展开战略之起点"②。蒋介石帮助唐生智调集守卫南京的军队。经过数日的筹划,先后集得从淞沪战场撤退下来的王敬久第七十一军、孙元良七十二军、俞济时七十四军、宋希濂七十八军、叶肇六十六军、邓龙光八十三军和装备精良的教导总队,并从湖北调来第二军团徐源泉部两个师,共十五个师实际约十万余人,统归唐生智指挥。

在蒋介石督饬下,唐生智将防守南京的部队,分两层布防在外围阵地和复廓阵地,但是没有在可以作为南京屏障的金坛、溧水等地部署牵制敌人前进的兵力。11 月 27 日起,蒋介石亲自指挥外围阵地的战斗。他身处即将陷落的首都当然不妥,但何时离开却又让他难以抉择:"余能多留京一日,国家、人民、首都与前方军队皆多得一日无穷之益,总理与阵亡将士之灵亦必得多安一日也。对上、对下、对生、对死、对手造之首都,实不忍一日舍弃。依依之心,不知为怀矣。"③他指挥第六十六、第八十三军在汤山击退敌人进犯,第七十四军王耀武的第五十一师在淳化镇抗御,冯圣法第五十八师在牛首山守备。淞沪会战后疲惫不堪的各军,都尽力苦守外围阵地,激烈战斗,伤亡甚大,持续达十天。

日本大本营 12 月 1 日下达攻占南京的命令后,日军即加强向南京的攻势。战局日趋紧张,日机不断轰炸南京,隆隆的炮声也向石头城传来。12月 4 日,蒋介石召集师以上将领训话,勉励大家在唐生智统率下,同心同德,

---

① 《中央日报》1937 年 11 月 20 日。

② 《中华民国重要史料初编——对日抗战时期》第二编(二),第 212—213 页。

③ 《蒋介石日记》(手稿本),1937 年 11 月 27 日。

抱定不成功即成仁的决心，克尽军人守土卫国的神圣职责。

日军紧逼南京，6日句容危急。7日清晨，蒋到中山陵谒陵辞行后，即乘飞机离开南京。临行前指示唐生智说，择适当时机退守复廓阵地。他在这天的日记中写道："人民受战祸之痛苦，使之流离失所，生死莫卜，而军队又不肯稍加体恤爱护，惨目伤心，无途于此。"他表示："对倭政策，惟有抗战到底，此外并无其他办法。"①

守卫在外围阵地的各军，对于来犯之敌奋勇抗击，苦战不止。但敌军火力很猛，又以飞机轮番轰炸，我军牺牲很大，外围各阵地难以支撑，先后退守复廓阵地。日军于9日向南京守军发出《投降劝告书》，守城诸将领表示决不做阶下囚，以猛烈的炮火反击来回答敌人。日军即对南京城发动疯狂攻击。十万哀兵苦守石头城，决心以死相拼，在雨花台、通济门、紫金山、中华门、光华门都有紧张激烈的战斗。日本侵略军凭借重炮猛轰和飞机轰炸，摧毁南京城垣多处，又以坦克掩护步兵冲杀。我守军虽英勇无畏，以血肉之躯坚守阵地，终因寡不敌众，火力太弱，形势日益险恶。在江西星子的蒋介石，日夜关注南京战局，劣势已难以挽回，他于11日夜发电报给唐生智："如情势不能持久时，可相机撤退，以图整理而期反攻。"②尽管蒋介石希望"如能多守一日，即民族多加一层光彩"③，但12日日军分兵突破石头城。抗日官兵仍然进行了悲壮的抵抗，展开激烈的巷战，人自为战，与侵略者白刃拼刺，不惜以身殉国，杀声震天。只是由于事先缺乏周密部署，一些部队在撤退中仓促无序，在日军轰炸与炮击下，伤亡很大。

日本侵略军付出沉重的代价，于12月13日占领南京后，立即对手无寸铁的无辜市民和放下武器的徒手士兵，进行了灭绝人性的大屠杀，以"报复"我国军民的英勇抗战。华中方面军司令官松井石根先已下达训令："发扬日本的武威，而使中国畏服。"凶残的侵略军便采取了"大体不保留俘虏的方

① 《蒋介石日记》（手稿本），1937年12月7日，美国斯坦福大学胡佛研究所藏。
② 国民政府战史编纂委员会档案，中国第二历史档案馆藏。
③ 《蒋介石致唐、刘、罗电》（1937年12月12日），国民政府战史编纂委员会档案，中国第二历史档案馆藏。

针,故决定全部处理之"①。他们惨无人道,肆意烧杀淫掠,无恶不作,野蛮屠杀达三十万人②。他们公然闯入国际救济机构设立的安全区,杀戮奸淫。六朝古都在日军持续六个星期的破坏下,变成了一座断壁残垣、尸横遍地的人间地狱。

四、遥控华北抗日战场

淞沪会战激烈进行之时,华北战场我抗日将士与日本侵略军展开了一场以保卫太原为目标的忻口抗御战。

日军侵占平津后,沿平汉、平绥、津浦线分路向西向南进犯。沿平绥线西犯的日军主力板垣第五师团,9月由宣化南下,企图突入长城,打开去往太原的通道。第二十一旅团两个联队连同炮兵、辎重等约五千人向平型关进犯,于9月25日被我开赴山西抗日前线的八路军林彪、聂荣臻第一一五师伏击,经一天激战,一千余人被歼,八十余辆汽车被摧毁。这是抗战开始后我国抗日军队的第一个歼灭战,打破了日军不可战胜的神话,鼓舞了全国军民的斗志。蒋介石接到战报后,于26日致电朱德、彭德怀祝贺。

日本侵略军突破长城防线后,部署夺取太原。蒋介石为确保山西要地,迅速调集兵力,督饬阎锡山在晋北忻口地区组织防御。除以第二战区兵力全线防守外,蒋介石下令将在平汉线原编属第一战区的卫立煌第十四集团军调赴山西参战,任卫立煌为第二战区前敌总司令,将先后到达忻口的十五个军约十万兵力,调整编组为左、中、右三个集团军,分别由杨爱源、卫立煌、朱德指挥,展开于忻口以北。敌军第五师团等三个师团七万兵力,在飞机、大炮、战车掩护下,从中央突破猛攻崞县(今原平),得手后于10月13日开始向忻口阵地发起攻击。在南怀化,我守军与敌连日反复争夺,阵地失而复得,第九军军长郝梦龄及第五十四师长刘家麒、独立第五旅长郑廷珍等英勇阵亡。朱德、彭德怀第十八集团军在敌军两翼及后方展开猛烈攻击,断绝日

　　① 《贝德士在远东国际军事法庭的证词》,《南京大屠杀的历史见证》第194页,湖北人民出版社1995年版。
　　② 《远东国际军事法庭判决书》第456页,五十年代出版社1953年版。

日本侵略军占领南京后对我国同胞进行了惨绝人寰的大屠杀。

军交通,不断钳制、打击,以阻其增兵。刘伯承、徐向前第一二九师一部 19 日夜袭阳明堡机场,毁伤敌机二十四架,歼日军百余名,大大削弱了敌军对我阵地的空中威胁。敌我连日血战,中央集团军伤亡甚众,17 日起转攻为守。蒋介石应卫立煌之请求,下令来自四川的邓锡侯、孙震第二十二集团军自潼关驰援。我抗日将士不畏强敌坚守阵地,于 24 日出击日军,双方胶着僵持,直至 31 日。

日军在忻口以北受到顽强抗御,死伤两万余,被阻而不得前进。为突破僵局,日军调遣沿平汉线南下的川岸第二十师团及第一〇八、一〇九师团各一部,渡过滹沱河,于 10 月 10 日占石家庄,继沿正太路西进。蒋介石下令冯钦哉第十四军团和曾万钟第三军在正太路沿线布防,孙连仲第一军团守娘子关,第十八集团军一二九师配合作战。正太线战斗进行甚烈,双方血战多日,伤亡惨重。敌不断增兵,以猛烈炮火轰击,10 月 26 日夺娘子关,30 日占阳泉、平定,直扑太原。蒋介石又调汤恩伯第二十军团等参加晋东作战阻击敌人。但缓不济急,日军继续西进不止,忻口后方受到威胁。11 月 2 日卫立煌指挥忻口大军退守太原以北一线。日军第二十师团和第五师团东北两路会攻太原,9 日太原失陷。

忻口防御战是一场关系整个华北抗战的重要战役,相持二十日,杀伤日军两万余,打乱了敌人企图迅速侵占华北,进而图我中原的战略部署,造成华北战场持久抗战的有利态势。这是在蒋介石指挥督饬下,第二战区国共双方军队互相配合,共同作战,有力抗御敌人的一次重要战役。

在日军主力直取太原的同时,沿津浦线南犯的矶谷第十师团 9 月 24 日攻占沧县后,乘势南扣山东大门。蒋介石曾于 9 月 14 日电令第三集团军总司令、山东省主席韩复榘调师前往德州布防。但韩力图保存实力,借机搪塞,拖延增援,贻误了战机,致使守军虽奋勇抵抗,但敌众我寡,大部殉国,10 月 5 日德州失陷。蒋介石电斥韩复榘畏敌不前,韩以辞职相要挟。

战事已经逼近黄河两岸,鲁、苏、皖、豫地区日见显要。军事委员会决定调整第五战区,任命李宗仁为第五战区司令长官,韩复榘为副司令长官,指挥津浦线战事。蒋介石和李宗仁要求韩复榘指挥第三集团军负责固守黄河北岸,保有鲁省大部地区,声援平汉线作战。为阻敌南下,蒋再三电韩以主力出击津浦线当面之敌,收复德州,要"督励全军""奋斗到底"①。但韩提出黄河北岸无活动余地,擅将主力置于南岸,只以小部兵力在鲁北实施游击战。后虽在蒋电令下调一个师一个旅在商河集结,但逡巡不前。11 月 8 日日军分两路向黄河推进,韩以惠民、济阳皆失,声援平汉线计划无法实施,即不战而退。15 日第三集团军撤过黄河,炸毁大桥,大部均退往后方。12 月 23 日敌军两千余在济阳至青城间渡过黄河,韩闻风于 24 日逃离济南;守河部队亦纷纷撤逃。日军长驱直入,27 日占领济南。蒋介石、李宗仁连电韩复榘在泰安、临沂一线配置有力部队,利用泰山、沂山、蒙山有利地势阻击敌军。但韩拒不执行,于 31 日下令放弃泰安。日军次日轻取大汶口,继占宁阳、兖州、曲阜、蒙阴,直逼汶上、济宁,威胁运河和陇海线,形势险恶。蒋介石严厉批评韩"见敌即退,轻弃守土",电令其"死守运河西岸及汶上、济宁据点"②,但韩把主力三个师二个旅撤往鲁西南远离运河的成武、曹县一带,把辎重运往河南漯河,而对蒋介石、李宗仁则叫喊兵力不足,要求火速增援。

韩复榘畏敌如虎,不听军令,一再退逃,不到二十天时间就不战而弃黄河天险和济南、泰安、济宁诸要地,且使运河防线亦不可守,战略要地徐州和极为重要的陇海线均受到威胁,陷华中战局于困危之境地。

日本帝国主义通过陶德曼调停对蒋介石和国民政府政治诱降失败后,在军事上作出新的侵略部署。尽管东京的参谋本部方案是先确保已占领了的地区,暂时不扩大作战范围,但驻在中国的华中方面军却依然大规模北渡长江,向淮河推进;华北方面军则部署兵力沿津浦线南下,图谋迅速攻取徐州,打通津浦线和沿陇海线西进。

我抗日军队主力在南北战场遭到日军连续打击,人员和装备的损失均极惨重,亟需休整和补充。为了继续抗御日军的疯狂进攻,把抗战坚持下去,蒋介石于 1938 年 1 月 8 日在汉口召开重要军事会议,与何应钦、阎锡山、陈诚、白崇禧、宋哲元等高级将领共同研讨作战计划,提出要变更抗战策

---

① 蒋介石致韩复榘电(1937 年 10 月 10 日),国民政府战史编纂委员会档案,中国第二历史档案馆藏。

② 《蒋介石致李宗仁、韩复榘电》(1938 年 1 月 9 日),国民政府战史编纂委员会档案,中国第二历史档案馆藏。

略,改守为攻。1月11日,他在开封召集第一、第五战区团长以上将领会议,指出过去几个月的失败,主要原因是高级将领缺乏攻击精神,望敌退却,步步后撤。他强调今后要改守为攻,巩固武汉核心,东面要保持津浦线,北面要保持道清线①。就在这次会上,当场将韩复榘逮捕,押往汉口军法审判。韩于24日被处决,民心士气为之一振。蒋介石以韩为例通电全国警告各级将领:"今后如再有不奉命令,无故放弃领土,不尽抗战为能事者,法无二例,决不宽贷。"②军事委员会还公布了抗战以来受到奖惩的将领名单,受明令嘉奖者六人,有上海孤军团附谢晋元、殉职阵亡之第九军军长郝梦龄、二十九军副军长佟麟阁等;受惩办者四十一人,包括贻误战机、放弃守土的六十一军军长李服膺等八人被处死刑。无疑,将韩复榘等一批高级将领严厉处置,对严明军纪、鼓舞士气是必不可少的,对坚持抗战、打击日军具有现实意义。

五、支持李宗仁指挥台儿庄战役

为组织全国军力继续抗御日本侵略军,国民政府于1938年1月17日修正公布《军事委员会组织大纲》,对军事委员会进行了改组:蒋介石任军事委员会委员长;何应钦接替程潜为参谋总长,白崇禧为副参谋总长;徐永昌为军令部长;白崇禧兼军训部长;陈诚为政治部长,周恩来、黄琪翔为副部长。蒋介石重新划分了各个战区:平汉线地区为第一战区,程潜为司令长官;山西省为第二战区,阎锡山为司令长官;苏、浙地区为第三战区,顾祝同为司令长官;两广为第四战区,何应钦兼司令长官;津浦线地区为第五战区,李宗仁为司令长官;甘、青、宁方面为第八战区,蒋介石兼司令长官,朱绍良副之;另设武汉卫戍总司令部,以陈诚为总司令,西安行营以蒋鼎文为主任,福建绥靖公署以陈仪为主任。蒋介石于元旦辞去兼行政院长职,专力于军事领导。孔祥熙任行政院长,张群为副院长。

---

① 道清线是指河南滑县道口镇至焦作清化镇的铁路线。
② 《中央日报》1938年2月1日。

　　蒋介石对孔祥熙的唯命是从、百依百顺,是颇为满意的,一时十分放手。但是孔祥熙"办事庸碌,只知有财政而不注重政治"[1];又多重谋取私利,为舆论所指,"对外失信","舆情太恶"[2];还秘密主张与日谋和,蒋认为其所为"行同求和,彼犹不知误事,可叹"[3]。渐渐孔骄横有加,蒋"一与商讨财政,彼即愤气怒色有加,凡重要事机皆秘而唯恐我知道,我亦乐得不知,一任彼之所为,而彼今以信是领袖之言相加,是全将余助他之好意误会"[4],甚而"违忤不从,至为痛苦"[5]。蒋忍无可忍,于1939年11月复任行政院长,而改任孔为副院长。

　　其时,战局的发展亟须加强谋划。1938年1月27日,蒋介石在武汉召集各战区部队参谋长和参谋处长会议。他要求到会人员"贡献各人的学问和经验,彼此交换研究,切实检讨,来决定今后整理部队的统一计划和具体方案"[6]。与会人员纷纷发言,副总参谋长白崇禧提议"应采取游击战与正规战配合,加强敌后游击,扩大面的占领,争取沦陷区民众,扰袭敌人,使敌局促于占线之占领。同时,打击伪组织,由军事战发展为政治战、经济战,再逐渐变为全面战、总体战,以收'积小胜为大胜,以空间换取时间'之效"[7]。蒋介石对白之见深表赞许,在会议结束的29日讲话中说:"各位根据治军作战的实际经验,对大会有很多贡献"[8]。他在2月7日的一次讲话中说:"我们这次抗战,是以广大的土地,来和敌人决胜负,就是决定于空间与时间。我们有了敌人一时无法占领的广大土地,就此空间的条件,已足以制胜侵略的敌人。""我们就是要以长久的时间,来固守广大的空间,要以广大的空间,

　　① 《蒋介石日记》(手稿本),1938年3月19日,美国斯坦福大学胡佛研究所藏。
　　② 《蒋介石日记》(手稿本),1939年7月12日、7月19日。
　　③ 《蒋介石日记》(手稿本),1939年8月26日。
　　④ 《蒋介石日记》(手稿本),1939年7月19日。
　　⑤ 《蒋介石日记》(手稿本),1939年7月31日。
　　⑥ 蒋介石:《部队长官与参谋人员的责任和修养》(1938年1月27日),《先总统蒋公思想言论总集》第15卷第75页。
　　⑦ 《白崇禧先生访问记录》(1946年4月21日)第352页。
　　⑧ 蒋介石:《抗倭战术之研究与改进部队之要务》(1938年1月29日),《先总统蒋公思想言论总集》第15卷第85页。

来延长抗战的时间,来消耗敌人的实力,争取最后的胜利。"①明确以此作为坚持长期抗战的战略方针。3月6日他在给第二战区司令长官阎锡山的信中说:"我军此后作战方略,在利用我广大土地之活动,以求得时间持久之胜利,无论大小部队,皆须立于主动地位,无论胜利大小,收获多寡,只要处处袭击,时时扰乱,即可积各处之小胜,而成最后之大胜。"②会后,蒋介石随即通令各战区加强游击战。抗日军队在敌后的兵力增至三十个师,以后又陆续增派了近三十个师。国民政府军事委员会于1939年2月在南岳举办了游击干部训练班,中共的叶剑英还应邀讲课。

其时,日军华北方面军板垣征四郎第五师团在侵占青岛后,沿胶济路西犯,至潍县南进,企图夺取鲁南重镇临沂,从东路攻击徐州。矶谷廉介第十师团占据济宁、邹县后沿津线继续向南突进,直指徐州。渡越长江北犯的华中方面军获洲立兵第十三师团,在2月初连陷定远、凤阳、蚌埠等地后,也向徐州集结。战略要地徐州已是各路日本侵略军的中心目标。

为阻遏敌军之凌厉攻势,蒋介石组织兵力在沂蒙一带予以抗击,先调庞炳勋第四十军开赴临沂,复调张自忠第五十九军前往增援,要庞、张"密切协力,以迅速行动击破临沂方面敌人"③。经过两军协同全力奋战,击退了敌第五师团所部之两次反扑,于3月18日取得胜利,迫使敌军向莒县退去,使之无法配合第十师团行动。

面临日军的疯狂攻势,蒋介石苦于精锐部队在淞沪会战和南京保卫战中受到重大伤亡,而二线兵力尚未组成,乃要求李宗仁第五战区组织桂军、川军、西北军、东北军等地方部队为主力,在津浦线地区部署兵力迎击敌军,迟滞其溯长江而上或夺陇海路西侵,支撑艰危的战局。李宗仁采纳了周恩来提出的阵地战与运动战相结合、守点打援、各个击破的作战指导方针,"北攻南守",指挥各路抗日军队四十余万全力组织徐州会战。各路将士争相参战杀敌。孙桐萱部反攻济宁、汶上,孙震部在曲阜、邹县发动牵制性进攻;李

---

①　蒋介石:《抗战必胜的条件与要素》(1938年2月7日),《先总统蒋公思想言论总集》第15卷第122—123页。

②　《总统蒋公大事长编》第1332页。

③　国民政府战史编纂委员会档案,中国第二历史档案馆藏。

日本侵略军向台儿庄发起进攻,炮火猛烈。我抗日将士坚守阵地,并组织反击,与敌肉搏。

品仙、廖磊、于学忠、张自忠等部先后阻击侵占蚌埠后强渡淮河之敌,阻敌于淮河南岸不能北进,收复了蒙阴、莒县;王铭章第一二二师等部与敌在津浦线上的滕县肉搏血战,可歌可泣。

3月下旬,敌我双方在台儿庄附近展开激战。蒋介石于24日到徐州视察,决定抽调武汉地区的中央军增援,更大地消耗敌人,并令随行之副参谋总长白崇禧和军令部次长林蔚等组成临时参谋团留驻徐州,协助李宗仁指挥作战。李宗仁部署孙连仲第二集团军所部坚守城寨,诱敌深入,守点打援,积极防御;汤恩伯第二十军团则让开正面,迂回运动,拊敌之背,协同守城部队歼击敌人。内线守卫台儿庄的池峰城第三十一师、张金照第三十师等部抗日将士奋勇抗御,与侵略军展开犬牙交错的拉锯战和激烈的巷战达一周之久。外线作战的第二十军团在腹背受敌之时,扫清来自临沂的敌军威胁后快速南下,关麟徵第五十二军、王仲廉第八十五军所部在大顾珊及底阁、杨楼出击敌第五师团第二十一旅团坂本支队,又在北洛、泥沟击退第十师团第三十三旅团濑谷支队。继后各部又乘胜出击,穷追逃敌。由于李宗仁指挥抗日军队进行正面牵制敌人的阵地战与主力迂回敌人侧背的运动战相结合,又得到鲁南敌后游击战和人民抗日斗争的有力配合,沉重打击了孤军冒进的骄兵,击毙击伤日军八千余人,俘一千余人,取得了台儿庄大捷。4月7日蒋介石致电祝贺,勉闻胜不骄,退挫不馁,奋斗到底,以求得最后胜利。蒋并拨款三十万元派俞飞鹏赴台儿庄前线慰劳。

中国抗日军队不畏强暴,英勇作战,在台儿庄与日本侵略军
展开巷战。

　　日本侵略军不甘在台儿庄败北,重新部署七个师团的兵力进攻徐州。为滞缓敌人西犯,消耗敌之有生力量,蒋介石陆续调集各路军队二十万增援第五战区,总兵力共达六十万人,"大半麇集于徐州附近地区,真有人满之患"①。4 月 21 日,蒋介石到徐州向李宗仁指示作战方略。5 月 11 日蒋部署徐州会战:第五战区以优势兵力先行击灭超越淮河之敌,第一战区集中精锐兵团击灭侵入鲁西之敌,刘汝明第二十八军团转向津浦南段,调四个军组成薛岳兵团消灭鲁西日军主力,原在鲁西各部迟滞敌进及固守各点,以掩护薛岳兵团之集中与展开。蒋介石作出这样的部署,是期望坚守徐州,在台儿庄大捷的基础上乘胜与敌决战一场。

　　但此时日军南北对进,侧翼迂回,已逼近徐州,并增调兵力构成数重包围圈,使我六十万大军四面受敌,有全军覆没之危。为摆脱不利态势,保存抗战实力,5 月 15 日蒋介石断然作出撤离徐州的决定,除留顾祝同第二十四集团军在苏北、石友三第六十九军及海军陆战队在鲁南、鲁中坚持外,第五战区主力部队即日起向西南转移,以刘汝明第六十八军为掩护。各部立即奉命分五

————————————

① 《李宗仁回忆录》第 521 页。

路突围,化整为零,冒着敌机的跟踪轰炸日夜兼程,突破日军的重重围困,大都安全抵达皖西豫东地区,为行将到来的武汉会战创造了有利条件。

5月19日,日军进占徐州,打通了津浦线,截断了陇海线。但是日军主力被牵制在鲁南和津浦线战场近半年之久,使我国抗战的正面战场渡过了上海、南京沦陷后一度出现的军事危机,各军得以补充和训练新兵,恢复和增强了战斗力。

日军侵占徐州后乘势西进,5月下旬6月初机械化部队侵入豫东平原。蒋介石急调薛岳第一兵团优势兵力阻击,包围敌土肥原第十四师团。宋希濂第七十一军经过激战,夺回兰封。但是多数将领"畏缩不前","指挥无方,行动复懦","遂致战局迁延"①,未能阻止敌军西进。敌军又增调两个师团,攻占兰封与商丘,继陷河南省会开封,平汉、陇海两线交会的郑州亦处于日军直接攻击之危境。

蒋介石对于自己的十三个师近十五万精锐部队,未能歼灭被围的第十四师团近两万敌军,十分震怒,谓此"在战史上亦为一千古笑柄"②,将丢失兰封、商丘的第八军军长黄杰、第二十七军军长桂永清撤职查办,将擅自退出兰封的第七十一军八十八师师长龙慕韩处决。

日本占据徐州后,军事灭亡中国的战争叫嚣又趋高涨。日本大本营认为,"攻占汉口作战,是早日结束战争的最大机会","只要攻占汉口……就能支配中国"③。日本内阁举行御前会议,决定进攻武汉和广州,以便彻底打垮中国政府。

已经侵据开封的日军,图谋攻占郑州后即沿平汉线南下,夺取我国抗战的政治、军事中心武汉。由于从徐州战场撤出的数十万军队还没有来得及进入新的防地,为了阻挡日军机械化部队快速西进的锐利攻势,蒋介石断然决定利用有利地势,采用古战史"以水代兵"之术,决开黄河南岸堤坝,以洪

---

① 蒋介石1938年5月27、30日手令,国民政府战史编纂委员会档案,中国第二历史档案馆藏。

② 蒋介石致程潜函(1938年5月28日),国民政府战史编纂委员会档案,中国第二历史档案馆藏。

③ 《中国事变陆军作战史》第2卷第1分册第90页。

水掩挡敌军,交第一战区"核办"①。新八师师长蒋在珍奉命率两个团的官兵,在郑州以北花园口河堤南北两面开挖,后用炸药炸开堤内斜面石基。6月9日上午放水,因水势不大,又运来两门平射炮轰击,将缺口轰宽约两丈。次日大雨滂沱,河水流量骤增,决口越冲越大,滔滔黄水似万马奔腾一泻千里,洪水漫淹而下,豫东、皖北、苏北的郑县、中牟等四十余县一片汪洋。侵入豫东的日军机械化部队被淹于洪水,陷入泥淖,辎重弹药损失重大,纷纷东撤和北渡。被困在中牟、尉氏的土肥原第十四师团、中岛今吾第十六师团,依靠空投粮秣、药品等给养以维持生命。

花园口决堤后,我国军队涉水前进,英勇作战,狠狠打击日本侵略军。

花园口决堤,挡住了日军西进之势,迫使敌主力东撤而溯长江西犯,暂时保住了平汉线,赢得了准备武汉保卫战和战略大转移的宝贵时间,并使贾鲁河黄泛区形成一道天然防线,对于坚持持久抗战具有现实意义。但花园口决堤同时给黄泛区的豫、皖、苏三省人民带来严重灾难,数以百万计的民宅被冲毁,数十万人被淹死,上千万亩良田被淹没,一千多万灾民流离失所。为缓解民情,掩饰责任,蒋介石指示"须向民众宣传敌飞机炸毁黄河堤"②。

六、坐镇武汉指挥保卫战

花园口决堤,使日军机械化部队陷于黄泛区无法前进。日军乃重新部

---

① 国民政府军事委员会档案,中国第二历史档案馆藏。
② 蒋介石致程潜电(1938年6月11日),国民政府战史编纂委员会档案,中国第二历史档案馆藏。

署进攻武汉,调集东久迩宫稔彦王第二军和冈村宁次第十一军共九个师团、三个旅团及海、空军各一部共约三十万人,在合肥、芜湖、南京一带集结,准备沿大别山北麓和长江两岸西进,从南北两面合围武汉。日本企图藉此摧毁我国抗日战争的中枢,彻底打击国民政府,使之成为"地方政权",以期"迅速解决中国事变"。

武汉三镇是我国中原腹地重要城市,长江水路联络东西,平汉、粤汉两大铁路干线贯通南北,素有"九省通衢"之称。南京失陷后,军事委员会和国民政府的许多领导机关迁至武汉,中国共产党也在这里设置代表团办事处。武汉一时成为抗战的军事政治中心。早在1938年初,蒋介石组设武汉卫戍总司令部,督饬陈诚整理军队,构筑工事,加强后方勤务,疏散人口及重要工厂等。徐州会战后,武汉之战势不可免。6月,中共中央提出当前的紧急任务是"保卫武汉、保卫全国,用一切方法削弱敌人,加强自己,克服一切困难与动摇,以持久战最后战胜敌人"①。中共代表团向蒋介石和国民党提出了保卫武汉的具体方案和办法。国民参政会也作出了保卫大武汉的决定。蒋介石发表告全国军民书,强调"一切奋斗,要以巩固武汉为中心,以达中部会战胜利为目标"②。他在对外国记者谈抗战的形势和前途时指出,"过去十一个月抗战的结果,增加了我们全民族抗战的决心,同时也增强了我们对于抗战胜利的信心"。"现在战局关键,不在一城一地之能否据守,最要紧的是一方面选择有利地区,以击破敌人主力,一方面在其他地区以及敌军后方,尽量消耗敌人的力量"。他强调说,"长期抗战,此为最大要着"③。

蒋介石决定调集重兵组织武汉会战。6月14日他下令编组第九战区,以陈诚为司令长官,所属主力编成薛岳第一兵团和张发奎第二兵团,配置于南浔线及武汉以南地区,负责武汉以东的长江以南防务;同时部署李宗仁指挥第五战区的孙连仲第三兵团和李品仙第四兵团,布防在鄂豫皖边境大别

---

① 《中共中央关于中共十七周年纪念宣传纲要》(1938年6月24日),《六大以来》(上)第964页。

② 蒋介石:《抗战建国周年纪念告全国军民书》(1938年7月7日),《先总统蒋公全集》第3168页。

③ 蒋介石:《论抗战前途》(1938年6月9日),《先总统蒋公全集》第3852页。

山一带,以抗御长江以北之敌。两个战区所属部队共计十七个集团军五十七个军一百二十九个师,总兵力约一百万人,利用鄱阳湖、大别山、幕阜山和长江两岸的山川湖泊等天然屏障构筑工事,作抗御准备。蒋介石还部署第一战区主力于确山、汜水一线,阻挡华北日军;第三战区部队驻防湖口以东江南地区;海军防守马当等沿江要塞,予敌人以最大之消耗,粉碎其继续攻势之能力。鉴于武汉三镇无险可守,非可久战之地,吸取南京保卫战的教训,蒋介石听取各方意见,决定集中主力于武汉外围的广袤地区,充分利用长江以北的大别山和长江以南的鄱阳湖及丘陵、湖泊,层层阻击敌人,消耗敌人的实力,赢得时间,达到战略持久的目的。

日本侵略军虽在豫东被阻,仍然企望迅速进占武汉,加快了各路进犯的步伐。在长江两岸占领安庆、九江作为前进阵地的同时,集结主力第二军第三、第十、第十三、第十六共四个师团于8月27日由合肥附近出发,沿商城、光山向信阳方向进攻;第十一军第六、第九、第二十七、第一〇一、第一〇六计五个师团分左右两路沿长江南岸西进。

为遏制敌军自九江向瑞昌趋武昌和经德安趋南昌的攻势,蒋介石采纳陈诚意见,调集兵力"在德安瑞昌一带与敌决战"[1],打击日军。薛岳指挥第一兵团在南浔线正面迎战来犯之敌,坚守阵地一月余,大量杀伤侵略军,挫敌锐气;后又至德安以北的乌石门布防御敌。张发奎指挥第二兵团在瑞昌及以西一线阻击敌军西进,遏制了日军的疯狂攻势。敌人丧心病狂,施放毒气,我抗日将士冒毒死守阵地。

此时,激烈的攻防战在大江两岸同时展开。北岸之敌8月初侵占黄梅后,即向江边推进。第五战区利用大别山居高临下和江河湖汊交错的天然条件布置防线,组织兵力阻击日军,并反攻黄梅,侧击太湖、潜山等敌据点奏捷。因我守军伤亡太众,日军9月6日侵占广济,威胁田家镇。田家镇是长江北岸的要塞,与南岸的富池口同为战略要地。蒋介石于一个月前曾密电扼守田家镇的第二军军长李延年和富池口的第五十四军军长霍揆彰等将

---

[1]　蒋介石致陈诚电(1938年7月26日),国民政府战史编纂委员会档案,中国第二历史档案馆藏。

我抗日军队在万安岭阵地上的重机枪,向侵略军猛烈射击。

领,指出田、富两要塞为"我主阵地之锁钥,乃五、九战区会战之枢轴,亦武汉最后之屏障",要他们"激发忠勇,以与要塞共存亡之决心,积极整备,长久固守,以利全局"①。要塞守军忠于职守,严阵以待,日海军虽横行江中,但不能越过此坚固防线。如今广济一失,田家镇腹背受敌。抗日将士苦战旬日,不畏牺牲。敌军围攻不止,并派出七十八架飞机、百余门重炮猛烈轰炸,还施放毒气,直至 29 日阵地全被炸毁,我守军伤亡殆尽。田家镇陷落,长江要塞沦于敌手,武汉门户洞开。

在大别山北麓,日本侵略军自合肥西进,8 月 27 日犯六安、霍山。我守军凭依富金山险峻地势,与敌展开激烈的攻防战,反复旬日不止。继在大别山的崇山峻岭之中进行了一月之久的阻击战,击毙击伤敌一万五千余。

敌军被阻于富金山之际,张自忠率第五十九军全力抵抗进犯潢川的第十师团,不顾密集炮火和毒气弥漫,"巷战肉搏,迭行逆袭,一再击退,倭尸累积,濠水尽赤"②,受到蒋介石的嘉奖。9 月 18 日敌占潢川后向信阳西进,仍不断受到我抗日军队阻击,被歼甚多。10 月 12 日日军占信阳后,亦被阻滞而不能南犯武汉。

由于南浔线我抗日将士坚决抵抗,敌军无法前进,乃策动一次大迂回行

---

① 蒋介石致李延年等密电稿(1938 年 8 月 6 日),国民政府战史编纂委员会档案,中国第二历史档案馆藏。

② 蒋介石致第三兵团孙连仲等密电(1938 年 9 月 22 日),国民政府战史编纂委员会档案,中国第二历史档案馆藏。

动,突破五台岭,进入德安西南地区,抵达万家岭。薛岳兵团所部利用山岭有利地势,发起猛烈攻击。双方争夺激烈,终至白刃战,死伤不可计数。蒋介石十分关注这一战役,督令薛岳限日歼灭被围于德安西南之敌。10 月 9日薛岳部署各师选派敢死队合力反击,当晚收复了万家岭、雷鸣鼓等地,挫败了日军突破南浔路的企图。万家岭之役毙敌三千,伤敌更众,只是未能合歼第一〇六师团。蒋介石拨款五万元犒赏各部。

人力车夫捐款。

日军占领田家镇和富池口后,已突破长江关隘,兵舰可长驱直入,陆战队能在各处登陆。穿越大别山之侵略军遭重大伤亡后到达麻城,直趋黄陂。占据阳新、黄石的日军急进大冶、鄂城。武汉周围重要阵地纷纷失陷,三镇已完全陷于敌人包围,势不可守。日军还利用我华南防备空虚,于 10 月 12日在大亚湾登陆,21 日占领广州,切断粤汉线,以策应对武汉之包围。

为避免不利的决战,使抗日部队有计划地转移,并且诱敌深入,以分散、消耗与疲惫敌人,陈诚等高级将领在会战期间曾几次商议撤退武汉的时机,先后提出 8 月底、"九一八"、9 月底、双十节撤退的方案,但蒋介石要求尽可能多地"以空间换时间",尽力撑持武汉战局。他并不因瑞昌、六安等地失陷和广济、德安告急而决定后撤,还曾因宿(松)、太(湖)、黄(梅)等山地作战奏捷而电令陈诚、白崇禧指挥所部"以攻为守,转守为攻","转移攻势,努力杀敌"①。以后也不断督令各军抗击日军,并赴前线视察、督战。他在南阳至南昌一千二百公里长的正面防线分兵防守,处处设防而处处薄弱,犯了兵家"备多力分"的大忌,而不能集中机动兵力优势聚歼来犯之敌。面临敌军包围的态势,蒋介石感到"此时武汉地位已失重要性。如勉强保持,则最后必失,不如决心自动放弃,保存若干力量以为持久抗战与最后胜利之基础"②,乃下令撤守。由于守军仓促撤退,溃散甚多。蒋介石偕宋美龄于 24 夜离汉口往衡阳。25 日汉口陷落。

10 月 30 日蒋介石发布《为国军退出武汉告全国国民书》,指出:"我国抗战之根据,本不在沿江沿海浅狭交通之地带,乃在广大深长之内地。""盖抗战军事胜负之关键,不在武汉一地之得失,而在保持我继续抗战持久之力量。"他在文告中表示"宁为玉碎,不为瓦全",号召全国同胞继续贯彻持久抗战、全面战争、争取主动之一贯方针,更勇猛奋进,造成最后之胜利。

武汉会战重在歼灭敌人,迟滞敌进,基本战略仍为持久消耗。四个多月中,蒋介石亲自指挥各路抗日大军百万人,在赣、皖、豫、鄂四省纵横千里的广阔地域,与四十万侵略军鏖战。综观整个会战,蒋介石吸取了淞沪会战在狭小地域单纯防御的教训,不仅在广阔外围组织阵地防御,也有了一些攻击战,大量杀伤敌军。我各路抗日大军,除少数将领作战不力外,大都英勇抗击,浴血奋战,以杀敌报国为荣、畏敌避战为耻,发扬了中华民族的浩然正气。八路军在平汉线南段、新四军在江南敌人心脏区广泛开展游击战,积极有效地配合了正面战场的作战。正如著名政论家邹韬奋所说,"前线民族战士的英勇奋斗,在极艰苦的环境中为国挣扎,不仅引起了全国同胞的感念,增强了全国同胞对于抗战胜利的信心,而且震动了全世界,引起了全世界对中国的敬意,这是中国抗战史上最光荣的一章"③。苏联援华志愿航空队也参与保卫武汉的空战,作出了可贵的贡献。虽然日本侵略军投入十二个师

---

① 蒋介石致白崇禧等密电(1938 年 9 月 6 日),国民政府战史编纂委员会档案,中国第二历史档案馆藏。

② 《蒋介石日记》(手稿本),1938 年 10 月 22 日,美国斯坦福大学胡佛研究所藏。

③ 韬奋:《抗战以来(20)震动寰宇的民族战士》(1941 年),香港《商报》1941 年 4 月 29 日。

团,并多次补充兵员,前后参战者达四十万之众,还配备五百余架飞机、一百二十余艘军舰和大量重炮,进行陆海空立体战,但在我抗日将士顽强阻击下,死伤十万人以上,有生力量受到极大消耗。

　　从日本制造卢沟桥事变,发动全面侵华战争的十五个月中,我国抗日军队面对敌强我弱的不利态势,在蒋介石统率和指挥下以持久消耗战略为指导,先后进行了淞沪、忻口、徐州、武汉四大会战和许许多多中小战役,广大爱国将士不怕牺牲,英勇杀敌,以血肉之躯抗御敌军的猛烈攻势。虽然由于战术指挥偏重于单纯防御,组织协同作战等方面也难如人意,先后失陷了包括三百四十余座大中小城市的一百多万平方公里的疆域,但大量杀伤了日本侵略军的有生力量,彻底粉碎了日本帝国主义三个月内亡我中国的狂妄计划。日军战略进攻之势从此衰落,深陷于侵华战争之泥淖而不能自拔。日本帝国主义速战速决的战略至此完全破产,妄图使中国政府降服的梦想也破灭了。中国军民在艰苦抗战中越战越勇,可歌可泣,蒋介石的抗战意志亦日益坚定。

第十六章　抗战相持阶段的战略政略

一、部署继续抗战，坚持与敌相持

日本帝国主义在一年多的侵略战争中，侵占了我国东部和中部大片领土，貌似大获胜利，实际上陷入了不能自拔的严重困境。在一年多的侵略战争中，日军伤亡惨重，不得不从国内源源不断抽调青壮年来华。战争耗去资金一百亿日元，使日本人民负担沉重，生活贫困，反战情绪逐渐蔓延。战区的扩大，战线的延长，使日本的兵力更感不足。而中国人民坚持持久抗战，打破了它"速战速决"的战略，使其陷入长期战争的泥潭不能自拔。在日本朝野，停止战争、对华主和的呼声日亟。日本政府不得不"重新检讨对华国策"。

1938 年 11 月 3 日，日本政府发表声明（即第二次近卫声明）威胁说，如果中国政府"坚持抗日容共政策，则帝国决不收兵，一直打到它崩溃为止"。同时宣称："如果国民政府抛弃以前的一贯政策，更换人事组织，取得新生的成果，参加新秩序的建设，我方并不予以拒绝。"①这个声明改变了十个多月

---

① 《日本外交年表和主要文书(1840—1945)》下卷《文书》第 401 页。

C-46美援华运输机满载物资飞越驼峰

中国远征军乘坐橡皮攻击小艇横渡怒江

抗战时期，蒋介石与龙云在一起

前"今后不以国民政府为对手"的方针,但设下了逼蒋介石下野、扶汪精卫上台,参加"日满华三国合作共同防共"、"建设东亚新秩序"的圈套。接着,陆军省和参谋本部制定了《秋季以后指导战争的一般方针》和《对华处理方法》。11 月 30 日日皇召开御前会议,制定了《日华新关系调整方针》,以"日满华"三国"善邻友好、防共、共同防卫和经济合作"①为原则。他们提出"中国事变的处理,要尽量采取各种办法,因势利导,努力使之早日解决"②。这是一种新的策略,它把以往的军事进攻为主、政治诱降为辅的方针,实际上改变为以政治诱降为主、军事进攻为辅,同时转移主要兵力进攻我国广大农村地区的各个抗日根据地,以诱使蒋介石和国民政府早日投降。

对于日本帝国主义的新策略,中国政府和人民严予驳斥。蒋介石对于近卫声明中狂妄地要求国民政府"更换人事组织,取得新生的成果,参加新秩序的建设"也极为愤懑。在近卫声明发表的第二天,国民政府发言人立即发表谈话,严正指出:日本"实欲中国牺牲其自由独立国家之神圣权利,中华人民对此决抗拒到底",表明继续抗战的决心。

日本侵略军占领广州和武汉后,为了稳住占领区,派兵沿粤汉线南犯,第六师团一部于 11 月 11 日夜攻陷岳阳,打开了入湘的大门。蒋介石获报后,甚为焦虑。为了阻止日军攻势,以陷敌军于绝境,蒋介石命令侍从室副主任林蔚于 12 日上午打电话给湖南省政府主席张治中:"我们对长沙要用焦土政策。""焦土政策",就是要不惜将城市和所有物资烧燃一空,化为焦土,不让敌人利用。他随即又急电张治中:"长沙如失陷,务将全城焚毁。望事前妥密准备,勿误!"③张治中召集长沙警备司令酆悌、湖南省保安处长徐权秘密商议实施办法,并确定以警备第二团团长徐昆为行动总指挥。徐昆即将警备二团的三百人组成一百个纵火组,布置在全城各处,并约定如闻警报声或见一处起火,即开始放火。午夜时分,南门外伤兵医院不慎失火,各纵火组看见火光,立即四处放火,长沙全城顿成一片火海。全市百姓事前并未所闻,在夜梦中被大火惊醒,纷纷逃命。熊熊大火难以扑灭,延烧了三天

① 《日本外交年表和主要文书(1840—1945)》下卷《文书》第 405 页。
② ［日］《日中战争》(2)(《现代史资料》(9))第 549 页。
③ 《张治中回忆录》上册第 263 页。

三夜,焚毁了三分之二个长沙城,损失难以数计,伤病士兵及老弱妇幼葬身火海者逾两万人。

长沙大火震惊全国。16 日夜晚,蒋介石自衡阳赶至长沙视察火情。为平息民愤,他下令逮捕警备司令酆悌、警备二团团长徐昆和擅自命令撤去警岗的省会警察局长文重孚,交军法会审。两日后以"渎职殃民"及"放弃职守"罪,将三人判处死刑枪决。张治中则因"用人不当,酿此巨变,事前既漫无防范,临时又不能制止"的过错,革职留任处分。事实上,日本侵略军当时只是攻占了岳阳,并没有进攻长沙的迹象,长沙大火乃蒋介石及其部属一时惊慌失措所致。

武汉失守及长沙大火,使得一部分人垂头丧气。汪精卫等人乘机散布求和乞降的舆论,在他们控制的报刊上,大量刊登"讨论和平"的文章。这时需要蒋介石作出回答的是:如何看待当前抗战形势? 如何吸取一年多来对敌作战的经验教训? 今后抗战如何进行?

11 月 25 至 28 日,蒋介石在南岳召开军事会议,第三、第九战区的司令长官及其所属各集团军总司令、军团长、军长、师长等两百余人出席,蒋介石在会上先后五次讲话。在第一天他讲话中说:抗日战争按照预定的战略政略来划分,可以分为两个时期:第一时期,由卢沟桥事变至武汉退军岳阳沦陷为止;第二个时期,则由武汉退军岳阳沦陷以后。第一期战争中,我们虽然失了许多土地,死伤了许多同胞,就一时的进退看,表面上我们是失败了;但从整个长期的战局上说,在精神上,我们不但没有失败,而且是完全成功,"我们已经依照我们预定的战略陷敌于困敝失败莫能自拔的境地"。蒋介石指出:一年多的事实说明,抗战到了现在,"敌人不但不能克服我们,而且反过来,我们已可以克服敌人。这亦就是证明,敌人今后决不能消灭我们的军队,亦就不能灭亡我们的国家;反之,我们的力量,最后一定可以打败敌人,消灭敌人,以求得我们国家的独立和民族的复兴"[①]。

为期四天的南岳军事会议,严肃地检讨了一年多来军事上的得失。在

---

① 蒋介石:《第一次南岳军事会议开会训词》(1938 年 11 月 25 日),《先总统蒋公全集》第 1173 页。

听取了一些军长、师长的战况汇报后,蒋介石指出大家要正视军队在对敌作战中之十二"耻辱":阵亡官兵多暴尸疆场;伤病士兵流亡途中;士兵逃亡不能防止;军行所至民众逃避;谎报军情不负责任;一线式阵地不能改正;不能贯彻命令,达成任务;不能抽调部队机动使用;躲避命令,贪生怕死;缺乏机密性;谍报与侦探不健全;监视封锁不严密,阵地附近发生敌探与汉奸。在今后的作战中,应当尽力避免和克服[①]。他说抗战以来最大的挫失是:日军从杭州湾金山卫登陆、南京的失败、马当要塞失守,以及日军从大鹏湾登陆,"我统帅职责所在,实不能辞其责"[②]。

对于今后的军事战略和作战方针,蒋介石指出:现在抗日战争已进入第二期,即是"转守为攻、转败为胜的时期",敌人兵力的使用,到现在为止,已经到了最大限度,今后再无更多的兵力调用到中国来,而且已经派到中国境内的许多部队,随战区之扩大而力量分散,且已疲惫不堪,没有什么强的战斗力量。我们要"整理军队,建立军队",分三期轮流整训全国军队,以确立第二期抗战胜利的基础[③]。

其时,日军凭借强大军力已先后侵占我国许多重要城镇,我抗日军队在撤退的同时,留有部分军队在敌后广袤地区展开游击战争;一些地方官员也就地组织民众武装抗日,建立了许多敌后抗日根据地。中共领导的军队更是在敌后建立了许多根据地,把游击战争开展得有声有色,牵制和打击了大量日伪军队。在南岳会议之前,蒋介石与何应钦、白崇禧等人商讨第二期作战方针,共同认为应当在敌占区更加广泛地开展游击战争。嗣后,蒋介石指导军事委员会制定《国军第二期作战指导方案》,在南岳军事会议上进行了研讨。《方案》确定的指导方针是:"国军应以一部增强被敌占领区内力量,积极展开广大游击战,以牵制、消耗敌人。主力应配置于浙赣、湘赣、湘西、

---

①　蒋介石:《第一次南岳军事会议训词(一)》(1938 年 11 月 26 日),《先总统蒋公全集》第1178—1183 页。

②　蒋介石:《第一次南岳军事会议训词(四)》(1938 年 11 月 28 日),《先总统蒋公全集》第1198 页。蒋在讲话中提到 1938 年 10 月 12 日日军在"大鹏湾登陆",据当时报纸报道及中日史著记载,均为"在大亚湾登陆"。

③　蒋介石:《第一次南岳军事会议训词(四)》(1938 年 11 月 28 日),《先总统蒋公全集》第1196—1197 页。

粤汉、平汉、陇海、豫西、鄂西各要线,极力保持现在态势。"①同时要求各战区"连续发动有限度之攻势与反击,以牵制消耗敌人,策应敌后方之游击部队,加强敌后方之控制与袭扰,化敌后方为前方,迫敌局促于前线,阻止其全面统制与物资掠夺,粉碎其以'以华制华'、'以战养战'之企图"②。

与会的高级将领在总结一年多来每次战役的经验教训时,几乎都谈到军队的指挥机构层次重叠,从国民政府军事委员会起,中间经过战区、兵团、集团军、军团、军,才到达战略单位的师,共有七级之多,命令辗转下达,经常贻误战机。蒋介石和军事委员会的主要成员商量后决定:废除兵团、军团两级,改军为战略单位;全国的军队共编成四十个集团军,一百二十四个军,二百十三个步兵师、十五个骑兵师以及特种兵部队。军委会还将战区进行调整和改组,将全国重新分编十个战区;并为积极开展广大游击战,编设苏鲁战区和冀察战区;又设一个绥靖公署、八个边区司令部和四支独立队伍,以增强敌占领区内和敌人后方的抗战力量。

为了战略相持阶段能够坚持持久作战,蒋介石十分看重正面战场抗御日本侵略军的对峙线。他综观全国地理形势和敌我军事态势,认为洛阳—襄阳—衡阳一线易守难攻;这三"阳"也是拱卫西南、西北大后方的三座大门。为此,蒋介石在这些战略要地部署重兵,分别交由最亲信的得力战将陈诚、薛岳、胡宗南负责镇守。

二、抵制汪精卫的投降活动

对于蒋介石要继续抗战的表示,以汪精卫为首的一伙"主和派",大不以为然。汪精卫虽然担负国民党副总裁、国民参政会议长等重任,却是一个嘴上喊抗战、其实想投降的失败主义者。他和国民党中央宣传部副部长周佛海等人串通一起,早在1938年初陶德曼调停终止后,即唆使外交部亚洲司

---

① 《蒋介石颁国军第二期作战指导方案密电》(1939年1月7日),见《抗日战争正面战场》上册,第32页。

② 《中华民国重要史料初编——抗日战争时期》第二编(二)第568页。

长高宗武[1]和亚洲司第一科长董道宁"暗中努力,使和平之门不要全关,和平之线不要全断"[2]。开始,高宗武去香港活动,在委员长侍从室兼有第二处副主任职务的周佛海,向蒋介石报告说是去香港收集日本情报,得到了蒋的许可[3],并领得活动经费。但高到香港后与日本方面建立联系,还秘密去上海与日本人接触;董道宁更在日本特务勾引下去了东京,带回影佐祯昭[4]给张群、何应钦的劝和信。4月2日,高宗武从香港回到武汉,将此劝和信交给周佛海。周佛海与汪精卫经过密商后,将此信送蒋介石阅。4月5日,高宗武向蒋介石报告称,他探悉日方有进攻苏联的计划,因而急于停止中日之战共同反共。蒋认为,如日本攻苏,则我可考虑和平问题。蒋表示,"我们并不是反对和平,不过先反共然后和平,这是不可能的"[5]。蒋介石仍然坚持:应恢复卢沟桥事变前状态,保证长城以南中国领土主权之确立与行政完整,河北、察哈尔必须交还中国。如果日方同意这个原则,则先行停战,再谈判细目[6]。

1938年5月间,力主与日本媾和的汪精卫找蒋介石商量,说意大利驻华代办提议汪给日本首相近卫写信,意大利就可以在中间斡旋。蒋断然反对,说"不能写,否则敌在国际上就多一份资料了"[7]。但是汪并未停止他的"和平"活动,只是从此背着蒋介石秘密进行。这时日本近卫内阁改组,宇垣

---

① 高宗武(1906—1994),浙江乐清人,在日本留学八年,1931年于日本东京帝国大学毕业后回国,在中央大学讲授政治学,所撰时政评论引起蒋、汪重视,1934年起任外交部亚洲司科长、副司长、司长,主持对日交涉事务。1938年初去香港,以艺文研究会日本问题研究所为掩护,从事对日情报工作,后来秉承汪精卫、周佛海旨意,为"和平运动"效力,被国民政府通缉。1940年1月与陶希圣联袂背离汪伪集团潜往香港,毅然公布汪日密约。4月,离港去美定居,改名"高其昌",得到国民政府驻美大使胡适"照拂与维护"。1941年2月13日蒋介石手谕撤销对高之通缉。高在美国于1944年曾写出回忆录《深入虎穴》英文手稿,记叙了他在汪伪集团的经历。2005年被发现后,经陶恒生译出,中国大百科全书出版社2009年出版。

② 周佛海:《回忆与前瞻》,上海《中华日报》1939年7月22—24日。

③ 《今井武夫回忆录》第75页,上海译文出版社1978年版。

④ 影佐祯昭,时任日本参谋本部谋略课长,不久又任陆军省军务课长,早年与张群、何应钦为日本士官学校同年级同学,是日本方面"和平"工作的主要成员。

⑤ 周佛海:《和平运动之前后》,东京《日日新闻》1940年11月。

⑥ 参见[日]西义显:《悲剧的证人——日中和平工作秘史》第136页,日本东京文献社1962年版。

⑦ 国民政府档案,中国第二历史档案馆藏。

原是秉承旨意去香港搜集日军情报的高宗武（右），却在汪精卫一

伙鼓动下擅自去了日本东京与敌谈和，使蒋介石怒不可遏。

一诚继广田弘毅为外相，表示要与中国政府进行和平谈判。汪精卫一伙顿即活跃，鼓动高宗武去日本接洽。高宗武在周佛海指使下，背着蒋介石于6月22日从香港登船经上海去日本①，7月3—8日在东京会见了朝野要人，先后与日本参谋本部次长多田骏、陆相板垣征四郎等人会谈，还见了首相近卫文麿。日方表示，日本的"和平工作"不以蒋介石为对手，而寄希望于汪精

① 蒋介石得到高离港赴日之情报，在6月24日日记中写道："高宗武荒谬妄动，擅自赴倭。此人荒唐，然亦可谓大胆矣。"

卫,由汪出马"收拾时局"。板垣还特地写了一封信交高宗武转给汪精卫。高宗武不敢回武汉,派手下人将"东渡日记"、"在东京会谈记录"及"个人观感"三份材料送回武汉。高在给蒋的信中说,这三份材料"倘有可能以供钧座参考之处,则或赎职擅赴之罪于万一"。蒋以为高擅去日本之举,把原本是日方主动求和的情势,颠倒为中方示弱求和,因而气恼异常:"高宗武是个混蛋。谁叫他到日本去的?"①下令要高回武汉,立即停发"搜集日本情报"的活动经费。但汪精卫、周佛海获悉了日本方面的意图,决心背着蒋介石单独与日方进行"和平运动",指使高宗武留在香港,继续与日本保持联络。

　　8月底,高宗武因肺结核病复发咯血,交助手梅思平②担负起与日方继续谈判的任务。梅在香港与日方进行了五次会谈,商妥日军从中国撤兵,以承认伪"满洲国"和蒋介石下野为条件,由汪精卫出来领导"和平运动",收拾中国时局。梅于10月到重庆,向汪精卫等汇报商谈结果。汪精卫听后认为自己正是近卫第二次声明中所指的"从事更生之建树、秩序之维持"的合作者,倍感兴奋。他与陈璧君、周佛海、陶希圣、梅思平在重庆连日秘密商议如何"响应",决定由高宗武、梅思平两人作为全权代表,与日本进一步进行会谈。高、梅即于11月12日、13日分别潜往上海,在一个叫"重光堂"的秘密地方,与日方的今井武夫、伊藤芳男多次会谈,商讨汪精卫能够接受的"和平条件"。11月20日晚,高、梅与影佐祯昭、今井武夫秘密签订了《日华协议记录》及《谅解事项》。《协议》规定:一、中日缔结防共协定,中国承认日军防共驻扎,内蒙地区作为防共特殊地区;二、中国承认满洲国;三、日本侨民有在中国居住、营业的自由,日本允许废除在华治外法权,并考虑归还在华租界;四、中日经济合作,特别是利用、开发华北资源,承认日本有优先权;五、赔偿日侨损失;六、协议以外的日军,于两国和平恢复后,开始撤退,两年内撤完。双方还草拟了近卫第三次声明和汪精卫响应声明的要点,以及汪精

---

　　① 《今井武夫回忆录》第79页。蒋介石在7月22日日记中写道:"倭阀对我变更态度者,其果误认吾内部之动摇,而与高之荒谬赴倭亦有关系也"。

　　② 梅思平(1896—1946),北京大学政治学系毕业后曾在南京中央大学、中央政治学校任教,抗战前曾任江宁实验县县长、江宁区行政督察专员等职。抗战爆发后,失败主义情绪严重,与周佛海等人交往甚密,主张对日"和谈"。1938年初被派往香港,主持"艺文研究会"香港分支机构"国际问题研究所",实际上是高宗武进行"和平运动"的助手。

卫一伙叛逃的行动计划①。汪精卫一伙于 27 日在重庆听取了梅思平的汇报和带来的《协议》,认为可以接受,只是对如何逃离重庆举棋不定。经过反复商议,他们确定分批潜逃的计划,并告诉了陈公博,依计施行。

汪精卫一伙的鬼祟活动,蒋介石并非一无所闻。当蒋在桂林获悉日本首相近卫 12 月 3 日声称"中日冲突有解决之望,只需蒋介石将军向国民政府辞职,参加行将成立之新中央政府"②,更感到不可掉以轻心,遂决定去重庆视事。蒋先派陈布雷于 12 月 7 日回渝访汪,探测其动向。自己则于 8 日飞抵重庆,寓居南岸黄山官邸。汪精卫原本安排并告诉日方于 8 日离开重庆,这一下乱了方寸,惶惶不可终日。9 日,蒋介石邀请汪精卫及孔祥熙、王宠惠、叶楚伧等至黄山官邸,讨论今后抗战大计。蒋表示:"勿论国际形势如何,我国必须作自力更生、独立奋斗的准备。"但是汪精卫大放"和平"的厥词,说现在"敌国之困难在结束战争,我国之困难在如何支持战争"。并说两者皆有困难,两者皆自知之及互知之,故和平非无可望③。蒋则明白地说,"只要我政府不与倭言和,则倭无法亡我"④。蒋介石还在三天后的国民党中央党部纪念周演讲中说:"中国抗战的前途愈形光明,各战线的中国军队已退入山地,能够阻止日军的进攻,形势更于我方有利。""抗战已使全国统一,国民团结,任何强敌均不足惧。"⑤汪精卫故作镇静出席了纪念周,还分别接见和听取孔祥熙、戴笠、陈布雷等人的汇报,以掩人耳目。他给已经潜往昆明的周佛海拍了一份秘密电报,要周通知日本方面不必因为等他而误了近卫发表声明的日期。

决心叛国投敌的汪精卫,这时候还想按照日本方面"蒋介石下野"的设想,作一次努力。12 月 16 日,他要求同蒋介石单独谈话,蒋虽然身体不适,还是见了他。汪重弹"如不能战,则不如和"的老调,劝蒋接受他的主张。蒋表示现在谈和平是很困难的。汪反驳说:"谋国者不应从难易定进止,更不

---

① 《渡边工作现状》(1938 年 11 月 21 日),日本外交档案缩微胶卷 S493 号。

② 《第二次中日战争纪事》第 175 页,档案出版社 1988 年版。

③ 《陈布雷回忆录》(二)第 89 页,上海廿世纪出版社 1949 年影印版。

④ 《蒋介石日记》(手稿本),1938 年 12 月 9 日。

⑤ 重庆《大公报》1938 年 12 月 13 日;并见《今井武夫回忆录》第 101 页。

应作个人毁誉打算。"汪进一步咄咄逼人地说："使国家民族濒于灭亡是国民党的责任,我等应迅速联袂辞职,以谢天下。"①蒋介石断然拒绝了汪的劝逼,半个小时的谈话不欢而散。

18日,汪精卫偕陈璧君及曾仲鸣②等五人潜离重庆。到昆明后又竭力拉拢云南省主席龙云到时候响应自己的"和平行动"。第二天,汪即与周佛海等十余人一齐逃往河内;随后陈公博也赶去河内。蒋介石闻悉后震惊不已,感叹"党国不幸,乃出此无廉耻之徒,无论如何诚心义胆终不能当其狡诈奸伪之一顾,此诚奸伪之尤者也"③。

日本方面获悉汪精卫已出逃的确实消息后,首相近卫即按预定步骤于22日晚举行记者招待会,宣读第三次对华政策声明,称日本政府"决定始终一贯地以武力扫荡抗日的国民政府"的同时,要"和中国同感忧虑、具有卓识的人士合作","共谋实现相互善邻友好、共同防共和经济合作",同"新生的中国"调整关系④。这是一篇闪烁外交辞令,引诱蒋介石和国民政府投降,实质是要灭亡中国的通牒。当时舆论纷纭,德国广播新闻还说汪离重庆,是代表中国政府军事委员会去与日本谈判和平问题。在陕西武功主持军事会议的蒋介石24日返回重庆,请顾问端纳通知英、美两国驻华大使馆:中国不但不会与日本谈和,而且现正准备作大规模的抵抗;汪精卫绝对无权和任何人谈判和平。26日在国民党中央党部纪念周演讲中蒋介石严正驳斥近卫声明:"这是敌人整个的吞灭中国、独霸东亚、进而企图征服世界的一切妄想阴谋的总自白;也是敌人整个亡我国家、灭我民族的一切计划内容的总暴露。"⑤

逃到河内的汪精卫,公然无耻地为近卫声明张目,24日致电蒋介石说,

---

① 陈璧君:《答"为何在抗日途中叛变抗日战线"问》(1951年12月24日);并见《今井武夫回忆录》第101页。

② 曾仲鸣(1898—1939),长期追随汪精卫,曾任国民党中央候补执行委员、行政院秘书长、铁道部次长,抗战后任国民党中央政治委员会副秘书长、国防最高会议秘书主任。

③ 《蒋介石日记》(手稿本),1938年12月22日。

④ 《日本外交年表和主要文书(1840—1945)》下卷《文书》第407页。

⑤ 蒋介石:《揭发敌国阴谋,阐明抗战国策》(1938年12月26日),《先总统蒋公全集》第1200页。

"如对方所提非亡国条件,宜及时谋和以救危亡而杜共祸"①;28 日又给国民党中央常务委员会和最高国防会议写信说:"自应签以声明,以之为和平谈判之基础,而努力折冲,使具体方案得到相当解决,则结束战争以奠定东亚相安之局,诚为不可再失之良机矣。"②

蒋介石极为鄙视汪精卫的降敌行径,斥责他"通敌卖国之罪已暴露殆尽。此贼不可救药矣,多行不义必自毙也"③。不过,蒋还是抱着挽救汪的希望,在公开场合说汪的出走"实为转地疗养,纯系个人行动,毫无政治意味"④。他还让驻美大使胡适、驻英大使郭泰祺一再电劝汪精卫"勿公开主和,表示与中央异致,免予敌人以可乘之机"⑤,希望汪早日到欧洲去休养。蒋介石的这些举措,是想冲淡汪精卫叛逃造成的恶劣政治影响,并为汪留有回旋余地。惟长时期来,有些人因此而怀疑汪之出走是否在与蒋介石"唱双簧"。

历史证实,汪精卫与蒋介石势不两立,与坚持抗战的全国人民为敌,是不惜一切求和乞降的,他甚至要求日本"彻底轰炸重庆"⑥,以逼蒋介石投降。他公开发表了致蒋介石及国民党中央执、监委员会的"艳电"⑦,将自己甘为汉奸卖国贼的丑恶嘴脸公诸于世。一时舆论大哗,全国公愤,反汪讨逆的巨大浪潮在全国各地迅速掀起。1939 年元旦,国民党中央召开临时中常会,讨论对汪精卫的处置。蒋介石主张"处以宽大","晓以大义,为留悛悔余地"⑧。但会上多数人都表示不严加处置难以自处,最后决议永远开除汪精

---

① 《龙云转呈汪精卫自河内致蒋介石电》(1938 年 12 月 24 日),《中华民国重要史料初编——对日抗战时期》第六编(三)第 48 页。

② 汪精卫:《致国民党中央常务委员会和国防最高会议信》(1938 年 12 月 28 日),《和平反共建国文献》第 1 辑《中国之部》第 5 页,汪伪宣传部编印。

③ 《蒋介石日记》(手稿本),1938 年 12 月 31 日。

④ 《新蜀报》1938 年 12 月 27 日。

⑤ 《郭泰祺劝汪勿公开主和并赴欧休养呈蒋委员长之俭电》(1938 年 12 月 28 日),《中华民国重要史料初编——对日抗战时期》第六编(三)第 48 页。

⑥ 汪精卫于 1938 年 12 月 30 日要高宗武向日本提出四点希望,除避免与英美摩擦,每月援助港币三百万,日军进攻长沙、南昌、潼关等地外,第四点即为"彻底轰炸重庆"。参见《今井武夫回忆录》第 326 页。

⑦ "艳"是 29 日的电报韵目代号,汪电发于 1938 年 12 月 29 日,史称"艳电"。

⑧ 《陈布雷回忆录》(二)第 90 页。

卫的党籍,并撤销其一切职务。有人认为汪不仅违反党纪,而且毁坏国法,应当下令通缉,但蒋介石"力加阻止乃已"①。蒋仍然想给汪一条退路,使他不再堕落下去。后来蒋介石秘密派遣与汪精卫颇有渊源的国民党中央执行委员谷正鼎专程去河内游说,面交中国政府护照,劝汪暂时外游,日后再回来为国服务,但汪不肯回头。事态已不可逆转,军统局副局长戴笠派出贴身警卫王鲁翘与陈恭澍等人潜往河内"严厉制裁"汪精卫,结果于 3 月 21 日深夜在汪的住宅中误刺了曾仲鸣。汪精卫失魂落魄,猜疑是蒋介石对自己下的毒手,于 27 日发表《举一个例》,公布了 1937 年 12 月 6 日他主持召开国防最高会议一次常务委员会议讨论陶德曼调停的记录,诡称降日求和是国民党"最高机关经过讨论而共同决定的主张"②。汪精卫把蒋介石和国民党执政集团当年对日本 1937 年 11 月的七项议和条件的商讨,拿来为自己投降卖国的罪行辩护,手法卑劣可笑。

　　汪精卫等人的投日卖国活动,在汪伪集团内部也引起了分化。高宗武和陶希圣认为,汪精卫如果要组成从事"和平运动"的新政府,一定要在日军占领地区之外建立,不受日本的控制,有自己的自由。但汪精卫、周佛海等人认为,没有日本的支持,新政府无法生存,所以必须要在日本占领的南京建立。当汪精卫集团与日方于 1939 年 12 月 30 日签订了《日支新关系调整纲要》这个卖国密约后,高宗武与陶希圣悬崖勒马,于 1940 年 1 月 3 日秘密逃离上海潜往香港,并于 1 月 22 日在《大公报》披露了这个"日汪密约"全文及附件。全国人民无比愤怒。1 月 24 日,蒋介石发表《告全国军民书》,说这几个文件让人们进一步认清了敌阀与汪逆的阴谋诡计,"所谓'善邻友好'就是'日伪合作',所谓'共同防共'就是'永远驻防',所谓'经济提携'就是'经济独霸'"。文告指出:"这个敌伪协定,比之二十一条凶恶十倍,比之亡韩手段更加毒辣。我敢相信稍有血气稍有灵性的黄帝子孙中华国民,读了

----

　　①　《蒋委员长对汪案处置致龙云之庚电》(1939 年 1 月 8 日),《中华民国重要史料初编——对日抗战时期》第六编(三)第 54 页。

　　②　汪精卫:《举一个例》(1939 年 3 月 27 日),《和平反共建国文献》第 1 辑《中国之部》第 7 页。汪文中记国防最高会议常务委员会议是第 54 次,据会议记录标为第 34 次,原件影印件见《中华民国重要史料初编——对日抗战时期》第六编(三)第 7 页。

恬不知耻的汪精卫,从河内逃出后即赶去东京,
与日本政府谋议在南京建立伪政权。

这个文件,一定发指眦裂。"同日,蒋介石发表《告友邦人士书》说:"中国深知
日本军人野心狂肆,故对于日本侵略,不惜一切牺牲发动抗战,以惩罚此扰
乱世界和平之祸首。""中国自始即深信,中国之抗战直接保卫中国民族之自
由、独立与生存,间接的在保护太平洋之各友邦之利益与其未来之安定。"
"今日本野心已显露,至此各友邦之不宜再以旁观或中立之名词予野心者以
放任,固彰彰明甚矣"①。

汪精卫与蒋介石分道扬镳,自甘堕落成为汉奸卖国贼,绝非偶然。汪、
蒋之间十余年来为争夺国民党的领导权素有矛盾和纠葛。"九一八"事变以

———————

① 重庆《大公报》1940 年 1 月 24 日。

后,蒋、汪曾经携手合作,但各有企图。对于在国民党内具有资历和声望优势的汪精卫,蒋介石许多时候表现得相当克制,何况在反共和对日妥协上,他们基本一致。但在华北事变后,尤其是西安事变后,蒋、汪之间逐渐呈露分歧:蒋迫于形势决定容共抗日,汪一意孤行要反共降日。抗战爆发后,蒋观察时局,权衡得失,以民族大义为重,实行联共抗日;汪百般反对,说什么容共会使共产党"死灰复燃",抗日则是"以国家及民族为儿戏",容共抗日将是"以国殉党、以党殉共"。汪精卫一次又一次地劝阻蒋介石,还先后十次写信。在他看来,联共抗日,则战必败、战必亡,只有求和乞降,才是对党对国尽了责任。汪精卫最后叛国投敌,正是他失败主义、投降主义的恶性发展,是他长期以来媚日反共的必然结果。不难看出,汪精卫一伙投降卖国,同蒋介石曾经几次在日方提出议和要求的时候,同意或默许谋求在恢复卢沟桥事变以前状态,不丧失国家主权和领土完整的原则下试探"和平"解决战事,性质是截然不同的。

三、强化国民党统治,力图限共溶共

蒋介石反对乞和降敌,坚持继续抗战,但是并没有放弃或者改变他反共独裁和专制统治的基本立场。他拒绝中国共产党和其他抗日民主党派关于民主改革的要求,仍然固执地坚持国民党独裁统治,而且处心积虑地要把中国共产党"溶合"在国民党中。

在全面抗战中大力发展武装力量的中国共产党,在蒋介石指挥正面战场抗御日军的时候,领导八路军和新四军在华北和南方各省开展游击战争,打击日本侵略军的嚣张气焰。同时,分兵深入广大农村,组织人民抗日武装,建立抗日民主政权,逐渐发展抗日根据地。除陕甘宁边区以外,相继建立起晋察冀、晋冀鲁豫、晋绥、山东、华中、华南、琼崖等抗日根据地。

对于日益发展壮大的中国共产党和其领导的武装力量,蒋介石和国民党执政集团始终加以限制,因而不时发生冲突。蒋介石不断谋划对策。武汉失守前,中国共产党曾经向蒋介石和国民党领导提出各党派联盟的主张,即建立民族统一战线组织,以及建议制定共同纲领,改革政治机构等,为蒋介石一一拒绝。蒋的打算是把共产党合并到国民党里面来，加以溶化，实现一个领袖、一个主义、一个党。1938 年 12 月 6 日，蒋介石在桂林对周恩来说，共产党既然信三民主义，最好与国民党合并成一个组织，力量可以加倍发展。如果共产党全体加入做不到，可否以一部分党员加入国民党？周指出这不可能也做不到①。12 月 12 日蒋介石在重庆约见出席国民参政会的陈绍禹、董必武、吴玉章、林伯渠时又说："共产党员退出共产党，加入国民党，或共产党取消名义，将整个加入国民党，我都欢迎。"他甚至说："我的责任是将共产党合并国民党成一个组织，国民党名义可以取消。我过去打你们也是为保存共产党革命分子合于国民党。此事乃我的生死问题。此目的如达不到，我死了心也不安，抗战胜利了也没有什么意义。所以我的这个意见至死也不变的。"②他还劝吴玉章等人"到国民党去作强有力的骨干，为国家民族共同努力，不必要共产党"③。后来蒋又向周恩来提出"统一两党"这个主张，周当即告诉他这是不可能的；蒋仍要周向中共中央转达，等待答复。蒋介石亟欲将共产党人"溶合"到国民党中来，但他并非不知道国共之间的根本区别，又看到中共坚持独立自主原则，不断发展和壮大，因而他逐步从抗战初期的联共抗日，转向防共、限共，冀求"最后达到以三民主义溶化共产党"④。

1939 年 1 月 21 至 30 日，国民党中央在重庆举行五届五次全体会议。会议的中心内容是制定继续抗战和强化国民党、联共又防共的基本方针。在全会第一天，蒋介石以总裁身份作了《以事实证明敌国必败及我国必胜》的演说，阐述了继续抗战的战略与政略。他严正批判悲观失望情绪，表示要继续抗战到底，希望大家提高信心，"要精神胜物质，以勤俭补缺乏，以加倍努力补已往的蹉跎，以牺牲的决心和必胜的信心来补我们武器和近代军备

---

① 周恩来致中共中央书记处电（1938 年 12 月 6 日），中央档案馆藏；《周恩来年谱》第 437 页。
② 陈绍禹等致中共中央书记处电（1938 年 12 月 13 日），《中共中央文件选集》(12) 第 6 页。
③ 吴玉章：《传略》，《中共党史资料》第 11 辑第 61 页，中共党史资料出版社 1984 年版。
④ 《中共中央关于国民党五中全会问题的指示》（1939 年 2 月 25 日），《六大以来》（上）第 1014 页。

的不足"①。对于抗战的"底",他说:"我们不回复七七事变以前原状就是灭亡,回复了就是胜利。"并表示:"在卢沟桥事变前现状未恢复,平津未收复以前,不能与日本开外交谈判。"②虽然他没有提出收复东北的目标,反映出他的抗战的不彻底性,但是他明白地拒绝了主和派牺牲华北、承认伪满洲国谋取与日本"和平"的构想,坚持恢复卢沟桥事变前原状的立场。

抗战时期的蒋介石。

对于如何强化国民党,蒋介石在会上先后作了《唤醒党魂,发扬党德与

---

① 蒋介石:《以事实证明敌国必败及我国必胜》(1939 年 1 月 21 日),《先总统蒋公全集》第1206—1212 页。

② 国民党五届五中全会会议记录(1939 年 1 月),中国第二历史档案馆藏。

巩固党基》和《整顿党务之要点》两次讲话。他指出，国民党内有"许多重大的缺陷"，如果再不整顿党务、强化国民党，就不免"趋于消灭"，他说这是他"夙夜不能忘怀的衷心忧虑"。他提出要唤醒三民主义的"党魂"，发扬"忠孝仁爱信义和平的八德"和"智仁勇三达德"，来巩固国民党的基础①。全会根据他的讲演，强调要整顿党务，健全和发展组织，扩充势力。

侍从室是直接为蒋介石领导全国党政军服务的重要职能机构，集中了一批对蒋唯命是从的人才。图为第二处的主任陈布雷（右四）、组长陈方（右三）、少将秘书萧自诚（右一）、英文秘书汪日章（左四）、秘书李惟果（左二）、俞国华（左一）等人在重庆合影。

国民党内一些顽固反共的人，在会上大造反共舆论，说国民党"领导全国从事抗战已届年半，乃异党假借抗战之名，阴分壁垒，分化统一，破坏团结，谋夺政权，已造成党国莫大隐忧"②。尽管中共于五中全会召开之前的1

――――――――――

① 蒋介石：《唤醒党魂，发扬党德与巩固党基》（1939年1月23日），《先总统蒋公全集》第1213—1219页。

② 国民党中央执、监委员李宗黄等十三人的提案，国民党中央执行委员会秘书处档案，中国第二历史档案馆藏。

月 24 日致电蒋介石和五中全会,期望国民党能够"总结过去的经验,昭示今后之方针,严整抗战阵容,密切军民联系,刷新政治,发展民主,以慰全国军民如饥如渴之望,以固国共两党长期合作之基"。中共还表示:"抗战高于一切,团结必能制敌,国共两党长期团结,乃与团结全国、团结抗日各党派,实现民族解放之伟大事业,丝毫不可分离。抗战虽为一艰难过程,团结则为一无坚不摧、无敌不克之利器。"①但是蒋介石在会上说:"对中共是要斗争的,不要怕它。""我们对中共不好像十五(1926)、十六(1927)年那样,而应采取不打它但也不迁就它,现在对它要严正——管束——教训——保育,现在要溶共——不是容共。它如能取消共产主义,我们就容纳它。"②这次全会在"吾人绝不愿见领导革命之本党发生二重党籍之事实"的一片反共声中确定了防共、限共、溶共的方针③,决定设立"防共委员会"的专门机构。

国民党五中全会后,蒋介石督饬国民党中央党部制订和颁发了一系列防共限共文件,如《防制异党活动办法》、《异党问题处理办法》、《沦陷区防范共产党活动办法草案》等。文件规定对共产党的斗争策略:"中央可示宽大,地方务须谨严,下级积极斗争";"党部负斗争责任,政府处调和地位,军队则为后盾"④。蒋介石表示:"我做不到的事是不想的,我融化共产党是一定做得到的。"⑤在蒋介石和五中全会反共方针指导下,国民党的舆论工具诽谤共产党、八路军是"新式封建割据","破坏政令军令统一",等等。

此后,国民党的军队和八路军、新四军之间的武装摩擦时有发生,在山东博山、河北深县、湖南平江、河南确山及太行山区都发生了武装冲突。

中国共产党为了维系抗日民族统一战线和抗战大局,在纠正反摩擦斗

---

①　《六大以来——党内秘密文件》上册第 1009 页。

②　国民党五届五中全会会议纪录(1939 年 1 月),中国第二历史档案馆藏。

③　《中国国民党历次代表大会及中央全会资料》下册第 547 页。

④　《异党问题处理办法》,国民党中央党部档案,中国第二历史档案馆藏。

⑤　蒋介石在国民党五届五中全会上的讲话(1939 年 1 月),国民党五届五中全会会议记录,中国第二历史档案馆藏。

争中的"左"倾错误①的同时,进行了有理有利有节的斗争,"必要让步,避免因此破裂两党团结"②。中共还向"国民党人员及各方奔走呼号,痛切陈词,说明剿共则亡党亡国,投降则日寇必使蒋崩溃,有百害无一利"③。

为加强国民党领导,1939年初蒋介石在全国发动了一场"国民精神总动员"。2月20日,在第三次国民参政会的大会上,他作了一个题为《国民精神总动员纲领及其实施办法》的报告,说国民精神总动员,即是"在个人为集中其一切意识、思维、智慧与精神力量,于一个方向而提高使用之","国民每一份子皆能根据同一的道德,为同一的信仰而奋斗牺牲是也"。具体说来有三个共同目标,即"国家至上,民族至上"、"军事第一,胜利第一"、"意志集中,力量集中",要广大民众"尽至忠"、"行大孝"④。1939年5月,蒋介石在重庆亲自主持誓师大会,布置全国各地各级各单位每月都要集会一次,宣读《国民公约》及《誓词》,讲解《国民精神总动员纲领》,维护"军政军令及行政系统之统一","纠正分歧错杂之思想"⑤。这种精神总动员,对于抵制和打击当时暗流涌动的抗战悲观主义和投降主义思潮,振奋全国军民抗战到底的民族精神,无疑有积极作用;但蒋介石和国民党的另一个目的,还在于防共限共反共。

按照五中全会的决议,国民政府设置国防最高委员会,统一党政军的指挥,由蒋介石担任委员长,有权"对于党政军一切事务,得不依平时程序,以命令为便宜之措施"⑥。嗣后设立的战地党政委员会、中央设计局、党政工作考核委员会,也都由蒋兼任主任委员、总裁和委员长。他下令全国各地推

① 1940年7月7日《中共中央关于目前形势与党的任务的决定》指出,"一年多来,在反摩擦斗争中发生了许多错误。例如在军事斗争中,有些地方未能坚持自卫原则,乱打汉奸……把国民党看成都是顽固派,甚至把顽固分子看作汉奸。……以及杀戮被捕的顽固分子,杀戮侦探等等"。《中共中央文件选集》第12册第422—423页。

② 毛泽东、王稼祥致朱德、彭德怀电(1940年3月15日),《文献和研究》1985年第3期。

③ 毛泽东致李克农、项英、董必武电(1940年11月6日),《文献和研究》1985年第3期。

④ 蒋介石:《国民精神总动员纲领及其实施办法》(1939年2月20日在国民参政会第三次大会上的报告)。

⑤ 《精神总动员实施办法》(1939年3月),重庆《中央日报》1939年3月22日。

⑥ 《国防最高委员会组织大纲》(1939年1月28日国民党五届五中全会通过),《中国国民党历次代表大会及中央全会资料》下册第564页。

行"新县制"，把地方上的政治、财经、教育、武装和民众组织严密控制起来；城乡街镇都实行"保甲制"，每一个人都要以保甲为单位宣誓遵守《国民抗敌公约》，"服从最高领袖蒋委员长之领导，尽心尽力，报效国家"。蒋介石还扩充"军统"和"中统"两支特务系统，强化独裁专制统治。

　　蒋介石和国民党加紧独裁统治的倒行逆施，激起社会各界的不满，要求实行民主、结束党治、实施宪政、改造政府的呼声与日俱增。1939年9月，第一届国民参政会第四次会议在重庆举行，中共和民主党派的参政员提出众多提案，要求结束国民党训政，实行民主宪政。蒋介石以国民参政会议长的身份被迫表示要召开国民大会，制定宪法，开始宪政。他说提早颁行宪法，是他"十年来所不断努力以求的一件大事"，"没有一时一刻忘记，如何使宪法早日实行"；同时他又说，促成宪政和实施训政两者"是相需相成"的，甚至"将来虽在宪法颁布以后，我们还是不能放弃训政的工作"①，道出了他心中的"宪政"究竟是怎么一回事。

　　经过中共和各民主党派参政员的协力共举，国民参政会通过了《请政府明令定期召开国民大会，制定宪法，实施宪政案》，成立了负责修改宪法草案、协助政府促成宪政的"宪政期成会"。11月举行的国民党五届六中全会表示接受参政会决议，定于1940年11月12日召开国民大会，制定宪法。当时许多民主党派人士对实施宪政抱有很大期望，有人以为一年后召开国民大会通过宪法，就可以结束国民党一党专政，完成划时代的民主改革，中国就进入民主宪政的新纪元了。他们连续举行宪政座谈会，并成立宪政促进会，撰写文章，发表演说，出版小册子，推动重庆及各地积极展开宪政运动，表现出很高的热情。中国共产党则把宪政运动作为向国民党争取民主自由的一个契机，在各抗日根据地开展宣传活动，组织起各种宪政促进会。

　　蓬勃开展的民主宪政运动，大大超出蒋介石和国民党领导的料想，他们力图遏止，说"最好由少数学者在房间里研究研究，不要发表什么文章，来什么运动"②。国民党中央宣传部副部长潘公展公开写文章说："宪政不但不

---

　　① 蒋介石：《实施宪政应有之确切实施》(1939年9月7日)，《先总统蒋公全集》第1330页。

　　② 国民党中央党部秘书长叶楚伧语，见韬奋：《抗战以来·三十八·〈一幕悲喜剧〉》(1941年)，《韬奋文集》第3卷第253页。

是党治之结束,相反,正是党治之开始";中国只有一个国民党,"宪政时期的党治,自然是以国民党治国"①。1940 年 2 月 20 日在延安宪政促进会成立大会上毛泽东尖锐地指出:"他们是在挂宪政的羊头,卖一党专政的狗肉。"②国民党在各地禁止和限制宪政活动,甚至派特务流氓捣乱、破坏。1940 年 9 月,国民党宣布,因为交通不便,召开国民大会有困难,另行决定召集日期。热闹一时的宪政运动,就此不了了之。

四、国共军事摩擦酿成皖南事变

抗日战争中八路军、新四军不断发展壮大,三年间由三万扩大到五十万。在蒋介石看来,这是"党国莫大的隐忧",使他寝食难安。1940 年 6 月蒋介石在同周恩来会谈中一再强调"军事上要服从命令",八路军、新四军应听从调遣。7 月 16 日蒋介石提出中央"提示案",要取消陕甘宁边区,缩编八路军、新四军,并限制其防地。"提示案"还规定:八路军、新四军于奉命后一个月内全部开到黄河以北。8 月 28 日,蒋介石与周恩来会谈中强硬地表示,如八路军、新四军不开至黄河北岸,则一切问题都不能解决。

当时,在华中地区,国共两党军队的摩擦事件不断发生。10 月初的苏北黄桥一战,国民党军队韩德勤部被歼一万一千人,新四军在苏北的根据地得到扩大和巩固。这更使得蒋介石决意要把八路军、新四军驱往黄河以北,不允许他们在黄河以南建立抗日根据地,开展游击战争。10 月 18 日蒋对美国驻华大使詹森(Nelson Trusler Johnson)说:"至今已不患日寇敌军之侵略","所虑者,中共猖獗"③。第二天,何应钦、白崇禧在他的指使下,以正副参谋总长的名义,向第十八集团军总司令朱德、副总司令彭德怀和新四军军长叶挺、副军长项英发出"皓电",指责八路军、新四军"不守战区范围,自由行动","不遵编制,各部自由扩充","不服从中央命令,破坏行政系统",

---

① 潘公展:《宪法民主与三民主义》(1939 年 12 月),《时代精神》第 1 卷第 5 期。
② 毛泽东:《新民主主义的宪政》(1940 年 2 月 20 日),《毛泽东选集》第 694 页。
③ 蒋介石致宋子文、胡适电(1940 年 10 月 21 日)中通报了他对美国大使讲话的要点,见《胡适任驻美大使期间往来电稿》第 79 页,中华书局 1978 年版。

"不打日人，专事军事吞并"，限令八路军、新四军各部一个月内全部撤至黄河以北①。11 月 14 日国民政府军令部秘密拟订《剿灭黄河以南匪军作战计划》。12 月 10 日蒋介石下达了这一《作战计划》。

12 月 9 日，蒋介石下达手令，新四军限期于 12 月 31 日前北移。次日蒋密令第三战区司令长官顾祝同"按照前定计划，妥为部署并准备，如发现江北匪伪竟敢进攻兴化，或至限期（12 月 31 日）该军仍不遵命北渡，应立即将其解决，勿再宽容"②。25 日蒋介石会见周恩来时说："只要你们说出一条北上的路，我可担保绝对不会妨碍你们通过。"③

中国共产党决定让新四军军部和在皖南的部队迅速北移。为避免国民党军队的袭击，新四军没有按预定路线北撤，改走南线，南下茂林，计划经苏南实现北渡，结果陷入了国民党军队的伏击圈。顾祝同调集第三十二集团军上官云相等部七个师八万多兵力，于 1941 年 1 月 6 日夜在茂林山区包围、袭击新四军，以强大火力分路合击，经八昼夜围攻，杀害三千多人、生俘四千多人，并扣押了新四军军长叶挺。蒋介石顾忌中共方面的强烈反应，几经考虑，后接受何应钦、白崇禧等人的意见，于 1 月 17 日同意宣布撤销新四军番号，下令将叶挺"着即革职，交军法审判，依法惩治，副军长项英着即通令各军严缉归案讯办"④。

震惊中外的皖南事变，受到中国共产党和各民主党派、各界爱国人士的强烈谴责和声讨，世界许多国家的进步舆论也有指责。美国政府告诉蒋介石：美国在国共纠纷未解决前，无法大量援华，两国之间的经济、财政等各种问题不可能有任何进展⑤。蒋介石处于内外压力骤增的被动境地。3 月 6 日第二届国民参政会上蒋表示，皖南事变"不牵涉党派政治"，"以后亦决无'剿共'的军事，这是本人可负责声明而向贵会保证的"⑥。

---

① 《中华民国重要史料初编——对日抗战时期》第五编（二）第 504—506 页。
② 国民政府战史编纂委员会档案，中国第二历史档案馆藏。
③ 周恩来致毛泽东并中共中央电（1940 年 12 月 26 日）中报告了蒋介石 25 日的谈话要点，中央档案馆藏。
④ 国民政府军事委员会解散新四军通电（1941 年 1 月 17 日），《皖南事变资料选》第 162 页。
⑤ 《新中华报》1941 年 3 月 9 日。
⑥ 《国民参政会第二届第一次大会纪录》，国民参政会秘书处 1941 年编印。

中国共产党并没有进行军事报复,只是于1月20日重新建立了新四军军部,以陈毅为代军长,刘少奇为政治委员,以自卫的原则,防御国民党军队的袭击。在政治上,中共继续坚持"拉蒋抗战"[①],共同维护抗战大局。

五、期望美英援助的国际活动

蒋介石在全国爱国军民抗日巨流的推动下,艰难地撑持抗战大局。1938年春天他曾经对抗战形势和发展前途作出这样的估计:日本不可能征服中国,中国也不可能依靠自己的力量战胜日本,中日战争将长期化。中国要撑持抗战局面,忍痛奋斗到底,以等待国际形势发生重大变化的时日到来[②]。抗战进入相持阶段后,蒋介石宣称要"转守为攻,转败为胜",把最大希望寄托在英、美等国,期待它们对日本施加压力,迫使日本屈服,认为"这是中日问题解决的焦点"[③]。

英、美为了维护自身在中国及东南亚的利益,并驱使日本把侵略矛头指向苏联,在战争初期相当长一段时间里,不仅没有给日本施加什么压力,反而多方讨好、笼络日本。英国公然承认日本在中国取得的非法权益,协议与日本共管中国政府在天津英租界所存的白银,并应日方要求封闭滇缅路和香港交通线。美国则源源不断地供给日本石油、橡胶、锡等作战物资[④],并与日本进行长时间的官方"非正式"会谈,谋议如何迫使蒋介石和国民政府承认伪满洲国,并且与汪伪政权"合并"。英、美甚至策划"东方慕尼黑",筹谋召开"太平洋国际会议","和平"解决中日战争,企图迫使蒋介石妥协、投降,以便与日本分赃,共同侵占中国。

---

① 毛泽东、朱德等给朱瑞、陈光等的电报(1941年6月12日),并参见毛泽东、朱德等给彭德怀等的电报(1941年2月17日),《文献和研究》1985年第3期。

② 蒋介石1938年4月29日、6月9日与外国记者的谈话及5月8日《战时外交原则和青年的责任》讲演中均有论述。6月9日谈话题为《论抗战前途》,收入《先总统蒋公全集》,见第3851页。

③ 蒋介石在国民党五届五中全会上的讲话(1939年1月),国民党五届五中全会会议记录,中国第二历史档案馆藏。

④ 日本发动侵华战争后,亟需大量军用物资。美国每年售给一亿美元以上,1939年为一亿六千五百二十八万美元,占各国输日军需品的55.67%(《财政评论》第4卷第6期),1940年为二亿零六十三万美元。而美国售给中国的军用物资,1937年7月至1941年12月的4年半,总数只一亿七千万美元。

蒋介石从中国驻美大使胡适和驻英大使郭泰祺的电报中获悉,英、美的全球战略是"欧攻亚守",不介入亚洲的中日战争。但是,日本不断扩大侵华战争,占领了中国东部和中部广大地域,直接威胁和损害了英、美等国的在华利益;更有甚者,日本的狂妄野心是建立独霸中国和亚洲的"大东亚新秩序",同英、美的"门户开放"政策——维护在中国和亚洲的既得利益,以及美国未来的全球战略,有着不可调和的矛盾。蒋介石是很清楚这个矛盾并牢牢把握住的。7月间,美国总统罗斯福通知日本政府:美国预备废止1911年签署的《美日友好通商航海条约》。蒋介石认为这一举措反映出,在英、法逐渐淡出亚洲之际,美国参与亚洲事务的意愿则在逐渐上升,"只有美国对外交事务有理想"①。在1939年11月的国民党五届六中全会上,蒋介石再一次申述了战时外交的四原则:一、反对日本侵略,以保障我主权、领土、行政的完整;二、遵守国际公约,尤其是《九国公约》、《国联盟约》与《非战公约》;三、不参加防共协定;四、外交完全自主独立,不受任何拘束。并以此为中国战时外交的奋斗目标②。

其时,欧洲大战已于两个月前爆发,德国军队所向无敌。苏联与德国签订了《互不侵犯条约》,又在远东改善与日本的关系。这种新的形势迫使英、美逐渐改变"中立"政策,增加对中国的经济援助,以遏制日本。当日本侵占了法属印度支那北部地区,并觊觎太平洋美属、英属地区之后,蒋介石更明白:英、美需要中国抗战,以牵制日本在远东的扩张。他寻求多种途径,采取种种措施,争取英、美援助。他甚至派员与日本方面秘密接触,并向英、美表示中国将重新考虑"自己地位",以"决定适应此新局面之未来政策"③,借以推动英、美扩大对华援助。

这期间,日本为求挣脱陷在中国的战争泥沼,"迅速结束中国事变",能倾力南下霸占太平洋地域,乃以软硬兼施的威胁利诱来对付蒋介石,企图迫

---

① 《蒋介石日记》(手稿本),1939年6月25日。

② 蒋介石在国民党五届六中全会上的开幕词(1939年11月12日),《中国国民党历次代表大会及中央全会资料》下,第582—583页。

③ 见国民政府外交部致胡适、宋子文电(1940年10月18日),《胡适任驻美大使期间往来电稿》第77页。

使他放弃继续坚持抗战。因为日本发现,汪精卫没有多少号召力,更代表不了中国政府;只有蒋介石屈服了,才能算中国政府投降。继近卫文麿于1939年1月上台的日本新首相平沼骐一郎,放弃了要蒋介石下台的"更换人事"方针,于2月发表声明,表示"尊崇蒋介石上将的地位而给予崇高的位置",加以诱惑。3月7日平沼在国会演说中称:如果蒋氏重新考虑其反日态度,与日合作建立"东亚新秩序",则日本准备与之谈判,中止敌对行为①。

1939年11月起,日本派出参谋部的铃木卓尔中佐,以香港领事馆武官的名义,与特务今井武夫等人,开展代号为"桐工作"的诱降活动,与一个冒名为"宋子良"的人②进行"和平"谈判。至1940年3月初双方商定一份"备忘录",但因关于承认伪满洲国和日军在华北驻兵等问题最终不能取得蒋介石的同意,和谈以失败告终。

日本仍不死心,在"桐工作"无望之时,又派外务省参事官四屃爱义及船津辰一郎、西义显,赴香港与交通银行董事长钱永铭洽谈"和平"。钱提出日本全面撤兵以及撤销对南京汪伪政权承认的条件。由好战的军国主义分子操纵的日本内阁,11月13日在御前会议上通过了《处理中国事变纲要》,确定要"用尽政治策略和战争策略之一切手段……竭力设法摧毁重庆政权之抗战意志,迅速使其屈服"③;并于11月30日宣布正式承认于3月开张的南京汪伪政权。这样,被称为"钱永铭工作"的"和平"谈判活动,也就此偃旗息鼓。此外,萱野长知、头山满、小川平吉等早年曾经支持过孙中山革命活动的人,他们以"民间人士"身份,也不断地对蒋介石和其他国民党领导人进行"和平"工作。

对于日本一系列的"和平"诱降活动,蒋介石也曾经有过考虑,如何早日结束中日之间的战争。有时出于策略上的考虑,如为了争取英、美的援助,为了延缓日军的进攻,为了阻挠汪精卫伪政权的成立等,而默许重庆官员秘

---

① 《上海导报》1939年3月9日。

② 冒宋子文的弟弟"宋子良"之名,与日方在香港秘密进行"和平"谈判活动的,实是军统特务曾广。见黄美真、张云著:《汪精卫集团叛国投敌记》第287—289页,河南人民出版社1987年版。

③ 《支那事变处理纲要》(1940年11月13日),《日本外交年表和主要文书(1840—1945)》下卷《文书》第464页。

密去香港进行谈判活动。国民党内一部分对抗战的悲观主义者和动摇分子，伺机蠢蠢欲动，或与英、美公开接洽，或与日方秘密联络，或制造舆论鼓吹妥协投降。投降的危险如同浓雾，时时弥漫在战时首都重庆。中国共产党大力揭露这种危险；各地爱国军民坚持抗战反对投降的抗日潮流，亦势不可挡。蒋介石对于"和平"的考虑，反复坚持以恢复卢沟桥事变前的状态为先决条件，不能公开承认伪满洲国，也不能接受日本在华北驻军等条件。他不能容忍汪精卫在南京成立伪国民政府，对于日方要求他将来与汪伪"协力合作"①更是十分反感。他从汪精卫集团遭到全国人民的声讨和唾骂中，看到了投降者的可悲境地。

六、组织正面战场抗御日军

日本侵略军自从中日战争转入战略相持阶段后，已经失去了大规模进攻的实力和锐势；但是它为了巩固已经侵占的地区，占领交通线，并配合政略上的"和平攻势"，在华中、华南地区的正面战场，还是一次又一次地发动了规模不等的进攻，施加军事压力。蒋介石指挥各战区抗日军队迎战，并且以"转守为攻"的方略，组织反击。自 1938 年 10 月武汉失守后至 1941 年12 月太平洋战争爆发前的战略相持阶段前期三年间，正面战场敌我共进行了九次大的战役和四百九十六次重要战斗，小战达两万一千余次。无数抗日爱国官兵，不惜牺牲，在敌人的强大炮火轰击下英勇作战，保卫国家。

1939 年 4 月，蒋介石部署各战区分别发动"春季攻势"。第九战区薛岳所部和第三战区顾祝同所部，于 4 月下旬按照蒋介石的命令组织兵力反攻南昌。5 月 5 日占领南昌火车站、飞机场，但因日军步、炮、空军联合卫护这座高垒深池的城市，我军在猛烈炮火下伤亡惨重。5 月 9 日蒋介石下令"南昌攻击停止"。与此同时，在武汉周围的第五战区李宗仁各部，从东西两面向平汉路南段发起攻击，先后收复了新野、唐河、枣阳、桐柏等地，与敌军相持于随、枣之间。

---

① 1940 年 3 月日方代表与"宋子良"在香港商定之"备忘录"，见《今井武夫回忆录》第 153 页。

陪都重庆市政府各机关劳军游行。

9月，日军发动"夏季攻势"，企图打通粤汉线，向西进兵，压迫蒋介石和国民政府投降。蒋介石指挥第九战区薛岳部署各军先以攻击手段在赣北、鄂南、湘北一带消耗敌人战斗力，然后诱敌至长沙以北地区围歼。日军调集庞大兵力在海、空军协同下，气势汹汹地进抵长沙外围，由于粮秣弹药接济不及，无力再继续新的进攻。蒋介石指挥陈诚、薛岳以强大兵力对敌进行分割包围加以歼击。日军遭到打击，逐步退却，在我抗日将士追击下一直撤至岳阳、临湘、通城原来阵地。这次长沙会战歼灭日军甚众①，蒋介石颁发一笔奖金奖励所部。

1939年10月，蒋介石在衡阳南岳再次召开军事会议，总结南昌、随枣、长沙三次战役的得失。他分析了国际时局和敌我形势，针对9月间爆发的欧战和日苏之间进行外交接触以致中苏关系疏淡的新形势，表示："无论日俄停战或苏俄进军波兰，与我国抗战并没有什么妨碍，而且我们抗战始终是靠自己努力，只要我们自身能持久抗战，愈战愈强，国际形势只有着着好

————————

① 国民政府军事委员会公布的数字是歼灭日军两万余人，但日本方面史料只承认损失三千五百多人，并说中国军队的损失倍此。

转。"蒋介石说："今后我们只有坚持努力,抗战下去。"只有"世界问题得到解决之日,始能获得抗战的最后成功"。"我们若急求速了,妄想日本妥协讲和,这就是自取失败,自取灭亡!"①这次会议还部署发动冬季攻势,以牵制和消耗日军,但指导方针是"静观时局,保存实力,待机而动"。

当时,日军在广西发动攻势,企图占据南宁,以切断我国广西通往越南的国际交通线。蒋介石电令桂林行营主任白崇禧派兵"固守南宁据点"②,并调军增援。敌第五师团等部在钦州湾登陆后,以强大兵力发动攻势,于11月24日攻占南宁,继又占领南宁西北战略要地昆仑关。白崇禧按照蒋"不可急求速胜,应以慎重处之"③的指示部署反攻,先以主力反攻南宁,继后在昆仑关附近与敌激战四昼夜,于12月31日攻克昆仑关。此后半年多,桂南战事不歇,有些战斗十分激烈,昆仑关等地亦失而复得。1940年10月底,我军收复龙州和南宁,桂南重新成为抗战的后方基地。

日本侵略军在华中华南地区不断发动攻势的同时,还凭藉其空军优势装备,不断空袭我抗战后方,狂轰滥炸,骚扰各地城镇和平居民,企图动摇我国军民的抗战意志。据统计,在1939年一年内,重庆、成都、西安、兰州、昆明等,遭日军空袭二千六百余次,无辜民众死二万八千余、伤三万一千余,房屋被毁十三万八千余间④。其中5月3日、4日对重庆的大轰炸,引起市区大火,二十几万市民紧急向乡间疏散。12月12日,轰炸浙江沿海地区,袭击了蒋介石的故乡奉化溪口,蒋的故居"报本堂"和"文昌阁"楼房等被炸毁,蒋的元配夫人毛福梅不幸罹难。时在江西赣州任第四行政区督察专员兼保安司令的蒋经国接电后,兼程赶至故里奔丧,十分悲恸,并书"以血洗血",刻石立于其母罹难处。一个半月后"满七"⑤时,蒋经国还专程驰归祭奠。

---

① 蒋介石:《第二次南岳军事会议训词》(1939年10月29日),《先总统蒋公全集》第1335—1338页。

② 蒋介石致白崇禧等密电稿(1939年11月22日),国民政府战史编纂委员会档案,中国第二历史档案馆藏。

③ 蒋介石致林蔚、白崇禧密电稿(1939年11月26日),国民政府战史编纂委员会档案,中国第二历史档案馆藏。

④ 郭廷以:《近代中国史纲》第709页。

⑤ 当地风俗,人死后每隔七天都要祭奠一次,四十九天为七七,又称"满七",举行一次较大的祭奠后丧事即告一段落。

日本侵略军大举轰炸陪都重庆,城区成了一片火海,但动摇不了蒋介石和中国军民坚持抗战的意志和决心。

1940年2月,蒋介石在柳州召开高级军事会议。在会上他分析敌军长处和短处时说:敌军有四点长处:一是快,善于快速突入,乘我不备之时猛扑过来;二是硬,坚守阵地,不易攻破;三是锐,惯用锥子战术,一往直前;四是密,行动保密性强,令人难测。我们的战术是要以稳、慢制敌之"速",以坚韧制敌之"硬",以纵深伏兵制敌之"锐",以有效之谍报制敌之"密"。同时我们要看到敌军的四点短处:一是"小",来华实力因其开辟南方战场而难于增兵;二是"短",其战斗力不能持久;三是"浅",不能深入内地,作远距离入侵;四是"虚",敌后兵力不足后方空虚。我们要善于利用敌人之短处:以大部队对小部队,以长时间作战对敌之短时间进犯,以纵深配备对敌之浅近攻击,以全力出击利用敌之后方空虚①。蒋以此来鼓舞高级将领之战斗意志,继续抵抗日军进攻。

由于日本侵略军已无力发动大规模战略进攻,只为达到战略守势上的有利地位,确保占领区和施加军事压力,屡屡发动攻势。面对敌人的进攻,

---

① 蒋介石:《在柳州会议上的训词》(1940年2月),国民政府战史编纂委员会档案,中国第二历史档案馆藏。

抗战军人家属鼓励亲人抗日杀敌。

我国抗日将士英勇作战，不畏敌人的狂轰滥炸、猛烈炮火和施放毒气等化学武器，与侵略军展开殊死的攻防战。第三十三集团军总司令张自忠在 1940 年 5 月的枣宜战役中，率部由宜城渡襄河截击日军，与敌激战九昼夜，16 日在宜城南瓜店壮烈殉国，是抗战中战死疆场军职最高的爱国将领之一。在此之后的豫南会战（1941 年 1 月）、上高会战（1941 年 3 月—4 月）、鄂北会战（1941 年 5 月）、第二次长沙会战（1941 年 9 月—10 月）等重大战役中，敌人虽屡屡发动进攻，但均被我相关战区按照蒋介石的指令和部署集中大量兵力加以阻滞。各路抗日将士顽强作战，节节抗御阻击，选择有利时机进行反击，迫使敌人退回原驻防线。惟在黄河以北晋南中条山地区进行的中条山会战（1941 年 5 月），我军缺乏必要的防御和准备，敌军攻势凌厉，以猛烈炮火突破我军阵地，中条山南黄河各渡口先后失陷，守军只能退往黄河以南或进入吕梁、太行、太岳等地。事后蒋介石沉痛地说这是"抗战史中最大之耻辱"[①]。

　　在此期间，敌后抗日战场有了很大发展。日军只占领了一批重要城市和交通线，而在星罗棋布的县乡广袤农村，我国抗日军民广泛开展了游击战争。按照蒋介石提出的"政治重于军事，游击战重于正规战，变敌后方为其

_____

　　① 蒋介石：《对于晋南作战失败之检讨》（1941 年 5 月 28 日），国民政府战史编纂委员会档案，中国第二历史档案馆藏。

前方,用三分之一的力量于敌后方"①的指示,1939 年 3 月军事委员会建立
了鲁苏、冀察两个敌后游击战区,并在中央成立了战地党政委员会,蒋自兼
主任,各地建立分会以加强领导。各大战区此后在中条山地区、大别山地
区、杭嘉湖地区、广东东江地区、琼崖地区等均加强了游击作战,袭扰、牵制
日军,有力地配合正面战场的作战。在游击战最兴盛的 1940—1942 年间,
共吸引日军十个师团以上,大批日军兵力被滞留后方。中共领导的八路军
和新四军,更是扩大和发展了抗日根据地。各地抗日军民进行了针锋相对
的"反扫荡"战,袭退敌军的进攻和"扫荡",给敌以重大杀伤,收复许多县城
和据点。

　　1940 年 8 月,八路军以晋冀豫等抗日根据地为依托,发动了一场震惊全
国的百团大战。这是一场大规模的交通破坏战,有一百零五个团参战,破坏
了日军赖以维系实力的正太路和平汉路、同蒲路计九百四十八里,以及这一
地区三千零四里的公路。百团大战历时三个多月,大小战斗一千八百余次,
消灭日伪据点二千九百九十三个,毙伤日军二万零六百五十四人、伪军五千
一百五十五人,俘虏日军二百八十一人、伪军一万八千四百零七人②。

　　1941 年 10 月蒋介石召开第三次南岳军事会议。在 16 日至 21 日六天
的会议上,他讲了七篇"训词",除了对刚刚结束的第二次长沙会战进行讲评
外,反反复复训勉国民党的高级将领们要认真学习《大学》、《中庸》等古籍和
他在过去几次军事会议上的训词,提高自己的精神修养,加强敌忾心,振作
冒险犯难的革命精神,说抗敌制胜之要诀就在于发扬精神与正气。

七、《中国之命运》与新的反共声浪

　　蒋介石看到,随着抗日战争的不断发展,中国共产党及其领导的武装力
量迅速发展壮大,抗日根据地不断扩大和巩固,中国共产党的政策和成功日
益赢得人心,国际友好人士也夸赞不绝;而国民党统治却日趋腐败,人民不

---

　　① 蒋介石:《第一次南岳军事会议训词(三)》(1938 年 11 月 27 日),转引自何应钦:《日本侵华
八年抗战史》第 256 页。
　　② 《八路军·文献》第 601—602 页。

满的呼声不断高涨,连一心援助蒋介石的美国人士也时有非议和责难。蒋介石自恃在外交活动中取得进展,有美、英政府的援助和支持,决心进一步加强对国内的统治,限制和打击中国共产党和民主力量。他精心授意从汪精卫汉奸集团反正回来的陶希圣①撰写了一本题为《中国之命运》的书。该书约十万字,于 1943 年 3 月发表,全面系统地表达了他对时局的基本观点和想要采取的内外方针。

《中国之命运》是蒋介石借着 1943 年 1 月国民政府与美、英及有关国家签订新约,取消在华治外法权,废除过去几十年签订的不平等条约(详见本书第十七章第二节)这一时机编撰出版的。全书共分八章,以很大的篇幅讲述中华民族的历史变迁与发展概略,讲近百年国耻的由来和不平等条约的危害,讲国民党的奋斗历史及与美、英等国签订新约的成就,进而得出结论:"中国从前的命运在外交",如今开了"新机运","中国的命运完全寄托于中国国民党","没有了中国国民党,那就是没有了中国。"尽管在初稿印出二百本分发给党政负责人征求意见时有不少人指出:蒋不必以一党领袖身份来阐述,可以取消讲国民党与三青团的第七章,但蒋坚持认为没有国民党就没有当前的抗战与战后的建国事业。他所说的"今后的命运则全在内政",就是要完全由国民党一党专政来进行"革命建国"的五项"建设":

"心理建设"。他宣扬"力行哲学",说"'知'本于天性","'行'发于真知","'诚'是行的原动力",心理建设最重要的就是"诚"。他讲这些玄妙的道理,说破了就是要全国人民对他和国民党的统治"至诚"。他把此列为"革命建国的根本问题"之首。

"伦理建设"。他认为忠孝仁爱、信义和平(八德)和礼义廉耻(四维)是"中华民族固有的德性"、"立国的纲","实为社会生活不变的常理"。他提倡

①　陶希圣(1899—1988)湖北黄冈人,早年就读于北京大学法律系,北伐时任军校政治教官、宣传处长、《党军日报》主编等职,后在复旦大学、中央大学、北京大学、北京师大等校执教。抗战爆发后任国防参议会议员、国民参政员、艺文研究会研究组总干事。1938 年 12 月随汪精卫逃离重庆,1939 年 8 月出席汪伪国民党六大,被指定为伪中央宣传部长。但是他和高宗武对汪精卫的卖国行径深为恐惧,不甘于继续当汉奸为汪卖命,在重庆方面帮助下,于 1940 年 1 月与高宗武联袂逃至香港,披露了汪与日签订的卖国密约。陶希圣于 1942 年初返回重庆后,任委员长侍从室第五组组长、国民党中央宣传部副部长等职。

伦理建设,是要恢复以忠孝为主的"我国固有的伦理","以培养救国的道德为基础"。

"社会建设"。他对于多少年来的乡社评价很高,说今后要强化保甲制度,这是"建国的根本";同时要继续推行"新生活运动",使国民"现代化"。

"政治建设"。他提出要在全国实施《抗战建国纲领》,要"自主自动"、"自强自立"。但他说"宪政"的时机还不成熟,仍要继续国民党专制统治的"训政"。他还表示"决不以欧美的民主制度为模型"。他说中国人不是没有自由,而是自由太多了,而"'自由'必须在法定的限界之内"。他所说的这个"限界",不言而喻是国民党专制统治的法规。

"经济建设"。他说今后要实施"实业计划",实现"工业化",保障每个国民的生活生存,等等。

《中国之命运》热烈鼓吹"一个主义、一个党、一个领袖",说国民党是"革命建国的总机关"、"动脉",三青团是"新血轮",全国国民要"共同集中于三民主义的信仰之下,一致团结于中国国民党的组织之中"。他攻击共产主义以及民主主义都是"有害于国家民族"的"妄行邪说",诬蔑中国共产党领导的抗日军队和抗日民主根据地是"割据地方"、"破坏抗战"、"妨碍统一",扬言"今后的内政"必须铲除这种"变相的军阀和新式的封建"①。

蒋介石在这个时候发表《中国之命运》,一个重要目的就是要压制中国共产党和民主进步力量,把中国完全置于他和国民党的集权统治之下。《中国之命运》发表后,国民党通令各机关、团体、军队、学校组织阅读。蒋介石还下令要中央党政军高级长官限期陈述研读之感想。于是,奉承该书为"建国之宝典"等等阿谀之词,一时充斥于报章及文书。

更严重的是,国民党内一些顽固分子,对于《中国之命运》攻击中国共产党领导的抗日军队和根据地为"变相的军阀和新式的封建"立即呼应,对于蒋介石说的"如果不肯彻底改变封建军阀的作风,和没有根本放弃武力割据的决心,那就是无论怎样宽大,决不会发生什么效果,亦找不出有什么合理的方法了",更是心领神会,迅速发动大规模的反共活动,一时反共声浪甚嚣

---

① 以上引文,均见蒋介石:《中国之命运》(1943 年 3 月),《先总统蒋公全集》第 126—182 页。

尘上。他们乘共产国际解散①之际，叫嚷："中共既系自外生成，今第三国际已告取消，各地支部全行解散，则中共失所秉承，自应乘此机会，宣告解散。"②西安劳动营训导处长、复兴社特务分子张涤非以民众团体名义集会并发表通电，称"马列主义已经破产"，要求"解散共产党，交出边区"。中央通讯社立即把这个消息广为刊布，制造反共舆论。一些报刊更是声嘶力竭地叫嚷要共产党"放弃共产主义"、"取消陕北特区"、"重新改编各地之红军"。

同时，国民党军队剑拔弩张，准备进攻陕甘宁边区。6月，何应钦、白崇禧、胡宗南等人在耀县举行作战会议，部署兵力。第八战区副司令长官胡宗南指挥的三个集团军，原来已有两个用于包围陕甘宁边区，此时又将担任河防的两个军开到邠州、淳化、洛川一带。一时集中在边区周围的军队多达四五十万人，准备分兵九路进攻延安。蒋介石认为，对中共用"政治方式和平解决"的希望已经完全失去，"不得不准备军事"③。七八月间，这些军队不断袭扰边区，进行了数十次试探性的挑衅进攻。对于华北、华中的抗日根据地，国民党军队也频频进行挑衅。内战的危机令人担忧。

蒋介石和国民党顽固分子的反共挑衅，遭到了中国共产党的抵抗和批评。陕甘宁边区和抗日根据地的军民奋起自卫，严阵以待。许多报刊揭露反共阴谋，批评种种反共谬论。中间势力指责国民党领导不顾抗战大局、企图发动内战的行径。美、英等国也反对蒋介石此时发动内战，因为它们需要中国全力抗击日本。美国参谋总长马歇尔（George Catlett Marshall）曾专门电询宋子文，告以"勿用武力"④。史迪威9月6日向蒋介石发出备忘录，要求将第十八集团军和包围陕甘宁边区的胡宗南等部队调赴山西抗日前

---

① 共产国际执行委员会主席团根据各国内部情况和国际形势的复杂变化，1943年5月15日作出了《关于提议解散共产国际的决定》（5月22日公布），使各国共产党能够更好地处理本国革命中遇到的复杂问题，促进与本国反法西斯势力建立和加强统一战线。经过各国共产党一致同意，6月10日宣告解散。蒋介石在1943年5月31日的"本月反省录"中写道："此实为二十世纪上半期之惟一大事，殆为世界人类前途幸福庆也。而吾一生最大之对象因此消除，此不仅为此次世界战争中最有价值之史实，且为我国民革命三民主义最大之胜利也。"

② 《中共应善谋自处之道》，《西京日报》1943年7月26日。

③ 《蒋介石日记》（手稿本），1943年8月25日"杂录"。

④ 《蒋介石日记》（手稿本），1943年8月11日。

线。《纽约论坛报》《纽约时报》等先后批评国民党抗战不力和挑起内战的危险。在国内外一片反对声中,蒋介石不得不改变策略。在 9 月举行的国民党五届十一中全会上他表示:中共问题是"一个纯粹的政治问题,因此应该以政治方法来解决"①。

八、抗御日军的相持战略

这期间,日本侵略军以大量兵力对敌后抗日根据地进行"蚕食"和"扫荡",实行极其野蛮的杀光、抢光、烧光政策,制造"无人区",镇压占领区人民的反抗。在正面战场,虽然也有一些战事,但日军的作战只为遏制中国军队的进攻,保持太平洋战争的"后方基地"。中国抗日军队在蒋介石指挥下,虽然装备、战力依旧处于劣势,但仍坚持抵抗,因而敌我双方的相持线,在1942—1943 两年间未有大变。

太平洋战争爆发之初,日本侵略军为了牵制我国抗日军队,由第十一军司令官阿南惟畿指挥七万余兵力,第三次进犯长沙。蒋介石很想打好这一仗,能在英、美等同盟国前"争得无上之光荣"②,他直接指挥第九战区司令长官薛岳部署所部"距离于战场较远地区,保持外线有利态势,以确保机动之自由,使敌先攻长沙,乘其攻击顿挫,同时集举各方全力,一举向敌围击"③;并令有关部队断敌后路④,令第五战区李宗仁出兵袭击汉口等。12月 27 日日军突破我汨罗江防线后,阿南惟畿误认为中国守军不足,下令进攻长沙。日军冒险深入,结果陷入四面包围,只得依靠空军救援。经过十多天激战,在我国抗日将士严密围歼和有力阻击下,日军突围败逃,于翌年 1

① 蒋介石对中共问题决议案的讲话(1943 年 9 月 13 日),见《中国国民党历次代表大会及中央全会资料》第 841 页。

② 蒋介石致薛岳密电稿(1942 年 1 月 4 日),国民政府战史编纂委员会档案,中国第二历史档案馆藏。

③ 蒋介石致薛岳密电稿(1941 年 12 月 30 日),国民政府战史编纂委员会档案,中国第二历史档案馆藏。

④ 蒋介石致薛岳密电稿(1942 年 1 月 3 日),国民政府战史编纂委员会档案,中国第二历史档案馆藏。

月16日退回原阵地,伤亡惨重①。蒋介石对此役十分称赞,说此次长沙胜利,实为"七七"以来最得意之作。

其时,美国空军利用我国沿海地区的空军机场,就近起飞出击,轰炸日本东京、大阪、横滨、名古屋等城市,给日本军国主义以巨大威胁。因此,尽快占取中国沿海地区的空军机场,一时成了侵华日军的重要目标。1942年5月,日军第十一军、十三军等部十四万人,向浙江金华、衢州等地发起进攻。我第三战区第十、三十二、二十三集团军等部及第九战区三个军协同作战,逐次抵抗,阻击敌军。面对敌军强大攻势,抗日将士多能顽强作战。嗣后为保存实力,减少牺牲,本着以空间换时间的战术,蒋介石电示第三战区司令长官顾祝同:避敌锋芒,放弃与敌在衢州决战的计划,守军突围退入广大腹地。日军先后侵占金华、兰溪、衢州、上饶等四十八个县约十万平方公里的地域,我国军民伤亡达二十五万人。敌军在占领并破坏衢州、丽水、玉山三大前线机场后,从8月中旬起陆续撤回原阵地。我抗日军队趁机追击,杀伤敌军近三万五千人。这一浙赣会战历时近半年,除敌占金华、兰溪不退外,大体恢复会战前的双方阵线。

1943年初春,日本侵略军为打通长江航运,威逼四川,以十万兵力在湖北荆江地区发起攻击。2月间先后侵占监利、潜江等县。我第六战区指挥所部乘敌立足未稳,渡江反攻。日军顽强抵抗,我军进展甚微,将士伤亡甚众。日军夺得华容、石首后,于5月向鄂西进攻,进逼宜昌西平善坝、石牌等要塞。我抗日将士在正面阵地血战死守,大量歼击敌人。蒋介石给第六战区司令长官陈诚电话,希望第十八军固守石牌要塞,如苏联保卫斯大林格勒,以建立功勋②。5月中旬左、右两翼援军到达前线后,各路抗日将士奋勇杀敌,于6月1日在清江两岸发起全线反击,次第克复宜都、枝江城、松滋口及公安、沅市、弥陀寺、申津渡、杨林市,打退了日军对长江要塞的进犯。抗日将士在鄂西会战中以重大伤亡确保了长江上游的防守,使陪都重庆和战

---

① 据《三次长沙会战薛岳之军事文电》(中国第二历史档案馆藏)记:日军重伤两万三千人,阵亡三万三千九百人,合共伤亡遗尸五万六千九百四十四,俘一百三十九人;但日方记载为伤亡六千余人,承认是攻打香港伤亡数的两点五倍,见日本防卫厅防卫研究所战史室编《长沙作战》第214页。

② 《抗日战争·鄂西会战》(一)第143页,台湾"国防部史政编译局"编印,1966年5月初版。

略后方四川无虞。

鄂西会战后,敌我双方在洞庭湖西荆江南岸对峙。11月初,日军沿江分路向西进犯,目的是策应南方军在太平洋作战,牵制我国军队向滇缅战场增援兵力。日军以其凌厉攻势先陷南县、公安、松滋、安乡等地,继攻石门、慈利,我军英勇抗击,肉搏拼杀,但终不敌敌军猛烈炮火,津市、澧县、临澧又次第陷落。11月22日敌军向常德合围,我守军奋力阻击,黄土山等重要据点失而复得凡五次,官兵伤亡极大。日军以猛烈炮火狂轰滥炸,投燃烧弹,还施放毒气。十六昼夜血战后,12月3日常德城破。但我军先已克复桃源,第六战区长官部复指挥各部紧缩对常德日军包围后发起攻击,在失陷六天后即收复了常德城。接着我军向撤退的日军展开追击,一一收复了南县、安乡、津市、澧县、王家厂、枝江、洋溪等要地,还收复了松滋、公安两城。常德会战毙伤敌军逾两万。连同上述近两年第三次长沙会战、浙赣会战、鄂西会战,以及其他一些战役,我国军队多能依托阵地节节阻击,有效地打击和损耗了敌军的有生力量,并以反攻恢复原有态势,打破了日军的战略企图。

但在此后的一些战役中,在保存实力、等待英美共击日本的思想指导下,国民党军队的不少将领不愿作强力抵抗,而是避战、逃跑。他们本来就存在着"有兵就有权、有钱"、"有多大的队伍能当多大的官"等观念,不肯打硬仗。一些黄埔系将领,只听从蒋介石个人的命令,不服从直接指挥他们的上级长官,他们"共同蒙混委员长,使最高统帅对部队的实际情形毫无所知",而事实上这些部队的"作战能力均极薄弱,军纪尤坏"①。还有一些将领,在"曲线救国"的掩饰下,率部投敌成为伪军,跟着日本侵略军骚扰抗日根据地。据统计,到1943年8月,投敌的旅长、旅参谋长以上高级将领计五十八人,投敌军队达五十万人,占八十万伪军的62%②。

军队的日益腐败以致投敌,遭到全国人民的不满和谴责。蒋介石也痛心疾首,但是无法控制,更认识不到这正是自己一系列错误政策造成的。与此同时,蒋介石更加重用亲信,排斥异己。对于拥护国共合作团结抗日方

① 《李宗仁回忆录》下册第794、804页。
② 《抗战以来敌寇诱降与国民党反动派妥协投降活动的一笔总帐》,延安《解放日报》1943年9月19日。

针,平等对待八路军的第一战区司令长官卫立煌,他猜疑不已,多方防范。1942 年 1 月蒋介石下令卫立煌改任军事委员会西安办公厅主任,并派人暗行监视,数月后又去其职。对于屡建战功、能团结杂牌军的第五战区司令长官李宗仁,蒋介石 1943 年 9 月下令调李任汉中行营主任,夺其兵权,李叹"蒋先生生性多疑而忌才"①。

国民政府主席蒋介石。

　　1943 年 8 月,国民政府主席林森去世,蒋介石再次出任国民政府主席并兼行政院院长职。国民党五届十一中全会修正了《国民政府组织法》,规定国民政府主席为中华民国元首、陆海空军大元帅;五院院长由主席提请中央执行委员会选任,他们对主席负责②。这些修正,使国民政府主席一职不

①　《李宗仁回忆录》下册,第 804 页。
②　《国民政府公报》渝字第 605 号,1943 年 9 月 15 日。

再是礼仪性的虚衔,而能直接掌握一切大权,从而使党政军大权完全集于蒋介石一身。他以坚持抗战为号召,大力强化独裁统治。

由于实行对金融和工业的垄断,一些党国要员利用职权大发国难财,发展官僚资本,民族工业陷入凋敝境地。国民政府横征暴敛,农业生产衰败,物价上涨,人民生活更加困苦。

国民党变本加厉的独裁专制统治和日趋腐败,激起各阶层民众的不满和反抗,工人罢工、农民抗暴、学生罢课的事件不断发生。抗战初期对蒋介石和国民党抱有很大期望的中间阶级各党派,也日益失望。他们深感要加强团结合作,调解国共冲突,谋取自身的生存和发展。1941 年 3 月成立的中国民主政团同盟①,主张时局的中心是国家的统一,提出"军队国家化,政治民主化"的口号,要求结束一党专权。

然而,蒋介石和国民党领导无视自身的弱点和政策的谬误,相反却把各阶层民众的不满、批评、建议、要求,一概看作是中国共产党的破坏;把一切要求民主自由、团结抗战的人,都看作是共党分子,竭力加以防范,甚至镇压。沈钧儒、沙千里被诬为"准备在重庆暴动",受军警特务的严密监视。马寅初因批评战时经济政策而被特务绑架关押了四年。在各地的生活书店大多遭封闭,邹韬奋被迫出走香港。柳亚子因对"皖南事变"不满而被指为"诋毁中央",受到撤销中央监察委员和开除党籍处分。冯玉祥的抗战言论被禁止发表……这样,蒋介石和国民党执政集团就把广大民主党派和一切正直的人,都驱赶到共产党一边,自己则成了孤家寡人。

九、正面战场的艰难撑持

随着国际反法西斯战场的不断奏捷,日本败局已定。坚持抗战苦撑战局的蒋介石看到了胜利的曙光,积极筹划对日军的战略反攻。1944 年 2 月,蒋介石主持召开第四次南岳军事会议,有第三、第四、第六、第七、第九等

---

① 前身是 1939 年 10 月由无党派人士张澜、乡村建设派梁漱溟、中华职业教育社黄炎培、救国会沈钧儒、邹韬奋、第三党章伯钧及国家社会党张君劢、中国青年党左舜生、李璜发起成立的"统一建国同志会"。1944 年 9 月全国代表大会改名为中国民主同盟。

战区主要将领参加,蒋提出战略反攻的初步构想。他说:"我们的抗战,经过这整整五年的奋斗牺牲,到今天已经到了一个新的转折点——就是第二期抗战已将结束,我军向敌反攻决战的阶段——第三期抗战开始的时候到了。"他认为,敌人在我国境内的不过六个军,而我们用以抗战的有一百二十个军,以二十个军来对付敌人一个军,在数量上占有绝对优势;再从战场态势来看,现在敌军正面之广,空隙之大,兵力之弱,士气之衰落,我们现在要打它那一点就可以打它那一点。所以,"在今年五六月的时候,我们第一、三、四、五、六、七、九各战区一定要实行反攻"。他还说,如果敌军先发动攻击,则我军除以主力部队正面抵抗外,每个战区都要抽调两个精锐的军,主动出击敌后各大城市,作为战略反攻先声,同时破坏敌人的攻势,使之首尾难顾。如果"敌人不先来进犯,而我们到了五六月之间,准备完成之后,必须堂堂正正的实行反攻"①。

蒋介石提出了战略反攻的构想,但是缺乏周密的反攻计划和具体的战略部署。令人不愿看到的是敌强我弱的基本状况并未完全改变,而我民困国贫,正面战场的几百万军队装备甚差,又经过长期多次的战役,兵疲士倦,不少将领意志懈怠,战斗力严重衰颓。于是,令蒋介石意想不到的战局,就在第四次南岳军事会议结束才两个月就开始了。

日本侵略军由于在太平洋战场丢失了马绍尔群岛等岛屿,与南洋的海上交通线被切断,近五十万日军陷入孤立无援的境地;日军在中国长江的补给线,在台湾的新竹机场,以及日本本土,都不断遭到美国空军的轰炸。为了摆脱困境,挽救濒临败亡的命运,日本急于掌握一条从中国东北到越南的大陆交通线,并摧毁驻扎在铁路沿线衡阳、桂林、柳州、南宁、遂州、南雄等地的美国空军基地。经过几个月的准备,1944年4月,日军发动了一次空前规模的攻势作战,目标是突破中国军队的防线,沿平汉、粤汉、湘桂铁路向前推进。日方取名这次战役为"一号作战",即我们战史上所谓的豫湘桂战役。

---

　　① 蒋介石:《第四次南岳军事会议训词(一)》(1944年2月12、13日),《先总统蒋公思想言论总集》第20卷第328—332页。

4月18日,日军从豫东中牟渡过黄泛区,发动了对河南地区的进攻。蒋介石电令第一战区副司令长官汤恩伯指挥所部全力与敌决战①。但汤恩伯统辖的几十万军队组织不起有效的防御和阻击,抗日守军虽以血肉之躯奋勇搏杀,但在敌人猛烈进攻下,郑州、洛阳先后失陷。蒋介石一怒之下将第一战区司令长官蒋鼎文和副司令长官汤恩伯撤职。日军打通了平汉线后,又调集八个师团的兵力在洞庭湖两侧地区进攻湖南。国民党各路军队各自为战,未能集中兵力阻击来敌。岳阳以南的第一道防线被攻破后,防守长沙的第四军在敌军的攻击下势单力薄,于6月18日弃城逃走。蒋介石准备在湘北同敌决战的计划落空,将第四军军长张德能处决。此后,日军部署重兵进攻衡阳。衡阳是粤汉、湘桂两条铁路的联结点,又是东南和西南空军基地的中间联络站,第九战区集结守军十万,进行顽强抵抗,重创敌人,击毙敌第六十八师团长佐久间中将。日军投掷大批毒气弹和燃烧弹,反复增兵猛攻,第十军将士顽强抵抗,奋勇杀敌,战斗异常激烈。经过四十八天的艰苦鏖战,阵地全毁,伤亡惨重,而援军难以到达,终难坚持。日军于8月8日占领衡阳,沿湘桂线迅速西犯,攻击桂林、柳州。张发奎指挥第四战区的部队防守,9月初蒋介石两次电令迅速完成桂北重镇全州的防御工事,要求"固守三个月以上"②。但是镇守全州的第九十三军,未能抵抗住多路日军的猛烈进攻,于9月14日撤守。9月20日梧州亦陷敌手。防守桂林的军队虽然与敌人喋血恶战,付出重大牺牲,但终于11月11日西撤。日军追击前进,接连侵占广西重镇柳州、南宁等地。11月15日日军占据宜山后北上,12月初陷独山,继续北进,直至距贵阳五十多公里处。

战局的迅速恶化,重庆受到极大震动。蒋介石把重庆卫戍部队第九十七军调赴前线抗敌。他看到:"战况危急,不仅西南各省之人心整个动摇,而英、美也将撤退侨民,更促成社会政治之不安。八年以来抗战艰危未有如今

---

① 《蒋介石致汤恩伯电》(1944年5月1日),国民政府战史编纂委员会档案,中国第二历史档案馆藏。

② 《蒋介石致陈牧农密电》(1944年9月2日)、《蒋介石复张发奎密电》(1944年9月9日),国民政府战史编纂委员会档案,中国第二历史档案馆藏。

日之甚者。"①他急调各地援军集结在贵阳以南地带准备迎战,对确保重庆亦有信心。由于日军突入黔境后已成强弩之末,战线加长,兵力不足,无力继续作战,战局得以稳定了下来。

在我抗日军队积极推行游击战的同时,日军也调整其战略,加强对我敌后游击部队的诱降迫降。由于游击战争远离大后方,独立作战,补给困难;加以一些游击队的成分复杂,有些部队甚至鱼肉百姓欺压民众,遭到人民的痛恨。于是不少游击部队成批投敌,出现了"降官如毛,降将如潮"的局面,根据地大量消失。至抗战结束时,近百万游击部队绝大部分被消灭或降敌。历尽艰辛建立起来的抗日根据地,只有少数几块硕果仅存。

---

① 《蒋介石日记》(手稿本),1944 年 12 月 9 日"上星期反省录"。

第十七章　成为反法西斯阵线的大国领袖

一、与美英结盟　担任中国战区统帅

　　1941年12月8日（美国夏威夷当地时间7日）凌晨,日本帝国主义偷袭美国在太平洋上的海军基地珍珠港,同时对关岛、香港和马来亚发动突然袭击;并一一强占英、美在中国天津、上海、广州等地的租界。太平洋战争爆发了,蒋介石盼望和期待已久的国际战局变化的日子终于来到了。

　　当天上午8时,蒋介石召集国民党中央常务委员举行特别会议,商研对策。蒋认为,"太平洋战争爆发以后,我们中国的地位特别重要。我国军事力量,虽不能说有左右战局之势,但被侵略各友邦今后对日态度能否一致,我国实可操决定性之影响"[1]。他主张:"(一)太平洋反侵略各国,应即成立正式同盟,由美国领导,并推举同盟国联军总司令;(二)要求英、美、苏与我国一致实行对德、义(意)、日宣战;(三)联盟各国应相互约定:在太平洋战争

---

[1] 《蒋介石日记》(手稿本),1941年12月8日;《总统蒋公大事长编初稿》第四卷下册第768页。

担任中国战区最高统帅的蒋介石

蒋介石出席庆祝世界胜利日

蒋介石、罗斯福、丘吉尔于开罗会议时合影

日军总参谋长小林浅三郎向中国战区陆军总司令何应钦呈递降书

中国陆军总部副参谋长冷欣将日本降书呈蒋介石

胜利结束以前，不对日本单独媾和。"①下午，蒋召见美国驻华大使高思
(Clarence Edward Gauss)和苏联驻华大使潘友新(А. С. Панющки)②，表示
中国政府决定向日、德、意宣战，"决心不避任何牺牲，竭其全力与美、英、苏
及其他诸友邦共同作战，以促成日本及其同盟轴心国家之完全崩溃"。同时
蒋提出成立军事同盟的书面建议，指出协调作战的必要性，敦促中、美、英、
苏、荷、澳、加、新(西兰)八国结成军事同盟，推美国为领导，指挥共同作
战③。10日，蒋介石又两次分别召见英、美两国驻华武官，提议迅速组织一
个中、美、英、荷四国联合作战机构，以协调共同作战的行动，避免被各个
击败④。

　　太平洋战争的爆发，使世界各国分为法西斯侵略和反法西斯侵略两大
阵线。12月9日，美、英对日宣战。中国政府于当日正式发表了对日宣战
的文告，同时发表了对德国和意大利宣战的文告。中国人民已经坚持了四
年多对日战争，如今，实现中、美、英及太平洋其他国家的反日军事同盟的时
机已经到来。无疑，这对于抗日战争的发展和取得最后胜利，具有极为重要
的意义。蒋介石在此后二三年的时间里，以很大的精力用于建立和加强中
国和美、英等国的反日军事同盟，为中国抗日战争和世界反法西斯战争的胜
利，作出了他的贡献。

　　在珍珠港事件中遭受惨重损失的美国，亟望中国军队向在华日军发动
全面攻势，最大限度地牵制和打击在华日军。美国总统罗斯福(Franklin
D. Roosevelt)对蒋介石提出的协调计划、联合行动的建议深表赞赏。在罗
斯福的支持下，12月17日蒋介石在重庆召开了有中、美、英、苏四国军事代
表参加的联合军事会议，商定在重庆设立中、美、英、苏、荷五国联合作战机
构，由美国总代表主持，以协调共同保卫新加坡、菲律宾、香港、缅甸、荷属东

─────────

　　① 《蒋介石日记》(手稿本)，1941年12月8日；《总统蒋公大事长编初稿》第四卷下册第768
页。

　　② 英国驻华大使卡尔(Archibald John Kerr Clark)因在成都未能出席，稍后亦被告知。

　　③ 《美国对外关系文件》(*Foreign Relations of the United States Diplomatic Papers*)1941年
中国卷第736页，美国国务院编，华盛顿版；《中华民国重要史料初编——对日抗战时期》第三编
(三)，第41页。

　　④ 《美国对外关系文件》1941年中国卷第740页；《中华民国重要史料初编——对日抗战时
期》第三编(三)，第41页。

印度（即今印度尼西亚）的具体计划，以及对越南、泰国的军事外交方针。蒋介石希望盟国集中主要兵力于东亚，在明年（1942）内击败日本。后苏联因抗德战线长难以分散力量至远东而未参加联合作战机构，荷兰也表示消极。联合作战机构乃由中、美、英三国组成。

这时，英国首相丘吉尔（Winston Leonard Spencer Churchill）正访问美国，在华盛顿与罗斯福商讨联合国家共同行动，进行世界范围的反法西斯战争，起草了《联合国家宣言》。罗斯福出于美国全球战略的需要，提名并支持中国与美、英、苏并列为四大国。12月30日，罗斯福约丘吉尔、宋子文和苏联驻美大使共同商定《联合国家宣言》并率先签字。第二天，澳、比、加等二十二国签字。二十六国宣言于1942年1月1日在华盛顿发表，向全世界庄严宣告：各签字国保证协同作战，绝不与敌国单独媾和。这是国际反法西斯统一战线的正式建立，也标志着中国坚持的抗日战争，开始赢得了世界各国的尊重，从而取得了大国地位。

为最大限度地利用中国军民力量抗击日本，在征得英国、荷兰政府同意后，罗斯福于1941年12月29日（中国时间是30日）致电蒋介石，提议组织中国战区，以"完成我等共同抗敌力量之联系与合作"，并提出由蒋"指挥现在或将来在中国、安南（即今越南）及泰国境内的联合国家部队"。罗斯福还提议：在蒋介石指挥下，由中、美、英三国政府代表组织一个联合计划作战参谋部，尽可能邀请苏联参加；同时希望在中国战区统帅、印度英军司令及西南太平洋战区司令三个总部之间，保持密切联系，互派联络官员[①]。1942年元旦蒋介石发表《告全国军民同胞书》，指出"日寇这次发动太平洋战争，正用得着我国一句古话，所谓饮鸩止渴。这就是说，他拿烈性的毒酒来求片刻的兴奋，而实际是自寻绝灭。"1942年1月3日，蒋介石被联合国家正式推举为中国战区盟军最高统帅。蒋大喜过望，感到"国家与个人之声誉与地位，实为有史以来开空前惟一优胜之局"[②]。他当然明白，离了美国的支持和帮助，自己这个中国战区统帅是一天也当不成的，当即要求罗斯福选派一

---

① 《美国对外关系文件》1941年第4卷第763—764页。
② 《蒋介石日记》（手稿本）1942年1月反省录；《总统蒋公大事长编初稿》第五卷上册第15页。

担任中国战区最高统帅的蒋介石。

位"亲信之高级将领为参谋长"①。罗斯福和美国政府经过精心挑选,派遣有十五年在华经历的"极富才干的高级将领"②史迪威(Joseph Warren Stilwell)为中国战区参谋长并兼美国政府驻华军事代表以及美国对华租借物资管理统制人、中印缅战区美军司令官。史迪威于3月抵达重庆,受到蒋介石的隆重欢迎。3月8日,蒋正式委任史迪威为中国战区参谋长。

---

① 蒋介石致宋子文电(1942年1月4日),《中华民国重要史料初编——对日抗战时期》第三编(三)第99页。

② 罗斯福致蒋介石电(1942年3月13日),《美国对外关系文件》1942年中国卷第29页。

二、争取国际平等地位的努力

日本帝国主义自挑起太平洋战争后,连连发起闪击战。在攻占关岛、威克岛、香港后,1942 年 1 月 2 日攻陷菲律宾马尼拉和甲米池,兵指荷属东印度。2 月 5 日侵入新加坡。在爪哇海战中,日军歼灭英、美海军部队,打开了东印度群岛大门。3 月 6 日日军占领巴达维亚(即今雅加达);继而又迅速侵占缅甸,一时气焰嚣张。

美国从一连串失败中猛然醒悟:要遏制和战胜日本的侵略,必须要有强大的军力。已经抵抗日本四年多的中国,抗日力量是多么雄厚啊! 罗斯福认识到:"假如没有中国,假如中国被打垮了,你想一想有多少师团的日本兵可以因此调到其他方面来作战? 他们可以马上打下澳洲,打下印度——他们可以毫不费力地把这些地方打下来,他们并且可以一直冲向中东。"①罗斯福还认为,如果日本完全占领了中国,那么"日本可以和德国配合起来,举行一个大规模的反攻,在近东会师,把俄国完全隔离起来,割掉埃及,斩断通向地中海的一切交通线"②,那将会给欧洲和整个世界带来何等严重的灾难! 罗斯福和美国政府改变了对蒋介石和中国政府的政策和态度。

出于美国的战略需要,美国政府不仅在政治上军事上联合中国共同抗日,尊崇中国为四大强国之一,还应蒋介石和中国政府的要求,应允给予巨额贷款和物资援助,以推动中国积极打击日军,最大限度地牵制日军,减轻日军对南太平洋的冲击力。1942 年 2 月,美国一次给予五亿美元贷款,比抗战以来四年多的七笔贷款总额还多一倍多。6 月,中、美两国签署了《抵抗侵略互助协定》,重申联合国家共同宣言精神,声明"中华民国之防御及抵抗侵略,对于美国之防御关系至为重要";"美国已给予并正继续给予中华民国以援助,以抵抗侵略"③。根据这一协定,两国政府又签署了《租借物资协定》,规定美国将八亿七千万美元的军用物资租借给中国,以增强防御及抵抗侵略的力量。这些美援,对于蒋介石和国民政府来说,其意义是不言而

① 〔美〕伊里奥·罗斯福:《罗斯福见闻秘录》第 49 页,上海新群出版社 1949 年版。
② 〔美〕伊里奥·罗斯福:《罗斯福见闻秘录》第 49 页。
③ 《中外旧约章汇编》第 3 册第 1248 页。

喻的。

然而,美、英等国并未在远东展开重大的军事行动,而是继续把反法西斯战争重心放在欧洲战场,实施先欧后亚的战略,在远东主要由中国承担对日本的抗御。这使蒋介石颇为失望。蒋介石认为"改变美国战略,先解决太平洋倭寇之运动,非仅自救,亦为救世也,应积极进行,此为我国最要之政策。"①他指示驻美大使胡适并派出宋子文、宋美龄等人先后去美游说。但是美国虚与委蛇,仍未改变先欧后亚的战略。

蒋介石夫妇印度之行,特地去加尔各答访见了印度民族运动领袖"圣雄"甘地(左三),陪同的是印度独立后任总理的尼赫鲁(左一)。

———————————

① 《蒋介石日记》(手稿本),1942 年 7 月 4 日。

担任了中国战区最高统帅的蒋介石,要进一步考虑如何遏阻日本在亚洲的侵略,他把目光移向了印度。印度长期在英国帝国主义殖民统治之下,自20年代起,印度人民在民族运动领袖甘地(Mohandas Karamchand Gandhi)为首的国大党领导下,开展不合作运动,反对英国殖民统治的情绪极为强烈,此时也拒绝支持英国。觊觎印度的日本帝国主义乘机提出"亚洲是亚洲人的","把英美赶出亚洲"。英国政府要求蒋介石去印度劝说民众领袖帮助英国共拒敌人。而印度此时已是缅甸失陷后中国通向外国的唯一国际通道,对中国取得外国援助物资至关重要。印度在国际反法西斯战争中占有重要的战略位置。蒋介石为了劝说印度停止反英,共同抗日,开展中印合作,并谋划成立中印联盟,乃于1942年2月4日偕同夫人宋美龄及国防最高委员会秘书长王宠惠等一行十余人,连同英国驻华大使卡尔,飞往印度①。这是近代中国领导人第一次走出国门,参与他国事务的调停。在十余天的访问中,蒋介石劝说印度民族运动的主要领导人暂时搁置完全独立的主张,采取和缓的策略,同英国合作协力抗日,全力支持反法西斯战争。他同甘地晤谈了五个小时,和尼赫鲁(Jawaharlal Pandit Nehru)约谈了三次。由于他们坚决反对英国殖民统治,强烈要求民族独立,坚持与英国殖民统治者不合作的立场十分坚定;而英国驻印度总督林利思戈(Victor Lord Linlithgow)等人也不听蒋介石的劝说,不愿改变殖民统治政策。蒋介石历时半月的访印之行结束前,特地在加尔各答发表《告印度人民书》,呼吁印度人民参加国际反法西斯阵线,并敦促英国殖民当局"不待人民有任何之要求,而能从速赋予印度国民政治上之实权"②。嗣后蒋还想联合美国共同游说英国,但英国丝毫不愿放弃对印的殖民统治。蒋介石无力说服英印合作,中印联盟的设想也未能遂愿。半年后,印度国大党号召国民展开不服从运动,要求英国撤离印度,英国殖民地当局于8月9日逮捕了甘地、尼赫鲁等国大党领袖。蒋介石对此深为忧虑,在重庆会见英国驻华大使,希望事情能

---

① 当时,日本在东南亚之侵略气焰正盛,戴季陶、陈布雷等人劝阻蒋介石等战略形势好转后再去,蒋答说:"世界上苟能四亿五千万民族与三亿五千万民族联合一致,岂非大佳事"。见唐纵:《在蒋介石身边八年》第255页,群众出版社1991年版。

② 《中华民国重要史料初编——对日抗战时期》第三编(三)第431—433页。

够获得和平解决,并吁请美国总统罗斯福出面调停。但丘吉尔对盟国的调停断然拒绝。这使蒋介石深感失望。

　　蒋介石原来对英、美的力量估计得很高,以为他们一参战,就可以很快把日本压下去,中国抗战不出一年就能胜利结束。但是在太平洋战争初期英、美处处败退,抵挡不住日军的锐利攻势,使蒋介石大失所望;同时也使蒋介石进一步看到了中国军民坚持抗战在世界反法西斯战争中的战略地位和巨大作用。

　　这时,中国虽已列名为四大强国之一,却仍然蒙受近百年来英、美等强加的种种不平等条约的耻辱。中国人民强烈要求英、美率先放弃在华特权,废除历史上签订的不平等条约。蒋介石派员交涉,并于 1942 年 10 月 4 日向来访的美国总统特使、共和党领袖温德尔·威尔基(Wendell Lewis Willkie)表示:"中国今日尚未能取得国际上平等之地位,故深盼美国民众能了解中国,欲其援助被压迫民族争取平等,应先使其本身获得平等地位始。"[1]美国权衡利弊得失,并在国内外正义舆论的压力下,10 月 9 日宣布愿与中国政府谈判废除不平等条约,但只准备把所放弃的特权范围限定在"治外法权和相关的权益方面"。蒋介石进一步向美、英提出:除了"领事裁判权以外,尚有其他同样之特权,如租界及驻兵与内河航运、关税协定等权,亦务望同时取消,才得名实相符也"[2]。他指示外交部长宋子文,希望在谈判中"将过去所有各种不平等条约,一律废除,整个取消,重订平等合作之新约"[3]。

　　经与美国政府多次谈判,1943 年 1 月 11 日两国政府终于在华盛顿签订《中美新约》[4],宣布取消美国在华治外法权,终止《辛丑条约》及其附件给予美国之权利,终止其在北平、上海、厦门之租界特权等。同日,中、英两国

---

　　① 《中华民国重要史料初编——对日抗战时期》第三编(一)第 759—760 页。
　　② 《中华民国重要史料初编——对日抗战时期》第三编(三)第 712 页。
　　③ 《中华民国重要史料初编——对日抗战时期》第三编(三)第 714 页。
　　④ 《中美新约》全称为《中美关于取消美国在华治法权及处理有关问题之条约》,全文见《中外旧约章汇编》第 3 册第 1256—1260 页。

政府在重庆也签订了相同内容的《中英新约》①。在美、英影响下，其他在华享有特权的同盟国家，也相继放弃在华特权，与中国政府签订新约。无疑，这是近百年来中国外交的一大胜利，是中国人民多年奋斗，特别是艰苦抗战五年的成果，是中国获得国际地位平等的一个巨大进展。英、美表示愿意放弃不平等条约，是为适应战时需要，联合中国抗击日本所必须采取的一个策略，也是它们调整政策的一个方面。

中国军民英勇抗战，赢得了反法西斯同盟国的支援。图为美国 C—46 运输机满载物资飞越"驼峰"——喜马拉雅山来华。

英、美等国宣布废除不平等条约，以及与中国签订"平等互惠"的新约，大大鼓舞了中国抗日军民的士气。1943 年 1 月 12 日，蒋介石发表《告全国军民书》说："我们中华民族，经五十年的革命流血，五年半的抗战牺牲，乃使不平等条约百周年的沉痛历史，改变为不平等条约撤废的光荣记录。这不仅是我们中华民族在历史上为起死回生最重要之一页，而亦是英美各友邦

———————

① 《中英新约》全称为《中英关于取消英国在华治法权及其有关特权条约》，全文见《中外旧约章汇编》第 3 册第 1263—1269 页。

对世界对人类的平等自由建立了一座光明的灯塔。"①

　　但是,所谓废除不平等条约,还是不彻底的:英国政府对于依据1842年《南京条约》获取的香港和1898年《展拓香港界址专条》"租借"九龙的特权拒绝讨论,不肯归还。美国则于几个月后与中国政府又签订了《关于处理在华美军人员刑事案件换文》,重新获得了美军人员在中国触犯刑事罪律而不受中国法律制裁的特权。《中美新约》与《中英新约》的签订,并没有完全消除中国社会的半殖民地性质。

　　为了更多地获取美国对我国抗战的支持和同情,蒋介石派夫人宋美龄于1942年11月以蒋介石特使的身份赴美国访问。他在致罗斯福的信中说:"内子非仅为中(正)之妻室,且为中(正)过去十五年中共生死、同患难之同志,彼对中(正)意志之了解,当非他人所及。故请阁下坦率畅谈,有如对中(正)之面罄者也。"②宋美龄到美国后,因治疗慢性皮肤病先在纽约耽搁一段时间,于1943年2月作为罗斯福总统夫妇的客人,在白宫住了十一天。2月18日,她在罗斯福夫人陪同下,在美国国会发表演说,表达了中国抗战到底的决心,强调亚洲战场对于打败日本的重要性,指出英、美应当改变偏重欧洲战场的观点,要求美国更多地给予金钱、物资、人力的援助。此后,她又去美国许多地方并至加拿大,发表了一系列演说,获得了美国和加拿大政府和人民的好评,扩大了中国抗战的国际影响。

三、出席开罗会议取得巨大成就

　　日本帝国主义在太平洋战争爆发之初的半年,先后侵占菲律宾、马来亚、缅甸、荷属东印度,一直推进到澳大利亚附近,气焰不可一世。但是在进攻中途岛时遭到美军反击;不久美国军队在瓜达耳卡纳耳岛登陆,日军企图夺回而拼力死战,几乎全军覆没。此后,日军在太平洋战场节节败退。在欧

---

　　①　蒋介石:《中美、中英平等新约告成告全国军民书》(1943年1月12日),《先总统蒋公思想言论总集》第32卷第4—5页。

　　②　蒋介石致罗斯福函(1942年11月16日),《中华民国重要史料初编——对日抗战时期》第三编(一)第781页。

宋美龄访美,应邀住进了白宫。图为她与罗斯福夫人
伊莲娜在白宫草坪合影。

洲战场,苏联红军于1943年2月全歼德军三十二万人,取得斯大林格勒战
役的胜利,8月转入战略总反攻。英美联军7月登陆西西里岛,进攻意大
利。国际局势已到了大变化的前夜。

1943年初,美国总统罗斯福对于大战结束后的国际安全问题,提出建
立美、英、苏、中四强警察力量的计划。为了加速对日作战的进程,并商讨战
后对日处置、重建远东秩序等重大问题,罗斯福于6月4日倡议召开大国首
脑会议。7月7日,蒋介石致电罗斯福称:"多年以来,中(正)即期望能与阁

下聚首共商互有利益之各种问题。"①罗斯福于 8 月和英国首相丘吉尔在加拿大魁北克会谈，取得一致意见。10 月，美、英、苏外长和中国驻苏大使傅秉常代表四国政府在莫斯科签署了《普遍安全宣言》，为后来成立联合国确定了基本原则。10 月 28 日，罗斯福正式邀请蒋介石赴埃及首都开罗举行中、美、英三国领袖会议，主要讨论远东问题②。

应当指出，蒋介石能够作为大国领袖登上国际舞台，这是中国军民长期坚持抗日战争，在世界反法西斯战争中发挥重大作用的必然结果。罗斯福比较现实地看到了中国的力量以及在国际事务中应有的地位和作用，也考虑到战后远东的战略格局，因而与苏联和英国不同，对于支持蒋介石成为"大国领袖"，表现出热情积极的态度。这使蒋介石不再有被轻视的顾虑，能作为"大国领袖"以平等地位与美、英领袖直接会谈。这是战时中国领导人参加的唯一一次盟国首脑会议，直接关系到战时和战后中国的国家利益。蒋介石和中国政府为参加会议作了相应的准备。

对于如何加速结束对日战事及战后对日本的处置，蒋介石和国民政府官员经过多次商议和讨论，分别责成军事委员会参事室、中国战区统帅部参谋长史迪威和国防最高委员会秘书厅拟订了三个重要文件：《关于开罗会议中我方应提出之问题草案》《关于开罗会议军事方面之建议》和《关于准备在开罗会议中提出之战时军事合作、战时政治合作及战后中美经济合作等三种方案》。这三个重要文件之主要内容是：

一、加速结束对日作战的军事合作方面：（一）美国为中国陆军装备训练九十个师；（二）同盟国于明年雨季前收复缅甸，打通中缅路；（三）美国加强对日本本土的轰炸；（四）在广州、香港收复后美国派十个步兵师、三个装甲师在华南登陆，向华中、华北进攻；（五）增加美国援华物资，每月至少空运一万吨抵华，以保证战争之需。

二、战后对日处置及建立远东秩序方面：（一）日本将 1894 年以来侵占

　　① 蒋介石致罗斯福电（1943 年 7 月 7 日），《中华民国重要史料初编——抗日战争时期》第三编（三）第 492 页。
　　② 苏联因尚未对日宣战，故不愿参加讨论对日作战的会议；开罗会议后，美、英、苏三国领袖在德黑兰会晤，主要讨论欧洲问题。

之东北、台湾及澎湖列岛归还中国;(二)朝鲜独立;(三)日本战犯交联合国审判;(四)日本从别国掠夺之金银财宝、书籍文件,如数归还被掠夺国;(五)日本赔偿中国自 1931 年"九一八"侵华以来之一切公私损失;(六)日本战后存留之舰船、飞机、军械及作战物资听候联合国处置,其中一部分交与中国。日本无条件投降时,应接受以上条款。

三、战后国际合作及建立国际秩序方面:(一)由中美英苏为主席团的联合国,在建立国际秩序、维护世界和平方面发挥作用;(二)印度在战后获得自治领地位,在若干年内获得独立;(三)保证各国实行各族平等,国家及民族自治;(四)加强中美经济合作,帮助中国复兴经济,建立中国空军等①。

无疑,以上各点之最主要者,是日本将侵占的东北、台湾及澎湖列岛归还中国。这是中国人民不惜巨大牺牲进行这次伟大民族解放战争的重要目的。蒋介石明白,这个目的绝非能够轻易达到,开罗会议上也未必能够得到美、英等国首脑的同情和支持。因为,在太平洋战争爆发前的 1941 年 4 月,苏联和日本签订的《中立条约》中相互约定:苏联保证尊重"满洲国"的领土完整和不可侵犯性,日本保证尊重"蒙古人民共和国"的领土完整。同年 9 月,美国和日本达成妥协,默认日本占领中国的华北与满洲。太平洋战争爆发后,国际形势发生了变化。1942 年 8 月 3 日蒋介石同美国总统代表居里(Curie)的谈话中得知,美国有人主张战后把"满洲国"交由国际共管,作为日本与苏联之间的"缓冲国"。这次谈话中蒋介石表明了"中国东北为中国领土之一部分,绝无讨论之余地"②的严正态度。此后几次内部研究对美外交活动时,蒋都把"东三省与旅大完全归还中国"③作为对美外交基本点。至于收复台湾,亦是中国抗战要达到的目的之一④。在 1941 年 12 月 9 日对日宣战的宣言中,宣告"所有一切条约、协定、合同有涉及中日间之关系者,一律废止",自然包括废止 1895 年 4 月 7 日签订的"割让台湾全岛及所有附

① 《中华民国重要史料初编——对日抗战时期》第三编(三)第 498—506 页。
② 《中华民国重要史料初编——对日抗战时期》第三编(一)第 680—682 页。
③ 《蒋介石日记》(手稿本),1942 年 11 月 9 日。
④ 蒋介石 1938 年 4 月 1 日在国民党临时全国代表大会的讲话中说:"台湾是中国的领土,中国要讲求真正的国防,要维护东亚永久的和平,断不能让高丽(即朝鲜)和台湾掌握在日本帝国主义者之手,必须针对着日本之积极侵略的阴谋,以解放高丽、台湾的人民为我们的职志。"

属各岛屿、澎湖列岛和辽东半岛"的《马关条约》。此后国民政府领导成员孙科、宋子文、陈立夫、冯玉祥等人多次表述台湾是中国的领土,应当归还中国。如今为开罗会议准备方案,蒋介石提出要把"东北和台湾及澎湖列岛归还中国"作为努力争取实现的最主要点。

考虑到英国首脑亦将出席开罗会议,蒋介石还准备了与英国会谈的预案:一、九龙为租借地应归还中国,与香港合并为自由港;二、英国不再干涉我国西藏问题。若双方意见相去甚远,可留待日后解决[①]。实际上这是一个避免与英国纠缠不休的方案。

蒋介石指示有关部门准备上述方案的同时,认为"与罗(斯福)丘(吉尔)会谈,本无所求无所予之精神,与之开诚交换军事、政治、经济之各种意见,勿存一毫得失之见"[②],避免给美、英一种中国利用首脑会议为自己谋取利益的印象而遭到轻视。几天后他再次确认了在开罗会议上不主动提出为中国争利益的方针:"余此去与罗、丘会谈,应以淡泊自得、无求于人为惟一方针,总使不辱其自也。对日处置提案与赔偿损失等事,当待英、美先提,切勿由我主动自提,此不仅使英、美无所顾忌,而且使之畏敬,以我乃毫无私心于世界大战也。"[③]

作了相应的准备后,11 月 18 日蒋介石由重庆乘罗斯福座机"圣牛号"专机启程。一行除了夫人宋美龄,还有国防最高委员会秘书长王宠惠、军事委员会办公厅主任商震、军事委员会委员长侍从室第一处主任林蔚、航空委员会主任周至柔、国民党中央宣传部副部长董显光,以及侍卫长俞济时、秘书俞国华等共二十人。他们途经印度阿萨姆、加尔各答、卡拉奇(今属巴基斯坦)、伊朗阿巴丹,于 21 日上午 7 时 5 分抵达开罗,下榻米纳饭店第一号别墅官邸。当天下午,蒋介石会晤了亦于当日到达的英国首相丘吉尔。次日美国总统罗斯福抵达开罗。这是蒋介石与他们的首次会面,双方都产生

---

　　① 军事委员会参事室:《关于开罗会议中我方应提出之问题草案》,《中华民国重要史料初编——对日抗战时期》第三编(三)第 500 页。

　　② 《蒋介石日记》(手稿本),1943 年 11 月 13 日。

　　③ 《蒋介石日记》(手稿本),1943 年 11 月 17 日。

了良好印象①,尤其是宋美龄居间周旋自如,起到很好的作用。

蒋介石在开罗会议上与美国总统罗斯福(左二)、英国首相丘吉尔(左三)共商国际安全,在国际事务中发挥重大作用。

11月23日11时,开罗会议在罗斯福下榻的别墅里举行。罗斯福宣布开会后,东南亚盟军总司令蒙巴顿将军(Lord Louis Mountbatten)介绍了收复缅甸的作战计划,提出1944年初由中国军队在缅甸北部、英国军队在缅甸南部同时发动进攻,4月收复北缅。丘吉尔与蒋介石就英国海军参与缅战发生了争论,蒋介石坚持陆军和海军的攻势应同时进行,由英国海军夺取缅甸南部的安达曼岛,形成南北夹击、海陆协同之有利形势。但丘吉尔对海军出战支吾搪塞。此后23日下午、26日上午举行的美、英参谋长联席会议,中、美、英三国首脑连日的双边会议,以至26日开罗会议结束之时,对缅作战的方案一直是一个中心议题而反反复复地讨论,但终不能形成一致意见,最后只得留交德黑兰会议再作决定。

蒋介石十分重视与美国总统罗斯福的双边会谈。会议第一天的晚上,蒋介石与宋美龄应邀与罗斯福共进晚餐,进行了重要会谈。蒋介石按照预

① 罗斯福后来于12月24日说:"在同委员长的会见中,我发现他是一个具有远见、有勇气的人,他对当前和今后的各种问题具有非常敏锐的了解。"《罗斯福选集》第452页,商务印书馆1982年版。

拟的方案,就调整对日作战战略及战后对日处置的主要问题作了表述。经过会商,双方一致同意:日本攫取中国之土地应归还中国;日本强占太平洋上之岛屿应永久予以剥夺;应使朝鲜获得自由与独立;战后日本在华之公私产业完全由中国政府接收。罗斯福随即命在座的总统特别助理霍普金斯(Harry L. Hopkins)根据讨论之内容起草开罗会议公报①。

这次会谈中,在罗斯福谈到美国公众认为战后要追究日本天皇的责任、废除天皇制度问题时,蒋介石说,日本战后的国体,最好等待日本人民自己来选择决定。罗斯福问战后中国是否愿意承担军事占领日本的主要任务?蒋答中国军事力量还不够强大,尤其缺乏远洋海军,只有美国才能承担这一责任。罗斯福在同意东北、台湾和澎湖列岛必须归还中国时,问到琉球群岛是否要归还?蒋介石答说:"我们此时对于琉球不想要求单独的归还中国,我只希望由中、美两国共管"。这一回答使我国失去了收回琉球的一个机会。蒋介石在当天日记中说这样可以"安美国之心"。罗斯福还谈到战后的中国,希望组成国共两党联合的统一政府,蒋则强调中共不是一般的政党,要与其和解,前提是他们必须放弃武装。蒋希望战后继续加强中美军事合作,帮助装备中国的陆海空军。罗斯福说中、美两国战后可以签订共同防御协定②。双方这次会谈一直持续到夜晚10时半。第二天,王宠惠将蒋介石审核定稿的我国政治方面四项提案之《策略》送交美国总统特别助理霍普金斯,强调这是蒋介石的个人意见,供罗斯福研究与参考。

会议期间,罗斯福与丘吉尔举行多次会谈,对远东诸问题,经罗斯福之说服,大体取得共识。但是英国不愿中国成为强国的态度,使罗斯福感到头疼,更使蒋介石愤懑不已。这在蒋介石与丘吉尔的三次会谈中也充分表露了出来。不仅表现在对缅作战的问题上,丘吉尔始终拒绝告知英国的具体行动计划,其他如西藏问题、借款问题等,会谈均无成果③。就连《开罗宣

---

① 开罗会议《政治问题会商经过》,《中华民国重要史料初编——对日抗战时期》第三编(三)第527—528页。

② [美]伊利奥·罗斯福:《罗斯福见闻秘录》第131页。

③ 开罗会议《政治问题会商经过》、顾维钧1943年12月17日与英国外相艾登之会晤,《中华民国重要史料初编——对日抗战时期》第三篇(三)第534、556—557页。

言》草案的措词上,英国方面提出的修改案中,要把"日本由中国攫取之土地,例如满洲、台湾与澎湖列岛,当然应当归还中国"改为"当然必须由日本放弃",而欲将中国主权模糊化。中国代表王宠惠当即指出这种修改"不但中国不赞成,世界各国亦将发生怀疑"。后在美国代表支持下,英国草案被否定。事后蒋介石感叹道:"开罗会议之经验,无论军事、经济与政治,英国决不肯牺牲丝毫之利益,以济他人;对于美国之主张,亦决不肯有所迁就,作报答美国救英之表示。其于中国之存亡生死,则更不值一顾矣。"①

开罗会议三国领袖以及他们的高级随从人员经过四天的商讨,于 11 月 26 日下午举行全体会议,一致通过了《开罗宣言》,向全世界庄严宣告:"我三大盟国决心以不松弛之压力,从海、陆、空诸方面加诸残暴之敌人。此项压力已经在增长之中。""三国之宗旨,在剥夺日本自从 1914 年第一次世界大战开始后在太平洋所夺得或占领之一切岛屿,在使日本所窃取于中国之领土,例如东北四省、台湾、澎湖群岛等,归还中华民国";并"决定在相当时期,使朝鲜自由与独立"。《宣言》最后宣告:"根据以上所认定之各项目标,并与其他对日作战之联合国目标一致,我三大盟国将坚忍进行其重大而长期之战争,以获得日本之无条件投降。"②

11 月 27 日,蒋介石一行离开开罗回国。他在 11 月 30 日的《上星期反省录》中写道:"本周在开罗逗留共七日,乃余登外交舞台之第一幕也,其间以政治之收获为第一,军事次之,经济又次之,然皆获得相当成就。"他说:"东三省与台湾、澎湖岛,为已失去五十年或十二年以上之领土,而能获得美英共同声明归还我国,而且承认朝鲜于战后独立自由,何等大事,此何等提案,何等希望,而今竟能发于三国共同声明之中,实为中外古今所未曾有之外交成功也。"③他又在《本月反省录》中写道:"本月大部精力,准备开罗会议之计划与提案之方式,慎重斟酌,不敢掉以轻心。此为一生事业重要之

---

① 《蒋介石日记》(手稿本),1943 年 11 月 30 日"本月反省录";《总统蒋公大事长编初稿》第五卷(上)第 445 页。

② 《开罗宣言》(1943 年 11 月 26 日通过),《中华民国重要史料初编——对日抗战时期》第三编(三)第 547 页。

③ 《蒋介石日记》(手稿本)1943 年 11 月 30 日"上星期反省录";《总统蒋公大事长编初稿》第五卷(上),第 444 页。

一也。""此次各种交涉之进行,言论、态度与手续皆能有条不紊,故其结果乃能出于预期之上。"①其满意与自得之心情充溢字里行间。

开罗会议提高了中国的国际地位,宣告了中国将在战后收复东北、台湾和澎湖列岛,鼓舞了中国军民夺取抗战最后胜利的信念。蒋介石在宋美龄等人协助下取得这一外交活动的成果,"出于预期之上"。

四、派遣远征军援缅作战

不过,开罗会议并非圆满无缺,即使会议上的成果,也只是口头的承诺,纸上的空文,要成为现实,也还要靠中国军民坚持不懈的抗日战争。蒋介石在开罗会议上与丘吉尔反复商讨的协同反攻缅甸问题,虽然最后得到罗斯福的口头保证——在中国陆军出征北缅时,美、英将在南缅出动海军配合作战,但罗斯福、丘吉尔离开开罗到伊朗德黑兰后,经过与斯大林的商议决定于 1944 年 5 月在欧洲开辟第二战场,集中海军登陆法国,以夺取欧战胜利,丘吉尔因此提出必须取消英国海军在南缅作战的计划。蒋介石反攻缅甸计划又被搁置了,他十分恼怒。这不仅因为缅甸属于中国战区,更重要的是这直接关系到能否早日打通滇缅公路,以便大量获得国际援助物资。

太平洋战争爆发之初,中、英两国于 1941 年 12 月 23 日签订《共同防御滇缅路协定》,成立中英军事同盟。翌年初,日本侵略军大举入侵英国统治的缅甸,3 月 8 日占领仰光,4 月占领腊戍,切断了中国西南对外的国际交通孔道——滇缅公路,此后,国际援华物资只能由印度空运,受到很大限制。当时,英国要求中国出兵援助收复缅甸,美国也希望尽快组织反攻。刚刚出任中国战区统帅的蒋介石,迅即组建中国远征军,由精锐部队杜聿明第五军、甘丽初第六军和张轸第六十六军组成第一路军,以罗卓英为司令长官、史迪威为总指挥,入缅配合英军作战。远征军英勇作战,一个师先在同古与四倍于己的日军作战,打退了日军十二天的猛攻,歼敌近五千。接着在仁安羌救出了包括驻缅英军总司令亚历山大在内的被困英军七千多人。嗣后又

---

① 《蒋介石日记》(手稿本)1943 年 11 月 30 日"本月反省录"。

在腊成等地的战斗中重创日军。戴安澜、孙立人两师长分别获得英、美两国政府授予的勋章。历来轻视中国抗战的英国首相丘吉尔也不能不指出，中国牵制了日本的军力，解除了对其殖民地印度的威胁。他在4月18日致印度总司令韦维尔信中写道："我必须指出，中国一崩溃，至少会使日本十五个师团、也许会有二十个师团腾出手来，其后大举进犯印度就确实可能了。"[①]足见中国对日作战之重要。

3月初蒋介石飞赴腊成巡视。4月5日至9日又带罗卓英等到腊成、曼德勒亲自指挥平满纳会战[②]。远征军将士英勇作战，取得许多胜利。由于英军的战略失误和配合不力，而日军大量增援；指挥方面，则蒋介石及其将领与史迪威多有歧见，导致指挥失当，结果远征军后方联络被切断，终遭惨败。远征军之一部分被迫退入印度，建成中国驻印军，由史迪威和郑洞国指挥；一部分退入滇西，重组远征军。

1943年10月，按照魁北克会议协议，退入印度经过编组和训练的中国驻印军，在史迪威指挥下入缅反攻，以掩护美军修筑从印度利多至缅甸密支那的公路。11月，蒋介石与史迪威制定了全面反攻缅甸的计划带去开罗，未料英国又食言变卦。美国为了配合在太平洋上的对日攻势，罗斯福几次要求蒋介石出兵北缅。但是蒋介石与东南亚战区盟军总司令蒙巴顿、中国战区参谋长史迪威商讨反攻缅甸的作战计划时认为："此次作战之成败，其关键全在海上，故必须有绝对优势之海空军实力。"[③]坚持滇军入缅须以英、美海军在南缅登陆作为先决条件，因而一直拖延不决。1944年4月3日罗斯福在给蒋的电报中施加压力，说去年准备并训练之中国远征军，现正当出战，"如彼等不能用之于共同作战，则吾人尽其最大之努力空运武器与供给

① ［英］温斯顿·丘吉尔：《第二次世界大战回忆录》第四卷（上）第1分册第266页，商务印书馆1975年版。
② 杜聿明：《中国远征军入缅对日作战述略》，《远征印缅抗战》第13页，中国文史出版社1990年版。
③ 《蒋委员长召集东南亚战区盟军总司令蒙巴顿、中国战区盟军总部参谋长史迪威等讨论反攻缅甸作战计划会议记录》（1943年12月19日），《中华民国重要史料初编——对日抗战时期》第二编（三）第394页。

教官,为无意义矣"①。10 日马歇尔命令史迪威停止供应远征军物资,说等到入缅作战后再恢复供应。在美国的强力压迫下,蒋介石 14 日下令集结在滇西的远征军向缅北进军。

　　为配合反法西斯战争的进程,蒋介石令卫立煌率领我国远征军横渡怒江向缅北进攻。

　　这时,史迪威已指挥中国驻印军与美军联合作战,肃清了胡康河谷一带日军,继续进攻密支那,5 月 17 日占领密支那机场。在滇西的远征军经过补充和整理,编组成霍揆彰第二十集团军和宋希濂第十一集团军,共约四十万人,分别担任攻击和防守任务。这两个集团军装备优良,战斗力强。蒋介石任命卫立煌接替陈诚为远征军司令长官。卫统率所部于 5 月 11 日强渡怒江,发起强大攻势打击盘踞滇西的日军。远征军翻越丛山峦林,经过艰苦战斗,于 9 月 7 日和 14 日先后攻克松山、腾冲,持续九十六天和一百二十七

---

　　①　罗斯福致蒋介石电(1944 年 4 月 3 日,中国时间为 4 日)。《中华民国重要史料初编——对日抗战时期》第三编(三)第 299 页。

后方军民不畏艰难险阻,运送物资支援远征军,跋涉在崎岖的雷多公路上。

蒋介石号召知识青年参军抗日,编组了九个师的青年军,以蒋经国为青年军政治部主任,准备参加远征。蒋介石于青年远征军成立时摄影。

天的战斗,以全歼两地日本守军而告胜利结束;11 月又进占龙陵、芒市。中国驻印军经过艰苦战斗,也次第攻占加迈、密支那、八莫、南坎,其中密支那之战,持续七十九天,终于获胜。1945 年 1 月 17 日,驻印军和远征军在芒友胜利会师,打通了中印公路,嗣后又再次打通昆明至腊戌的滇缅公路,国际援助的抗战物资得以源源输入。中国军队援缅作战取得了辉煌的胜利,也为缅甸人民的抗日斗争作出了贡献。

五、对史迪威的先礼后兵

援缅作战虽然取得了胜利,但是在前期的指挥作战中,蒋介石与史迪威的矛盾和分歧十分激烈。此后两年在援华物资的使用及中国抗日军队的配置上,在远征军作战的部署上,以及对中国军队的指挥上,双方不断发生争论,矛盾日益激化,终于到了不可调和的地步。

史迪威 1942 年 3 月奉派来华,担任中国战区统帅蒋介石的参谋长,同时还受命兼任美国政府军事代表、中缅印战区美军司令官、美国对华租借物资管理统制人、滇缅路监督人等职,拥有很大的权力。出于美国的战略需要,他竭力推动中国军队全力与日军作战,牵制日军有生力量,以保证美国主要军事力量用于欧洲和太平洋战场。史迪威秉承罗斯福的旨意,力图全面控制蒋介石和中国的全部抗日军队。他向蒋介石多次提出,要联合中国共产党的力量抗击日军,要调胡宗南的军队到华北抗日前线去[①]。他对中国士兵的吃苦耐劳精神十分赞赏,但对国民党军队中派系林立、互相倾轧,高级军官腐败无能,士兵体质孱弱,给养不足的状况深为忧虑,希望蒋介石对军队实行改革,严格挑选高级军官,清洗无用之辈,澄清指挥系统,实行统一指挥。蒋介石不以为是,拒绝了史迪威的许多建议。史迪威对蒋介石日益不满,认为蒋介石"是中国统一和真正努力抗日合作的主要障

---

① 史迪威主张联合中共共同抗日,也是另有其一番用意的:美国可以"在政治上抓住中共,不让其全部为苏联所把握"。《美国对外关系文件》1944 年中国卷第 695 页。

碍"①，国民党"已沦为一群互相倾轧的落伍派系，一种不稳定的平衡力量，既无强有力的原则，也无民众的基础"②。史迪威的顾问、美国驻华使馆二等秘书戴维斯（John P. Jr. Davies）也说国民政府"官长贪污，无意抗日，保存实力"③。

蒋介石不止一次地感到史迪威对自己不尊重，不服从自己的命令和指示。他尤其恼火史迪威控制了租借物资的分配和供给大权，把租借物资平均分配给抗日的军队，包括中共领导的八路军、新四军。蒋曾于1943年6月致电正在美国的宋美龄，要她在辞别罗斯福时，"相机提出"史迪威"令人难堪"的"欺侮凌辱"、"污蔑与胁制"，让罗斯福"明了此中真相与现状"④。至于在援缅作战的战略部署指挥上，蒋介石和史迪威始终存在严重分歧。蒋介石坚持英、美之海空军，必须在缅甸南部同时发起攻势，中国陆军才能在缅甸北部发起进攻，不然只能以防守为主。对史迪威多次提出的中国陆军反攻缅甸的计划，蒋介石表示反对。开罗会议后，史迪威不顾英国食言出动海军，急于发动北缅之战。他更不顾蒋介石反对，将中国驻印军及在印度蓝姆伽训练的两师中国军队开赴缅甸作战；同时要求蒋补足三十个师的兵力，在滇西发动进攻。蒋早有戒备，几次要调远征军回国抗御已经侵入广西的日本侵略军。蒋介石与史迪威的矛盾进一步激化。

严重的是，史迪威于1943年8月擅自撤换中国驻印军总指挥部副参谋长温剑铭。9月又向蒋介石提交备忘录，要求调动中共的军队及胡宗南、傅作义、邓宝珊等部进击山西的日军。而当中国远征军东西两路出击之时，日军在中原地区发动了"一号作战"，国民党军队节节败退，美国责怪蒋介石指挥不力，史迪威要求蒋介石交出中国全部军队的指挥权。史迪威的要求得

① 史迪威向马歇尔的报告（1944年9月26日），美国国务院：《美国与中国的关系——着重1944—1949时期》（白皮书），《中美关系资料汇编》第1辑第136页，世界知识出版社1957年版。
② 史迪威向美国陆军部的报告（1944年10月），美国国务院：《美国与中国的关系——着重1944—1949时期》（白皮书），《中美关系资料汇编》第1辑第138页。
③ 戴维斯向美国国务院的报告（1944年3月9日），《美国对外关系文件》1944年中国卷第25页。
④ 蒋介石致宋美龄电（1943年6月18日），《总统蒋公大事长编初稿》第五卷（上）第330—332页。

蒋介石对史迪威的傲慢及不合作十分不满，
宋美龄竭力从中转圜。

到了美国军方和罗斯福的支持。他们认为，日军一旦长驱直入，如占领昆明，切断驼峰空运，会使盟军驻在成都的远程战略轰炸机基地受到严重威胁，甚至导致整个中国战场的崩溃。当时欧洲战场的盟军，艾森豪威尔（Ewight D. Eisenhower）指挥下刚取得诺曼底登陆成功，转入反攻奏捷。美国参谋长联席会议主张任命一位美国将军来指挥中国战区的盟军，以扭转中国战场的危局。

1944 年 7 月 7 日，罗斯福致电蒋介石，谓中国战局危急，美国要求史迪威在蒋介石直辖之下指挥中国全部军队，"赋予全部权力与责任"。此后不断催促。蒋介石惊叹"抗战局势至今受美国如此之威胁，实为梦想所不及。而美国帝国主义之凶横，竟有如此之甚者，更为意料所不及"①。他作了极大的克制，采取缓和拖延的办法，先复电罗斯福表示"原则赞成"，但要有一个准备阶段；还要求罗斯福派一个全权代表来渝，调整自己和史迪威之间的

---

① 《蒋介石日记》（手稿本），1944 年 7 月 16 日。

蒋介石任命宋子文兼任外长，指望他能多多争取到美国的政治支持和军事、经济支援。

关系①。9 月 6 日，美国前陆军部长赫尔利（Patrick Jay Hurley）作为罗斯福的私人代表抵达重庆，多方活动，协调史迪威与蒋介石的关系。至 12 日初步协议：史迪威为中国陆空军前敌总司令，受军事委员会委员长指挥；征得军事委员会同意，指挥全部陆军和空军。但 19 日史迪威向蒋介石转交了一份罗斯福的备忘录，内称："在过去数月中，余曾屡次请求阁下采取断然步骤，以取消对于阁下个人及中国全局渐渐实现之危局。兹者因阁下延搁委任史迪威将军指挥中国所有之军队，致损失中国东部之重要土地，其影响之大殊非吾人所能臆测"；要蒋"立即委任史迪威将军授以全权指挥所有中国之军队"；还说"不然，则在政治上及军事上种种之计划，将因军事之崩溃而完全消失"②。这种颐指气使的斥责和命令，不仅极大地伤害了蒋介石作为一国领袖的人格与尊严，而且也有损于国家的主权。蒋介石怒不可遏，立即致电在美国的宋子文会见罗斯福，并起草了一份复电，要求罗斯福召回史迪威，以抵制美国的强权政治和控制。蒋对赫尔利说，"中国军民恐不能长此

---

① 蒋介石复罗斯福电（1944 年 7 月 8 日），《中华民国重要史料初编——对日抗战时期》第三编（3）第 637 页。

② 罗斯福致蒋介石之备忘录（1944 年 9 月 18 日，中国时间为 19 日），《中华民国重要史料初编——对日抗战时期》第三编（三）第 658—659 页。

忍受美史等侮辱,殊为合作之障碍也"①。24 日又对赫尔利说,"军队乃国家命脉,而军队之指挥权乃操国家生死存亡之大事",自己不能不慎重处理。蒋要赫尔利转告罗斯福:"有三点不能稍事迁就:一、三民主义不能有所动摇,故不能任共产主义之赤化中国;二、国家主权与尊严不能有所损失;三、国家与个人人格不能污辱,即不能接受强制式之合作也。"②蒋甚至作了与美国断绝外交关系的准备,"美国态度之恶劣已至极点乎?过此惟有绝交之一途"。"万不料联盟战争,得此逆教与窘境。"③10 月 9 日蒋致电罗斯福,要求调回史迪威,另换他人④。赫尔利也致电罗斯福说:"如果总统在目前的争执中支持史迪威将军,我们将失去大元帅(指蒋介石),甚至可能也失去中国。"⑤美国政府对中国坚持抗日战争的伟大业绩是有相当认识的。1945 年1 月 6 日在美国总统罗斯福的国情咨文中也有这样的评价:我们"忘不了中国人民在七年多的长时间里怎样顶住了日本人的野蛮进攻和在亚洲大陆广大地区牵制住了大量的敌军"⑥。从美国在远东的政略和战略考虑出发,罗斯福于 10 月 18 日下令召回史迪威,改派魏德迈(Albert Coady Wedemeyer)继任。10 月 20 日史迪威愤然回国。不过蒋介石将 1945 年 1月 17 日打通的中印公路——西起印度东北、经过缅甸和滇西,东至云南昆明的交通要道,命名为"史迪威公路","以志其劳绩","决不以过掩其功"⑦,还是表现出了政治家的风范。

蒋介石和史迪威之间的矛盾,固然有两个人的性格与作风不合或者尊重与否的因素,主要的原因是美国和蒋介石之间对日作战的基本战略方针存在分歧。史迪威按照美国的战略方针,要求指挥中国一切抗日军队包括中共军队,积极有效地对日作战,牵制和歼击日军。蒋介石则力求最大限度地保存实力,指靠美、英打败日本,坐待胜利。从两国关系来说,中国不能忍

---

① 《蒋介石日记》(手稿本),1944 年 9 月 19 日,美国斯坦福大学胡佛研究所藏。
② 《中华民国重要史料初编——对日抗战时期》第三编《战时外交》(三)第 675 页。
③ 《蒋介石日记》(手稿本),1944 年 9 月 30 日。
④ 《中华民国重要史料初编——对日抗战时期》第三编《战时外交》(三)第 684 页。
⑤ 赫尔利致罗斯福电(1944 年 10 月 13 日),《美国对外关系文件》1944 年第六卷第 726 页。
⑥ 《罗斯福选集》第 480 页。
⑦ 《蒋介石日记》(手稿本),1945 年 1 月 26 日,美国斯坦福大学胡佛研究所藏。

受美国的强权政治,坚持主权独立,维护民族尊严,也是深层次的原因。罗斯福被迫召回史迪威,美国不仅未能实现控制中国军队的企图,也是对蒋介石指挥抗战从不满到妥协的一个标志。

六、拒绝赫尔利调停国共关系

当世界反法西斯战争的胜利曙光初现,美国对华政策的基本点,已经由支持中国内部团结、国共合作共同抗日以牵制并打击日军,转变为推行全球战略。这就需要中国成为美国与苏、英争霸的"远东稳定因素",因而极力维护蒋介石"统一中国"的领袖地位。赫尔利来华后,在协调史迪威和蒋介石关系的同时,也着手调处国共两党关系。他竭力帮助蒋介石在军事上和政治上都能够"统一中国"。

中国共产党主张国民党结束一党统治,由国民政府召集国事会议,组成各抗日党派的联合政府。1944年9月15日中共正式提出这一主张,得到各阶层人民的广泛支持,尤其是各民主党派的热烈响应。这与几天前美国国务院设想的中国建立一个联合权力机构,颇有一些相同之处。但是,蒋介石在回答美国大使高思的提问时,表示这"不是在目前应该做的事"[1]。赫尔利担忧蒋介石不能保持其领袖地位,积极奔走促进国共两党恢复谈判,与蒋介石反复商讨。10月20日,蒋介石审核赫尔利与中共的谈判条件。21日起连日与赫尔利讨论对共方针。11月3日晚,蒋介石与王世杰、张治中研究赫尔利赴延安的"利害问题"[2]。王世杰第二天对蒋说,赫尔利此项计划,一定事先征得罗斯福的同意,倘若此举终归无效,则美国政府对我们的疑惑当可稍减[3]。蒋介石经过反复考虑,觉得不论成败,皆是有益无害之举,"如其果能照其所言方针进行成功,则于我有益;若其调停失败,则于我无损,而避之拖延诡计可以暴露矣"[4]。11月6日晚,蒋介石召见赫尔利,告

① 《美国对外关系文件》1944年第6卷第573页。
② 《蒋介石日记》(手稿本),1944年11月3日。
③ 《王世杰日记》1944年11月4日,"中科院"近代史研究所1990年台北版。
④ 《蒋介石日记》(手稿本),1944年11月5日。

知谈判条件与注意各点。赫尔利于 7 日飞赴延安,与毛泽东等中共领导人进行了两天会谈,最后达成五点协议,确认国共两党的平等地位。其中协议第二点载明:"国民政府应即改组为一联合政府,由一切抗日政党及无党派之政治团体所派代表构成之,并应拟定及颁布一民主政策,就军事、政治、经济及文化各事项之改革方案予以规定。军事委员会亦应同时改组为联合军事委员会,由所有抗日军队派遣代表构成之。"①

赫尔利和毛泽东在五点协议上签字后,即返回重庆,但蒋介石看了后表示坚决反对。蒋对赫尔利说,他不愿造成类似南斯拉夫和波兰那种局面;如果接受五点协议,就意味着国民党彻底失败;他决不同意组织联合政府②。蒋介石责成国民党中央宣传部部长王世杰等人先后起草了两个反建议案交给赫尔利。赫尔利认为,五点协议可以达到控制中共军队的目的,对蒋介石的反对态度很不满意。然而赫尔利的使命本是支持蒋介石,帮助蒋"统一中国境内一切军事力量","防止国民政府的崩溃"③,因此轻易背弃了在延安签字的协议,反过来劝说中共放弃联合政府的主张,交出军队,然后参加军事委员会和行政院,并以可以得到美国援助和大量军火为诱饵。中国共产党拒绝同赫尔利做这种交易,赫尔利的调停失败。

1944 年 11 月 30 日,正式担任美国驻华大使的赫尔利,认为国民党不同中国共产党达成协议,就不能统一中国的军队;不在政治上做出一点让步,就不能控制联合起来的军队④。赫尔利反复劝说蒋介石,要蒋做出某些让步的表示,以换取中共交出军队。他甚至提出由美国军官指挥中共军队的方案⑤。由于中国共产党坚持废止国民党一党专政、组织联合政府的主

---

　　① 赫尔利与毛泽东签署之《中国国民政府中国国民党与中国共产党之协议》草案(1944 年 11 月 10 日),见《美国与中国的关系——着重 1944—1949 时期》(美国国务院白皮书),《中美关系资料汇编》第一辑第 142 页。

　　② 《驻华大使赫尔利致国务卿电》(1945 年 1 月 30 日),《美国对外关系文件》1945 年中国卷第 180—181 页。

　　③ 罗斯福致赫尔利的训令(1944 年 8 月 18 日),《美国对外关系文件》1944 年中国卷第 139 页。

　　④ 《驻华大使赫尔利致国务卿》(1945 年 2 月 7 日),《美国对外关系文件》1945 年中国卷第 192 页。

　　⑤ 《驻华大使赫尔利致罗斯福总统》(1945 年 1 月 14 日),《美国对外关系文件》1945 年中国卷第 174 页。

张,拒绝国民党方面粉饰性的让步和赫尔利的荒唐方案,蒋介石在赫尔利的敦促下,提出召开有各党派及无党派人士代表参加的政治协商会议的方案。但是,蒋介石仍然声称将召开国民党包办的国民大会,要改编中共军队并由美国军官指挥[①]。蒋介石维护国民党一党专政的立场丝毫没有改变。

七、蒙受雅尔塔协定的屈辱

1945年2月,美、英、苏三国首脑在苏联克里米亚半岛的雅尔塔举行会谈,讨论对德国的处置、成立联合国和远东问题等。这时,日本帝国主义虽已面临末日,但还有相当大的军事实力。美国严重打击了日本的海空军力量,使其陷于瘫痪,但未能损耗其强大的陆军力量。美国参谋总长马歇尔认为,美国要进攻日本本土使日本投降,估计要牺牲五十万人的生命。罗斯福为了争取苏联出兵对日作战,避免牺牲,与斯大林进行了单独会谈。苏方表示,在欧战结束后两个月或三个月,可以出兵参加对日作战,但必须重建1904年日俄战争之前俄国在东方的地位。苏方提出《斯大林元帅关于苏联参加对日作战政治条件草案》。美、英为了减少自己的牺牲,乃以牺牲中国的主权和利益为代价,与苏联于2月11日秘密签订了《三国关于远东问题的协定》(通称《雅尔塔协定》),许诺苏联参加对日作战的政治条件是:"(一)外蒙古(蒙古人民共和国)的现状须予维持";"(二)由日本1904年背信弃义进攻所破坏的俄国以前权益须予恢复",即交还库页岛南部及邻近一切岛屿,大连商港国际化,保证苏联获有优越权益,苏联恢复租用旅顺港为海军基地,中苏共同经营中长铁路等;"(三)千岛群岛须交予苏联"[②]。遗憾的是,已经是"大国领袖"的蒋介石,对于这样一个直接涉及中国主权的协定,不仅被排斥在外,而且被"保密"封锁。

雅尔塔会议及其协定,虽然对于协调盟国最后战胜德国和日本的战略计划,加速中国抗战和世界反法西斯战争胜利之到来,具有积极意义,但是

---

① 蒋介石:《宪政实施协进会第五次全体会议讲词》(1945年3月1日),《总统蒋公大事长编初稿》第五卷(下)第682页。

② 《反法西斯战争文献》第216—217页。

三个大国首脑背着主权国签订这种违反国际法准则、损害主权国权益的秘密协定，实是大国强权政治的一次丑恶表演。《协定》载明：这些协议"尚须征得蒋介石委员长的同意"，"美国总统将采取步骤以取得该项同意"。但是罗斯福至死①也未"采取步骤"。直到德国投降欧战结束的 1945 年 6 月，苏联催着要和中国谈判签约，美国新任总统杜鲁门（Harry S. Truman）才将这个《协定》的有关内容通知中国。蒋介石的民族自尊心和"大国领袖"自大感受到极大伤害，他痛苦不堪，"悲愤不知所至"②。但是他害怕失去美国对自己的支持，无力反对。在美、苏强权政治的压力下，6 月 27 日蒋介石派行政院长兼外交部长宋子文、青年军政治部主任蒋经国、外交部次长胡世泽、亚洲司长卜道明组成中国政府代表团，赴莫斯科与苏联谈判。经过长达一个半月的多次谈判，经过蒋介石批准，于 8 月 14 日由国民政府新任外交部长王世杰和苏联外长莫洛托夫签署了《中苏友好同盟条约》及几个协定，还互换了外蒙古问题的照会。蒋介石取得了苏联政府支持和援助"中国中央政府即国民政府"及"不干涉中国内政"、"战胜日本三个月之后从满洲撤退全部苏军"等承诺，但几乎全部接受了《雅尔塔协定》中有关损害我国领土主权的一系列规定③。在蒋介石看来，对苏联的妥协退让，不仅可以确保美国对自己的支持，还可以利用苏联承认自己的合法地位，使苏联不能支持中共，有利于自己对中共的斗争。可以看出，蒋介石的这一决断，更多的是从维护和巩固国民党的独裁统治出发的，而维护国家和民族的主权与利益的立场则很不彻底。

八、反对联合政府　坚持一党专政

在抗日战争即将取得最后胜利的前夜，蒋介石在重庆主持召开了国民

---

①　罗斯福 1945 年 4 月 12 日突患脑溢血症去世，由副总统杜鲁门继任美国总统。

②　《蒋介石日记》（手稿本），1945 年 6 月 15 日；《总统蒋公大事长编初稿》第五卷（下）第 726 页。

③　《中苏友好同盟条约》及其照会、协定全文，见《中外旧约章汇编》第 3 册第 1327—1340 页。中华人民共和国成立后，中苏两国政府于 1949 年 12 月 18 日重订了《中苏友好同盟互助条约》，对中长铁路及旅顺、大连权益等问题作出了新的规定，于二十世纪五十年代初期完全归还给了中国政府。

党第六次全国代表大会。当时,中国共产党、各民主党派和各阶层人民要求
废止一党专政、成立联合政府的呼声很高。中共中央主席毛泽东还在国民
党"六大"开会前夕开始举行的中国共产党第七次全国代表大会上,作了政
治报告,全面提出联合政府的政纲和基本政策。尽管如此,蒋介石认为他已
经得到美国完全支持国民党一党专政的国民政府的明确表示,只要作出将
要实施宪政的表示,就可以敷衍了事;重要的是要统一国民党上下的思想,
继续实行一党专政的统治,并最终以武力消灭共产党。国民党第六次全国
代表大会就是为此而召开的。

　　大会的第一天,蒋介石在开幕词中宣称:要在半年后召开国民大会,通
过"宪法",结束"训政","实施宪政","还政于民"①。变训政为宪政是全国
人民的愿望,然而这个国民大会的"代表"由国民党一手包办"选举"圈定,
"宪法"是以早在 1936 年由国民党公布的坚持一党专政、反对实行民主的
"五五宪草"为依据的,且"国民大会"的职权要由国民党中央执行委员会来
确定。"还政于民"的实质也就一目了然了。其实,这完全是为了拒绝和抵
制成立民主联合政府的主张,顽固坚持国民党一党专政独裁统治。蒋介石
认为组织联合政府,无异于推翻国民党执政的国民政府,是共产党和平夺权
的最后一步,他绝对不能接受。

　　在大会上,蒋介石公然说:"今天的中心工作,在于消灭共产党。日本是
我们国外的敌人,中共是我们国内的敌人。只有消灭中共,才能完成我们的
任务。"他分析"消灭中共"的有利条件说:"我们有二三百万精锐的军队,足
以消灭中共军队。我们的法币有十万万美金作准备,财政物价都不成问
题。"②国民党中央常务委员潘公展也在特别报告中说:"与中共斗争,无法
妥协,今日之急务,在于团结全党,建立对中共斗争的体系,即创造斗争条件
与环境,故必须在政治上军事上强固党的力量。"③

---

　　① 蒋介石:《第六次全国代表大会开会讲词》(1945 年 5 月 5 日),《中国国民党历次代表大会
及中央全会资料》下册第 903—905 页。
　　② 蒋介石:《军事政治经济党务之现状与改进的途径》(1945 年 5 月 18 日),国民党中央执行
委员会秘书处档案,中国第二历史档案馆藏。
　　③ 潘公展在国民党第六次全国代表大会上的特别报告(1945 年 5 月),国民党中央执行委员
会秘书处档案,中国第二历史档案馆藏。

国民党这种"在政治上与军事上"的"对中共斗争",在蒋介石的号召与指挥下加紧展开。蒋介石先于4月8日批准军令部的清剿"奸军"计划书,要求各战区务必于7月以前"集中全力以消灭奸匪之组织及武力"。各战区

抗战时期,蒋介石与龙云在一起。

便加紧了对中共武装的压迫与作战。国民党"六大"闭幕后两天,第三战区十个师的兵力就向苏浙地区的新四军进攻。7月,第二战区投入多个主力师与八路军作战不断。胡宗南调兵遣将兵分三路向陕甘宁边区的淳化一带一再进犯。抗战尚未取得最后胜利,内战的烽火已经燃起。

这年6月1日,蒋介石宣布了一个重要决定:自己不再兼任行政院长,同时免去了孔祥熙的行政院副院长职务,而由宋子文任行政院长、翁文灏任副院长。这个决定的要者是撤孔任宋。孔祥熙自1939年11月由行政院长

改任副院长后,虽然对蒋尚是服从听命,为抗战制订了一系列政策措施,如建立国库网、实施公库法、田赋征实等,保证抗战时期军政费用之需,但是他利用职权谋取私利发国难财。尤其是美金公债案,庇护下属贪官谋利,自己也从中获取巨利,引发舆论轰然。蒋介石感叹"其信望堕落至此,犹不知余往日维持之艰难也,可叹"①。蒋多次与之面谈,孔犹狡辩不已。蒋以自己"如此精诚待彼,为其负责补救,而彼仍一意狡赖,可耻之至"②。蒋痛感孔"无可理喻","贪劣不可救药"③,告诫自己"庸人不可与之再共国事也",颇感"撤孔之举犹嫌太晚矣"④。

九、迎来日本投降

世界反法西斯战争进入 1945 年后,在各个战场迅速推进。日本在太平洋战场连遭败绩,在中国大陆亦逐步收缩兵力,中国抗日军民乃在敌后战场和正面战场乘势不断发动攻势,收复了许多城镇。日本侵略军在印、缅战场的失败,放迫采取战略收缩,放弃湘桂线及粤汉线大部,将华南的主力部队向华中地区退集,准备转用于上海、山东半岛及朝鲜沿海,企图确保对华北和东北的占领。

蒋介石采纳魏德迈的建议,在加强装备前线部队的同时,调动美国航空队的飞机大规模空运部队,越过日军广西、衡阳之线,向湘西、粤北方面部署,为湘西大反攻——芷江作战和南下攻取广州,打开大陆出海口岸的战略计划作准备。

此时,日本侵略军在第二十军司令官坂西一良指挥下,出动八万余兵力,采取分进合击战术,向湘西进犯,企图夺取芷江机场,以阻止中美空军用以轰炸日本领土。4 月,蒋介石指挥第四方面军王耀武部、第三方面军汤恩伯部、第九战区薛岳部、新六军廖耀湘部分割包围敌军于雪峰山下,并主动

① 《蒋介石日记》(手稿本),1945 年 5 月 21 日,美国斯坦福大学胡佛研究所藏。
② 《蒋介石日记》(手稿本),1945 年 7 月 13 日。
③ 《蒋介石日记》(手稿本),1945 年 7 月 22 日。
④ 《蒋介石日记》(手稿本),1945 年 7 月 25 日。

主击,给敌军以重创。嗣后中美空军出动强大的空军机群,对日军地面部队实施猛烈轰击。这次湘西会战,我国军队聚歼日军两万八千余人,取得了抗战正面战场最后一次会战的完胜。

5月,国际形势迅速发展,德国投降。蒋介石下令沿海部队和广西部队展开反攻,连连奏捷:5月18日收复福州,5月27日收复南京,6月14日光复觉山,6月29日光复柳州,7月28日光复桂林。这期间,美国第十四航空队利用四川、云南、广西、湘西的空军基地,对日本本土实施不间断的轰炸,给日本以巨大威慑。

在敌后战场,中国解放区军民也展开了对日本侵略军的全面反攻。

7月26日,中、美、英三国政府发表《波茨坦公告》,促令日本投降。但是日本想观察苏联的动静再作定夺,声称对《公告》"不予理会";同时加紧部署军队,企图在中国大陆尤其是东北负隅顽抗。美国总统杜鲁门担心日本不接受《波茨坦公告》,战争还将继续展延下去。为了迫使日本早日放下武器,美国出动数百架飞机猛烈轰炸日本本土,并于8月6日和9日在广岛和长崎掷下两枚刚研制成功的原子弹,造成巨大伤亡。8月8日,苏联对日宣战,一百多万苏军进入我国东北,分兵四路对七十五万日本关东军展开强大攻势,使日本丧失了最后顽抗的基地。我国各路抗日大军迅速出击,大量歼灭日军。

急剧变化的战局,迫使日皇裕仁于8月10日召开御前会议,决定接受《波茨坦公告》,请求投降,但要求保留天皇制。同日,日本陆相仍"训示"日军继续作战到底。延至8月14日,日本再开御前会议,决定接受投降条款,次日广播《停战诏书》,宣布无条件投降,但是并未对其发动侵略战争认罪、悔罪。

8月10日蒋介石获悉日本乞降的消息后,当晚即指示陆军总司令何应钦命令敌军驻华最高指挥官维持现状,"不得向我已指定之军事长官以外任何人投降缴械"[1]。第二天,蒋发出三道命令:一是要国民党军队"加紧作战

① 蒋介石致何应钦之训令(1945年8月10日),《总统蒋公大事长编初稿》第五卷(下)第735页。

努力,一切依照既定军事计划与命令积极推进,勿稍松懈";一是命令伪军"应就现驻地点负责维持地方治安","不得受非本委员长许可之收编";再一个是要八路军"原地驻防待命",不得向敌伪区"擅自行动"①。这时,美国"采取了异乎寻常的步骤","利用日本军队阻止共产党人"②;同时派出大批飞机和海船,帮助蒋介石把长期散布在后方的国民党军队,急速运送到敌占

蒋介石发表了广播演说后步出广播大厦,受到民众欢迎。

区各大城市和战略要地,抢占胜利果实,接受日军投降,收编大量伪军。

8月15日,蒋介石发表广播演说,说"我国同胞必知'不念旧恶'及'以德报怨'为我民族传统至高至贵的德性",对日本侵略军"不要报复",不要"以暴行答复敌人从前的暴行";如果"以侮辱来答复他们以前错误的优越感,则冤冤相报,永无终止"③。

---

① 蒋介石致朱德、彭德怀电(1945年8月11日),重庆《大公报》1945年8月13日。
② 《杜鲁门回忆录》第2卷第72页,三联书店1974年版。
③ 蒋介石:《抗战胜利对全国军民及全世界人士广播演说》(1945年8月15日),见何应钦:《日军侵华八年抗战史》第353页。

应当指出的是,这一"以德报怨"的方针,是国民政府从战略上考虑中日两国未来长远关系所采取的决策。早在1944年的一份文件中就表示:日本为美国控制并非我国之福,削弱而独立的日本对于我国,相当于荷、比甚至法国之对于英国,有缓冲美国对我经济及政治压力之作用。因此,对日和约适可而止,使其对我悔、愧、感、敬。以德报怨,化敌为友,既足以表示我传统的泱泱大国之风,且能获得世界文化上精神上之领导权,以与美国之经济领导权相对抗①。

9月2日,在停泊于东京湾的密苏里舰上,举行了日本投降的签字仪式。

日军总参谋长小林浅三郎向中国战区陆军总司令何应钦呈递书。

中国人民艰苦奋战八年的抗日战争,终于取得了伟大的胜利,全国人民沉浸在无比的欢乐与喜悦中。这场关系到国家存亡、民族绝续的民族解放战争,中国人民以血肉之躯抗御敌人的钢铁炮弹,有几百万爱国将士献出了他们的生命,始终以贫弱的国力对抗野蛮的军国主义,历经失败、失地、流

---

① 《蒋中正总统档案·特交档案》对联合国外交014卷,08A/01503。台北"国史馆"藏。转引自王建朗:《信任的消失——从蒋介石日记看抗战后期的中美关系》,《近代史研究》2009年第3期第62页。

中国陆军总闻副参谋长冷欣将日本降书呈蒋介石。

蒋介石出席庆祝世界胜利日。

血、牺牲以及各种各样的艰难险阻,最终赢得了许多国家的尊敬和支持,在
经过四年半的独自苦战之后汇入了世界人民的反法西斯战争,使得为中华
民族生存而战的民族解放战争,升华到为全人类的自由、解放的正义战争,
终于取得最后胜利。这是中国人民一百多年来反对外敌入侵第一次取得完
全胜利的民族解放战争,捍卫了中华民族五千多年文明发展的光辉历史,开
启了古老中国凤凰涅槃、浴火重生的光明前景,对世界反法西斯战争和世界

和平也做出了无可比拟的贡献,对战后世界形势的发展产生了深远影响,为日本的改造和改革也创造了契机。作为中国的最高领导人蒋介石,在八年抗战中的功过是非,自应有恰如其分的评断。我们看到,他顺应抗日救亡的潮流,以民族大义为重,决定与共产党重新合作,促成民族抗日统一战线,团结各种力量共同抗日,指挥几百万军队在正面战场和敌后战场抗御日本侵略军,并积极联合世界上反法西斯国家共同作战,尽管有不少失策之举,然而始终坚持了抵抗战略,直到取得最后胜利。蒋介石在抗战期间对国家和民族以及世界反法西斯战争作出的贡献,是他一生可数的光荣篇章。当然,蒋介石及其国民党执政集团具有很大的局限性,在抵抗日本侵略时,实行片面抗战路线和消极防守的战略战术,部分军事将领更是消极避战、保存实力;在联共抗日的同时,又采取防共、反共政策,不断制造摩擦;始终坚持一党专政,强化独裁专制统治;在外交上则屈服于英、美、苏的强权政治;以及纵容官僚资本的膨胀而不顾人民的疾苦;等等。这不仅大大限制和降低了他在抗战中的功绩和贡献,而且还使国家和民族蒙受了许多不必要的损失,给人民增添了灾难和痛苦。蒋介石在胜利凯旋之际,未能正确把握时代的潮流和人民的意愿,一心想独占抗战胜利果实,建立新的独裁专制统治秩序,这就必然潜伏着发动全面内战而最后导致失败的危险。

第十八章　走向全面内战的深渊

一、在美国帮助下抢占胜利果实

抗日战争胜利后,中国社会的基本矛盾发生了变化,起着支配作用的主要矛盾,已经不再是中国和日本帝国主义之间的民族矛盾,而是以国民党蒋介石为代表的统治阶级和以中国共产党为代表的人民大众之间的矛盾。蒋介石要把中国建成一个继续由国民党一党专政统治的国家,而不允许中国共产党和人民大众实现人民民主、社会解放的愿望。蒋介石的这个目标,是符合美国意欲称霸世界的全球战略、特别是独占中国的远东战略的需要的,因而得到美国政府的支持。

抗战一结束,国共两党在对日受降及国内政治的一系列重大问题上,就发生了尖锐的冲突。蒋介石在划分受降区时,每一个受降区都委派了国民党的战区司令长官或集团军总司令为受降长官。但是国民党的主力部队,大都远在大后方的西南和西北,为不让中共因参与受降而得到应有的胜利成果,蒋介石力图排除中共参与接收的权利与可能。1945 年 8 月 11 日,他致电第十八集团军总司令朱德称:"所有该集团军所属部队,应就原地驻防待命,其在各战区作战地境内之部队,并应接受各该战区司令长官之管辖。"

國民政府委員會改組成立紀念攝影 三十六年四月言

1947年4月，国民政府改组后合影

1947年，蒋介石下令国民党军队对解放区
发动全面进攻

1948年5月20日，蒋介石与李宗仁在就职典礼上

蒋介石指挥国民党军队加速推进。还指示负责接收事宜的陆军总司令何应钦："对于非经政府指定之受降部队，如有擅自接受敌军投降，企图扰乱受降计划者，得下令惩罚之。"①美国驻华美军总司令魏德迈在蒋介石的要求下，按照杜鲁门的指令，动员了远东的所有海、空力量，将几十万散在后方的国民党军队，迅速运往南京、上海、北平、青岛、台湾和经秦皇岛至东北。在美国的帮助下，国民党军队得以控制重要交通线，抢占大中城市和战略要地，接受日军投降和收编几十万伪军。美国还直接派遣海军陆战队第三两栖部队，于9月初在中国华北沿海港口登陆，进占天津、北平、青岛、秦皇岛等地，控制机场和港口，以及天津至秦皇岛之间的交通线，然后移交给国民党军队，以阻止人民军队解放这些战略要地。美国还向国民党政府提供大量的军事援助，以便对"中国解放地区包括满洲与台湾在内的有效控制"②。在短短几个月中，美国即"赠予"一万五千辆军用汽车、七百架战斗机和运输机、价值一千七百六十六万美元的军需物资；并用美械装备给国民党军队武装了五十个机械化师（其中九个为半机械化师）。

这样，蒋介石及其国民党执政集团抢占了抗战的胜利成果，大大扩充和增强了军事实力，并将军队调集到靠近解放区的前沿地区，加剧了国共之间的矛盾。

此时，在重庆和大后方的大批国民党各级官吏，争先恐后地分赴各收复区，去接收敌伪的物资、产业。特务、军队、政府机关等各成系统，你争我抢，巧取豪夺，敲诈勒索，贪污盗窃，闹得不可开交。据国民党六届二中全会公布，短短几个月，共接收敌伪物资价值六千二百亿元③，实际上贪污盗窃之数远远超过此数。蒋介石指责接收工作"系统紊乱，权责不明，有利相争，遇事相诿，形成无组织状态"④，但是他无法制止所属各系统利用职权抢夺物资、企业、房产及贵重物品的混乱状况。老百姓称国民党的接收是"劫搜"，

① 《总统蒋公大事长编初稿》卷五（下）第785页。
② 杜鲁门就援华事项对宋子文的口头声明（1945年9月14日），《中美关系资料汇编》第1辑第953页。
③ 国民党六届二中全会决议案（1946年3月），中国第二历史档案馆藏。
④ 蒋介石致宋子文电（1945年12月19日），中国第二历史档案馆藏。

接收大员是"五子登科"(指抢占车子、房子、金子、票子、女子)。据当时担任北平行营主任的李宗仁后来回忆:"最令当时平、津居民不能忍受的,便是这批接收官员为便于敲诈人民故意制造恐怖气氛,随意加人以汉奸罪名而加以逮捕。一时汉奸帽子乱飞,自小商人以至大学教授,随时有被戴上汉奸帽子坐牢的可能。因而凡是抗战期间没有退入后方的人,都人人自危。"①魏德迈在给美国政府的报告中也说:"国民政府的胡作非为已经引起接管区当地人民的不满,此点甚至在对日战争一结束后,国民政府即严重地失去大部分的同情。"②这场接收使得已经日渐腐败的国民党一发不可收拾。蒋介石后来在寻找内战连连失败的原因时,曾经痛心疾首地说:"在接收时许多高级军官大发接收财,奢侈荒淫,沉溺于酒色之中,弄得将骄兵逸,纪律败坏,军无斗志。可以说我们的失败,就是失败于接收。"③

但是蒋介石不愿承认,正是他自己和国民党领导,以接收的名义,把日本侵略者和汉奸掠夺和榨取沦陷区人民血汗所建立起来的各种金融机构、工矿企业和商业贸易财产及大量土地,变成了"国营"、"党营",成为官僚权贵资本。他们还用压低伪币兑换法币的比率④对沦陷区人民进行剥夺,而后又用滥发法币、公债等手段扩大金融资本,使他们的资产陡然骤增达二百亿美元,从而形成国民党蒋介石统治的重要经济基础。要说国民党后来在大陆的完全失败,这次接收确是重要原因之一。

二、与毛泽东的重庆谈判

国民党抢占了大中城市和战略要地,接受和收编大批日伪军,获得美国军火和物资的巨额援助,接收大量的敌产等,一时貌似强大得很,发动内战、

---

① 《李宗仁回忆录》第 856—857 页。
② 《魏德迈向美国政府的报告》(1945 年 11 月 20 日),《美国与中国的关系》(白皮书),《中美关系资料汇编》第 1 辑第 192 页。
③ 宋希濂:《回忆 1948 年蒋介石在南京召集的最后一次重要军事会议实况》,《文史资料选辑》第 13 辑第 15 页。
④ 国民政府财政部 1945 年 9 月 27 日发布法币和伪中央储备银行券兑换比率为 1 元兑换 200 元,而实际比价是 1 比 25。

消灭共产党和人民武装的资本十分雄厚。然而,全国人民饱受多年战乱的痛苦,渴望和平建设国家,要求和平、反对内战的呼声很高,许多民主党派和爱国人士也纷纷发表宣言和谈话。美国政府出于对当时的国际形势以及中国人民和平愿望的考虑,也希望中国避免大规模武装冲突。他们设计的方案是:促使蒋介石让出部分权力给共产党,以换取共产党交出军队、取消解放区政权,把共产党统一到蒋介石的国民政府中来,使中国成为美国在远东抗衡苏联的可靠伙伴。鉴于内外形势,又因为发动全面内战还需要进行各方面的准备,蒋介石一时也就主动表示要同共产党进行谈判,以彰显自己的强大优势,迫使中共屈服。

1945 年 8 月 14 日、20 日、23 日,蒋介石连发三电,邀请中国共产党主席毛泽东与周恩来到重庆来商谈,谓"倭寇投降,世界永久和平局面可期实现。举凡国际国内各种重要问题,亟待解决,特请先生克日惠临陪都,共同商讨"①,"如何以建国之功收抗战之果,其有赖于先生之惠然一行,共定大计"②,并说"已准备飞机迎迓"③。中共中央和毛泽东连日经过反复商讨,并在斯大林的推动下,于 8 月 28 日由美国驻华大使赫尔利和国民政府军事委员会政治部长张治中陪同,毛泽东率中共代表团,乘专机抵达重庆。蒋介石于 8 月 26 日考虑了"与毛商谈要目与方针",包括"共部之处理"、"国民大会办法"、"参加政府办法"、"释放共犯办法"等诸项④。27 日则确定"对共方针,决予其宽大待遇,如其果长恶不悛,则再加惩治犹未为晚也"⑤。28 日,蒋召集五院院长等干部会议讨论谈判方针,决定"以诚挚待之","政治与军事应整个解决,但对政治之要求予以极度之宽容,而对军事则严格之统一,不稍迁就。"⑥他把这个方针归纳为三点:"一、不得以现在政府法统之外来谈改组政府问题——即其所谓召集党派会议讨论国是,组织联合政府也;二、不得分期或局部解决,必须现时整个解决一切问题;三、归结于政令、军

①　蒋介石致毛泽东电(1945 年 8 月 14 日),重庆《中央日报》1945 年 8 月 16 日。
②　蒋介石致毛泽东电(1945 年 8 月 20 日),重庆《中央日报》1945 年 8 月 21 日。
③　蒋介石致毛泽东电(1945 年 8 月 23 日),重庆《中央日报》1945 年 8 月 25 日。
④　《蒋介石日记》(手稿本),1945 年 8 月 26 日。
⑤　《蒋介石日记》(手稿本),1945 年 8 月 27 日。
⑥　《蒋介石日记》(手稿本),1945 年 8 月 28 日。

令之统一,一切问题必须以此为中心也。"①

蒋介石和毛泽东的重庆谈判,一时给国人带来了和平建国的希望。

　　期间,蒋介石同毛泽东直接进行了几次会晤和谈判。同时,派出国民党中央宣传部长兼国民政府外交部长王世杰、成都行营主任兼四川省政府主席张群、国民参政会秘书长邵力子、军事委员会政治部长张治中四人作为政府代表,与中共代表周恩来、王若飞进行具体会谈。在会谈中王世杰、张群

等人没有提出具体方案来,只是对中共方面提出的方案提出反对意见。9
月 4 日,蒋介石在听了张群等人的汇报后,针对毛泽东于 2 日提出的八项原
则意见以及 3 日周恩来提出的十一项方案①,拟定《对中共谈判要点》:"一、
中共军队之组编,以十二个师为最高限度。驻地问题可由中共提出具体方
案,经双方商讨决定;二、承认解放区,绝对行不通。只要中共对于军令政令
之统一能真诚做到,各县行政人员经中央考核后,可酌予留任,省级行政人
员亦可延请中共人士参加;三、拟将原国防最高委员会改组为政治会议,由
各党派人士参加。中央政府之组织与人事,拟暂不动,中共方面如现在即欲
参加,可予以考虑;四、原当选之国民大会代表,仍然有效。中共如欲增加代
表,可酌量增加名额。"②蒋介石把《要点》交给张群等人,责成他们据此拟出
回答中共的复案。

　　国共双方谈判的焦点是解放区政权和人民军队两个问题上。蒋介石是
欲在谈判桌上取消共产党领导的十九个解放区政权和一百二十万正规军、
二百二十万民兵,只给几个官职了事。他始终坚持"军令政令统一",一再要
共产党"放弃地盘","交出军队"。他甚至对周恩来说:"盼告诉润之,要和,
就照着条件和,不然,请他回延安带兵来打。"嗣后毛泽东当面回答蒋介石
说:"现在打,我实在打不过你,但我可以对日敌之办法对你,你占点、线,我

---

　　① 毛泽东的八项原则意见,是 9 月 2 日向王世杰提出的,内容如下:"一、在国共两党谈判有
结果时,应召开有各党各派人士代表参加的政治会议;二、在国民大会问题上,如国民党坚持旧代表
有效,中共将不能与国民党成立协议;三、应给人民以一般民主国家人民在平时所享有之自由,现行
法令当依此原则予以废止或修正;四、应予各党派以合法地位;五、应释放一切政治犯,并列入共同
声明中;六、应承认解放区及一切收复区内的民选政权;七、中共军队须改编为四十八个师,并在北
平成立行营和政治委员会,由中共将领主持,负责指挥鲁、苏、冀、察、热、绥等地方之军队;八、中共
应参加分区受降。"9 月 3 日周恩来提出中共拟定的十一项方案要点是:"一、确定和平建国方针,以
和平、团结、民主为统一的基础,实行民国十三年(国民党第一次全国代表大会)宣言中的三民主义;
二、拥护蒋介石的领导地位;三、承认各党派合法平等地位并长期合作和平建国;四、承认解放区政
权和抗日军队;五、严惩汉奸、解散伪军;六、重划受降地区,中共应参加受降工作;七、停止一切武装
冲突,令各部队暂留原地待命;八、结束党治过程中,迅速采取必要措施,实行政治民主化、军队国家
化、党派平等合作;九、政治民主化;十、军队国家化;十一、党派平等合作。"《重庆谈判纪实》第
190—191 页,重庆出版社 1983 年版。
　　② 《重庆谈判纪实》第 192 页。张治中在《七十回忆·我与中共》(《重庆文史资料选辑》第 7
辑)中录有《对中共谈判要点》全文。

占面,以乡村包围城市。"①为了谋取国内和平,中共在谈判中作出较大让步,表示解放区的军队,可以从初先提出的四十八个师缩编为二十四个师以至二十个师;解放区可以让出八个。但双方仍然有很大距离,谈判旷日持久。

此时,蒋介石为了给谈判施加压力,调兵遣将,向解放区大举进攻。中共武装力量自卫反击,在晋东南长治、豫西等地歼灭大量国民党军队。蒋介石的军事施压没有成功,谈判仍然继续进行。

令人意想不到的是,蒋介石于9月末10月初去西昌"休息"时,曾动念要扣留和"审治"毛泽东。他在9月29日的日记中,洋洋洒洒地写下了中共和毛泽东的十一条"罪恶"②。只是他吁衡国际形势,"俄是否因此借口毁其盟约义务?促使蒙疆内侵与久踞东北?果尔,则国际形势犹能容忍否?又美国舆论与政策,是否因之改变,弃绝我国不再予以接济乎?"③还想到国内各界必然会产生强烈反应,何况赫尔利对毛泽东的安全作出了保证。经过反反复复的"郑重考虑",10月6日他醒悟到"不敢稍有孟浪"④。

历史有时候就是这样奇怪:几天后的10月10日,蒋介石在发布国民政府对抗战文武有功人员授予"胜利勋章"的名单中,不仅加进了朱德、彭德怀、叶剑英三人,还加进毛泽东、董必武、邓颖超。他在日记中说:"双十节授勋,特将共朱、毛等姓名加入,使之安心。"⑤把勋章挂在内心认为有"滔天罪恶"的政敌身上,正是蒋介石这位政治人物复杂人格的真实写照。

在全国人民要求和平建设的强大浪潮推动之下,双方经过前后四十三天的商谈,终于在10月10日签署了《政府与中共代表会谈纪要》(即《双十协定》)。蒋介石承认了中共提出的"和平建国方针",中共方面承认"蒋主席领导"。在《纪要》中规定了双方"必须共同努力,以和平、民主、团结为基础,并在蒋主席领导之下,长期合作,坚决避免内战,建设独立、自由和富强的新

① 见蒋匀田:《中共近代史转折点》,香港友联出版有限公司1976年版。蒋匀田当时是民社党负责人之一,1945年9月24日在重庆会见毛泽东时,毛告诉他这段话的。"润之"是毛泽东的字。
② 《蒋介石日记》(手稿本),1945年9月29日。
③ 《总统蒋公大事长编初稿》卷5(下)第837页。
④ 《蒋介石日记》(手稿本),1945年10月6日"上星期反省录"。
⑤ 《蒋介石日记》(手稿本),1945年10月13日"上星期反省录"。

中国"；并确认"政治民主化、军队国家化和党派平等合作，为达到和平建国必由之途径"。国民政府代表在《纪要》中表示："应保证人民享受一切民主国家人民在平时应享受"之自由，"废止或修正"不合此原则之现行法令；"即行承认""各党派在法律之前平等"；严禁特务机关"拘捕、审讯和处罚人民"；释放政治犯；"推行地方自治"以及召开政治协商会议；等等。

但是，前后四十三天谈判中反复争论的解放区军队和政权两大问题，仍未获得解决，蒋介石仍强调"军令政令统一"，对于中共先后提出的四个方案，均予拒绝，只是在《纪要》中载明"继续商谈"①。

在《会谈纪要》签订前后，蒋介石与毛泽东多次会晤，表示"国共非彻底合作不可，否则不仅于国家不利，而且于共党有害"。蒋甚至对毛泽东说："我们二人能合作，世界就好办"，"国共两党，不可缺一，党都有缺点，都有专长。我们都是五六十的人了，十年之内总要搞个名堂，否则对不起人民。"②但是10月11日晨蒋介石与毛泽东离渝前的最后一次会谈中又强硬表示：在解放区问题上决不再作让步③。两天前与毛泽东的会晤中，蒋已经彻底道出了心声：中共"对国内政策应改变方针，即放弃军队与地盘观念，而在政治与经济上（同国民党）竞争，此为共党今后唯一之出路"④。这还是当年"溶共"的基本思路。

更严重的是，蒋介石并没有把这个《会谈纪要》放在眼里。就在《纪要》签字的第三天，他发出密电，下令国民党将领"遵照中正所定《剿匪手本》，督励所属，努力进剿，迅速完成任务"⑤。八十万国民党军队出动进攻解放区，在津浦、平汉、同蒲、平绥各路沿线展开广泛的攻击，力图控制华北平原，夺取通向东北的道路。11月9日至16日，蒋在重庆主持召开军事会议，部署国民党军队在六个月内击溃八路军、新四军主力，然后分区"围剿"。

蒋介石的内战政策，完全违背人民的意愿，各阶层人民掀起了反内战争

① 《政府与中共代表会谈纪要》（1945年10月10日），重庆《新华日报》1945年10月12日。
② 《胡乔木回忆毛泽东》第422页，人民出版社1994年版。
③ 《重庆谈判纪实》第228页。
④ 《蒋介石日记》（手稿本），1945年10月9日。
⑤ 蒋介石致胡宗南等电（1945年10月13日），摘自胡宗南致高树勋电（1945年10月24日），延安《解放日报》1945年11月7日。

民主的爱国运动。在重庆的各民主党派纷纷发出呼吁,强烈要求停止内战,反对用武力来解决党争。各界代表于 11 月 19 日组成"反内战联合会"。成都各大学二十一个团体联名发表《制止内战宣言》。昆明六千余师生 11 月 26 日举行反内战"时事晚会",但遭到国民党武装军警的包围和开枪威胁。12 月 1 日罢课的学生被血腥镇压,酿成震惊全国的"一二一"惨案。

全国人民的和平愿望与蒋介石的内战政策发生尖锐的冲突。

三、马歇尔使华与政协会议

中国的严重局势,引起了世界各国的普遍关注。1945 年 12 月,美、苏、英三国外长在莫斯科举行会议,"重申坚持不干涉中国内部事务之政策",同意"在国民政府下,有一统一与民主之中国,国民政府各级机构中民主党派之广泛参与以及内部冲突之停止,均属必要"[①]。美国政府在国际舆论维护和平以及中国人民反对战争的压力之下,确定了调解国共两党争端的对华政策。美国总统杜鲁门任命原陆军参谋总长马歇尔(George catlett Marshall)为总统特使来华,要他"努力说服中国政府,召开一个包括主要党派的代表所组成的全国会议,以获致中国的统一,同时实行停战,特别是在华北要实行停战";"以适当而可行的方式,运用美国的影响","尽快地以和平民主的方式达到中国的统一"[②]。杜鲁门同时发表了《关于美国对华政策的声明》,说"目前中华民国国民政府为中国唯一的合法政府,为达到统一中国目标之恰当机构";如果将"这个政府的基础加以扩大,容纳国内其他政党派的话,即将推进中国的和平、团结和民主的改革"。《声明》还说:"自治性的军队例如共产党军队那样的存在,乃与中国政治团结不相符合,且实际上使政治团结不能实现。"[③]明白地交代了马歇尔使华的任务,乃是要全力支持蒋介石的政府统一全中国,只不过不要用战争而是用"民主改革"的方式,

----

① 《国际条约集》(1945—1947)第 125 页,世界知识出版社 1959 年版。
② 杜鲁门给马歇尔的训令(1945 年 12 月 15 日),《中美关系资料汇编》第 1 辑第 626 页。
③ 杜鲁门:《关于美国对华政策的声明》(1945 年 12 月 15 日),《中美关系资料汇编》第 1 辑第 628—629 页。

把共产党和其他党派容纳到蒋介石的政府中去,以换取共产党交出军队、取消解放区政权。概而言之,即是扶蒋容共。

蒋介石希望马歇尔来华调解国共争端,帮助自己压服对方。

　　蒋介石对于马歇尔使华抱有希望。他相信马歇尔对自己"支持与援助为全面的与无条件的"[①]。他需要一个美国总统特使来帮助自己压服中共;至少可以利用马歇尔调停的机会,争取时间完成全面内战的准备,把一百多万军队运到内战前线去。在马歇尔12月21日到南京的当天,他立即接见,表示同意在马歇尔的调处下,与中共谈判停战问题。他告诫马歇尔:"中国所以不能统一,乃由中共拥兵割据,仰承苏联鼻息,其同意和谈乃在争取时间。政府必须迅速收复华北,方能促使中共言和。"[②]

　　12月27日,国共双方重开谈判。经过几度商谈,于1946年1月5日达成了《关于停止国内军事冲突办法的协议》。根据《协议》,于1月7日组

---

　　① 国民党中央宣传部"极机密"文件,国民党中央党部档案,中国第二历史档案馆藏。
　　② 《总统蒋公大事长编初稿》第五卷(下)第907页。

成了由马歇尔担任主席、周恩来、张群参加的三人军事小组。1月10日又签署了《关于停止国内冲突的命令和声明》,决定由蒋介石和毛泽东分别向各自的军队发布"一切战斗立即停止"的停战令,于1月13日午夜零时起生效。许多地方武装冲突不断的局面暂时得到缓和。

但是蒋介石在发布停战令之先,已于1月7日向国民党军队的高级将领们下达密令:"政治协商会日内开会,我军应于停战令未下前占领有利地点,已下令前进至某地而尚未到达者应催促其星夜前进,其尚未缴械地区速令当地驻军即行缴械,免被奸军利用。行动务希秘密迅速,免资共方借口。"①他特别指出:"应速抢占战略要点,尤其是热河方面,最好于停战命令前占领承德,否则亦必迅速抢占古北口、建平及凌源为要"②。在停战令下达后,蒋介石仍命令军队进占山东济南。

蒋介石加紧了局部内战的步伐。他命令国民党军队以"接收"的名义,向解放区发动进攻,以求在战略地位上占取有利态势。至5月20日的短短几个月中,国民党军队就发动了"大小进攻达三千六百七十五次之多,使用兵力共为二百五十八万余人,强占解放区村镇两千零七十七个,县城二十六座"③。对于东北,更是借口停止冲突的命令和声明中有"对国民政府军队为恢复中国主权而开入东北九省境内调动,并不影响"④的规定,将大批军队开赴关外,攻城夺地,强行从中共军队手中夺取四平、长春等战略要地。

在达成停战协议的1月10日,按照国共双方重庆谈判的协定,政治协商会议正式举行。参加会议的三十八名代表中,除国民党八人、共产党七人外,还有中国民主同盟九人、青年党五人和无党派民主人士九人。蒋介石主持会议开幕式,他致词说:这次会议将商讨"国家由战时渡到平时、由抗战进到建国的基本方案",国民政府将要实施重庆谈判《纪要》中载明的"人民享

① 蒋介石子阳电(1946年1月7日),见《新华社记者评〈军调部一年工作总结〉》,延安《解放日报》1947年1月20日。
② 孙连仲向第十一战区转达"委座手令"(1946年1月12日),延安《解放日报》1947年1月20日。
③ 《中共代表团发言人就目前时局在南京发表谈话》(1946年6月14日),延安《解放日报》1946年6月19日。
④ 《关于停止国内冲突的命令和声明》(1946年1月10日),重庆《中央日报》1946年1月11日。

有身体、信仰、言论、出版、集会、结社之自由,现行法令依此原则,分别予以废止或修正";"各政党在法律之前一律平等,并得在法律范围之内公开活动";"积极推行地方自治,依法实行由下而上之普选";"政治犯除汉奸及确有危害民国之行为者外,分别予以释放"①。

蒋介石同意召开政治协商会议,原本是为了应付国内外的舆论,掩饰其部署全面内战的真相。他在会前还支持曾琦及其青年党从民主同盟中分裂出来,在政协中占有五个席位。他又拉拢张君劢、张东荪,竭力鼓动国社党②也分裂出来,以便于自己操纵政协会议,可以任意通过一些决议压制共产党。中共积极联合民盟和无党派的民主人士共同努力,以争取和平和团结的诚意,申述了基本主张,对军队国家化和政治民主化的具体方案,在协商中作出了一些让步。政协会议最后通过了五项协议:公平合理地整编全国军队;修订宪法草案中的国会制、内阁制、地方自治的原则;各民主党派参加政府;国民大会增加代表名额,制定民主宪法;《和平建国纲领》规定"政治民主化"、"军队国家化"、党派平等合作等原则和政府改组后的施政方针。这几项协议,实质上否定了国民党蒋介石的独裁统治及其内战政策,否定了国民党训政的法规。

对于政治协商会议的五项协议,在 1 月 31 日的闭会词中蒋介石表示"都是可信可行的","政府必然十分尊重,一俟完成规定手续以后,即当分别照案实行"。他还说,自己"无论在朝在野,均本着公民应尽的责任,忠实的、坚决的遵守"③。可是一个月后的国民党六届二中全会会上,出现的完全是另一种声音。国民党领导层中有些人,强烈反对政协协议,声言应当大力"剿匪"。陈果夫先前即写信给蒋介石说:政协协议使"共产党已得到好处,本党已受害"。他还说,"中国如行多党政治,照现在党政军均未健全之际,

————————

① 蒋介石:《政治协商会议开会词》(1946 年 1 月 10 日),《先总统蒋公全集》第 1795—1797 页。

② 国社党全称中国国家社会党,成立于 1931 年 10 月,成员多为上层的知识分子和政界人士。1939 年 10 月与青年党、第三党、救国会、中华职业教育社等共同组成统一建国同志会(以后演变成中国民主政团同盟、中国民主同盟)。1946 年 8 月,国社党与民主宪政党合并,改称中国民主社会党;11 月脱离民盟,参与国民党召开的"国民大会"。

③ 蒋介石:《政治协商会议闭会词》(1946 年 1 月 31 日),《先总统蒋公全集》第 1798—1800 页。

颇有蹈覆辙之可能",要蒋"临崖勒马,另行途径"①。蒋介石劝他们"切不可作片面的观察,感情用事,凭幻想和主观来决定行动,以致破坏整个的政策和终极的目标",而打乱自己的整个部署。但他对政协的五项协议也有许多反悔,如说政协会议所决定的"修改宪草原则有若干点实在与五权宪法的精神相违背","我们要把握住重要之点,多方设法来补救,务使宪草内容能够不违背五权宪法和建国大纲的要旨"②。六届二中全会最后通过《关于政治协商会议之决议案》,宣称:对于国民党的领导地位和路线政策,绝不容许社会各界和各政党有所违背。全会还根据蒋介石的提议,决定恢复中央政治委员会,并将中政会的权力置于国民政府委员会之上,由中政会"指导"国民政府的工作。总之,国民党六届二中全会作出的一系列决议,实际上推翻和否定了政治协商会议的五项协议。蒋介石又于4月1日在国民参政会四届二次会议上的政治报告中说:"政治协商会议在本质上不是制宪会议,政治协商会议关于政府组织的协议案,本质上绝不能代替约法结束训政的步骤";"如政治协商会议果真成为这样一个性质的会议,我们政府……是决不能承认的"③。这就完全否定了政协会议及其协议了。出面调停国共冲突的马歇尔深知,"在对政协决议问题的任何考虑中,蒋介石委员长的态度都是极为重要的"。他也看到:"对履行政协决议唯一的反对来自一些国民党内的重要而有实力的人物,这似乎是无疑问的。"④

马歇尔调处国共冲突的最初三个月里,表示了一种和平民主的愿望,并以仲裁人的姿态出现。在他的参与和调停下,国共两党先后达成了《关于停止国内军事冲突办法的协议》(1月25日)、政协五项协议(1月31日)、《关于军队整编及统编中共部队为国军的基本方案》(2月25日)、《东北停战协

① 陈果夫日记(1946年1月22日),转引自《陈果夫传》第935页,台湾正中书局1980年版。
② 蒋介石:《认识环境及遵循政策的必要》(1946年3月4日),国民党中央党部档案,中国第二历史档案馆藏。
③ 蒋介石在第四届参政会第二次大会上的政治报告(1946年4月1日),《总统蒋公大事长编初稿》第六卷(上)第92页。
④ 马歇尔出使中国向美国国务院的报告书,《马歇尔使华》第85页,中华书局1981年版。

议》(3月27日)①,并建立了三人军事小组和由三方代表组成的北平军事调处执行部。但是美国政府的对华政策是:一面调处争端,一面又单方面给蒋介石大量的军事、经济"援助",大大增强了国民党发动全面内战的实力。事实上前者是做给世人看的,后者乃是它全球战略的具体实施。就在马歇尔调处期间,美国方面用飞机、军舰把国民党军队的十四个军、八个交警总队共五十四万多兵力运至内战前线;并帮助装备了五十四个师,训练军官、特务、军医、军需等各类人员达十五万名;给了远比抗战八年还要多的美援②。

蒋介石对于美国政府的两面政策心领神会,越来越不把马歇尔的调处放在眼里,一再毁弃马歇尔参与签订的一系列协议。3月11日至4月18日马歇尔返美期间,蒋介石全然不顾《停战协议》,大量运兵进驻东北,引起军事冲突。他指示熊式辉,对南满暂取守势,而用全力向长春挺进。熊乃将东北作战部署分为南北两条战线,南线以沈阳为中心向周边扩展,先后占领辽阳、抚顺、鞍山、海城、营口等城。北线沿中长路北进,先后占铁岭、开原、昌图等城,4月中旬进至四平外围。4月9日,蒋介石向美国记者表示,他"决心要消灭共产党,现在只看美国的态度如何"③。马歇尔4月18日回到中国后,眼看东北的军事冲突日益扩大,内战大有一触即发之势。他一方面要求于4月18日进占长春的中共军队撤出长春,另一方面要求蒋介石命令国民党军队停止进攻。但蒋介石在中共军队5月23日撤出长春后,立即亲赴沈阳、长春,筹划依靠武力夺取整个东北。5月31日马歇尔致电蒋介石说:"我必须重申:在政府军队在满洲继续前进的情况下,我的调解工作不仅日益困难,而且即将达到这样的地步:我的正直诚实的地位要成为严重的疑问了。"④蒋介石和马歇尔反复商谈后同意东北暂时休战,但表示只能以十天为限。

5月1日,蒋介石离开战时陪都重庆,于5日一身戎装在南京主持"还

---

　　① 《东北停战协议》先在马歇尔3月11日返美前由三人军事小组会议商谈;以后由马歇尔之代表吉伦参加继续商谈,于3月27日达成协议。

　　② 1946年1至5月间,经过美国国务院及海军系统供给国民党政府的物资,据杜鲁门的声明,即达13亿美元之多。见《七个月总结——评马歇尔、司徒雷登联合声明》,延安《解放日报》1946年8月14日。

　　③ 引见《七个月总结——评马歇尔、司徒雷登联合声明》,延安《解放日报》1946年8月14日。

　　④ 《马歇尔使华》第143页。

1947 年 4 月，国民政府改组后合影。

都典礼"。他发表"训词"，要求国民"明礼义"、"知廉耻"、"明责任"、"守纪律"①。他加紧发动内战的部署。在马歇尔调停下，蒋介石于 6 月 5 日与中共谈判协议东北停战十五天，但他提出许多苛刻要求。马歇尔说他所获得的结论是："不管是什么原因，看来清楚的是，在休战期间的谈判中，共产党是比较愿意就停止冲突达成协议的，而政府则提出如此苛刻的条件，共产党接受这些条件是不大可能的。看来同样的是，某些国民党文武领袖的力量和权力是以武力解决为目标的，他们的信念是，全面战争要比目前伴之以经济与政治停滞的半战争状态为好。"②马歇尔的上述结论，是他在中国调处半年，与国共两党领袖广泛相处，周密观察之后获得的，在某种程度上反映了当时的历史真相。

四、挑起全面内战

蒋介石和国民党的文武领袖们，自恃经过近一年的紧张准备，已经具有

---

① 蒋介石：《在首都庆祝还都大会致词》(1946 年 5 月 5 日)，《先总统蒋公全集》第 1817 页。
② 马歇尔出使中国向美国国务院的报告书，《马歇尔使华》第 190 页。

进行全面战争以"武力解决"共产党的实力了。经过扩充和收编,手中握有四百几十万国民党军,其中正规部队二百四十八个师(旅),计二百万人,包括一批有美械装备的精锐部队;占有三亿三千万人口的全国四分之三地区,控制了工商业比较发达的各主要城市和交通要道,拥有一千五百零九座县以上城市(占全国二千零九座的四分之三)和一万六千七百四十三公里铁路(占全国二万六千九百二十二公里的 62%),经济实力甚为雄厚;得到了美国军事和财政上的巨大援助,还接收了一百万日军的全部武器装备,以及难

蒋介石自认为内战胜利在握,闲暇之时便与宋
美龄在家读书玩狗自娱。

以数计的敌伪资产。

的确,从实力看,蒋介石国民党占了明显的优势。当时中国共产党的六十一万野战部队加上地方部队总共只有一百二十七万人,武器装备是"小米

加步枪";解放区的人口只一亿三千万,面积只占全国十分之一,多为经济贫
瘠地区,生产力水平低下。蒋介石趾高气扬,认为可以在三至六个月的时间
里,就能把共产党的所有军队消灭干净。他调集正规军一百九十三个师(时
称整编旅)一百五十八万兵力(占其正规军总数的近八成)开赴内战前线,计
划在6月份用四十八个小时歼灭中原解放军,7月份用两个星期占领苏皖
解放区,8月份用三个星期打通津浦线和胶济线,9月份消灭冀热辽和晋冀
鲁豫解放区,然后摧毁所有的解放区,"清剿"剩余的共产党军队。担任参谋
总长的陈诚公开发表谈话,扬言可以在两个月内消灭苏北的共军,五个月内
完全解决中国共产党的军事力量。

6月26日,郑州绥靖公署主任刘峙在蒋介石密令指挥下,统率十二个
军(时称整编师)三十万兵力进攻中原解放区,在宣化店点燃了全面内战的
战火。7月12日,五十万国民党军队又大举进攻苏北解放区。对晋冀鲁
豫、晋察冀、东北等地的解放区,也先后发起了攻击。全面内战就此爆发。
在内战爆发之初,国民党军采取全面进攻的战略。

对于蒋介石发动的全面内战,美国政府迅速调整对华政策,从对苏联冷
战、争夺中间地带的战略需要出发,由"扶蒋容共"转为"扶蒋反共"。美国政
府表面上作出一些姿态,杜鲁门说他"动摇"了对蒋介石的信心,要"重新解
释"对华政策[1],同时宣布马歇尔调处失败。但在实际上美国立即给予蒋介
石和国民党政府更多的军火"援助"。就在向中原解放区发动进攻的第二
天,即6月27日,美国国务院批准替蒋介石的国民党政府建立八队多的空
军。6月28日,又批准了一个秘密军事协定,供给一千架飞机、七千多门大
炮和其他大批军火。7月16日美国国会批准免费赠给二百七十一艘舰艇。
8月30日原美国第十四航空队少将司令陈纳德(Claire Lee Chennault)[2]奉
派到中国组织"民用航空公司"帮助空运部队和军火。8月31日美国政府
又决定将在西太平洋的价值八亿多美元的军用物资以一亿七千五百万美元
售给国民党政府,帮助装备起"快速机械化部队"。据统计,美国给予蒋介石

---

[1] 杜鲁门致蒋介石电(1946年8月10日),《中美关系资料汇编》第1辑第671页。
[2] 陈纳德在抗战前夕应邀来华训练中国空军,后组织"美国志愿飞行团"(又称飞虎队)援助
我国抗战;太平洋战争爆发后,任美国驻华空军司令。

的国民党政府的物资援助和财政贷款,至此已达到五十九亿美元。

这时的蒋介石,真可谓龙骧虎视,不可一世。8 月 13 日他在庐山发表了《告全国同胞书》,说内战的爆发是由于共产党"不顾信守","拥有其独立的武力,自立行政系统,自征人民赋税,自处于国家政令以外";他所以要发动全面内战是"要中共放弃武力"①。他凭借强大的军事实力,全面进攻解放区。中国共产党为保存有生力量,不争一城一地之得失,主动进行战略转移,大踏步后退。因此在头四个月,国民党军队在各线推进很快,不断侵占解放区的城镇。

一时的"胜利",使蒋介石和国民党文武高官陶醉在凯歌捷报声中。10月 11 日进占华北重镇张家口,国民党军队的全面进攻达到顶点。陈诚 10 月17 日在北平对中外记者发表谈话说,战事"三个月至多五个月便能解决",国内交通"任何一线均可于两周内打通"②。蒋介石 10 月 18 日在南京召开军事会议,宣称要在五个月之内打垮中共军队。他下令对东北各解放区发动大规模攻击,并调大军包围陕北解放区。但是中国共产党的武装部队以机动灵活的运动战和游击战,集中优势兵力歼敌有生力量,使国民党军队伤亡很大。至 1947 年 2 月的 8 个月中,经过一百六十多次大小战斗,国民党军队被歼六十七个旅七十一万人;虽然占领了一百零五座城市,但分兵把守,兵力分散,能用于进攻的兵力不多。国民党军队的阵线虽然向前推进了许多,但只是占了一些线和点,只能集中兵力驻守于城镇要地。

五、假言"宪政"的国民大会

全面进攻的暂时得手,使蒋介石加快了政治上加强专制统治的步伐。就在占领张家口的消息传来之日,蒋介石兴奋异常,于当天下午即发布命令说,国民大会定于 11 月 12 日正式召开。他认为一旦开成了"国民大会",制定了宪法,他的统治就有了法律的依据,就不是党治而是"法治"了,就"合

---

① 蒋介石:《日本投降周年告全国同胞书》(1946 年 8 月 13 日),南京《中央日报》1946 年 8 月 14 日。

② 《中央日报》1946 年 10 月 18 日。

法"了,也"民主"了,在国际上更可以抬高自己的地位,有利于取得美国的更多援助。因此,为召开这个国民大会,他不遗余力。

国民大会的召开和宪草的修改问题,在年初的政治协商会议上,各方面人士曾经有过深入的商讨,最后达成协议:国民大会的召开,应当是在全国和平的环境之下,由改组后的政府负责召集,各党派共同参加,日期由各方协商确定;至于国民大会要通过的宪法,应当是根据政治协商会议拟订的修改原则,由政协组成"宪草审议委员会"制定的宪草修正案加以审定。这些协议,蒋介石当时也公开表示过要"十分尊重"。但是蒋介石完全不顾政治协商会议的各项协议和自己的诺言,在挑起了内战后,即于 7 月 3 日的国防最高委员会上自行作出决定要在 11 月 12 日召开国民大会。在 8 月 13 日的《告全国同胞书》中他说:"断不因任何阻碍而延迟结束训政、开始宪政的程序,11 月 12 日的国民大会必定如期召集。"[1]

蒋介石这种违反政治协商会议协议,践踏各民主党派和民众意志的做法,遭到了中国共产党、各民主党派和社会各界的抨击。7 月 7 日中共代表团提出抗议,并郑重声明:在未取得协议以前,决不受"任何片面决定之拘束"[2]。民盟主席张澜发表谈话说,只有在停止内战、改组政府、完成宪草的基础上,才能召开国民大会。"我们民盟不能放弃自己的意见和立场,不怕一切威胁利诱,绝不参加"[3]。但是蒋介石 11 月 8 日发表声明称国民大会仍将如期召开。他要求共产党和民盟提交出席大会的代表名单,还应第三方面人士的要求将大会延期三天以示等候,给这个国民党一手包办的国民大会增添一点"民主"的色彩。中共和民盟坚持政治协商会议立场,拒绝派代表参加。蒋介石就邀集了青年党、民社党以及一些"社会贤达",于 15 日在南京开起了国民大会。中共方面发表声明,指出蒋介石和国民党此举"最后破坏了政协以来的一切决议、停战协定与整军方案,隔断了政协以来和平

---

① 南京《中央日报》1946 年 8 月 14 日。

② 中共代表团致孙科等转蒋介石的公开信(1946 年 7 月 7 日),《新华日报》1946 年 7 月 10 日。

③ 《新华日报》1946 年 10 月 15 日。

商谈的道路"①。

蒋介石在国民大会开幕式上发表演说称,这次大会将是"中国进入民主宪政时期的开端",大会将要"制定一部完善可行的宪法,奠立民主法治的始基","实施宪政,归政于全国的人民"②。11 月 28 日,蒋介石向大会提交"宪法草案",强调草案"根据政协的修改原则,再如审订整理和补充,成为完整的草案",还说"中国共产党虽没有参加,而当时参加政协的大多数党派是经过同意的"③。但是有些"国大"代表嫌"民主"太多了,还要加强国民党的地位。蒋介石告诫他们要懂得宪法的"意义"。这部宪法在蒋介石的严密运作之下,经过反复讨论修改后,于 12 月 25 日获得通过。

这部《中华民国宪法》的十四章条款中,虽然"民有"、"民治"、"民享"等民主、共和的词句不少,但掩饰不了它确认国民党蒋介石专制独裁统治的国家制度这一实质。中国共产党指出:"蒋政府的伪宪,也只有把它当作袁世凯天坛宪法和曹锟贿选宪法一样看待。"④民盟于 12 月 31 日发表声明,对宪法"保留其接受权利"⑤。民主建国会、九三学社等十一个团体也于同日发表联合声明,坚决反对和否认国民大会及其所通过的宪法。

蒋介石召开国民大会,不但没有能加固自己的统治,反而更加显露了专制统治的真实面目,增添了人民恶感,使自己在政治上更加孤立。

六、对美国的依赖与屈让

蒋介石对解放区发动的全面进攻,战局的发展远不如原来想象的那么顺利,有生力量被大量歼灭。美国援助的许多军火,被共产党的军队缴获,反过来成了进击国民党军队的锐利武器,蒋介石被讽为"运输大队长"。蒋

---

① 周恩来对国民党召开"国大"的严正声明(1946 年 11 月 16 日),重庆《新华日报》1946 年 11 月 17 日。

② 蒋介石:《国民大会致宪大会开会致词》(1946 年 11 月 15 日),《先总统蒋公全集》第 1842—1844 页。

③ 黄秀山编:《国民大会特辑》第 21 页,南京东方出版社 1947 年版。

④ 周恩来答新华社记者问(1946 年 12 月 28 日),重庆《新华日报》1946 年 12 月 29 日。

⑤ 延安《解放日报》1947 年 1 月 12 日。

介石心里明白,要把这场大规模的内战打到底,离了美国的支持和援助是不可想象的。为了争取更多的援助,蒋介石不惜以国家的经济、政治、军事权益相让,仅在 1946 年一年间,就与美国签订各种"条约"、"协定"、"谅解"达十三个之多。在这些约章中,国民党政府答应中国全境向美国开放;允许美国陆海空军驻扎和活动于中国,并可以任意使用中国要塞和军事基地,美国军事人员参与中国军队的组织、装备、训练、运输和军事行动;美国在华的法人及其团体在经济上可与中国人相同,美国商品在中国征税、销售、分配或使用等方面享有不低于中国商品的待遇;等等。其中尤以 1946 年 11 月 4 日在南京签订的《中美商约》为最。

《中美商约》全称《中美友好通商航海条约》,通观全文三十条,并不只是通商航海,而是包罗了政治、经济、军事、文化等各个方面,如国民在对方国土居住、经商及从事各项活动的权利,法人及团体在对方领域内活动的权利,商品在对方领土内销售、分配和使用的权利,国民、法人及团体在对方领土内取得动产及不动产的权利,船舶在对方一切口岸、地方及领水自由航行的权利等,均享受最惠国待遇。这样,就不仅保留并且扩大了已经废止的不平等条约中有关门户开放的规定,恢复了美国在我国沿海贸易及内河航行权,新增了军舰行驶的特权,破坏了中国关税自主权;更使得美国可以享受其他国家在各项不平等条约中所享有的特权。

《中美商约》以法律形式给予美国独占中国的特权,极大地满足了美国的扩张欲望。但是蒋介石却说这是"采取平等互惠的原则来签订的"[①],因为条文所载皆是"双方"对等"互惠"。然而尽人皆知,贫穷落后的中国,是根本不可能到美国去倾销商品、输出资本,根本不可能将中国军舰和商船开到美国的"一切口岸、地方及领水内"自由航行。这个条约的不平等的实质,显而易见。所以一经公布,立即受到各界人士的斥责和抨击。民主促进会负责人马叙伦、著名经济学家马寅初、千家驹、作家茅盾等纷纷发表谈话谴责。上海人民团体联合会在声明中指出它"是绝对不利于中国的、片面独惠的、丧权辱国的、新的不平等条约"。延安《解放日报》社论说这是"蒋政府把中

---

① 蒋介石:《苏俄在中国》(1956 年 12 月),《先总统蒋公全集》第 342 页。

国作为美国附属国的重大标志之一,是中华民族又一次新的大国耻"①。国外舆论也有抨击,英国议员称它是对中国"从未见过的最野蛮的经济侵略"②。

继《中美商约》后,蒋介石又允准同美国签订了许多协定:《中美航空协定》(1946 年 12 月)、《青岛海军基地秘密协定》(1947 年 11 月)、《中美海军协定》(1947 年 12 月)、《美国在华教育基金协定》(1948 年 7 月)、《中美农业协定》(1948 年 8 月)等等。这些协定,是《中美商约》的扩大和具体化,使得美国在中国享有更多的特权,为美国扩大对中国的侵略打开了大门,急剧加深了国民党统治区的殖民地化。

在上述各项协定的保护下,美国的许多垄断资本集团和工商资本家,纷纷来到我国粤、桂、闽、台等省经营各种工矿企业和交通运输业。仅在 1946 年 5 至 7 月的三个月中,美商即在我国设立了一百一十五个分支机构。美国还在纽约设立"美中工商联合会",制订了在中国兴办矿冶开采、军用工业、交通运输业以及农业、渔业的庞大计划。美国资本以各种形式大量输入我国,在中国的投资占世界各国在华投资总额的 80%。

同时,美国向我国大量倾销商品。他们除了自己开办公司直接经营外,还与国民党的达官贵人合办商业公司,如陈纳德与宋美龄合办"中美实业公司",资本达十亿元。官僚资本兴办的进出口公司,大量经销美国商品。孔祥熙之子孔令侃办的"扬子建业公司"经销十六家美国公司的商品。陈果夫、陈立夫操纵的"太平兴业公司"和二十三家美国公司订立合同,负责经销他们的商品。美国还利用军用飞机和军舰可以自由出入中国港口的特权,勾结贪官污吏,大量走私,偷逃关税,以低廉的价格倾销美货。于是,美国商品泛滥于中国市场,香烟、罐头、口香糖、"原子笔"、"玻璃丝袜"、军用皮鞋……充斥大小商店以至摊贩,民族工商业遭到严重摧残。

蒋介石的内战政策,使得国民党统治区迅速沦为美国的半殖民地!

----

① 《评蒋美商约》,延安《解放日报》1946 年 11 月 26 日。
② 转引自《评蒋美商约》,延安《解放日报》1946 年 11 月 26 日。

七、重点进攻的损兵折将

全面内战初期八个月的"全面进攻"，国民党军队不仅没有消灭中共领导的武装力量，反而被歼七十一万人，并且还大大拉长了战线，这使得蒋介石难以为继。1947年3月，蒋介石决定放弃"全面进攻"的部署，改为"重点进攻"，集中兵力进攻山东、陕北两个解放区。他的设想是，断其两臂，再夹击华北，然后出关，消灭全部共产党军队。他强调："最要注意的是分清主战场与支战场。我们在全国各剿匪区域中，应先划定匪军主力所在的区域为主战场，集中我们部队的力量，首先加以清剿，然后再及其余战场。同时在这个主战场中，又要先寻找匪军兵力最强大的纵队进攻，予以彻底的歼灭。"①

蒋介石部署重点进攻的首要目标是以延安为中心的陕北地区。1947年3月，他指挥其精锐的胡宗南等部计三十四个旅二十三万人，由宜君、洛川进攻延安；他还调集九十四架飞机协同进行战略轰炸。由于当时留在陕北解放区的西北野战部队只有两万多人，力量对比悬殊，中共中央乃主动撤出延安，并实行坚壁清野。胡宗南部3月19日进占延安。在蒋介石看来，攻占了中共中央和解放区军政领导机关的所在地延安，就是有力地打击了中国共产党在全国人民中的威望和解放区军民的信念，可以大大提振国民党军队上下的士气。他十分得意，在给胡宗南的电报中说："将士用命，一举而攻克延安，功在党国，雪我十余年来积愤，殊堪嘉尚。"②他对国民党军将领说，攻占延安后，中共军队"首脑部就无所寄托，只能随处流窜，即使他们还有广播宣传，但是任何人都不能和他发生联系，如此就绝对不能建立中心的力量了"③。

然而，蒋介石高兴得太早了。西北野战军在毛泽东、周恩来、任弼时和

---

① 蒋介石：《匪情之分析与剿匪作战纲要》(1947年5月15日)，《先总统蒋公思想言论总集》第22卷第114页。
② 引自裴昌会：《蒋军胡宗南部进犯延安纪略》，《文史资料选辑》第36辑。
③ 蒋介石：《匪情之分析与剿匪作战纲要》(1947年5月15日)，《先总统蒋公全集》第1870页。

彭德怀的指挥和率领下,转战陕北,采取诱敌深入、在运动中寻机歼敌的战术。胡宗南侵占延安后,到处寻找西北野战军主力决战,力图一举消灭陕北的共产党军事力量,不意在青化砭、羊马河、蟠龙镇连续遭到伏击和围歼,连失三个旅兵力。胡宗南向蒋介石告急,蒋介石于8月专程去延安"巡视"。美国政府揶揄说:"攻占延安曾经宣扬为一伟大的胜利,实则这是一个既浪费又空虚的、华而不实的胜利。""共军不战而退出延安,遂使政府去支持它陷入荒漠的陕西地区的军队。"①

蒋介石部署胡宗南等部进攻陕北的同时,还部署二十四个整编师(军)六十个旅计四十五万兵力,重点进攻山东解放区。他说,"照现在的战局来观察,匪军的主力集中在山东,同时山东地当冲要,交通便利,有海口运输,我们如能消灭山东境内匪的主力,则其他战场的匪部就容易肃清了。"②他命令陆军总司令顾祝同组设徐州司令部,将主力部队十七个整编师四十三个旅编组成汤恩伯、王敬久、欧震三个兵团,先于3月下旬在津浦路两侧"扫荡",打通徐州至济南、兖州至临沂的交通,割断华东野战军与晋冀鲁豫野战军的联系;然后采用"加强纵深、密集靠拢、稳扎稳打、逐步推进"的战术,向鲁中山区全线进攻,猛攻新泰、蒙阴。5月,汤恩伯兵团八个整编师分三路进击沂水、坦埠。整编第七十四师自恃装备精良、"天下无敌"③,一心想抢夺头功,在师长张灵甫率领下,孤军深入山区,不意遭到华东野战军五个纵队十六个师的层层包围和歼击,与二十五师、八十三师的联系均被切断。七十四师被迫向后收缩,转攻为守,与人民解放军④激战于孟良崮山区。蒋介石接到战报后,误以为这是与解放军主力决战的良机,除令张灵甫坚守孟良崮外,急调十个整编师开赴蒙阴。但是这些增援部队被解放军阻击于外,无

---

① 《美国与中国的关系》(白皮书),《中美关系资料汇编》第1辑第358页。

② 蒋介石:《匪情之分析与剿匪作战纲要》(1947年5月15日),《先总统蒋公思想言论总集》第22卷第117页。

③ 整编第七十四师,是国民党军队的五大主力之一(其他四支主力是在山东的整编第十一师——后称第十八军、新五军和在东北的新一军、新六军),全部美械装备,曾在南京担任过警卫首都的任务,被蒋介石封为"模范军",有"御林军"之称。内战爆发后,曾乘隙突入淮阴,占领涟水,越过陇海线进入山东,占领临沂。师长张灵甫骄横自大,曾一再吹嘘七十四师"天下无敌"。

④ 1947年3月,中共中央设立中国人民解放军总部,此后将所领导的正规部队统编为中国人民解放军。

法进入。蒋介石虽然一再严令增援部队快速前进,但终未能接近孟良崮。此时的战局,正如指挥围歼七十四师的华东野战军司令陈毅所形容的:"孟良崮上鬼神号,七十四师无地逃。"①张灵甫命令七十四师官兵猬集山头、山谷,在空军掩护下几次企图夺路突围,但被解放军紧紧围住。经三昼夜激战,终至 16 日傍晚,七十四师三万多人被全部歼灭,张灵甫被击毙。蒋介石叹息"这是我军剿匪以来最可痛心、最可惋惜的一件事"②,"且悟过去对匪之判断与佑计完全失误"③。他痛责"高级军官已成了军阀,腐败坠落,自保实力,不能缓急相救","各级指挥官每存苟且自保之妄念,既乏敌忾同仇之认识,更无协同一致之精神,坐视为敌所制,以至各个击破者,实为我军各将领取辱召祸最大之原因"④。他迁怒于兵团司令官汤恩伯指挥不当,将其撤职,以范汉杰继之;还将整编第八十三师师长李天霞"革职拿办,交军法审判",第二十五师师长黄百韬被告诫。经过一个多月的整补后,国民党军队又向沂蒙山区发起南麻战斗,试图摧毁华东野战军的后方,迫使其撤出鲁中。结果反遭华东野战军南北两路的袭击,只得疲于应付,无法再行进攻。

陕北、山东两个重点进攻的战场均未得手,其他一些地区的战斗也屡屡受挫,使得发动内战的第一年——1946 年 6 月至 1947 年 6 月,即损兵折将达一百一十二万,丧失了进攻的能力。蒋介石担心军心动摇、士气低落,他给国民党将领分析形势说:"比较敌我的实力,无论就那一方面而言,我们都占有绝对的优势。军队的装备,作战的技术和经验,匪军不如我们;尤其是空军、战车,以及后方交通运输工具,如火车、轮船、汽车等,更完全是我们国军所独有;一切军需补给,如粮秣、弹药等,我们也比匪军丰富十倍;重要的交通据点,大都市和工矿的资源,也完全控制在我们的手中。无论就那一方面的实力来比较,共产党绝对不能打败我们。"⑤他虽然这样说,但一年前一

① 陈毅:《孟良崮战役》(1947 年 5 月),《陈毅诗词选集》第 128 页,人民文学出版社 1977 年版。

② 蒋介石:《对于匪军战术的研究与军队作战的要领》(1947 年 5 月 19 日对军官训练团第二期学员的讲话),《先总统蒋公全集》第 1876 页。

③ 《蒋介石日记》(手稿本),1947 年 5 月 19 日,美国斯坦福大学胡佛研究所藏。

④ 《总统蒋公大事长编初稿》第 6 卷(下)第 467 页。

⑤ 蒋介石:《国军将领的耻辱和自反》(1947 年 6 月 1 日),《先总统蒋公全集》第 1878 页。

再声称的半年消灭共军的大话已经不再重提了。

八、专制统治遭到广泛抵制

蒋介石发动的内战,使国民党政府的庞大军费支出,在 1946 年达六万亿元,超过全年财政收入总额一万九千七百九十一亿元的两倍;1947 年的财政赤字二十七万亿元,相当于全年总收入十三万亿元的两倍[①]。巨额的美援不足以弥补如此严重的财政赤字,除了苛征暴敛,加紧对人民的掠夺,就只能靠滥发纸币。据统计,法币在抗战胜利时的发行量是五千五百六十九亿元,至 1946 年 12 月达三万七千二百六十一亿元,至 1947 年 12 月增至三十三万一千八百八十五亿元[②]。通货恶性膨胀,物价飞速上涨,财政金融陷于紊乱,人民大众叫苦不迭。

不过,官僚资本在抗战胜利之后,却获得急剧发展。他们先是利用接收的机会,将敌伪掠夺人民的物资财富和金融机构、大型工商企业占为己有;继而与美国资本勾结,兴办操纵进出口贸易的大公司,从事损害国家利权的经济贸易。他们利用政治上的特权地位和经济上的垄断势力,从事操纵金融、套购外汇、买卖黄金、垄断贸易等投机活动,攫取大笔财富。据统计,官僚资本在 1946 年占全国工业资本的百分之七八十之巨[③]。

上行下效,国民党各级文武官吏以至军警特务,也多纷纷投资经商办厂或从事投机倒把活动。如备受蒋介石器重的国民党军上将蒋鼎文,在南京开砖瓦厂,在上海办轮船公司,还派姬妾到美国经营橡胶园,派弟弟到香港开办贸易公司。这些文武官吏经商办厂,无不利用职权假公济私,或窃取经济情报抢先买进卖出,或套购外汇,或偷漏税款,或损公肥私,牟取暴利难以计数。同时,国民党政府的各种机构,均已成为官僚衙门,大批官吏贪污受贿,贪赃枉法,敲诈勒索,中饱肥私等等,丑态百出,不胜枚举。国民党统治日趋腐败,蒋介石在 1947 年 6 月 30 日的国民党中常会中政会联席会议上

---

① 国民政府财政部档案,中国第二历史档案馆藏。
② 吴冈编:《旧中国通货膨胀史料》第 95—96 页,上海人民出版社 1958 年版。
③ 吴承明:《帝国主义在旧中国的投资》第 126 页,人民出版社 1955 年版。

惊呼:"我们的国家,我们的党,我们革命的工作,到了今天这种地步,……不但纪律荡然,而且已经精神丧失,长此以往,即使没有共产党来破坏我们,我们自己也要消灭。"①

蒋介石和国民党的内战政策及其腐败统治,遭到广大民众反对和抨击。但是蒋介石和国民党把民众的不满和反对,看作是共产党的煽动和破坏,就像对洪水猛兽一样处处防范,军、警、宪、特对各界民众的爱国民主运动恣意破坏和残暴镇压。早在 1946 年 1 月政治协商会议开会期间,重庆各界人士组织"政治协商会议各界协进会",每天晚上在沧白堂②集会,请政协代表报告会议进展情况。国民党便衣特务多次捣乱沧白堂会场,殴打会议主持人和听众,并跟踪、侮辱去讲演的政协代表,打伤了郭沫若、张东荪等人。2 月10 日,重庆各界万余人在较场口举行庆祝政协成功大会,国民党特务和党徒打着重庆公务会、商务会等牌子进行捣乱,抢占主席台,打伤大会主持人和演讲人李公朴、郭沫若、施复亮、马寅初、章乃器等六十余人,制造了震惊中外的血案。蒋介石加紧部署内战后,各界民众奋起抗议。6 月 23 日上海人民团体代表团马叙伦、胡厥文、雷洁琼等十一人赴南京请愿呼吁和平,到达下关车站时即遭到一群特务的围攻殴打。蒋介石接见代表时表示"不打内战",但就在这一天,他向前线将领刘峙发出了进攻中原解放区挑起全面内战的密令。在昆明筹划成立争取和平反对内战委员会和发起万人签名运动的民主人士李公朴和闻一多,于 7 月先后被杀害。国民党当局企图以血腥屠杀的手段镇压和平民主运动,更是如火上浇油,激起了各界民众的更大愤怒和反抗。

国民党统治的日趋腐败和反动,也引起民族资产阶级、社会各界人士和广大知识分子的严重失望和强烈反感。他们在抗战胜利前后,先后成立或扩大了自己的政治组织,主要的有:中国民主同盟、民主建国会、民主促进

① 蒋介石:《当前时局之检讨与本党重要之决策》(1947 年 6 月 30 日),《先总统蒋公思想言论总集》第 22 卷第 190 页。
② 为纪念杨庶堪(字沧白)而命名的一个会场。杨庶堪(1881—1942),早年入同盟会,辛亥年在重庆组织保路同志会,主盟领导起义,胜利后任重庆蜀军政府顾问。1913 年二次革命时为四川民政长。孙中山护法时历任四川省长、国民党本部财政部长、大元帅府秘书长等职。1943 年重庆各界人士将他早年执教的重庆府中学堂旧址改建为"杨沧白先生纪念堂"。

会、三民主义同志联合会、人民救国会、国民党民主促进会、九三学社、农工民主党、致公党等。他们先是介于国共两党之间，采取"第三者"立场，在政治舞台上一度十分活跃。他们主张民主政治，建立"英美的议会制度"①，要求参与政治协商和政府领导。这就打乱了蒋介石的一党专政、其他党派只能听命于他的格局，因而为他所不容，尤其对于民主同盟拒不参加国民大会又声明不承认宪法极为恼火。蒋介石早就对民盟十分不满，斥其成员为"投机政客"②，"为共党所操纵"③。1947 年 5 月，国民党公然指责民盟"已为中共所实际控制，其行动亦均系循中共意旨而行"，是"中共之新的暴乱工具"④。民盟的许多活动受干扰，一些盟员被逮捕，民盟总部被包围。至 10 月 27 日，国民政府内政部更以"勾结共匪，参加叛乱"的罪名，宣布民盟为非法团体，通令各地治安机关"严加取缔，以遏乱萌，而维治安"⑤。对于民主建国会、民主促进会、三民主义同志联合会等，也进行种种威胁。这就使得各民主党派完全打破了对蒋介石和国民党的一线幻想和希望，在政治上被逼到绝境，他们不得不放弃"中间立场"而作出自己的抉择。他们越来越赞成中国共产党的政治主张，为争取民主自由和自己的生存而联合起来共同斗争。

蒋介石与国民党失去了中间势力这一广大群体的支持，处于日益孤立的境地。

九、整饬此起彼伏的学潮

国民党统治的日趋腐败，不仅为全国人民所反对和痛恨，在国民党执政

---

① 中国民主同盟临时全国代表大会政治报告(1945 年 10 月 11 日)，《中国民主同盟历史文献》第 76 页，文史资料出版社 1983 年版。

② 《蒋介石日记》(手稿本)，1946 年 10 月 14 日。

③ 《蒋介石日记》(手稿本)，1946 年 11 月 12 日。

④ 中央社报道"政治观察家"谈话，南京《中央日报》1947 年 5 月 3 日。

⑤ 国民政府内政部发言人宣布民盟为非法团体(1947 年 10 月 27 日)，《中国民主同盟历史文献》第 360 页。蒋介石认为这是对中共"在我后方煽乱之一大打击"(《蒋介石日记》(手稿本)1947 年 10 月 31 日)；说："数月来对一切反动煽惑之傀偏组织已被我加以重大打击，无异于共匪第二战线以致命伤也"(《蒋介石日记》(手稿本 1947 年 11 月 8 日)。

集团内部也是非议之声四起。拥蒋反共的著名学者傅斯年撰文公开抨击国民政府"不可救药",说"如果不承认失败,是谁也不相信的"。他指出:"现在社会上若干人士,对于政府的忍耐,实在没有一个可以忍耐现状,而且由于看到远景,怕更大的混乱,再死上几千万人,彻底的破产。"①

蒋介石是绝对不相信自己的统治会"彻底破产"的,但国内外要求改组国民政府的舆论压力越来越大,美国方面也一再"建议"他要建立民主政府。这迫使他不得不在"实施宪政"的名义下,作出改组政府的姿态。1947 年 3 月 15 日,蒋介石在国民党六届三中全会开会词中正式表示要"结束训政","实施宪政",说从此以后国民党的地位与职责将不同于训政时期,应以普通之政党自居,而特别负起保障民国与实行三民主义之责任②。一个月后,举行了国防最高委员会和国民党中常会联席会议,修改《国民政府组织法》,产生了一个"多党政府":蒋介石为国民政府主席,孙科为副主席,行政院长张群,立法院长孙科兼,司法院长居正,监察院长于右任,考试院长戴传贤。蒋介石说一党训政自此结束,而实际上仍是国民党专政,略微有点"多党"色彩的只是二十八名国民政府委员中,有青年党四名、民社党四名、"社会贤达"四名;在行政院中让"社会贤达"王云五当副院长,青年党的左舜生为农林部长,李璜为经济部长。这种粉饰门面的"改组",欺骗不了国内的舆论,只不过是稍许平息了美国政府的一点不满而已。

蒋介石依靠美国的支持和援助进行内战,还邀请了大量美国军事人员来华,最多时超过十万名,后来虽在各界的强烈反对下屡经缩减,仍有两万左右。他们之中的一些歹徒,在中国横行霸道,肆无忌惮,藉端肇事,暴行累累。据当时报刊材料的不完全统计,在上海、南京、北平、天津、青岛五个城市,1945 年 8 月至 1946 年 11 月的一年多间,美军暴行达三千八百余起,我国同胞死伤三千三百余人。1946 年 12 月 24 日晚,驻北平的美国海军陆战队两名士兵,在东单广场附近强奸了北京大学十九岁的女学生沈崇。消息传出,激起了北平及全国人民和学生的强烈愤慨。平、津、沪、宁、杭等大中

---

① 傅斯年:《这样子的宋子文非走开不可》,《世纪评论》,1947 年 2 月 15 日出版。
② 蒋介石:《六届三中全会开会词》(1947 年 3 月 15 日),中国第二历史档案馆藏;并见《先总统蒋公全集》附录:《先总统蒋公年表》第 43 页。

城市数十万学生先后举行罢课和示威游行,"抗议美军暴行!""美军滚出中国去!"的怒号响遍各地。但是蒋介石的内战不能离开美国的军事援助,他不敢得罪驻华美军。国民党中央社竟说受害学生"似非良家女子"。北平警察局长威吓沈崇:"不准你把真相声张,不然,你要当心!"①力图掩饰真相,为美军开脱。对于各地爱国学生的示威游行,国民党当局更是破坏、镇压。

1947年春,广大爱国青年学生声讨美军暴行的爱国斗争,在中国共产党地下组织的引导下,进而转向反对美国支持蒋介石内战及其反动统治,展开了轰轰烈烈的反内战、反饥饿、反迫害运动,声势日趋浩大,蒋介石十分恼火。5月18日,他亲自出面发表"整饬学风维护法纪"的谈话,斥责学生要和平要民主要温饱是"越轨骚动之行动及违理逾分之要求",游行请愿是"扰乱治安之举";威吓学生"切勿为暴乱奸徒所胁制与玩弄,而甘心断送国家之生命与自身之前途",宣称"将不能不采取断然之处置","严整法纪,力挽颓风"②。同日,蒋主持召开临时国务会议,决定采取"紧急措施",制定《维持社会秩序临时办法》,严禁罢工、罢课、集会和请愿游行示威。

蒋介石的斥责和镇压措施,激起了爱国学生的愤怒。18日晚,南京中央大学一百二十五名系科代表集会决定游行示威,次日通过"反对内战"、"抗议政府限制人民的请愿法"等决议。20日,南京、上海、苏州、杭州的十六所大专学校学生代表六千余人在南京举行"挽救教育危机联合大游行"。学生们悲愤地高喊"反饥饿、反内战、反迫害!""要饭吃、要和平、要民主!"的口号,冲破军警的包围和封锁,浩荡前进。军警宪特恫吓、阻挠,用水龙、马队、汽车组成一道又一道封锁线,用木棍、铁棒、皮鞭凶残殴打,二十八名学生遭逮捕,上百人被打伤,酿成"五二○"血案。蒋介石惊叹:"军事、经济、学潮均在激荡险恶中剧变,稍一不慎即可崩溃,故悒郁忧患之至,惟有静待灭义之挽救而已。"③他责怪"参政会所表现者更为恶劣,只求和谈而不究利害,更不知有是非之心";"本党党员大部亦意志动摇,信心全失,不知其责任

① 王青:《忆北平学生抗议美军暴行运动》,《战斗在第二条战线上》,中国青年出版社1964年版。

② 蒋介石:《整饬学风维护法纪》(1947年5月18日),上海《文汇报》1947年5月19日。

③ 《蒋介石日记》(手稿本),1947年5月22日,美国斯坦福大学胡佛研究所藏。

何在也"。还说："时局因军事挫折而发生大大动摇……此诚存亡危急之秋，应依最后之准备。若不用快刀斩乱麻手段，何以挽救危机，成败利害只有不顾矣。"①

南京中央大学学生喊出"反对内战"的口号，掀起了广泛的学生爱国运动，矛头直指蒋介石。

南京爱国学生的示威游行，在全国引起巨大反响。北平、上海、杭州、苏州以及天津、武汉、广州、重庆等地的爱国学生相继举行反内战游行，各大中学校的爱国教职员工以及广大人民群众都表示支持和声援。持续一个多月的运动，遍及全国六十多座大中城市，促进了各阶层人民反对蒋介石国民党统治的运动，形成人民革命的第二条战线，蒋介石处于全民包围之中。

① 《蒋介石日记》(手稿本)，1947 年 5 月 24 日。

十、处置台湾"二二八"事件

在台湾回归才一年多的 1947 年 2 月,发生了威胁国民党统治当局的"二二八"事件。

抗日战争胜利后,被日本在甲午战争后侵占了整整五十年的台湾,终于回到了祖国怀抱,台湾同胞无限欢欣。1946 年 10 月,蒋介石以国民政府主席身份赴台巡视交宣慰台胞。由于台湾孤悬海外,被日本侵略奴役了整整五十年,如今得以光复回到祖国怀抱,台湾同胞自然喜悦无比并对祖国有很大期盼。蒋介石在台巡视,颇为一片歌舞升平的景象所迷惑,在 10 月 26 日的日记中云:"台湾尚未被共党分子所渗透,可视为一片干净土,今后应积极加以建设,使之成为一模范省,则俄共虽狡诈百出,必欲亡我而甘心者,其将无如我何乎!"[①]

然而严峻的事实是,蒋介石和国民党政府对台湾实行了特殊的政治、经济建制,执行统制经济、与内地隔离的政策,对烟、酒等实行专卖制,对进出口贸易统由贸易局控制。由于蒋介石实行内战政策,把驻台湾维持治安的军队调回大陆作战。政府当局对台湾在战争中遭到严重破坏的经济未能采取得力措施予以恢复和发展,而对日本殖民当局掠夺台湾同胞劳动血汗建立起来的工厂企业和霸占的土地实行"国营"、"公营"政策统归政府所有,民营经济凋敝不振;对台湾同胞要求民主、自治的强烈呼声又置若罔闻;加以国民党官吏专横跋扈贪污腐化,致使台湾人民日益不满国民党的统治。1947 年 2 月 27 日晚,省专卖局一批武装缉私人员在台北查缉活动中,殴打了女烟贩林江迈,并在争执中开枪打死了市民陈文溪。当夜,许多市民拥向警察局,要求严惩凶手。次日,有数百人至台湾行政长官公署请愿,要求撤销专卖局,惩办凶手,发生了抢夺警卫枪枝和枪击卫兵的情况,结果被守卫军警开枪打死打伤数人。于是蓄积的怨愤犹如火山喷发,工人罢工,学生罢

---

① 《蒋介石日记》(手稿本),1946 年 10 月 26 日"本周反省录",美国斯坦福大学胡佛研究所藏。

课,教师罢教,商人罢市,成千上万的人走上街头,包围长官公署、省专卖局,夺取了广播电台和邮电局,并呼吁全省人民支援。一些国民参议员和省、市参议员等人,提出了改行政长官制为省长制,撤销专卖局、贸易局,任用本省人士担任政府机关和公营事业单位负责人,县、市长实行民选,惩办贪官污吏等等一系列政治和经济改革的要求。各地纷起响应,游行示威,迅速扩至台湾全岛。国民党统治陷于瘫痪状态。更为严重的是,为数不少的游民、流氓、残留的日本浪人、台籍退伍日本军人等混杂在起义人群中,趁火打劫,打砸抢烧,野蛮追杀公教人员和外省人,抢夺警察局枪械等,制造骚乱,造成事件的复杂性。还有一些别有用心的人提出“台湾独立”、“委托国际共管”以至另立“新华民国”等蛊惑人心的号召,局面更加混乱。

蒋介石对台湾发生的这一事件密切关注,对台湾一些政治和经济方面的改革要求表示可予考虑,同时又认为不派军队去台已难以控制局势,乃于3月5日下令驻扎在江苏以美械装备的整编第二十一师师长刘雨卿率第一四六团和驻闽的宪兵团两个营赴台;并派国防部长白崇禧赴台“权宜处理”。整二十一师在美国军舰和飞机护送下,3月9日在基隆、高雄登陆,立即分赴各地对暴乱加以镇压。他们“展开了广泛的毫无区别的屠杀行动”,“任何被认为想躲避或逃跑的人,都被射倒”[1]。“无辜民众横被枪杀,将尸首抛入海中或抛弃田野”[2]。国民党当局以武力平定了动乱,维护了对台湾的统治。

---

[1] 司徒雷登向蒋介石提出的《关于台湾局势的备忘录》(1947年4月18日),《中美关系资料汇编》第1辑第944页。

[2] 台湾旅京沪七团体给国民政府监察院的呈文(1947年4月1日),国民政府监察院档案,中国第二历史档案馆藏。该呈文中云被害者“为数在五万人以上”之数,后来各个方面的调查均未有证实。据统计,在“清乡”过程中,击毙四十三人,俘获五百八十五人,自新三千零二十二人,并未出现“大肆杀戮”的情况(《二二八事件毙俘自新暴徒统计表》,见《台湾省文献会二二八文献实录》第437页)。据朱浤源:《二二八事件真相还原》载:2004年1月2日台湾“财团法人二二八基金会”的补偿记录统计:在此次“二二八”事件中,本省人死亡六百七十三人,失踪一百七十四人,羁押、徒刑、伤残等一千二百三十七人,合计为二千零八十四人。关于外省人之死伤数,据台湾警备司令部统计,至1947年3月7日,死亡或失踪四百七十人,受伤二千一百三十二人,合计二千六百零一人。

第十九章　心余力绌难以支撑危局

一、"存亡绝续"的"戡乱"总动员

　　蒋介石发动的全面内战,远非其所愿,进入第二个年头时,军事形势已非昔日可比。重点进攻山东的失败,使打通津浦线的战略意图完全落空,通往北平的"政府权力线"被切割得支离破碎。占领延安后,几十万精锐部队被牵制在陕北山区,"肥的拖瘦,瘦的拖垮"。而联络两个重点战场漫长的黄河防线上,防守力量十分薄弱,从开封到东阿五百里的河面上,只有两个整编师布防。在东北,占领了安东(今丹东)、通化等地后,蒋介石欲实现先南后北占领全东北的计划,命令所部大力进犯民主联军①在南满的根据地。但北满的民主联军三次越过松花江南下作战,南满的民主联军同时进行了四次包围临江的战斗,历时三月余,国民党军被歼灭三万九千人,失去了攻势。经过一年的内战,蒋介石和国民党政府损失兵员一百一十二万人,虽然

---

① 1945 年 10 月进入东北的少量八路军和新四军,与东北抗日联军合组成东北人民自治军,1946 年 1 月 4 日改称东北民主联军。

到处拉伕、征兵,总兵力已由四百三十万减到三百七十万,其中正规军由二百万减到一百五十万,分兵把守在各个地区,能机动作战的兵力仅四十个旅左右。蒋介石在战略上已丧失了攻势。而中国共产党领导的人民解放军越战越强,由一百二十万发展为一百九十五万,其中正规军由六十万上升为一百万,主力部队全都可以机动作战。用缴获的美制机枪、大炮、装甲车、通信器材等等进行装备,战斗力更加提高。解放军已经具备了由战略防御转入战略进攻、由内线作战转为外线作战的能力。

军事形势危急,反内战的学潮和民间要求恢复和平的呼声又十分强烈。蒋介石深感"军事、经济、学潮均在激荡险恶中剧变,稍一不慎即可崩溃,故悒郁忧恶之至"①。他更感痛心的是"本党党员大部亦意志动摇,信心全失,不知其责任何在也"②。"当军事不利形势动荡之时,最可虑者为内部意见分歧,精神涣散,情感恶劣,平时积怨皆乘此发泄,尤其是推诿旁观,托辞卸责"③。1947 年 6 月 20 日,蒋介石邀约国民政府委员讨论时局。他说,"如不即改变现行平时政制为全体动员制,则军事上三个月后全国现有各大都市之据点,决难保住,政治与社会必将崩溃。倘能及时改变政策,对共匪正名讨伐,则亡羊补牢犹未为晚,三个月后必可转危为安,本年年底或延至明年必可消灭共匪主力也"④。他这是竭力拉参加政府的民社党和青年党为实行"戡乱动员"同担责任,并以此压国民党内不同意见者。

国民党执政集团内部面对如此严峻的形势,惶恐不安,莫衷一是。蒋介石承认:许多党政要员"对于时局怀着种种忧虑,甚至感到惶惑不安","觉得我们政治、军事、经济、外交一切的情形,真是危险到了极点","心里面笼罩着一片悲观的心理"⑤。1947 年 6 月 30 日召开的国民党中常会、中政会联席会议上,蒋介石作了题为《当前时局之检讨与本党重要之决策》的讲话。他强作镇静地对与会者说:"我们一切政治、军事、外交和经济,根本上并没

---

① 《蒋介石日记》(手稿本),1947 年 5 月 22 日。
② 《蒋介石日记》(手稿本),1947 年 5 月 24 日。
③ 《蒋介石日记》(手稿本),1947 年 6 月 3 日。
④ 《蒋介石日记》(手稿本),1947 年 6 月 21 日。
⑤ 蒋介石:《当前时局之检讨与本党重要之决策》(1947 年 6 月 30 日),《先总统蒋公思想言论总集》第 22 卷第 184—186 页。

蒋介石扶杖沉思

下野后，蒋介石在溪口与蒋经国翻阅族谱

蒋介石带领蒋经国等祭家祠

担任陆军总司令的顾祝同尽心效力蒋介石指挥
内战,但不能阻挡中共军队的凌厉攻势。

有危险。实际上军事并未失败,经济基础亦毫未动摇,而我们完全是为共产
党宣传所动摇,亦全由我们自己党员不听命令,不实做,不努力,换言之,我
们并未失败,完全是我们自己动摇。"他责怪许多人"丧失了革命的信心,忘
却了自己革命的立场和责任";抱怨"现在我们党的精神太颓唐,太消沉,根
本提不起气来"。他告诫与会的党政要员们:"现在如果失败在共产党之手,
……便不会再有机会让我们来抬头了。所以现在真是本党千钧一发存亡绝
续的关头",大家应当"把握这个时机,群策群力,同心同德,来改造本党挽救
当前的危机。"他"提醒大家,如不于此可为之时努力好作,努力厉行改革,若
一旦至共党胜利,我们全党再无立足之地,亦更无恢复之时"。他提出要"采

取全国总动员的方式,动员全国人力物力,以加强剿匪军事的力量"①。会后,他将《厉行全国总动员,以戡平共匪叛乱,扫除民主障碍,如期实施宪政,贯彻和平建国方针案》交国民政府第六次国务会议通过,宣称中国共产党为"叛国"的"匪乱",要"全力铲除"、"戡平"。7月5日蒋介石发布"全国总动员令",要求"全国军民集中意志,动员全国力量""加紧戡乱"。最高法院还下令通缉毛泽东。7月18日又颁发《动员戡乱完成宪政实施纲要》等一系列法令,以期最大限度地集中人力物力用于内战。蒋介石预言,"延长半年到一年",定可以消灭共军②。他派总参谋长陈诚去沈阳直接指挥东北战局,全国战局由自己亲自掌握。

蒋介石让自己的结拜兄弟张群出任行政院长,一切自然可以随心所欲。图为张群在接见外国记者访问。

为要集中全力"加强剿匪军事力量",蒋介石认为必须"改革党务,统一意志,集中力量"。鉴于国民党严重腐败,而派系斗争激烈,尤其是三青团

---

① 蒋介石:《当前时局之检讨与本党重要之决策》(1947年6月30日),《先总统蒋公思想言论总集》第22卷第185—189页。

② 蒋介石:《当前时局之检讨与本党重要之决策》(1947年6月30日),《先总统蒋公思想言论总集》第22卷第183页。

"于党部之外,另立组织,另成系统"①,与国民党"保持不即不离的关系,其结果只有相互对立,相互牵制,乃至一切力量相互对消"②,党团之间互相摩擦、互相攻击以至白热化地步,一时间,国民党上下都感到十分头疼。不少人主张取消三青团,将其合并于国民党;或者使三青团完全脱离国民党而成为单纯的社会性组织,以期消弭日益激烈的党团矛盾。在 1947 年 3 月间举行的国民党六届三中全会上,许多中央执行委员建议要重新确定团的地位,澄清党团关系。全会决议由中央党部秘书长、组织部长和三青团中央书记长共同拟议提出具体办法。6 月 27 日,蒋介石召集陈立夫(代表党方)和陈诚(代表团方)进行商讨。蒋介石决定采用党团合并统一的办法消弭矛盾,以使国民党"起死回生"③。他说:只有"完成党团的统一,团结意志,加强党的力量,来消灭共匪,完成革命。除了这个方法以外,实在没有第二个方法可以达成这种任务"④。

9 月 9 日至 13 日举行的国民党六届四中全会,完成了"党团统一"的组织程序。在蒋介石反反复复强调"集中革命力量,统一革命领导"的宣示下,全会通过了《统一中央党部团部组织案》,规定中央党部和中央团部合并,三青团中央常务干事被选为国民党中央常务委员,三青团中央干事被选为国民党中央执行委员,三青团中央监察委员被选为国民党中央监察委员,三青团中央常务监察委员被选为国民党中央常务监察委员,以体现"平等"合并。于是,像蒋经国等原本连国民党中央执行委员都不是的三青团人员,一跃而成为国民党中央常务委员,进入统治集团中枢,在派系林立的国民党中,自然形成了一个新生的强大派系,也被蒋介石看作是国民党的新生力量。

---

① 蒋介石:《当前时局之检讨与本党重要之决策》(1947 年 6 月 30 日),《先总统蒋公思想言论总集》第 22 卷第 190 页。

② 蒋介石对三青团成立九周年纪念讲话(1947 年 7 月 9 日),《党团统一组织重要文献》第 26—27 页。

③ 蒋介石对三青团成立九周年纪念讲话(1947 年 7 月 9 日),《党团统一组织重要文献》第 25 页。

④ 蒋介石:《四中全会暨党团联席会议开幕词》(1947 年 9 月 9 日),《党团统一组织重要文献》第 33 页。

二、指挥防御战连连败北

让蒋介石所始料不及的是,就在他紧张策划"总动员"之时,刘伯承、邓小平指挥晋冀鲁豫野战军主力十三个旅十二万余人,于1947年6月30日实施中央突破的战术,在鲁西的张秋镇到临濮集强渡黄河,围定陶,打郓城,然后兵分三路秘密南下,越过陇海路和沙河、淮河,直趋大别山。蒋介石先从平汉路抽调六个整编师分东西两路驰援鲁西南,欲将刘邓大军消灭在黄河运河三角区,结果反而被歼五万六千人。7月19日,蒋又赶赴开封,调集十一个整编师分五路向西南合围,还准备决开黄河大堤水淹刘邓大军,也落了空。嗣后,陈毅、粟裕指挥华东野战军主力二十四个旅十八万人在鲁西渡过黄河,挺进豫皖苏地区。陈赓、谢富治指挥太岳兵团八万多人在晋南豫北交界处渡河,进军豫西,威胁西安。三路大军在江淮河汉之间布成品字形阵势,互为犄角,机动歼敌。同时,在陕北的西北野战军出击榆林,牵制胡宗南军主力在米脂以北不敢行动;在山东的华东野战军内线兵团(后称山东兵团)在胶东展开攻势,范汉杰兵团被拉向东去。解放军的"两翼牵制",使三路大军行动自如。这是中国共产党实施"跃进大别山,夺取中原"战略计划的顺利开始。

蒋介石自恃在实力上还占有明显优势,对陕北和山东的重点进攻还在继续,在东北、华北也都还有一定攻势,万没想到共产党分三路大军竟然敢于突破黄河防线南下,在自己统治的中枢地区建立起互为犄角的三块根据地,对平汉、陇海、津浦三条大动脉和徐州、郑州、开封等战略要地都构成了威胁。尤其是对刘邓大军进占大别山区,直指战略纵深地区,犹如一把钢刀插入华中心脏地带,更使蒋介石惴惴不安。蒋介石部署:"第一是要占领匪军的政治根据地,使他不能建立政治中心,在国内外丧失其号召力;第二是要摧毁其军事根据地,捣毁其军需工厂与仓库,使其兵力不能集中,补给发生困难。第三是封锁其国际交通路线,使之不能获得国际的援助。"[1]11 月,蒋介石在南京召开大别山区作战检讨会和湘鄂皖赣苏豫六省"绥靖会议",决定成立以国防部长白崇禧为首的九江指挥部,调集大军进行"总体战",集中三十三个旅的兵力重重包围大别山,以分进合击战术寻找解放军主力决战。但是刘、邓指挥所部机动灵活作战,并发动群众创建根据地,广泛开展游击战;同时华东野战军和太岳兵团共同进行内外线配合作战,进行反包围,并在平汉线、陇海线发动破击战。白崇禧指挥九十个旅四出进击和防御,疲于应付,对大别山的围攻彻底破产。12 月 30 日,解放军三路大军在确山地区会师,打破了蒋介石的中原防御体系。国民党军十九万五千人被歼。

深为蒋介石倚重的总参谋长陈诚,
被派往东北作战,不料竟连连败北。

在中原鏖战之时,除陕北、山东两翼被牵制外,其他各个战场也先后遭到解放军的猛烈进攻,国民党军队被动应付,陷入全面防御的境地。被蒋介

---

① 蒋介石:《剿匪军事之新阶段与新认识》(1947 年 10 月 20 日),《先总统蒋公思想言论总集》第 22 卷第 292 页。

石派往东北的陈诚,将五十余万大军编组成四个兵团,实行"机动防御",把主力集结在中长路长春沈阳一线及其外围地区。他声言要在六个月内恢复东北优势,收复一切失地,"消灭共匪,建设三民主义的新东北"①。但在应付东北民主联军秋季攻势的战役中频频失误,抢修了三个月的中长路被彻底破坏,沿线自长春至开原只控制四平一城,防御体系亦渐溃散。10 月 8 日,蒋介石急飞沈阳,指示陈诚巩固沈阳及其与关内的交通线,加强沈阳以北各据点的守备力量;并从华北抽调六个师出关援助。东北民主联军则于此时重点袭击防守薄弱的长春、吉林地区,并以一部向北宁线出击。陈诚指挥所部在中长路和北宁路之间往返应付,在五十天的交战中被歼六万九千人,只能困守在长春、吉林、沈阳、四平、锦州几座孤城和中长路、北宁路沿线狭小地区。

在华北战场,蒋介石为了确保北平、天津、保定三角地区的安全,调集第九十四、第十六军进攻晋察冀解放区,又下令第三军从石家庄北上。结果第三军被伏击围歼于望都清风店。石家庄在朱德亲临指挥的六昼夜攻坚战后,于 11 月 12 日解放,二万四千守军被歼。蒋介石十分震惊,11 月下旬到北平,将第十一战区(保定地区)司令长官孙连仲撤职,任傅作义为晋察冀热绥"五省剿匪总司令",欲"以主力对主力",寻找解放军决战。

对于这时的态势,蒋介石并非浑噩无知。7 至 12 月的半年,国民党军被歼灭七十五万人,机动兵力大量消耗,"全面防御"也是百孔千疮了。他痛苦地反省道:"全国各战场皆陷于被动劣势之危境,尤以榆林、运城被围二三旬,无兵增援,及至 12 日石家庄陷落之后,北方之民心士气完全动摇;加之陈毅股匪威胁徐州,拆毁黄口至内黄铁路,而后又进逼徐宿段;陈赓股匪窜扰豫西,进陷郧西镇安等县,南阳、安康震动而无兵镇守;江南各省几乎表现风声鹤唳之象。两广、湘、赣、浙、闽伏匪蠢动;李济深、冯玉祥在港、美与之遥遥相应,公然宣言叛国,此诚存亡危急之秋也。"②

---

① 杜聿明:《辽沈战役概述》,《文史资料选辑》第 20 辑第 3 页。
② 《蒋介石日记》(手稿本),1947 年 11 月 30 日"本月反省录"。所云李济深、冯玉祥"叛国",是指李在香港筹组国民党革命委员会,冯在美国演说公开抨击蒋介石的内战政策并赞成成立"民革"。

　　"全面防御"的失败,迫使蒋介石自 1948 年 1 月起改取"联省剿匪"的分区重点防御方针。他说:"为了打击匪军牵制我军的阴谋,对若干地点,有的不能不暂时放弃,俾能集中兵力,机动使用。"[①]他冀图"肃清华中,巩固华北,收复东北",在几个重要地区先后设立"剿匪总司令部":任命卫立煌为东北"剿匪"总司令,统一指挥东北军队,持久消耗打击东北解放军[②],使其战力不能成长;任命傅作义为华北"剿匪"总司令,指挥冀、晋、热、察、绥五省军队采取主动攻势,进击各解放区,并截断对东北解放军的补给;任命白崇禧为华中"剿匪"总司令、刘峙为徐州"剿匪"总司令,分别指挥鄂、豫(中、西)、皖、赣、湘和苏、鲁、豫(东)的军队,建立对解放区的封锁,阻止其扩大并逐步肃清。蒋介石还在长江以北黄河以南广大地区,划分了二十个绥靖区,每区配置三至五个旅,实行以军事力量掩护政治、以政治和经济力量配合军事的"总体战",分区围追堵截解放军。

　　然而,这时的人民解放军,已经不是蒋介石眼中的"土八路"了。他们在各个战场均展开了全面进攻。在东北,经过将近一百天的冬季攻势,国民党军被歼十五万六千人,丢失了辽阳、鞍山、营口、四平等二十一座城市,困缩在沈阳、长春、锦州几个孤立地区。在华北,解放军的攻势凌厉,察南、绥东、热西、晋中、晋南、冀东都先后告急,傅作义四出救援,但他不敢调动平、津、保、唐的军队驰援以防有失。结果国民党军队大量被歼,仅晋中之战就损失近十万人。在西北,解放军主力转入外线作战,宜川、瓦子街战役大捷,胡宗南的机动兵力大部被歼,在西北的防御体系趋于瓦解,4 月 21 日放弃延安,继又丢失洛川。在山东,解放军先后在胶济线西段、东段和津浦线中段发动攻势,摧坚攻城,国民党军队四个月中被歼十四万五千人,只能孤守在济南、青岛、临沂几个据点。在中原,解放军粉碎对大别山的围攻后,纵横驰骋在淮河汉水、陇海津浦之间,先后攻克洛阳、开封、樊城、襄阳,"中原防御体系"被打得支离破碎。蒋介石的分区防御和"总体战"遭到挫败。

　　"戡乱"总动员一年——1947 年 7 月至 1948 年 6 月的结果是:国民党

---

　　① 蒋介石在国民大会报告经济、军事情形(1948 年 4 月 9 日),《国民大会》,中华年鉴社 1948 年 8 月版。

　　② 东北民主联军自 1948 年 1 月起统一称为东北人民解放军。

军队又被歼灭一百五十二万人,其中正规军九十二个半旅计九十三万余人。蒋介石手中的总兵力已下降为三百六十五万人,其中正规军二百八十五个旅一百九十八万人,能用于第一线的只一百七十万人,机动作战的兵力,已经低于解放军了。蒋介石忧心忡忡,寝食难安。

三、期求美国更多支援

内战的严重溃败,使国民党统治面临危机,蒋介石期盼美国的更大支持和援助,以解困境。在美国,也的确有一股亲蒋反共势力,积极鼓吹扩大对蒋的援助。然而美国政府对国民党军队的连连挫败和政治、经济的严重局势大为震惊,一种"急迫灾祸的迹象"使总统杜鲁门、国务卿马歇尔等人忐忑不安。为了"就中国现在及未来的政治、经济、心理和军事的情况做一个估量"[①],寻找挽救国民党统治的办法,杜鲁门于 1947 年 7 月派遣曾任中国战区参谋长、美军驻华总司令的魏德迈为总统特使来华进行调查考察。蒋介石对魏德迈来华抱有期望,希望由此获得美国的大规模援助,特地指派宋子文和陆军副总司令孙立人担任魏德迈的特别联系人和报告人,并召集各省政府主席来南京向魏德迈报告本省军政和经济情况。魏德迈还去往各地"巡视"调查。经过一个月的考察,8 月 22 日他在国民政府委员和各部部长出席的国务会议上发表演讲,对国民党统治的腐败无能和效率低下,提出了尖锐的批评。他说:"中央政府不能以武力击败中国共产党,而只有立即改进政治及经济的状况,以争取人民群众忠心的、热烈的、至诚的拥护";"中央政府在共产党猛攻之下能否屹立或倒台,将决定于这种政治与经济状况改进的效率与时机。"[②]两天后他在离华返国时发表声明,又说:"今天,在中国,我在各方面见到的是麻木与怠惰"。"许多中国人的卑屈的失败主义,令人气馁心灰"。"为了恢复及维持人民的信任,中央政府必须立即施行彻底

---

① 杜鲁门给魏德迈的训令(1947 年 7 月 11 日),《美国与中国的关系》(白皮书),《中美关系资料汇编》第 1 辑第 300 页。

② 魏德迈在国民政府委员与各部部长联席会议上的讲话(1947 年 8 月 22 日),《中美关系资料汇编》第 1 辑第 765 页。

的深远的政治和经济的改革。空言已是不够,实行乃是绝对需要的。必须承认徒有军事力量不能消灭共产主义。"他还说,中国的"复原须有感召力的领导和道德、精神的苏生"①。魏德迈的这些话,使蒋介石和国民党的其他领导人大失所望并十分难堪。尤其是"须有有感召力的领导"一句,更引起了蒋介石的恐慌,特于次日召见美国驻华大使司徒雷登(John Leighton Stuart)的秘书傅泾波,打听"美国是否有意迫他退休或是用别的办法要他去职"②。

　　魏德迈回国后,向杜鲁门提交了一个长达十余万言的秘密报告,详细叙述了他在华调查的所见所闻,措辞尖刻,但他的结论是"一个中国共产党统治下的中国,对美国利益是有害的"③,因而主张美国在五年内继续并扩大对国民党政府的军事和经济援助,以收"稳定中国局势和抗衡共产主义危险的扩张之效"。魏德迈说:"美援计划,最好是在特殊经济和军事范围内,由美国顾问监督执行。"他设计由"中国请求联合国立即设法促成满洲战事的停止,并请求将满洲置于五强监护制度之下,如不成,则按照联合国宪章置于托管制度之下",以挽救"现已恶化"的东北局势,阻挡住中国共产党行将"对于满洲在军事上的控制"④。魏德迈欲肢解中国东北的野心十分露骨,杜鲁门担心会激起中国人民和世界舆论的谴责,将他的报告秘而不宣近两年之久。

　　不过魏德迈的调查,对于美国政府此后的对华政策,无疑是起了作用的。在蒋介石的一再要求和多方争取下,军火、贷款和物资援助源源而来,大批美国顾问进入国民党政府的各个部门,军事顾问团的职权更加扩大,帮助蒋介石指挥内战。

---

① 魏德迈结束赴华使命的声明(1947 年 8 月 24 日),《中美关系资料汇编》第 1 辑第 770 页。
② 司徒雷登致国务卿马歇尔的报告(1947 年 8 月 26 日),《中美关系资料汇编》第 1 辑第 837 页。
③ 魏德迈致杜鲁门的报告(1947 年 9 月 19 日),《中美关系资料汇编》第 1 辑 782 页。
④ 魏德迈致杜鲁门的报告(1947 年 9 月 19 日),《中美关系资料汇编》第 1 辑第 772—783 页。

四、强化镇压激起全民反抗

广大民众对蒋介石的"戡乱"内战愤懑不已,反对、抗议的声浪此伏彼起。蒋介石风声鹤唳,草木皆兵,对于凡是要求和平、反对内战的人,都看作是反对自己的乱民,是"共产党分子"。1947 年 5 月公布《维持社会秩序临时办法》以后,6 月就以"扰乱社会秩序"的罪名,先后逮捕了因要求和平民主而罢工、罢课、集会、游行的一万三千多名工人和学生,封闭了一百多个反对内战的团体和报纸、杂志。7 月又颁发了《戡乱时期危害国家紧急治罪条例》,制造种种罪名捕杀人民群众。9 月,蒋介石在南京召开秘密会议,布置对爱国民主人士的逮捕,各地立即行动。首都卫戍司令部和南京市政府限令全市所有共产党员及其"关系人"均需十日内到卫戍司令部登记,"逾期即依法逮捕"[①]。北平、上海、杭州、广州、西安、重庆等许多地方的大批爱国民主人士和青年学生、工人,被加以"共产分子"或"共党嫌疑"的罪名遭到逮捕和杀害。

血腥屠杀,压制不了反内战、争自由的爱国民主运动。浙江大学学生会主席于子三 10 月 29 日被国民党特务秘密杀害,又一次激起了国民党统治区学生反迫害、争自由的反蒋运动。平、津、沪等十二城市十余万学生举行罢课游行或其他声援活动。次年三四月,各地大中学校师生又爆发了反迫害反饥饿的斗争,五六月间反对美国扶植日本运动更是声势浩大,得到社会各界的广泛支持,北平的四百三十七位大学教授向美国大使司徒雷登发出抗议书,清华大学教授朱自清等百余人拒购美援平价面粉,以表示中国人的尊严与气节。反美反蒋的怒涛席卷全国。

处于风雨飘摇之中的蒋介石,更加强化镇压手段,1948 年 4 月起组设"特种刑事法庭",大量捕杀爱国者以至"嫌疑者"。国民党特务将铁屑放入上海电力公司的发电机油管内,加罪于该厂工人王孝和,"特种刑庭"即判以

---

① 《南京共产党分子脱党申请登记办法》(1947 年 10 月 21 日),《中美关系资料汇编》第 1 辑第 849 页。

极刑。臭名昭著而被迫改头换面为"保密局"和"党员通讯局"的军统、中统特务,更是肆无忌惮地逮捕、监禁、杀害民主爱国分子。特务头目毛人凤、叶秀峰等人在国民党中央青年部召开的会上,公开声称要对学生实行大逮捕。白色恐怖一时笼罩国民党统治区。

国民党内的民主派,严重不满蒋介石的倒行逆施,为蒋介石的反动统治所不容,被迫转入地下,一部分领导成员离开国民党统治区,去香港和解放区坚持斗争。1947 年底,国民党民主促进会、三民主义同志联合会、民主革命同盟三个组织的领导成员,联合其他国民党民主派人士,在香港召开了国民党民主派联合代表大会,宣布脱离蒋介石控制的国民党,于 1948 年 1 月 1 日正式成立中国国民党革命委员会(简称"民革")。他们发表宣言,制定行动纲领,提出推翻蒋介石独裁统治,建立民主和平和幸福的新中国的口号,推选李济深为中央主席,何香凝、冯玉祥等十六人组成中央常委会。

被国民政府内政部宣布为非法的民主同盟,于 1948 年 1 月在香港举行一届三次会议,决定重建民盟总部,恢复民盟活动,重新确立了民盟的政治路线和组织路线,并调整和充实了中央领导机构。在发表的宣言中民盟明确主张:以人民的武装去粉碎国民党独裁政权;拥护土地改革,实行耕者有其田;反对美国目前的对华政策,绝不承认美国政府与南京国民党政府所签订的一切条约;与中国共产党及其他民主党派结成坚强的民主统一战线[1]。

与此同时,中国农工民主党、中国民主促进会等民主党派和爱国民主人士,也都公开举起反蒋反美的旗帜,广泛开展打倒蒋介石统治的活动。

蒋介石失去了中间力量的同情和支持,陷于孤立的境地。

五、楚歌声中当总统

蒋介石的"戡乱"及其独裁统治,不仅为全国人民所反对,就是在国民党领导集团内,也有许多人疾首蹙额,埋怨"老头子"固执己见,独断专行,甚至

---

[1] 《中国民主同盟一届三中全会宣言》(1948 年 1 月 19 日),《中国民主同盟历史文献》第374—378 页。

对"戡乱"丧失信心,想与共产党停战和解,保存实力。美国方面对蒋介石的战事不断失败和统治日趋腐化也越来越不满,并且发现在国民党内"有一种委过蒋委员长和找一个人来替换他的统治的与日俱增的倾向",认为蒋的"退休将是不可避免的"①。1947年八九月间美国驻华大使司徒雷登到北平作了一番考察后,在给美国国务院的报告中进一步证实说:"在学生中间,作为国民党统治象征的蒋介石,已经大大地丧失了他的地位","大多数的学生甚至毫不客气地认为他是完蛋了"②。

蒋介石敏锐地觉察到这种险恶的形势。为要维持自己摇摇欲坠的独裁统治,他决定召开一次"国民大会"选举总统、副总统,由"训政"变为"宪政",使自己统治能够"合法"。对于这种行径,不仅为人民大众所不屑,也同时为国民党领导集团内的有识之士所非议③。但蒋介石固执己见,通令各地于1947年11月21至23日"选举"国大代表。一些官僚、政客、豪绅都要当"代表",采取种种舞弊手段。而国民党为了标榜实行"多党政治",要让出一些代表名额给青年党、民社党和"社会贤达",有四百二十七人被强令退出"代表"资格。于是,请愿,闹事,绝食,哭陵(到孙中山陵前哭祭),包围中央党部,欲打陈立夫等人,以至于在大会开幕之日抬棺材到会场门口等丑事层出不穷。

1948年3月29日,国民大会在南京开始举行。蒋介石在开会词中说,"大会使命,只是行使选举权,以完成中华民国政府之组织"④。但是出乎他的意愿,大多数代表强烈要求"将地方情况反映于大会、反映于中央政府,对于当前时局及政府施政方针,应有广泛之检讨"⑤。蒋介石无奈,匆匆准备

---

① 司徒雷登致国务卿马歇尔之报告(1948年2月5日),《中美关系资料汇编》第1辑第851—853页。

② 司徒雷登向美国国务院的报告(1947年9月8日),《中美关系资料汇编》第1辑第299页。

③ 于右任、邵力子等在国民党中常会第九十七次会议上说:"国民大会一部分代表及各地同志,以政府现在戡乱剿匪,全国实行总动员之际,理应集中全民力量以灭共匪,各地秩序未复,选举不能普及实施,纷纷电请缓办选举。"张发奎等四十三人还曾联名上书蒋介石,说现在"内乱外患交相煎迫","财政支绌,民生凋弊",召开国民大会选举总统是"草率从事,违民之意"之举。国民政府和国民大会档案,中国第二历史档案馆藏。

④ 蒋介石:《对第一届国民大会第一次会议开会致词》(1948年3月29日),《先总统蒋公全集》第1909页。

⑤ 《国民大会》第38页。

了一个"施政报告",各部部长也被迫分别向大会报告工作及检讨,受到一些代表的尖锐批评和指责。来自东北的代表对东北局势怨天尤人,声色俱厉地责骂陈诚,还有的高喊:"杀陈诚以谢国人!"①使蒋介石十分难堪。

选举总统是这次大会的唯一目的。对于总统人选,蒋介石想得很多,国民党上下也有许多说法。蒋介石原本一心想攫取总统的名分,可是此前美国方面及国民党内外皆有对蒋的指责和非议之言,"换马"之声日盛。②

早在 1947 年 9 月 8 日,美国驻华大使司徒雷登就向美国国务院报告代的北平之行说:"在学生中间,作为国民党统治象征的蒋介石,已经大大丧失了代的地位。大多数的学生,甚至毫不客气地认为他是完蛋了。……李宗仁上将日益获得了公众的信赖。似乎没有理由相信他不忠于国民政府的谣言。"③1948 年 1 月 13 日,《大公报》经理兼副总编辑胡政之在司徒雷登邀请的午餐会上,自称代表上海文化教育界、银行界、商界六十余人建议:"值兹全盘混乱,局势动荡之时,国人等不愿共产党成功,但因目睹政府环境恶劣,拟请蒋主席下野,以六个月为期,在此期内,政府由张岳军负责支撑,未识大使意见如何?"司徒雷登答称:"此事须本人请示美国政府,并请将此项意见用书面写出,俾作根据。"④同一天,军统上海站密报称,美国政府有力人士正酝酿一项希望蒋介石"让位"的运动,说所持理由是今日政府之贪污无能有加无已,如不有改辕易辙、大事更张之办法,实难有改进复兴之望。又说蒋主政二十年,思想陈旧,性复固执,且极易受人之包围,不能发挥有效之力量。密报认为此项运动的主导者是马歇尔和中国的政学系在美国活动的人士⑤。严重的是 2 月 19 日司徒雷登发表了一篇《告中国人民书》,对中国的政治状况和国民党的法治提出了多方面的批评,直指国民党的集权统治,并说希望中国爱好自由的爱国人士联合全国人民"一致参加建设性的演变进

----

① 朱克勤:《出席国民大会记》第 50 页,《近代中国史料丛刊续编》第 43 辑,台湾文海出版社 1977 年版;杜聿明:《辽沈战役概述》,《文史资料选辑》第 20 辑第 8 页。

② 《蒋介石日记》(手稿本),1948 年 3 月 20 日。

③ 《中美关系资料汇编》第 1 辑第 299—300 页,世界知识出版社 1957 年版。

④ 《情报》,1948 年 1 月 14 日,台北"国史馆"藏。

⑤ 《情报》,1948 年 1 月 13 日,台北"国史馆"藏。

程,促使全国的统一以及和平的进步"①。蒋介石极为恼火,"闻美大使司徒昨日因其援华借款提出国会而又发表其侮华、背理、荒唐之宣言,可痛极矣"②。更有甚者,马歇尔在美国国会众议院外交委员会审议援华法案作证时,数落了一堆中国政府的不是,明白表示:"无论如何,中国政府已注定不是一个有力的盟友了。"③蒋介石闻之,颓丧之至。

面对国际国内之严峻形势,蒋感到难堪,便想主动"让贤选能"、"交出政权"④。他有意让胡适出台挂名当总统,以便取得美国的好感和美援的不致迟滞⑤,自己则当参谋总长或行政院长⑥掌控实权。他让王世杰传话要胡适出任,自己愿"负责辅佐"⑦。于是在国民大会开幕前后,传出了胡适竞选总统的风声,一时间议论纷纭。

然而蒋介石对总统这个宝座,毕竟是向往多年了,何况国民党内拥戴自己当总统的大有人在。他反复权衡利弊得失⑧,举棋不定。经过反复考虑,蒋在4月4日的国民党中执委临时全体会议上表示,自己不参加总统竞选,而提议由一个"卓越之党外人士为总统候选人"⑨。蒋介石的这个表示,使得一批中央执行委员如坠云中,许多人坚持总统之位非蒋莫属,还以起立的方式表示拥戴"总裁"为总统候选人,而对蒋之拒绝表示不解。这一下大大增强了蒋介石的信心。他嘴上仍然坚辞候选人的提名,心里却在盘算如何

---

① 《中美关系资料汇编》第1辑第1010页。
② 《蒋介石日记》(手稿本),1948年2月20日。
③ 韩信夫、姜克夫主编:《中华民国史·大事记》1948年2月20日,第12卷第8516页,中华书局2011年版。
④ 《蒋介石日记》(手稿本),1948年1月17日"上星期反省录"。
⑤ 《蒋中正总统档案事略稿本》1948年2月29日记:"今日形势,对外关系,只有推胡适以自代,则美援可无迟滞之借口。"
⑥ 蒋介石先曾考虑自己退任参谋总长;1948年3月26日接蒋经国信建言"谦辞总统,退任行政院长",还列举三条理由:第一,足以表示在共乱未平前,对国家政治之负责精神;第二,足以表示对全国拥戴出任总统之谦让精神;第三,可以逃免行宪初期五院间之纠纷(《蒋经国家书》(4),台北"国史馆"藏),引起了蒋介石的考虑。
⑦ 《蒋介石日记》(手稿本),1948年3月30日。
⑧ 《蒋介石日记》(手稿本)1948年3月27日、31日、4月1日、2日均有考虑自己或胡适任总统之利弊的记载。
⑨ 蒋介石在国民党中央执行委员临时全体会议上的讲话(1948年4月4日),见《中美关系资料汇编》第1辑第858页。

使这个总统不是虚名而有实权。他早前曾对张群说过对《宪法》的规定要"因应时宜，以革命手段断然处置"①，此时便于 4 月 5 日清晨约张群、陈布雷等人谈话。张群心领神会，在当日上午举行的中央常务委员会议上说，"不是总裁不愿意当总统，而是依据宪法规定，总统是一位虚位元首，所以他不愿处于有职无权的地位。如果常会能想出一个补救办法，规定在特定期间，赋予总统以紧急处理的权力，他还是要当总统的"②。于是，一些人立即动手起草《动员戡乱时期临时条款》，给总统以"紧急应变的特殊权限"。蒋介石看了很是满意，不仅召集出席国民大会的国民党党团干部"予以训示"，还亲自出马说服民社党、青年党的头头们获取支持，十分吃力。国民大会 18 日三读通过了《动员戡乱时期临时条款案》，规定"总统在动员戡乱时期，为避免国家或人民遭遇紧急危难，或应付财政经济上重大变故，得经行政院会议之决议，为紧急处分，不受宪法第三十九条或第四十三条所规定之限制"③。这就使总统获得了无限权力。虽然有代表批评此项条款"无守法精神"、"无民主精神"，使得蒋介石一时"情绪之紧张已达极点"，但他又感叹"幸事前布置，反对最烈者或以余在会，皆略申其意，未作激辩"，而认为此乃"国大最大功用已经完成"④之举，心满意足。第二天"竞选"总统，蒋介石以二千四百三十票的绝对多数，欣然当上了大权独揽的总统，陪选的居正获二百六十九票。

但是副总统的竞选，却是一波三折，使蒋介石大伤脑筋。名义上候选人有六名：李宗仁、孙科、程潜、于右任以及民社党的徐溥霖、"社会贤达"莫德惠。蒋介石属意孙科，但桂系首领李宗仁却得到美国方面的赏识。魏德迈来华调查时，即对李宗仁产生良好印象。美国驻华大使司徒雷登在向美国

---

① 《蒋介石日记》（手稿本）1948 年 2 月 8 日记对张群谈宪法与行宪问题。
② 程思远：《蒋介石发表求和声明的经过》，《文史资料选辑》第 66 辑第 61 页。
③ 《国民大会实录》第 1 编第 345 页。1946 年 12 月 25 日国民大会通过的《中华民国宪法》第三十九条是："总统依法宣布戒严，但须经立法院之通过或追认。立法院认为必要时，得决议移请总统解严。第四十三条是："国家遇有天然灾害、疠疫，或国家财政经济上有重大变故，须为急速处理时，总统于立法院休会期间，得经行政院会议之决议，依紧急命令法，发布紧急命令，为必要之处置，但须于发布命令后一个月内提交立法院追认。如立法院不同意时，该紧急命令即失效。"
④ 《蒋介石日记》（手稿本），1948 年 4 月 18 日。

当选为总统的蒋介石,想找个合乎自己心意的副总统搭
档,可是孙科敌不过李宗仁,难遂心愿。

国务院报告他的北平之行时也说"李宗仁上将日益获得了公众的信赖"①。

对于李宗仁的竞选,蒋介石是老大的不高兴。虽然开始时他不能不作出"国民大会为实行民主的初步,我党同志均可公开竞选"②,"选举正副总统是民主政治的开端,党内外人士都可以自由竞选"③的表示,但眼看李宗仁颇有一些选票,尤其是听说了美国方面的意向时,很担心"一位他不喜欢的人担任副总统"④。他先曾打算用"由党提名"的方式,把李宗仁从候选人名单中去掉,但未能得手;乃召李谈话,要李"必须放弃"竞选,李表示"很难从命",说:"如今已经粉墨登场,打锣鼓的、拉弦子的都已叮叮咚咚打了起来,马上就要开口而唱,台下观众正准备喝彩。你叫我如何能在锣鼓热闹声

---

① 司徒雷登向美国国务院的报告(1947年9月8日),《中美关系资料汇编》第1辑第300页。
② 蒋介石对白崇禧、吴忠信的谈话(1948年1月),《李宗仁回忆录》第876页。
③ 蒋介石对李宗仁的谈话(1948年3月25日),《李宗仁回忆录》第880页。
④ 《李宗仁回忆录》第881页。

中忽而掉头逃到后台去呢？我在华北、南京都已组织了竞选事务所，何能无故撤销呢？"①蒋无奈，乃发动黄埔系、CC 系以及一切可以指挥的人马全力出动为孙科拉选票。但是在 23 日、24 日两轮选举中，李宗仁均处于领先地位，只不过达不到法定半数。各方争夺选票达到白热化地步，一些代表还受到某种势力的威胁恐吓。25 日，李宗仁以选举受到"压迫统制"②为辞突然声明退出竞选，闹哄哄的国民大会遽然中断，朝野舆论大哗。蒋介石十分尴尬，乃召见白崇禧表示自己没有袒护、支持一方之意，要白劝李宗仁继续竞选。经过 28 日第三轮选举，仍无人超过半数。直到 29 日在李宗仁、孙科之间举行最后决选，李宗仁终以一千四百三十八票对一千二百九十五票之微弱优势最后当选。司徒雷登评论这个选举结果"对于公开决意支持孙科的蒋介石是一个严重的挫折"，也是"国民党内反对分子对以 CC 派和黄埔派为中心的政党机器的独裁进行挑战的胜利"③。

国民大会于 5 月 1 日结束，蒋介石在讲话中说："自今日以后，中央政府是依宪法产生的政府"，"今后政府一切措施，必须遵守宪法，以发挥宪法中所赋予其治权之能力。"④蒋介石获得总统这个合法职衔以后，把原来的国民政府改为总统府，设秘书长、副秘书长各一人，参军长一人，资政若干人；下设六个局，并有机要、侍卫、统计三室，警卫、军乐两队。文武官员加上工勤人员约一千五百多人。但总统府不过是蒋介石"实施宪政"的一个摆设，真正发号施令的处所，仍是他的黄埔路官邸。委员长侍从室虽然在抗战胜利后撤销了，但名亡实存，新成立的"军务局"和"政务局"仍如侍从室一样秉承他的旨意调度一切，就像清朝的军机处，党、政、军、财、文样样都管。蒋介石对人事任免权抓得更紧，规定全国的简任以上文官和上校以上武官，都由总统直接任免；荐任文官和上尉以上武官也要经他批准任免，并通过《总统府公报》发布。

---

①　《李宗仁回忆录》第 885 页。

②　《中央日报》1948 年 4 月 25 日。

③　司徒雷登致国务卿马歇尔的报告（1948 年 4 月 29 日），《中美关系资料汇编》第 1 辑第 867页。

④　蒋介石：《对第一届国民大会第一次会议闭会致词》（1948 年 5 月 1 日），《先总统蒋公全集》第 1911—1912 页。

1948年5月20日，蒋介石与李宗仁在就职典礼上。

5月20日，蒋介石正式就任总统职。在前线战事连连挫败，反动统治摇摇欲坠的楚歌四起声中，蒋介石登上了总统宝座，犹如坐在火山口上，寝食难安。至他次年1月21日被迫下野，前后只不过当了二百四十五天总统，还不及袁世凯的总统任期的六分之一。

六、"紧急处分"加速经济崩溃

蒋介石当上总统后的第一件大事，是组设一个能够完全听命于自己的内阁。当时国民党内各个派系为争夺行政院院长这个实权职位而相持不下，而张群、何应钦等人互相推诿，立法院举行假投票，蒋介石犹豫再三，最后决定由没有什么派系背景的翁文灏出任。翁又是一位著名的地质学家，可以取得美国方面的满意。蒋介石不顾翁的恳辞，径自向立法院提名，通过后即予公开发表，使翁不能不受。蒋介石还决定由何应钦任国防部长，将白崇禧调去武汉任华中"剿匪"总司令，以防他与李宗仁在南京朝夕合谋弄权颠覆自己。

翁文灏组阁后，蒋介石交代的头等要务是：立即着手研讨财政经济的紧

翁文灏被蒋介石任命为行宪的首任行政院长,但无法扭转财经困局。

急对策,以挽救濒临崩溃的经济危机。

　　内战的无限扩大,军用支出急剧上升,财政赤字飞速增长。以苛捐杂税等名目横征暴敛的财政收入,远远不敷庞大开支,只得靠大量印发纸币来填补。据统计,抗战胜利后的三年间,即 1945 年 8 月至 1948 年 8 月,法币发行额达六百四十万亿元。通货恶性膨胀,法币急剧贬值,1948 年 8 月的物价与 1937 年 1 至 6 月平均物价相比较,上涨了五百万至一千一百万倍,美元一元值法币一千一百零八万八千元,黄金一两值五亿三千九百六十万元[1],大米在上海地区每担涨达六千五百万元,原来可以买八百头牛的钱,此时连一两米也买不到了。在国民党统治区,工业生产难以为继,纷纷破产。农村更是一片凋敝景象。

　　国民经济面临崩溃之势,使蒋介石心烦意乱。他在日记中感叹“经济危险至此,比军事更足忧虑”,“应速谋彻底改革之道,方能挽救此危局”[2]。他

---

　　① 杨培新:《旧中国的通货膨胀》第 83 页,三联书店 1963 年版。
　　② 《蒋介石日记》(手稿本),1948 年 6 月 10 日。

谋算"以改革币制为本,如以已有现款与美援物资为基金,而将原有通货存储收兑发行新币"①。6 月 29 日,他召见翁文灏、王云五"商议改革币制及平定物价之根本办法"②。过了两天再召见时,蒋提出对经济实行严格管制的办法,主张对"非法卖买金钞者罚则之颁布及其机构","交易所与投机黑名单之调查与准备",不惜采用戒严的做法③,下令王云五拟订币制改革方案。

担任财政部长的王云五秉承蒋介石旨意拟订了一份《改革币制计划书》,以废止法币、改用新币为主要内容,以强力手段管制经济,设想改革币制、平抑物价、平衡国际国内收支几个方面联合进行,毕其功于一役,以期一举扭转危局④。7 月 7 日,蒋介石对翁文灏转呈的王云五《计划书》,颇为赞赏,似乎在这山穷水尽之时,见到柳暗花明了,力主"从速实施"⑤。他命翁文灏召集一批财政经济专家秘密研讨,其中包括财政部次长徐柏园、中央银行总裁俞鸿钧、副总裁刘攻芸、中国银行总经理席德懋、台湾省财政厅长兼美援联络人严家淦等。但是他们知悉蒋介石的态度是"事在必行"⑥,个个缄口结舌,虽经前后二十天的研讨,对王云五的《计划书》并未作出什么更改,只是拟订了一些具体的办法。7 月 29 日,蒋介石在浙江莫干山听取他们的汇报。蒋说:"王云五所拟金圆券方案,设法挽救财政,收集金银、外币,管制物价,都是必要的措施。"⑦前中央银行总裁张嘉璈等人认为财政赤字太大,币制改革的条件还不具备。蒋介石要他们支持币制改革,并说:"目下法币日跌,钞票发行日增,致钞票来不及供应,势非另发行一种新币以代之不可。"⑧尽管许多人说要"慎重考虑",主张"延期实施",但蒋介石认为"此

---

① 《蒋介石日记》(手稿本),1948 年 6 月 24 日。

② 《蒋介石日记》(手稿本),1948 年 6 月 29 日。

③ 《蒋介石日记》(手稿本),1948 年 7 月 1 日。

④ 王云五:《岫庐八十自述》第 509 页,台北商务印书馆 1967 年版。

⑤ 《蒋介石日记》(手稿本),1948 年 7 月 8 日。

⑥ 中央银行总裁俞鸿钧 1948 年 8 月对人说:"在庐山会议(按:疑为莫干山会议)上,总统一开始就表示事在必行,我就不敢讲话了。"《文史资料选辑》第 8 辑第 102 页。

⑦ 黄元彬:《金圆券的发行和它的崩溃》,《文史资料选辑》第 8 辑第 100 页。

⑧ 张嘉璈日记(1948 年 7 月 31 日),见姚崧龄编:《张公权先生年谱初编》第 1014 页,台湾传记文学出版社 1983 年版。

为三年来一贯之政策与惟一之主张,因(宋)子文、(张)岳军、(张)公权、(俞)鸿钧等皆畏缩不决,未敢执行。而今日始以事急势迫,不得不有此一举。然(翁)咏霓与(王)云五能毅然实施,亦可谓奋然难得矣"①。

8月20日,蒋介石不顾立法院的反对,行使"总统特权",发布《财政经济紧急处分令》,宣布:"一、自即日起,以金圆为本位币,十足准备发行金圆券,限期收兑已发行之法币及东北流通券。二、限期收兑人民所有黄金、白银、银币及外国币券,逾期任何人不得持有。三、限期登记管理本国人民存放国外之外汇资产,违者予以制裁。四、整理财政并加强管制经济,以稳定物价,平衡国家总预算及国际收支。"②同时规定:金圆券总发行额为二十亿元,每一元兑换法币三百万元;黄金每市两兑金圆券二百元,白银每市两三元,银币每枚二元,美元每元四元;一切金银外币必须向中央银行交兑、保管,9月30日后未兑、存者一经查出即予没收;所有中国人(华侨除外)的外汇资产,均需向中央银行申报登记,并交其保管;实施限价政策,各地物价一律冻结于8月19日之数,并不再按生活指数发放工薪;禁止工厂罢工、怠工。

为了强制推行这项改革,蒋介石要求各省市政府"同德同心,通力合作","设或阳奉阴违,怠忽职守","必严厉处分,决不稍存姑息"。他还发表书面谈话,希望民众"合力拥护改革币制的政策,彻底执行管制经济的法令。如有少数人不顾大局,只图私利,因袭法币贬值时期的作风,操纵新币,为投机垄断的工具,以危害其信用,那就是破坏我全国人民的生计,也就是全国人民的公敌,政府自必依据国家总动员法令及刑事法规,视同卖国的奸匪,予以严厉的制裁"③。蒋介石8月20日赶到上海,会见金融工商界人士,表示此次改革有充分准备,具有最大决心。

蒋介石的确下了很大决心来推行此次币制改革。他下令在沪、津、穗三地设置经济管制督导员,由中央银行总裁俞鸿钧、行政院副院长张厉生、广东省政府主席宋子文分别担任,用行政力量和军警手段来收兑民众手中的金银

---

① 《蒋介石日记》(手稿本),1948年8月19日。
② 《中央日报》1948年8月20日。
③ 《中华民国史事纪要》1948年8月20—23日。

外币。上海集中了全国一半左右的工商业生产和大部分金融业,是全国经济和金融的中心,金银外币的民间持有量最多,这次"币制改革"的油水最大,蒋介石派出蒋经国"协助"俞鸿钧"督导"各项"紧急措施"的实施。8月20日蒋经国到上海后,即扬言"只打老虎不拍苍蝇"。他从国防部调来"戡乱建国工作总队第六大队",改称"经济戡建大队",偕同上海军警出动搜查,还组织了一万二千多人的"大上海青年服务队"四出巡逻。蒋经国将囤积商品的上海警备司令部的科长张尼亚、大队长戚再玉公开枪决,以显示决心和实力。他还将巨商大户六十四人逮捕入狱,其中包括杜月笙的儿子杜维屏、"粮食大王"詹文浒、申新纺织集团负责人荣鸿元、美丰证券公司总经理韦伯祥、纸业公会理事长詹沛霖等,并将一个叫王春哲(林王公司总经理)的商人枪决。这些举措都得到蒋介石的支持和赞赏,云"此为国为民之事,只有牺牲我父子,不能再有所顾忌"①。

蒋介石颁发"财经经济紧急处分令",是动用了"戡乱"这面旗帜的。一时,"行乱世用重典"、"一二颗人头祭刀"这样杀气腾腾的词句也充斥于国民党报章。9月7日,蒋经国回南京向蒋介石禀报上海情况,蒋介石虽对上海官商勾结的严重情况甚表不满,但对蒋经国的"战果"听得"兴奋异常"②。11日,蒋介石得悉上海"物价平稳,黑市几乎消灭",认为蒋经国克服了经济上的"滔天大祸","不胜感祷之至"③。14日,蒋经国奉召再回南京报告,蒋介石以"食鼠之猫不威"的古训告诫蒋经国,要他"多做实事少发议论",以免他人指责④。平民百姓和小公务员慑于淫威,被迫向中央银行交兑金银外币。截止9月底统计,共收兑黄金一百九十多万两,白银一百多万两,银元一百九十多万枚,美金四千四百多万元⑤。飞涨的物价一时也被高压限住。但是这种币制改革,只不过是方便了蒋介石和国民党政府更多地搜括金银

---

① 《蒋介石日记》(手稿本),1948年9月4日。
② 蒋经国:《沪滨日记》,《蒋经国自述》。
③ 《蒋介石日记》(手稿本),1948年9月11日。
④ 《蒋介石日记》(手稿本),1938年9月14日。
⑤ 韩信夫、姜克夫主编:《中华民国史·大事记》第12卷第8705页。

外汇现钞和发行纸币①来填补财政赤字,不仅不能挽救经济危机,反而如沸油泼火,使经济崩溃之势更加加剧。刚刚发行不过一二个月的金圆券迅速贬值,各地民众抢购物品的风潮犹如暴风骤雨,各种商店一开门,满架货物皆顷刻被抢购一空,"市场之变化,几有不可复识之概","所有粮食店、油盐店均室空如洗,不特按照官价购不到一切食品,即按黑市亦无觅处"②。一时民怨沸腾,社会骚动。

面对难以为继的局势,蒋介石被迫以行政院名义发布《改善经济管制补充办法》,决定从 11 月 1 日起取消"限价"政策。于是物价犹如脱缰之马,二十天就涨了二十五倍多。收兑金银外币的办法也在 11 月 13 日宣布"修正",改为"允许人民持有"金银和外币,兑换率则提高五倍。于是社会上又掀起了一股挤兑金银外币的风潮,中央银行等大门、铁窗都被挤毁。行政院一再修改存兑办法和比价,使金圆券更加贬值。而大量印发的金圆券,仍然填补不满财政赤字的空额,迫使蒋介石不得不于 11 月 11 日决定取消二十亿元的发行限额。印票机昼夜不停地转动,至 11 月底即发行达三十三亿九千四百万元,12 月达八十三亿二千万元,次年 1 月猛增至二百零八亿二千二百万元③。以后更如决堤的洪水,疯狂发行,至 6 月达到一百三十多万亿元④,是十个月前的定限额的六十五万倍以上。

在上海"打虎"的蒋经国,声势再大,也逃脱不了失败的厄运。他在"打虎"高潮之时,迫于社会舆论的压力,不得不于 9 月 30 日查封了孔祥熙的爱子孔令侃开办的扬子公司。孔令侃素来受姨母宋美龄宠爱,有恃无恐,胡作非为。如今蒋经国动了真格,宋美龄于 10 月 8 日急电正在北平主持军事会议的蒋介石,"说上海出了大问题",要他火速乘飞机南下。9 日,宋美龄陪同孔令侃面见了蒋介石。蒋介石将扬子公司一案视为"反动派更借题发挥,

① 当时社会上流通的货币总量折合金圆券约二亿三千万元。二十亿元的发行额相当于流通货币总量的八点七倍。

② 国民政府行政院新闻局北平办事处朱新民给新闻局的报告(1948 年 10 月 4 日),国民政府行政院档案,中国第二历史档案馆藏。

③ 杨培新:《旧中国的通货膨胀》第 85 页。

④ 国民政府财政部部长徐堪:《财政金融报告》(1949 年 7 月 16 日);《中国现代史统计资料选编》第 417 页,河南人民出版社 1985 年版。

强令为难,必欲陷其于罪,否则即为经(国)之包蔽"①。有资料记载,蒋介石到上海后召见蒋经国"痛骂一顿,训斥道:'你在上海怎么搞的?都搞到自己家里来了!'"②上海的经济界实力人物更是对这次"财政经济紧急处分"和蒋经国的"督导"强烈不满,趁此向蒋介石施加压力。蒋介石要蒋经国就此罢手。在"只拍苍蝇,不打老虎"的讥讽声中,蒋经国难以为继,只能偃旗息鼓,于11月6日悄然离沪。蒋介石感叹:"最近军事经济形势险恶已极,而社会与知识分子尤其是左派教授及报章之评论,诋毁污蔑,无所不至,甚至党报社论亦攻讦我父子无所顾忌,此全为孔令侃父子所累。人心动摇,怨恨未有所今日之甚者。"③

"财政经济紧急处分"的彻底失败,自在必然之中。用强制的政治手段来解决严重的经济问题,自然要受到经济规律的严厉惩罚,大大加速了国民党统治区经济的崩溃。诚如后来台湾"国立编译馆"主编的《中华民国建国史纲》所说:"金圆券的崩溃,使人民对于政府的信心,大为丧失。"各阶层的民众受到一次更大规模的掠夺,民族资产阶级损失尤为严重,人们"将自己所持金银外币兑换新币,瞬间化为乌有","物价飞腾,生活艰苦,自易发生求变心理"④。街谈巷议到处都是愤怨怒骂之声,社会更加动荡不安。只不过蒋介石以这次"紧急处分"中,用金圆券这种低成本的纸币,"收兑"获得黄金一百六十五万两、白银九百零四万两、银元二千三百五十五万枚、银角三千九百零五万枚、美元四千七百九十七万元、港币八千七百四十七万元,折合美金共计一亿四千二百十四万元⑤,成了他撤守大陆退据台湾的一笔救命钱⑥。还在11月底,蒋介石就开始下令,将上海库存的金银外汇,一批又一批运往台湾。

① 《蒋介石日记》(手稿本),1948年10月9日。
② 贾亦斌:《半生风雨录》第155—156页,中国文史出版社1996年版。
③ 《蒋介石日记》(手稿本),1948年11月5日。
④ 台北"国立编译馆"主编:《中华民国建国史纲》第373页,黎明文化事业公司1984年版。
⑤ 《中央银行史料》下卷第1333、1337页。
⑥ 蒋经国后来承认:"政府在播迁来台的初期,如果没有这批黄金来弥补,财政和经济情形早已不堪设想了。"《风雨中的宁静》第52页,台北1967年版。

第二十章　在大陆统治的崩溃

一、战略决战的前夜

　　经过两年的内战,国民党军队被歼二百六十四万,上上下下都是悲观失望的沮丧心理。蒋介石也不时发出"环境险恶,情势紧迫已甚"①的慨叹。

　　中国共产党于 1947 年在解放区深入开展土地改革运动,废除了封建土地所有制,将没收地主的土地无偿分给无地少地的贫苦农民,大量翻身的农民子弟参加人民解放军,踊跃支援人民解放战争。当年 10 月,中国人民解放军发表宣言,提出:"联合工农兵学商各被压迫阶级、各人民团体、各民主党派、各少数民族、各地华侨和其他爱国分子,组成民族统一战线,打倒蒋介石独裁政府,成立民主联合政府。"②这个基本政策,得到了各阶层人民的欢迎和拥护。1948 年春,毛泽东、周恩来、任弼时率领中共中央机关和人民解放军总部,从陕北到达晋察冀解放区的平山县西柏坡村,与前此到达的刘少奇、朱德率领的中央工作委员会会合。面对日益有利的战争形势,中共中央

---

　　① 《蒋介石日记》(手稿本),1948 年 6 月 22 日。
　　② 《毛泽东选集》第 4 卷第 1133 页。

于是年 8 月下旬起开了一个长达半个多月的政治局扩大会议(前十一天为预备会议),提出在新的一年"准备若干次带决定性的大会战"①,并指出全国作战的重心在中原,北线的重心在北宁线(即今京沈线)。按照这一方针,中共中央军委抓住战略决战的有利时机,连续发动了威震中外的三大战役。

面对两年内战后的不利局面,蒋介石焦虑不已,他很想扭转战局,乃于1948 年 8 月上旬在南京召开"戡乱检讨会议"。各"剿总"总司令、兵团司令官、绥靖公署主任、部分军长以及国防部正副部长、总参谋长、陆海空三军正副总司令、联勤总司令等一百二十多名高级将领出席会议。在国防部开了十一天预备会后,8 月 3 日会议正式开始,蒋介石作了题为《改造官兵心理,加强精神武装》的讲演。面对何应钦、白崇禧等人的一片埋怨责难,蒋介石也心情沉重,他说:"我们在军事力量上,本来大过共匪数十倍,制空权、制海权完全掌握在政府手中,论形势较过去在江西围剿时还要有利。"但是两年战争的结果,"就整个局势而言,则我们无可讳言的是处处受制,着着失败;到今天,不仅使得全国人民的心理动摇,军队将领的信心丧失,士气低落,而且中外人士对我们国事讽刺诬蔑,令人实难忍受"。他责备"大多数高级将领,精神堕落,生活腐化,革命的信心根本动摇,责任的观念完全消失",甚至有许多受他"耳提面命的高级将领,被俘受屈,而不能慷慨成仁"②。他说:"现在共匪势力日益强大,匪势日益猖獗,大家如果再不觉悟,再不努力,到明年这个时候,能不能再在这里开会都成问题。万一共党控制了中国,则吾辈将死无葬身之地。"③

会议期间,许多高级将领忧心忡忡,愁容满面,对战局悲观失望,疑虑万端。蒋介石给大家打气说:"现在我们在军事上,海空军占绝对优势,陆军还有几百万人;在经济上,有九亿美元的基金,长江流域及以南地区物产丰富,粮食绝无问题;国民政府仍然统治着广大的地区,有众多的人力可以征调。

---

① 周恩来在中共中央政治局会议上的发言(1948 年 9 月 13 日),《周恩来年谱》(1898—1949)第 786 页。

② 蒋介石:《改造官兵心理,加强精神武装》(1948 年 8 月 3 日),《先总统蒋公全集》第 1942—1944 页。

③ 宋希濂:《回忆 1948 年蒋介石在南京召集的最后一次重要军事会议实况》,《文史资料选辑》第 13 辑第 15 页。

学生在市中心广场上发表演讲

军警手持高压水龙冲散游行队伍

蒋介石第三次下野。1949年元旦，蒋介石发表《新年文告》，表示接受和谈并引退

1949年12月10日，蒋介石在
成都凤凰山机场登机飞往
台湾

就总的力量对比来说,我们要比共产党大过许多倍,没有任何悲观失望的理由"。"现在最要紧的就是要打破大家怕共匪的心理。"①

五天的"戡乱检讨会"与此前的预备会,对于两年来军事上失败的"国军各方面的问题都大致讨论到了,一切毛病和应如何改革,大家也谈到了,可惜未触及根本"②。蒋介石每天到会,对一些主要战役的检讨一一加以点评训话,也都只是在将校骄横跋扈、贪污无能、互不协作,以及兵员饷额、经理核实、伤病员护送、军队纪律松弛等枝节问题上言多重复,但他自己认为,"对军会自觉已尽其心力,期其有效,甚恐听者藐藐,未能感动于中。只有但问耕耘不问收获之喻藉以自慰耳"③。会后国防部确定新的作战计划,决定:在东北求稳定,在华北求巩固,在西北阻匪扩张,在华东华中则加强进剿,调整战略战术。

蒋介石对于当时战局暂时冷寂之后毛泽东将发动大决战茫然不觉。1948 年 8 月底的回顾"反省"中他说:"本月份军事稳定,各战区无甚变化,惟陕北卅六师损失半数,殊为遗憾。其他经济、教育、政治较有进步,其乃国家转危为安之一月乎。"④直到济南失陷,他才"反省"自己一心"专事于经济之指导,而对于军事则反忽略"⑤。

在解放军发动强大攻势之下,蒋介石作出了如下的战略部署:彻底集中兵力,确保辽东、热河,以巩固华北;在黄河以南长江以北,实行"堵剿兼施",以精锐部队为核心"编组强大之进剿兵团"便于战略决战;在长江以南成立绥靖公署,迅速编练二线兵团。会后,他把黄埔系的重要战将分派各地:杜聿明为徐州"剿总"副总司令"辅佐"刘峙,并兼一个兵团司令官;宋希濂为华中"剿总"副总司令"辅佐"白崇禧,并兼一个兵团司令官;黄维为兵团司令官,在平汉路信阳一带机动。

---

① 宋希濂:《回忆 1948 年蒋介石在南京召集的最后一次重要军事会议实况》,《文史资料选辑》第 13 辑第 18 页。

② 《郭汝瑰回忆录》第 291 页,四川人民出版社 1987 年版。

③ 《蒋介石日记》(手稿本),1948 年 8 月 7 日"上星期反省录";《总统蒋公大事长编初稿》第 7 卷(上)第 122 页。

④ 《蒋介石日记》(手稿本),1948 年 8 月 31 日"上月反省录"。

⑤ 《蒋介石日记》(手稿本),1948 年 9 月 18 日"上星期反省录"。

二、战略决战的第一仗——辽沈战役

　　正是在蒋介石"一心专事于经济的指导"之时,东北人民解放区已经按照中共中央军委的部署,将原来集结北满根据地的主力部队隐蔽南下,开赴锦州一线。七十万东北人民解放军,在林彪、罗荣桓等指挥下,发起强大攻势首指锦州。蒋介石虽然久已担心东北战局之危急,但未料及大决战会来得如此之快。原来早在这年5月初,蒋介石即料到:东北败局已难以扭转,不如把困在沈阳的主力部队撤到南边来拱卫京都。只因东北"剿总"总司令卫立煌说应当救出被困在长春的十几万守军,要求蒋介石先增派三个军来东北救援,使蒋迟迟不决。8月初,蒋对"撤退东北,确保华中"的方案又作研究,但思前虑后,担心东北一撤,将会动摇全局,便设想了一个"坚持沈阳至10月底以观时局发展,原则上不放弃沈阳,同时亦作撤退准备"的方针。9月上旬又考虑过沈阳经营口撤退的计划,但还没有来得及决断,辽沈战役已打响了。出乎蒋介石意料之外的是,共军会集结那么多兵力远道奔袭锦州。他自恃在锦州设有东北"剿总"副总司令范汉杰主持的锦州指挥所,有第六兵团等十五万重兵防守,又调去了空军和海军增援,还能取得关内源源不断的接济,解放军必不敢来,战事会先在长春、沈阳进行。因而在战役之初,他仍在一心指挥防守济南的战事。但济南终于9月24日失守,十万守军被全歼。而陆续传来的东北战报,却是解放军置长春、沈阳于不顾,主力部队快速南下北宁路,切断了锦州至山海关的联系,并次第攻占了北宁线上的绥中、兴城、义县,范汉杰指挥的十五万守军被分割成数段,锦州陷于解放军的重围之中。

　　蒋介石决意保住锦州。他意识到,这个北宁线上的枢纽要地,是东北通向关内的联结点,直接关系到东北的最后防守,尤其是几十万大军的撤退。9月24日,他召卫立煌至南京商议,命令卫从沈阳出兵驰援锦州。卫立煌说手中兵力不足,地势不利,解放军是围锦打援,部队离开沈阳就会被歼,不肯接受这项命令。蒋执意援锦,"令其全力出击,增援锦州及放弃长春之训示,强制其执行"①,并派总参谋长顾祝同去沈阳督师。但卫坚持不能出兵,廖耀湘和"剿总"参谋长赵家骧也担心自己的实力被歼而反对援锦。蒋介石十分气恼,9月30日亲自北上,10月1日在北平召开军事会议,决定从烟台调来新八军,从天津一带调来第九十二军、第六十二军等部海运葫芦岛登陆,连同原在锦西的第五十四军共九个师组成"东进兵团",由锦西向北驰援锦州。2日蒋介石至沈阳,不顾卫立煌的阻挠,断然决定将在沈阳地区的部队,分编为留守沈阳的防守兵团和出兵辽西援锦的攻击兵团(称"西进兵团"),攻击兵团由精锐的新一军、新六军等五个军和六个骑兵旅组成,以廖耀湘为司令官,听他直接指挥。他对师长以上的将领训话说:"你们过去要找共匪主力找不到,现在东北共匪主力已经集中在辽西走廊,正是你们为党国立功的机会。"②命令大家出击。他离开沈阳后,又到天津和葫芦岛,部署增援部队不必等到齐了再行动,先期到达的即从锦西向塔山攻击前进。蒋还指定海军协同攻击塔山。

　　蒋介石原来以为,战略重地锦州,内有范汉杰指挥十四个师的军队依靠坚固的工事组成坚强的防御体系,外有两个由精锐部队组成的强大兵团南北夹击,再加上空军轰炸和海军炮击的配合,不仅可以确保,还能消灭解放军主力,打开东北局面。但是他太高估自己的力量而低估解放军了。东北解放军在中共中央军委指挥下,集中主力五个纵队和一个炮兵纵队、一个坦克营,向锦州发动强大攻势;同时将廖耀湘"西进兵团"阻击于新立屯以北地区不得南下,将"东进兵团"抵挡在塔山以南无法北上。蒋介石虽然调兵遣将猛烈轰炸和强攻塔山连续六个昼夜,但被解放军一一击退而不能越雷池一步。10月14日,解放军围城部队向锦州发起总攻,范汉杰指挥部拼力顽抗,巷战火拼。经三十一小时激战,至15日傍晚,十万守军被全部歼灭,范汉杰等被俘。而这天上午,蒋介石飞到沈阳督战,还派空军去锦州将手谕投给范汉杰,要他"能守则守,不能守则退守锦西"③。

　　锦州迅速解放,使蒋介石懊丧异常,但他只是责怪卫立煌、廖耀湘执行

<hr>

①　《蒋介石日记》(手稿本),1948年9月26日。

②　杜聿明:《辽沈战役概述》,《文史资料选辑》第20辑第18页。

③　杜聿明:《辽沈战役概述》,《文史资料选辑》第20辑第22页。

自己的命令不力,驰援锦州太慢;申斥"东进兵团"攻击不猛。他要求"东西两兵团援军仍继续前进,收复锦州"[①]。10 月 18 日,他第三次飞抵沈阳,仍然命令廖耀湘率大军西进,早日收复锦州。蒋嫌卫立煌指挥不力,调杜聿明为东北"剿总"副总司令兼冀热辽边区司令官,直接指挥"东进兵团"和"西进兵团"收复锦州。他以为,"西进兵团"美械装备,兵强马壮,是自己的精锐之师,若与华北援军组成的"东进兵团"南北对进夹击,又有空军和炮兵的优势,足可以在锦州附近与解放军主力决战一场。他的部署是:廖耀湘率师经黑山、大虎山向南,在东进兵团策应下,规复锦州,打通北宁线,大军从陆路撤入关内;另以一部抢占营口,以备沈阳各部从海上撤退。虽然卫立煌主张退守沈阳,廖耀湘设计从营口撤逃,杜聿明也表示收复锦州是以后的事,蒋介石仍然坚持要廖耀湘率兵团沿北宁线南进,只是答应如遇东北解放军顽强抵抗并有增援之势,则向营口逐次抵抗撤退。

按照蒋介石的部署,廖耀湘指挥重兵,于 21 日在强大炮火掩护下,开始向黑山发起攻击;旋在黑山大虎山与解放军主力展开激战。虽然占夺了一些高地和据点,但被阻击而不得前进,兵力损失很大。廖耀湘眼见难以逾越黑山,24 日下令主力向营口、大洼地区撤退,但这时南逃之路已在大虎山以南被解放军封锁。当廖又指挥所部掉头向东想转往新民逃回沈阳时,新民、新立屯皆已落入解放军之手。这时,各路解放军在绕阳河以西、大虎山以东、无梁店以南、台安以北地区,构成合围之势,展开猛烈攻击,不断缩小包围圈,分头压缩、穿插、分割、围歼。廖耀湘所部到处乱窜,企图突围而逃,虽有强烈的炮火掩护,也突不破重重包围。十余万人的"西进兵团"至 28 日拂晓被全部歼灭,司令官廖耀湘被俘。

困守长春的十万守军,早在 1948 年春即被解放军围困,粮弹补给全靠空投接济,时时出现断粮待炊、抢劫民众的事,许多守军依靠豆饼、麸面、野菜充饥。蒋介石曾于 10 月 2 日、10 日、15 日三次命令长春守军突围南下,但均未能得手。锦州解放的那天,蒋介石派空军空投手令给困守长春的东北"剿总"副总司令兼第一兵团司令官郑洞国等高级将领,严令他们率领新

---

① 《蒋介石日记》(手稿本),1948 年 10 月 15 日。

七军和第六十军立即突围,谓"如不遵令突围定以军法从事"①。但第一兵团副司令兼第六十军军长曾泽生率部起义,将阵地交给了解放军围城部队,新七军随后也放下武器。19日,郑洞国被迫率第一兵团直属部队放下武器,长春和平解放。

孤守沈阳的卫立煌及"守备兵团",在获悉廖耀湘"西进兵团"全军覆灭后,迅即土崩瓦解。30日,蒋介石命令卫立煌至葫芦岛指挥撤退事宜。11月2日沈阳解放,十三万四千守军放下了武器。至此辽沈战役结束,蒋介石的东北"剿总"及四个兵团、十一个军、三十三个师共四十七万二千人被歼;只有在营口的第五十二军一部分和在锦西、葫芦岛的华北援军十二个师由海路逃出。

东北战局的如此下场,蒋介石深感痛心,"此为平生以来最大之失败,亦为余最大之耻辱"②。他一味想要保住和夺回锦州,全然不顾双方力量对比和战局变化的不利态势;他想歼击解放军主力,结果自己的精锐之师被歼灭在辽西。虽然这全是他三飞沈阳亲自策定的,也承认"对于沈阳全军覆没之惨痛更觉自身责任与罪恶之重大,故愧怍交集,生后悔莫及之叹"③。但他为逃避朝野的责难,诿卸败责,于11月30日以"迟疑不决,坐失军机,致失重镇"的罪名,下令将卫立煌撤职。

三、生死攸关的"徐蚌会战"

辽沈战役的战幕刚落,距南京不远以徐州、蚌埠地区为主战场的淮海战役便已开启。人民解放军华东及中原两大野战军六十余万人,在刘伯承、邓小平、陈毅、粟裕等指挥下,在以徐州地区为中心的中原地带,与国民党军队展开了战略大决战。

蒋介石先曾将重兵集中于徐州、郑州、济南三个战略要点,以保持津浦、平汉、陇海三条铁路线干线。不意济南于9月24日被攻克,郑州、开封又先

---

① 见郑洞国:《从猖狂进攻到放下武器》,《文史资料选辑》第20辑第83页。
② 《蒋介石日记》(手稿本)1948年10月30日"上星期反省录"。
③ 《蒋介石日记》(手稿本),1948年11月2日。

后在 10 月 20 日至 24 日失守,他只能收缩防御,以徐州为中心,集结大军守住中原了。徐州是苏、皖、豫、鲁四省之要冲,南京北面的屏障,蒋介石深知徐州之战得失与否,实为国民党统治生死存亡"最大之关键"①,在北平指挥东北战事结束后于 10 月 30 日返回南京,即着手拟订《徐蚌会战计划》,决心放弃陇海路上若干重要城市,集中一切可以集中的兵力于徐州蚌埠之间津浦铁路两侧地区,作攻势防御,坚决堵住解放军南下②。他以徐州为中心,集结了国民党军队中最具战斗力的八十万兵力,派刘峙、杜聿明为徐州"剿总"正、副总司令统辖指挥,而实际上自己坐镇南京直接发号施令。

11 月 6 日,淮海战役开始。华东解放军以徐州为目标,分路同时发起攻击。8 日,拱卫徐州东北防线的第三绥靖区主力二万余人,在张克侠、何基沣率领下起义,交出贾汪、台儿庄一线防地。蒋介石得报,深感"此种险恶严重局势咸不堪设想"③。此时解放军长驱南下,截断了黄百韬第七兵团由新安镇向徐州西进的道路,宿迁方面的解放军也猛追过来。第七兵团因接应由海州西撤的第四十四军丧失了时间,被围于碾庄。刘峙只图调部队保徐州,而置第七兵团于不顾。远未料及战局如此迅猛发展的蒋介石,于 10 日电令邱清泉第二兵团和李弥第十三兵团抽调兵力驰援,并派杜聿明督战。13 日至 16 日,两个兵团的援军沿陇海路两侧东进,但均遭解放军强烈阻击而进展迟滞,无法靠近被围困在碾庄的第七兵团。蒋介石十分焦急,派飞机给第七兵团空投物资,还空投亲笔信和嘉奖令,要黄百韬固守;同时严令邱、李加速前进。第二、第十三兵团虽然集中炮兵、战车等部队,并在空军轰炸的配合下拼命向前,但始终无法突破解放军的阻击线,被挡在距碾庄五十里外的大许家一线而束手无策。碾庄在解放军重兵围攻下,全线崩溃,第七兵团十二万人至 22 日被全歼。

庞大的主力第七兵团迅速覆灭,蒋介石受到极大的刺激,在 11 月 23 日

---

① 蒋介石给黄百韬的亲笔信(1948 年 11 月),影印件见《淮海战役亲历记》图片第 4 页,文史资料出版社 1986 年版。
② 蒋介石先拟将主力移至淮河以南,固守长江,确保南京;国防部长何应钦、总参谋长顾祝同等提出"守江必守淮",遂改为集主力于徐蚌之间的津浦路两侧。
③ 《蒋介石日记》(手稿本),1948 年 11 月 8 日。

的日记中他写道:"近来环境之恶劣已极,此种刺激实为任何时期所未有,余亦屡萌生不如死之感。"但他没有反省自己指挥决策之失误,而只是怪罪下级无能,严厉申斥邱清泉、李弥"行动迟缓,未能彻底奉行命令,致陷友军于覆灭,实有失军人武德"。并且指出:"此次作战共消耗各种炮弹十二万余发,而吾军每日进展尚不及一公里,如此消耗浪费,不及成效,亦我军人之奇耻大辱。"①23 日蒋介石召刘峙、杜聿明至南京紧急磋商,决定在徐州地区的邱清泉第二、李弥第十三、孙元良第十六兵团南下向符离集进攻;在蚌埠地区的李延年第六、刘汝明第八兵团和 18 日刚到蒙城的黄维第十二兵团北上向宿县进攻,南北夹击,夺回 15 日失去的宿县,打通徐蚌间交通。蒋介石调遣完毕,南北两线各军纷纷出动,但在解放军阻击下,进展极微。只有黄维第十二兵团度过涡河和北淝河后,沿蒙宿公路北上,攻占了浍河南岸的南坪集,然后继续向宿县进击。这时,中原解放军占领蒙城,切断了黄维兵团的后路,同时在东、西、北几面布下重兵。黄维不敢再进,掉头南下,但已被解放军堵住去路,陷入了解放军九个纵队的包围,被困于双堆集地区。

黄维兵团是蒋介石倚重的一个主力兵团,所属第十八军原是"五大主力"之一,第十、第十四军也是以第十八军为基干扩编而成的,再加第八十五军,战斗力甚强。如今被围于双堆集不能动弹,使蒋极为震惊,"不堪忧虑"②。蒋介石召杜聿明至南京商讨挽救之策,忍痛决定放弃徐州,"剿总"撤往蚌埠,第二、第十三、第十六三个兵团全部南撤,会同第六兵团共解黄维兵团之围。11 月 30 日,杜聿明指挥三个兵团开始向西南方向撤退,12 月 2日进抵永城东北的青龙集、陈官庄地区后,却被快速平行追击的华东解放军拦截而不能前进。李延年第六兵团在蒋介石的调动下得到兵力补充,并且得到蒋纬国率领的战车第二团的配合,向西北方向进击,苦战四日,也被阻拦在距离双堆集七十余里的火星庙一线难以再进。蒋介石安慰黄维兵团

①　蒋介石致刘峙、杜聿明电(1948 年 11 月 25 日),国民政府国防部档案,中国第二历史档案馆藏。

②　《蒋介石日记》(手稿本),1948 年 11 月 26 日。

"正在抽调部队救你们,你们好好打下去"①,并派空军投送粮食弹药。但是他所抽调的援军,北面的被围,南面的被阻;而黄维率领的十二万人马,被困在双堆集,方圆不过十几里,给养全靠空投,在解放军围歼部队的"紧缩饿困"战术之下,情况日益恶化。蒋介石无可奈何,最后只得说:"你们可以突围,不要管杜聿明(指挥的三个兵团),也不要指望李延年(第六兵团)。"②他派空军轰炸作掩护,还打算投放毒瓦斯炸弹③。在解放军层层截击下,四个军仓皇突围如鸟兽散,终不能逃出包围圈,至 15 日夜,这个主力兵团被全部歼灭,兵团司令官黄维和第十军军长覃道善、第十八军军长杨伯涛、第八十五军军长吴绍周均被俘,第十四军军长熊绶春被炮弹炸死。蒋介石一再失策,但他却责怪"黄维性情固执,一再要求夜间突围,不照我的计划在空军掩护下白天突围……毁灭了我们的军队"④。

蒋介石对于黄维兵团的被歼,固然是灰心丧气,但这时更使他坐卧不安的是:杜聿明指挥的三个兵团被围在永城东北的青龙集、陈官庄地区而无法南下。他原想要杜聿明指挥第二、第十三、第十六兵团南下,与北进的第八兵团共解黄维之围,然后各个兵团协同南撤,守住江淮,拱卫京畿。如上所述,11 月 30 日,杜聿明指挥三个兵团开拔,12 月 2 日到豫东永城东北的青龙集地区。这时,蒋介石根据空军侦察的报告,改变主意,决定要杜指挥三个兵团掉头向东,去进击濉溪口的解放军主力,于 3 日派空军投送"停止向永城前进,转向濉溪口攻击前进"⑤的命令。这一改变,使三个兵团丧失了逃跑的时机,而落入了华东解放军十一个纵队从萧县、永城、砀山快速追击

---

① 蒋介石对十二兵团副司令官胡琏的讲话(约 1948 年 12 月 1 日),黄维:《第十二兵团被歼纪要》,《淮海战役亲历记》第 491 页。

② 蒋介石对胡琏的讲话,时间约在 1948 年 12 月 8—10 日间。《蒋介石日记》(手稿本)1948 年 12 月 8 日记:"下午研究黄维兵团突围计划,将领气馁胆怯,只想逃命,不知廉耻,痛斥之。"

③ 《蒋介石日记》(手稿本)1948 年 12 月 10 日记:"下午督导化学弹使用之准备计划。亲临空军指挥部研究,一面应急于解救黄维兵团之围,一面不能不慎重处理,又不能过速也。"

④ 蒋介石致杜聿明函(1948 年 12 月 19 日),杜聿明:《淮海战役始末》,《淮海战役亲历记》第 41 页。

⑤ 蒋介石致杜聿明函(1948 年 12 月 3 日),杜聿明:《淮海战役始末》,《淮海战役亲历记》第 34 页。蒋介石在当天的日记中埋怨"杜兵团主力仍向西永城行进,而不向南积极进攻当面残匪,失却大好良机"。《蒋介石日记》(手稿本),1948 年 12 月 3 日。

包抄过来迅速形成的合围圈。解放军强有力的攻击,使杜聿明等人心慌意
乱。第十六兵团司令官孙元良害怕被困,7日率军突围,结果第四十一、第
四十七两个军被全歼,孙元良只身化装逃逸。杜聿明指挥第二和第十三兵
团以攻为守,调集炮兵和战车掩护步兵反复冲击,不仅没有进展,反使包围
圈逐渐缩小。他要求蒋介石"即从西安、武汉等地抽调大军,集中一切可集
中的力量与共军决战"①,但蒋苦于在华北、华中、西北所有部队均被解放军
牵住,无兵可调,要杜"不要再幻想增兵"②。这时,解放军围歼部队只作防
御不作攻击,发动了强大的政治攻势,敦促杜聿明等投降。二十万军队被困
守在青龙集、陈官庄地区,病伤累累,粮弹俱缺,全赖空投补给,食不果腹。
20至28日连降大雪,天寒地冻,空投中止,士兵饥寒交迫,困顿至极,先宰
杀骡马,继食野草、树皮,有的逃至解放军阵地乞食投降,军心完全涣散,毫
无斗志。蒋介石想调白崇禧所辖之第二军,遭白拒绝。蒋无奈,感叹曰:"桂
白在汉口留政府东下之运械船舶,其叛逆昭彰,又对第二军东调始终阻止,
乱臣叛将非可以诚感也。"③1949年1月3日,蒋介石电令突围,但杜聿明要
求投足粮弹,先让饥饿无力的士兵吃顿饱饭④。6日,解放军发起总攻,第十
三兵团的青龙集和第二兵团的陈官庄阵地先后被突破,二十万疲兵至10日
被全歼,杜聿明被俘,邱清泉被击毙,仅李弥逃跑。他在1月10日的日记中
写道:"杜聿明部大半似已被匪消灭,闻尚有三万人自陈官庄西南突围,未知
能否安全出险,忧念无已。此为我黄河以南地区之主力,今已被歼,则兵力
更形是如。"他自慰"但已尽我心力,无可愧对我将士"⑤。历时六十六天的
淮海战役至此告终,蒋介石的精锐部队五个兵团二十二个军五十六个师五
十五万余人被歼。蒋在淮海战役结束的这天日记中写道:"此为我黄河以南
地区之主力,今已被歼,则兵力更形悬如(殊)。但已尽我心力,无可愧对我

① 杜聿明致蒋介石电(1948年12月7日),《淮海战役始末》,《淮海战役亲历记》第40页。
② 蒋介石复杜聿明电(1948年12月8日),《淮海战役始末》,《淮海战役亲历记》第40页。
③ 《蒋介石日记》(手稿本),1948年12月21日。
④ 据时任国防部长的徐永昌1949年1月5日日记载:"据报向杜兵团空投粮食,每日额定四
十万斤,但因气候关系,最多仅三十余万斤,而部队实得者仅一万余斤,余尽抛歪,为匪所获。"《徐永
昌日记》(影印本)第9册第197页,台北中研院近代史研究所1990年版。
⑤ 《蒋介石日记》(手稿本),1949年1月10日。

将士。而将领无能至此，实为我教育不良、监督无方之咎，愧悔无地自容。一时之刺激悲哀，难以自制。"[1]

四、无法控制的平津战役

辽沈战役结束后不久，中共中央军委即命东北解放军星夜兼程入关，与华北野战军及地方武装力量相配合，共九十余万人由林彪、罗荣桓、聂荣臻等指挥，集结在平津地区，形成绝对优势。

蒋介石从东北战局中看到，以华北"剿总"的军力，难以挡住解放军的强大攻势，因而主张放弃平津，将现有部队全部南撤，以挽救正陷于危局的徐蚌战场，巩固江淮防区。但华北"剿总"总司令傅作义自有打算，因为他的基地在绥远、察哈尔一带，拒绝率军南下。经蒋介石再三劝说，傅作义于 11 月初确定了"暂守平津，保持海口（新港塘沽），扩充实力，以观时变"的方针，收缩兵力，把主力集中在北平、天津、唐山这个三角地区。尽管方针已定，傅仍把自己的基本实力第三十五、第一○四、第一○五军等共二十个师，部署在北平至张家口的平绥路一线，只是把蒋介石的第十三、第八十六军收缩到平津地区。于是，华北"剿总"共四个兵团十四个军六十余万人，一字长蛇阵地配置在东起唐山、西至张家口的一千多里交通线上。

11 月底，华北野战军发起了对张家口外围的攻击，平津战役即在平绥线激烈展开。万全、怀安等地被解放军攻占，傅作义惊恐不已，迅即派遣在北平的第三十五军驰援张家口。这时，东北解放军先遣兵团已由蓟县、兴隆一线，日夜兼程向南口、怀来前进，12 月 4 日攻占密云、怀柔。华北解放军也进至涿鹿，威胁北平。

12 月 2 日蒋介石派总统府参军罗泽闿赶赴北平，向傅作义面交手谕，传达蒋的华北战略决策："退保津、沽，确实控制一个海口。"[2]蒋还是在盘算如何把华北的军队南撤增援"徐蚌会战"。但面对解放军包围北平的态势，

---

① 《蒋介石日记》（手稿本），1949 年 1 月 10 日。
② 《郭汝瑰回忆录》第 344—345 页。《蒋介石日记》（手稿本）1948 年 12 月 2 日记："派罗泽闿赴北平致函傅宜生指示战略。"

傅作义又从天津急调第九十二、第九十四、第六十二军共八个师增防北平，令第十三军放弃顺义退守通县，第一〇一军放弃涿县、良乡退守宛平、丰台、门头沟一线；并令西去张家口的第三十五军回援北平。但是，傅作义的精锐部队第三十五军在回北平途中，不断遭到解放军的伏击，边打边走，8 日进抵新保安城时被几路解放军合围。

　　北平四周的形势骤然吃紧，蒋介石和傅作义都十分恐慌。中共中央军委为了就地歼灭敌人，防止蒋介石指挥军队从海上逃跑，决定在两个星期内对张家口、新保安"围而不打"，对北平、天津和通州则是"隔而不围（即只作战略包围，隔断诸敌联系，而不作战役包围）"①。蒋介石对"平津被围之速，实非意料所及"②。但面对华北"剿总"的军队被分割包围于北平、天津、塘沽、张家口、新保安五个孤点，首尾不能相顾，南逃无路，出海不成，蒋、傅均束手无策。而此时各路解放军完成了围歼部署后，于 20 日先向新保安发起猛攻，22 日全歼第三十五军。继攻张家口，至 24 日傅作义的第十一兵团除兵团司令官孙兰峰率少数骑兵逃窜外，五万四千余人全被歼灭，平绥线战事告终。

　　为要确保出海的交通枢纽，以便撤兵南下，蒋介石和傅作义对于塘沽、大沽口的防御十分重视，专门设立塘大防守区，以第十七兵团司令官侯镜如为防守司令，驻扎重兵；并调十余艘海军舰艇游弋在渤海湾中，以增强海面作战力量。但是入关的东北解放军分路进击，不仅割断了北平和天津之间的联系，也割断了天津和塘沽之间的联系。天津虽然有两个军和十个师加上地方部队共十三万人的防守，但已成了被围困的孤岛。蒋介石曾于 12 月 18 日派员到天津，命令守军撤往塘沽，从海上南逃。天津警备司令陈长捷认为突围撤逃太危险，更何况天津城防工事坚固，又有充足的粮食和弹药，有把握坚守三四个月。结果，在解放军劝降无效后发动的总攻下，天津只支撑了二十九个小时，于 1949 年 1 月 15 日被解放，陈长捷等被俘。次日，蒋介石急令侯镜如率第八十七军等五个师三万六千人，在炮火掩护下自塘沽

---

　　① 中共中央军委给林彪、罗荣桓、刘亚楼的电报（1948 年 12 月 11 日），《毛泽东选集》第 1957 页。

　　② 《蒋介石日记》（手稿本），1948 年 12 月 18 日"本星期反省录"。

仓皇登舰撤逃。

古都北平自 12 月上旬被东北、华北解放军包围后,傅作义不断收缩防线,力图固守。但城郊各阵地的陆续失守,尤其是南苑机场于 17 日被占,形势日益危急。傅一面在城内另辟东单机场和天坛机场,以保持空中通道;一面看到自己已处于欲战不能、欲守无力、欲逃无路的境地,审时度势。在各方力量的推动下,傅作义作出了和平解决的抉择。起先,他想保存自己的实力,提出了组织华北联合政府的主张,为中共方面拒绝;但他又不能接受中共方面提出的华北"剿总"的所有军队一律解放军化、所有地方一律解放区化的条件,迟迟未作答复。这时,蒋介石派国防部长徐永昌、国防部次长郑介民和蒋纬国先后到北平进行劝说,要傅作义顽抗到底。蒋还电傅,要他指挥中央各军分途突围;如不可能,则把各军空运至青岛,至少把师长以上高级将领空运南归。蒋甚至表示:中央各军可全归傅统领,但不能交共方整编①。由于解放军已经发出了准备攻城的最后通牒,天坛机场也已在解放军的炮火控制之下,蒋介石派出的接运飞机已经无法着陆,空撤计划成了画饼。1 月 21 日傅作义向高级将领宣布了接受和平改编的决定,并将《北平和平解放实施办法》公告全国,次日起即将二十余万守军陆续开出北平城接受改编。31 日,解放军入城接收防务,宣告了平津战役的最后结束。华北"剿总"的五十五万余军队,除从塘沽登舰撤逃三万六千人外,悉数被歼灭或改编。

前后历时一百四十二天的三大战役,是国共双方的战略决战。蒋介石殚思极虑,竭尽全力,但回天乏术,三战皆败,丧失了一百五十四万军队,占总兵力的 42％、第一线兵力的 90％,赖以发动内战和维系统治局面的主力部队基本上消耗殆尽。蒋介石陷于绝望之境地,黯然神伤,不可终日。

在这三次大决战中,自己穷竭心计的指挥和决策为什么皆为谬误? 为什么自己精心培育的黄埔系军队包括五大主力,都在共产党的"土八路"面

---

① 蒋经国:《危急存亡之秋》,曾景忠、梁之彦选编:《蒋经国自述》第 165 页,团结出版社 2005 年版。

前摧枯拉朽、不堪一击？为什么自己的得意门生、"常胜将军"在这场战争中都束手无策，或被生擒，或被击毙，或落荒而逃？……蒋介石并不是没有作过深沉的"反省"。但是他一次又一次的"反省"始终没能找到正确的答案。他总是责怪将校不忠诚、不勇敢，不能按自己的训示、指令作战，从不正视自己对每一次战役既对敌我双方缺乏清醒的准确判断，又没有周密的通盘谋划，还往往不顾战场态势的变化，作出错误的决策和指挥。更致命的是多少年来他总是高估自己及国民党军队的力量，一再从军队的数量、装备及拥有的财力、外援、后备资源等方面来衡量双方的实力，陷于极大的盲目性。他轻视共产党领导的人民军队，认为只是一群"土八路"，根本看不到他们所进行的乃是为人民求解放之战，军队上下都有高度的觉悟和牺牲精神；看不到他们是为人民的利益和民族的兴旺而战，所以能得到人民群众广泛的源源不断的支援和帮助。蒋介石无法正视国民党军队的致命弱点，正是不具备这些素质和特性。他永远也不愿意相信，自己发动的这场内战，因为违背了全国人民的意愿和时代的潮流，从一开始就注定了失败的命运，只不过是时间的早晚而已。

五、陷入内外交困之境

　　还在东北甫失、淮海战役初起之时，蒋介石已经乱了方寸。1948 年 11 月 9 日，他亲自给美国总统杜鲁门写信，要求"迅速给予并增加军事援助，并发表关于美国政策之坚定的声明"。他在信中写道："当此在华北华中正展开重要战斗之际，此一声明足以鼓舞军民士气，并巩固政府之地位。"①他没有想到，这个要求，竟然遭到杜鲁门的断然拒绝。

　　其实在这之前，美国方面已经对蒋介石失去信任和希望。美国驻华大使司徒雷登以及来中国的美国官员们，对于蒋介石的独断专行、固执己见、任用亲信、排斥异己，以及其政府腐败无能、官员贪污腐化十分不满。仅在 1948 年 5 月至 10 月间，他们就向华盛顿送去十五篇报告，详尽而反复地数

---

① 蒋介石致杜鲁门函（1948 年 11 月 9 日），见《中美关系资料汇编》第 1 辑第 902 页。

落蒋的不是。在 8 月 10 日的报告中,司徒雷登就说:"几乎毫无例外地,大家不再相信现政府能够不大加改组而恢复尚可忍受的生活水准";"普遍地都在批评蒋委员长领导的无能";"与他长久相处的经验显示,他不再能变更和改革,也不能撤换一批无能的官僚以引进能胜任的人"。司徒雷登断言:"他将不可避免地经过相当时期而被抛弃。"并且进一步说:"这原因大部系由于政府和军事的领导不断堕落,因为蒋委员长之选任人员,是全凭(对自己的)个人可靠性而不凭军事能力。"①在 10 月 16 日的报告中,司徒雷登断言:"除去蒋委员长的直属亲信人员和某些高级军官而外,没有多少中国人继续心悦诚服地支持他了;这个政府,特别是蒋委员长,已较过去更加有负众望,并且愈来愈众叛亲离了。"②一个星期后,司徒雷登直截了当地向国务卿马歇尔提出了逐蒋下台的主张:"我们可以劝告蒋委员长退休,让位给李宗仁或者国民党内的其他较有前途的政治领袖,以便组成一个没有共产党参加的共和政府。"③在这前后,他在南京公开进行倒蒋活动。

然而,蒋介石仍然抱有幻想。他认为若在这时候派出一位要员去向美国总统杜鲁门当面陈说,仍然可望获得美国的支持和援助。自己的夫人宋美龄来担当这个大任,当然是最合适不过的人选了。11 月 24 日,宋美龄与马歇尔通长途电话,表达了她欲往美国访问的意愿。马歇尔无法拒绝,但表示只能以"私人的上宾"④来接待。蒋介石预感到此行"决无希望,不必多此一举,徒加耻辱。彼(宋美龄)终以为个人荣辱事小,国家存亡事大,无论成败如何,不能不尽人事云。余乃允之,不忍扫其兴耳"⑤。11 月 28 日,宋美龄赴美。但是她没有受到六年前那种隆重的接待,既没有能住进白宫,也没有能到国会发表演说。她与马歇尔两次长谈均无结果,蒋介石感慨宋此行

---

① 司徒雷登致国务卿马歇尔的报告(1948 年 8 月 10 日),《中美关系资料汇编》第 1 辑第 898—899 页。

② 司徒雷登致国务卿马歇尔的报告(1948 年 10 月 16 日),《中美关系资料汇编》第 1 辑第 325 页。

③ 司徒雷登向国务卿马歇尔的请示(1948 年 10 月 23 日),《中美关系资料汇编》第 1 辑第 327 页。

④ 董显光:《蒋总统传》第 506 页。

⑤ 《蒋介石日记》(手稿本),1948 年 11 月 25 日。

"耻辱重重,心绪悒郁,不可名状,前途几完全黑暗矣"[①]。12 月 10 日,杜鲁门夫妇会见了宋美龄,听取了她的陈述,但对她叙述的蒋介石三点希望:一、美国发表支持中国反共目标的正式宣言;二、派一位美国高级军官至中国,主持反共战争之战略的与供应的计划;三、核准一个给中国以军事援助和经济援助的三年计划,每年约需十亿美元——则不予置理。杜鲁门说,美国只能付给已经承诺的援华计划的四十亿美元,这种援助可以继续下去,直到耗完为止。美国不能保证无限期地支持一个无法支持的中国。他在向美国新闻界发表的一篇声明中说,美国提供的援华总额,已经超过三十八亿美元了。

宋美龄对自己这次访美的结果大为沮丧。她不愿再回到已经在作撤退逃跑准备的南京,于是悄然从华盛顿飞往纽约,在孔祥熙的弗代尔别墅暂时隐居下来。她和孔祥熙指挥一些人秘密从事美国国会"院外援华集团"的整顿和扩大工作,算是取得相当成效[②]。

美国政府的冷酷态度,使蒋介石和国民党执政集团的最后一线希望成为泡影,蒋介石周围最低限度的一点凝聚力也被冲垮了,有些文臣武将或出国、去港,或起义、投降,或挂冠而去,纷纷离蒋而去,使蒋恼怒不已。更使蒋悲怆伤怀的是,总统府国策顾问、国民党中央政治委员会秘书长陈布雷,竟然于 1948 年 11 月 13 日服毒自尽。被蒋介石视若股肱的陈布雷,追随蒋二十余年始终忠诚不二,以"辅佐明君安邦治国"自励,一切听命于蒋。但是陈为国民党统治的日益艰危和种种腐败状况忧伤不已,自谓"目睹耳闻,饱受刺激"[③],"所接触之多可悲愤之事实"[④],"忧虑绝深,酿成严重心疾"[⑤],"永远在痛苦忧念之中"[⑥],以致怕见蒋介石,怕开会。币制改革酿成的社会动乱和东北等地战局的溃败,更使得敏于时局变幻的陈布雷孤愤难抑,神志沮

---

①　《蒋介石日记》(手稿本),1948 年 12 月 5 日。

②　参见《顾维钧回忆录》第九分册,中华书局 1989 年版。

③　陈布雷致蒋介石之遗书(1948 年 11 月),《中央日报》1948 年 11 月 19 日。

④　陈布雷致诸弟陈训慈、训念、叔同之遗书(1948 年 11 月),《中央日报》1948 年 11 月 20 日。

⑤　陈布雷致陈方、李惟果、陶希圣之遗书(1948 年 11 月),《中央日报》1948 年 11 月 20 日。

⑥　陈布雷自杀前二天写的一篇《杂记》,《中央日报》1948 年 11 月 19 日。

丧,"常诵'瓶之倾兮惟罍之耻'之句,抑抑不可终日"①,终于在写了十几篇遗书后自杀于南京。他在给蒋介石的遗书中,充满了绝望的心情,并借韩愈的两句诗"中朝大官老于事,讵知感激徒婥婍",痛切陈言蒋介石不要听信左右那些阿谀奉迎、因循守常、唯诺取宠的大小官僚。陈布雷的自杀,在国民党执政集团中引起很大震动,时人认为这是陈对蒋介石的"死谏"。蒋对陈的自尽亦十分伤心,闻讯即赶去看了陈的遗体,并展阅了陈的遗书。18日蒋亲自率领国民党中央全体执、监委员举行公祭,夸赞陈布雷"夙以文雄,玄诚黜滴;拳拳忠爱,情见乎词"②。但是,他无意从根本上改变自己的内外政策。

不久,被蒋介石早年即视为"益友"的国民党"理论家"、自诩为"大事不糊涂"③的戴传贤,也在痛感国民党政权已朝不保夕的绝望声中第三次自杀而死④。蒋介石闻讯后,深为这样一个"反共最早,决心最大,办法最彻底"的结拜兄弟离己而去唏嘘不已⑤。他感叹"平生对余最忠实之两同志(另一为陈布雷——引注)皆服毒自杀,是余不德无能,以致党国危殆至此,使好友悲绝自杀,其罪愆莫大"。不过他又责怪他们"天性皆甚弱,不能耐怨忍辱,时时厌世,于其个人则生不如死,余亦不甚可惜也"⑥。

蒋介石已经陷入众叛亲离之境,成了孤家寡人。当淮海战役黄维第十二兵团和杜聿明指挥的三个兵团分别被围之时,蒋介石曾几次要调宋希濂第十四兵团和张淦第三兵团来徐州地区救援,但是华中"剿匪"总司令白崇禧强硬拒绝。而当白崇禧看到徐蚌战事败局已定、平津战局也岌岌可危之时,突然于12月24日自武汉致电蒋介石,谓:"默察近日民心离散,士气消沉,遂使军事失利,主力兵团损失殆尽。倘无喘息整补之机会,则无论如何

---

① 陈布雷致蒋介石之遗书(1948年11月),《中央日报》1948年11月19日。

② 蒋介石在陈布雷公祭典礼上的祭文(1948年11月18日),《中央日报》1948年11月19日。

③ 见丁文渊:《我所认识的戴季陶先生》,《戴季陶先生文存(三续编)》第288页,台湾国民党中央史料编纂委员会1971年版。

④ 戴传贤曾于1948年9月中旬和12月中旬两次服大量安眠药自杀,经抢救未死;1949年2月11日第三次服大量安眠药,因心脏衰竭而抢救无效,死于广州。见陈天锡:《戴季陶先生编年传记》,台北"中华丛书"委员会1958年版。

⑤ 蒋经国:《危急存亡之秋》,《蒋经国自述》第170页。

⑥ 《蒋介石日记》(手稿本),1949年2月15日。

　　以"智多星"著称的国防部长白崇禧,虽被派离南京
镇守华中,但他与李宗仁内外配合发起"和平攻势",使蒋
介石难以招架。

牺牲,亦无救于各个之崩溃。"他力主抓紧时机部署和谈,提出三点主张:
"一、相机将真正谋和诚意转知美国,请美、英、苏出面调处,共同斡旋和平;
二、由民意机关向双方呼吁和平,恢复和平谈判;三、双方军队应在原地停止
军事行动,听候和平谈判解决。"①紧接着,长沙绥靖公署主任、湖南省政府
主席程潜、河南省政府主席张轸等,相继发出了要求"总统毅然下野"的电
报。湘、鄂、豫、桂四省参议会议长发出了请蒋下野的通电。12 月 30 日,白

_____

　　① 　白崇禧致蒋介石亥敬电(1948 年 12 月 24 日),见程思远:《蒋介石发表求和声明的经过》,
《文史资料选辑》第 66 辑第 78 页。

崇禧又向蒋介石发出"丑电",催他当机立断:"当今局势,战既不易,和亦困难"。"顾念时间促迫,稍纵即逝,鄙意似应迅将谋和诚意,转告友邦,公之国人,使外力支持和平,民众拥护和平。对方如果接受,借此摆脱困境,创造新机,诚一举而两利也。"①与此同时,李宗仁提出了五项和谈主张:一、蒋介石下野;二、释放政治犯;三、言论集会自由;四、两军各自撤退三十里;五、划上海为自由市,政府撤退驻军,并任命各党派人士组织上海市联合政府,政府与中共代表在上海举行和谈②。蒋介石感叹:"桂白逆谋之毕露,内外几乎皆受其买空卖空虚伪煽惑之影响。"③

国民党内一时刮起一股停战和谈及倒蒋之风,当然不是没有背景的。美国驻华大使司徒雷登于11月派顾问傅泾波往访新任行政院长孙科时曾说,蒋介石的"下野为进行和议所必需"④,即可窥豹一斑。

六、被迫下野回乡

蒋介石处于众叛亲离、内外交困的绝境,心情极其烦躁,不时向部属大发脾气,厉言训斥,有时则独自一人呆坐良久。他的亲属和侍卫人员都担心他会自杀,昼夜都守候着他。司徒雷登向马歇尔和美国政府报告说:"看到在最近数月来他怎样完全丧失了人民的信心以及要他退休的希望是如此广泛,实在使人痛心。这种情绪为政府中各级官员多数所共有,而在政治觉悟的人民中则几乎是普遍的。反对他的原因,主要是因为大家认为他这样指挥的战争是没有希望的,而且予人民以不可忍受的经济的和其他的困难。"⑤

蒋介石心力交瘁,已经无法撑持这个分崩离析、濒临毁灭的危局了。尤其是桂系的步步紧逼,使他不能不作出下野的决定。1948年的除夕夜晚,

---

① 白崇禧致蒋介石亥全电(1948年12月30日),《文史资料选辑》第66辑第79页。
② 转引自蒋经国:《危急存亡之秋》,《蒋经国自述》第157—158页。
③ 《蒋介石日记》(手稿本),1948年12月31日。
④ 董显光:《蒋总统传》第509页。
⑤ 司徒雷登致马歇尔电(1948年12月21日),《中美关系资料汇编》第1辑第910页。

他召集李宗仁、孙科及国民党中央执监委员共四十余人至自己的官邸聚餐，听取他将于明日发表的"新年文告"的意见。虽然有些人在餐桌上语声悲戚地说蒋不能下野，这个文告不能发，但李宗仁以"我与总统并无不同的意见"①之语，表示了应当发出下野求和文告的意向。在争论不下之时，蒋介石愤愤地说："我并不要离开，只是你们党员要我退职；我之愿下野，不是因为共党，而是因为本党中的某一派系。"②露骨地迁怒于李宗仁、白崇禧的桂系。他承认大陆局面已："成不可收拾之势"，但自己仍"泰然处之"，认为在这场大灾祸中能不畏不惧，"不可谓修养之无进步也"③。自我解嘲之心态毕露。

1949 年元旦，国民党各报纸登载了蒋介石的《告全国军民同胞书》。蒋介石在文告中承认自己"领导无方，措施失当，有负国民托付之重，实不胜其惭惶悚慄，首先应当引咎自责"。"剿匪军事加重了人民的负担，加深了人民的痛苦，大家也都希望战事及早结束，和平及早实现"。表示"只要共党一有和平的诚意，能作确切的表示，政府必开诚相见，愿与商讨停止战事恢复和平的具体方法"。但是他提出了一系列和谈的条件，诸如："神圣的宪法不由我而违反，民主宪政不因此而破坏，中华民国的国体能够确保，中华民国的法统不致中断，军队有确实的保障，人民能够维持其自由生活方式与目前最低生活水准。"一句话，仍要维持国民党统治的原有格局。因而他所表示的"和平果能实现，则个人的进退出处绝不萦怀，而一惟国民的公意是从"④，只是一种毫无意义的姿态。他心里完全明白："各地败战消息如雪片飞来，华北和关内岌岌可危"，"国家已亡"⑤；但他仍然想要苦撑危局，"我们必须完成一些东西，不论环境多么恶劣……我不觉有过，我已尽了心力"⑥。

蒋介石的新年文告，被中国共产党认为是"为了保存中国反动势力和美

---

①　见董显光：《蒋总统传》第 509 页。

②　见董显光：《蒋总统传》第 510 页。

③　《蒋介石日记》(手稿本)，1948 年 12 月 31 日。

④　蒋介石《告全国军民同胞书》(1949 年 1 月 1 日)，《中央日报》1949 年 1 月 1 日。

⑤　《蒋介石日记》(手稿本)，1949 年 1 月 8 日。

⑥　《蒋介石日记》(手稿本)，1949 年 1 月 11 日。

国在华侵略势力"①的虚伪表示。1月14日中共中央主席毛泽东发表声明，提出和平谈判的八项条件："(一)惩办战争罪犯；(二)废除伪宪法；(三)废除伪法统；(四)依据民主原则改编一切反动军队；(五)没收官僚资本；(六)改革土地制度；(七)废除卖国条约；(八)召开没有反动分子参加的政治协商会议，成立民主联合政府，接收南京国民党反动政府及其所属各级政府的一切权力。"②

蒋介石眼看自己提出的几点要求将完全落空，再无恋栈的可能。但他并没有立即下台，因为他还要做一些后事安排。他除把陈诚派往台湾任省主席、省警备总司令外，还派蒋经国去台湾任省党部主任委员。他指示陈诚"今后治台方针：一、多方引用台籍学识较优、资望素孚之人士，参加政府。二、特别培植台湾有为之青年与组训。三、收揽人心，安定地方。四、处事稳重，对下和霭，切不可急燥，亦不可操切，毋求速功速效，亦不必多订计划，总之脚踏实地，实心实力实地做事，而不多发议论。五、每日特别注意各种制度之建立，注意治事方法与检点用人标准，不可专凭热情与个人主观。六、勤求己过，用人自辅，此为补救吾人过去躁急骄矜，以致今日失败之大过，望共勉之"③。语多谆谆之意。

蒋介石还任命汤恩伯为京沪杭警备总司令、朱绍良为福州绥靖公署主任兼福建省政府主席、张群为重庆绥靖公署主任、薛岳为广东省政府主席，以备日后仍能听命于自己。他召集三军将领会议，布置继续贯彻"戡乱"方针，谓目前的对策是以战求和，要各路人马务必不可松懈斗志。他还展开外交攻势，要求英、美等国帮助促成国共谈判，"恢复和平"。他派张群去武汉、长沙，向白崇禧转达他的两点意见："一、余如果引退，对于和平究竟有无确实把握；二、余欲引退，必由自我主动。"④表示决不接受任何方面的压力。

这时，各方都表示冷淡，最坚决的CC系亦已无力支撑。蒋介石见势已不可挽，于1月21日召开了党内要员会议后，发表"引退"文告称，因"战事

① 《评战犯求和》(1949年1月5日新华社评论)，《毛泽东选集》第1272页。
② 《中共中央毛泽东主席关于时局的声明》(1949年1月14日)，《毛泽东选集》第1280页。
③ 《先总统蒋公图像墨迹集珍》第226页，近代中国出版社1984年台北版。
④ 蒋经国：《危急存亡之秋》，《蒋经国自述》第158—159页。

仍然未止,和平之目的不能达到","决定身先引退,以冀弭战消兵,解人民倒悬于万一"①,由副总统李宗仁代行总统职权。但是他在下野文告中并没有辞职之语,也没有要李"继任总统",而只是说要李"代行其职权"。这使得李宗仁只不过是一个"代总统"而已。李虽恼怒不已,但亦无可奈何。

蒋介石难以支撑危局,不得不下野回乡,苦涩的笑容难以掩饰内心的黯然神伤。

当天下午,蒋介石以"今后我死无所了"②的悲凉心情,乘专机离开南京至杭州,次日飞回奉化溪口故里。陈诚、汤恩伯陪送至溪口,领受了蒋的叮嘱后,即分赴台北、上海。蒋介石回顾自己领导的强大的政府所以会溃败的原因和教训说:"此次失败之最大原因,乃在于新制度未能适合现在之国情与需要,而且并未成熟与建立,而旧制度已放弃崩溃,在此新旧交接紧要危急之一刻,而所恃以建国救民之基本条件完全失去。"他悔恨他领导的党、军不团结,分裂,无纪律,还有他本身未能建立一个现代化的有效率的组织,而

---

① 蒋介石:《引退谋和文告》(1949年1月21日),《先总统蒋公全集》第3305页。
② 蒋介石:《军人魂》(1950年4月16日),《先总统蒋公全集》第1983页。

深感"今后立国建军,以确立制度为最重要"①。蒋介石只有蒋经国随侍在侧,似乎是要"解甲归田"、颐养天年了。其实这时的溪口,早已装置了大功率的七座电台及完备的通讯网络,他完全可以像在南京一样直接指挥各方。

事实也是如此。李宗仁虽然接替蒋介石"代行总统职权",但只有一个"代总统"的虚衔,一切重大事情仍由"以党揽政"的国民党总裁蒋介石决断。尤其是在军事上,"参谋总长顾祝同,对一兵一卒的调动,完全听命于蒋"②。李宗仁于 24 日下令释放被拘押多年的张学良和杨虎城。26 日蒋介石即命俞济时电令张、杨被关押地的台湾陈诚、重庆杨森,谓"如有命令到台省渝市,释放张学良、杨虎城事,似可暂不置复,否则可以并不知张学良、杨虎城何在,此事省市府向不过问之意复之"③。于此可见一斑。

蒋介石对于自己的下野,迁怒于美国对他的失望与放弃。他叹息"此次革命剿匪失败并非失败于共匪,而乃失败于俄史(苏联斯大林——引注);亦非失败于俄史,而实失败于美马(美国马歇尔——引注)冥领不灵,任听俄共之宣传与英国之中伤,对于其本国之利害,与中国之关系,以及太平洋之安危,皆为其个人一时之爱恶,专泄其私愤,而置人类之祸福及其民族之荣辱存亡置而不问,今后第三次世界大战之悲剧惨境,已不能免。马歇尔应负全责,而余之外交运用无方,过信美国之能,急公好义,致有今日之惨败,亦应引咎自责"④。

七、继续操纵国民党破坏和谈

李宗仁一上台,就谋求与共产党和谈,"阻止共产党人渡过长江,以求得体面的和平"⑤。1 月 27 日,他致电中共中央主席毛泽东称:"贵方所提八项条件,政府方面已承认可以作为基础,进行和谈,各项问题,自均可在谈判中

---

① 《蒋介石日记》(手稿本),1949 年 1 月 22 日。
② 《李宗仁回忆录》第 956 页。
③ 《蒋中正总统档案·筹笔·戡乱时期》第 16375 卷。
④ 《蒋介石日记》(手稿本),1949 年 1 月 31 日"本月反省录"。
⑤ 《李宗仁回忆录》第 930 页。

商讨决定。"①他要求行政院长孙科采取七项和平措施:一、将各地"剿总"改为"军政长官公署";二、取消全国戒严令;三、裁撤"戡乱建国总队";四、释放政治犯;五、解除报章杂志禁令;六、撤销特种刑事法庭;七、统令停止特务活动,对人民非依法不能逮捕。他还确定由邵力子、张治中等人作为政府和谈代表人选;并邀请颜惠庆等人组成上海人民和平代表团,作为他的私人代表,先赴北平试探中共方面对和谈的意向。李宗仁这番举动的目的,是想与共产党"划江而治",确保长江以南若干省份的完整,由国民党领导,如东北各地由中共领导一样;必要时让步到鄂、赣、皖、苏四省和汉口、南京、上海三市由双方联合管理②。3月,他在同新任行政院长何应钦等人商讨后,确定了三项和谈原则:一、"和谈必须建筑在平等的基础上,我们绝对不能让共产党以胜利者自居,强迫我们接受不体面的条件";二、"不能同意建立以共产党为统治党的联合政府。我们应该建议立即停火,在两党控制区之间划一条临时分界线";三、"不能全部接受所谓八条,而只同意在两政府共存的条件下讨论八条"③。

蒋介石是个不肯承认失败的人。他不能接受共产党的和谈条件,对于李宗仁的一系列和谈活动,也是老大的不高兴,但又不方便公开阻断,只能让何应钦等人多加牵制。同时,蒋介石下令参谋总长顾祝同等人加紧备战,在江南重新编练二百个师。对李宗仁确定的和谈代表张治中等人,他认为:"可决定其为十足投降之代表。但共匪是否接受其投降,是一问题耳。"李宗仁和谈方案,"其中心条件乃欲协同共匪消灭国军之基础耳"④。3月29日他在溪口听取了和谈代表团首席代表张治中请示的九点和谈腹稿后,4月2日命蒋经国向已迁往广州的国民党中央党部转达他的两点补充指示:"一、和谈必须先订停战协定;二、共军何日渡江,则和谈何日停止,其破坏责任应由共方负之。"⑤4月7日,他还让张群告诫李宗仁:"站稳本党立场,认清国

① 《李宗仁回忆录》第932页。

② 参见张治中:《北平和谈前的几个片断》,《文史资料选辑》第13辑第4页。

③ 《李宗仁回忆录》第942页。

④ 《蒋介石日记》(手稿本),1949年3月4日。

⑤ 蒋经国:《危急存亡之秋》,《蒋经国自述》第181页。

家民族利益,共同对共。"①

下野后,蒋介石在溪口与蒋经国翻阅族谱

　　国共双方和谈代表 4 月 1 日起在北平进行会谈。经过反复磋商,于 15 日拟定了《国共和平协定》(最后修正案)八条二十四款。蒋介石于 4 月 17 日阅看了和谈代表送呈的文本后斥责张治中"丧权辱国",并在日记中写道: "共匪对政府代表修正条件二十四条款,直是无条件的投降处分之条件。其前文序述战争责任问题数条,更不堪言状矣。""余主张一方面速提对案交共匪,一方面拒绝其条件。同时将全文宣布,以明是非与战争责任之所在"②。 18 日蒋介石致函李宗仁称,对于"和战方针,至此不能不下决心,早作定计,万不宜再事因循,使军民无所适从,徒为敌人多留反宣传时机,以售其中伤毒计也"③。李宗仁、白崇禧等人也因"划江而治"的设想破灭而拒绝接受《国内和平协定》。国共和平谈判就此破裂。

八、京沪杭防线的崩溃

　　蒋介石对和平谈判,本来就没有什么诚意。无论是自己的求和表示,或者容忍李宗仁从事和谈活动,都只不过是为了应付舆论和赢得一点喘息时

---

①　蒋经国:《危急存亡之秋》,《蒋经国自述》第 182 页。
②　《蒋介石日记》(手稿本),1949 年 4 月 17 日。
③　《总统蒋公大事长编初稿》第 7 卷(下)第 275 页。

下野回乡的蒋介石故作轻松状,去蒋氏祠堂祭祖拜辞。

间而已。他退居奉化溪口后,频频指挥何应钦、顾祝同、白崇禧、汤恩伯等人,调集残部一百十五个师和海军军舰二十六艘、炮艇五十六艘、空军二百八十架飞机,担任宜昌至上海一千八百多公里的长江防务,以汤恩伯为江防总司令,九江以西则交白崇禧指挥防守。汤恩伯秉承蒋介石的旨意,将重兵主力"集中于江阴以下,以上海为据点,集中防守。至于南京上下游,只留少数部队以为应付"[1]。

汤恩伯此时受到蒋介石的格外器重,他连"李(宗仁)、何(应钦)、顾(祝同)都不放在眼内"[2],不是没有缘由的。汤恩伯(1900—1954)浙江武义人,

[1] 《李宗仁回忆录》第962页。
[2] 《李宗仁回忆录》第964页。

早年入陆军小学,1924 年得陈仪资助留学日本陆军士官学校,毕业回国后经陈仪引荐投奔蒋介石,在北伐总司令部任参谋、作战主任,以后即在蒋身边的总司令部和中央军校任职,继任第四师师长,参加第五次"围剿"和对长征红军的堵截。抗战时历任第二十军团长、第三十一集团军总司令、第一战区副司令长官,曾设"副司令长官部"于河南,祸害中原人民至深,被斥责与水灾、旱灾、蝗灾并称为"水旱蝗汤"四害。但他受到蒋介石的重用,抗战胜利后奉命抢占京沪地区,旋任京沪卫戍司令兼陆军副总司令。1947 年春率部重点进攻山东解放区,所部整编第七十四师在孟良崮被歼,遭蒋介石的撤职处分。经陈仪等人斡旋,1948 年调至浙江任衢州绥靖公署主任,不久又被擢升为京沪杭警备总司令。汤一直感恩陈仪早年之提携与后来之庇护,平日皆以师礼尊之,时人称陈与汤之情谊"亲如父子"[①];但是在最后关键时刻,汤恩伯竟将陈仪出卖,换取了蒋介石的特殊信任。

比蒋介石还大四岁的陈仪,早年先后留学日本士官学校和日本陆军大学,辛亥革命后任浙江省都督总参议、军政司长,后任浙军师长、浙江省长。北伐时任国民革命军第十九军军长,嗣后任军政部军工署长、政务次长,福建省主席。抗战胜利后出任台湾省行政长官,虽在"二二八"事件后被解职,但于 1948 年 6 月又被派任浙江省主席。他从多年政治经历中逐渐看清了大局,曾上书蒋介石劝说停止内战,谓只可言和不可言战,为蒋峻拒。在共产党人和民革主席李济深等人的帮助下,他决心与蒋介石分道扬镳,为和平解放贡献力量,要做傅作义第二。他认为身任京沪杭警备总司令的汤恩伯,统兵数十万,执掌江南数省的防卫大权,举足轻重,与自己又有深重情谊,乃劝导汤悬崖勒马,共举大义。他要求汤释放政治犯、停止修筑工事、保护上海物资、开放长江若干渡口等,以实际行动立功赎罪,争取取消"战犯"名义。汤满口承诺,只说起义时日还要等待时机;暗地里却于 1 月 30 日向蒋介石告密[②]。2 月 17 日,已经撤到广州的行政院开会,遵照蒋介石的密电指令,

---

① 谷正纲:《痛悼汤恩伯将军》(1954 年),《汤恩伯先生纪念集》(丁)第 5 页,台北 1964 年版。
② 蒋经国:《危急存亡之秋》,《蒋经国自述》第 167 页。《蒋介石日记》(手稿本)1949 年 1 月 30 日记:毛人凤向蒋介石报告后,蒋痛斥"陈仪之寡廉鲜耻、忘恩负义一至于此,人心叵测,更增悲戚矣"。

作出了改组浙江省政府、免去陈仪省主席职务的决定。陈仪从杭州回到上海的家,第二天即被特务监禁,嗣后先押至衢州,继囚往台湾。1950 年 6 月 18 日陈仪以"勾结共匪"的罪名被判处死刑,遭到枪决。但是蒋介石只能谋害陈仪和宠信汤恩伯这样的人,以期继续顽抗下去,而并无防御解放大军南下的实力和良策。

这时的国民党军队,虽然还剩下六十七个军、二百十一个师的番号,实际上只有约一百零七万人,加上非正规军及特种兵部队,总共约一百三十二万人,其中还有不少是新组建的或是被歼后补充起来的,难说有什么战斗力。这些军队,归汤恩伯指挥的有十九个军六十个师约三十八万余人,位于宁、沪、杭、芜湖地区;归白崇禧指挥的有十二个军三十六个师约二十三万余人,位于武汉、宜昌地区;归胡宗南指挥的有十三个军三十三个师近二十二万人,位于陕西地区;属马步芳、马鸿逵系统的三个军十二个师九万余人,位于青、甘、宁地区;此外还有十四个军五十七个师约三十四万余人,散布在湘、赣、粤、桂、闽、川、云、贵以及西康、新疆等广大地区。国民党军队的战斗意志,已经荡然无存。而人民解放军此时已经发展到三百五十八万人,其中正规军有一百八十八个师(旅)二百一十八万余人,士气旺盛,装备充实,锐不可挡。可笑的是蒋介石仍然认为可以守住长江天险,阻挡解放军南下;同时想在江南加紧编练两百个师,以备东山再起。

这当然只是蒋介石的一厢情愿。

就在《国内和平协定》最后签字期限已过的第二天——4 月 21 日凌晨,人民解放军按照毛泽东、朱德《向全国进军的命令》,在西起九江东北的湖口、东至江阴的长达五百余公里的战线上,分兵三路强渡长江。守江之国民党军一夕间即土崩瓦解,汤恩伯苦心经营三个多月的千里江防全线崩溃。

4 月 22 日,蒋介石紧急邀约李宗仁及何应钦、张群、白崇禧等人至杭州,商讨如何应付最后危局,决定:一、与共党坚决作战,奋斗到底;二、联合全国"民主自由人士"共同奋斗;三、由何应钦兼任国防部长,统一三军指挥;四、采取紧急有效步骤,加强国民党的团结及党与政府的联系[①]。蒋介石冀

────────────

① 蒋经国:《危急存亡之秋》,《蒋经国自述》第 191 页。

图以此稳定局面,但万没有想到,就在第二天,渡过长江的人民解放军即占领了南京这个他经营多年的首都。

蒋介石撤离奉化溪口前,与故乡的亲友依依告别。

南京的迅速解放,使蒋介石难以再在浙江家乡"隐居"。4 月 23 日,他匆匆地从杭州飞回奉化溪口,作告别故里撤离大陆的准备。他下野回乡后,先已冒寒扶杖携同儿孙重游溪口十景,并到外祖母墓地及少年时嬉耍过的地方依依惜别。4 月 25 日上午,他又带着蒋经国到母亲墓前辞别,再走上飞凤山顶呆望了一阵,凄楚的心情无言可语。下午蒋即乘汽车离开溪口,至象山港登太康舰赴沪。

渡过大江的人民解放军,于 4 月 23 日占领南京后,即以"剩勇追穷寇"之势,分路向苏、浙、皖纵深地带迅猛前进。陈毅、粟裕指挥的第三野战军主力,以向浙赣线溃退的刘汝明第八兵团等为追击目标,分成多路齐头并进,截获逃军十万余人,于 5 月上旬陆续到达浙赣线,控制了除南昌外的主要据点,并向浙南、赣中、闽北推进。

此时的上海,已是被解放军重兵三面包围的背水孤城,险象环生。对于守卫上海,蒋介石倍加关注。他在1月下野前,指令汤恩伯重兵布防于沪杭地区。他要求汤死守上海半年至一年,希望能成为重新统治中国的基地,等到第三次世界大战的到来,可以在美国的保护下由此"光复"全国。这不仅因为上海是国民党二十余年统治的政治、经济中心,美、英等国在华利益也大量集中在此;还因为国民党政府储备的黄金、白银和外汇,也都储藏在上海的中央银行金库里,需要秘密运往台湾。4月26日蒋介石到达上海的复兴岛后,即向顾祝同、汤恩伯、周至柔、桂永清等人详细部署陆海空军协同守卫上海的事宜。他还给守军将领多次训话,一再说"成败在此一举,我们必须用全力来应付危难"①。5月3日,李宗仁以广西致电蒋介石,要求蒋赋予全权,并建议蒋以出逃政。蒋介石顽强地表示:"以余剿共之志,如国内有寸土可为我革命立足之地,则余不敢放弃此责任也。"②他偕同蒋经国于5月7日乘江静轮离沪去舟山岛观望。眼看势不可挽,又于17日飞赴马公岛(澎湖列岛的主岛),隔海指挥上海战局。

但是汤恩伯心里明白:自己指挥的三十八万军队,在解放军渡江后的追击中被歼甚多,只有四个军撤至上海外围,连同原来驻在淞沪地区的军队,共计八个军二十四个师计二十万人,与包围上海的解放军相比,在兵力和炮火上已失去优势。惟一可以聊以自慰的是,在上海外围有自己苦心经营的构筑坚固的防御工事。为了守卫上海,汤恩伯几个月来不惜耗费大量人力物力,用钢筋水泥构筑了纵深数十里的"永久性"防御工事,建成了外围、主阵、核心三道阵地,筑有主碉堡阵地三千八百座、半永久性掩体碉堡一万多座,碉堡间战壕相连,战壕内可通行吉普车,电网、鹿砦则一层又一层。蒋经

① 蒋经国:《危急存亡之秋》,《风雨中的宁静》第191页。
② 《蒋介石日记》(手稿本),1949年5月3日。

国视察后认为是"东方的斯大林格勒"①,可以与马其诺防线②媲美。

5月12日,人民解放军向上海发起强大攻势,分东西两路沿京沪线(今称沪宁线)和沪杭线攻击前进。国民党守军以海面军舰炮击和空军轰炸配合,凭借防御工事负隅顽抗。但是解放军凌厉猛烈的攻势,汤恩伯手下的守军难以抵御。汤已失去死守的信心,5月15日对前来督战的蒋经国说:"浦东方面没有把握,社会秩序是否将变为紊乱,亦未可逆料,但只有尽心力而为之。"③蒋介石眼看形势危急,命令蒋经国率领一批人紧急"处理物资之疏散事宜"④。他还"劝中央银行把库存的黄金全部搬运到台湾"⑤。在此之前已先后运走三批,合计黄金二百七十七万五千余两,银元一百二十万枚,美金一千五百三十七万余元;此时汤恩伯又搜索捷运黄金十九万八千余两,银元一百二十万枚⑥。他们还抢运机器设备、车辆、纸张、棉纱、布匹等各种物资一千五百余船。只因解放军的猛烈炮火已经逼近市区,蒋介石只得下总撤退令。汤恩伯最后率五万余残军登舰向舟山群岛逃跑。5月27日上海全部解放。在国民党军全面败退之中,这算是一场进行了较长时间的防守作战,前后计半个月。

从长江防线的崩溃,到南京、上海以及江南一百二十余座城市的失守,四十三万余战斗部队被歼灭,前后还不到四十天。蒋介石颓丧至极。5月26日,他从马公岛飞至台湾南部的高雄。27日他在接见阎锡山等人时表示:今后不再闻问政治。这当然只是一句丧气话,他是不甘心就此退出历史舞台的。

---

① 斯大林格勒,今称伏尔加格勒。1942年8月至1943年2月,苏联军队和人民在此与德国侵略军进行了一场大会战,歼灭德军五十余万人,是苏德战争的转折点。

② 第二次世界大战前,法国为防备德国进攻,在从瑞士到比利时之间的东部边境上,建筑起了长达四百公里的防御阵地体系,1929年始建,1940年竣工,耗资两千亿法郎,共筑五千六百个永久性工事,以陆军部长马其诺(Andre Maginot)的名字命名。

③ 蒋经国:《危急存亡之秋》,《蒋经国自述》第196页。

④ 蒋经国:《危急存亡之秋》,《蒋经国自述》第197页。

⑤ 蒋经国:《一位平凡的伟人》,《风雨中的宁静》第52页,台湾黎明文化事业公司1977年版。

⑥ 《上海党史资料通讯》1989年第9期。据吴兴镛《黄金档案》(江苏人民出版社2009年版)载:前后四批运台的金银外汇总额度换算成黄金的总价值约为黄金七百万两。

九、指挥大陆的最后战事

国民党政府在蒋介石下野后十几天的 1949 年 2 月初就撤离南京,迁往广州。3 月由何应钦继孙科组阁。4 月 23 日南京解放那天的凌晨,代总统李宗仁登机离开南京,但没有去广州,却飞往老家桂林。他深为蒋介石不肯放手交权,仍在幕后操纵一切,自己徒具虚名,还要代背黑锅的处境而悲愤。但是对蒋介石说来,江防失守,京沪被占,江南大片地区迅速解放,形势更加险恶,使蒋难以出山。他还需要李宗仁出来撑持门面。李宗仁则谓:蒋在"幕后不放手,我决无法亦无此能力领导,只有急流勇退之一途。"①这是最后的摊牌了。在阎锡山等人的斡旋下,蒋介石表示"一切权力交出","遁世远引,对于政治一切不复闻问"②,他五年之内亦不复过问政治③。在蒋介石信誓旦旦地表示之后,李宗仁于 5 月 8 日至广州重主"中枢大政"。5 月底何应钦辞职④,阎锡山 6 月 3 日继为行政院长。从山西逃来的阎锡山,雄心勃勃,企图在岭南重振旧业,于 7 月 4 日发行一种"银元券",以一元兑换五亿元"金圆券",想借此跳出财政绝境。但是庞大的军政支出,注定了它必然重蹈金圆券彻底破产的覆辙。

蒋介石当然没有将"一切权力交出",更没有"不复过问政治",而是继续不停地往返于台湾和福州、厦门、舟山、广州之间,亲自部署浙、闽、粤沿海和各海岛的防守事宜,下令国民党将领殊死作战,守住东南沿海,确保台湾。他不顾两个月前对李宗仁许下的"五年之内不问政治"的诺言,先于 7 月 5 日在台北设立国民党总裁办公室,下设设计委员会,分为党务、政治、军事、外交、财政、文化宣传等组。接着于 7 月 14 日兴冲冲地率领二十六名国民

---

① 《李宗仁回忆录》976 页。

② 《蒋总统为李宗仁谈话记录致何应钦函》(1949 年 5 月 6 日),李云汉藏存抄件。

③ 《李宗仁回忆录》978 页。

④ 何应钦这时下台的一个直接原因,是指挥不动宋希濂的军队。宋希濂兵团十多万人,原驻沙市、宜昌一带,白崇禧于 5 月 17 日撤离武汉后,部署宋兵团撤至常德、芷江一线,以阻解放军南下。但宋听命于蒋介石,率部撤往鄂川边境的恩施。身为行政院长兼国防部长的何应钦电令速往湘西防守,宋拒绝,并对何说:"我就不知道什么行政院长、国防部长!"何气极,加以政治、经济诸多问题无法解决,乃向李宗仁坚决要求辞职。见《李宗仁回忆录》第 937—938 页。

党中央执、监委员从台湾赶到广州。他发表时局谈话说,现在共产党已"窥视我国民革命策源地之广东,中正惟以民族大义及革命责任所在,仍当一本总理大无畏之革命精神,团结全党,拥护政府,为国家独立、人民自由而奋斗"[①]。16 日,他在广州主持国民党中常会与中政会的联席会议,并正式组成非常委员会,自己任主席,李宗仁为副主席,政府的一切决策措施,都必须事先经过非常委员会决议通过方为有效。这样,就为自己出山直接控制党政军大权取得了合法的依据。李宗仁无可奈何,只得离开广州出外"巡视"。

在这前后,蒋介石还出访菲律宾和南朝鲜。7 月 10 日至 12 日,他以国民党总裁身份与菲律宾总统季里诺(Elpido Quirino)在碧瑶会谈,除欲谋求"远东各国应即成立联盟"[②]共同反共外,还试探将来在马尼拉设置流亡政府的可能性。8 月 6 日至 8 日,他又在南朝鲜镇海与李承晚商谈成立"远东反共联盟"的计划。蒋介石是要对美国发出一个战略性呼吁,因而直言"联盟的目标是:希望美国参加",说:"美国之领导,可以形成一团结中心。由于经济及国力之限制,亚洲国家之实力无力支持一真正有效之联盟。"[③]菲律宾总统季里诺还于 8 月间去美国敦促支持这个"反共联盟"[④]。只因美国自有考虑而不加理睬,这个"联盟"也就成了泡影。

蒋介石虽然台前台后直接间接地频频发号施令,指挥残存的一百多万军队负隅顽抗,但丝毫不能阻挡各路人民解放军排山倒海的猛烈攻势。华北解放军 4 月下旬 5 月上旬先后肃清了太原、大同、安阳、新乡等地的守军,解放了华北全境。西北解放军 5 月解放了西安及渭水流域地区,7 月进军大西北。第四野战军 5 月 14 日在武汉以东渡过长江,次第解放了武汉三镇后,沿粤汉线挥戈南下。8 月 4 日湖南省主席程潜和第一兵团司令官陈明仁起义,长沙和平解放。第二野战军于解放九江、南昌后,自赣粤边境南下。第三野战军解放上海后向浙、闽疾进,至 7 月上旬除定海外解放了浙江全

---

① 蒋介石:《发扬革命策源地之光荣历史》(1949 年 7 月 14 日),广州《中央日报》1949 年 7 月 15 日。

② 蒋介石:《与菲律宾总统季里诺联合声明》(1949 年 7 月 12 日),《先总统蒋公全集》第 3308 页。

③ 《中央日报》1949 年 7 月 9 日。

④ 《中央日报》1949 年 8 月 10 日。

省；入闽部队于 8 月 17 日解放了福州。

各条战线上的国民党军队，风声鹤唳，草木皆兵，或举手缴械，或闻风逃跑，溃不成军。蒋介石东奔西走，疲于应付。为了统一指挥苏浙闽台四省[①]的作战，他特地成立一个"东南军政长官公署"，由陈诚挂帅。8 月 23 日他又从台北飞抵广州，部署"广州保卫战"的计划后，于 24 日率同蒋经国等人飞往重庆，安排如何"确保大西南"，企图凭借四川天险，重演抗日战争相持阶段苦撑待变的大剧。但是他不敢夸海口了，就连对于胡宗南、宋希濂等人要求他常住重庆坐镇的建议也不敢答应，说为开办"革命实践研究院"调训高级官员，需要经常住在台湾亲自主持。

在国民党一片败退声中，各国对华政策面临严峻抉择。许多国家都是唯美国马首是瞻。美国驻华大使司徒雷登未随国民政府于 2 月迁往广州，而是留在南京。他建议美国政府试行与中共接触，谋求建立新的关系。南京解放后，他通过南京军管会外事处主任黄华和民革领导人陈铭枢，向中共领导人传递建立新关系和他本人可否去北平的信息。中共方面答复：新中国愿在平等互利基础上与任何国家建立外交关系，欢迎他以"中共老朋友"的身份前往北平。司徒雷登把上述两项请示美国国务院，遭到国务院的否定。司徒雷登无奈，于 8 月 2 日离开中国返回美国，但他未去广州。

国民党统治的迅速崩溃，在美国政府内部引起了强烈的反响和激烈的争吵，许多人为几年来付出了四十七亿美元的军械和物资[②]而痛惜，有些人则埋怨政府对蒋介石支持还不够多，政策有失误，执政的杜鲁门和继马歇尔担任国务卿的艾奇逊（Dean Gooderham Acheson）受到攻击和责难。为了表白和洗刷自己的责任，杜鲁门、艾奇逊于 8 月 5 日发表了一份题为《美国与中国的关系——着重 1944—1949 年时期》（*U. S. Relations With China 1944—1949*）的白皮书。篇幅浩繁的白皮书，正文分八章，并有二百三十三个附件。它叙述了 1844 年《望厦条约》以来一百零五年的中美关系，其中特别详细地叙述了抗日战争后期到 1949 年间美国扶助蒋介石反共内战、干涉

---

① 其时江苏已全境解放，浙江也只舟山群岛一隅之地。

② 据美国政府统计，1946 年 7 月起，美国援助国民党政府的军械和物资共十五笔，总值4 709 248 616美元。见吴承明编：《帝国主义在旧中国的投资》第 78—80 页，人民出版社 1955 年版。

中国内政遭到失败的经过,公布了若干档案史料。白皮书列举大量史实,指出蒋介石统治的失败,是由于他的政府的腐败无能和一系列政策的谬误,以及未能听取美国政府的诸多建议,而"不是美援的不充分"①。艾奇逊感叹:"不幸的但亦无法逃避的事实,是中国内战的不祥结果为美国政府控制所不及。"②这使蒋介石极为难堪,国民党史学家认为当时"产生一种极不良的结果,便是使李代总统更公然反对蒋总裁。"③

1949年10月1日,中华人民共和国在北京宣告成立,中央人民政府成为代表中国的惟一合法政府。蒋介石主政二十二年的政权彻底垮台,中华民国至此终结。但是蒋介石不肯正视这个重大历史事实,仍然想再盘踞大陆一隅,以图"反共复国"。然而他无力支撑住这座已经哗啦啦倾倒的大厦。人民解放军10月14日解放广州,三天后又解放厦门。蒋介石在沿海地区已无立锥之地。他又部署金门海岛的防守战,依靠强大炮火和众多兵力,挡住了解放军渡海作战直指台、澎的攻势。

华东、华南尽失,蒋介石把最后一线希望寄托在西南地区上。他说,"在大陆上必须保有西南地区,将来才能与台湾及沿海岛屿相配合进行反攻;如果在大陆上完全放弃了,则国民政府在国际上将完全丧失其地位。西南地区形势险要,物资丰富,尤以四川人力物力均很充足,必须努力保持这一地区,成为复兴基地。"④他把手头仅有的胡宗南、宋希濂两支主力部队调来守卫西南;另以孙元良第十六兵团三万余人配合宋部扼守川东门户,以何绍周第十九兵团两个军守黔东门户,以罗广文第十五兵团三个军与杨森第二十军共同守卫重庆。蒋介石全力部署手中的兵力,试图在大陆留有一块地盘。

进军大西南的人民解放军,采取大迂回的战略,避开与国民党军队正面交火,穿过湘黔边境,直插贵阳、遵义;同时在巴东以南多路突击,斩断了宋

① 艾奇逊为公布白皮书致杜鲁门的信(1949年7月31日),《中美关系资料汇编》第1辑第38页。

② 艾奇逊为公布白皮书致杜鲁门的信(1949年7月31日),《中美关系资料汇编》第1辑第41页。

③ 蒋永敬:《战后行宪与戡乱》,《中华民国建国史纲》第368页。

④ 蒋介石1949年8月28日和31日对宋希濂和胡宗南的谈话,见宋希濂自述:《鹰犬将军》第303页,中国文史出版社1986年版。

希濂"西南防线"。解放军这一截断后路、先围后打的行动,完全出乎蒋介石意料之外,形势骤然吃紧。11月14日,在阎锡山、陈立夫函电交加的催求下,蒋介石赶到重庆坐镇,直接指挥西南战事。他急令胡宗南主力南撤,命宋希濂在南川以东布防。但追击胡宗南部的解放军,既不过紧地逼近敌人,以免胡部加速向滇康收缩,也不与敌距离过远,以免胡部有余裕时间破坏道路桥梁。而进入黔境的解放军快速前进,解放贵阳和思南后,即向宜宾、泸州方向迂回。进入川境的解放军占据彭水后强渡乌江,将宋希濂指挥的陈克非第二十兵团和罗广文第十五兵团大部歼灭于南川城以北地区,并夺取了重庆外围据点涪陵、綦江、江津等地。国民党反动分子在溃逃前对重庆进行了大破坏和大屠杀。被囚禁在白公馆、渣滓洞的共产党员和进步人士,惨遭集体枪杀。发动西安事变的爱国将领杨虎城及其秘书宋绮云夫妇和孩子等,在此以前也被杀害。11月30日重庆解放,蒋介石于是日凌晨仓皇飞往成都。

挂名代总统的李宗仁,自从蒋介石组设"非常委员会"出台后,日趋消沉,不时外出"巡视"排遣。为保住桂系最后一点实力,他曾与白崇禧作了很多努力,但是不能得到蒋介石的支持和配合,所部败退到广西后也未能逃脱全部覆灭的命运。他眼看大势已去,失望至极,于11月20日以治病求医之名去了香港,半月后飞往美国,最终与蒋介石分道扬镳。

12月9日蒋介石在成都闻讯云南省主席卢汉、西康省主席刘文辉、西南军政长官公署副长官邓锡侯、潘文华等率部起义,云南、西康两省和平解放,知道自己在大陆已经无法立足,乃于第二天黯然登机离开成都飞往台湾。

在撤离大陆前,蒋介石还将国民党军队的指挥大权交给胡宗南。但胡宗南把蒋介石寄予很大期望的指挥权随即交给了第五兵团司令官李文,自己抢先逃出了已被围困的成都。12月27日成都解放。胡宗南在蒋介石严辞督责下于28日飞返国民党残部集结地西昌,部署西昌守备战。三万五千余名残军孤立无援,无法久守,人民解放军于1950年3月27日解放西昌。在滇南等地残余的国民党军队除小股越境逃往缅甸外,皆先后被歼。

蒋介石只能负隅台湾,空喊"反共复国"了。

1949年12月10日,蒋介石在成都凤凰机场登机往台湾。

抗日战争胜利之时,蒋介石的声望如日中天。但是他陷入了极大的主观盲目性。他错误地认为自己手中握有四百几十万军队,控有全国四分之三的地域和所有经济比较发达的大中城市,又有世界第一强国美国的巨大援助,便全然不顾全国人民和平建设的强烈愿望以及中共愿意建立联合政府的诚意,悍然发动了全面内战。他完全没有想到国民党军队已经日趋腐败以至不堪一击,也想不到国民党的专制独裁和一系列政策措施如此不得人心,而共产党居然能如此赢得民心,"土八路"居然有如此之大的力量。他对国民党内的众叛亲离视若无睹,也对庞大的中间势力逐渐倒向中共失去警觉。结果他成了一个孤家寡人,连美国人也对他失去了信心。他机关算尽,然而不能挽狂澜于既倒,一意孤行发动的全面内战不到四个年头就彻底失败,并且丧失了国民党对大陆的统治。可以说他在中外历史上创造了一个大失败、大崩溃的"奇迹"。

中华民国的缔造者孙中山说得好:世界潮流浩浩荡荡,顺之者昌逆之者亡。以孙中山学生自居的蒋介石,恰恰是犯了这个大忌,逆历史潮流而动,葬送了中华民国,成了孙中山伟大事业的最大罪人。历史是无情的,也是公正的。它昭示人们:得人心者得天下,失人心者失天下。若是不以人民的意志为重,违背历史前进的潮流而一意孤行,任何人都逃脱不了失败的下场。

第二十一章　退据台湾　重建极权统治

一、险遭美国遗弃

在人民解放军的隆隆炮声中,1949 年 12 月 10 日蒋介石偕蒋经国等人从成都起飞,最终撤离大陆,越海退踞台湾。他悲叹:"从前种种譬如昨日死,此后种种譬如今日生。过去一年间,党务、政治、经济、军事、外交、教育,已彻底失败而绝望矣。"①

蒋介石退守台湾,是未雨绸缪,先有准备的。还在 1948 年底他于南京谋议下野之时,就任命了他最可信赖的陈诚为台湾省主席,继而又派陈兼任台湾省警备总司令,总揽台湾全省的军政大权。陈诚不负蒋介石之所望。1949 年 2 月,美国驻华使馆参赞莫成德(Livington T. Merchant)曾从南京飞至台北,游说陈诚与蒋介石分手,台湾与大陆断绝往来,美国每年可拨给"经援"二千五百万美元。这是美国企图要陈诚背叛蒋介石,进而将我国的台湾与大陆分割开来。陈诚不为所动。他秉承蒋介石的托付,苦心孤诣地

---

① 《蒋介石日记》(手稿本),1949 年 12 月 25 日。

"复职"后的蒋介石

1951年蒋介石巡视岛内国民党军队

蒋介石到台湾后，谋划大规模的夺权运动

加紧对台湾的控制和治理。随着大陆战局的节节溃败,蒋介石只得把台湾作为自己最后退守之地。在南京、上海败退不久,他就"草拟防守以及治理台湾的计划"①。1949 年 6 月在台北草山②设立了"总裁办公室"。此后他虽然赶到广州、重庆、成都坐镇,不断下令要坚守阵地,实际上已作了最后退守孤岛的准备。

台湾是我国最大的海岛,包括台湾岛、澎湖列岛、钓鱼岛、赤尾屿等岛屿,距大陆东南一百五十海里,面积约三万六千平方公里。岛内山脉起伏,可耕地约占三分之一。居民以汉族为主,占 97％,其他为高山族等。台湾自古以来是中国的领土,甲午战争后 1895 年签订《马关条约》被日本侵占,殖民统治了整整半个世纪。1945 年光复后,由于战争的创伤,又缺乏有力措施加以经营,工业生产至 1948 年只达到 1941 年的 59％;农业生产也没有完全恢复,稻米 1949 年产十二亿一千万公斤,虽比 1945 年的六亿四千万公斤提高了很多,但还未达到 1938 年的十三亿八千万公斤最高记录③。而台湾人口急剧增加:1946 年统计为六百二十四万,1949 年增加到七百五十三万八千人。从大陆败退去的国民党军政人员超过百万,对台湾来说是个极为沉重的负担。一时物资匮乏,日用消费品奇缺,通货膨胀,人心惶乱,到处是一片郁悒侘傺的沮丧景象。蒋介石终日愁眉不展,徘徊于日月潭边谋划对策。

更使蒋介石忐忑不安的是:不知美国对自己、对台湾究竟是什么政策?自从蒋介石 1949 年 1 月下野以来,美国对他一直是弃置不理;对于台湾地区的政策,也久久没有明确表示。美国 8 月 5 日公布的《美国与中国的关系》白皮书,更是向全世界公开指责蒋介石"不能应变,其军队丧失斗志,其政府不为人民所支持"④,充满了对蒋介石的怨责和绝望。蒋介石在第二天的日记中写道:"美国'白皮书'可痛可叹,对美国国务院此种措置,不仅为其美国痛惜,不能不认其主持者缺乏远虑,自断其臂而已。甚叹我国处境,一

---

①　蒋经国:《危急存亡之秋》,《蒋经国自述》第 198 页。

②　为避"落草为寇"之忌,蒋介石后将草山改名为阳明山,以表示自己对明儒王阳明之敬重之意。

③　秦孝仪主编:《中华民国经济发展史》第 1182 页,台湾近代中国出版社 1983 年版。

④　艾奇逊为公布白皮书致杜鲁门的信(1949 年 7 月 31 日),《中美关系资料汇编》第 1 辑第 38 页。

面受俄国之侵略，一面美国对我又如此轻率，若不求自强，何以为人？何以立国？而今实为中国最大之国耻。"①

美国国务院公布"白皮书"，只不过是为美国准备弃蒋制造舆论。10 月 1 日中华人民共和国宣告正式成立后，美国国务院国务卿艾奇逊召集中国问题专家二十多人举行圆桌会议，其中包括马歇尔、曾任蒋介石顾问的拉铁摩尔（Owen Lattimore）和著名学者、有"中国通"之称的费正清（John King Fair bank）等人，商讨对华政策。与会者普遍认为：蒋介石将被永远赶出中国大陆，中国共产党的军队不久将攻占台湾，美国与国民党蒋介石政府之间的关系势将从此结束。许多人主张有条件地承认新中国，认为中国革命是民族主义运动，不是莫斯科策动的，不要因为拒绝承认而造成北京完全倒向莫斯科。会议讨论结果形成了一个文件：《供总统审查的远东与亚洲政策提纲》，提供杜鲁门决策时参考。只是美国国务院负责官员认为"事情并没有那么紧迫"②而搁置了下来。但美国对台湾仍持严峻态度。蒋介石先已请自己的夫人宋美龄去美国游说尚未归来，11 月又派"参谋次长"郑介民去华盛顿，但司徒雷登告诉郑，美国政府已经对蒋介石和他的政府失去了信心，不要指望再从美国获得进一步的援助。12 月 23 日美国国务院给远东外交领事人员和新闻官员发出的秘密备忘录中估计："台湾的失陷已在广泛预期中，在国民政府统治下，台湾民政和军事情势趋于恶化的事实，益增强了这种预期。"美国国务院还强调："台湾在政治上、地理上和战略上，仍是中国的一部分，在任何方面都不特别卓越或重要。"③美国已经下决心要放弃台湾和蒋介石。这当然是蒋介石不愿承认和接受的。12 月 27 日他在接见美国合众社记者时的谈话中，特别呼吁"民主国家"要"更进一步的谅解"，不能"各自为谋划"而"放弃"对他的援助④。

不过，在美国也有一批人想继续支持蒋介石和国民党。12 月 29 日，在

---

① 转引自蒋经国：《危急存亡之秋》，《蒋经国自述》第 209 页。

② 《对华政策圆桌会议记录》（1949 年 10 月 6 日），原件藏美国哈佛大学图书馆，缩微胶卷 B—23。

③ 《美国对外关系文件》1949 年第 8 卷（远东、中国）。

④ 台湾《中央日报》1950 年 1 月 5 日。

华盛顿,美国参谋长联席会议与国务院直接对话,辩论对华政策。参谋长联席会议方面认为,从军事角度看,国民党在台湾的地位比过去稳固,因此只需要相对低廉的费用,台湾便可支撑得比美国预想的要久。美国应该按其需要增加给台湾的军事援助,并派遣军事顾问驻台。但是国务院方面认为,必须承认共产党人事实上已经控制了中国,如果此时增加了对国民党的军事援助,无非使台湾推迟一年陷落,但为此付出的代价则是美国的威信在公开失败中再次降低,同时还会激起中国人民的仇恨情绪,并使苏联有借口在联合国控告美国。美国总统杜鲁门否定了参谋长联席会议的意见,于1950年1月5日发表声明说,台湾按照《开罗宣言》和《波茨坦公告》,早已于日本投降后归还中国,"现在美国亦无意在台湾获取特别权利或建立军事基地。美国亦不拟使用武装部队干预其现在的局势。美国政府不拟遵循任何足以把美国卷入中国内争中的途径"①。这是美国政府对蒋介石和台湾政策的正式声明,是犹豫、观望了一年后的明确表态。美国同时宣布,从台湾撤走侨民,只在台湾留驻一名领事级代表。蒋介石慨叹此举"又予我以重大之打击"②。美国国务卿艾奇逊于1月12日还宣称,美国的太平洋防线是:北起阿留申群岛,中经日本琉球,南止菲律宾;至于其他地区如台湾与南朝鲜等,则没有人能保证其不受攻击。

事实表明,美国政府已经要抛弃蒋介石了,这使蒋几乎陷于绝望之中。在美国逗留了一年之余,备受冷漠的宋美龄,也无可奈何地于1950年1月13日黯然回到台湾。

但是为保护其在远东的重大权益,美国政府并不甘心其对华政策的失败。美国政府中的一些上层决策人士,一直认为台湾是一艘不沉的航空母舰,从全球战略来说,是美国西太平洋的屏障,一旦失去台湾,菲律宾、日本就会受到威胁。他们竭力扶持李宗仁,对在美求医的李多方关照,杜鲁门还公开邀请李宗仁"总统"至白宫会晤,并在密室倾谈良久③,享受厚遇。美国

---

① 《美国对外关系文件》1950年第6卷(东亚和太平洋);《新华月报》第1卷第4期(1950年2月号)第959页。

② 《蒋介石日记》(手稿本),1950年1月6日。

③ 《李宗仁回忆录》第1036页。

政府这时对新中国与苏联之间的关系异常敏感。1950 年 1 月中、苏两国首脑毛泽东、周恩来和斯大林在莫斯科举行会谈，美国参谋长联席会议主席布莱德雷（Omar Nelson Bradley）即偕同陆军参谋长、空军参谋长访问远东，与盟国驻日占领军总司令麦克阿瑟（Douglas MacArthur）商谈如何在亚洲"遏制共产主义的威胁"，如何防止台湾落入"不友好者"之手。在《中苏友好同盟条约》签订的 2 月 14 日当天，美国政府宣布扩大麦克阿瑟的职权，必要时可以指挥第七舰队在西太平洋地区活动。蒋介石颇感意外，臆测这是斯大林或许"乐于让我活下来，作为牵制毛泽东的力量"[1]。

　　蒋介石在阴霾的寒冬获得了一丝暖意，决心重振旗鼓，在这个"没有地方可以再退"[2]的孤岛，作一次最后挣扎。

二、"复职"继任"总统"

　　经过在日月潭涵碧楼隐居多日的昼夜筹思，并与陈诚、陈立夫、阎锡山等人的反复商讨，蒋介石深感这一年退居幕后指挥，处于若即若离状态，费尽心机且无济于世事。他决心走到前台重掌大权。在他的授意下，一些退到台湾的"国大代表"先于 1949 年 12 月 25 日举行年会，声言国危至此，"中枢"不可一日无主，请"总统"早日复职视事。但是李宗仁这位"代总统"是去美国治病，并未辞职、退职，蒋介石何来"复职"之理？于是，1950 年 1 月 13 日国民党非常委员会向李宗仁发出通电，令其迅速返台。一个星期后，"国民政府监察院"也发电催李返台。然而李宗仁于 1 月 29 日复电"监察院"称，病体尚需休养，未能即返。五天后李又电谓：为接洽美援，暂时不能返台。李宗仁说："我因和蒋先生共事数十年，对蒋先生的手法领教太多，所以他一举一动的用意何在，我均洞若观火。"[3]"在这种局面下，我如贸然回台湾，则无异自投罗网，任其摆布。蒋的第一着必然是迫我'劝进'，等他'复正大位'后，我将来的命运如何，就很难预料了。以蒋先生过去对我衔恨之深，

----

① 《蒋介石日记》（手稿本），1950 年 2 月 16 日。
② 蒋介石：《军人魂》（1950 年 4 月 16 日），《先总统蒋公全集》第 1983 页。
③ 《李宗仁回忆录》第 1033 页。

时任美国国防部长的约翰逊,是美国政府内坚定的"援台派",他来
台湾活动,自然受到蒋介石的热烈款待。

我一旦失去自由,恐欲求为张汉卿(学良——引注)第二也不可得了。"①

　　蒋介石当然知道李宗仁是故意从中作梗,他于2月4日召集蒋经国等
人对"广西子(指李宗仁——引注)无耻丑行及其动态之检讨,不禁为之发指
眦裂",当即决定"作复位之准备,以非此不能救国也"②。此后他终日考虑
"复职"的事,说"此次复出主政,对于军政、经济、政策、人事、组织以及本党
改选方案,皆未确定,恐难免过去功亏一篑之覆辙,或不如过去之尚有所成

　　① 《李宗仁回忆录》第1029页。
　　② 《蒋介石日记》(手稿本),1950年2月5日。

也。故于此十日之内必须积极准备,对于下列各项必须切实研究,有所决定也:一、政府组织方式,总结我军政府之精神出之;二、干部会议纲领与人选;三、总体战实施程序与经济政策之决定;四、研究设计、监察制度与组织之实施;五、党的改造方针之决定;六、台湾党政方针与人选之决定"①。在他的授意下,国民党中央非常委员会于 1950 年 2 月 14 日向李宗仁发去了一份措词严厉的电报,促其限日回到台湾,否则就是自动放弃"代总统"职权。李宗仁 18 日复电以"维护宪法,至为重要"之辞答之,予以贬责②。但蒋介石及其追随者全然不顾自己制定的"宪法",国民党中央常务委员会匆匆于 23 日决议"请总统复行视事,继续行使总统职权,以挽此危急震撼之局"③。一些撤退去台湾的"监察委员"、"国大代表"、"立法委员"也联名请他"复职"。

有了这样一番劝进,蒋介石便以"进退出处一惟国民之公意"为辞重新登场,在台北颁发"复职文告",称:"中正许身革命四十余年,生死荣辱早已置之度外,进退出处一惟国民公意是从,当此危急存亡之日,受全体军民同胞责望之切,已无推诿之可能,爰于 3 月 1 日复行视事,期共奋勉,以光复大陆,重建三民主义新中国。"对于在大陆的彻底失败,他沉痛表示"领导无方,弥用自责。惟有鞠躬尽瘁,补过去之缺失,策未来之成效"④。

令蒋介石恼火的是,3 月 2 日,美国总统杜鲁门在白宫举行宴会招待李宗仁,还在当日上午的记者招待会上明白表示,是以中国的代总统身份接待李的。而杜鲁门在宴会上直称李为"总统"。只是后来美国白宫新闻发言人发布声明说,国务院收到了蒋介石复职的正式通知,美国承认蒋是"中国政府"的首脑。又说,杜鲁门无意决定"谁是中国总统这一重要的外交问题"⑤。这才使蒋介石摆脱了尴尬的困境。

蒋介石复行"总统"职权后,沿用"中华民国"的称号,重组"国民政府",

① 《蒋介石日记》(手稿本),1950 年 2 月 13 日,美国斯坦福大学胡佛研究所藏。
② 按照 1947 年 12 月"国民大会"通过的《中华民国宪法》规定,总统缺位时,由副总统继任,正副总统均缺位时由行政院长代行职权,并由立法院长于三个月内召集国民大会补选总统。其他做法则是违背"宪法"的。
③ 《中华民国重要史料初编——对日抗战时期》第 7 编(2)第 966 页。
④ 蒋介石:《复行视事文告》(1950 年 3 月 1 日),《先总统蒋公全集》第 3326 页。
⑤ 《顾维钧回忆录》第 7 册第 612 页。

蒋介石不甘于幕后操纵,扬言要"光复大陆",于1950年
3月1日在台湾"复职""总统"。

立即任命陈诚为"行政院长"。为这个"行政院长"人选,蒋介石颇费周折。
从大陆撤退到台湾来,挂名"行政院长"的一直是阎锡山。阎当然不是蒋心
目中的人选,阎也心知肚明,但他是李宗仁代总统时任命的,此时竟仍要
向李辞职。蒋十分恼火,认为阎"此为大错,应力加阻止! 未知其用意究竟
何在?"①便多方劝诫阎"应循正大途径,不可拖延误国"②。于是在蒋3月1
日"复职"后,阎即提出辞呈。但"立法院"一些人将国民党在大陆之最后失
败归罪于阎,加以猛烈抨击,使阎再也无法与闻政事,只挂个"战略顾问"虚
名息影林泉。

---

① 《蒋介石日记》(手稿本),1950年2月11日"上星期反省录"。
② 《蒋介石日记》(手稿本),1950年2月10日。

蒋介石心目中的"行政院长"当然是为自己信任和倚重的陈诚。几十年来陈诚对自己的忠诚自不待言,如今自己能够最后撤到台湾立足,也不能不有谢于陈诚抵制了美国的离间和笼络。虽然他对陈诚近来的傲慢,甚至当众顶撞自己,也甚为不满①;为美国看好、原拟以"行政院"副院长兼台湾省主席之重任委之的吴国桢又以辞职相抵;陈立夫、王世杰等政坛老将又不允就,蒋介石权衡再三,最后还是将"阁揆"这顶桂冠给了陈诚。同时确定了他"煞费苦心"而"自觉较合理想"的"行政院"内阁名单,让张厉生任副院长,严家淦任"财政部"部长。蒋拒绝将吴国桢任"台湾省主席"并兼任"财政部长"的要求——美国方面"心滋不快"是意料中事,但他仍"不管美国之态度如何也"②。

终究要顾忌到美国的态度,蒋介石还是保留毕业于美国普林斯顿大学、有"民主先生"之称的吴国桢为"政务委员"兼"台湾省主席";以曾留学美国西点军校的孙立人为"陆军总司令";蒋经国则安排为"国防部总政治部"主任。可以看出,蒋介石费很大力气挑选了一批既忠于自己又能取得美国方面好感的人来组成新班底,以期借此争取美国的支持和援助。

三、重建极权统治

蒋介石重新出台后,自认为"信誉不仅无所损,而且中外观感大转,全国民心之归向至月杪益显","一年余来无政府无责任之状态至此可告一结束矣"③。他在这前后发表了一连串讲话来回顾和总结国民党在大陆失败的经验教训,在日记中多有反省的记载。他痛心疾首地说:"我自去年1月下野以后,到年底止,为时不满一年,大陆各省已经全部沦陷,今天我们实已到了亡国的境地了!""所以我今天特别提醒大家,我们的中华民国到去年年

---

① 《蒋介石日记》(手稿本)1950年1月12日记载了蒋介石对陈诚在革命实践研究院研讨政工制度时最后发言时"面腔怨厌之心理爆发无遗,几视余之所为与言行皆为迂谈",云"其心理全系病态"。

② 《蒋介石日记》(手稿本),1950年3月11日。

③ 《蒋介石日记》(手稿本),1950年3月31日"上月反省录"。

终,就随大陆沦陷,而几乎已等于灭亡了! 我们今天都已成了亡国之民,而还不自觉,岂不可痛?"①

　　还在 1949 年 3 月蒋介石困居奉化之时,他表示要彻底检讨国民党失败的原因。他随后拟定的"反省"条目有十三条之多,一一加以检讨。他把外交上的失败,归之为"最大之近因"。他省悟到世界上只有强权,而无信义,认为苏联外交反复无常,毒辣残忍;美国有头无尾,轻诺寡信;英国阴险狡诈,唯利是图。自己不加区别,均以"信义"对之,焉能不败②。他认为苏联和美国均是一丘之貉,如果仅据文字、语言及表面现象,即将某国视为诚意可信的友邦,将是"傻中之傻"③。他对马歇尔的调停恨之入骨,说他是灭亡中国的"祸首"。

　　当然,对于蒋介石来说,最可痛的莫过于"军事的崩溃"。他在多次讲话中分析"军事的崩溃"之种种原因。他说:"其根本原因,就是我们一般革命军人主义不明,心志不坚"。"主义不明,则敌忾之心无由而生;心志不坚,则同仇之义亦无由而兴。"④他认为:"过去北洋军阀被打败,是他们本身腐朽",但后来"所有北洋军阀的毛病,我们的军队都已习染,不论在精神上,在行动上,都渐次趋于腐化堕落","几乎与北洋的军队如出一辙"⑤。"自从抗战末期到现在,我们国民革命军内部表现的贪污、腐败的内容和实情,真是光怪陆离,简直令人不能想象。"⑥他严厉指责"许多高级指挥官每到作战的时候,不是在陆上准备了车辆,就是在水上准备了船舶,一到紧要关头,就不管他的部下生死,而先自上车或者登船逃命。这样没有人格的官长,可以说是寡廉鲜耻,怎能再取得部下的信仰呢? 而且一般高级将领,在生活上骄奢

---

① 蒋介石:《复职的使命与目的》(1950 年 1 月 13 日),《先总统蒋公全集》第 1956、1957 页。
② 《蒋介石日记》(手稿本),1949 年 8 月 17 日。
③ 《蒋介石日记》(手稿本),1951 年 10 月 14 日。
④ 蒋介石:《军人魂》(1950 年 4 月 16 日),《先总统蒋公全集》第 1984 页。
⑤ 蒋介石:《国民革命军"第三任务"之说明》(1950 年 3 月 19 日),《先总统蒋公全集》第 1962 页。
⑥ 蒋介石:《军事改革之基本精神与要点》(1949 年 10 月 20 日),《先总统蒋公全集》第 1929 页。

淫逸,尽情享受,何尝还有一点同甘苦、共患难的意思?"①

"复职"后的蒋介石。

　　"军事的崩溃"必然导致国民党大陆统治的最终垮台。只不过蒋介石把这种垮台归结为"第一个因素,就是党内有若干不肖之徒,自认为本党已经失败","变党卖节,甚至趁火打劫,弄得廉耻道丧,丑态百出,以致民心涣散,士气坠丧,形成分崩离析的局势。还有一些意志不坚定的动摇分子,精神受了威胁"。他还多方面列举了国民党组织瓦解、纪纲废弛,军队政治思想工作薄弱,对民众和青年的宣传教育废弃等等弊端。他甚至说,"在当时如果我不下野,当然我仍在南京,我认为只要有海空军完整无缺,那南京是可以守的。"②

　　蒋介石列举了种种失败原因,诸如经济金融政策方面等等,还检讨自己骄矜、愤懑、自恃,不能淡静虚心,但他没有——也不可能正视自己独裁专制、倒行逆施、发动内战这个根本原因,反而说选择宪政民主方式是动摇了

---

　　① 蒋介石:《陆军军官学校四十三周年校庆训词》(1967年6月16日),《先总统蒋公思想言论总集》第23卷第42页。

　　② 蒋介石:《复职的使命与目的》(1950年3月13日),《先总统蒋公全集》第1956、1957页。

"剿匪之基本","危害了国家"①。这正是他成为一个历史悲剧人物的症结所在。

不过总结这些失败的经验教训,蒋介石复职重当"总统"后,可以理由十足地采取一系列"整顿"、"改造"举措,重新独揽台湾的党政军大权。他仍然希望重新统治全中国,一再表示要以台湾为反攻大陆的基地,一年准备,二年进攻,三年扫荡,五年成功,企求以此收揽人心,稳住阵脚。

1950 年 4 月 16 日,人民解放军跨越琼州海峡登上海南岛,歼击和驱逐了盘踞在岛上的国民党军队三万余人,5 月 1 日全部解放该岛。接着,被蒋介石视若护卫台湾屏障的舟山群岛、万山群岛、东山岛等亦相继解放。台湾已危如累卵,人们预测,不等 9 月台风来到台湾海峡,人民解放军即将跨海而至。

蒋介石颓丧至极。他悲哀地叹息:"今天退缩到台湾和东南的几个孤岛上来,真已到了最后的生死关头,没有地方可以再退了",如今"就是最后的生死关头,如果不幸而失败,我们就要在此尽职殉国"②。他大讲曾国藩如何困守祁门悬剑帐前的故事,要求部属跟着他"死中求生"③。国民党中央党部举行了"宣誓效死,确保台湾"的仪式。蒋经国的"总政治部"更是发动部队"歃血联盟",誓死"效忠领袖",想以此鼓舞士气。

四、朝鲜战争给了苟延生机

恰在此时,蒋介石梦寐以求且意想不到的事情突然发生了:6 月 25 日朝鲜战争爆发。

朝鲜半岛自从第二次世界大战结束以后不久就分割为二:北半部成立以金日成为领袖的朝鲜民主主义人民共和国,得到苏联的完全支持;南半部在美国扶植下成立了以李承晚为首的大韩民国政府。美国称霸世界,与苏联抗衡的全球战略,立足亚洲是生命攸关的。它既已在中国失败,又担心

---

① 《蒋介石日记》(手稿本),1949 年 11 月 16 日。
② 蒋介石:《军人魂》(1950 年 4 月 16 日),《先总统蒋公全集》第 1983 页。
③ 蒋介石:《军人魂》(1950 年 4 月 16 日),《先总统蒋公全集》第 1984 页。

"共产主义势力"完全掌控朝鲜半岛,进而占领台湾;因而朝鲜战争爆发后,美国总统杜鲁门即于 6 月 27 日发表声明称:"对韩国的攻击,显然表示共产主义已不复沿用颠覆手段,以征服独立国家,而进一步使用武装侵略及战争,来达到其目的。在此情形下,共党军队占领台湾,势将直接威胁太平洋区域安全,并威胁在该地区履行合法而必要活动之美国部队。因此,本人已命令美国第七舰队,防止对台湾之任何攻击"。声明还说:"要决定台湾未来的地位,必须等待太平洋地区恢复安全后,与日本和平解决,或由联合国考虑。"①接着,美国第七舰队的六艘驱逐舰、两艘巡洋舰和一艘运输舰进入台湾海峡巡弋。美国政府断然改变对蒋介石"放弃"以及对台湾的"观望"政策,以武力支持蒋介石统治台湾,抵制人民解放军渡海解放台湾,同时制造台湾"地位未定"论,公开干涉中国内政,成为后来企图把台湾和大陆分割为两个中国的滥觞。

朝鲜战争的爆发和杜鲁门的声明,使蒋介石和台湾当局一时欣喜若狂。他额手称庆,似乎已经看到了盼望已久的第三次世界大战的硝烟。他不只得到了喘息定神的机会,还浮想联翩,冀图借助美国的军力,把台湾的军队经朝鲜半岛渡过鸭绿江进入东北而重返大陆。这从当时任台湾驻汉城的"大使"邵毓麟的分析,可以看出蒋介石和台湾当局的心态:"韩战对于台湾,更是只有百利而无一弊。我们面临的中共军事威胁,以及友邦美国遗弃我国,与承认匪伪的外交危机,已因韩战爆发而局势大变,霍出一线转机。中韩休戚与共,今后韩战发展如果有利南韩,也必有利我国,如果韩战演成美俄世界大战,不仅南北韩必然统一,我们还可能会由鸭绿江而东北而重返中国大陆。如果韩战进展不幸而不利于南韩,也势必因此而提高美国及自由国家的警觉,加紧援韩,决不致任令国际共党渡海进攻台湾了。"②

但是欣喜之余,蒋介石也不是没有一点悲凉。诚如台湾史学家梁敬锌所云,美国这一政策,"严重地损害了中华民国的国际地位……台湾好像便成无主的地方。甲国可以主张将其作为韩战协调的礼物(如英国、印度),乙

① 《美国对外关系文件》1950 年第 6 卷(东亚与太平洋)第 202—203 页。
② 邵毓麟:《汉城撤退前的漫长两昼夜——使韩回忆录之 16》,台北《传记文学》第 32 卷第 6 期(1978 年 6 月)第 103 页。

国也可以主张将其作为联合国小组委员会（苏俄在内）调查处理的对象（如七国提案），丙国还可以主张将其作为他日远东和平的讲价商品（如美国）"。梁敬錞感叹："中华民国是台湾的主人，在联合国中还是安理会五强之一，而对于摆布台湾的方案，竟至抗辩无声，求援无助，投票孤立，陷于'人为刀俎，我为鱼肉'的境地。"①事实上，蒋介石也不甘于完全听凭美国摆布，不愿公开在世人面前就此丧失国家主权和个人人格。他在 6 月 27 日晚接见美国驻台"代办"时，详细询问了杜鲁门声明的含意。他连夜与"外交部长"叶公超等人商讨，次日由叶发表声明说："台湾作为中国领土之一部分已为一切有关国家所公认，美国政府在上面备忘录中所提之建议，应不改变台湾依照开罗宣言的地位，亦不影响中国对台湾之主权。"②声明特地说明台湾当局接受美国政府派遣第七舰队进驻台湾海峡的建议，是基于以下认识和了解：一、并不影响台湾当局对台湾的主权或开罗会议关于台湾地位的决定；二、能使"国际共产党"的侵略或威胁在短期内归于消除，否则"中国及其友邦仍有采取其他步骤抵抗此种侵略或威胁的责任"；三、不影响台湾当局反抗"国际共产党"侵略和维护中国领土完整的立场③。这三个保留条件，为蒋介石日后宣称"反攻大陆"留有了余地，同时也明确表示台湾已归还中国的立场，抵制了台湾"地位未定"论。

蒋介石企图借助美国扩大朝鲜战争"反攻大陆"，于 6 月 29 日派遣驻华盛顿"大使"顾维钧向美国政府表示：要求派遣三个精锐师三万三千人，参加美国组成的干涉军——"联合国部队"。蒋把"援韩部队之编成与出发及今后补充"④列为他 7 月份要做的重要工作之一。"联合国军"总司令麦克阿瑟于 7 月底去台湾会见蒋介石，商讨从台湾抽调军队参与朝鲜战争的事宜。蒋介石表示台湾可以出兵五十万，麦克阿瑟说完全支持，表示美国可以派军事代表团来台湾帮助训练和装备。麦克阿瑟还主张轰炸中国东北，帮助蒋

---

①　梁敬錞：《韩战期间之中美关系》（1980 年 9 月），《中美关系论文集》第 200—201 页，台湾联经出版公司 1982 年版。

②　台湾《中央日报》1950 年 6 月 29 日。

③　美国驻台"代办"致国务卿电，《美国对外关系文件》1950 年第 6 卷（东亚和太平洋）第 226 页。所云"国际共产党"是指苏联和中华人民共和国等社会主义国家。

④　《蒋介石日记》（手稿本），1950 年 6 月 30 日"下月大事预定表"。

朝鲜战争中担任"联合国军"总司令的麦克阿瑟(前右)来台湾
活动,受到台湾"陆军总司令兼保安总司令"孙立人(前左)的欢迎。
蒋介石(后立者)看在眼里,心中另有盘算。

介石军队在鸭绿江边登陆。蒋对麦克阿瑟自然十分感激,称赞他"热情直
爽,令人感动,而其在韩国危急之际,仍能如期拨冗来访,是诚仗义为也,不
失为持颠扶危有道之麦帅矣"①。但是麦克阿瑟这番要把战争扩大到中华
人民共和国的表示,在美国在全世界"招来一阵狂怒"②。英国、印度等许多
国家都强烈反对台湾军队参加"联合国军"。美国政府慑于国际舆论,又担
心因此而引发与中国的直接军事冲突,反复权衡利害关系,最后改变主意,
决定不接受蒋介石的要求。8月初,杜鲁门派人去日本,向麦克阿瑟说明美
国政策。但麦克阿瑟固执己见,于次年3月公开主张"把我们的军事行动扩

---

① 《蒋介石日记》(手稿本),1950年8月5日"上星期反省录"。
② 《麦克阿瑟回忆录》第239页,上海译文出版社1984年版。

展到它①的沿海地区和内陆基地,则赤色中国就注定有立即陷于军事崩溃的危险"②。这种扩大侵略战争的叫嚣,受到各国爱好和平人士的猛烈抨击,也打乱了美国政府的部署。杜鲁门不得不于 4 月 11 日凌晨 1 时把新闻记者召至白宫,宣布解除麦克阿瑟职务,由李奇微(Matthew B. Ridgway)继任,并且把第七舰队"协防"台湾的指挥权,由驻日远东统帅部转移到檀香山的太平洋舰队总部,试图把台湾问题和朝鲜战争分开来。这样一来,也使"协防"台湾从临时便成了无限期。

其间,美国曾考虑用原子弹袭击中国大陆地区,蒋介石明白表示反对,他在 1950 年 12 月 1 日的日记中说:"杜鲁门与美国朝鲜主张对中共使用原子弹,应设法打破之。"③他考虑到使用原子弹后患,说"对反攻在国内战场,如非万不得已,亦不能使用此能。对于民心将有不利之影响,应特别注意研究"④。

蒋介石出兵朝鲜"反攻大陆"的梦想落空了,他虽然无力扭转美国政府的决策,但是朝鲜战争毕竟使美国政府改变了对蒋介石一年多来弃置不顾的政策,给予政治上军事上的支持和保护,以及大规模军事和经济援助。美国于 1950 年 7 月 28 日任命兰金(Karl Lott Rankin)为驻台"公使衔代办"。9 月 10 日,美国主管远东事务的助理国务卿腊斯克(Dean Rusk)在宣布美国政府的新远东政策中称:"我们对于台湾,除继续予以经济援助外,并将给予选择性军事援助,以加强台湾的防卫实力。"⑤次年 5 月在纽约华美协进会年会上,腊斯克说,"我们承认中国国民政府,不管它管辖下的土地是如何狭小","台湾将继续获得美国的重要援助及协助"⑥。

在美国的公开支持和大量援助下,蒋介石度过了风雨飘摇的艰危日子,得以长期盘踞在台湾。

---

① 指中国大陆。
② 《麦克阿瑟回忆录》第 297 页。
③ 《蒋介石日记》(手稿本),1950 年 12 月 1 日。
④ 《蒋介石日记》(手稿本),1954 年 10 月 20 日。
⑤ 《美国对外关系文件》1950 年第 6 卷(东亚和太平洋)。
⑥ 宋文明:《美国对华政策 1949—1960》第 115 页,台湾 1960 年版。

五、改造国民党　重建统治班底

在美国的庇护下，蒋介石得以在台湾这个孤岛上强化国民党专制独裁统治，偏安一隅。

首先，蒋介石大刀阔斧地"改造"国民党。在他看来，在大陆的失败，完全是国民党"组织瓦解，纪纲废弛，精神衰落，藩篱尽撤之所招致"①。他说要把台湾建成"反共复国的基地"，"惟一可循的途径，就是摆脱派系倾轧的漩涡，涤除人事纠纷的积习，以重新做起的决心，改造本党"②。1950年7月，他公布了酝酿已久的"中国国民党改造方案"，由陈诚、张其昀、张道藩、蒋经国等十六人组成中央改造委员会，于8月5日正式成立。蒋介石在致训词中，要求他们下定"本党改组的决心"，勇敢地担负起"改造党政、改造国家的责任"，"从头做起"③，取代由四百六十人组成的中央执行委员会、中央监察委员会和中央非常委员会以及中央常务委员会的职责，对国民党进行大规模"改造"。蒋介石说："我们痛下决心，做这一次党的改造：我们决心革新党的组织，整肃党的纪律，改变党的作风，先把本党改造为实施三民主义的一个坚强战斗体。"④

中央改造委员会秉承蒋介石旨意，通过了《本党改造纲要》，贯彻蒋介石提出的改造国民党的方针和纲领：一、排除派系观念，打倒地域关系，整肃党的纪律；二、铲除官僚，改变党的作风，革新党的组织；三、坚持反共抗俄战争，恢复我"中华民国"领土主权的完整，建设新的国家。

在"改造"中，蒋介石把一大批分属各种派系的异己力量打压了下去，进一步把权力集中在自己手中。尤其是对于过去二十余年一直控制党务的

---

① 蒋介石：《关于实施本党改造之说明》(1950年7月22日)，《先总统蒋公全集》第2040页。
② 蒋介石：《关于实施本党改造之说明》(1950年7月22日)，《先总统蒋公全集》第2041页。
③ 台湾《新生报》1950年8月6日。
④ 蒋介石：《本党现阶段政治主张》(1950年9月1日)，《先总统蒋公全集》第2053页。

蒋介石到台湾后，谋划大规模的夺权运动。

CC系，蒋介石于陈果夫重病不起之时，将陈立夫驱往美国①，把大陆失败的罪责加诸于二陈身上，使CC系顿即解体。蒋介石对于一些不能完全听命于自己的"党国元老"，或解除其兵柄，或剥夺其实权，另外起用一批忠顺于自己的新人。

为使"改造"取得成效，蒋介石下令编印四本书——《辩证法》、《中共干部教育》、《中共工作领导及党的建设》、《中共整风运动》，组织全体国民党员

---

　　① 陈果夫体弱多病，1947年第三次手术后已卧床不起，于国民党在大陆统治摇摇欲坠之1948年夏，先渡海至台湾养病，难以问政，1949年8月起更因喉结核症发音嘶哑而不能言语，延至1951年8月25日病逝。对于健在的陈立夫，蒋介石则置之不理。他于6月25日日记中写道："不欲约见立夫，警告其应自立自强与改举写性。"后来他又写道："对于立夫所领导之腐化分子、投机分子之中央党委，除了(张)道藩、(谷)正纲、(陈)建中等可以希望其能团结者勉予容纳外，其他一律摒除，解散党会，成立中央改造委员会，并将旧日各部会彻底改组，而以老者聘为评议委员以慰之"。"立夫对党失败之责任，诚不能恕，谅其蒙蔽欺诈之罪恶犹不自知乎？"(《蒋介石日记》1950年12月31日"三十九年工作反省录")。陈立夫于1950年8月去美国新泽西州以养鸡为业，直至1969年4月返回台湾定居。

学习,试图借鉴中共取胜的经验,使国民党能够起死回生。他曾将中共的优点概括为七个方面:"一、组织严密。二、纪律严厉。三、精神紧张。四、手段彻底。五、军政公开,形式:甲、检讨,乙、研究,丙、批评,丁、学习,戊、坦白,己、计察,庚、侦察。六、办事方法:甲、调查,乙、立案、丙、报告、丁、审查,戊、批准,己、执行,庚、工作检讨。七、组织内容:甲、干部领导,乙、由下而止,丙、纵横联系,丁、互相节制,戊、监察彻底(情报),己、审判间捷(迅速执行纪律),庚、主义第一(革命利益与思想错误为定罪标准)"①。他说:"决不可以此(辩证法)为共党的专有,而本党即不屑研究,此本党之所以被共党击败也。"②他还认为"干部不准有私产"是中共最重要的优点。

经过两年多时间的"改造",上上下下的国民党员都经过了"党员登记"这道手续,但大量党员都不来登记而"流失"了。据蒋介石日记之记载:"党员归队如期结束,补行登记者只一万余人,总共既有在台党员为九万余名。"③相对于大陆时期的四百零八万人,登记归队者仅占 2.4%。改造中"整肃"了一批劣迹昭彰的腐败分子和"毁纪反党"分子,改造了"只在党部不见党员"的各级组织,重建了国民党的组织系统和各级党部。在"改造"的后期,还从台湾本地人口中大量吸收新党员,以充实党的力量。据 1952 年 8 月统计,党员数达二十八万二千九百五十九人,比登记归队数多了近二十万人。

1952 年 10 月,蒋介石在台湾召开国民党第七次全国大会,宣布"改造"结束。会议期间,蒋介石曾提出要改国民党的名称,要求会议"专案讨论"。蒋经国等人经过慎重研究,觉得现在是与"共匪"斗争时期,如果轻易改名,则会被"共匪认为国民党已经被其彻底消灭",故在"共匪"未消灭以前,"不忍更改"。蒋介石觉得有理,取消了动议④。经过这次大会,蒋介石自己连任总裁,选举陈诚、蒋经国、张其昀、吴国桢、谷正纲等三十二人为中央委员,郑介民、毛人凤等十六人为候补中央委员,陈诚、蒋经国等十人为中央常委,在台湾孤岛重新建立了国民党统治集团。对于那批失去权势的"党国元

---

① 《蒋介石日记》(手稿本),1949 年 6 月 8 日。

② 《蒋介石日记》(手稿本),1951 年 2 月 1 日。

③ 《蒋介石日记》(手稿本),1951 年 1 月 31 日"本月反省录"。

④ 《蒋介石日记》(手稿本),1952 年 10 月 2 日。

法天自强箴
中和位育　乾陽坤陰
至誠無息　主宰虛靈
天地合德　日月合明
主敬立極　克念作聖
　　　　蔣中正卅十卅

事天自安箴
存心養性　窮理帥氣
盡性知命　物我一體
不憂不懼　樂道順天
無聲無臭　於穆不已
　　　　蔣中正卅十卅

養天自樂箴
澹泊沖漠　本然自得
浩浩淵淵　鳶飛魚躍
優游涵泳　活活潑潑
勿忘勿助　時時體察
　　　　蔣中正卅十卅

畏天自修箴
不睹不聞　慎獨誠意
戰戰兢兢　莫現莫顯
研幾窮理　體仁集義
自反守約　克己復禮
　　　　蔣中正卅十卅

蒋介石将1945年6月的"五箴"修改成"四箴"于1950年10月写出,说是自勉,实是要求他的部属养心养性、"自安""自修"。

老",则设立了一个"中央评议委员会"加以安排,何应钦、于右任、阎锡山、胡宗南等四十八人均被任命为中央评议委员。无疑,这次"改造"对于蒋介石完全控制国民党、稳住在台湾的阵脚是十分必要的。

六、大力改组军队加强政治工作

在"改造"国民党的同时,蒋介石还加强对军队的整顿和控制。军队历来被蒋视为维系统治的命脉,如今更是他"反共复国"全部希望所在。在大

1951年蒋介石巡视岛内国民党军队

陆兵败如山倒,尤其是许多将领反戈而去的情景,使他痛心不已,"目睹今日空军、装甲兵、陆军与海军主管,皆拥兵自私,视同私物,国既不国,军亦非军,而革命军人之人格荡然矣"①。他决定将撤逃来台的六十万残兵败将彻底整顿,成立退役官兵辅导委员会安置那些裁汰的官兵,杜绝吃空额的陋习。大力改组、简化军事指挥机构,撤销"东南军政长官公署",其业务归并

---

① 《蒋介石日记》(手稿本),1950年2月15日。

至"国防部"及其他相关单位：将"台湾防卫司令部"和"陆军训练部"归并为"陆军总司令部"，"东南区海军、空军、补给司令部"归于各该司令部，"装甲兵司令部"缩减为"装甲兵旅"。蒋介石任命孙立人为"陆军总司令兼台湾省保安总司令"，授予统率和编训陆军的大权；周至柔为"参谋总长兼空军总司令"，桂永清为"海军总司令"；同时任命俞大维为"国防部长"，一切按照他的意旨行事。

蒋介石把金门、马祖看作负隅和防卫台湾的前哨阵地，因而派驻重兵于金门、马祖。1952 年蒋介石视察金门，在太武山摩崖题了"毋忘在莒"四个字，以田单复齐①的故事，给军队打气，灌输"反攻复国"的思想，以此来激励困守孤岛的国民党官兵。

在大力改组军队中，蒋介石特别重视军队政治工作的改制与加强。他在"国防部"内专门设立"总政治部"，以蒋经国为主任。制订《国军政治工作纲领》，规定政治工作的任务是：一、主持军队政治教育思想领导，建立精神武器；二、筹划军中组织，考核官兵思想，防止逃亡反动；三、监察所属单位之人事经费，核实人员马匹；四、激发官民战斗情绪；五、推行保密防谍教育，展开官兵保卫工作。这样各部队自上而下建立起了一套严密的政工体系，大大加强了蒋介石和蒋经国对军队的管理和控制，不仅向官兵灌输忠诚于蒋介石"反共复国大业"的思想，还推动官员上下及相互之间的互相监视、互相揭发。

在军队中加强政治工作，建立政工体系，不少官兵表示不满，但不敢违抗，只是提心吊胆地谨言慎行。陈诚在蒋介石提出规定时，曾当面提出反对意见，说这是"迂谈"，会"使诸事拖延"，甚至认为今后"台湾召乱，皆由此而起"②。后来美国驻台的军事顾问团也表示反对，蒋介石非常恼怒，认为是"无理干涉"，甚至怀疑美方"必欲动摇我中央军事经济之控置权移于总司令部，以供其军援团之控置也"③。蒋坚持加强政治工作不变，后来只答允美

① 战国时，燕将乐毅于燕昭王二十八年（公元前 284 年）率军击破齐国，先后攻下七十余城，只有被称为"三里之城、七里之郭"的莒与即墨两座小城没有攻下。齐将田单固守两地，于齐襄王五年（公元前 279 年）施反间计，使新即位的燕惠王抛弃乐毅而改用骑劫为将；随后田单以莒与即墨为基地，用火牛阵击败燕军，一举收复齐国全部失地。

② 《蒋介石日记》（手稿本），1950 年 1 月 12 日。

③ 《蒋介石日记》（手稿本），1951 年"本年总反省录之略述"。

蒋介石在金门的太武山摩崖前的留影广为刊发,是不是要表
明自己"光复大陆"的决心来安定台湾的民心?

国顾问团在"总政治部"派驻顾问,可以巡视政治部的工作。

七、强化社会控制,重建特务机构

蒋介石对于大陆统治最后岁月风起云涌的青年学生运动,记忆犹新,他
检讨国民党在大陆教育工作的失败,是在于教育方针"忽视了国家观念、民

族思想和道德教育",致使学校教育中存在着"升学主义、形式主义和孤立主义三个缺点"。为此,他提出在台湾"要建立以伦理、民主、科学的三民主义教育"①,督饬教育当局"整顿教育",强化对各级学校的控制,实行"训育"和"军训"制度,严格管理学生。

为了加强对学校内外青年的严密控制,蒋介石先于 1950 年 4 月成立了"中国青年反共抗俄联合会",继于 1952 年 10 月 31 日成立起"中国青年反共救国团"。他自兼团长,由蒋经国任"主任"实际掌管。"救国团"以"具有教育性、群众性和战斗性的青年组织"为号召,在台湾各县市及大中学校层层设立总队、大队、中队、分队,并拥有以"幼狮"为招牌的通讯社、出版社、广播电台等一系列文化宣传机构。

蒋经国投入很大的精力,把"救国团"的活动搞得相当广泛和活跃。如利用暑假组织青年开展探险、航海、调查山脉森林、考察古史遗迹、采集动植物标本等多种多样的活动,以及开办夏令野营、短期训练班、农田化学肥料使用调查队、风土写作队等,广泛吸引各种青年参加,寓"反共抗俄"政治宣传和"革命教育"于这些活动之中。"救国团"还设立奖学金和助学金,并设置"忠勇"、"仁爱"等十二种奖章,来吸引学生。"救国团"组织若干青年进行军事训练,口号是"学习战斗技能,充实战斗知识,培养冒险犯难精神,养成互助合作美德,树立守法习惯,锻炼坚强体魄和勇敢意志"。从这以后,大中学校普遍实施军训,"救国团"更是把军训活动作为团务活动的重点。这点,蒋经国是吸取三青团的经验教训而加以改进的。

"救国团"的活动,受到蒋介石的夸奖,在建团三周年时赞誉"救国团"在"学习风气的培养,民族精神的发扬,社会秩序的维护,乡村服务的扩大,以及学校军训和暑期战斗训练的展开,海外青年联系工作的推动……都向前跃进了一大步"②。

蒋介石还在台湾建立"中华妇女反共抗俄联合会",以宋美龄为主任委员。他希望"妇联会"能使台湾的妇女做到三点:第一,助导自己的丈夫、兄

---

① 蒋介石:《救国教育》,《中华民国七十年之教育》第 67 页,台湾广文书局 1981 年版。

② 蒋介石:《中国青年反共救国团三周年纪念训词》(1955 年 10 月 31 日),《先总统蒋公全集》第 3405 页。

弟和子女为"反共抗俄"贡献出自己一切的力量;第二,提高警惕,检举"匪谍";第三,节约消费、努力增产。"妇联会"在宋美龄的主持下,也开展了一些活动,尤其是在上层妇女中颇有一些影响,但比起蒋经国的"救国团"来要逊色得多。

在蒋介石看来,特务是维系专制统治须臾不可或缺的,他迅速在台湾重新建立特务机构。原来在大陆的两大特务系统"中统"、"军统",已随着在大陆统治的崩溃而覆灭了。1949年7月蒋先在高雄秘密建立"政治行动委员会"进行"情报工作"。1950年建立"总统府机要室资料组",由蒋经国负责。这个名称不显的"资料组",并不只是收集整理一些情报资料,而是管辖和指挥"台湾情报工作委员会"、"法务部调查局"、"国防部保密局"、"军事情报局"以及中央党部和"社会部"、"海外部"、"青年反共救国团"等部门、团体中的一切特务机构,特工人员逐渐增至五万以上①。在一个七百万人口的孤岛,特务竟达五万人,其比例之高是十分惊人的。他们有"戡乱"、"战时动员"、"戒严"的尚方宝剑,在台湾各地任意以"匪谍"等罪名抓人杀人,重复在大陆统治时期的一套恐怖手段。

特务活动的重点目标,当然是共产党在台湾的秘密组织和共产党员的一切行踪,统冠之为"匪谍"。他们于1949年10月底破获了中共高雄工委,逮捕了中共台湾工委副书记陈泽民等人。陈泽民在严刑拷打之下招供了高雄的共产党组织和党员行踪,以致先后被捕四十五人,七人被杀害;他还招出台湾工委书记蔡乾的住址。特务捕获蔡乾后,又从他口中获悉了更多情报,结果连续破获了台北市工委(被捕五十一人,被杀害十五人)、台中地区工委(被捕六十三人,被杀害七人)、台南麻豆支部(被捕三十五人,被杀害三人)、台南下营支部(被捕十四人,被杀害一人)、台南朴子小组(被捕多人,被杀害五人)、竹北区委赤柯山支部(被捕七人,被杀害一人)、台湾省工委学生工委(被捕多人,被杀害十一人)、山地工委(被捕多人,被杀害十六人)、铁路部分组织(被捕三十余人,被杀害十人)、台湾邮电总支部(被捕三十五人,被杀害二人)、台大法学院支部(被捕十五人,被杀害五人)等等中共秘密组织。

① 江南(刘宜良):《蒋经国传》第183页,美国论坛报1984年版。

中共台湾工委被破坏后,副书记李妈兜秘密重建台湾省委和所属组织,但不久又被陆续破坏,有七十多人先后被捕,十九人被杀害。陈星福("老洪")在苗栗县山区重建的省委组织亦被破坏,先后有四百多人被捕(被杀害者未有确切计数)①。

特务们抓捕了一批又一批共产党员,同时也把"匪谍"的帽子,任意加到其他人头上,加以逮捕和杀害。震撼一时的如 1950 年 3 月"国防部参谋次长"吴石,以"为中共从事间谍活动的罪行"被捕②,涉嫌的九人亦先后被捕,6 月 10 日吴石及其他五人遭枪杀。又如这年 3 月台湾糖业公司和台湾电力公司这两个台湾最大企业的总经理及一些重要职员先后被捕并遭枪杀,前者的罪名是"故意不出售公司的糖,准备让中共接收,并准备把公司所属的铁路供给登陆的共军用",令人匪夷所思;后者的罪名则是儿子在台湾大学时参加学生运动被捕过,出狱后去了大陆云云。

特务活动在 1950 年上半年最为猖獗和疯狂,大量捕获"匪谍"和涉嫌分子。据一统计资料,在短短的六个月中,特务机关处理"匪党地下活动"案达三百件,牵涉被捕者逾千人,被杀害的难有准确数字,仅 1950 年 3 月 22 日一次就枪杀了三百余人;第二天又枪杀了一批有"共产党嫌疑"的高级军官,其中包括中将六人、少将十三人③。这自然是同当时的台湾处于风雨飘摇之中,蒋介石陷于朝不保夕草木皆兵之危境分不开的。

"匪谍案"一时俯拾皆是,其中大量的是捕风捉影,指鹿为马。特务分子横行不法,无端猜疑;还有的邀功行赏;但也有些人,相互间有私仇,便诬告对方为"匪"以报之;有的头头脑脑要整肃异己,亦可轻易扣加"匪疑"之罪名,交特务机关加以逮捕。特务和政法机关则采用刑讯逼供或诱供伎俩罗织罪名,判处重刑或断然处决;有些案件最后连罪名都编造不出来,就不明不白地长期关押,或者秘密处死。其时在台湾的刘宜良说:"以'匪谍'名义,送往青岛东路军人监狱、台东绿岛,或用麻袋捆扎,未经司法程序,丢到海里

---

① 参见张玉法:《中华民国史稿》第 539—541 页,台湾联经出版事业公司 2001 年版。

② 《蒋介石日记》(手稿本)1950 年 2 月 27 日记:毛人凤报告,参谋次长吴石"通匪有据",闻之"殊为寒心,令即逮捕"。几十年后证实,吴石确为中共秘密党员。

③ 参见《台湾历史纲要》第 443 页。

喂鱼的,不计其数。"又如"台北的一位化学工程师陈天民,江苏靖江人,因为出言不慎,告诉投奔他的乡亲说:'台湾都快解放了,你们还来这里干什么?'经人检举,(被)判刑十五年。陈当然不是'匪谍',没有任何证据支持保安司令部军法处的指控,充其量,不过是对国民党的统治前途失去信心而已。"[①]但是他仍然难逃特务的魔掌。

总之,蒋介石初到台湾之际,纵容蒋经国组织指挥几万名特务大量逮捕和杀害"匪谍",制造白色恐怖,以维护专制统治,祸及平民之烈是难以数计的。据台湾历史学者估计,在 50 年代的"政治肃清的风暴"中,约有五万人被捕,被正式定罪的约一万人以上,被枪决的约四千人左右[②]。而真正具有共产党员身份的,据中共台湾工委书记蔡乾的供词,全台湾不过九百人之数[③]。

八、清除异己吴国桢、孙立人

在内外控制大体妥当后,对于不能完全屈从、听命于自己的官员,蒋介石是难以容纳的。除于 1950 年 6 月 18 日处决了劝自己"只可言和,不可言战"而谋划和平起义的陈仪"以儆效尤"外,还先后发生了吴国桢、孙立人事件。

担任"台湾省主席"的吴国桢,原是受蒋介石重用多年的政界要员,一来台湾即委以重任。这是有原因的——吴国桢少年时即聪颖过人,十四岁考入清华学校,四年后留学美国,二十三岁时即获得普林斯敦大学政治学博士学位,对于美、英西方的政治理念自然感悟甚深。1926 年回国后不过两年,即任外交部第一司副司长。他在回湖北探亲时因提出政见获得赞誉,先后被任为汉口市财政局长、湖北省财政厅长等职,1933 年起任汉口市长,年方三十。他为政思维敏捷,办事果断,作风民主,精于管理,主政汉口市多有建树。1938 年武汉失守后,吴国桢至重庆被蒋介石任命为战时首都的市长,1942 年底改任外交部政务次长,抗战胜利前夕任国民党中央宣传部长,

①　江南:《蒋经国传》第 184 页。
②　《回顾五十年代白色恐怖》,台湾《中国时报》1995 年 2 月 27 日。
③　《五十年代白色恐怖事件善后事宜处理公听会记录》,《海峡评论》第 32 期第 39 页。

1946 年起任上海市长。虽然吴对蒋介石的专制统治颇多微言,尤其是对 1948 年 8 月实行"财政经济紧急措施"大不以为然,但蒋介石还是赏识他的才干和从不拉帮结派的品格。尤其是因为吴的政治观念和民主作风深受美国朝野的赞誉[①],与美国政界人士又有着广泛联系,如今来到台湾,蒋亟需争取美国的支持和援助,所以特地派飞机把他从香港接来台湾,先拟任他为"行政院"副院长,但吴坚不受,后改任命为"台湾省主席"。

吴国桢担任"台湾省主席"后,认为国民党统治应当汲取大陆垮台的教训,改弦更张,实施近代民主政治,按法律规定办事。他对于蒋介石继续实行专制集权统治颇多杯葛,尤其对于蒋经国主管特务系统,干预地方政务,肆意捕人杀人深表反感。当特务系统经常要开销"特殊经费"时,吴国桢指令财政厅厅长任显群严格控制。结果特务无端逮捕了任显群,罪名是"担保有'匪嫌'的叔父由港入台",任终被判刑五年。吴国桢气愤至极,四处奔走营救,但毫无效果。吴不谙蒋介石的统治权术,多次向蒋介石提出取消特务政治、改革军事法庭等建议。1952 年 2 月吴曾进言蒋介石说:"如钧座厚爱经国兄,则不应使其主持特务。盖无论其是否仗势越权,必将成为人民仇恨的焦点。"[②]蒋当时低头不语。他当然不能接受这种主张,对吴干预特务统治的行为颇为恼怒。吴国桢甚至向蒋介石建议筹组反对党,实行两党政治。吴的这种政治理念更是与蒋介石格格不入。当蒋介石明确获得美国的支持和援助后,就不再像初来台湾时那样对吴尊重和依赖了。吴日益感到"道不同不相为谋",萌生了离蒋而去的打算。使吴下决心离蒋的是一起车祸引起的疑窦。

据 1954 年吴国桢在美国芝加哥对李宗仁说:1953 年(疑为 1952 年 10 月底之误)蒋介石过生日,蒋氏夫妇到台北附近某山别墅避寿。那天特约吴国桢夫妇上山吃晚饭,并留吴在山上过夜,态度殷切。第二天,吴国桢夫妇下山时,没有找到汽车司机,由蒋的官邸另派一名司机驾驶。中途因故停车时,司机发觉汽车前面两个车轮和后面一个车轮外面的螺丝都被取下了,若

---

　　① 美国国务院的"白皮书"中称吴国桢为国民党内"最好的一个官吏";美国《时代》周刊将吴国桢作为 1950 年 8 月 7 日一期的封面人物。

　　② 吴国桢:《上蒋总统书》(1952 年 6 月),见江南:《蒋经国传》第 214 页。

不是停车及早发现,到某个转弯处车轮飞脱车身,则吴氏夫妇和司机都会粉身碎骨①。吴怀疑蒋企图制造车祸杀害自己。几经考虑,吴国桢以"健康欠佳"为由,于1953年3月初提出辞职,蒋介石批示慰留,并派宋美龄去劝说。但吴抨击特务政治不止,蒋认为"国桢之骄矜失信,令人绝望","其玩弄手段至此,殊所不料"②,认为"国桢藉美声援,有恃无恐,以为非他不可,故骄矜孤僻,对余亦不在心目"③,乃于4月10日批准其辞去"台湾省主席"职。其间蒋十分注意美国方面的态度,看到"美国并未发生影响,此或国桢所不料也"④。

吴国桢害怕特务加害自己,决计离开台湾,于5月获准赴美"讲学",但其老父和上中学的儿子不能偕行。1954年1月,台湾报纸掀起一阵责吴的浪潮,说吴国桢"苟取巨额外汇"、"携资外逃",要吴从速归台湾。吴向台湾当局提出辟谣的要求,并于2月7日在美国芝加哥接受电视台记者访问时说,自己来美有"健康和政治两个原因",政治方面就是"因为我主张台湾民主化,而别人则认为反共须用共产党的手段"。他在对新闻界发表的谈话以及2月27日《上国民大会书》中,主要说了对台湾政局的三点意见:一、台湾如不实行民主政治,将无法争取美国与侨胞的支持;二、目前的台湾政府过于专权,是一党统治;三、"政治部"一套做法全然照搬苏联⑤。吴国桢发表的这三点"政见",在海外引起反响,更激怒了蒋介石。蒋斥责吴"肆意诬蔑政府不民主,而且自高其身价,口口不愿奉召回国"⑥。于是台湾的一些党政人士纷纷斥责吴"狂妄"、"反动"、"违法乱纪"、"危害国家"等等,其中尤以"立法院长"张道藩为甚。张于2月26日、3月4日、3月12日三次提出"质

---

① 李宗仁从美国写信给在香港的程思远、陈孚木、周一志,详细介绍了吴国桢的上述谈话。见周一志:《全国大陆解放后台湾国民党内派系斗争之一瞥》,《文史资料选辑》第81辑第217页。吴国桢《八十忆往》(1984年6月连载于香港《文汇报》中)中也记述了此事。

② 《蒋介石日记》(手稿本),1953年3月7日"上星期反省录"。

③ 《蒋介石日记》(手稿本),1953年4月11日"上星期反省录"。

④ 《蒋介石日记》(手稿本),1953年4月18日"上星期反省录"。按,蒋在3月底已经下定了去美的决心,在3月28日"上星期反省录"中记道:"国桢骄矜狡诈,不能合作,故省政阻滞,非决心改组不能追求进步矣。"

⑤ 《吴国桢案有关资料汇辑》,台湾《传记文学》第45卷第3期第123—125页。

⑥ 《蒋介石日记》(手稿本),1954年2月19日"上星期反省录"。

蒋介石罢黜吴国桢之举,引起美国舆论界的关注,《时代》周刊以吴为封面人物刊文评述。

询",台湾"省议会"于3月18日组织专家小组进行调查。在一片谩骂攻击声中,吴国桢在美国公开发表了一篇《上总统书》,明言蒋经国是台湾政治进步的一大障碍,应当离开台湾到美国大学或研究院来读书,在大陆未恢复以前,不必重返台湾。吴国桢还批评蒋介石"自私之心较爱国之心为重,且又固步自封,不予任何人以批评建议之机会",更是惹出了大祸。正在台北举行的"国民代表大会"一届二次会议3月17日提出"动议":撤销吴一切职务,彻查不法行为,依法纠办,并饬令吴迅即回台湾。国民党中央通过决议开除吴的党籍。蒋介石于当日即发布"总统命令",称吴"背叛国家,诬蔑政府,妄图分化国军,离间人民与政府及侨胞与祖国之关系,居心叵测,罪迹显著"①。后来蒋还要求美国"引渡"吴回台。吴国桢事件使人们看到蒋介石依然如故,仍在奉行他那独裁专制的一套。

吴国桢事件余波未尽,又发生了孙立人事件。孙立人早年在清华学校学习九年后留学美国柏杜大学,毕业后转入弗吉尼亚西点军校习军。归国后先任中央党务学校军事训练队队长、总司令部侍卫总队副总队长,继至宋子文的税务警察总团和盐务总局缉私总队任职。1942年任新三十八师师长,率部参加远征军援缅作战,曾在仁安羌解救英军,反攻缅北时又立战功,被誉为"东方的隆美尔"②,获英国皇家勋章和美国丰功勋章。抗战胜利后,孙立人任东北保安副司令长官、陆军副总司令兼训练司令。因为他与马歇尔、艾森豪威尔等美国军政要人为西点军校先后同学,1949年被重用为东南军政长官公署副长官兼台湾防卫司令,蒋介石"复职总统"后又升孙为"陆军总司令兼保安总司令",甚为倚重。

但是孙立人对黄埔系诸将领颇为傲慢,尤其是对蒋经国这位"国防部总政治部主任"在军队中建立"政工制度",加强特务统治,控制军队之举,极为反感,孙曾联合美国军事顾问团团长蔡斯(William C. Chase)进行抵制。蒋介石绝对不允许放松对军队的控制,对于孙立人与美方人士之亲近关系,从赞赏而演变为疑虑和反感。虽然杜鲁门政府给予台湾多方面的支持,但此时的蒋介石"在他人以为幸事,引以为慰,而余独以为耻辱加重,惟以淡然置之,何以为幸"③。1953年1月,蒋认为"陆军总部对我党政军联合作战训练组向蔡斯告密,此为其主官最不忠实之所为,不胜痛愤"④。蒋十分恼怒孙之"飞扬跋扈","挟外凌上"⑤,进而认为孙"勾结麦唐纳,挟外自重,图谋地位,对军中党务与防共组织泄露之于麦,以此为胁制政府之资料,殊为痛

---

① 台湾《中央日报》1954年3月18日;《传记文学》第45卷第3期第129页。

② 隆美尔(Erwin Rommel,1891—1944年),纳粹德国元帅。1938年任希特勒私人警卫队队长,1940年指挥第七坦克师进攻法国,次年指挥德意联军进攻北非,因在沙漠地区进行坦克战而被称为"沙漠的狐狸"。1944年因受暗杀希特勒案牵连而被迫自杀。

③ 《蒋介石日记》(手稿本),1951年8月10日。

④ 《蒋介石日记》(手稿本),1953年1月17日"上星期反省录"。

⑤ 《蒋介石日记》(手稿本),1953年12月13日"本年度总反省录"。

心"①。就在"查办"吴国桢之后三个月,蒋介石下令调"陆军总司令"孙立人为虚有其名的"总统府参军长",而将"总参谋长"这个原本被人们视为应为孙之要职给了黄埔系的桂永清。第二年又发生了"孙立人兵变事件",说孙的旧部属、步兵学校教官郭廷亮是"中共间谍",利用孙的关系在军中联络军官准备发动兵变云云。5 月郭被捕,6 月孙被拘管。

对孙立人的处置引起各方关注。尤其是美国方面,总统艾森豪威尔(Dwight David Eisenhower)、国务卿杜勒斯(John Foster Dulles)等人先后致电蒋介石、"外长"叶公超,要求其向美方详细说明有关情况,并希望慎重处理此案。蒋介石顾忌"美国及其反蒋派引以为独裁口实"②,广泛听取国民党军政要员的意见,自己也先后四次拟订了处置的具体办法,最后决定"不杀、不审、不问、不判、不抓、不关、不放"。但为应付舆论和美国,蒋下令陈诚等九人组成调查委员会彻查详情,对孙进行侦讯。调查委员会采用逼供、诱供所得之"证据",于 10 月 8 日提交了一个一万六千字的《报告书》,说孙"对于郭廷亮信任甚深,不仅未觉察其为匪谍,且因孙将军企图利用郭廷亮在军队中建立个人力量,乃至坠入郭廷亮匪谍活动之阴谋而不自觉"。《报告书》还说孙对于"在军中违法密结私党或秘密结社集会"、"匪谍之活动于其左右"而"未作任何适当之防范","对亲信人员不法言行之知情不报以及其平日之管束无方与训导失当","徇情包庇在逃嫌疑犯"等项,均应负其责任③。

孙立人这些似是而非的罪名,实难据以定什么罪,但蒋介石在一群黄埔系宿耆的要求下,还是发布了一道"总统令",以"准予自新,毋庸另行议处,由国防部随时考察,以观后效"④为辞,将孙立人软禁了起来。

吴国桢、孙立人两个事件反映出,蒋介石在台湾稳住阵脚之后,尤其是已不必再倚重他人来改善同美国的关系时,便加紧建立专制极权统治,扶植蒋经国控制军队和政府,而不容"近代民主"渗透。

---

① 《蒋介石日记》(手稿本),1954 年 1 月 31 日"上星期反省录"。
② 《蒋介石日记》(手稿本),1955 年 7 月 31 日"上星期反省录"。
③ 台湾《中央日报》1955 年 10 月 21 日。
④ 台湾《中央日报》1955 年 10 月 21 日。

第二十二章　坚持一个中国
图谋"反共复国"

一、"反攻大陆"念念有词

　　蒋介石一直把"反攻大陆"作为他统治台湾的政治口号,每年不知要说多少遍"反共抗俄"、"反攻大陆"、"三民主义光复中华民国",开始几年说得多的是"一年准备,二年反攻,三年扫荡,五年成功",不断下令派遣武装特务潜入大陆内地进行破坏活动,同时指挥海、空军骚扰福建、浙江、广东沿海地区和岛屿,有时还在海峡袭击渔船和外国商轮。几年过去了,这个"一二三五"已经无法再说了,于是他就改称"少则五年、多则七年"必可重返大陆。事实上他自己心里完全明白:"今后复国事业,照事实论,几乎不复可能,然而吾对革命复国之信心,毫不因此动摇。"[①]1954年蒋介石在台湾成立了一个名叫"光复大陆设计研究委员会"的机构,专事"进行光复大陆的设计研究工作",对于"光复大陆以后,在文化上、社会上、经济上、教育上可能发生各

---

① 　《蒋介石日记》(手稿本),1951 年 8 月 8 日。

退居一隅的蒋介石

1954年，蒋介石当选第二任"中华民国总统"，蒋经国随侍在旁

蒋介石至死不忘反攻大陆

1961年12月1日，蒋介石在台北观看空军演习

种问题"，"重新研拟合理的方案"①，似乎"光复大陆"必将实现似的。

"反共抗俄"、"反攻复国"可以说是蒋介石在台湾为维系专权统治的总纲领、总路线。为使上上下下能够懂得并贯彻执行这一总纲领、总路线，他先于1952年6月发表了一本题为《反共抗俄基本论》的小册子。以后又授意陶希圣执笔写了一本《苏俄在中国——中国与俄共三十年经历纪要》，发表于1956年12月，说是以蒋和夫人宋美龄的名义"献给"蒋母王采玉和宋母倪桂珍的。这部洋洋洒洒二十余万字的《苏俄在中国》，分为四编、二十一章、一百四十四节，按照蒋经国的说法是蒋介石"遭受'患难、耻辱、艰危、诬陷、渗透颠覆'的一部痛苦经验的结晶"，是一部"反共十字军的经典"②。

在《苏俄在中国》中蒋介石以他的视角叙述1924年以来，国共两党两次合作和分裂的三十年历史，把自己和国民党的一系列错误以致在大陆的彻底失败，一言蔽之是上了苏俄"和平共处"的当，是苏俄侵略中国的阴谋和策划。对当时亚非拉各国民族解放运动蓬勃发展，中华人民共和国和亚非拉各国特别是东南亚国家的关系日趋密切，和平共处五项原则深入人心的形势他惶恐不安，力图阻挡这一潮流的发展。他在《苏俄在中国》中，把苏联当年对中国的政策与中华人民共和国所创导的和平共处五项原则混为一谈，统而言之曰"阴谋"。蒋介石说这是以自己"所受的惨痛教训"，告诫世界各国不要与中华人民共和国"和平共存"③。他在书中还为"自由世界对俄共长期战争"提出了一个"总体性的基本方略"。

但是蒋介石总结的这套经验教训，并不完全是以客观的历史真实为基础，多从他个人的主观感受出发，因此与实际相去甚远。他给"自由世界"开出的药方，自然也引不起多少人的兴趣。这套"反共抗俄"理论，尽管蒋介石费尽唇舌，也只是对追随他的人的一种宣传说教。

蒋介石对于"反攻大陆"，此后虽不再提出什么年限，但仍然每年都要说几次，并逐渐改变调门，说要"三分军事，七分政治"；有时又下令"备战"动

---

① 蒋介石：《对光复大陆设计研究委员会成立致词》（1954年11月25日），《先总统蒋公全集》第2405页。

② 《蒋总统经国先生言论著述汇编》第12辑第519页。

③ 蒋介石：《苏俄在中国》（1956年12月1日），《先总统蒋公全集》第282页。

员,制造紧张气氛。其实他自己也明白,这只不过是做给世人看看而已。他明知不可为而为之,不是没有原因的,分析起来:一、可以在国际上维持自己代表中国的"大国"地位,既能不断取得美国的援助和支持,又能抵制"两个中国"、"台独"和"国际共管"、"托管"逆流的冲击;二、可以在台湾内部稳住大陆去台人员浮荡的人心;三、可以延续"法统",蒋仍以"总统"自居,维持自己的领袖名分;四、可以以"防共"、"防谍"的名义,使台湾长期处于戒严令之下,维持对台湾的极权统治;五、可借此向岛内占人口多数的台湾省籍人表明,自己将来终究要返回大陆的,你们的忍受不是无限的。总之,他需要利用"反攻大陆"这个政治口号,在错综复杂的矛盾之中摆脱困境,维系他在台湾的政治局面。

二、同美国签约"共同防御"台湾

蒋介石欲保持一个中国的立场"反攻大陆",只能指望美国改变政策,全力支持他的行动。1952 年 11 月,美国举行大选,共和党人艾森豪威尔当选为总统,杜勒斯出任国务卿。他们上台后从"遏制共产主义"的冷战战略出发,竭力推进和台湾当局的"合作"。1953 年 2 月 2 日,艾森豪威尔宣布解除台湾中立化,恢复台湾军队对大陆的"行动自由"。蒋介石兴奋异常,于 2 月 4 日发表声明:"艾森豪总统解除台湾武装部队限制之决定,无论其在政治与军事上,以及在国际道义上言,实为美国最合理而光明之举措。"①美国政府同时将兰金升格为驻台"大使",源源不断地将美援武器和装备运往台湾。8 月在台湾海峡美军同台湾的海空军举行联合大演习。9 月,美国与台湾签订"军事协调谅解协定",规定由美方负责台湾军队的整编、训练、装备和监督。

美国在远东的上述举动,引起西欧各国的强烈不安。英国首相丘吉尔、外交大臣艾登(Robert Anthony Eden)在和杜勒斯进行会谈时,反对美国恶

---

① 蒋介石:《就美国艾森豪总统解除我国国军对大陆作战限制之决定发表声明》(1953 年 2 月 4 日),《先总统蒋公全集》第 3369 页。

　　蒋介石和蒋经国参观游弋在台湾海峡的美国"勇往号"航母,是要增添几分
守护台湾的勇气么?

化国际局势。杜勒斯一再申明美国对中国并不含有任何侵略意图。经过一
番周旋,最后双方确定美国"将来具有国际影响的重大决定,如未经咨询英
国政府而径执行,将是不可能的事"①。

　　然而,蒋介石仍然力图争取美国支持他"反攻大陆"。他在接见一批又
一批抵台访问的美国军政官员时,一再表示要与美国联盟,"共同遏制共产
主义"在亚洲的发展。1953 年 10 月,蒋介石命令"外交部长"叶公超正式向
美方提出双方缔结防御条约的要求。此后蒋介石指令台湾当局利用各种机
会一再向美方提出订约的要求。美国虽已先同菲律宾签订共同防御条约,
同澳大利亚和新西兰签订安全条约,同日本签订安全保障条约,同韩国签订
协防条约,但是对于蒋介石要求美国同台湾签订防御条约的事,却迟迟不给
予答复。艾森豪威尔和杜勒斯等人虽然反共好战,但是鉴于朝鲜战争刚刚
停火,美国国内各界人民反战情绪十分强烈,西欧各盟国主张远东和平的舆
论高涨,此时不愿立即同蒋介石订约结盟,以免被拖到中国新的内战中去。

―――――――――

　　① 艾登在英国下院的演说(1953 年 2 月 6 日),见《美国的对外政策 1949—1960》第 50 页。

蒋介石希望尽早与美国订立一个条约,这对于维系他对台湾的统治当然至关重要。他向美国承诺:如能缔结共同防御条约,今后在采取任何重大军事行动之前,必先征求美国同意。他甚至私下向美方表示:"愿意放弃任何可能为美国所反对的进攻共产党的军事行动。"①这期间,蒋介石还派宋美龄亲去美国游说。

台湾毕竟是美国在亚洲实施全球战略的重要一环。在蒋介石一再要求下,双方经过一个多月的谈判,终于在 1954 年 12 月 2 日签订了《共同防御条约》,形成一种"互助同盟"关系。双方在交换函件中重申"使用武力将为共同协议之事项"②,迫使台湾当局再一次作出书面保证:如果未经美国同意,台湾当局不能使用武力。蒋介石欣喜之余又略感难堪。"外交部政务次长"沈昌焕受命为此特地作了一个表白,说"约文并无任何限制我反攻大陆之规定"③。随后美方在台湾成立"驻台美军协防司令部",以协调美国在远东的各军事单位"共同防御"台湾。

美国与台湾签订《共同防御条约》,是美国企图长期霸占台湾,公开阻挠中国人民解放台湾,干涉中国内政的具体体现,当然为中国政府和人民所强烈反对。台湾地区的局势骤然紧张,金门、厦门之间发生了激烈的炮战和空战。1954 年底、1955 年初,人民解放军陆海空军联合作战,次第渡海解放一江山岛、大陈岛等沿海岛屿,表达了中国政府和人民的严正立场和统一祖国的坚强决心。此时金门、马祖危如累卵。蒋介石甚为惊慌,要求美国履行"条约"采取行动。艾森豪威尔担心局势的发展将会失去台湾,致使"西太平洋之岛屿连锁防线"被切断,与"共产主义势力"在精神、经济、军事力量方面的均势被破坏,因而要求美国国会授予他动用美国武装部队保护台湾的权力④。美国国会于 1 月 28 日通过《台湾决议案》,决定"授权美国总统于其

---

① 《兰金回忆录》第 199 页,上海人民出版社 1975 版。

② 美国国务卿杜勒斯致台湾"外交部长"叶公超函(1954 年 12 月 2 日),见《美国的对外政策 1949—1960》第 131 页。

③ 沈昌焕在台北答记者问(1954 年 12 月 2 日),见《美国外交与对华政策》第 9 页,台湾幼狮文化公司 1979 年版。

④ 艾森豪威尔给美国国会的咨文(1955 年 1 月 24 日),《美国对外关系文件》1955—1957 年第 2 卷(中国)第 115—119 页。

认为必要时,得使用美国武装部队专事确保台湾与澎湖列岛,以防武装攻击";规定"所需其他措施,可根据总统之判断提供"①。当天,美国第七舰队及航空母舰"中途岛号"即驶入台湾海峡游弋。艾森豪威尔于3月3日宣称,美国决心协防金门、马祖,以巩固台湾、澎湖的地位。艾森豪威尔在16日的谈话中甚至扬言:一旦中国共产党在金门、马祖扩大战事,美国将动用原子武器。这使蒋介石惊恐不安的心情暂时得到宽解。他乘机增兵金门、马祖,还偕同宋美龄亲去视察。

台湾海峡紧张局势不断升级,世界各国都为之不安。美国不断接到西方盟国的警告。英国首相丘吉尔对艾森豪威尔说,美国对蒋介石"应给以保护之盾,而不给以动武之矛"。艾森豪威尔解释说:"我们得到蒋的协议,除非我们同意,蒋介石不会从福摩萨②或者从他的沿岸阵地向大陆进行任何攻击性活动。"③许多国家忧虑美国会卷入中国内战,进而演变成东西方大战而殃及自身。有的国家在联合国提出《停止在中国大陆沿海某些地区敌对行动》的提案,要求海峡两岸双方立即停火。美国对此表示了很大的兴趣,企图借机邀请北京的代表来联合国参加讨论,可以在国际上形成"两个中国"的格局,进而阻止中国人民解放台湾。这当然为中国政府所反对,同时蒋介石也不能接受。蒋不能签字"停火"而从此不能"反攻大陆",他担心那样"则必然会丧失我国官兵和海外华侨的士气与民心"④,他更不能承认"台湾地位未定"和"两个中国"的阴谋而成为历史罪人。

三、竭力稳定财政经济

蒋介石清楚地知道,要在台湾统治下去,必须稳定财政经济,最紧迫的是要控制通货膨胀。

---

① 《美国对外关系文件》1955—1957年第2卷(中国)第162—163页。
② 福摩萨(Formosa)即台湾。传说16世纪葡萄牙的水手首次看到台湾,为其美丽所震惊,便称它为"The Formosa",意即"美丽的岛"。此后西方习称台湾为Formosa。
③ 艾森豪威尔著:《白宫岁月:受命变革》第531页,三联书店1978年版。
④ 蒋介石1955年1月会见美国"大使"兰金、军事顾问团团长蔡斯的谈话。转引自《顾维钧回忆录》第十二分册,第90页。

　　台湾光复后,金融十分紊乱。1946 年 5 月发行"台币"以统一币制,但由于财政开支庞大,而且台币与大陆"法币"的联系难以完全切断,受到法币急剧贬值的冲击,发行额亦如脱缰之马。陈诚主政台湾后,在蒋介石的支持下,积极谋求稳定台币币值,采取开放公营事业、出售接管的日本资产、抛售库存黄金等办法,并于 1949 年 6 月颁布"币制改革方案",以从大陆运去的八十万两黄金作为改革币制的基金,发行"新台币"二亿元,以黄金、白银、外汇十足准备发行,规定新台币一元等于旧台币四万元,合美金零点二元;以后又增发"限外发行"、"辅币"、"省外发行"等新台币,至 1951 年底共发行五亿九千四百五十四万八千元①。由于以大量黄金作基金,发行额又有控制,通货膨胀得到一定缓解。尤其是实行高利率政策,以月息百分之七办理"优利储蓄",存款量激增;以后虽然逐渐降低利率,但因物价得到控制,储蓄很踊跃,存款额至 1953 年 7 月高达六亿三千五百万元②。市场货币流通量减少,减轻了通货对市场的压力。开始时,还曾实施过"黄金储蓄"政策,以低于市价三分之一的价位收存货币,一个月后即可领取足额黄金③。这项政策施行了一年半,回笼货币达四亿四千万元④;但因官定金价比市场价格低得太多,在兑出一百四十五万两黄金后,于 1950 年 12 月终止了这项政策。

　　在蒋介石退踞到台湾的最初几年,财政支出庞大,1950 年赤字为新台湾币二亿七千一百万元,1951 年为一亿一千四百万元。台湾当局加大新台币发行量,至 1955 年已达十三亿元。通货膨胀之势一时难以抑止,1951 年涨幅为 66％,1952 年为 23％。为谋求财政收支平衡,台湾当局竭力整顿税制,简化税目,统筹办理各种捐税,并核实税源,明确税基,严格奖惩,因此税收大幅度增长,由 1950 年的六亿八千九百十二万七千元增至 1951 年的十

　　①　张果为:《台湾经济发展》下册第 511 页,台湾正中书局 1970 年版。
　　②　张果为:《台湾经济发展》下册第 567 页。
　　③　1949 年 5 月,"台湾省政府"颁布"台湾银行黄金储蓄办法",按每市两黄金一千二百万元收存,而当时台北市价是一千七百五十万元;6 月发行"新台币"后,价格订定为二百八十元。一年后规定要搭配两年偿还的"节约救国储蓄券",搭配额按黄金的官价和市价差额而浮动;一个月后又改为搭配十五年偿还的"爱国公债"。后来不再搭配,但官价调整为每两四百一十元。
　　④　秦孝仪主编:《中华民国经济发展史》第 1188 页,台湾近代中国出版社 1983 年版。

一亿四千四百三十九万四千元①，1952 年达十九亿四千三百五十七万八千元①。同时还发行"爱国公债"，采取每六个月还本付息一次、分十五年还清的办法。而美国给予的经济援助(每年平均约一亿美元)，对减少财政赤字，控制通货膨胀，也起了相当显著的作用。当时主持财政工作的尹仲容作过这样的比喻："美援的适时到达，正如对垂危病人注射强心剂。""无美援支应，则不但若干经济建设无法进行，即台币内外值亦无法稳定。"②另一方面，台湾当局压缩日常政务支出，裁汰"行政院"所属各机构的冗员五千余人。

台湾当局在稳定财政的同时，还谋求恢复工业生产，选择那些投资少、见效快的入手。如积极修复和调整遭受严重破坏的发电厂、变电站，并新建了几座电厂和东西部联络输电工程，使发电装机容量至 1952 年底恢复到战前最高水平。又如扩充和更新肥料厂的设备，并新建高雄硫酸铔厂，大量增产化肥，促进农业迅速恢复。再就是大量投资发展纺织工业，依赖美援进口原棉和羊毛，生产纺织品满足全岛居民需要。至 1952 年棉纺锭由光复时的八千枚增至十四万三千枚，毛纱年产量二十六万七千公斤，呢绒哔叽四十八万一千米。电力、化肥、纺织的优先发展，对于缓和生产生活必需品短缺和通货膨胀的局面，收到明显效果。

四、分三步实施土地改革

要在台湾维持专制统治，首先得站稳脚跟。对于蒋介石立足台湾具有决定性意义的，是陈诚主持的土地改革。

在当时台湾的经济中，农业比重很大，生产净额高于工业一倍多。但地主占有大量耕地，农户中自耕农只占 36%，半自耕农占 25%，佃农占 39%。占 64% 的半自耕农和佃农，受地租剥削十分残酷，台北、台中等七县市的佃租为全年总收入的 56.8%，新竹一带则高达七成。农民辛劳终年，却不得

---

① 秦孝仪主编：《中华民国经济发展史》第 1133 页。

② 尹仲容：《台湾经济十年来的发展之检讨与展望》第 286 页，"国际经济合作发展委员会"经济丛刊之 18，1970 年版。

温饱。陈诚主政台湾后,十分畏忌这种租佃关系会酿成暴乱而不可收拾。还在 1949 年 3 月,陈诚即将抗战时期在恩施当湖北省主席时曾经试行过的"二五减租法"①在台湾全省推行,规定租额不得超过全年总收获量的 37.5%;同时规定租期不得短于六年,保障佃权,限制撤佃退耕。这一又被称为"三七五减租法"的推行,佃户可以少缴租金 30% 上下。随着地租的下降,地价也下降了三分之一左右,因此有二万四千二百七十户佃农,在这期间购置了约一万二千四百余甲②田地。

蒋介石对于"三七五减租"取得的成绩颇为赞赏,1951 年 1 月 13 日他指示陈诚说:"台湾农村土地已实施三七五减租,甚见成效。本年应筹备都市土地改革,速照总理平均地权原则,可酌当地实际情形,拟定具体办法,并限于本年下半年度筹备完成。"

按照蒋介石的指示,1951 年 6 月,台湾当局颁布了《放领公有耕地扶植自耕农实施办法》十六条,规定将占全省耕地 21% 的公有耕地③所有权,转卖给无地、少地的农民,规定每户不超过水田二甲或旱地四甲,地价按该耕地一年收获量的 250%,以实物计算,分十年偿还,不计利息。经过五期的办理,全省有十六万五千四百四十三户农民受领公地九万六千零四公顷,平均每户约零点六公顷④。

1953 年 1 月,台湾当局进一步实行"耕者有其田法",将放领公地的办法扩大到地主私有地的放领。台湾当局事先办理"地籍总归户"——调查全省土地种类、地权分配及耕地使用情况,将同一地主所占有的在不同地域、不同类型的土地,都归到他的名下。然后颁布《实施耕者有其田条例》,规定每户地主得保留中等水田三甲或旱地六甲,其余部分由政府按照土地全年收获量的 250% 作价征收——发给 70% 土地债权券(分十年兑本付息)和

---

① 陈诚的"二五减租"是规定农民佃租为 37.5%,所以又称"三七五减租"。其计算方法是佃农从所租耕地的全年总收获量中先提留二成五为偿付种籽、肥料等,其余七成五和地主对分,即 37.5% 交地主。

② 台湾地方计算田地的单位是"甲",一甲相当于 0.97 公顷,即相当于大陆的 14.55 市亩。

③ 所谓"公有耕地"是台湾光复后接管的日本殖民当局及日本豪绅、官吏私人占有的耕地,为国民党政府所拥有。

④ 沈宗瀚:《农村发展与政策》第 71 页,台湾商务印书馆 1975 年版。

蒋介石对陈诚在台湾进行土改倍加赞赏，1954年让陈诚当
上了"副总统"。图为他们在就职典礼上。

30％公营事业股票；然后由政府转给租佃农承购，承购的办法比照公地放
领。蒋介石对这个《条例》甚为关注，当知悉"立法院于周初照所指示之要旨
顺利通过，完成法定手续，关于残废老幼以及血系弟兄之公田，准予保留三
甲之规定，实为最合理之裁决，颇觉自慰"①。据统计，有十六万六千零四十
九户地主（占全省地主总户数的65％）被征收十四万三千五百六十八甲（占
全省私有出租耕地55％），分放给十九万四千八百二十三户农民（占全省承
租私有耕地佃农数65％）②。

　　经过"三七五减租"、"公地放领"、"耕者有其田"，台湾完成了土地改革。
它对全省的农业、工业以至整个社会都产生了重大影响。首先是使大量佃
农获得土地成为自耕农。据统计，1955年自耕农、半自耕农共为六十六万
三千一百二十九户，占全省农户总数的84.7％，佃农降为15％。农民在自

---

① 《蒋介石日记》（手稿本），1953年1月24日"上星期反省录"。
② 沈宗瀚：《农村发展与政策》第73页。

己的土地上,努力加大劳动的投入和财力的投资,以提高单位面积产量,全省农业生产在 1949—1953 年间,每年增加 10％左右。以后几年也有稳定增长。其次是农业生产的发展,特别是粮食的增产,使台湾这个海岛骤然增加了近二百万人口的吃饭问题以及其他一些农产品的供求矛盾得到缓解。再是地主将所得地价的一部分资金转往工业①,水泥、农林、纸业、工矿四公司获得六亿五千万元股金,促进了工业经济的发展,社会经济结构发生了变化。总之,台湾的土地改革改变了一部分耕地的所有权,在农村建立起新的政治、经济结构,为全省工农业经济的发展打下了良好的基础。

蒋介石支持陈诚在台湾实行土地改革,乃是吸取国民党在大陆统治失败的教训,立足台湾必需之所为。耕者有其田,本是孙中山民生主义的基本构想。蒋介石自 1927 年执政后,曾经不止一次地宣称要解决土地问题。国民政府发表过许多"地政"法令。然而,在大陆执政二十二年的国民党,自身与封建地主有着千丝万缕的联系。遍及全国每个乡村的大小地主,正是它维系统治的社会基础。因此蒋介石根本不可能实行"耕者有其田"而触犯地主的利益,危及自己的统治,相反是千方百计维护地主的政治经济效益。北伐胜利后,浙江等地曾拟实施"二五减租",制订过《二五减租暂行办法》,但在地主势力的强大压力下,国民党中央加以干预而下令取消。陈诚抗战时期于湖北一隅实行二五减租,也只是昙花一现。1948 年冬陈仪在浙江力推土改新政,也因被撤职而无疾而终。国民党在大陆统治的崩溃,中国共产党在全国的胜利,使蒋介石等人警觉到土地问题的重要性,但能在台湾实行土地改革的根本原因则是:台湾的封建地主势力,不仅同从大陆撤退来的国民党军政大员没有什么密切的政治经济联系,相反还有可能成为反对国民党"中央政权"的最大社会势力;因为他们掌握着粮食以及强大的经济实力;他们也是操纵全岛县、区、乡、村政权的豪绅。再说,成百万贫苦农民,受封建租佃关系的压迫盘剥,日夜挣扎在饥寒线上,也是对蒋介石国民党维系对台湾统治的极大威胁。如陈诚也说:"时大陆局势日益恶化,台湾人心浮动,经

---

① 据统计,全省地主所得之地价款,约 22％用于消费,36％为土地债券,用于工业及其他方面投资者为 42％。参见张果为著:《台湾经济发展》第 242 页。

济混乱,社会不安,随时有发生变乱之虑",尤其是"农村不安现象,已极显著,大有'一夫夜呼,乱者四应'之势。"①因此,剥夺封建地主的土地所有权和政治特权,获取广大农民的支持,是在台湾站稳脚跟、稳定局势的头等大事。这正是蒋介石改弦易辙,全力支持陈诚实行土地改革的原因所在。

同时还应看到,蒋介石、陈诚在台湾推行的土地改革,是政府当局有价征收的办法,对台湾的原土地占有者还是相当优厚的。地主仍然占有远远高于农户平均面积的田地②。他们被征收的土地,也获得了实物土地债权和公营大企业股票的偿付。他们将资金投入工商业,从地主变成了工商业资本家。

五、坚决反对"两个中国"和"国际托管"

美国与台湾签订《共同防御条约》之后,美国企图长期霸占台湾的行径引起各国注视。当台湾海峡局势一度相当紧张之时,有些国家提出了台湾交由联合国"托管"或中立国"代管"的主张,得到了美国支持。

早在 1949 年国民党在大陆的统治濒临崩溃之时,美国即有把台湾置于自己控制或交"联合国托管"的企图,遭到蒋介石坚决反对。蒋说:"英美恐我不能固守台湾,为共军夺取而入于俄国势力范围,使其南太平洋岛防线发生缺口,亟谋由我交还美国管理,而英则在幕后积极怂恿,以间接加强其声势。对此一问题最足顾虑,故对美应有坚决表示,余必死守台湾,确保领土,尽我国民天职,决不能交归盟国。"6 月 20 日,蒋令驻日本东京代表团向麦克阿瑟表明严正立场:"台湾移归盟国或联合国暂管之拟议,实际上为中国政府无法接受之办法,因为此种办法,违反中国国民心理,尤与中正本人自开罗会议争回台、澎一贯努力与立场根本相反。"③但 1950 年 6 月朝鲜战争爆发后,杜鲁门声明中宣称:"台湾未来地位的决定,必须等太平洋安全的恢复,对日的约定签订或经由联合国的考虑。"接着就武装侵入台湾,以后第七

---

①　陈诚:《台湾土地改革纪要》第 242 页,台湾中华书局 1961 年版。
②　据统计,当时台湾全省农户平均经营面积是 1.18 公顷,受领农户平均每户是 0.6 公顷,而地主保留水田 3 甲或旱地 6 甲,接近于 6 公顷,或自种或出租。参见沈宗瀚:《农村发展与政策》第 71 页。
③　蒋经国:《危急存亡之秋》,《蒋经国自述》第 201 页。

蒋介石至死不忘反攻大陆。

舰队长期游弋于台湾海峡,致使台湾与大陆长期分离。台湾海峡局势之骤
然紧张,美国、日本以及另外某些国家的某些人便乘机鼓噪"台湾独立"、"中
立化"。一时间,台湾问题在联合国及许多地方被渲染得沸沸扬扬。

想把台湾从中国分割出去的种种主张,一切中华民族的炎黄子孙都是
不能接受的。周恩来代表中华人民共和国政府一再严正表示:台湾是中国
的领土,《开罗宣言》和《波茨坦公告》都明确规定台湾归还中国,绝不容许联
合国或中立国"代管",不容外国侵占;台湾地区的紧张局势是美国造成的,
美国军队必须从这个地区撤走;中国人民解放台湾是中国的内政,是为了维
护中国领土主权的完整,是为了维护世界和平,完全符合联合国宪章①。

自 1955 年 2 月 8 日起,蒋介石也接连发表声明,强调大陆、台湾都是中

---

① 周恩来在第一届全国人民代表大会第一次会议上的政府工作报告(1954 年 9 月 23 日);周
恩来致联合国大会电(1954 年 10 月 10 日);周恩来致联合国秘书长哈马舍尔德电(1955 年 2 月 3
日)。

国领土,不能容人割裂;曲解台湾的地位是别有用心的,"两个中国"的主张荒谬绝伦。蒋还声称:大陆必须光复,国民党绝不放弃返回大陆的权利,联合国建议停火是不可思议的事情①。蒋介石的声明固然是出于他反攻大陆的固有立场,然而他坚持一个中国的原则,坚决反对"两个中国"、"台湾独立"的种种暗流,对于维护中国主权和领土的完整、中华民族的团结,抵制美国对台湾的进一步侵略,其意义与作用是应予重视的。

六、严厉打击"台独"活动

蒋介石对于台湾岛内外一些人为分裂祖国统一而进行的"台独"活动,始终予以严密防范,并予以严厉打击。

台湾自光复之日起,一直有一些人企图要把台湾再从中国分裂出去。蒋介石和国民党退踞台湾后,随着国际形势的变化,日本、美国等一些反华势力就纵容和包庇这些人进行以"台湾独立"为名的分裂活动。在前期,这些人中以廖文毅最具号召力。

廖文毅,台湾云林人。1910年生于当地一个富豪之家。早年在日本上学,后回国至南京金陵大学求读,继留学美国密西根大学和俄亥俄大学,获硕士、博士学位。台湾光复后廖曾任台北市工务局长、公共事业管理处处长等职。廖与其兄廖文奎创办《台湾杂志》,鼓吹"台独",提出"联省自治成立中国联邦"等主张。"二二八"事件中廖因从事"台独"活动遭通缉,潜回上海,继去香港,发起成立"台湾再解放联盟",开始有组织地从事"台独"活动。他向美国发出一份《台湾宣言》,阐述他的"台独"理念,说什么台湾人不是中国人,而是中国、西班牙、荷兰、高山族、日本的混血杂种,是一个不同于中华民族的台湾民族;还说是日本"成功地使台湾人获得了民族认同,和中国人分离"。1947年9月,他向联合国提交了第一号请愿书,建议将台湾交给联合国托管,然后由人民投票决定是否独立。1949年初,廖文毅把"台湾再解

---

① 蒋介石:《当前国际局势》(1955年2月8日);《中华民国领土不容分割》(1955年2月16日);《中立化将自速其祸》(1955年3月3日);《驳斥台湾海峡停火建议之荒谬》(1955年3月18日)。

在蒋母一百零三岁诞辰之时，学习中国画的宋美龄特地画了一幅溪口雪窦峰，蒋介石以"瑞元敬题"落款题字，抒发"怀乡慕亲"之情。

放联盟"从香港迁至日本，从此日本成了"台独"分子活动的中心地。廖在日本伙同行医的吴振南等人，于1950年2月在东京组建"台湾民主独立党"，公开宣称反蒋反共亲日,主张台湾先在联合国托管下实行高度自治,进而建立独立、中立的"台湾国"。廖的这种主张与国际上的"台湾地位未定论"、"联合国托管论"遥相呼应。1956 年 2 月,廖文毅与其他一些"台独"组织在东京建立起"台湾共和国临时政府",自任"大统领"(总统),吴振南为"副统领"。他们制定的"国旗"是日本太阳旗上加个月亮;"纪年"用日本昭和纪年;开会讲日本话、唱日本歌。1960 年廖又建立"台湾独立统一战线",自任"总裁",网罗世界各地的"台独"分子。他去许多地方宣传"台独"主张,还先后出版《台湾民本主义》、发表《告台湾八百万同胞宣言》,提出实现"台独"的三种途径和一系列主张。廖指令一些"台独"分子在台北、高雄等地秘密串通,建立"台独"组织,宣传"台独"主张。他甚至派遣一些在日本经过军事训练的冒险分子潜回台湾,从事爆炸等破坏、颠覆活动。他的"巡回大使"陈智雄于 1962 年被台湾当局处决。

富有戏剧性的是,这样一个反蒋亲日的"台独"首领人物,1965 年 3 月居然向蒋介石和国民党当局"输诚",并于当年 5 月从日本返回台湾,公开宣布解散"台独"组织,放弃"台独"活动,声明他领导的"台独"组织因他返台湾而不复存在,并号召过去受他领导的朋友们也放弃错误主张,"痛改前非,悔悟自新"[①]。廖表示要响应蒋介石的号召,献身"反共建国大业"。蒋介石随即赦免廖文毅的"叛乱罪",还于 7 月召见了他。年底,廖被任命为台湾最大的水库"曾文水库"建设委员会副主任委员。

廖文毅怎么会"迷途知返""改邪归正"的呢? 1963 年起,蒋介石在始终严厉打击"台独"活动之余,实施了怀柔招抚的另一手,即利用"台独"内部主张各异、争权夺利激烈而经济拮据困难、活动四处碰壁的境遇,大力施用恩威并济的政策,"恢宏襟袍"[②],派人打入"台独"内部,进行分化瓦解的策反活动。台湾当局有关部门还用廖文毅的大嫂和侄儿狱中哭求的录音带来劝

---

① 台湾《联合报》1965 年 5 月 16、19 日。

② 蒋介石在 1963 年 9 月举行的国民党第九次全国代表大会上号召:"在复国建国过程中,非举国意志,更加集中,才智更加发挥,行动更加一致,不足以迅赴成功,加速胜利。九全大会应掌握时机、恢宏襟袍,以与海内外仁人志士才智俊彦,推诚合作。"(台湾《中央日报》1963 年 9 月 12 日)此后台湾有关部门对"台独"分子加紧开展分化瓦解工作。

降。廖文毅亦思乡心切,终于决心放弃"台独"而归顺。廖文毅的归来,蒋介石和台湾当局认为是"最近十年来在政治上成功的一件大事"①。

廖文毅等人长达十余年的"台独"活动,之所以能纠集数千"台独"分子,不是偶然的。热衷于"台独"的人中,很大一部分是受日本殖民统治"皇民化"毒害很深的人。例如最早从事"台独"活动的黄纪男和"台湾共和国临时政府"的"巡回大使"陈智雄,自幼留学日本,毕业于东京外语学校,黄被日本政府派往马尼拉,陈被派往印尼任外交官。他们先是对抗战胜利日本投降很不服气,后来又对国民党统治的腐败无能极为不满。"台独"分子中还有许多是留学日本归台或在日本军队中服役退伍回台的人,原来就有以归属日本为荣的观念。有些人则直接受到日本军国主义残余势力的暗中操纵、支持和唆使。1945 年 8 月日本投降之初,林熊祥、许丙等人就参加了驻台湾日军参谋长谏山等人在台北太和门举行的紧急会议,策划发动"台湾独立统治运动",图谋"台湾独立"成为"第二满洲国"。后来驻台日军司令兼总督安藤利吉慑于日皇投降诏书和害怕中国军队与台湾民众,而加以制止了。但林熊祥、许丙等人自此得到日本"民间"人士的支持,进行"台独"活动不止。廖文毅等人能在日本持续数十年进行"台独"活动,没有日本朝野的多方支持,更是不可想象的。此外"台独"分子中,还有一些人是不满国民党的专制统治和腐败无能,而向往民主和自治。其中不少是知识分子以及受过国民党当局各种伤害的人,包括有些地主和士绅。

廖文毅归台,对于以日本为基地猖獗一时的"台独"活动,无疑是一个毁灭性的打击。台湾当局也不断与日本政府交涉,要求引渡从事破坏活动的"台独"分子。于是一些"台独"分子纷纷转移到美国、加拿大等国,与当地的"台独"组织结合起来,一个大规模的"台独"活动便以美国为中心地开展起来。

在美国、加拿大等地,有一部分台湾留学生和移民,他们深受"台独"理念的影响,对国民党统治日益不满和失望,又向往美国的民主自由,乃在美国朝野反华势力的庇护和支持下,先后组织起"台湾独立联合会"、"台湾独

---

① 台湾《联合报》1965 年 6 月 9 日。

立联盟"、"台湾问题研究会"等"台独"组织,出版鼓吹"台独"理念的《美丽岛》《台湾通讯》《台湾青年》等刊物。如今从日本转来一些"台独"骨干分子,"台独"活动便更趋猖獗。

1966年6月,原先追随廖文毅的陈以德等人,召开了"留美台湾同胞结盟大会",成立"全美台湾独立联盟"。第二年,在美国纽约市立大学任政治学教授的台湾嘉义县人蔡同荣等人创立了"全美独立建国联盟",三年后又联合其他四个"台独"组织成立"全球台湾人争取独立联盟"(简称"台独联盟")。他们甚至于1970年4月秘密策划了暗杀访美的蒋经国活动(未遂)。1970年初从台湾潜逃去欧洲、半年后再移居美国的台湾大学政治系主任彭明敏,具有很大的号召力,在美国先后创办"台湾研究所",组建"台美协会",担任"台独联盟"主席,一时成为"台独"运动的重要领导人物。所有这些都是与美国政府的对台政策以及美国部分政客的支持、庇护和援助分不开的。台湾当局在美国的"使领馆"也无可奈何,只能搜集情报,观察动向,密报台湾而已。

蒋介石和国民党当局无法遏制在日本、美国等地进行的"台独"活动,但是对于从海外潜回台湾的"台独"分子,以及在台湾岛内进行各种"台独"活动的人,则始终严密防范,严厉打击,毫不手软,诉诸"意图窃取国土"、"颠覆政府"、"参加叛乱组织"、"阴谋叛乱"等罪,先后予以逮捕,判刑者逾千人,还有几个人被处决。如1958年高雄人黄阳辉接受廖文毅指令,在高雄秘密组建"台湾共和党",图谋"台湾独立",计划十年内发动兵变,推翻国民党政权。1959年末黄阳辉等三十余人被捕,分别被判处重刑。又如1961年云林县苏东启因参与组建"中国民主党"并策划成立武装行动队袭击国民党军队兵营事,被判处死刑(后改为无期徒刑)。台湾当局陆续逮捕"台独"分子三百余人,对四十余人分别判刑。再如高雄人施明德,在国民党炮兵学校候补军官班同学中串连,秘密成立"台湾独立联盟",1962年被捕,判处无期徒刑(后于1977年获赦出狱),同案牵连两百余人,亦被分别处理。

由于各种"台独"组织都是以反对蒋介石、推翻国民党统治为第一目标,所以蒋介石和国民党当局无不严密侦查,重罪判处。"台独"活动在台湾境内始终处于非法状态,难以生存和发展。这当然使外国妄图制造"两个中国"、"一中一台",把台湾分割出去的种种势力得不到内应而大失所望,徒唤奈何。

七、震撼世界的"金门炮战"

1955 年美国国会通过《台湾决议案》,以及艾森豪威尔采取的一些行为,曾经使蒋介石得到鼓舞。他期望与美国"协调使用武力",扩大对大陆沿海地区的骚扰,等待时机大举反攻。然而美国从全球战略和自身利益出发,加以受到西方盟国及国际舆论的强大压力,不愿被蒋介石拖进泥潭,因而毫不放松对台湾"使用武力须经双方协议"的限制,频频派出军政要员去台湾,告诫蒋介石不要贸然行事。为了安抚蒋介石,并进一步控制台湾,美国答应蒋的要求,增加对台湾的军事援助和经济援助,增加派遣军事辅助人员。后来美国还在台湾存放一种能携带核武器的地对地"斗牛士"导弹,帮助修建了一个能使携带核炸弹的 B—52 飞机升降的空军基地,给予蒋介石军事实力的支持。

1955 年 7 月,中国政府宣布:只要美国不干涉中国内政,中国政府愿意和台湾地方的负责当局协商和平解放台湾的具体步骤[1]。自这年 8 月起,中国与美国举行大使级会谈,谋求避免在台湾地区发生武力冲突的途径。中国政府一再表示:解放台湾是中国的内政,除在必要时以武力解放外,积极争取用和平方式解放台湾[2]。周恩来还曾公开对各国记者说,如果台湾回到祖国怀抱,蒋介石就有了贡献,他可以根据自己的愿望留在中国任何地方。当记者问是否给蒋介石一个部长职务时,周说:"部长太低了。"[3]但是,蒋介石认为这只是一种"统战"、"宣传"。他更担心这个"和平攻势"会瓦解台湾的军心和动摇美国的支持,因而一再声言绝不妥协,坚持反共到底;同时继续不断派出海、空军进行挑衅活动,把金门、马祖作为对大陆沿海进行

---

① 周恩来在第一届全国人民代表大会第二次会议上的发言(1955 年 7 月 30 日)。
② 周恩来在全国政协第二届第二次全体会议上的报告(1956 年 1 月 30 日);全国政协第二届第二次全体会议决议(1956 年 2 月 7 日)。
③ 周恩来在印度加尔各答答记者问(1956 年 12 月 9 日),《人民日报》1956 年 12 月 11 日。

骚扰破坏的跳板。

美国企图利用中国政府积极争取用和平方式解放台湾统一祖国的努力，一再要求中国政府宣布放弃使用武力解放台湾，以束缚中国人民的手脚，使它对台湾的侵占永久化，这是中国政府和人民不能答应的。美国对于中美大使级会谈故意拖延，亦为中国政府所不满。

1958 年 7 月 14 日，美国武装入侵黎巴嫩，在世界各国激起一片反对声浪。蒋介石试图利用这个时机在台湾海峡进行挑衅。毛泽东审时度势，决定自 8 月 23 日起福建前线的人民解放军，对大小金门、大担、二担等岛屿发动警告性的炮击。猛烈的炮声震撼世界。

毛泽东作出这一战略部署，是要造成一种气势和压力封锁金门，迫使蒋介石放弃金门、马祖；并试探美国是否可能置身事外、无意介入这一冲突，以便采取下一步行动。毛泽东事先还巧妙地让苏联领导人赫鲁晓夫于 7 月 31 日来北京进行会谈，并于 8 月 3 日签署了一个中苏联合公报，以显示中、苏之同盟关系，并称双方协议将于近期采取某些举措。中、苏首脑会谈这一行动，引起国际之广泛注目。美国情报机构也四处搜集情报。连蒋介石也误以为"此一行动乃为几年来俄共与毛匪双方勾结之最重要"[①]的会谈，担心中共进攻台湾之期在即。

不料，美国迅速作出反应，艾森豪威尔 8 月 27 日声言：美国不会放弃对台湾的责任。美国国务院 28 日发表声明，称"不能容忍对金门、马祖的攻击"。美国军方甚至向国务卿杜勒斯表示：在未来危机升级的情况下，美国将考虑如何使用核武器。杜勒斯 9 月 4 日进一步威胁说，如果中国军队不停止针对台湾的军事行动，美国军队将介入冲突。接着，美国派出军舰为台湾军队的运输船护航。

面对美国的迅速反应，苏联方面与毛泽东磋商后，赫鲁晓夫于 9 月 7 日给美国总统艾森豪威尔发信说："在目前美国早已不是原子武器垄断者的情况下，谁想用原子武器来吓唬其他国家的企图完全是徒劳的。"并郑重声明：侵犯中国也就是侵犯苏联，苏联将尽力维护中苏两国的安全。美

---

① 《蒋介石日记》(手稿本)，1958 年 8 月 3 日。

国应当"立即停止干涉中国内政"①。这使得美国不能不考虑苏联的核保护伞问题。

金门成了蒋介石踞守台湾的前沿,他不时去金门视察,还借助高倍望远镜
遥看朝思暮想的大陆故土。

看到美国的强硬表示,蒋介石乘机扩大在金门、马祖等岛屿的驻军,并在美国军舰护航下将大批物资运去金门。台湾还进驻了美国"胜利女神"导弹部队和装备有 F104 型战斗机的第十一航空队。蒋介石一再表示,金门、马祖是台湾的安全屏障,也是反攻大陆的前沿基地,"无金马即无台湾,有金马便有大陆",扬言战至最后一人也绝对不放弃②。

---

① 《人民日报》1958 年 9 月 8 日。

② 蒋介石:对美国记者的谈话(1958 年 9 月 16 日);《金门局势答问》(1958 年 9 月 17 日),《先总统蒋公全集》第 3939 页;在中外记者招待会上的讲话(1958 年 9 月 29 日),台湾《中央日报》1958 年 9 月 30 日。

台湾海峡出现的紧张局势,出乎毛泽东的意料。经过研究,毛泽东及时采取措施加以化解。9 月 6 日由周恩来发表声明称:对台湾当局利用金门、马祖对大陆进行破坏骚扰,采取军事行动加以惩罚和警告,完全是中国内政,不容美国干涉。美国应当从台湾地区撤出军队,停止侵占我国领土。同时表示:中国政府仍然倡导同美国政府坐下来谈判,谋求台湾地区紧张局势的和缓和消除①。美国方面随即作出反应,中美两国大使级华沙会谈 9 月 15 日恢复举行。毛泽东决定 10 月 16 日起福建前线对金门炮击停止七天,接着又宣布停止炮击两周。

美国对中国的恐吓没有奏效,而美国国内舆论却众说纷纭,参议院外委会主席格林(Theodore Green)认为"美国不应在台湾采取军事行动"。西方盟国尤多指责。杜勒斯 9 月 17 日提出:双方应当停火,找出和平解决的办法。30 日杜勒斯又表示:如果在台湾海峡地区获得相当可靠的停火,国民党军队继续驻在金门、马祖等岛屿就是不明智、不慎重的,美国将赞成国民党军队从这里撤出。这是要制造"两个中国"。美国国防部长麦艾乐(Neil McElroy)10 月 12 日到台湾与蒋介石会谈,建议从金门、马祖撤出重兵,只留少许部队作为前哨。艾森豪威尔也改变了调子,承认增兵不是一件好事;但对中国政府提出中、美会谈应当解决美国军队从台湾地区撤走的问题,则始终不肯正视,仍然声称要与台湾当局加强"合作"。在这前后,在美国和一些西方国家,还出现了一股鼓吹金门、马祖"中立化"的逆流。

蒋介石的态度则颇为强硬。他公开拒绝杜勒斯"停火"、"撤兵"的建议,于 10 月 1 日在高雄对美国记者说,台湾当局坚决反对减少在外岛的驻军,台湾没有接受停火的义务。他仍然声称要"反攻复国",同时也抵制了把金门、马祖"中立化"的逆流。

毛泽东认为,炮击金门的结果,大大加深了美、蒋之间的矛盾,证明了美国不愿为蒋介石而冒险与中国政府直接冲突,而蒋介石企图扩大战争、拉美国下水的政策也不灵。美国想让蒋介石撤离金、马,来换取海峡局势的冻结。但我们决定让金、马留在蒋介石手里,让蒋同美国闹别扭,有助于我们

---

① 格林致艾森豪威尔函(1958 年 9 月),美国《国务院公报》1958 年 10 月本,第 606 页。

主动掌握海峡之间的局势和美、蒋之间的关系①。此后随着局势的变幻,出现了炮击金门打打停停的局面。

蒋介石一直坚定地反对国际上不时泛起的"台湾独立"、"国际托管"、"台湾中立"等种种制造"两个中国"的言论和行径。1967年9月8日,蒋介石在与到台湾访问的日本首相佐藤荣作的谈话中,对于在日本出现的"台湾独立"、美国"托管"等谬论表示严重关注,声明"绝对反对"。蒋告诉佐藤"中国事可由中国人自己解决"②。蒋介石这种坚持一个中国的民族立场,使得美国、日本等国少数别有用心的人和岛内外那些企图分裂祖国的"台独"分子始终未能得逞。中国共产党和全国人民重视蒋介石的这种民族立场,并给予应有评价。周恩来曾在1959年说过:"民族立场很重要,我们对蒋介石还留有余地,就因为他在民族问题上对美帝国主义还闹点别扭,他也反对托管,反对搞两个中国。"③

蒋介石对于同海峡对岸的中共方面进行接触谋求谈判和解,先后曾经有过几次默许。但是他终究不能相信中共的诚意,而对于维护在台湾的统治也越来越有了信心,因而几次接触均未有成果。

进入60年代,国际国内形势发生了一些变化,蒋介石认为"反攻大陆"的有利时机到了。在1962年11月举行的国民党八届五中全会上,通过了一个根据蒋介石"训示"拟定的《光复大陆指导纲领》,提出"以发挥总体战的功能,同时使军事反攻与大陆反共革命相互结合,创造里应外合的形势"。随即派遣了若干武装游击队到大陆沿海地区进行骚扰,伺机进行爆炸、破坏活动;还派出一批又一批特务④,潜往福建、广东、浙江、山东等沿海地区,甚至用飞机空投至广西十万大山以及甘肃、宁夏等边远山区,暗中进行破坏活

---

① 参见《毛泽东外交文献》第341页、《毛泽东军事文集》第6卷第377及383—386页、吴冷西《忆毛主席》第73—92页、《当代中国的军事工作》第3册第410页。

② 蒋介石:《款接日本首相佐藤荣作宴席上致词》(1967年9月8日),《先总统蒋公全集》第2949页。

③ 周恩来:《接见首批特赦战犯溥仪等十一人时的谈话》(1959年12月14日),《周恩来统一战线文献》第397页。

④ 据台湾情报机构公开发表的数字,在1962年3月至12月间,共派出八百七十三名武装特务潜往大陆。

动。1963年,蒋介石称"反共已揭开序幕",派出更多的"反共游击队"到大陆沿海地区活动[1]。只不过这些武装特务一登陆,便陷入大陆军民联防的天罗地网之中,绝大多数是有来无回,或被击毙,或被俘获。

为了维持国民党军队的士气,在蒋介石的指令下,从1964年起又在军队中广泛开展"毋忘在莒运动",把1952年在金门提出的"毋忘在莒"[2]加以推广。蒋介石自比田单,把台湾比作莒,声称要效法田单,以小莒而成"复国"之志。第二年,又将"毋忘在莒运动"从军队扩向全社会,藉以激励日益低落的民心士气,继续把"反攻大陆"的口号喊下去。

---

① 仅据见诸于报端的不完全统计,1963年台湾先后派出三十五支反共游击队前往大陆沿海地区。

② 详见本书第二十一章第六节。

第二十三章　强化专权统治

一、连任"总统"难遏民主自由呼声

　　1950 年 3 月蒋介石在台湾"复职视事"续当"中华民国总统",可是这个"总统"还是 1948 年 4 月在南京举行的"行宪国大"选出的。按照那部"宪法"规定,总统的任期是六年,到了 1954 年任期届满,应当改选;那些"国民大会代表"也应当改选。但如今负隅台湾孤岛,怎么能选得出包括全国各省、市、区的"国民大会代表"来呢? 蒋介石决定动用 1948 年 5 月公布的"动员戡乱时期临时条款"所获得的权力,来否定"宪法"的规定。1953 年 9 月蒋介石宣布第一届"国民大会代表"继续行使职权。于是,1954 年 2 月 19 日至 3 月 25 日在台北召开了的"国民代表大会"第二次会议,选举蒋介石连任"总统",另选陈诚为"副总统"。蒋很满意这次"选举",说"党的指导有效,党员能守纪尽职者为大多数,虽有少数分子与桂系反动者(共计不超过五十人),仍有倒(捣)乱行动,但其不能发生影响"①。过了六年,蒋介石的第二届"总统"任期又满,而按"宪法"规定"总统"只能连任一次,但蒋介石不愿把

----

① 《蒋介石日记》(手稿本),1954 年 2 月 27 日"上星期反省录"。

蒋介石在金门留影

20世纪中国历史史册上无法抹杀的人物——蒋介石

20世纪50年代的蒋介石夫妇

"总统"这个尊衔让给别人。1960 年 2 月 20 日至 3 月 25 日的"国民代表大会"第三次会议，便又来修改"临时条款"，决定："动员戡乱时期总统连选得连任，不受宪法第四十七条连任一次的限制。"这个修改，不仅使蒋介石可以出任第三届"总统"，而且可以接连担任。结果直至最后去世，他当了长达二十七年的"终身总统"。

蒋介石在台湾虽然独揽大权，令人畏惧，但是当"终身总统"这件事也并不是没有遇到过麻烦。就在他准备连任第三届"总统"时，在海岛内外，出现了一股公开反对的声浪。

1959 年元旦刚过，一本名为《自由中国》的杂志，发表了一篇题为《欣幸中的疑虑》的文章，对于已经七十二岁的蒋介石是否还要出任第三届"总统"，公开提出怀疑，引起强烈反响。一些向往西方民主自由的知识分子，本来就对蒋介石的极权统治怀有不满，此时便纷纷投书《自由中国》表示赞同。半年间，这本杂志不断发表反对蒋介石连任"总统"的文章。6 月 16 日第十三期上更刊出《蒋总统不会做错了决定吧》一文，直指蒋介石，反对他再当"总统"。《自由中国》虽然明白无力阻挡，但仍然连篇累牍地刊发《护宪乎？毁宪乎？》、《拥护蒋总统继续领导而不赞同连任》、《岂容御用大法官滥用解释权》、《敬向国大代表同仁说几句话》、《我们对毁宪策动者的警告》等文。

《自由中国》敢冒大不韪，以激烈的言辞公然反对蒋介石专权统治，并非偶然。它自 1949 年 11 月在台北创刊，揭橥的宗旨即以"建立自由民主的社会"为目标，要"促进政治现代化、民主化"，支持和督促国民党当局"走向进步，以抵抗中共，早日反攻大陆"。为此，《自由中国》对台湾社会的种种腐败现象经常进行广泛的批评。1954 年 6 月曾刊出一篇题为《抢救教育危机》的"读者来信"，批评台湾当局在学校里"假教育之名而行党化之实"，逼迫学生"三更眠，五更起"去背诵"连篇累牍、念之不尽、读之不竭"的"三民主义、总理遗教、总统训词、青年救国团发下来的必读小册子"；还有大量的课外负担，学生"有时要去三军球场维持秩序，有时要去中山堂开战斗晚会，有时要开展各种募捐，有时要去劳军，有时要去游行，……'名目繁多'、'不及备载'"。这篇读者来信呼吁："不能让青年在受教育的阶段就使他们对于民主制度有了全然歪曲的认识。"①由于文章切中时弊,一时间,指责教育当局的"党化"和批评蒋经国实际负责的"反共青年救国团"的舆论相当强烈,蒋介石勃然大怒。然而更使蒋介石恼火的事接连不断。

1956年10月,是蒋介石七十岁的生日。蒋介石表示"婉谢祝寿",而列举了"应兴应革的要政"及"对个人公私生活"等六个方面,说"希望同胞们和公私报纸刊物""提供具体的建议或建设性的批评","直率抒陈所见,俾政府洞察舆情,集纳众议"②。这本是一番姿态,但有些人抓住机会表达了压抑已久的积愤之言。《自由中国》立即出版了"祝寿专号",集中发表了社论和胡适、蒋匀田、陈启天、陶百川、徐道邻、雷震等人撰写的十五篇文章,要求蒋介石保证言论自由,实行民主宪政,改革台湾的政治、军事制度。题为《寿总统蒋公》的社论,言词犀利,要求蒋介石创造从群众中产生继任"总统"和领袖人物的民主风气和规则、秩序,学习华盛顿,不做"第三任总统";要求蒋确立责任内阁制,改变一切决断归之于"总统"的不正常状态;要求蒋实现"军队国家化",不要在军队里设立国民党党部;还要求蒋取消"青年救国团",贯彻"自由教育"方针③。胡适的文章是在美国加州大学赶写出来的,题为《述艾森豪威尔总统的两件事为总统蒋公祝寿》,劝蒋介石不要事必躬亲,而应"乘势以为本,御众智以为马",像《吕氏春秋》所说的那样,做一个"无智、无能、无为"的元首④。《自由中国》这期"祝寿专号"引起台湾民众及海外侨胞的极大的注意,争相购阅,因而先后加印再版达十一次之多。

接着,《自由中国》以《今日问题》为题,在1957年7月至1958年3月先后发表了十五篇社论,逐一批评指责了台湾的政治、军事、经济、司法、教育、文化、新闻自由等诸方面的种种问题,尤其是第一篇讨论"反攻大陆"的可能性问题,引起蒋介石的极大不满。这篇社论指出:反攻的可能性在相当时期内"并不太大",可是当局却抱住这个口号不放,为它的"一党独大"打掩护,

---

① 《雷震回忆录》第358—359页,香港七十年代杂志社1978年版。
② 蒋介石:《婉辞各方发起祝寿并提示六项问题广征建议》(1956年10月16日),《先总统蒋公全集》第3905页。
③ 《自由中国》第15卷第9期第3—4页,台湾1956年10月31日。
④ 《自由中国》第15卷第9期第8页。

为所欲为,使"人权自由受到严重的妨害,政治向着反民主的道路发展";弄得"反攻""尚在毫无端倪之时,我们已经失去了自己所有的"基本权利。社论呼吁当局不要再空喊"反攻大陆"了,应当"停止制造精神紧张"①。《自由中国》对国民党台湾当局的抨击日益激烈,以至于发展到1959年公开提出反对蒋介石续任第三届"总统"。

二、"诤臣"胡适难逃厄运

《自由中国》为什么敢于公开发表如此激烈的反对言论呢?这是由于它自恃所言一切均是反共、是"支持并督促国民党政府走向进步"②的。尤其是因为它得到美国某些反共的人多方支持,而胡适又是它的创刊者和发行人。胡适长期以来在政治上支持蒋介石和国民党,在蒋败退大陆前夕还受命去美国游说争取援助。《自由中国》的发刊词,就是他在去美国的轮船上写成的。他在美国担任《自由中国》杂志发行人,后来"发行人"一职虽由雷震继任,他仍然满腔热情地支持这本杂志,并常撰写文章交《自由中国》发表。他多次表示希望自己能当一个蒋介石和国民党的"诤臣"、"诤友"③,推动他们在台湾全面实行西方的自由民主制度。由于胡适在学术和文化教育界的崇高地位,在美国也很有影响,尽管蒋介石对他的一套民主自由不以为然,但在表面上对他一直颇为尊重。1954年台北举行"国民大会"时,蒋还把胡请回来担任大会临时主席。1957年11月蒋又任命他为"中央研究院"院长。胡适支持《自由中国》办成一个"言论自由的机关",并且一再演说、撰文大讲"争取言论自由",甚至规劝"当政的人应该极力培养合法的反对、合法的批评",蒋虽然老大的不高兴,但是碍于胡适在国际上尤其是在美国的声望,不满只能强压心头。

---

① 《自由中国》第17卷第1期第3页,1957年7月1日。
② 聂华苓:《忆雷震》,《黑色、黑色,最美丽的颜色》第22页,三联书店香港分店、花城出版社1986年版。
③ 胡适在中外记者招待会上的讲话(1954年12月18日),台湾《中央日报》1954年12月19日。

以蒋介石"诤臣"、"诤友"自居的胡适,毕竟是一位向往民主
自由的学者,他支持雷震创办《自由中国》,但不为蒋介石所容。

　　然而蒋介石绝不能容忍《自由中国》肆无忌惮地反对自己。他不便直接
向胡适开刀,就杀鸡给猴子看,于 1954 年 12 月 28 日下令将《自由中国》发
行人雷震开除出党。雷震是个在国民党内颇有地位和声望的人,1917 年在
日本即由戴季陶和张继介绍加入国民党,长期在国民党内担任要职,曾为国
民党中央监察委员、1946 年"国民大会"副秘书长。雷在台湾主编《自由中
国》,也是一心要为维护国民党统治和"反攻复国大业"效力的。如今雷被开
除出党,但在胡适支持下撰文批评台湾当局有增无减。《自由中国》的文章
日益尖锐,且标榜"捍卫民主制度"、"支持政府进步",甚至是响应蒋介石的
"直率抒陈所见"号召,使蒋介石和台湾当局欲加压制又要顾虑"影响国际观
瞻"。1956 年 12 月蒋经国的"国防部总政治部"曾在内部发了一个《向毒素
思想总攻击》的极密"特种指示",下令国民党员对《自由中国》的"祝寿"文章
口诛笔伐,使它"在人们心理上产生一种极恶劣的印象",但又要特别注意避
免暴露党员身份。这种"总攻击"当然不能吓退胡适和雷震等人,反而更加

激怒了他们。《自由中国》上抨击国民党的独裁专制的文章更加激烈,还一再鼓吹成立反对党,刊发文章说:"必须创立新党,始能解决台湾面临的任何重大问题。"此后,胡适和雷震等人便酝酿筹组一个"不希望取得政权的在野党",目标就是向国民党独裁挑战,争取政治民主和自由。

如前所述,对蒋介石连任第三届"总统",《自由中国》连续发表文章表示反对。但蒋介石执意要修改"宪法"参选第三届"总统"。于是,一些御用报纸、期刊不断报道众人如何"拥戴"、"期盼",还连篇累牍地发表拥戴信、劝进电。胡适对此十分反感,曾要求当面向蒋介石谏言劝阻,但蒋借词推脱避而不见。胡乃通过陈诚、张群等蒋的近臣向蒋表达己见,"盼望蒋总统给国家树立一个'合法的、和平的转移政权'的风范。不违反宪法,一切依据宪法,是'合法的'"。胡适还说:"为蒋先生的千秋万世盛名打算,我盼望蒋先生能在这一两个月里,作一个公开的表示,明白宣布他不要作第三任总统……如果他作此表示,我相信全国人和全世界人都会对他表示尊敬与佩服。"①蒋介石次第听到陈诚、张群等人的转述后,大不高兴,说胡"以何资格言此? 若无我党与政府在台湾行使职权,则不知彼将在何处流亡矣"②。蒋在日记中更是写下了对胡适的恼恨:"此种无耻政客,自抬身份,莫名其妙,不知他人对之如何讨厌也,可怜实甚。"③甚至说胡适"满心想来操纵革命政治,危险极矣"④。后来闻知胡适已听人劝告不再反对自己参选,蒋介石特意让胡任"国民大会"主席团主席,参与主持选举自己任第三届"总统"事,这实在是对胡适的一种莫大讽刺。

此后,雷震等人在胡适的支持下加紧筹组"中国民主党",蒋介石震怒不已。他不能容许冒出个反对党同自己唱对台戏。1960 年 7 月 9 日胡适离台赴美后,蒋介石决定使用专政手段处置雷震等人。蒋对此亦有斟酌:"雷逆逮捕后,胡适如出而干涉,或其在美公开反对政府时,应有所准备:甲、置

---

① 《胡适日记全集》1959 年 11 月 15 日,曹伯言整理本,第 9 册第 458 页。
② 《蒋介石日记》(手稿本),1959 年 11 月 7 日。
③ 《蒋介石日记》(手稿本),1959 年 11 月 20 日。
④ 《蒋介石日记》(手稿本),1959 年 11 月 28 日"上星期反省录"。

之不理;乙、间接警告其不宜返国。"①《中央日报》等报刊随即连续发表文章,严厉斥责成立反对党是配合共产党"统战"、"造成台湾混乱"的"颠覆阴谋"。9月4日,警备总司令部逮捕了雷震、傅正、马之骕、刘子英四人,罪名是"涉嫌叛乱"。10月8日军事法庭将雷震下狱,罪名是"明知共谋,知情不报"②。虽然蒋介石表白逮捕雷震与组织反对党无关③,但筹备即将就绪,准备9月底正式成立的"中国民主党"因此胎死腹中。在台湾有重大影响的《自由中国》也宣告停刊。

正在美国的胡适对于雷震等人的被捕十分震惊,当即写信给"副总统"陈诚,指出"此举不甚明智",要求"一切侦审及审判皆予公开"④。胡还在美国发表了一篇声明。此乃蒋介石意料之事,当然不为所动,反而斥责"胡适挟外力以凌政府为荣,其与匪共挟俄寇以颠覆国家的心理并无二致"⑤。听说胡适即将返台,蒋介石恶言"此人实为一个最无品格之文化买办","其存心捣乱为难可知,而且若辈所谓自由主义之文化买办们从中纵容无疑,应加防范,但以忍耐为重","我行我事可也"⑥。10月18日,胡适返抵台湾,试图阻挡此案的审理。胡要求见蒋介石,但蒋不予理睬,而是加快对雷震案的结案。胡适无可奈何,只能对记者发表谈话说:"我和雷先生相识多年,我自信至少有资格作这个证人,来证明雷震是爱国反共的人。"⑦直到"雷案"即将最后定谳的11月18日,蒋才接见胡适,明白告诉胡"雷为匪谍案,应依本国法律处治,不能例外"⑧,使胡没有置喙的余地。

胡适对于雷震一案无力施以援手,他对蒋介石抱有的一丝希望也化为乌有。胡醒悟过来自己这个"诤臣"、"诤友"是多么可怜又可悲,很是伤心。此后他郁郁寡欢。在一次讲演中,胡抨击中国传统文化中的弊端,宣泄了郁

---

① 《蒋介石日记》(手稿本),1960年8月31日。

② 台湾当局1960年9月10日称:《自由中国》职员刘子英被捕后,承认自己是中共潜台地下人员,并说此事早已告知雷震,要求雷给以保护。台湾《中央日报》1960年9月11日。

③ 蒋介石对美国记者的谈话(1960年9月14日),台湾《中央日报》1960年9月16日。

④ 胡颂平编著:《胡适之先生年谱长编初稿》第3335页,台湾联经出版公司1984年版。

⑤ 《蒋介石日记》(手稿本),1960年9月20日。

⑥ 《蒋介石日记》(手稿本),1960年10月13日、18日、24日。

⑦ 胡适在台北对记者的谈话(1960年10月22日),《胡适之先生年谱长编初稿》第3343页。

⑧ 《蒋介石日记》(手稿本),1960年11月19日"上星期反省录"。

积于内心的不满,但遭到了一些人的公开围攻。三个月后的 1962 年 2 月 24 日,他终因心脏病猝发而去世。蒋介石认为:"胡适之死,在革命事业与民族复兴的建国思想言,乃除了障碍也。"①他拟了一副"自认为公正无私"②的挽联曰:"新文化中旧道德的楷模,旧伦理中新思想的师表。"③对胡适的民主自由主张和政治上多年效忠自己,只字不提。

三、逮捕李敖等人　查办《文星》杂志

《自由中国》和雷震事件,只是蒋介石在台湾加强政治思想控制之一例。下令封闭宣传自由主义思想、鼓吹全盘西化和西方民主自由而威胁国民党"法统"、"道统"的《文星》杂志,将主要撰稿人李敖以"叛乱"罪判刑十年下狱,也是一个突出事例。

《文星》杂志原是一本侧重于生活和文化的综合性月刊,由萧同兹④之子萧孟能夫妇创办于 1957 年,不见什么起色。1961 年起,李敖在该刊发表大量文章,以其犀利文笔、独特见解而逐渐吸引了知识阶层读者。李敖在《文星》发表的文章,先是从赞颂胡适的自由主义开始。他充分肯定胡适的社会改良主义思想,并说胡对文学革命的贡献、新文化运动的贡献、民主宪政的贡献,都是"国中第一人"。他接受胡适"全盘西化论"的主张,但批评胡适对权势、对传统文化的"委曲求全",是一个保守的自由主义者,后人应当超过他。在此后的文章中,李敖猛烈抨击民族传统文化,其锋芒自然触及到"道统"以及竭力维护"道统"的专制统治,有些文章还指名道姓地批评台湾当局的高官及某些趋炎附势的社会名流。这些文章自然得到许多对现实不满又受到现代文化思潮影响的知识分子的认同和共鸣,但也受到某些人强烈的反击。还由于他抨击民族传统文化是一概否定的民族虚无主义态度,

① 《蒋介石日记》(手稿本),1962 年 3 月 3 日"上星期反省录"。
② 《蒋介石日记》(手稿本),1962 年 2 月 25 日。
③ 台湾《中央日报》1962 年 3 月 3 日。
④ 萧同兹(1895—1973)早年参加中华革命党,1932 年起任中央通讯社社长达二十年,曾为国民党中执委、中常委。到台湾后任国民党中央评议委员、"总统府"国策顾问等职。

逐渐失去了社会的广泛同情和支持，一些反批评的文章拥有越来越多的读者。

本来，李敖挑起的这场主张全盘西化同维护传统文化的"中西文化论战"是一场学术思想争论，但是在一些批评和反批评的文章中，双方都使用了许多嘲讽的语言和人身攻击，甚至互相抛掷"红帽子"，说对方是"匪谍"。论战并未真正在学术思想方面深入展开。由于李敖的文章中有公开抨击国民党统治的内容，自然为蒋介石和国民党当局所不容。当局先于1965年12月查封了《文星》杂志，继于1967年以"妨害公务"的罪名侦办李敖，后来竟然以"叛乱"罪将李判刑十年。这使得向往自由民主的知识分子噤若寒蝉。

蒋介石的极权专制统治，使台湾人民尤其是青年知识分子感到窒息难忍。据统计，1956年至1973年，台湾省有三万二千名大学毕业生出国，只有三千人回来①，不及十分之一。据美国学者何保山(Samuel P. S. Ho)分析，台湾物质水平较低固然是一个原因，"但缺少政治自由和在一个仍然墨守传统和忠于一党的社会准则的社会中要想取得很快进步而机会有限，也是促成外流的因素"②。

四、想方设法促进经济发展

在台湾的统治，蒋介石一改过去只抓军队和政权的做法，吸取在大陆统治崩溃的教训，采纳有识之士的建言，对于经济问题颇为重视。他放手让陈诚重用一批既熟识经济，又头脑清楚的如尹仲容这样的人才，改革币制，提高存款利率，改革税制，压缩行政开支，以平抑物价，改善民生。1952年，台湾的农业和工业均已恢复到历史上的最高水平，经济开始呈现稳定的局面。

从1953年起，蒋介石督饬陈诚和台湾当局连续实施每四年为一期的经济建设计划，实施"以农养工，以工促农"的方针，使台湾以农业为主的经济

---

① 台湾省主计处编：《中华民国统计提要》1974年，表178。
② ［美］何保山：《台湾的经济发展(1860—1970)》第296页，上海译文出版社1981年版。

逐步转为工业为主。1953—1956 年第一期四年计划的重点是提高农业和工业生产能力,充实物资供应,增加出口减少进口,以求对内稳定经济,对外改善国际收支状况。1957—1960 年第二期的重点是开发资源,增加农业生产,加速发展工业,扩展出口贸易,平衡国际收支。

1961 年 7 月,秉承蒋介石旨意,陈诚邀请经济界人士和专家举行"阳明山会谈",商讨如何加速复兴台湾的经济发展,增进人民生活。与会者纷纷建言,要确立长期经营和建设的方针。换言之,不要只着眼于"反攻复国"。蒋介石审时度势,眼看"反共复国"已难以收揽人心,便提出"复国建国"的新口号,并说"建国"工作比"复国"工作更为艰巨,要达到"复国建国"的目的,首先要把台湾建设好,要实现现代化经济,就是"由初期的以农业为重点的建设,安定农村经济,支持并促进工业的发展,乃进而至于以工业为重点的建设,促进农、工、商事业,并以促进国民经济建设,使人人能生活,人人享幸福",达到"均富与安和"的目的[①]。于是 1961—1964 年第三期的目标,定为改善投资环境,提高生产能力,增强产品的国际竞争力,扩展对外贸易,减少对美援的依赖,将整个经济逐步引向外向型结构。经过四年的实施,台湾经济的工业比重在 1963 年已达到 51.29%,超过了农业,工业的固定资产比重达 68.44%,出口产品中工业品的比例也增加到 41.1%[②]。这表明台湾原来以农业为主的内向型经济,正在向以工业为主的外向型经济形态转变。

在台湾经济初步发展的过程中,美国给予的经济援助,起了相当显著的作用。据台湾方面公布,1951 年至 1965 年 6 月的十五年间,美国经援额达十四亿八千二百万美元。对于台湾这样一个不过一千万人口上下的海岛来说,每年得到约一亿美元的援助,这是一个不小的数字,成了恢复和发展经济的重要资金来源。台湾在这期间进行规模较大、需要资金较多的项目,如电力、肥料工业、石门水库水利工程、铁路、公路等建设,均有美援投资。据统计,在 1952—1960 年的台湾固定资产形成中,美援占 26.7%;在

---

① 蒋介石:《复国建国的方向和实践》(1962 年 11 月 19 日在国民党八届五中全会上的讲话),《先总统蒋公全集》第 2776 页。

② 周恁、齐欣、魏大业编著:《台湾经济》第 95 页,台湾中国财政经济出版社 1980 年版。

1951—1963 年的台湾基本建设中,美国资本占 75％[①]。曾任台湾"经济部长"、"行政院美援运用委员会"副主任委员的尹仲容说过:"将台湾的情形与任何国家比较,不要忘了我们每年接受了约一亿的美援。假如没有这笔美援,仅凭我们自己的经济力量,还不能达到目前的水准。换句话说,我们的成长率不是全凭我们经济内部的成长力量所产生的。"[②]

1965 年美援停止后,台湾经济进一步发展需要的大量资金从何而来?蒋介石和台湾当局把目光指向海外华侨。蒋介石呼吁:"切望我海外同胞,效法先烈追随国父冒险犯难、输财救国之革命精神,一致奋起、发挥力量。"[③]台湾当局还专门开设"华侨银行",吸储侨资。海外侨胞的大量资金流入台湾,对于台湾经济的持续发展起了重要作用。

与此同时,台湾当局还积极争取国际金融组织以及美国、日本、欧洲各国公私银行给予贷款,据统计在十余年间达六十五亿余美元之多。

台湾第四(1965—1968)、第五(1969—1972)两期四年计划,是大力扩展外销加工业。台湾当局重点放在设立加工出口区,改善投资环境,改进经济结构,提高生产技术和管理水平,改善国际收支状况。由于当时资本主义世界各主要国家正处于经济繁荣时期,他们的工业由劳动密集型向技术密集型过渡。台湾以充分的劳力资源大力发展加工出口经济,就成了美国、日本等资本主义大国竞相投资的场所。台湾确立了以输入原材料、利用廉价劳动力加工装配、然后输出产品的出口导向型经济,工业生产由面向省内市场转向国际市场,台湾工业因此获得了高速度发展,第四期四年计划间平均增长率为 17.8％,第五期达 21.3％[④],出口贸易的工业产品比重从 1965 年的46％增加到 1972 年的 83.3％。在工业内部,重工业的比重逐年加大,至1966 年超过了轻工业;同时,纺织、电子、电器工业也有迅速发展[⑤]。

---

① [美]何保山:《台湾的经济发展(1960—1970)》第 132 页。

② 尹仲容:《台湾经济十年来的发展之检讨与展望》第 287 页,"国际经济合作发展委员会"经济丛刊之 18,1970 年版。

③ 蒋介石:《第十三届华侨节告海外侨胞书》(1965 年 10 月 21 日),《先总统蒋公全集》第3590 页。

④ 秦孝仪主编:《中华民国经济发展史》第 1226--1237 页,台湾近代中国出版社 1983 年版。

⑤ 《中华民国经济发展史》第 1247 页。

台湾经济由恢复到发展,得到相当高的速度增长。进入 60 年代后,年增长率持续保持在两位数上,这不仅在亚洲地区处于领先地位,在世界范围也令人瞩目。据世界银行 1977 年统计一百二十五个国家和地区中,台湾国民所得居第三十八位,比韩国还高十二位。这对于稳固蒋介石的统治地位,作用是不言而喻的。

五、掀起"中华文化复兴运动"

在台湾经济上有所发展、政治统治比较稳固的基础上,蒋介石于 1966 年 11 月提出"复兴中华文化"的口号,掀起了一个"中华文化复兴运动"。

这年 11 月 12 日,是孙中山诞辰一百周年,台北市阳明山上新建起了一座中山楼中华文化堂,蒋介石发表一篇《对中山楼文化堂落成纪念文》。这篇文章说,"伦理、民主、科学,乃三民主义思想之本质,亦即为中华民族传统文化之基石","三民主义思想不惟为中华民族文化之汇归,而三民主义之国民革命,乃益为中华民族文化之保卫者"。他说,台湾是"汇集中华文物精华唯一之宝藏"和"发扬我中华民族文化使民富且寿之式范"[1]。接着,他采纳了孙科、王云五等人的建议,发起中华文化复兴运动,定每年 11 月 12 日为"中华文化复兴节",于 1967 年 7 月成立了一个"中华文化复兴运动推行委员会",自任委员长,指定孙科、王云五、陈立夫为副委员长,在岛内及海外推行"文化复兴运动"。

蒋介石掀起"文化复兴运动",提出了一个所谓中国文化、三民主义、"中华民国"的"三位一体论"。他借用孙中山的某些言论加以阐述,说孙中山的思想基础就是中国几千年的传统道统,"三民主义以继承我中华民族之道德为己任",台湾的"中华民国"则是中国文化的"保卫者"[2]。他说,"孔孟学说精深博大,以仁爱为中心";而孙中山的三民主义是"以孔孟学说的仁爱精神

---

① 蒋介石:《对中山楼文化堂落成纪念文》(1966 年 11 月 12 日),《先总统蒋公全集》第 4231 页。

② 蒋介石:《对中山楼文化堂落成纪念文》(1966 年 11 月 12 日),《先总统蒋公全集》第 4231 页

为精髓",将伦理、民主、科学归纳为仁、义、智。"因此,三民主义乃中华民族文化的正统思想,而孔孟学说的阐发,实有助于三民主义的实行"①。于是,三民主义就是中华优秀文化的集粹,实践三民主义就是复兴中华文化,拥戴蒋介石统治的台湾就是"保卫"中华文化的公式在台湾盛极一时。蒋介石督饬部署有关部门在台湾和海外华侨聚居地,采取多种措施推行"文化复兴运动",如推动对古代哲学思想的阐发,对古典文学和戏剧、书法的研究,对古籍的注释和出版,以及对国民生活的辅导,等等。

蒋介石掀起"文化复兴运动",也是针对当时中国大陆"文化大革命"的。他说:"中华文化复兴运动"实际上是"三民主义思想向大陆更积极更全面的进军","是要凭藉我们传统的人本精神和伦理观念,来唤醒这一代人的理性与良知,以建立起反共斗争真正坚强和必需的心理基础与精神动力"②。然而,大陆的"文化大革命"虽然越演越烈,却并没有如他所希望的导致中国共产党的崩溃。蒋欲借此"光复大陆",终究只是黄粱一梦。

其实,开展"中华文化复兴运动",也是蒋介石挽救台湾社会道德沦丧的紧迫需要。一些年来,台湾随着对美国依赖的加深和对外经济发展、社会对外开放、旅游事业兴盛,美国军政人员和外国各种人员大量涌入,许多腐朽风气、色情文化和生活方式,也如同细菌一般侵蚀到每一个角落。同时一些达官显贵骄奢淫逸,醉生梦死,社会风气江河日下,娼妓公开化、合法化,甚至以"性观光"招徕外国游客。据台湾官方公布的数字,得到当局允许而领有营业执照公开卖淫的娼妓逐年增加,至 1966 年达四万一千人,至于暗操色情职业的私娼则难以数计。在奢逸和色淫的毒害下,男女青少年受到严重腐蚀,道德水准日趋下降,赌博、吸毒、盗窃、狎妓、卖淫等层出不穷;有些青少年结成流氓集团、不良帮派,时时发生群殴械斗、结伙抢劫、轮奸凶杀等犯罪案件,破坏社会秩序,扰乱社会治安。许多人忧心忡忡,大声疾呼要重整伦理道德,改良社会风气,充实国民精神生活。与此同时,也有人鼓吹"全

---

① 蒋介石:《对孔孟学会第七次大会颁词》(1967 年 4 月 10 日),《先总统蒋公全集》第 3640 页。

② 蒋介石:《在国民大会行宪纪念大会致词》(1966 年 12 月 25 日),《先总统蒋公全集》第 2920 页。

盘西化",指责台湾当局所固守的"四维""八德",以至对国民党的"道统"发出怀疑。蒋介石和陈立夫、王云五等人深感势态之益趋严重,于是寄希望于"复兴中华文化",倡导"礼义廉耻"等传统文化、伦理道德,冀图以此改变骄奢淫逸的社会风气,维护摇摇欲坠的国民党"道统"。

1968年1月9日,台湾举行"国家安全会议"第六次会议,蒋介石出台了一个《当前社会风气指导纲领》,要求将"革除奢侈浪费"、"取缔妨害风化"、"戢止凶杀暴行"、"肃清盗窃流氓诈骗烟毒"、"消除社会脏乱"、"惩治贪污渎职"、"提倡正当娱乐"、"引导人性向善"八项,作为"中华文化复兴运动"的重点。蒋介石还亲自审定中小学"伦理道德课程",提出礼、食、衣、住、行、育、乐七个方面具体的规范标准,以期从家庭、学校、社会各个方面提高民众的伦理道德水平。随后,秉承蒋介石的旨意,台湾当局制订了一整套包括衣食住行各方面共九十九条的《国民生活须知》,规定得十分详细周密,冀图借此来解决社会风气败坏问题。

"文化复兴运动"并没有能使蒋介石增强对台湾人民的思想文化统治,但使许多台湾同胞和海外侨胞比较多地回顾和熟知了中华民族的悠久历史和文化传统,出现了重视历史文化、回归民族传统的趋势;同时他们也越来越关注国家、民族和台湾的命运和前途。1970年七八月间,台湾的"中国石油公司"与美国有关企业签约,对钓鱼岛附近海域进行勘探,日本政府出面反对。蒋介石在8月14日日记中说,"中美对尖阁群岛海底探测油矿已经签字,日本不敢再提异议"[1]。两天后他又在日记中写道:"尖阁岛主权问题,我国不仅没有放弃,即琉球主权问题,在历史上任何政府亦未有承认其为日本的,而且在第二次世界大战日本投降时,已明确承认其所有外岛皆已放弃之事实,以我国政府为和邻敦睦之宗旨,故从未提及主权问题(为此一小岛之争执)而已,但中国政府与四百年之历史,并未认此为日本主权,亦从未见有条约之规定也。"[2]但日方坚持说对钓鱼岛拥有主权,蒋介石连日思考,认为"尖阁群岛与大陆礁层问题,先解决礁层为我所有,而岛的主权问题

① 《蒋介石日记》(手稿本),1970年8月14日。
② 《蒋介石日记》(手稿本),1970年8月16日。

皆不提及,但对美国应声明琉球问题,中国不同意,其未经中美协议而归还日本,我保留发言权"①。他还考虑:"大陆礁层探油问题,我决批准与美公司协约,以我测变判断,美恐归还琉球后日将独占大陆油矿,为美后患更大也。""钓鱼台群岛对我国防有关,故不能承认其为属于琉球范围之内也。"②他进一步考虑:"钓鱼列岛之主权拟订政策:甲、大陆礁层全由我所有权。乙、钓鱼岛陆地不予争执,亦不承认为日本所有权,作为悬案。"③9月17日,台湾驻美"大使"周书楷向美国助理国务卿格林(Theodore Green)就钓鱼岛列屿的法律地位发表了一个声明,说明"该列屿与中华民国台湾省之关系"。

1970年11月,台湾与日本、韩国成立了"海洋开发"和"经济合作"两个"特别委员会",准备合作开发钓鱼岛附近海域和其他邻近中国和朝鲜的浅海海域蕴藏的石油。消息传出,在美国纽约、新泽亚、康涅狄克、威斯康辛等地的中国留学生组成"保护中国领土钓鱼台行动委员会",发起签名,要求台湾当局采取行动,保护中国对钓鱼岛列屿的主权。"保钓运动"更加推动了台湾人民和海外侨胞的祖国意识的觉醒,悲愤地喊出"甲午耻,犹未雪,家国恨,何时灭?""中国领土不容再断送,中国主权不可再丧失!"的心声④,表明炎黄子孙的"民族良心并没有因为国家分裂而分离",相反"更殷切的需要中国的统一"⑤。一时,"骄傲地做今日的中国人"、"回归中国"⑥的呼声,在台湾和海外的炎黄子孙尤其是知识分子中日趋强烈。1971年3月,旅美中国教育界、科学界人士五百二十三人联名上书蒋介石:"钓鱼台群岛为中国领土,法理、史实均确定无疑。国人等谨请政府保持坚定立场,抵抗日本新侵略。并在钓鱼台主权问题未解决之前,请坚决拒绝参加所谓《中日韩联合开发海底资源协议》之签订会议。国人等身居海外,心怀邦国,事关国家大计,

---

① 《蒋介石日记》(手稿本),1970年9月11日。
② 《蒋介石日记》(手稿本),1970年9月12日。
③ 《蒋介石日记》(手稿本),1970年9月14日。
④ 《〈明报月刊〉所载钓鱼台群岛资料》第246页,香港明报出版社1979年版。
⑤ 《〈明报月刊〉所载钓鱼台群岛资料》第280页。
⑥ 《〈明报月刊〉所载钓鱼台群岛资料》第255页。

不忍缄默,至希垂鉴。"①蒋介石深知,解决钓鱼岛主权争议的关健在美国。4月2日,他致电周书楷,命其与美国政府交涉;8日又命张群致电周书楷,指示其会见尼克松时,说明"钓鱼台案与我国关系至为切要,促请其注意我方前递《节略》,尊重我方主权并及早惠予答复"②。

六、无力阻挡国际格局的剧变

　　蒋介石能够在孤岛负隅而安二十余年,尽人皆知是托庇于美国。进入60年代后,形势逐渐有所变化。美国政府从1965年7月1日起停止对它的经济援助,军事援助也有所削减。蒋介石曾经于1960年、1962年、1965年、1966年几次跃跃欲试进犯大陆,都得不到美国政府的支持。无论是肯尼迪政府(1961—1963)还是约翰逊政府(1963—1969),他们从全球战略所面临的局势和自身利益考虑,都不能贸然为支持蒋介石而与新中国交战。

　　随着国际形势的发展和变化,美国政府敌视新中国、庇护蒋介石的对华政策,在世界上越来越孤立,受到西方盟国的批评抵制和国内各阶层人士的非议指责。1961年美国民主党人肯尼迪(John Fitzgerald Kennedy)入主白宫后,对华政策开始逐渐出现一些细微的变化和调整。1964年法国和中国建交。同年10月中国试爆原子弹成功。中国在世界的影响日益扩大,国际地位不断提高。而美国在亚洲的战争政策继朝鲜之后在越南又一次失败,对中国的封锁和冷战又陷入死谷,迫使美国政府不得不从根本上重新考虑对华政策。1965年2月6日,担任远东事务副国务卿的格林(Theodore Green)表示,希望美国和中国大陆的关系能够扩展。一年后的4月16日,美国国务卿腊斯克在国会的一个会议上说,美国愿意与中国扩大非官方的来往,在华沙继续保持两国的直接外交联系,并表示"美国无意进攻中国大陆"③。1967年10月美国总统约翰逊(Lyndon Baines Johnson)访问远东六

①　台湾《中央日报》1971年3月16日。
②　《总统府秘书长张群致电驻美大使周书楷》,1971年4月8日,台湾"国史馆"档案。
③　Yim,Kwan Haed,*China and the U.S,1964—1972*,New York 1973,P.117.

国,但却不到台湾。所有这些,蒋介石都觉察到了。他先后派蒋经国、宋美龄、严家淦等多人去访问美国,还曾表示愿意派出军队去越南参战,然而都没有得到美国官方的积极反应。美国只是出于亚洲、太平洋战略的需要,表示继续承担"共同防御"台湾地区的义务和维持台湾在联合国的席位。

1969年1月,尼克松(Richard M. Nixon)入主白宫。中国在国际上尤其是在亚洲的举足轻重的地位,促使他采取一系列措施改变对中国的政策。是年7月美国政府发布通告:美国人可以购买一百美元以内的大陆商品;持美国护照的国会议员、记者、科学家等可以前往大陆旅行。12月又宣布撤消第七舰队在台湾海峡的巡逻。1970年中、美两国在华沙恢复大使级会谈。中国政府也作出反应,1971年4月邀请美国乒乓球队到大陆来比赛和访问,在全世界引起轰动。尼克松的对华方针是"以谈判代替对抗",他于7月派遣国家安全事务助理基辛格(Henry Kissinger)访华。中国政府向尼克松发出访华邀请,打开了中美高级会谈的大门,在国际上引起连锁反应。蒋介石和台湾当局对美国一系列措施惊恐不安,甚至向美国政府提出强烈抗议。但尼克松只是说:"我们谋求同中华人民共和国建立新的关系的行动,不会以牺牲我们的老朋友的利益为代价的。"①

这期间,蒋介石谋求联手苏联来实现"反攻大陆"的梦想。由于六十年代初起中共与苏联交恶之后,苏联领导人有意推动中共推倒毛泽东,意想联合台湾当局的力量。从1967年双方驻墨西哥的外交代表接触开始,双方往还不断。蒋介石不断指示交涉要点,同时也警觉苏方之"不怀好意"。他在1968年9月7日的日记中写道:"我反攻复国政策,亦只有利用俄共此一转机,方能开辟此一反攻复国之门径。否则如专赖美国,只有冻结我在台湾为其家犬,决无光复大陆之望。此为国家存亡、民族盛衰之最大关键,不得不存此决定,但必以十分慎重出之。"②在9月底的《上月反省录》中写道:"俄共阴诈,过去能所之经验苦痛,又使人不寒而栗也。"他对美国已表失望,云:"美国之无智与凶险,其与俄共相较实有过之,而其自私之作为,或更甚于俄

---

① 尼克松1971年7月15日电视演说,见《中美关系资料选编(1971.7—1981.7)》第32页,时事出版社1982年版。

② 《蒋介石日记》(手稿本),1968年9月7日"上星期反省录"。

转动着地球仪,蒋介石是在寻找自己还可以得到哪几个
国家的支持?

共者也。"①他明白写道:"若不能醒悟兴起,痛下决心,则光复无望,终成为
美国之门犬……惟有自今日始,对美绝望,决另起炉灶。"②

　　这时,一个名曰路易斯的苏联人以《伦敦晚报》驻莫斯科记者的身份来
到台湾,台湾新闻局长魏景蒙接待了他。路易斯表现得甚为神秘,言谈之
间给人印象似乎可以直通苏联最高领导。蒋介石直接掌握了他的行踪,10

---

　　①　《蒋介石日记》(手稿本),1968 年 9 月"上星期反省录"。
　　②　《蒋介石日记》(手稿本),1968 年 10 月 20 日"上月反省录"。

月 29 日蒋经国还应邀与他见了面。此后,路易斯与魏景蒙密切联系,时有函电往还。尤其是 1969 年 3 月中苏两国军队在珍宝岛发生军事冲突后,1969 年 5 月和 1970 年 10 月,路易斯与魏景蒙两次在维也纳会谈,还曾约罗马会晤(未果)。蒋介石均亲自设计谈判条款交魏。只是你来我往,并不投机。

蒋介石也有所防备,在 1969 年 7 月 15 日的日记中写道:"恢复大陆领土主权问题,俄共如不能与我等先解决,或其阳为同意而阴无诚意,则切不可与其合作,否则满清入吴,对于吴(三桂)、洪(承畴)之欺诈,应引为鉴也。"[①]至 1970 年来,路易斯方面不再有回音,墨西哥方面也无有进展。蒋介石心灰意懒了;何况柯西金和周恩来的北京机场会谈以及此后双方表明都不使用武力,表明苏联和中国都不想打仗。蒋介石无机可乘,丧失了联手苏联反攻大陆的信心,一场梦幻就此收场。

1971 年 10 月 25 日,联合国第二十六届大会以七十六票赞成、三十五票反对、十七票弃权的压倒多数通过决议,恢复中华人民共和国在联合国的一切合法权利,并把台湾派出的代表从联合国及其所属一切机构中驱逐出去。这是对蒋介石和台湾当局的沉重打击。蒋气恼至极,怒骂联合国"已向暴力屈服,已成众恶之源"[②]。为了稳住受到巨大冲击而灰心丧气的军心和民心,他表示:"无论国际形势发生任何变化,我们将不惜任何牺牲,从事不屈不挠的奋斗,绝对不动摇,不妥协。"[③]他要求部属"庄敬自强,处变不惊"。

然而,国际格局的剧变,犹如大江东去势不可挡,蒋介石惊叹不已。中华人民共和国的合法地位在联合国得到恢复后,比利时、秘鲁、墨西哥等几十个国家迅速和台湾当局断绝外交关系,改与中华人民共和国正式建交。1972 年 2 月,美国总统尼克松访问大陆,与中国政府总理周恩来共同签署《上海公报》,表示要"促进中美关系走向正常化",并且宣布:美国政府认识

---

① 《蒋介石日记》(手稿本),1969 年 7 月 15 日。
② 蒋介石:《为联合国通过非法决议告全国同胞书》(1971 年 10 月 27 日),《先总统蒋公全集》第 3757 页。
③ 蒋介石:《为联合国通过非法决议告全国同胞书》(1971 年 10 月 27 日),《先总统蒋公全集》第 3758 页。

到,台湾海峡两边的中国人都认为只有一个中国,台湾是中国的一部分,美国政府对这一立场不提出异议,仅重申对中国人自己和平解决台湾问题的关心。考虑到这一前景,美国将以撤走在台湾的全部美国武装力量和军事设施定为最终目标①。蒋介石对尼克松调整对华政策之举十分恼火,但他怪罪孔令侃:"尼丑未当选以前,来台北相访,彼满怀我协助其选举资本,应(因)其未先提,而我亦未提也。此等政客,成事不足败事有余,此乃吾妻专听令侃一面之词所致。今国患至此,令侃之罪不小也。"②这是因为尼克松于 1967 年4 月访台时,蒋介石听信了孔令侃的主意,没有给尼克松明年的竞选总统资助。蒋把尼克松的对华政策变化看作是他心胸狭隘、睚眦必报之举。1972 年9 月,与台湾当局多年密切相处的日本,也承认中华人民共和国为代表中国的唯一合法政府,实现了两国关系正常化。至 1973 年 2 月,只剩下三十九个国家还同台湾当局保有"外交"关系。蒋介石无力挽狂澜于既倒,只是对部属说:"从此以后,我们要比以前更依靠自己。"③悲凉的心情溢于言表。

①　《人民日报》1972 年 2 月 28 日。
②　《蒋介石日记》(手稿本),1971 年 12 月 14 日。
③　沈剑虹:《使美八年纪要》第 14 页,世界知识出版社 1983 年版。

第二十四章　传位交权给蒋经国

　　1972年3月,已经八十五岁的蒋介石又连任第五届"总统"。他在宣誓就职时声称,自己"毅然决然,不顾年事已高,忧责之重,继续竭其忠贞愚虑","完成我国民革命的再北伐,中华民国的再统一"①。这一番冠冕堂皇之言,实在难有几个人会相信。事实上,此时的蒋介石,年迈力衰,体弱多病,早已不问日常政务,除去一些重大活动如会见外国元首和重要官员,出席重要会议外,深居简出,甚至离开了台北阳明山,住到台中日月潭边,以研读宣扬基督教义的《荒漠甘泉》和孔孟儒学、程朱理学自娱。他已经安排由自己的儿子蒋经国来执掌统治台湾的大权。就在他宣誓就任第五届"总统"的几天后,即提名任命蒋经国为"行政院长",随即组成新的"行政院"。台湾就此由蒋介石统治时代开始进入蒋经国统治时代。

　　以中国传统的封建宗法观念为本的蒋介石,欲传位交权于蒋经国,起始于尚在大陆之时;到最后正式任命蒋经国为台湾"行政院长",历经二三十年的苦心培育。这是他为了既要使蒋经国能够完全体察自己的苦心孤诣以继承己志,同时又能使蒋经国以实绩赢得"众望所归"。

---

① 蒋介石:《宣誓就任第五任总统致词》(1972年5月20日),《先总统蒋公全集》第3771页。

1949年，蒋介石父子在溪口

蒋经国在台湾忠实地执行蒋介石的
独裁政策

蒋介石夫妇与蒋经国在台湾

蒋介石、宋美龄居家小照

一、送子赴苏深造之意外

蒋经国是 1910 年 4 月 27 日（清宣统二年三月十八日）生于奉化溪口的,乳名建丰,生身母亲毛福梅,是蒋介石的发妻。蒋经国幼年深受祖母和母亲的喜爱,在她们抚育下成长,六岁起入溪口武岭学校,十三岁至上海,先读于万竹小学,后入浦东中学。其间蒋介石虽戎马倥偬,多不能将蒋经国带在身边,但对他的管教还是常挂心间,经常写信督促他认真读书、写字,要他用心读《说文解字》,读《诗经》、《尔雅》,读《论语》、《孟子》,读《曾文正公家书》,努力学习英文。1925 年上海发生“五卅”惨案,民众掀起反帝爱国运动,十六岁的蒋经国血气方刚,积极参加游行罢课,被学校当局以“行为越轨”而开除。时在广州的蒋介石闻讯后,派人把他送到北京,进入吴稚晖办的外语补习学校学习法文。不久,蒋经国又参加了当地学生反对北洋政府的示威游行,被监禁了两个星期。嗣后,他从天津乘船南下至广州,来到了蒋介石的身边。

这时,国民党实行联俄容共扶助农工政策,苏联开办孙逸仙大学（后称莫斯科中山大学）,正从广州和全国各地选招革命青年,包括一批国民党高级人员的子弟赴苏留学。在以贯彻执行孙中山三大政策赢得苏联顾问信赖的蒋介石,遂同意蒋经国去苏联①。蒋经国于 1925 年 10 月离沪。他入莫斯科中山大学后,取名“尼古拉”,与邓小平、廖承志、乌兰夫等同学,不到几个星期即加入共青团。

1927 年春,蒋经国在苏联学习正认真努力之时,传来了蒋介石在上海发动“四一二”政变的噩讯。受到革命教育的蒋经国异常愤慨,在报上公开发表声明,强烈谴责蒋介石的行径。他说:“蒋介石的叛变并不使人感到意外。当他滔滔不绝地谈论革命时,他已经逐渐开始背叛革命,切望与张作霖和孙传芳妥协。蒋介石已经结束了他的革命生涯。作为一个革命者,他死了。他已走向反革命并且是中国工人大众的敌人。蒋介石曾经是我的父亲

---

① 《蒋介石日记》（手稿本）1925 年 10 月 1 日记:“复经儿信,准其赴俄留学也。”

和革命的朋友。他已经走向反革命阵营,现在他是我的敌人了。"①蒋经国改名"叶利扎罗夫"在莫斯科的红军第一师受训。一年后转入列宁格勒的红军托玛契夫中央军事政治学院深造三年。

留学苏联的蒋经国,受到蒋介石反共反苏的影响,一度被遣送到工厂当学徒,受到严峻的磨砺。

随着国共关系的恶化,蒋经国在中共驻共产国际代表王明等人的刻意安排下,先后被派往莫斯科狄那莫电机厂当学徒,被下放到莫斯科郊区的石可夫村去劳动,在一个车站当搬运工,到西伯利亚阿尔泰金矿去淘金,直到1933年春到乌拉尔重型机械厂当技工。由于他接受了革命教育并经历了艰苦劳动生活的磨练,先曾在石可夫村被选为村苏维埃副主席,后在乌拉尔重型机械厂任技师、助理厂长兼《重工业日报》的主编。1935年3月,蒋经

---

① 汉口《人民论坛》报 1927 年 4 月 24 日。

国和铁路工人的女儿、乌拉尔重型机械厂女工法伊娜·瓦赫列娃·芬娜结婚①。这年12月生下儿子艾伦(后被蒋介石命名孝文)。

1936年1月,以蒋经国署名的一封给母亲的信在列宁格勒《真理报》上发表,信中严厉谴责蒋介石"围剿"工农红军的罪行,痛斥他"一次又一次出卖了中国人民的利益,他是中国人民的仇敌"。这封公开信还提醒他母亲:"您记得否? 谁打了您,谁抓了您的头发,把您从楼上拖到楼下? 那不就是蒋介石吗? 您向谁跪下,哀求让您留在家里,那不就是蒋介石吗? 谁打了祖母,以至于叫祖母死了的? 那不就是蒋介石吗? 这就是他的真面目,是他对待亲人的孝悌与礼义。"②这封信并不是蒋经国写的,但在世界各国广为传播,使蒋介石十分难堪。

二、寻找回国,刻意培植

蒋经国一去苏联十余载,蒋介石时以为念而不安,尤其是每次回奉化故里,发妻毛福梅总是闹着要"还我儿子"更勾起他的烦恼。在西安事变后,蒋介石曾向中共代表周恩来提出帮助寻找蒋经国回国的要求,周表示尽力帮助。同时,蒋也命驻苏使馆的邓文仪等人努力寻找。1937年3月25日,蒋经国带着妻子和儿女离开苏联返国。蒋介石虽然对他在苏联发表公开信的余怒未消,但看到儿子如今带着媳妇和孙儿回到身边来,经陈布雷等人缓颊,还是宽恕了他,并将芬娜改名为蒋方良。蒋经国回到奉化溪口,跪见生母毛福梅,又按中国习俗与妻子补行了婚礼。此后按照蒋介石的安排,蒋经国住在溪口,回顾和总结了在苏的生活,后在徐道邻的辅导下,读《曾文正公家书》和《王阳明全集》③。

---

① 蒋经国:《我在苏联的日子》(1937年5月),《蒋经国自述》第14—24页,团结出版社2005年版。

② 美国《纽约时报》1936年4月29日,转引自江南《蒋经国传》第68页,中国友谊出版公司1988年版。有资料认为这封信是王明撰写,迫使蒋经国签名的。

③ 蒋经国:《一个平凡的伟人》,《风雨中的宁静》第38页。蒋介石写信嘱咐蒋经国说,"此时你应安心练习汉文,研究历史与哲学,使为他日为国家与社会服务,不愧为蒋氏之子,为最要。"(《先总统蒋公思想言论总集》第35卷第318页。)

抗日战争全面爆发后,在奉化的蒋经国再也无法静心读书,一再要求报效祖国。1938 年 1 月,蒋经国到武汉去探望蒋介石,相处了三天。蒋介石对蒋经国的言行举止甚为满意,在日记中写道:"经儿来省,觉其见鲜明晰。常识较富,而举止亦有规范,不失大家子弟之风,是用快慰。"①深谙蒋介石心意的江西省主席熊式辉,提议蒋经国到江西去,蒋介石欣然同意。于是蒋经国至南昌任省保安处少将副处长,兼任省政治讲习学院(后改称省青年服务团)总队长和省新兵督练处长。他没有完全丢弃在苏联养成的优良作风,经常深入连队,与士兵同住宿,同娱乐,同吃大锅饭,经济公开,不克扣伙食,赏罚公开,不打骂士兵。这种平易近人和廉洁清正的作风,为国民党官场所罕见,迅速赢得了官兵的信任与好感。

一年后,三十岁的蒋经国调到赣州任江西第四行政区行政督察专员兼保安司令,又兼赣县县长。他把赣南作为自己施政的实验区,宣称建设赣南即建设江西乃至建设新中国伟业之一部分,大刀阔斧地干了起来:先"除暴安良",打击地方恶霸豪绅的气焰,建立起地方秩序;继"整饬吏治",惩办贪官污吏,还常微服私访,震慑地方官员;又下令禁烟、禁赌、禁娼,雷厉风行地惩处了几个违禁的官太太和衙内,以杀一儆百。翌年,蒋经国提出了"建设新赣南"的口号,说要把赣南建成三民主义模范区,建成一个"人人有饭吃、人人有衣穿、人人有屋住、人人有工做、人人有书读的新天地"。他制订出一个"新赣南三年建设计划",后来又宣布实行"五年计划",说要在赣南这个贫瘠的山区,兴建三四个钢铁厂、炼铜厂和机器制造厂,促进农业机械化,建设现代化城镇,把赣城扩建成为一个有五十万人口的现代化城市,等等。蒋经国颁布的"新赣南土地政策",由中国农民银行出钱收购地主的多余土地,再转贷给农民②。只是对于这样庞大的目标,在艰苦抗战的条件下又"缺少详细计划"③,更没有切实措施,结果是空热闹了一场。

在江西六年,显示了蒋经国的一番雄心壮志,深得蒋介石的赞许。1944年 1 月,蒋介石把他调到战时首都重庆,担任三青团中央干部学校教育长和

---

① 《蒋介石日记》(手稿本),1938 年 1 月 24 日。
② 蒋经国:《新事业》,江西正气出版社 1943 年版。
③ 蒋经国自己也承认这点。见江南:《蒋经国传》第 101 页。

一心要"建设新赣南"的蒋经国，经常深入民间考察实情。

中央团部组训处处长。应当说，蒋介石培植蒋经国主管三青团是早有安排的。还在 1939 年初，蒋介石即调蒋经国到重庆的中央训练团党政班第三期受训一个月，回到江西后不久即被任命为三青团临时中央干事、江西支团部筹备主任。蒋经国对三青团的劲头很大，在江西赤硃岭开办"三青团江西支团部干部训练班"，以后又办江西青年夏令营和虎岗青年夏令营，训练了一批又一批青年干部，排除了复兴社康泽系的人马，以"青干班"为核心完全控制了江西的三青团。现在蒋经国调到重庆，进入三青团的中央领导，先从训练干部入手，这在蒋介石来说，实是传授"黄埔建军"的经验，"用最短的时间，采取有效的措施，培训一批高层的'嫡系的嫡系'"[①]。蒋经国提出中央青干校要培养出"二高三能三大"的"革命干部"来，即要具有：高深的政治素

___

① 蔡省三、曹云霞：《蒋经国系史话》，香港《七十年代》1979 年 8 月号。

养,高深的领导才能;能文,能武,能开汽车;识大局,担大任,办大事。他亲自主持新生训练和政治组训、教学等各项工作,还组织学员民主管理,访贫问苦,劳动竞赛,实验治校等等,一开国民党训练干部的新风。蒋介石时时刻刻关注着蒋经国,一次在给他的信中告诫说:"作事应注意当地实际工作,不能施以对外宣传。以吾家子弟,愈能隐藏,则不受世人忌嫉,亦即吾家愈能积德积福,亦即所以报告之福泽,为后世子孙多留余荫也。此乃壮年人,尤其汝等,不可不知也。"①殷切栽培之情可见。

1944年10月,蒋介石发动知识青年从军运动,组建青年军,让蒋经国先任青年军政工人员训练班中将主任,继任青年军政治部主任。这是蒋介石培植蒋经国插手军队的重要步骤,因为蒋经国在国民党军队中本无一兵一卒的根底。青年军编有九个师,但上面不设军长,蒋经国就成了实际上的军长,比哪一个军长或集团军总司令的实权都大。抗战胜利后青年军虽然陆续复员,但他设立"复员青年军联谊会"(自兼总干事)和常设的"复员管理处"、"军士教导营",继续保持他的实力,并把触角伸向四面八方。

1945年抗战胜利前夕,蒋介石又让蒋经国插手外交。蒋经国先随同行政院长兼外交部长宋子文赴苏,按照苏、美、英三国首脑的《雅尔塔协定》,进行签订中苏友好条约的谈判。在外国强权政治的压力下,他曾向斯大林作了无效的争执。之后,蒋经国又被派往东北主持外交特派员公署。虽然未能取得什么成就,但使他在外事工作方面增长了阅历。

回过头来蒋介石仍然让蒋经国抓三青团。1946年暑期,蒋经国在庐山创办三青团夏令营,接着在庐山筹办了三青团第二次全国代表大会,都得到了蒋介石的特殊关注。夏令营开学和结业时,蒋介石均亲临训话,团代会上也作了报告。蒋经国在这次大会之后,担任三青团中央常务干事兼第二处长主管组织训练,努力结纳和扩大自己的队伍。此后蒋介石还有心以三青团来改造国民党,一时使得蒋经国和CC之间的矛盾遽然加剧。后来于1947年9月实行党团合作,蒋经国名正言顺地成了国民党中央常务委员兼中央干部训练委员会副主任委员,又任国防部预备干部局中将局长,担负起

---

① 《先总统蒋公思想言论总集》第35卷第324页。

抗战胜利后,蒋经国陪同宋美龄飞赴东北,与苏联军方谈判交接事宜。

培养训练国民党军队年轻骨干的重任。这当然是蒋介石经过深思熟虑后作出的安排。

　　蒋介石在加紧内战的年代,派蒋经国主持"戡建中心小组",控制"国防部戡乱建国总队"及专事情报活动的"戡建小组",企图挽狂澜于既倒。1948年8月,蒋介石在其统治摇摇欲坠之时颁布了《财政经济紧急处分令》,派蒋经国去上海协助俞鸿钧"督导",授予大权强硬推行。蒋经国扬言要"用革命的手段来贯彻这一政策",以实现这场"社会革命运动"①,举起尚方宝剑,率领"戡建大队"和"大上海青年服务总队"杀向奸商、污吏这些"老虎"。但是他太天真了。岂不说这场被蒋经国夸为"社会革命运动"的经济风暴,对于国民党统治即将覆灭的熊熊大火来说,并不是一瓢水,而是一锅油,不仅注定要失败,还会推波助澜加剧危机;只看他要打的"老虎",首要人物就是他的表弟孔令侃和他父辈的江浙财阀之流,尤其是那位表弟,趾高气扬,直接

---

　　① 蒋经国:对青年军联谊会的讲词(1948年9月12日),《一片忠心》,台北1968年版。

通天,告到宋美龄那里。在北平坐镇指挥东北战事的蒋介石,在宋美龄的电催下无可奈何地赶来上海,命令蒋经国的"打虎"运动就此歇手,一场"社会革命"烟消云散,蒋经国遭到严重挫折。

三、排除阻力,交掌台湾实权

军事、经济、政治局势急转直下,国民党统治倾覆在即,蒋介石虽然希冀以长江为天堑保住半壁江山,但已作退居台湾的打算,乃安排蒋经国为国民党台湾省党部主任委员,协同陈诚控制台湾。在四面楚歌声中,蒋介石的贴身部属担心蒋介石会重演项羽自刎的悲剧,日夜厮守防范。蒋经国就扮演起了这个贴身防护的重要角色。1949 年这整整一年间,蒋经国不担台湾的重任,而朝夕侍奉在蒋介石身边,或游憩在故乡,或漂泊在东海,或奔逃于厦门、广州、重庆、成都,直至 12 月败退台湾,都是形影不离,为蒋介石排忧解愁。这使蒋介石大为感动,在蒋经国四十生辰之日,特题匾额"寓理帅气"和"主敬立极,法天自然"八字,以期他"切己体察,卓然自强"①。传位之意,溢于言表。1950 年 7 月蒋介石下令组成的国民党中央改造委员会,蒋经国赫然列名于十六人之中,可见一斑。

蒋介石撤到台湾后,就派蒋经国直接主管军队的政治工作和情报特务工作,以控制军队和特务活动。这两项工作对蒋介石来说是生死攸关的大事,任凭吴国桢等人的忠言相劝和坚决抵制,以及美方将领的强烈不满和表示反对,蒋介石仍然固执不变,使得蒋经国"无论其是否仗势越权,必将成为人民仇恨的焦点"(吴国桢语)。不过蒋经国担任退役官兵辅导委员会主任一职,在解决安置从大陆败退到台湾的国民党军官兵这一十分棘手的问题上,颇获好誉。从 1952 年起,他连续被举为国民党中央常务委员,进入最高决策中枢,成为台湾当局核心领导成员之一。他先后五次代表蒋介石去美国访问,直接与美国政府首脑谈判寻求支援。

经过多方面的提携,已近耄耋之年的蒋介石认为蒋经国已到"传宗继

---

① 蒋经国:《危急存亡之秋》,《风雨中的宁静》第 179 页。

蒋经国陪同蒋介石、宋美龄视察他组织退役官兵修建的台湾横贯公路。

业"之时了,于 1964 年 3 月任命他为"国防部"副部长。翌年 1 月蒋经国即
出任"国防部"部长,全面掌管台湾的陆海空军。这年 3 月"副总统"陈诚
去世后,蒋经国得以无所顾忌地行事。1969 年 6 月,蒋经国出任"行政
院"副院长,并兼"财经会报"主持人和"国际经济合作发展委员会"主任,
名义上是"辅佐""副总统兼行政院长"严家淦(出名的"Yesman"①),实际
上已是大权在握。1972 年 3 月蒋介石再一次连任"总统",此时已是老病
缠身,事事力不从心。他自知时日不长,须要妥善安排后事,乃"接受"严
家淦和众臣之请,于 5 月 22 日提名任命蒋经国为"行政院"院长,让他从
容掌权。

---

　　① 意即唯诺称是的人。蒋介石 1966 年 3 月选严为"副总统"时,说严的"经验、能力、学识、
智识,充分证明他有资格担任副总统而不会失职",实际上蒋更看重的是严圆融通达,没有自己的
派系,也没有权力欲望,会事事听命于自己。

在蒋经国六十生辰之际,已是八十二岁的蒋介石特地题写"精一执中",勉励儿子传承"惟精惟一"、"允执厥中"的儒家道统。

四、大举革新,为子掌权鸣锣

蒋经国得以执掌统治台湾的实权,而不致有什么障碍,蒋介石还是很费了一番心力的。就在蒋经国出任"行政院"副院长前的 1969 年 3—4 月,蒋介石在国民党第十次全国代表大会上,提出了"全面革新"的号召,说要"革新强固国民党",要以科学的精神、科学的方法,改革政治、教育、文化、军事上的弊端①。这次大会讨论通过了《政治革新要项》,指出政治革新的目的是从风气、制度、人事、机构各方面力求全面革新,开创新局面,迎接新形势②。于是蒋经国就在"革新"大潮初起之时出任"行政院"副院长,并以贯彻实施"全面革新"为己任。他在蒋介石的首肯下,组成新的班底励精图治,大展身手。为缓和台湾省籍人民对国民党专制统治和"衰老滞钝"的不满,他提出"台人治台"的口号,增选和补选台湾省籍的"中央民意代表"、"立法委员"、"监察委员",起用一批台籍新人任行政要职,农学博士徐庆钟任"行政院"副院长,"农复会"的组长李登辉"入阁"为"政务委员",四十多岁的张丰绪由县长一跃而任台北特别市市长。蒋经国整肃政纪,力除陋习弊政,惩治贪污腐败,倡导"平凡、平淡、平实"的工作方针,要求"行政院"工作应当敢挑重担,深入民间基层;简化法规,提高工作效率,修整或废止不适合的法令、规章;精简机构,节约开支。这些措施,使台湾政坛受到很大震动,阻力当然很大,很多人消极抵制。蒋介石出台说话,要求上下都支持"革新",说"今天我们真正到了非胜则败,非生则死,非存则亡的关头! 大家如果不以血的战斗精神来工作,我们就无法救党,无法救国,亦无法自救!"③竭力为蒋经国撑腰壮胆。

蒋经国尤其注意台湾的经济建设。他出任"行政院长"后,即发布第六期四年经济建设计划,优先发展重化工业和增产农业,公布了九项"加速农

① 蒋介石:《对中国国民党第十次全国代表大会揭幕典礼致词》(1969 年 3 月 29 日),《先总统蒋公全集》第 4095 页。

② 《革命文献》第 77 辑第 298 页。

③ 蒋介石:《对陆军官校成立四十五周年校庆典礼训词》(1969 年 6 月 16 日),《先总统蒋公全集》第 4100 页。

村建设重要措施"。1973年11月他提出要在五年内完成十大建设项目,即桃源国际机场、西线铁路电气化、中山高速公路、北廻铁路、台中国际港、苏澳港、核能发电厂、炼钢厂、造船厂和化工业。嗣后又颁布了一系列财经措施,以应付石油危机的冲击,抑制通货膨胀,调整市场供需,安定社会生活。

五、传承有人,病逝台岛

蒋介石、宋美龄居家小照。

在蒋介石的尽力扶持下,蒋经国驾御了统治台湾的机器,维护了国民党对台湾的统治。病休的蒋介石放心了。

蒋介石虽然是个自信自强不肯服输的人，中年以后生活律已亦甚严，但毕竟年迈力衰，已经没有精力像以往那样"事必躬亲"了。1962 年 3 月，他因前列腺（亦称摄护腺）肥大症，请外国名医"手术割除肥大部分之摄护腺。不意于手术后发生尿道炎、便血、尿道狭窄等并发症"，此后"慢性摄护腺炎不时发作"①，健康状况每下愈况。

此后，曾有一说是：蒋介石遭遇一次车祸而体况大降。据蒋介石之侍从副官翁元晚年回忆：1969 年 7 月，蒋介石在阳明山避暑，某日下午在阳明山的仰德大道上突遇一吉普车超车，蒋的前导车猛然煞车，蒋的座车撞了上去，致使手握手杖的蒋介石往前冲去，撞到驾驶座后的玻璃隔板，胸部受到强烈冲击。坐在旁边的宋美龄，双腿也冲撞受伤而失声大叫。这次车祸导致蒋介石胸腔和心脏受到损伤，留下了心脏肥大、冠状动脉症的隐患，使他的健康状况急转直下。他在事后对一老将领说："自从这次阳明山车祸事件之后，我的身体受到很大的影响，不但腿不行了，身体也不行了。"翁元看到，蒋介石逐渐显得四肢无力，没有走几步路就气喘如牛，而且在呼吸时舌头不断往外伸，讲话时舌头有些硬，变得口齿不清。经检查诊断，为血管硬化②。不过以上情节，在"医疗小组"《报告》及《总统蒋公大事长编初稿》、《中华民国大事纪要》中，均未见记载。

在蒋介石担任第五届"总统"后几个月的 1972 年 7 月中旬，他染患感冒而转为肺炎，左右肺下端全被浸润，右胸膜腔有积水现象。8 月 6 日入住荣民总医院治疗。蒋之患病，自为众人注目。1973 年 1 月 21 日美国合众社副总裁斐奇乐询问蒋经国，蒋回答说："蒋总统去年曾感染感冒，致转肺炎，经长期疗养，现已逐渐恢复，正在休养之中。"③1973 年 12 月 22 日，住院长

---

①　蒋介石"医疗小组"：《总统蒋公治疗休养及逝世经过报告》，《总统蒋公哀思录》第一编第131 页。以下关于蒋之病情及治疗之记叙，均据该报告及《总统蒋公大事长编初稿》第八卷、《中华民国大事纪要》1975 年 1—4 月卷。

②　翁元口述、王丰笔录：《我在蒋介石父子身边的日子》第 110—119 页，中华书局 1994 年版。王丰著《蒋介石死亡之谜》（博扬文化事业公司 2006 年台北版）第 38—42 页也有记叙，惟车祸时间记为 1969 年 9 月 16 日。

③　《总统蒋公大事长编初稿》第八卷第 181 页。惟据翁元口述，蒋介石在 1972 年 7 月 22 日是因胸闷气短导致昏厥，进而陷入昏迷状态，经过一切救治措施，直至 1973 年 1 月才苏醒过来。见《我在蒋介石父子身边的日子》第 127—141 页。

达十六个月之久的蒋介石出院回到他的士林官邸休养。虽然身体逐渐复原，但心脏因主动脉瓣关闭不全而产生心脏肥大等问题；长时间卧床缺少活动，导致肌肉萎缩和部分关节僵化退变。回到官邸除继续药物治疗和加强营养外，每日接受物理治疗——按摩等。据称，经过休养，体重已增至一百一十磅（合五十公斤）。其瘦弱情况不难想见。

病中的蒋介石，对于维系对台湾的统治，仍然牵念不已。他写了一些"随笔"给蒋经国等人，说："今日战争，精神力量胜过物质力量，只要精神力量强大，任何武器皆不足畏。""无论国家前途安危成败如何，只要依照主义与公理，不屈不挠，独立自主做去，最后未有不成者也。"他叮嘱蒋经国等人："只要吾人得有今日基地，实行三民主义，则天时、地利、人和皆在于吾人一方"。"昔在大陆以依赖外援而沦陷，今日在台以不需经援而图强，于是经济反得自立自足。今日基地已有自保自强之道，而乐观奋斗之心理，亦由是建立。"他告诫蒋经国等人说："切勿存有依赖心理和失败主义，不顾本身之力量而专看外人之颜色，以免重蹈大陆沦陷之覆辙。"①

对于蒋经国，蒋介石是满意和放心的，他在"病中随笔"中有这样的文字："经国告美议员，我与匪决无和谈之可能，否则等于自杀等语，其意与我完全相同也。""经儿在日记中说：'成败之分，在于丝毫之间'。此言亦我平时经验，实获我心也。我又告之曰：'存亡之分，乃由于一念之间也'"②。对于蒋经国能够继续自己"反共复国"和坚持到底的立场和态度，蒋介石看在眼里，似乎是死可瞑目了。

长期的疾病缠扰，使蒋介石的健康状况严重恶化。据侍从副官翁元说，1974 年 11 月 29 日，宋美龄从美国请来的一位胸腔专家来为蒋诊治。这位美国医生认为，蒋胸腔积水严重，肺脏的三分之二浸泡在积水里，严重影响他的心脏和呼吸，因此应立即进行肺脏穿刺手术，抽出积水，扭转病情。尽管台湾的医疗专家认为对一个八十八岁的多病老人来说风险太大，不如用抗生素等药物来控制病情为好，但宋美龄以"全权负责"之言让美国医生手

---

① 蒋介石:《病中随笔》(1972—1975)，《先总统蒋公全集》第 4237 页。
② 蒋介石:《病中随笔》(1972—1975)，《先总统蒋公全集》第 4237 页。

久病缠身的蒋介石,还不时对蒋经国叮咛再三,这是
父子俩1974年的留影。

术。手术是成功的,从肺脏抽出大量积液,但后遗症十分严重:当夜体温高
达41℃,小便大量出血,心脏不时停止跳动……①不过台湾官方文本未记此
事,而只说:1974年12月,蒋介石因感冒而肺炎复发,胸腔出现积液,又因
前列腺炎加剧,膀胱出血,并发生脉搏加快心率不规则现象,医生诊断为心
室期外收缩症。至1975年1月9日出现心肌缺氧症,脉搏转慢,虽经抢救,
但仍常有连续不断之心室期外收缩,且因肺炎而仍有热度。此后病情虽暂
趋稳定,惟体质已渐衰竭。

①　翁元口述、王丰笔录:《我在蒋介石父子身边的日子》第156—159页。

蒋介石自知难以支撑,乃于 3 月 29 日由秦孝仪执笔写下了一篇遗嘱说:"实践三民主义,光复大陆国土,复兴民族文化,坚守民主阵容,为余毕生之志事,实亦即海内外军民同胞一致的革命职志与战斗决心。惟愿愈益坚此百忍,奋励自强,非达成国民革命之责任,绝不中止!"[①]他还是要把"反攻大陆"喊到最后。

4 月 5 日晚,蒋介石心力衰竭,病情急剧恶化,脉搏微弱。蒋经国赶到阳明山士林官邸时,蒋介石已病势危殆。虽施行人工呼吸及电极直接刺入心肌,亦未能激活心脏跳动。群医束手,回天乏术。在雷雨声中的深夜 11 时 50 分,蒋介石终止了呼吸。环侍在侧的宋美龄、蒋经国以及"副总统"严家淦、"立法院长"倪文亚、"司法院长"田炯锦、"考试院长"杨亮功、"监察院长"余俊贤随即在蒋介石遗嘱上签字[②]。

蒋介石死后的第二天,台湾当局召开国民党中央常务委员会临时会议,决议由严家淦继任"总统",慰留要求辞"行政院长"职守制的蒋经国,并决定"国丧"期一个月。蒋介石的遗体连夜由士林官邸移往荣民总医院,9 日又转往国父纪念馆供人们瞻吊五天。16 日举行大殓仪式。蒋介石的遗体身穿长袍马褂,脚登黑色布鞋,身旁置放"采玉"、"国光"和"青天白日"三枚勋章,还有《三民主义》、《圣诗》、《荒漠甘泉》、《唐诗》和"四书"各书。在台湾方面要求下,美国派了副总统洛克菲勒(Nelson Rockefeller)来台参加。日本的佐藤荣作和岸信介,则以"友人代表"名义出席。只有韩国的金钟泌,算是政府总理,在二十三国特使及代表中,是名位最显赫的了。在大殓后,随即还按基督教仪,举行了一个"追思礼拜"。蒋的棺柩由台北运往六十公里外的桃园县大溪慈湖。

蒋介石的棺柩暂厝于慈湖,这是他生前自己的选择和安排。慈湖背依草苓山,一池湖水碧绿清澈,在蒋介石的眼里,宛如故乡奉化溪口。他先已在这里修建了一座四合院式的行邸,附近还造了慈母桥、慈母亭,以追念其母。他还对家人说,自己死后可暂厝此地,以"待来日光复大陆,再奉安于南

---

① 台湾《联合报》1975 年 4 月 6 日。

② 蒋经国:《守灵一月记》(1975 年)第 1 页,台湾三民书局 1976 年版。

京紫金山"①。

　　蒋介石偏安台湾二十五年,在美国庇护下,维护集权独裁统治,注重经济发展,悉心治理孤岛,在坚持"一个中国"立场的同时,固执地坚持"反共复国",又在种种因素制约下,使得台湾多少年来一直与祖国大陆处于分离状态,台湾海峡成了中华民族的一道人间银河。然而历史终究不以人的意志为转移,冲破重重阻碍继续向前。多年被隔绝的台湾海峡,已经架起了人间的彩虹,变银河为通衢,两岸同胞跨越海峡频频往还,炎黄子孙的亲情与日俱增。尽管还可能会出现各种阻挠,但海峡两岸的中华儿女满怀信心:祖国统一的美好日子一定会来到。

---

　　①　蒋经国:《守父灵一月记》(1975 年)第 2 页。

附录一　蒋介石生平大事纪年

一、本年表以时为序,编列蒋介石生平大事;同时兼记有关之国内外重大事件,俾便观其所处之历史背景。

二、年月日以公历为准,附以岁次干支及清代、民国年份;必要时附记农历月日。年岁以周岁计。

三、所记人名,以本名为准,个别以字行者则称字。所记地名,以当时通用名为准,有变更者注今名于括号内。所记外国人名、地名,皆记今通用译名。

1887 年(丁亥　清光绪十三年)出生
10 月 31 日(九月十五日)生于浙江奉化县禽孝乡溪口镇,谱名"周泰",祖父为之命名"瑞元"。

1890 年(庚寅　清光绪十六年)3 岁
7 月　妹瑞莲生。

1892 年(壬辰　清光绪十八年)5 岁
春　入家塾,从任亨铎(字介眉)读,得学名"志清"。
是年　次妹瑞菊生,数月后夭卒。

1893 年(癸巳　清光绪十九年)6 岁
是年　继续在家塾就读。

1894 年(甲午　清光绪二十年)7 岁

11 月 21 日　祖父蒋斯千(1814—1894)病卒。

11 月 23 日　弟瑞青生。1898 年 4 月夭卒。

是年　改从蒋谨藩(字价人)读《大学》、《中庸》。

1895 年(乙未　清光绪二十一年)8 岁

春　复从任亨铎读《论语》、《孟子》。

夏　又从蒋谨藩读《礼记》。

8 月 24 日(七月初五)　父蒋肇聪(1842—1895)病卒。

1896 年(丙申　清光绪二十二年)9 岁

是年　仍从蒋谨藩读《孝经》。与异母长兄蒋锡侯(字介卿,1877—1937)分家。

1897 年(丁酉　清光绪二十三年)10 岁

是年　仍从蒋谨藩读《春秋》、《左传》及唐诗。

1898 年(戊戌　清光绪二十四年)11 岁

是年　继续在塾读《诗经》,间习古文辞。

1899 年(己亥　清光绪二十五年)12 岁

是年　去嵊县葛溪乡外祖父家入塾,从姚宗元读《尚书》。

1900 年(庚子　清光绪二十六年)13 岁

是年　去榆林村入表伯父陈春泉家塾,从毛凤美读《易经》。母督促从事护植竹林、剪桑、浇园等。

1901 年(辛丑　清光绪二十七年)14 岁

冬　与毛福梅(1882—1939)结婚。

是年　去崎山下村入皇甫氏家馆,从竺景嵩读《左传》,学作策论。

1902 年(壬寅　清光绪二十八年)15 岁

夏　往县城应童子试。

是年　在岩溪村毛思诚设之塾馆就读,温习《左传》,圈点《纲鉴》。

1903 年(癸卯　清光绪二十九年)16 岁

是年　去奉化县城入凤麓学堂读书,开始接受新式教育,习英文、算术。

1904 年(甲辰　清光绪三十年)17 岁

是年　去宁波入箭金学堂就读,从顾清廉读先秦诸子、《说文解字》、《曾文正集》等。

1905 年(乙巳　清光绪三十一年)18 岁

2—4 月　在奉化龙津中学堂读书。

4 月　外祖母姚氏卒。

5 月　东渡日本,志习军,但因规定须由清政府兵部保送,改入清华学校习日语。在东京结识陈其美(1878—1916)。

冬　从日本回乡。妹瑞莲嫁竺芝珊。

1906 年(丙午　清光绪三十二年)19 岁

夏　考入保定全国陆军速成学堂炮科,年末考取官费生留日。

1907 年(丁未　清光绪三十三年)20 岁

春　入日本陆军预备学校——振武学校,为十一期生,炮科。

夏　由陈其美(1878—1916)介绍加入同盟会。

1908 年(戊申　清光绪三十四年)21 岁

是年　继续在日本振武学校学习。

1909 年(己酉　清宣统元年)22 岁

12 月　振武学校卒业,至北海道新潟高田町日本陆军第十三师团野炮兵第十九联队实习,为二等兵。

1910 年(庚戌　清宣统二年)23 岁

4 月 27 日(三月十八日)　子经国生于奉化。

是年　继续在日本陆军第十三师团野炮兵第十九联队实习。

1911 年(辛亥　清宣统三年)24 岁

8 月　向日本陆军第十九联队请假回国数日,在上海与陈其美等人密议江浙举义事。

10 月 30 日　闻武昌首义成功,与张群(1889—1990)等离日回国抵上海。旋奉陈其美派,与黄郛(1880—1936)等赴杭州与新军密议举义。

11 月 5 日　参加光复杭州之役,任先锋敢死队指挥,与新军合力攻占浙抚署。旋回沪,任沪军第二师第五团团长。

冬　与陈其美、黄郛结为异姓兄弟。

1912 年(壬子　中华民国元年)25 岁

1 月 1 日　中华民国成立,孙中山就任临时大总统。

1 月 14 日　受陈其美派遣,收买王竹卿杀害光复会领袖陶成章(1878—1912)。案发后潜往日本。

2 月 12 日　清帝溥仪(1906—1967)退位。3 月 10 日袁世凯(1859—1916)在北京继任临时大总统。

8 月 25 日　同盟会联合统一共和党、国民共进会、国民公党、共和实进会,组成国民党。

11 月　在日本创办《军声》杂志,撰《发刊词》《征蒙作战刍议》等文。

冬　回国至奉化乡居。

是年　纳姚怡诚(1887—1966)为妾。

1913 年(癸丑　中华民国二年)26 岁

3 月 26 日　袁世凯派人在上海暗杀宋教仁(1882—1913)。孙中山领导的"二次革命"于 7 月 12 日爆发。

6 月　至上海。7 月参加攻打江南制造局等"二次革命"反袁军事活动。9 月潜赴宁波活动。

9 月 27 日　孙中山在日本筹组中华革命党,吸收第一批党员。

10 月 29 日　在上海加入中华革命党。

12 月　去日。

1914 年(甲寅　中华民国三年)27 岁

5 月　由日本回国至上海,参加军事讨袁活动。6 月 15 日袁世凯下令追缉,再东渡。

7 月　至东北满洲里、哈尔滨、长春等地了解革命形势。

9 月　至上海。旋往日本。

1915 年(乙卯　中华民国四年)28 岁

10 月　回国至上海,参加陈其美主持的反袁军事活动。12 月事败,匿居租界。

12 月 12 日　袁世凯复辟帝制。

1916 年(丙辰　中华民国五年)29 岁

3 月 22 日　袁世凯被迫撤销帝制。

4 月 14 日　参与袭击江阴要塞之役。

5 月　料理陈其美被暗害后的丧葬事宜。

6 月 6 日　袁世凯死,次日黎元洪(1864—1928)继任大总统。

6 月　去山东潍县,7 月任中华革命军东北军参谋长。不久东北军解散。

秋　至上海。

10 月 6 日　蒋纬国生(生父为戴季陶,后归蒋收养)。

是年　与张静江(1877—1950)、许崇智(1887—1965)及吴忠信(1884—1959)结为异姓兄弟。

1917 年(丁巳　中华民国六年)30 岁

8 月　南下国会议员在广州举行国会非常会议,决定建立中华民国军政府,9 月 1 日选举孙中山为军政府大元帅。

9 月 20 日　上书孙中山,陈述对北军作战计划。10 月 1 日又上书孙,陈述滇粤军对闽浙单独作战计划。

10 月　孙中山通电否认北京政府,下令各军出师北伐,护法战争开始。

11 月 1 日　被孙中山任命为大元帅府参军。

1918 年(戊午　中华民国七年)31 岁

3 月　赴粤,任援闽粤军总司令部作战科主任。

8 月　辞离粤军总部,至上海。

9 月　赴闽,任粤军第二支队司令,驻长泰。

12 月　率粤军第二支队与北军作战,攻取永泰。

1919 年(己未　中华民国八年)32 岁

3 月　离闽至沪闲住,5 月返闽住厦门鼓浪屿。

4 月　巴黎和会决定将德国在我山东之权益让予日本,5 月 4 日北京学生爆发反帝爱国运动。

7 月 12 日　辞粤军第二支队司令职。

10 月 25 日　携孙中山手函赴日,代为慰问日本友人犬塚胜太郎并访见头山满等。11 月 16 日回国,住上海。

10月 孙中山改组中华革命党为中国国民党。

1920年(庚申 中华民国九年)33岁

4月14日 至漳州粤军总部协助工作,旬日即离闽往沪。

7月8日 赴闽至粤军总部。未及一个月回乡。

10月5日 回粤军参加讨伐桂系之役,代第二军军长许崇智指挥惠州之役。一个月后离粤回乡。

秋 与张静江等合股组成"茂新号"、"恒泰号",参加上海证券物品交易所活动。与戴季陶(1890—1949)结为异姓兄弟。

1921年(辛酉 中华民国十年)34岁

2月6日 抵广州,14日即离去。

4月 非常国会议决成立中华民国正式政府,选举孙中山为大总统。

5月10日 赴粤,20日抵穗,24日离穗返乡。

6月14日 母王采玉(1864—1921)病卒。

7月 中国共产党第一次全国代表大会23—31日在上海和嘉兴南湖举行。

9月13日 抵广州,协助筹划北伐军事,17日抵南宁见陈炯明(1878—1933),旋即离去,经广州回浙江。

11月28日 向妻毛福梅、妾姚怡诚宣称脱离家庭关系。

12月4日 孙中山在桂林建立北伐大本营。

12月5日 经张静江夫妇撮合,与陈洁如(1906—1971)在上海举行婚礼。

1922年(壬戌 中华民国十一年)35岁

1月18日 与戴季陶陪同皖系代表徐树铮(1880—1925)自广州抵桂林北伐大本营谒见孙中山,密商共同反对直系。

1月19日 与粤军军长许崇智、大本营参谋总长李烈钧(1882—1946)、总参议胡汉民(1879—1936)共同拟订北伐军作战计划。

4月5日 离大本营,经梧州、广州、上海,于28日返抵奉化。

5月25日 电汪精卫(1883—1944)等,主张先定粤局,巩固后方,再图北伐。

6月16日　陈炯明在广州叛变,炮轰总统府,孙中山脱险后登永丰舰,率海军舰队讨伐叛军。

6月29日　应孙中山18日电召,离奉化经上海南下,是日抵粤海,登永丰舰护侍孙中山。

8月　侍随孙中山离粤往香港至上海。旋回乡。

9月　撰《孙大总统广州蒙难记》,孙中山为之作序。

10月18日　孙中山令入闽各军改编为东路讨贼军,许崇智为总司令兼第二军军长,蒋介石为第二军参谋长。

10月22日　至福州就职。

1923年(癸亥　中华民国十二年)36岁

1月1日　孙中山发表《中国国民党宣言》,次日召开国民党改进大会。

2月3日　被孙中山任命为国民党本部军事委员会委员。

3月17日　被孙中山任命为大本营参谋长。

4月20日　自浙江抵广州,随孙中山至惠州、虎门等地巡视。

6月17日　被孙中山任命为大元帅行营参谋长。

8月16日　率"孙逸仙博士代表团"一行四人赴苏联,9月2日抵莫斯科,与苏方商讨"西北军事计划"等,并考察党务、军事、政治等。11月29日离苏回国。

12月30日　寄《游俄报告书》呈孙中山。

1924年(甲子　中华民国十三年)37岁

1月16日　抵广州,向孙中山报告赴苏考察情况。

1月20—30日　国民党第一次全国代表大会在广州举行,确定联俄、容共、扶助农工三大政策。

1月24日　国民党第一次全国代表大会决定开办军官学校,被孙中山派为军官学校筹备委员会委员长。

2月21日　向孙中山辞筹办军校职,径自离粤回乡。

3月14日　函廖仲恺(1877—1925),对苏俄提出怀疑。

3月20日　被孙中山任命为军官学校入学试验委员会委员长。

4月21日　抵广州,26日到军校视事。

5月3日 被孙中山特任为中国国民党陆军军官学校校长,兼粤军总司令部参谋长。

5月5日 陆军军官学校在黄埔成立,6月16日举行开学典礼。

7月7日 兼任长洲要塞司令。

7月15日 任各军军事训练筹备委员会委员长兼粤军总司令部训练部部长。

10月10日 广州商团发动武装叛乱。11日任革命委员会全权委员,负责弭平叛乱。15日指挥军校师生及警备军、工团军、农民自卫军等协同粤滇湘桂各军平定事变。

11月11日 任党军军事部秘书。

11月13日 孙中山应冯玉祥(1882—1948)等邀离粤北上。12月31日孙扶病入京。

1925年(乙丑 中华民国十四年)38岁

2月1日 率黄埔军校教导团与粤军一部讨伐盘踞在东江之陈炯明叛军,为东征军右路。指挥作战于淡水、棉湖、兴宁等地奏捷。

3月12日 孙中山在北京病逝。

4月25日 在汕头就潮汕善后督办职。

4月29日 国民党中央决定以黄埔军校教导团为基础成立党军,被任命为党军司令官。

6月10日 率党军至广州市郊,与各路联军配合,于12日平定杨希闵、刘震寰滇、桂军叛乱。

7月1日 广州军政府改组为国民政府,3日成立军事委员会。汪精卫兼任主席,与胡汉民等八人为委员。

7月26日 出席国民政府军事委员会议,提议将所属各军统一改编为国民革命军,获通过。

8月20日 廖仲恺被刺逝世,国民政府成立特别委员会,由汪精卫、许崇智、蒋介石三人组成,负责政、军、警全权及处理"廖案"。

8月24日 就广州卫戍司令职。

8月26日 党军改为国民革命军第一军,被任命为军长,汪精卫为党代表。

9月20日　指挥所部将粤军一部缴械,并迫使许崇智解职离粤。

9月28日　国民政府决定第二次东征陈炯明,被任命为东征军总指挥。10月6日赴东征前线指挥作战。

11月23日　张继(1882—1947)、邹鲁(1885—1954)、谢持(1863—1936)等人在北京西山召开会议反对联俄容共,自称为国民党一届四中全会,旋在上海另立中央。

1926年(丙寅　中华民国十五年)39岁

1月1—19日　出席在广州举行的国民党第二次全国代表大会,向大会报告军事情况,当选为中央执行委员。

1月22日　出席国民党二届一中全会,与汪精卫等共九人被举为中央常务委员。

2月1日　被国民政府任命为国民革命军总监。

2月24日　在两广统一特别委员会议上,建议早定北伐大计,应援助在北方的国民军。

3月20日　制造中山舰事件。

4月16日　在国民党中央、国民政府举行的联席会议上被推举为军事委员会主席,谭延闿(1880—1930)为政治委员会主席。

5月10日　出席国民政府军事会议,决议应唐生智(1889—1970)要求,出兵入湘援唐。

5月15—22日　出席国民党二届二中全会,提出《党务整理案》获通过。

6月1日　被国民党中常会决议为中央党部组织部长。

6月4日　被国民党中央执行委员临时全体会议决议任国民革命军总司令,迅行出师北伐。

7月6日　被国民党中央执行委员临时全体会议选为常务委员会主席。

7月9日　在国民革命军北伐誓师典礼上就国民革命军总司令职。

7月27日　率总司令部离广州,去湖南前线指挥北伐军事。中常会主席职交张静江代,总司令职由李济深(1885—1959)代。

8月12日　在长沙召开军事会议,决定第二期作战计划。

9月2日　抵武昌城郊督战,北伐军攻城失利。

9月3日　令何应钦(1890—1988)为北伐东路军总指挥出兵攻闽。

9月17日　离鄂赴赣指挥战事。

是日　冯玉祥五原誓师,国民军全体加入国民党。

10月10日　北伐军攻克武昌,直系吴佩孚(1874—1939)军主力被歼。

10月11—14日　指挥进攻南昌城失利。

10月14—28日　国民党中央及各省市、海外党部执行委员联席会议在广州举行,通过国民党最近政纲等。

11月8日　北伐军攻占南昌,孙传芳(1885—1935)军主力被歼。次日移总司令部于南昌。

11月26日　国民党中央政治委员会决定迁都武汉。

12月7日　在庐山召开军政会议,力主迁都南昌。

12月13日　国民党中央执行委员暨国民政府委员联席会议在武昌组成。

1927年(丁卯　中华民国十六年)40岁

1月1日　国民政府明令定都武汉。

1月3日　在南昌召开中央政治会议临时会议,决定中央党部和国民政府暂驻南昌。

3月10—17日　拒不出席在汉口举行之国民党二届三中全会。全会决议撤销其中常会主席、军事委员会主席及中央组织部长等职。被选为军事委员会主席团成员。

3月21日　上海工人第三次武装起义成功,次日北伐军进驻上海。26日乘舰抵沪。

3月23日　北伐军攻占南京。英美停泊在长江的军舰24日炮击南京,制造惨案。

4月1日　郭沫若(1892—1978)撰《请看今日之蒋介石》在武汉《民国日报》和《革命生活》月刊发表。

4月2日　支持国民党中央监察委员八人在上海举行紧急会议,吴稚晖(1865—1953)提出"请查办共产党"呈文。

4月3、5日　与汪精卫、李济深、李宗仁(1891—1969)、吴稚晖等在上海开会密议清党反共。

4月5日　被武汉国民政府任命为国民革命军第一集团军总司令,冯玉祥为第二集团军总司令。

4月9日　由上海至南京。行前颁布《战时戒严条例》,以白崇禧(1893—1966)、周凤岐(1897—1938)为淞沪戒严司令。

4月11日　在南京发出密令,要求所控制的各省一致"清党"。

4月12日　在上海发动清党政变,大量杀害共产党员和革命群众。粤、浙、赣、苏、闽等地亦相继"清党"。

4月18日　在南京另立国民政府,出席国民政府奠都南京阅兵典礼并讲话。

5月18日　在上海出席陈其美殉国纪念大会。

6月11日　出席杭州市民大会。

6月20—21日　与冯玉祥徐州会议,达成"宁汉合作、继续北伐、清党反共"的协议。

6月27日—7月7日　日本政府在东京召开"东方会议",确定侵略中国的基本方针。

7月3日　抵沪参加上海特别市市政府成立典礼。

7月15日　汪精卫在武汉召开会议"分共",公开反共。

8月1日　国民革命军二万余人在中国共产党领导下于南昌起义。

8月6日　指挥战事失利,由蚌埠回到南京。

8月12日　被迫辞总司令职离宁。次日在上海发表下野宣言,即回奉化。

9月15日　宁、汉、沪(西山会议派)三方合作,组成中国国民党特别委员会。

9月28日　离沪赴日。10月3日至神户访谒宋美龄之母,获允与宋美龄结婚。

10月23日　在东京发表《告日本国民书》,呼吁中日亲善。

11月5日　偕张群与日本首相田中义一会谈。

11月10日　由日本回国抵沪。

11月19日　与汪精卫、李济深等商讨取消特委会、召开四中全会事。

12月1日　与宋美龄(1898—2003)在上海举行婚礼。

12月3日　主持召开国民党二届四中全会预备会议。10日预备会议通过复任国民革命军总司令职之议案。

12月13日　在上海发表时局谈话,声称对苏绝交,并禁止一切民众运动。

1928年(戊辰　中华民国十七年)41岁

1月4日　由沪至宁。

1月18日　被国民党中央政治会议决定任命为北伐全军总司令。20日国民政府明令公布。

2月2—7日　出席国民党二届四中全会,全会决议改组国民政府和中央党部,被选为军事委员会主席。

2月28日　军事委员会决定北伐军编组,兼第一集团军总司令。

3月7日　被国民党中央政治会议推为主席。

4月4日　北伐攻奉之战开始。7日下总攻击令。

5月1日　北伐军进占济南,次日抵济南。

5月3日　日军寻衅,酿成济南惨案。4日下令各军退出济南,绕道渡河北进。

5月6日　与冯玉祥在党家庄会商军事。

5月10日　在兖州与谭延闿、张静江、吴稚晖商讨济案对策。

5月19日　抵郑州,与冯玉祥商谈进兵京津计划。21日再赴新乡,与冯等商议。

5月27日　与谭延闿等在徐州举行会议,商讨对日本政府复牒及占领北京后之措置等。29日又赴新乡,与冯玉祥商议接收京津方案。

5月30日　抵石家庄,与阎锡山(1883—1960)商讨进占京津善后事宜。

6月4日　张作霖(1875—1928)出关回奉,在皇姑屯被日人炸死。

6月8日　北伐军进占北京,12日又接收天津。

6月14日　偕宋美龄回奉化。

7月6日　与冯玉祥、阎锡山、李宗仁在北平西山碧云寺孙中山灵柩前,举行北伐完成祭告典礼。11日在汤山举行会议,共签《军事整理案》。

7月7日　国民政府发表将与各国重订新约的宣言。

7月25日　离北平赴南京。

8月8—15日　主持国民党二届五中全会,强调军政军令统一,通过《军事整理案》等。

10月3日　国民党中常会通过《国民政府组织法》、《训政纲领》。8日决定政府委员及各院、部组成名单,被举为国民政府主席。

10月10日　宣誓就国民政府主席职,发表告全国民众书宣称开始实行训政。

12月29日　张学良(1901—2001)等通电宣布奉、吉、黑、热四省易帜。31日国民政府任命张为东北边防军司令长官。

1929年(己巳　中华民国十八年)42岁

1月1—25日　召开全国编遣会议。

1月1日　成立励志社,任社长。

2月19日　李宗仁改组湖南省政府,桂系两师入湘。

3月3日　命第一集团军各师向皖鄂赣边境开拔,威慑武汉李宗仁。

3月15—28日　主持国民党第三次全国代表大会,向大会报告党务,强调"统一"。

3月30日　对武汉下总攻令,至九江督师。

4月24日　汪精卫等宣布国民党改组纲领,5月成立护党大同盟。

5月5日　李宗仁在梧州通电组织护党救国军反蒋,6月败走香港。

5月15日　原国民军将领通电讨蒋,拥冯玉祥为护党救国西北军总司令。22日韩复榘(1890—1938)、石友三(1892—1940)在洛阳宣称"拥护中央,主张和平"。

6月10—18日　主持国民党三届二中全会,决定训政时期为六年。

6月25日　与吴稚晖、邵力子(1882—1967)等到北平,谋联阎反冯。30日与阎晤谈。

7月9日　与阎锡山、张学良在北平会商东北外交、西北善后及编遣等。

7月20日　为"中东路事件"发表告全国将士电。

8月1—6日　在南京召开国军编遣实施会议。

9月17日　令刘峙(1892—1971)讨伐举兵反蒋之张发奎(1896—1980)。

10月14日　命何应钦、唐生智讨伐宋哲元(1885—1940)等二十七名将领联名于10日在西安通电反蒋之国民军。

10月28日　赴汉口督师战国民军。

11月25日　命何应钦赴粤,主持讨桂军事。12月16日张发奎及桂军失败。

12月　讨伐唐生智、石友三等。19日,电令讨逆各军统归阎锡山指挥。

1930年(庚午　中华民国十九年)43岁

1月10日　唐生智在绥河战败,讨唐军事结束。

3月1—6日　主持国民党三届三中全会,决议开除汪精卫党籍,查明阎锡山等人行动之真相等,提出要建立三民主义伦理标准。

4月9日　在徐州召开军事会议,部署讨伐阎、冯。

5月11日　下总攻击令讨伐阎、冯,中原大战全面爆发,激战于陇海、平汉两线。

6月22日　飞至驻马店,赴渭河督战。

7月13日　"中国国民党中央党部扩大会议"在北平组成,汪精卫、阎锡山、冯玉祥、陈公博(1892—1946)等三十余人联名发表党务宣言。9月9日,"扩大会议"在北平成立"国民政府",阎锡山为主席。

8月19日　邓演达(1895—1931)等人组织中国国民党临时行动委员会。

8月23日　工农红军第一方面军组成,朱德(1886—1976)任总司令,毛泽东(1893—1976)任总政委。

9月18日　张学良发表"拥护中央"、"呼吁"和平通电。挥师入关。

9月20日　北平"扩大会议"和"国民政府"移往太原。

10月3日　指挥所部攻占开封,继占郑州、洛阳。冯、阎军十余万人被俘,中原大战结束。

10月9日　张学良在沈阳就任陆海空军副总司令职。

10月23日　在上海接受基督教洗礼。

11月12—18日　主持国民党三届四中全会,讨论制订训政时期约法等。被全会推举兼任行政院长。

12月9日　在南昌召开"剿共"军事会议。

是日　兼任教育部长,11日发表《告诫全国学生书》。

12月16日　发动第一次"围剿"中央根据地红军的战争。

1931年(辛未　中华民国二十年)44 岁

2月28日　幽禁立法院院长胡汉民于南京汤山。

4月1日　对中央根据地红军发动第二次"围剿"。

5月5—7日　主持国民会议,通过《训政时期约法》。

5月27日　汪精卫、孙科(1891—1973)、唐绍仪(1862—1938)等二十八人在广州举行"国民党中央执监委员非常会议",次日组织"国民政府"。

6月13—15日　主持国民党三届五中全会,决定"围剿"工农红军及对广州事变处置方针。

6月25日　部署第三次"围剿"红军战事,自任总司令坐镇南昌。7月1日,发出"围剿"令,指挥三十万兵力分三路进攻。

7月23日　发表《告全国同胞一致安内攘外》书。

9月18日　日本关东军制造事变,袭取沈阳。嗣后扩大侵略,占领东北全境。

9月21日　自南昌回南京,召集国民党在京中委商讨时局,议定对日本军事侵略之处置方针,并决定与粤方停止军事行动,敦促胡汉民即日视事。

9月29日　接见上海请愿学生。

10月22日　由南京至上海,同汪精卫、胡汉民商谈时局对策。

10 月 27 日—11 月 7 日　宁粤和平会议在上海举行。

11 月 12—23 日　在南京主持国民党第四次全国代表大会。

11 月 18 日—12 月 5 日　粤方在广州召开国民党第四次全国代表大会。

12 月 3 日　汪精卫及孙科等粤方退席代表又在上海召开国民党第四次全国代表大会。

12 月 15 日　宣布下野,辞去本兼各职。

12 月 22 日　出席国民党四届一中全会开幕式后即离宁回乡。

12 月 31 日　广州"国民政府"和"中央党部"宣告取消,另立西南政务委员会、西南军事分会及国民党西南执行部。

1932 年(壬申　中华民国二十一年)45 岁

1 月 16 日　与汪精卫在杭州会晤,商谈合作。

1 月 22 日　与汪精卫在南京召集国民党在京中委谈话会,讨论外交内政方针。

1 月 28 日　日军在上海发起进攻,制造事变,第十九路军奋起抗击。

1 月 30 日　发表《告全国将士电》。

是日　国民政府宣布迁洛阳办公。

2 月 12 日　与汪精卫、冯玉祥在徐州举行会议,商讨对日政策。

3 月 1—6 日　国民党四届二中全会在洛阳举行。6 日,被国民党中政会决议任命为军事委员会委员长。18 日就职,并兼参谋总长。

3 月 1 日　三民主义力行社、中华复兴社在南京成立,任社长。

3 月 9 日　伪满洲国成立,溥仪为"执政"。

4 月 7—12 日　国民政府在洛阳召开国难会议,议决"对日交涉"、"合力剿共"。

5 月 5 日　中日《上海停战及日方撤军协定》在上海签字。

5 月 21 日　自任豫鄂皖"剿共"总司令,赴汉口策划对工农红军根据地"围剿"军事。

6 月 12—19 日　在庐山召开豫鄂皖湘赣五省"清剿"会议,部署"围剿"事宜。

11 月 5 日　在汉口召开豫鄂皖苏浙赣湘七省公路会议,拟定修筑十一条干线,以助军事"围剿"。

12 月 1 日　中央党部及国民政府由洛阳迁回南京。

12 月 12 日　中苏两国恢复外交关系。

12 月 15—22 日　出席国民党四届三中全会,提出于 1935 年 3 月召开国民大会制定宪法案,获通过。

1933 年(癸酉　中华民国二十二年)46 岁

2 月　在南昌指挥五十万兵力第四次"围剿"中央红军根据地。

3 月 4 日　日军侵占热河承德。

3 月 6 日　由南昌经汉口北上。9 日在保定与宋子文(1894—1971)、何应钦、张学良商讨时局对策,决定张学良下野,何应钦担任北平军分会委员长。

3 月 7 日　长城抗战起,第二十九军在喜峰口与日军激战。

3 月 26 日　与汪精卫在南京会商"全力剿共"方针及应付日本之对策。

4 月 11 日　在南昌召集七省治安会议,布置第五次"围剿"工农红军根据地。

5 月 3 日　国民党中政会决定设立行政院驻北平政务整理委员会,黄郛为委员长。5 日与黄会商。

5 月 26 日　冯玉祥在张家口通电组织察哈尔民众抗日同盟军。

5 月 31 日　中日双方签订塘沽停战协定。

7 月 18 日　在庐山设立军官训练团,自任团长。

9 月 5—7 日　在庐山召开谈话会,汪精卫、孙科、宋子文、孔祥熙(1880—1967)等出席,确定对日方针等。

9 月　集中百万兵力发动对工农红军中央根据地第五次"围剿",自任总司令,坐镇南昌。

10 月 2 日　召集师以上将领举行军事会议,提出第五次"围剿"之战略战术要点。

11 月 20 日　李济深、蒋光鼐(1887—1967)、陈铭枢(1881—1965)等在福州发动事变,宣言反蒋抗日。

12 月 25 日　飞临浦城,嗣后坐镇建瓯,调兵镇压"闽变"。

1934 年(甲戌　中华民国二十三年)47 岁

1 月 1 日　指挥七个师开进福建,对十九路军发动总攻。16 日进占福州,21 日又占漳州,"闽变"败终。

1 月 20—25 日　在南京主持国民党四届四中全会,通过《改革政治案》、《分期促进训政案》等。

2 月 19 日　在南昌讲《新生活运动之要义》,向全国推行新生活运动。

5 月 5 日　发表《新生活运动纲要》及《新生活运动须知》。

7 月 1 日　在南昌成立新生活运动促进总会,自任会长。

7—9 月　主持庐山军官训练团。

10 月　至武汉、兰州、济南、北平、张家口、太原、归绥(今呼和浩特)、西安等地巡视。

10 月 16 日　工农红军撤离江西开始长征。

11 月 1 日　成立中国童子军总会,任会长,戴季陶副。

11 月 12 日　由武汉回南昌,次日派何键(1887—1956)为"追剿军"总司令,并令桂黔军队堵截红军。

12 月 10—14 日　在南京主持国民党四届五中全会,通过《宪法草案原则》、《划分中央与地方权责纲要》等案。

12 月 24 日　派参谋团入川督导"剿共"。

1935 年(乙亥　中华民国二十四年)48 岁

1 月 10 日　颁发追堵红军纲要,电令川黔粤桂各地将领执行。

1 月 15—17 日　中共中央政治局扩大会议在遵义举行。

1 月 22 日　日本外相广田弘毅演说鼓吹"中日亲善"、"经济提携"。

1 月 29 日　在南京接见日驻华武官,翌日又接见日公使及驻南京总领事,谓中日两国应该亲善。

1 月　口授之《敌乎? 友乎? ——中日关系的检讨》发表,谓中日两国应以诚意解决悬案。

2 月 1 日　对中央社记者谈话,谓广田演辞"亦具诚意"。

2 月 27 日　与汪精卫联名发布严禁排日运动令。

3 月 2 日　赴重庆,开始视察西南军政,并督"剿"长征入川之红军。

3月23日　飞贵阳,指挥追堵红军。

3月27日　被国民党中政会决议授予特级上将军衔。

4月1日　在贵阳发起"国民经济建设运动"。

5月10日　飞昆明,督"剿"红军。

5月26日　飞成都,整理川政及督"剿"红军。

6月23—27日　日本关东军代表土肥原贤二与察哈尔省代主席秦德纯(1893—1963)在北平谈判,达成《秦土协定》。

7月6日　何应钦复函日本华北驻屯军司令梅津美治郎,承诺日方要求,是为"何梅协定"。

8月1日　中华苏维埃中央政府和中共中央发出《为抗日救国告全体同胞书》,号召停止内战一致抗日,组织国防政府和抗日联军。

8月　主持峨嵋训练团,整训西南军政人员。

10月2日　在西安成立西北"剿匪"总司令部,自兼总司令,张学良副。

10月7日　由成都飞西安,巡视陕政。11日赴开封,13日飞太原,与阎锡山商讨西北"剿共"事宜。

10月10日　在宜昌设行辕,以陈诚(1898—1965)为参谋长,督"剿"湘鄂川黔边区红军。

10月19日　红一方面军长征到达陕北。

11月1—5日　在南京主持国民党四届六中全会。

11月4日　国民政府实行币制改革。

11月10日　中国国民党临时行动委员会在香港举行第二次干部会议,决定改名为中华民族解放行动委员会。

11月12—23日　主持国民党第五次全国代表大会,19日演说外交方针。

11月16日　调集十一个师至京沪路沿线,以备日趋紧张的华北局势恶化。

11月20日　会见日使,表示不能容许华北"自治"运动。

11月24日　河北滦榆兼蓟密区行政督察专员殷汝耕(1885—1947)在通县组织二十二县的"冀东防共自治委员会"。

11 月 30 日　主持拟订"华北自治办法"六条,交何应钦北上办理。

11 月　嘱陈立夫(1900—2001)打通与中共之关系。陈交曾养甫(1898—1969)具体负责。

12 月 2—7 日　国民党五届一中全会在南京举行,当选中常会副主席、中政会副主席和行政院长。

12 月 9 日　北平学生举行抗日爱国游行,掀起全国救亡高潮。

12 月 11 日　国民政府决定成立冀察政务委员会,以宋哲元为委员长。

12 月 19 日　向苏联驻华大使表示:希望苏联协助促进国共两党团结。

1936 年(丙子　中华民国二十五年)49 岁

1 月 21 日　日本外相广田提出"对华三原则":取缔排日,中日"满"经济合作,共同防共。

1 月 22 日　会见苏联大使,表示可以同中共谈判。

1 月 25 日　会见日本大使及武官,商谈中日交涉问题。

2 月 20 日　毛泽东率红军东渡黄河入晋,开赴抗日前线。

2 月 23 日　下令调三十万重兵入晋,截堵东进抗日之红军。并令东北军、十七路军进扰红军后方。

5 月 5 日　红军通电停战议和一致抗日。东征红军回师河西。

5 月 31 日　全国各界救国联合会在上海成立。

6 月 1 日　陈济棠(1890—1954)、李宗仁、白崇禧等发动两广事变。

6 月 10 日　下令各军集中武汉。在湘部队与粤、桂军在衡阳交火。

7 月 10—14 日　主持国民党五届二中全会。全会决定成立国防会议,被推选任议长。

8 月 11 日　至广州处理粤省军政善后。

9 月 1 日　中共中央发出指示,将"抗日反蒋"改为"逼蒋抗日"。

9 月 17 日　在广州会见李宗仁,两广事变和平解决。

10 月 8 日　在南京接见日本大使。

10 月 22 日　至西安部署东北军和第十七路军进"剿"陕北红军。

是日　红军三大主力第一、二、四方面军在甘肃会宁会师,长征胜利结束。

10月 发表《报国与思亲》。国民党发动全国献机祝蒋五十之寿。

11月17日 至太原,与阎锡山会商绥远局势。旋派陈诚入晋。

11月23日 救国会领导人沈钧儒(1875—1963)等七人在上海被捕。

11月24日 绥远抗战收复百灵庙,12月10日收复大庙。

12月1日 接毛泽东、朱德、周恩来等函,谓:化敌为友,共同抗日。

12月4日 由洛阳至西安,严督张学良、杨虎城(1893—1949)加紧进"剿"红军。

12月7日 斥责张学良哭谏——主张红军问题用政治方法解决。

12月9日 召集司令部参谋人员会议,决定12日颁布第六次总攻击令。如张、杨两部违令即解除其武装。

12月12日 被张学良、杨虎城发动兵谏拘禁。张、杨要求停止内战,联共抗日。

12月23日 宋子文、宋美龄代表蒋介石,在西安与张学良、杨虎城及中共代表周恩来进行谈判。

12月24日 口头接受谈判条件,担保不再发生内战。晚,会见周恩来。

12月25日 在张学良陪同下离西安抵洛阳,次日回到南京,即扣押张学良。发表《对张杨训词》。

12月31日 组织军事法庭,判处张学良十年徒刑。翌年1月4日宣布"特赦",改"交军事委员会严加管束"。

1937年(丁丑　中华民国二十六年)50岁

1月 返奉化故里养伤。

2月10日 中共中央致电国民党五届三中全会,提出联合抗日的五项要求和四项保证。

2月15—22日 出席在南京举行的国民党五届三中全会,报告西安事变经过并表示"引咎辞职",被慰留。

2月22日 向中央社记者发表谈话,表示要开放言论,集中人才,释放政治犯。

3月25日 蒋经国离苏回国。

3月下旬　与周恩来等在杭州谈判国共合作事宜。6月8—15日在庐山继续谈判。

7月7日　日本帝国主义制造卢沟桥事变,第二十九军一部奋起抵抗,全面抗战爆发。

7月8日　电令冀察当局固守宛平,并调军队开赴保定、石家庄。

7月10日　通饬各地"一体戒备,准备抗战"。

7月12日　电第二十九军军长宋哲元:以不屈服、不扩大之方针,就地抵抗日军。

7月16—20日　在庐山召开暑期谈话会,邀请全国名流学者研究中日局势,共策御侮图存之计。17日发表谈话宣称:卢沟桥事变为最后关头,中国将坚持最低限度立场,并提出解决事变的四个条件。是日同周恩来等继续商谈国共合作事宜。

7月21日　在南京接见英使,希英国制止日本侵华。25日接见美使,26日接见德、法使,27日接见意使,望国际主持公道。

7月29日　日军侵入北平。次日天津失陷。

7月　中、中、交、农四行联合办事处成立,任理事会主席,宋子文副。

8月8日　发表《告抗战全体将士》书。邀集各地将领晤谈,白崇禧等均表示共赴国难,听命中央。

8月12日　主持国防最高会议及党政联席会议,商决抗战大计。被举为陆海空军总司令,以军事委员会为抗战最高统帅部。

8月13日　日军在上海发动进攻,指挥张治中率部抗御。淞沪抗战爆发。

8月14日　国民政府发表《自卫抗战声明书》。

8月19日　同意红军主力改编为第八路军,自设总指挥部。

8月21日　中国与苏联《互不侵犯条约》在南京签订。

8月　国民政府军事委员会统筹全国战局,组织四个战区,被推举兼第一战区司令长官,9月又兼第三战区司令长官。

9月17日　赴昆山前线督战。

9月22日　中央社发表《中国共产党为公布国共合作宣言》,次日发表谈话承认中国共产党合法地位及国共两党合作。

10月2日　同意将南方八省十三个地区的红军游击队改编为新编第四军。

10月29日　赴松江前线巡视。

11月1日　在南翔召开前线将领会议,命令各军坚守阵地。

11月3日　九国公约签字国在比利时布鲁塞尔开始举行会议。

11月5日　在南京接见德使陶德曼,接受德国斡旋中日两国和平解决争端。

11月12日　上海失陷。

11月20日　国民政府宣告迁都重庆。

11月24日　组织南京保卫战,任唐生智为南京卫戍司令长官,并亲自指挥外围阵地之战事。

12月2日　在南京与高级将领讨论日本提出之和平条件。下午会见陶德曼。

12月4日　在南京召集师以上将领训话,勉共守南京。

12月6日　汪精卫在汉口主持国防最高会议常务委员会议,决定接受德国调停,实现中日议和。

12月7日　晨离南京去江西星子。

12月13日　日军侵占南京,进行血腥大屠杀。

12月14日　王克敏(1876—1945)等在北平成立伪"中华民国临时政府"。

12月29日　与于右任(1879—1964)、居正(1876—1951)等在武汉商讨抗战方略,拒绝日方新提出之和平条件。陶德曼调停告终。

1938年(戊寅　中华民国二十七年)51岁

1月1日　辞去行政院长职,由孔祥熙继任。

1月8日　在汉口召开军事会议,决定抗战策略改守为攻。

1月11日　在开封召开第一、第五战区军官会议,讲《抗战检讨与必胜要诀》,下令将韩复榘撤职逮捕(24日处决)。

1月16日　日本首相近卫文麿发表声明:"不以国民政府为对手。"

　　1月17日　改组军事委员会,自任委员长,何应钦为参谋总长。

　　2月20日　希特勒宣布德国放弃援华政策。

　　3月24日　赴徐州视察,决定调武汉地区军队增援台儿庄战役。旋获台儿庄大捷。

　　3月28日　梁鸿志(1882—1946)等在南京成立伪"维新政府"。

　　3月29日—4月1日　出席在武昌举行的国民党临时全国代表大会。大会通过《抗战建国纲领》,决定召开国民参政会,建立三民主义青年团,设总裁制,当选为总裁,汪精卫副。

　　4月6—8日　主持国民党五届四中全会,讲《改进党务与调整党政关系》。

　　4月21日　赴徐州指示作战方略。5月19日,徐州弃守。

　　6月1日　在武汉召开军事会议,决定豫东守军西移,决黄河大堤以阻敌前进。9日郑州花园口黄河大堤炸毁,截断陇海路,日军被困陷,同时豫、皖、苏三省黄泛地区受灾严重。

　　6月16日　发表《为组织三民主义青年团告全国青年书》。同日国民党中央公布三青团团章。

　　6—10月　督饬指挥武汉保卫战。

　　7月6—15日　国民参政会第一届会议在武汉举行,在开幕式上致词。

　　7月9日　三青团临时团部干事会在武昌成立,任团长,陈诚为书记长。

　　9月22日　北平"临时政府"与南京"维新政府"在北平成立"中华民国政府联合委员会",筹建伪中央政权。

　　10月12日　日军在大亚湾登陆,21日侵占广州。

　　10月24日　夜离武汉往衡阳。次日武汉沦陷。

　　10月28日—11月6日　国民参政会第二次大会在重庆举行,决定坚持既定国策抗战到底。

　　11月3日　日本近卫第二次对华声明,扬言"决不收兵",胁迫国民政府"更换人事组织"。

　　11月13日,长沙大火。16日赴长沙处置。

11月25—28日　召开南岳军事会议,对相持阶段抗战作出部署。

12月1日　由衡阳至桂林。3日设桂林行营,派白崇禧兼主任,统筹南方抗日军事。

12月8日　由桂林飞抵重庆。次日邀汪精卫、孔祥熙等谈今后抗战大计。

12月16日　与汪精卫会谈,拒绝汪"联袂辞职,以谢天下"之要挟。

12月18日　汪精卫等潜离重庆至昆明,次日叛逃河内,29日发出"艳电"。

12月26日　驳斥近卫22日第三次对华声明,宣言抗战到底。

1939年(己卯　中华民国二十八年)52岁

1月1日　主持国民党中央常委会临时会议,决议永远开除汪精卫党籍,撤销其一切职务。

1月21—30日　主持国民党五届五中全会,作《以事实证明敌国必败及我国必胜》、《唤醒党魂、发扬党德与巩固党基》报告,并阐述外交方针与政策。全会决议设立防共委员会。

2月7日　国防最高委员会成立,任委员长。

2月12—21日　国民参政会第三次大会在重庆举行。被举为议长,20日作国民精神总动员报告。

3月11日　任国民精神总动员会会长,次日通电全国宣布实行国民精神总动员。

3月21日　汪精卫在河内遇刺未中,曾仲鸣(1896—1939)被刺毙命。

5月31日　汪精卫等一行潜去日本。6月16日日本五相会议通过汪拟之《收拾时局具体办法》。

6月13日　中苏两国在莫斯科签订使用一亿五千万美元贷款之协定。

7月7日　发表文告重申抗战到底的国策不变。

7月27日　中英成立三百万英镑新借款。

9月8日　国防最高委员会改组中、中、交、农四行联合办事总处,被举任四联总主席。

9月9—18日　主持国民参政会第四次大会。

10 月 1 日 对中外记者发表谈话,斥汪精卫 8 月 28—30 日在上海召开伪国民党第六次全国代表大会及企图成立伪中央。

10 月 7 日 兼四川省主席职,在成都视事。

10 月 29 日—11 月 5 日 主持第二次南岳军事会议,部署冬季攻势。

11 月 12—21 日 秘密主持国民党五届六中全会,被推兼任行政院长。

12 月 20 日 秘密发布《异党问题处理办法》。

1940 年(庚辰 中华民国二十九年)53 岁

2 月 23—25 日 在柳州召开军事会议,总结桂南会战得失。

3 月 30 日 汪精卫在南京成立伪国民政府,自任"代主席"兼"行政院长"。

4 月 1—10 日 主持国民参政会第五次大会。

7 月 1—8 日 主持国民党五届七中全会,说明对外政策。

7 月 28 日 接见陈嘉庚(1874—1961)时说:抗战要望胜利,必须先灭共党。

10 月 4 日 兼任中央设计局总裁。

12 月 1 日 美国向中国提供一亿美元信用贷款。

12 月 10 日 秘令顾祝同(1893—1987)"解决"新四军江南部队。次年1 月 6 日,皖南事变爆发。

1941 年(辛巳 中华民国三十年)54 岁

1 月 27 日 在重庆演说称,皖南事变只限于军令、军纪,不涉及党派与政治问题。

2 月 10 日 在重庆接见美国总统代表居里,谓第一目的是抵抗日本求取最后胜利,第二目的是阻止中国成一赤化之共产国家。

3 月 1—10 日 主持国民参政会二届一次会议,谓军令政令必须统一,同时保证以后决无"剿共"的军事。

3 月 9 日 美国政府通过居里向蒋声明:在国共纠纷未解决前,美国无法大量援华。

3 月 14 日 约周恩来谈,答应提前解决国共间之若干问题。

3 月 24 日—4 月 16 日 主持国民党五届八中全会,全会通过《战时党政三年计划》等案。

4月25日　中美、中英平衡基金协定签订,分别为五千万美元和五百万英镑。

6月5日　日机夜袭重庆,较场口大隧道发生窒息惨案。次日视察惨案现场,下令惩处主管防空人员。

6月22日　德军侵犯苏联,苏德战争爆发。

8月1日　美国援华空军志愿队(又称"飞虎队")成立,陈纳德任总指挥。

10月16—21日　主持第三次南岳军事会议,检讨总结第二次长沙会战。

11月17—27日　主持国民参政会二届二次会议。

12月8日　主持国民党中常会特别会议,商讨日本海空军当日凌晨袭击美国珍珠港基地,太平洋战争爆发后之我国对策,决定正式宣告对日、德、意宣战。

12月15—23日　主持国民党五届九中全会,全会通过《加强国家总动员实施纲领》等。

12月17日　在重庆召集英美苏各国代表举行会议,提出中、美、英、苏、荷《五国军事代表会议大纲》。23日会议通过《远东联合军事行动初步计划》等案。

12月30日　接美国总统罗斯福建议建立中国战区之来函。

1942年(壬午　中华民国三十一年)55岁

1月1日　中、苏、美、英等二十六国在华盛顿发表宣言,保证竭尽全力打败德、意、日。

1月3日　同盟国中国战区组成,被举为陆空军最高统帅。

2月2日　英国允给中国贷款五千万英镑,美国贷款五亿美元。

2月4—21日　偕宋美龄等访问印度。

2月23日　《中英共同防御滇缅路协定》签字。组派中国远征军开赴缅甸配合英军对日作战。

3月2—4日　赴缅甸视察,在腊戍会见西南太平洋盟军总司令魏菲尔,商谈据守仰光等地之作战部署。

3月6日　在重庆接见中国战区统帅部参谋长史迪威。10日派史迪威为中国入缅部队之指挥官。

4月5—10日　赴缅甸视察。

9月6—10日　在西安召开军事会议,演说对敌作战方略及精神抗战之意义。

10月4日　在重庆接见美国总统代表威尔基,商谈战后问题。

10月21—31日　在重庆主持国民参政会三届一次会议。会议通过加强管制物价方案,并成立经济动员策进会。

11月12—27日　主持国民党五届十中全会,讨论党政问题和财经问题。

11月18日　宋美龄离重庆赴美国访问并治病。

1943年(癸未　中华民国三十二年)56岁

1月11日　中美、中英分别签订新约,宣布取消美英在华治外法权等特权。

2月18日　宋美龄在美国国会演说,呼吁重视亚太战场,批评盟国"先欧后亚"的战略计划。

3月10日　在重庆出版《中国之命运》一书。

3月29日—4月12日　主持三民主义青年团第一次全国代表大会,发表《中国青年所负的时代使命》。

4月14日　宋美龄在美国纽约接见记者称:中、美、英、苏应先成立一战后世界委员会。

5月3日　宋美龄访问白宫,与美国总统罗斯福商讨反攻缅甸、加强中国战区空军及中印空运等问题。

5月17日　"联合参谋团"(C.C.S.)在华盛顿开会,派外交部长宋子文为代表,与罗斯福、丘吉尔共同商讨反法西斯战略问题。

6月24日　宋美龄在华盛顿与罗斯福商讨战后远东和平及善后等问题。28日宋离美回国。

8月1日　林森病逝,接任国民政府代主席。

9月6—13日 主持国民党五届十一中全会,当选为国民政府主席兼行政院长。

9月18—27日 主持国民参政会三届二次会议,讲演"实施宪政"、"经济第一"。

10月18日 会见东南亚盟军司令长官蒙巴顿,商讨军事合作诸问题。

10月30日 中苏英美四国外长(中国由驻苏大使傅秉常出席)在莫斯科签订《普遍安全宣言》。

11月14日 中国驻印军反攻侵缅日军之缅北会战开始。

11月22—26日 出席开罗会议,与罗斯福、丘吉尔商讨联合对日作战计划及战后对日处置等问题,签署《开罗会议共同宣言》(12月1日发表),宣告东北、台湾及澎湖列岛归还中国。

11月28日—12月1日 斯大林、丘吉尔、罗斯福在德黑兰举行会议。

1944年(甲申 中华民国三十三年)57岁

2月3日 至桂林巡视。

2月10—14日 主持第四次南岳军事会议,讲评常德会战及今后整训反攻。

4月14日 下令中国远征军进入缅甸北部对日军作战。

4月 日军发动豫湘桂战役,电令汤恩伯(1900—1954)、张发奎等组织军队抗御。

5月11日 卫立煌(1897—1960)指挥远征军在滇西向日军发动进攻,强渡怒江。

5月20—26日 主持国民党五届十二中全会。

5月29日—6月1日 主持全国行政会议。

6月21—24日 与美国副总统华莱士会谈中美合作、中苏关系、中共问题等。

7月7日 接罗斯福来电,谓请委史迪威指挥中国全部军队之权。

8月21日—10月7日 苏、美、英和中、美、英代表分别在华盛顿郊区顿巴敦橡胶园举行会议,商讨建立战后世界和平机构。10月9日,宣布建议成立联合国。

9月5—18日　主持国民参政会三届三次会议。

9月19日　又接罗斯福来电,要求立即授予史迪威以全权指挥中国所有军队的权力。

9月25日　以备忘录致美国总统代表赫尔利,拒绝授予史迪威以指挥全部中国军队之重责,要求另派美国将领接替史迪威职务。

10月12日　号召知识青年从军,提出"一寸河山一寸血,十万青年十万军"。10月14日成立全国知识青年志愿从军指导委员会。后编成青年军九个师又二个团,任蒋经国为青年军政治部主任。

10月18日　接罗斯福复电,同意召回史迪威,请以魏德迈继任。29日以中国战区盟军最高统帅名义发布命令,任魏德迈为统帅部参谋长。

11月10日　汪精卫在日本名古屋病死,陈公博继伪国民政府"代主席兼行政院长、军事委员会委员长"。

11月21日　拒绝赫尔利与中共达成之"五点协议",提出三点反建议。

1945年(乙酉　中华民国三十四年)58岁

1月1日　发表广播讲话称要还政于民,主张召开国民大会,反对建立联合政府。

1月27日　中国驻印军与远征军在缅甸芒友会师,中印公路贯通。

2月4—11日　斯大林、罗斯福、丘吉尔及三国外长在雅尔塔举行会议,秘密签订《雅尔塔协定》。

4月12日　美国总统罗斯福病逝,副总统杜鲁门继任。

4月23日—6月11日　中国共产党第七次全国代表大会在延安举行,毛泽东发表《论联合政府》。

4月25日—6月26日　五十一国代表在旧金山举行会议,通过《联合国宪章》,宣告联合国成立。

5月5—21日　主持在重庆召开的国民党第六次全国代表大会,通过增强沦陷区反攻力量、促进宪政等案,被选举连任总裁。

5月8日　德国投降,欧战结束。

5月28—31日　主持国民党六届一中全会,修正中央执行委员会组织大纲等,任命宋子文为行政院长。

6月27日　派宋子文偕蒋经国等赴莫斯科,商谈签订中苏条约问题。

7月7—20日　主持国民参政会四届一次会议。

7月17日—8月2日　斯大林、杜鲁门、丘吉尔(后期为艾德礼)举行波茨坦会议。

7月26日　中、美、英三国发表《波茨坦公告》敦促日本无条件投降。29日日本声明拒绝投降。

8月6日　美国投掷原子弹于日本广岛,9日又投于长崎。

8月8日　苏联对日宣战,百万苏军在中国东北边境向日军发起总攻。

8月10日　日本决定接受《波茨坦公告》,向中美英苏发出乞降照会。

8月14日　电令何应钦部署各战区日军投降应行注意事项。

8月11日　下达三令:国民党军积极推进,地下军和伪军就地维持地方治安,中共军队勿再擅自移动。

8月12日　以军事委员会委员长侍从室名义,任命伪上海市长周佛海(1897—1948)为军事委员会上海行动总指挥。

8月14日　接受雅尔塔秘密协定之条件,派外长在莫斯科签订《中苏友好同盟条约》,并承认蒙古人民共和国独立。

是日　电邀毛泽东来重庆共商国是。20日、23日又电促。28日毛泽东偕周恩来等抵重庆。与毛泽东多次会谈。

8月15日　为日本投降发表广播演说,讲"以德报怨"。

9月4日　任命蒋经国为外交部驻东北特派员。

9月9日　冈村宁次在南京签署向中国投降书。

10月10日　国共双方代表签署《政府与中共代表会谈纪要》。次晨与毛泽东最后一次会谈。

10月24日　联合国正式成立。

11月9—16日　在重庆召开军事会议,策划在六个月内击溃中共军队主力,然后分区"围剿"。

12月11—18日　至北平巡视。

12月15日　杜鲁门发表声明,全面支持国民政府。

12月21日　在南京接见美国驻华特使马歇尔。

12 月 23 日　在南京召见冈村宁次。后返重庆。

12 月 30 日　派蒋经国以私人代表身份访问莫斯科会晤斯大林。

1946 年(丙戌　中华民国三十五年)59 岁

1 月 1 日　发表《告全国军民书》,称停止内战必须首先恢复交通,实现民主必须首先军令政令统一。

1 月 7 日　向国民党军队下达密令:应予停战令未下前占领有利地点。

1 月 10 日　国共代表签订停战协定,下令于 13 日零时起生效。

1 月 10—31 日　政治协商会议在重庆举行,致开会词和闭会词。

1 月 28、29 日　听取美国驻苏大使哈里曼关于美、英、苏三国外长莫斯科会议的情况和苏联战后对华政策的通报。

3 月 1—17 日　主持国民党六届二中全会,致开会词强调"军令与政令的统一"。

3 月 20 日—4 月 3 日　主持国民参政会四届二次会议,说政治协商会议不是制宪会议,协议不能代替约法;强调国家法统不容中断。

5 月 5 日　在南京主持国民政府还都典礼。

5 月 23 日　偕宋美龄抵沈阳,30 日又至长春召集军事会议布置东北内战。

6 月 5 日　与周恩来分别发表声明:自 7 日起东北停战十五天。22 日又宣布延期八天。

6 月 26 日　部署三十万军队向鄂东、豫南发动进攻,全面内战爆发。

7 月 2 日　会见周恩来,要求中共在国共谈判中作出让步。

8 月 29 日　同意马歇尔与司徒雷登建议成立五人小组商谈政府改组问题,国共双方各派二人、美方一人。

9 月 14 日　至河南督饬内战,命陈诚、顾祝同等赴前线指挥。

9 月 23 日　在南京发表演说,重新提出"剿匪"口号。

10 月 11 日　在国民党军攻占张家口后即宣布:国民大会定于 11 月 12 日召开。

10 月 18 日　在南京召开军事会议,声称要在五个月内打垮共军。

10月21—27日　偕宋美龄到台湾巡视。25日出席庆祝台湾光复一周年大会发表演说。

11月15日—12月25日　在南京主持国民大会,制定《中华民国宪法》。中国共产党和民主同盟等拒绝参加。

12月18日　杜鲁门发表对华政策声明,支持蒋介石和国民政府。

12月24日　北平发生美军强奸北京大学女生沈崇事件。全国掀起要求美军撤出中国的爱国运动。

1947年(丁亥　中华民国三十六年)60岁

1月9日　接见民社党、青年党首领,商议和谈及改组政府等事。

2月2日　至徐州布置鲁南战事。4日又去郑州主持高级将领会议。

2月28日　台湾发生民众与公务员冲突事件。

3月1日　兼行政院长职(宋子文辞)。

3月5日　下令调军队赴台湾控制局势。

3月13日　命令胡宗南(1896—1962)指挥二十三万军队重点进攻陕北。19日胡部侵占延安。

3月15—24日　主持国民党六届三中全会,说对中共政治解决已经绝望,要在半年内全部解决中共武装。

4月6日　命令顾祝同指挥二十五万军队重点进攻山东解放区。

4月13日　在上海召集党、政及金融界首领开会,商讨抑制物价的对策。

4月18日　在南京宣布国民政府改组为"多党政府",自任国民政府主席,孙科副,张群为行政院长。

5月18日　主持临时国务会议,决定采取紧急措施,严禁罢工、罢课、集会和请愿游行示威;同日发表"整饬学风维护法纪"的书面谈话。

5月20日　京、沪、苏、杭等地学生代表六千余人在南京联合举行反饥饿、反内战、反迫害示威游行。

5月20—26日　主持国民参政会四届三次会议,谓和平统一能否实现,系于中共态度。

6月20日　主持国民党中常会及中央政治会议联席会议,决定撤销三青团,实行党团合并。7月9日中常会通过《关于党团统一组织案》。

7月4日 召开国务会议,通过《国家总动员案》。次日颁布《戡平共匪叛乱总动员令》。

7月22日—8月24日 在南京接见来华考察的美国总统特使魏德迈。

8月2日 派陈诚前往东北主持军政。29日任命陈诚兼东北行辕主任。

9月9—13日 主持国民党六届四中全会及党团联席会议,通过《统一中央党部团部组织案》及《当前时局之检讨与本党之决策》等。

10月4日 至北平召集李宗仁等举行军事会议,商讨东北、华北局势。8日去沈阳召开军事会议,部署沈阳外围决战。

10月10日 人民解放军总部发表宣言,提出"打倒蒋介石,解放全中国"。

10月27日 在庐山召开军事会议,商讨华中战局,布置长江防务。

10月29日 浙江大学学生会主席于子三被害,杭州、上海、南京、北平等地学生集会抗议。

11月14日 主持国务会议,谓将集中兵力消灭华中共军。

11月26日 至北平督饬华北军事。28日主持军事会议,决定成立华北"剿匪"总司令部,任傅作义(1895—1974)为总司令。

11月27日 成立国防部"剿匪"军事九江指挥所,由白崇禧统一指挥华中军事。白随即调集三十三个旅兵力围攻大别山区。

12月25日 宣布《中华民国宪法》即日起生效,开始行宪。同日又公布《戡乱时期危害国家紧急治罪法》。

12月29日 在汉口召开军事会议。

1948年(戊子 中华民国三十七年)61岁

1月1日 中国国民党革命委员会在香港成立,李济深任主席。

1月9日 在南京主持国务会议,定北平为陪都。

1月10日 至沈阳召开军事会议,部署东北战事,决定成立东北"剿匪"总司令部,17日任卫立煌为总司令。

1月13—15日 在南京主持陆军训练会议,决定设立五个新兵训练中心。

1 月 18 日　召开海军会议,部署长江防务。

1 月 29 日　召开军事汇报会,研讨华中、苏北及沿江防务。

2 月 28 日　召开军事会议,部署海陆空军和联勤全面配合东北战事。3 月 8 日又召开紧急汇报会,讨论东北战局。

3 月 17—20 日　召开华中地区"绥靖"会议,制定军事政治经济三位一体总体战方略。

3 月 29 日—5 月 1 日　出席行宪国民大会。4 月 19 日当选为中华民国总统。在施政报告中仍称三至六个月内消灭共军。

5 月 20 日　在总统就职典礼上发表演说称:要在短期内"戡平叛乱"。

5 月 24 日　任翁文灏(1889—1971)为行政院长。6 月 2 日第一届"行宪内阁"组成。

5 月 31 日　任命白崇禧为战略顾问委员会主任兼华中"剿匪"总司令。

6 月 2 日　至郑州督饬战事。

6 月 25 日　在西安召开军事会议。

7 月上旬　在南京召开军事会议,决定实行重点防御方针,收缩战线,集中兵力确保华中。

7 月 22 日　飞太原,与阎锡山商讨防务。

7 月 29 日　在浙江莫干山召见翁文灏、王云五等,秘密商议稳定财政经济的对策。

8 月 3—7 日　在南京召开军事检讨会议,决定编组兵团进行决战。

8 月 19 日　颁布《财政经济紧急处分令》及改革币制(发行金圆券)、限制物价、收兑金银外币办法。

9 月 6 日　在南京宣布:各大商业银行必须在本月 8 日前将所有外汇存入中央银行。

9 月 12 日　辽沈战役开始。9 月 30 日飞至北平,次日召开军事会议,抽调兵力支援东北战场。

10 月 2 日　至沈阳召开军事会议。5 日至天津,6 日在葫芦岛召开军事会议。

10月8日　由北平至上海，处置经济管制事件。

10月15日　再飞沈阳，督师反攻。18日又由北平至沈阳，部署撤退。19—30日在北平指挥东北战事。11月2日辽沈战役以被歼四十七万余人结束，30日下令撤卫立煌职。

11月6日　淮海战役开始。10日在南京召开作战会议部署徐州战事。先后调集六个兵团投入战斗。经六十六天战斗，二十二个军五十六个师计五十五万余兵力被歼。

11月9日　致函杜鲁门，要求美国直接指挥国民党军队作战。

11月13日　前以行政院名义发布《改善经济管制补充办法》，1日起取消限价政策。今日又公布修正金银外币收兑办法，"允许人民持有"。

11月26日　准翁文灏辞职，任命孙科为行政院长。

11月28日　派宋美龄赴美国呼吁加强援助。12月3日宋美龄访马歇尔，10日访杜鲁门。

11月29日　平津战役开始。督饬傅作义"华北剿总"四个兵团投入战斗。结果五十二万余兵力被歼或改编。次年1月31日北平和平解放。

12月2日　委派汤恩伯兼京沪警备总司令。

12月10日　颁布全国戒严令。

12月24日　接白崇禧提出和平解决时局主张之来电。30日再接白主和电。

12月29日　任陈诚为台湾省政府主席、蒋经国为国民党台湾省党部主任委员。同日在南京召见张治中等人，商讨和战问题。

12月31日　在除夕聚餐会上宣称准备下野求和。

1949年(己丑　中华民国三十八年)62岁

1月1日　发表《告全国军民同胞书》，谓要在保存法统、宪法及国民党军队等条件下，与共产党谈判和平。

1月8日　与孙科、张群、张治中等商谈和平问题。

1月10日　派蒋经国至上海，将中央银行库存黄金移往台湾。

1月14日　召集陆海空将领会议，谓以战求和。

1月15日　召集张群、陈立夫、张治中等人研讨中共提出的和平谈判八项条件。次日又与民、青两党首领商讨。

1月18日　任命汤恩伯专任京沪杭警备总司令,朱绍良为福州"绥靖"公署主任,张群为重庆"绥靖"公署主任,余汉谋为广州"绥靖"公署主任,宋子文专任广东省主席。

1月21日　宣告引退,由副总统李宗仁代理总统。离南京至杭州,次日返抵奉化故里。

1月26日　致函南京党、政、军、特首领,谓必须作战到底。

1月30日　接汤恩伯密告:陈仪谋策反汤和平起义。2月16日下令行政院撤免陈仪之浙江省主席职。

2月1日　国民党中央党部由南京迁往广州。5日行政院在广州办公。

3月2日　陈诚宣布在台湾实施三七五减租。

3月8日　孙科辞职,何应钦继任行政院长。

3月29日　在奉化溪口接见和谈首席代表张治中,面授机宜。

4月7日　提出的和谈方针被在广州举行的国民党中常会通过。

4月17日　反对签署国共和平协定。20日国民党中常会发表声明拒绝接受国共和平协定。

4月21日　人民解放军分三路强渡长江,23日攻占南京。

4月22日　从溪口到杭州,召集李宗仁、何应钦等人商讨时局对策,决定"坚决作战"。次日返奉化溪口。

4月25日　离奉化溪口赴上海。次日在复兴岛召见顾祝同、汤恩伯等人。

4月27日　在上海发表文告,谓要奋斗到底。

5月3日　拒绝李宗仁提出之"不复职即应出国"要求,表示"遁世远行"、"不问政治"。

5月7日　乘轮离沪,经普陀、舟山,17日飞抵澎湖马公岛,26日抵高雄。

5月27日　上海解放。

5月30日　何应钦辞职,6月3日阎锡山继任行政院长。

6月11日　提出成立中央非常委员会,以蒋介石、李宗仁等十二人为委员一案获国民党中常会举行会议通过。同日,国民党中央政治会议决定成立最高决策委员会,被推任主席,李宗仁副。

6月24日 至台北,居草山(后改名阳明山),筹设"总裁办公室"。

7月7日 领衔与青年党等发表反共救国宣言。

7月10—12日 访问菲律宾,与菲总统季里诺在碧瑶商谈组织太平洋反共联盟并拟在菲设立流亡政府等事。

7月16日 在广州召开国民党中常会与中政会联席会议,决定全力保穗。下午召开非常委员会第一次会议。

7月26日 在台北设立"革命实践研究院",自任院长。

8月5日 美国国务院发表《美国与中国的关系》白皮书。

8月6—8日 访问南朝鲜,与李承晚在镇海商谈远东各国反共联盟事。

8月24日 至重庆,督察西南军政。29日召开军事会议,决定以陇南、陕南为决战地带。

9月20日 在重庆发表《告全党同志书》,宣称要改造国民党,号召全党研究改造方案。

9月21—30日 中国人民政治协商会议在北平举行,制定《共同纲领》,选举中央人民政府委员会,毛泽东为主席。

10月1日 中华人民共和国成立。中央人民政府举行会议,任命周恩来为政务院总理兼外交部长,朱德为人民解放军总司令。

11月14日 自台北飞重庆,谋划在西南最后抵抗。

11月20日 李宗仁由南宁飞往香港,12月5日飞往美国。

11月30日 晨飞成都。

12月10日 飞离成都,撤至台北。国民党中央党部11日在台北办公。

1950年(庚寅)63岁

1月5日 杜鲁门发表关于台湾的声明。

1月13日 迎宋美龄由美国返抵台北。

2月14日 《中苏友好互助同盟条约》在莫斯科签字,同时宣布1945

年签订的中苏条约和协定失效。

3月1日　在台北复"总统"职,并发表公告。

3月7日　任陈诚为"行政院长"。

3月17日　令周至柔(1899—1986)为"参谋总长兼空军总司令",孙立人(1900—1990)为"陆军总司令"。

3月21日　任蒋经国为"国防部总政治部主任"。

4月17日　在宋美龄主持的"反共抗俄妇女联合会"成立大会上讲话,要台湾同胞饮水思源,以"光复大陆"来报答大陆同胞为光复台湾所遭受的苦难与牺牲。

5月1日　人民解放军解放海南岛。19日解放舟山群岛。

5月16日　在"革命实践研究院"讲话,说只有甘心以身殉国才能死里逃生。同日发表《告台湾同胞书》,谓要集中兵力确保台湾,复兴"中华民国"。提出:一年准备,二年反攻,三年扫荡,五年成功。

6月25日　朝鲜战争爆发。27日杜鲁门下令美国海军第七舰队进入台湾海峡。

6月29日　命驻美"大使"向美国表示:愿意派出军队去朝鲜参战。

7月22日　主持国民党中常会,通过《中国国民党改造方案》。26日指派陈诚、张其昀(1901—1985)等十六人为改造委员,取代中央执行委员会职权。同时宣布吴稚晖、居正等二十五人为中央评议委员会委员。

7月31日　在台北会见"联合国军总司令"麦克阿瑟,商谈派军队去朝鲜事。

8月　逐陈立夫离台去美国。

9月26日　在"革命实践研究院"讲话说:台湾是中国的一部分,只是还有一些法律手续要履行。

10月19日　中国人民志愿军到达朝鲜前线。

1951年(辛卯)64岁

5月16日　在台北接见美联社记者说,国民党军队如有足够装备,半年就可以反攻大陆,阻止中共在朝鲜战场的战略。

9月8日　美、英、法等国与日本在旧金山签订和约。

12月1日 训示"行政院"明年施政重点为整顿户口,加强防空,准备反攻大陆。

1952 年(壬辰)65 岁

1月1日 发表元旦讲话,号召在台湾推行社会、经济、文化、政治四大改造,完成"反共抗俄"总动员。

4月28日 台湾当局与日本政府签订《和平条约》。

7月24日 主持国民党改造委员会议,决定明年1月在台湾实施限田政策。

10月10—20日 在台北主持国民党第七次全国代表大会,向大会提交《反共抗俄基本论》案获通过,被选为国民党总裁。

10月31日 在台湾组设"中国青年反共救国团",自兼团长,蒋经国任主任。

1953 年(癸巳)66 岁

1月26日 下令颁布《实施耕者有其田条例》及《公营事业移转民营条例》。

2月4日 发表声明赞扬艾森豪威尔2日的"解除台湾中立化"决定"为美国最合理而光明之举措"。

4月10日 主持国民党中常会,准吴国桢辞台湾省主席职,以俞鸿钧(1898—1960)继。

7月27日 朝鲜停战协定签字。

9月10日 派蒋经国赴美访问。

11月8—12日 接待来台访问的美国副总统尼克松夫妇。

11月16日 在台湾《中央日报》发表《民生主义育乐两篇补述》。

11月27—29日 与来台访问之南朝鲜总统李承晚会谈并发表联合声明。

1954 年(甲午)67 岁

2月19日—3月25日 在台湾召开的"国民大会"一届二次会议上当选为第二任"总统",陈诚为"副总统",俞鸿钧继续担任"行政院长"。

3月17日 发布"总统命令",称吴国桢"背叛国家,污蔑政府","居心匡测,罪迹显著"。

9月3日　金门、厦门之间发生激烈炮战和空战。

9月10—11日　与访台之美国国务卿腊斯克会谈。

9月15—28日　周恩来在第一届全国人民代表大会上指出:解放台湾是中国的主权和内政,决不许他国干涉。一切想把台湾"托管"、"代管"以及"中立"、"独立"的主张,都是不能容忍的。

11月25日　出席"光复大陆设计研究委员会"成立大会。

12月3日　美国与台湾当局签订《中美共同防御条约》。8日周恩来发表声明指出是非法的、无效的。

12月28日　下令将《自由中国》发行人雷震(1897—1979)开除出国民党。

1955年(乙未)68岁

2月8日　在台北发表讲话指出,大陆、台湾都是中国领土,"中华民国"不能容人分割,"两个中国"的主张荒谬绝伦。

3月21日　接见美国记者称,一定为金门、马祖而战,决心战至最后一个人。30日艾森豪威尔宣布美国决定协防金、马。

5月13日　周恩来在全国人大常委会议上说,解放台湾有战争的方式和和平的方式。

6月3日　对美国记者发表谈话说,台湾绝不与大陆谈判,对任何方式的和谈都坚决拒绝。

8月1日　中美大使级会谈开始在日内瓦举行。

8月21日　下令以"阴谋叛乱"罪名免去孙立人"参军长"本兼各职,"由国防部随时考察,以观后效"。

1956年(丙申)69岁

6月28日　周恩来在全国人民代表大会一届三次会议上提出和平解放台湾的政策。

7月7—9日　与访台之美国副总统尼克松会谈。

10月31日　台湾《自由中国》杂志发表为蒋祝寿专号,胡适等多人撰文,要求蒋实行民主宪政,改革台湾政治与军事制度。

12 月 1 日　发表《苏俄在中国——中国与俄共三十年经历纪要》一书。

1957 年(丁酉)70 岁

3 月 2 日　对美国记者说,反攻大陆以政治为主、军事为辅,不必美国军队介入,只需美国提供后勤与技术支持。

5 月 7 日　美国空军"斗牛士"战术导弹部队进驻台湾。

6 月 1 日　就台湾全岛爆发抗议美军暴行斗争事发表文告称,在反共过程中要明辨是非敌友,勿自毁长城,"与盟邦力求互相谅解"。

6 月 3 日　与来访的日本首相岸信介会谈。

9 月 16 日　派张群为特使访日,谋求加强双方友好关系。

10 月 10—23 日　主持国民党第八次全国代表大会,继续被选为总裁,陈诚被选为副总裁。

11 月 4 日　任命胡适为"中央研究院"院长。

11 月 11 日　与宋美龄观看美国第七舰队在台湾南部海域举行的大规模军事演习。

1958 年(戊戌)71 岁

7 月 1 日　准俞鸿钧辞"行政院长"职,命陈诚兼任。

8 月 23 日　人民解放军炮击大、小金门等岛屿。

8 月 31 日　与美国陆军部长布鲁克会谈,商讨台湾海峡的紧张局势。

9 月 16 日　对美国记者说,对保卫金门有绝对的信心和把握,相信美国不会妨碍台湾采取报复行动。

10 月 1 日　在高雄对美国记者说,台湾没有接受停火的义务,拒绝杜勒斯建议。

10 月 21 日　与杜勒斯会谈。23 日发表联合公报,表示双方要进一步合作,防止共产势力的"分化阴谋"。

1959 年(己亥)72 岁

3 月 26 日　发表《告西藏同胞书》,支持西藏上层反动集团在拉萨的叛乱活动。

5 月 15—19 日　主持国民党八届二中全会,讲《掌握中兴复国的机运》。全会通过《策进大陆反共革命运动案》、《光复大陆政治行动纲领》等。

9月30日　与来访的美国国防部长麦艾乐和参谋长联席会议主席怀特会谈。

1960年(庚子)73岁

1月15—19日　与来访的南越总统吴庭艳会谈并发表联合公报。

2月20日—3月25日　在台北主持"国民大会"一届三次会议。3月10日大会通过《动员戡乱临时条款》修订案,规定"总统"可连选连任,不受"宪法"约束。乃继续被选为"总统"。

5月1—7日　与来台访问的菲律宾总统贾西亚会谈并发表联合公报。

6月18—19日　与来台访问的美国总统艾森豪威尔进行会谈并发表联合公报,称将加强团结协同抵御大陆的进攻。

9月14日　对美国记者谈话,谓逮捕雷震是按法律办事,因《自由中国》杂志发表的文章对中共有利,杂志社里有共谋活动。解释此案与组织反对党无关。

9月28日—10月1日　主持国民党八届三中全会,讲《党的基本工作和发展方向》。

1961年(辛丑)74岁

5月13—16日　与来台访问的美国副总统约翰逊会谈。约翰逊表示:美国绝不会承认中共政权,并反对其进入联合国。

5月20日　与宋美龄、陈诚等观看台湾军队试射美国"胜利女神"导弹。

6月13日　与美国专栏作家李普曼的谈话在台湾《中央日报》发表,指出"两个中国"、"中立主义"的幻想是不明事实、不明道义、不负责任,美国不应对此事加以考虑。

8月2日　与来台访问的日本首相岸信介会谈。

11月12—16日　主持国民党八届四中全会,听取陈诚政治报告,讲《贯彻本党的时代使命和革命任务》。

1962年(壬寅)75岁

3月30日　与来台访问的美国参谋长联席会议主席李尼兹会谈。

3月　前列腺肥大手术切除,并发尿道炎等,引致慢性前列腺炎。

9月28日　在款宴优良教师宴会上,号召教师发扬伦理文化,为"反攻复国"培育人才。

11月12—19日　在国民党八届五中全会及中央评议委员会上,分五次讲《复国建国的方向和实践》。

12月18日　出席台北表扬好人好事大会,说要加强心理建设,摒弃旧的思想作风,锐意革新,勇猛进取。

1963年(癸卯)76岁

3月4—9日　派陈诚访问南越。

3月19—23日　派陈诚访问菲律宾。

4月22日　对美国记者说,国民党军队一旦反攻大陆,可以三五年内底定全国,苏联军队不会再帮助中共。谓现在正抓紧准备,促进大陆同胞"起义"。

7月25日　和宋美龄等参观美国航空母舰"星座号",并检阅美国海军舰队。

8月18日　与来台访问的美国海军部长梅尔斯会谈。

9月18日　日本首相池田勇人发表谈话,指责台湾反攻大陆的政策没有依据,近乎幻想。21日蒋向美国记者发表谈话予以"驳斥"。

11月12—22日　主持国民党第九次全国代表大会,说反攻开始,必可一鼓成功。与陈诚连任总裁、副总裁。

11月30日　到美驻台"使馆"悼念29日遇刺身亡的肯尼迪。

12月3日　准陈诚辞"行政院长"职,命严家淦(1905—1993)继任。11日宴请"五院"正副院长等人,谓要和衷共济。

12月29日　主持国民党中常会,研讨对日关系。

1964年(甲辰)77岁

2月23—27日　在台北五次接见日本特使吉田茂,强调应继续合作。

3月12日　任命蒋经国为"国防部"副部长。

4月16日　与来台访问的美国国务卿腊斯克会谈。腊斯克表示美国不会改变对台湾的承诺。

6月16日　出席黄埔军校建校四十周年庆典,发布训词,谓要以"牺牲、团结、负责"的黄埔精神,完成"反共复国"任务。

7月4日　与来台访问的日外相大平正芳会谈。

8月12日　派张群为特使访问日本,21日张又去南朝鲜。

9月10日　对菲律宾记者说,亚洲"自由国家"应建立一个密切防卫联盟。

12月20日　下令在台湾军队中推广金门开展的"毋忘在莒"运动,鼓吹"反攻复国"。

11月28日　在国民党九届二中全会上讲《非常时期革命干部的决心和责任》。

1965年(乙巳)78岁

1月13日　任命蒋经国为台湾"国防部长"。

3月10日　出席于5日因胃癌去世的陈诚大殓仪式。

4月28日　对美国记者说,"自由世界"应当固守越、台、韩(南朝鲜)、琉(琉球群岛)四大据点。

6月8日　下令对曾在日本鼓吹"台独"于5月14日回台的廖文毅免罪。7月2日接见廖,勉其为"反共复国"出力。

7月7日　与宋美龄宴请来台参加暑期科学研讨会的海外华人学者袁家骝、吴健雄、陈省身等。

7月20日　李宗仁夫妇从海外回到北京。27日毛泽东会见李时称,对跑到海外愿回大陆的人都欢迎,都以礼相待。

8月16日　与来台访问的南越总理阮高其会谈。

8月22日　派宋美龄赴美国访问。9月11日宋在华盛顿与美国总统约翰逊会谈。

9月19日—10月4日　派蒋经国访问美国。22日蒋经国与美国国防部长麦克纳马拉发表联合声明,宣称密切合作协防台湾。

12月25日　在"国大代表"联谊会年会上讲话称,"国家面临戡乱讨逆"状态,"宪法"不能修改,宪政之运用亦以国家安全为前提。

1966年(丙午)79岁

1月1日　与来台访问的美国副总统汉弗莱会谈,双方表示要不惜一切代价维护《共同防御条约》。

2月19日—3月25日 在台北主持"国民大会"一届四次会议,继续被选为"总统",在闭幕式上致词谓要巩固"国权",维护"法统"。

3月7—10日 主持国民党九届三中全会,谓要尽力奖励新人才,充实活力。

4月24—29日 派蒋经国访问南朝鲜。

7月3日 与来台访问的美国国务卿腊斯克会谈。

10月9日 发表《告中共党人书》,鼓动中共党政干部"起义",接应国民党军队反攻。

10月12日 出席在台北举行的"远东童子军大会",讲话说要发扬人性博爱精神。

10月26日 在美国新泽西州蛰居十五年的陈立夫返台。

11月12日 主持台北阳明山中山楼落成典礼,发表《对中山楼文化堂落成纪念文》。

12月26—29日 主持国民党九届四中全会,讲《革命复国的前途》。全会通过《中华文化复兴运动方案》等。

1967年(丁未)80岁

2月1日 下令在台湾成立"国家安全会议"(同时撤销"国防会议"),自兼主任委员,顾祝同副。

3月29日 发表《告青年书》,号召成立"讨毛救国联合阵线"。

5月6日 派严家淦赴美访问。

7月28日 在台北成立"中华文化复兴运动推行委员会",自任委员长,指定孙科、陈立夫、王云五为副委员长,在台湾及海外推行"中华文化复兴运动"。

9月7—10日 与来台访问的日本首相佐藤荣作会谈,反对台湾"独立"、"托管"等论调,谓中国的事可由中国人自己解决。

9月25日 出席在台北举行的"世界反共联盟"第一次会议并致词。

11月12—23日 主持国民党九届五中全会,说党、军队和国家都要现代化,要以行政革新带动政治革新。

1968 年(戊申)81 岁

4 月 12 日　指示台湾当局:小学教科书《生活与伦理》应着重生活与人格教育,中学教科书《公民与道德》应着重民族精神与道德教育,将"四维八德"贯注于日常生活之中。

6 月 10 日　在台北接见日本记者时重申:反对"两个中国"。谓日本如与大陆建交,必须与台湾"断绝外交关系"。

7 月 10 日　主持"国家安全会议",提出应优先发展科学,以推进军事、政治、经济、文化各项建设。

9 月 28 日　在款宴教师时说,教育界应以孔子精神为楷模。

11 月 12 日　在孙中山诞辰纪念会上讲话,谓中华文化的精髓,就是以伦理、民主、科学为内涵的三民主义;"中华文化复兴运动"就是三民主义的实践运动。

1969 年(己酉)82 岁

1 月 25 日　批准台湾科学发展十二年规划,每年拨款十二亿元作为科学发展基金。

3 月 29 日　主持国民党第十次全国代表大会开幕式,提出三大任务:革新强固国民党,巩固复兴基地,联合海内外力量"讨毛复国"。4 月 8 日继续被举为国民党总裁。

5 月 30 日—6 月 2 日　与来台访问的南越总统阮文绍会谈。

6 月 25 日　任命蒋经国为"行政院"副院长。

7 月　车祸受伤。

8 月 3 日　与来台访问的美国国务卿罗杰斯会谈纺织品贸易摩擦等事。

9 月 10 日　主持"国家安全会议",确定台湾近年建设重点项目。

1970 年(庚戌)83 岁

1 月 2 日　与来台访问的美国副总统阿格纽会谈。

3 月 23 日　会见来台访问的美国"太空人"康拉德等三人。

3 月 29 日—4 月 2 日　主持国民党十届二中全会,讲《为复国建国大业负责——全面革新的检讨和贯彻》。全会通过《加强组织功能贯彻党的革新案》及《现阶段农村建设纲领》等。

4月18日 派蒋经国访美,与尼克松、罗杰斯会谈。28日蒋经国离美后又访日本、南越。

7月6日 派严家淦访日,与佐藤荣作会谈。

8月10日 日本对我国钓鱼岛海底资源问题提出异议。12日美国驻日使馆称:尖阁群岛(即钓鱼岛)是琉球群岛一部分,美国决定交还日本。13日台湾当局发表声明,指出钓鱼岛主权属于中国。

8月26日 会见来台访问的美国副总统阿格纽。

10月8日 与来台访问的中非共和国总统博卡萨会谈。

10月28日 主持"国家安全会议"讨论外交方针。

12月16日 在"国家安全会议"上提出,要保持联合国的席位与国际上的地位。

1971年(辛亥)84岁

1月29—30日 在美国的台湾留学生举行示威游行,保卫中国领土钓鱼岛,成立"保钓委员会"。4月14—17日,台湾大学、台湾师范大学等校学生亦举行"保钓"集会和游行。

4月15—21日 与来台访问的刚果总统莫布进行会谈,并发表联合公报。

4月29日 美国总统尼克松发表谈话说,美国正在有分寸地谋求在对台湾承担义务的同时,与中华人民共和国建立正常关系。

6月15日 主持"国家安全会议",讲《我们国家的立场和国民的精神》,谓要庄敬自强,处变不惊,慎谋能断。

7月9—11日 美国国家安全事务助理基辛格秘密访问北京。

7月27日 向"中华文化复兴运动推行委员会"书勉:守经知常,创新应变。

8月6日 与宋美龄接见台湾驻亚太地区国家的"使节",谓愈当艰难时刻,愈要艰苦奋斗,独立自主,坚持正义国格,打破一时姑息气氛。

10月25日 联合国大会通过恢复中华人民共和国的一切合法权利,把台湾代表驱逐出去的提案。

10月27日　为台湾被逐出联合国发表《告全国同胞书》,谓联合国是向暴力屈膝,要不畏惧、不失望、不自欺,坚忍奋斗,绝不妥协。

1972年(壬子)85岁

2月20日　主持"国民大会"一届五次会议开幕式,致词称要慎思明辨,昌大"法统"。

2月21—28日　《中美上海联合公报》宣布,美国承认台湾是中国的一部分,将以撤出全部美国武装力量和军事设施为最终目标。

3月6日　主持国民党十届三中全会开幕式,要全体党员坚定信心,冲破艰难险阻,开创胜利契机。

3月21日　被"国民大会"第五次选为"总统"。

5月20日　就"总统"职。22日提名蒋经国为"行政院长"。29日蒋经国组成新的"行政院"。

7月　因感冒而引发肺炎。8月6日起入住荣民总医院十六个月。

9月25—29日　日本首相田中角荣和外相大平正芳访问北京,中日两国关系正常化,正式建立外交关系。日本与台湾签订的条约失效。

10月10日　发表文告称"力排横逆,自谋自备,再开新局"。

1973年(癸丑)86岁

12月22日　自荣民总医院返回台北士林官邸休养。

1974年(甲寅)87岁

3月25日　与宋美龄在士林官邸饯别美国"大使"马康卫。

5月20日　致函台湾广播电台,称赞对大陆心战二十年。

6月16日　命蒋经国代为主持黄埔军校五十周年纪念会,并致函谓"再统一,再北伐,秉承团结牺牲的精神,感动时代"。

8月15日　日本《产经新闻》开始连载《蒋总统秘录——中日关系八十年之证言》。台湾《中央日报》16日起连续转载。

11月24日　为国民党建党八十周年致函全体党员,要求担起救国救民的职志,检讨心理建设。

12月　染流行性感冒,再发肺炎,胸腔积液。27日前列腺炎复发,并出现心室性期外收缩症。

1975 年（乙卯）88 岁

1 月 9 日　出现心肌缺氧症，脉搏转慢。因肺炎有热度。

3 月 29 日　预立遗嘱。

4 月 5 日　因心力衰竭于 23 时 50 分在台北士林官邸去世。次日严家淦接任"总统"。

4 月 16 日　入殓，美国副总统洛克菲勒等参加。

4 月 28 日　国民党中央举行临时全会，决定留"总裁"之称"永为纪念"；选举蒋经国为国民党中央主席。

附录二 蒋介石世系简表

蒋家世系简表（一）

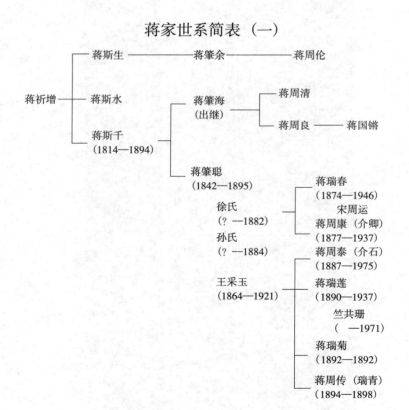

蒋家世系简表（二）

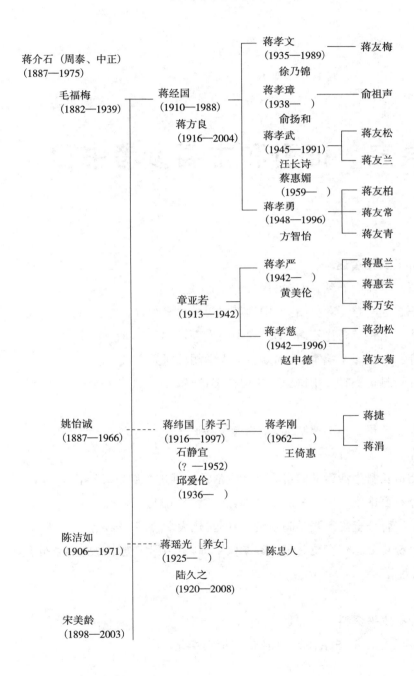

蒋介石（周泰、中正）
（1887—1975）

毛福梅
（1882—1939）

蒋经国
（1910—1988）
蒋方良
（1916—2004）

蒋孝文
（1935—1989）
徐乃锦 —— 蒋友梅

蒋孝璋
（1938—　）
俞扬和 —— 俞祖声

蒋孝武
（1945—1991）
汪长诗
蔡惠媚
（1959—　）
—— 蒋友松
—— 蒋友兰

蒋孝勇
（1948—1996）
方智怡
—— 蒋友柏
—— 蒋友常
—— 蒋友青

章亚若
（1913—1942）

蒋孝严
（1942—　）
黄美伦
—— 蒋惠兰
—— 蒋惠芸
—— 蒋万安

蒋孝慈
（1942—1996）
赵申德
—— 蒋劲松
—— 蒋友菊

姚怡诚
（1887—1966）

蒋纬国［养子］
（1916—1997）
石静宜
（? —1952）
邱爱伦
（1936—　）

蒋孝刚
（1962—　）
王倚惠
—— 蒋捷
—— 蒋涓

陈洁如
（1906—1971）

蒋瑶光［养女］
（1925—　）
陆久之
（1920—2008）
—— 陈忠人

宋美龄
（1898—2003）

附录三　征引和主要参考书目

蒋介石言论著述

自反录　蒋介石编,中华书局,1931年,上海。

中正自述事略　蒋介石撰,中国第二历史档案馆藏。

蒋主席自传　蒋中正著,国民党中央党部,1937年,南京。

蒋介石日记　手稿本,美国斯坦福大学胡佛研究所藏。

蒋介石日记类抄　中国第二历史档案馆藏。

蒋介石全集　　秦瘦鸥编,1927年,上海。

蒋介石先生演说集

蒋委员长新生活运动演讲集　新生活运动促进会编,1937年。

蒋介石言论集　中华书局未刊本,1965年,北京。

先总统蒋公全集　张其昀主编,中国文化大学,1984年,台北。

先总统蒋公思想言论总集　秦孝仪主编,中国国民党中央党史委员会,1984年,台北。

蒋介石生平资料

武岭蒋氏宗谱(线装本)　1948年,浙江奉化。

蒋介石档案　中国第二历史档案馆藏,全宗号 3041。

民国十五年以前之蒋介石先生　毛思诚编,1937 年,南京。

蒋中正总统档案事略稿本　"国史馆"编,2000 年起,台北。

总统蒋公大事长编初稿　秦孝仪总编纂,中正教育基金会,1978 年起,台北。

蒋介石先生年表　陈布雷等编,传记文学出版社,1978 年,台北。

蒋总统秘录——中日关系八十年之证言　[日]古屋奎二编著,《中央日报》社译印,1974—1978 年,台北。

先总统蒋公有关论述与史料　中华民国史料研究中心,1979 年,台北。

蒋介石史料　政协浙江省委员会文史资料研究委员会编,浙江人民出版社,1982 年,杭州。

有关蒋介石之论著

我所认识的蒋介石　冯玉祥著,黑龙江人民出版社,1981 年,哈尔滨。

中国民主革命时期的资产阶级　何干之著,上海人民出版社,1980 年。

蒋介石先生思想研究集　刘炳藜编,前途书局,1937 年。

蒋介石先生的思想体系　周开庆编著,正中书局,1976 年,台北。

论蒋介石成败　"自由时代系列丛书",1985 年,台北。

论蒋介石的生前死后　朱养民等著,七十年代杂志社,1976 年,香港。

李敖论蒋介石　李敖著,天元图书公司、全能出版社,1986—1987 年,台北。

毁灭的种子(*Seeds of Destruction*, *Nationalist China in War and Revolution 1937—1949*)　[美]易劳逸著,Stanford University Press,1984。

从大历史的角度读蒋介石日记　[美]黄仁宇著,中国社会科学出版社,1998 年,北京。

蒋氏秘档与蒋介石真相　杨天石著,社会科学文献出版社,2000 年,北京。

找寻真实的蒋介石——蒋介石日记解读　杨天石著,山西人民出版社、华文出版社,2009、2010 年,太原、北京。

蒋介石与结拜兄弟　严如平主编,团结出版社,1994 年,北京。

风雨中的宁静　蒋经国著,黎明文化公司,1971 年,台北。

我的父亲　蒋经国著,正中书局,1976 年,台北。

蒋经国自述　曾景忠、梁之彦选编,团结出版社,2005 年,北京。

蒋总统传　董显光著,中华文化出版社 1960 年,台北。

蒋公介石序传　黎东方著,联营出版公司,1976 年,台北。

蒋介石全传　张宪文、方庆秋主编,河南人民出版社,1996 年,郑州。

蒋介石大传　刘红著,团结出版社,2001 年,北京。

蒋介石传　[德]施罗曼、费德林斯坦合著,辛达谟译,黎明文化公司,1985 年,台北。

蒋介石的后半生　陈红民等著,浙江大学出版社,2010 年,杭州。

档案史料

中国国民党中央执行委员会档案　中国第二历史档案馆藏,全宗号第 711。

中国国民党中央党史史料编纂委员会档案　中国第二历史档案馆藏,全宗号第 716。

国民政府军事委员会战史编纂委员会档案　中国第二历史档案馆藏,全宗号第 787。

中华民国史档案资料汇编　中国第二历史档案馆编,江苏古籍出版社,1994 年,南京。

中华民国重要史料初编——对日抗战时期　秦孝仪主编,中国国民党中央党史委员会,1981 年,台北。

国民政府公报　国民政府文官处编印,成文出版社,1972 年,台北。

革命文献　罗家伦、秦孝仪等主编,中国国民党中央党史史料编纂委员会(党史委员会),1953—1986 年,台北。

中国国民党历次代表大会及中央全会资料　荣孟源主编,光明日报出版社,1985 年,北京。

中华民国史事纪要　中华民国史事纪要编辑委员会编,中华民国史料研究中心,1974 年起,台北。

中华民国大事记　韩信夫、姜克夫主编,中国文史出版社,1997 年,北京。

中华民国大事日志　郭廷以编著,"中研院"近代史研究所,1979—1985 年,台北。

中国国民党九十年大事年表　中国国民党中央党史委员会,1984 年,台北。

1945—1987 台湾问题大事记　张山克编,华文出版社,1988 年,北京。

中共中央文件选集　中央档案馆编,中共中央党校出版社,1982 年起,北京。

六大以前——党的历史材料　中共中央书记处编,人民出版社,1981 年,北京。

六大以来——党内秘密文件　中共中央书记处编,人民出版社,1981 年,北京。

共产国际、联共(布)与中国革命的档案资料　中共中央党史研究室第一研究部编,中共党史出版社,2007 年起,北京。

联共、共产国际与中国　俄罗斯科学院远东研究所、俄罗斯现代历史文献保管中心、德国柏林自由大学东亚研究所合编,李玉贞译,东大图书公司,1997 年,台北。

共产国际有关中国革命的文选资料　中国社会科学院近代史研究所翻译室编译,中国社会科学出版社,1981 年,北京。

鲍罗廷在中国的有关资料　李玉贞译,中国社会科学出版社,1983 年,北京。

中共党史大事年表　中共中央党史研究室编,人民出版社,1987 年,北京。

美国对外关系文件(远东卷、中国卷)(*Foreign Relations of the United States Diplomatic Papers*)　美国国务院编,华盛顿。

和平与战争——1931—1941 年间美国之外交政策　美国国务院编（白皮书），中外出版社，1943 年，重庆。

美国与中国关系——着重 1944—1949 年时期　美国国务院编（白皮书）　世界知识出版社，1957 年，北京。

德国对外政策之文件集 1918—1945（*Documents on German Foreign Policy 1918—1945*）　1949 年，华盛顿。

日本外交年表及主要文书（1840—1945）　日本外务省编，原书房，1969 年，东京。

现代史资料·满洲事变　みすず书房，1964 年，东京。

现代史资料·日中战争　みすず书房，1965 年，东京。

六十年来中国与日本　王芸生编著，三联书店，1980—1982 年，北京。

近五十年中国与日本　张蓬舟编著，四川人民出版社，1985 年，成都。

日本军国主义侵华资料长编　天津市政协编译，四川人民出版社，1987 年，成都。

中国近代史资料丛刊·辛亥革命　中国史学会主编，上海人民出版社，1957 年。

中国现代史资料选辑　彭明主编，中国人民大学出版社，1988 年，北京。

中国现代史统计资料选编　北京大学国际政治系编，河南人民出版社，1985 年，郑州。

中国近代经济史统计资料选辑　严中平等编，科学出版社，1955 年，北京。

中国近代工业史资料　孙毓棠主编，科学出版社，1957 年，北京。

中国近代对外关系史资料选辑　复旦大学历史系编译，上海人民出版社，1977 年。

中华民国外交史资料选辑　程道清等编，北京大学出版社，1985 年，北京。

中外旧约章汇编　北京大学法学系国际法教研室编，三联书店，1962 年，北京。

中国国民党第一、二次全国代表大会史料　中国第二历史档案馆编,江苏古籍出版社,1986年,南京。

黄埔军校史料　广东人民出版社,1985年,广州。

中山舰事件　广东省档案馆等编,1981年,广州。

"四一二"反革命政变资料选编　人民出版社,1987年,北京。

1927年的上海商业联合会　上海档案馆编,上海人民出版社,1983年。

长城抗战资料选辑　中华书局,1989年,北京。

西安事变档案史料选编　中国第二历史档案馆等编,档案出版社,1987年,北京。

西安事变资料　人民出版社,1980年,北京。

皖南事变资料选　上海人民出版社,1983年。

国民参政会纪实　政协重庆市委员会文史资料研究委员会、中共重庆市委党校、中国第二历史档案馆合编,重庆出版社,1985—1987年。

重庆谈判纪实　重庆出版社,1983年。

停战谈判资料　四川人民出版社,1981年,成都。

文史资料选辑　中国人民政治协商会议全国委员会文史资料研究委员会编,中华书局、文史资料出版社、中国文史出版社,1959年起,北京。

浙江文史资料选辑　政协浙江省委员会文史资料研究委员会编,浙江人民出版社,杭州。

江苏文史资料选辑　政协江苏省委员会文史资料研究委员会编,江苏人民出版社、江苏古籍出版社,南京。

广东文史资料选辑　政协广东省委员会文史资料研究委员会编,广东人民出版社,广州。

奉化文史资料　奉化县政协文史资料研究委员会编,浙江奉化。

报纸与期刊

民国日报(上海、广州、汉口)

申报(上海)

中央日报(南京、重庆、广州、台北)

大公报（天津、重庆）

文汇报（上海、香港）

新华日报（武汉、重庆）

解放日报（延安）

人民日报（北京）

联合报（台北）

中国时报（台北）

向导（上海）

政治周报（广州）

东方杂志（上海）

国闻周报（天津）

三民主义月刊（广州）

历史档案（北京）

民国档案（南京）

历史研究（北京）

近代史研究（北京）

文献和研究（北京）

近代史资料（北京）

党史研究资料（北京）

自由中国（台北）

传记文学（台北）

有关史著

中华民国史　李新总编，中华书局，1981 年起，北京。

中国近代通史　张海鹏主编，江苏人民出版社，2006 年起，南京。

二十世纪中国史纲　金冲及著，社会科学文献出版社，2009 年，北京。

剑桥中华民国史　〔美〕费正清编，中国社会科学出版社，1993 年，北京。

革命逸史　冯自由著,中华书局,1981 年,北京。

中国新民主主义革命时期通史　李新等主编,人民出版社,1962 年,北京。

戊戌以后三十年中国政治史　李剑农著,中华书局,1965 年,北京。

北洋军阀统治时期史话　陶菊隐著,三联书店,1985 年,北京。

中华民国建国史纲　"国立编译馆"主编,黎明文化公司,1984 年,台北。

中华民国史稿　张玉法著,联经出版公司,2001 年,台北。

中国共产党历史　中共中央党史研究室著,中共党史出版社,2002 年起,北京。

中国国民党史稿　邹鲁编著,中华书局,1960 年,北京。

党史概要——近八十年中国革命史　张其昀著,中央文物供应社,1979 年,台北。

中国国民党史述　李云汉著,中国国民党中央党史委员会,1994 年,台北。

国共两党关系史　王功安、毛磊主编,武汉出版社,1988 年。

国民党的"联共"与"反共"　杨奎松著,社会科学文献出版社,2008 年,北京。

中国民主党派史　姜平著,武汉大学出版社,1987 年。

国民党高层的派系政治　金以林著,社会科学文献出版社,2009 年,北京。

马林与第一次国共合作　李玉贞著,光明日报出版社,1989 年,北京。

中国回忆录　〔苏〕C. A. 达林著,中国社会科学出版社,1981 年,北京。

加伦在中国　〔苏〕A. N. 卡尔图诺娃著,中国社会科学出版社,1983 年,北京。

中国革命纪事　〔苏〕A. B. 勃拉戈达托夫著,三联书店,1982 年,北京。

中国大革命见闻(1925—1927)　〔苏〕维什尼亚科娃—阿基莫娃著,中国社会科学出版社,1985 年,北京。

中国大革命武汉时期见闻录　〔苏〕A. B. 巴库林著,中国社会科学出版社,1985 年,北京。

　　鲍罗廷与武汉政权　蒋永敬著,传记文学出版社,1972 年,台北。

　　从容共到清党　李云汉著,中国学术著作奖助委员会,1973 年,台北。

　　蒋介石清党内幕　张瑛著,国防大学出版社,1992 年,北京。

　　武汉国民政府史　刘继增等著,湖北人民出版社,1986 年,武汉。

　　南京国民政府的建立　史全生等著,河南人民出版社,1987 年,郑州。

　　江浙财团与国民政府　[美]帕克斯 M. 小科布尔著,蔡静仪译,南开大学出版社,1987 年,天津。

　　蒋汪合作的国民政府　张同新编著,黑龙江人民出版社,1988 年,哈尔滨。

　　汪伪集团叛国投敌记　黄美真、张云著,河南人民出版社,1987 年,郑州。

　　南京政府的覆亡　丁永隆、孙宅巍著,河南人民出版社,1988 年,郑州。

　　台湾三十年 1949—1979　茅家琦主编,河南人民出版社,1987 年,郑州。

　　近代的台湾　薛光前、朱建民主编,正中书局,1977 年,台北。

　　中华民国外交史　石源华著,上海人民出版社,1994 年。

　　民国军事史略稿　姜克夫编著,中华书局,1992—1995 年,北京。

　　最近三十年中国军事史　文公直著,1929 年。

　　国民革命军战史初稿　陈训正著,1929 年,南京。

　　北伐战史　"国防部"史政局编,中华大典编印会、成文出版社,1967 年,台北。

　　中国国民革命军的北伐　[苏]亚·伊·切列潘诺夫著,中国社会科学出版社,1984 年,北京。

　　国民军史稿　李泰棻著,1930 年,北平。

　　国民党新军阀混战史略　张同新编著,黑龙江人民出版社,1982 年,哈尔滨。

　　剿匪战史　"国防部"史政局编,中华大典编印会、成文出版社,1967 年,台北。

反蒋运动史　中国青年军人社,1934年。

日本侵华八年抗战史　何应钦著,黎明文化公司,1982年,台北。

抗战经过概要　陈诚著,中国第二历史档案馆藏。

日本侵华七十年史　中国社会科学院近代史研究所编著,中国社会科学出版社,1992年,北京。

第二次中日战争史　吴相湘著,综合月刊社,1973年,台北。

中国事变陆军作战史　日本防卫厅防卫研究所战史室编著,中华书局,1979年,北京。

中华民国政治发展史　秦孝仪主编,近代中国出版社,1985年,台北。

中华民国经济发展史　秦孝仪主编,近代中国出版社,1981年,台北。

中华民国文化发展史　秦孝仪主编,近代中国出版社,1981年,台北。

有关人物资料

孙中山全集　中国社会科学院近代史研究所中华民国史研究室等编,中华书局,1980—1986年,北京。

国父全书、国父全书补编　张其昀主编,中华学术院,1975年,台北。

孙中山年谱　中国社会科学院近代史研究所中华民国史研究室等编,中华书局,1980年,北京。

国父年谱　罗家伦主编、黄季陆增订,中国国民党中央党史史料编纂委员会,1969年,台北。

宋庆龄选集　人民出版社,1992年,北京。

宋庆龄年谱　尚明轩主编,社会科学文献出版社,2009年,北京。

毛泽东选集　人民出版社,1991年,北京。

毛泽东文集　人民出版社,1992年起,北京。

毛泽东书信选集　人民出版社,1993年,北京。

毛泽东军事文选　中国人民解放军战士出版社,1987年,北京。

毛泽东自述　人民出版社,1996年,北京。

毛泽东年谱　中共中央文献研究室编,中央文献出版社,1989年,北京。

周恩来选集　人民出版社,1990 年,北京。

周恩来统一战线文选　中共中央统一战线工作部、中共中央文献研究室编,人民出版社,1984 年,北京。

周恩来年谱　中共中央文献研究室编,中央文献出版社,1989 年,北京。

黄膺白先生年谱长编　沈云龙编,联经出版公司,1976 年,台北。

张公权先生年谱初稿　姚崧龄编著,传记文学出版社,1982 年,台北。

胡适之先生年谱长编初稿　胡颂平编著,联经出版公司,1984 年,台北。

阎锡山档案　"国史馆"编,2003 年,台北。

王世杰日记　"中研院"近代史研究所,1990 年,台北。

徐永昌日记　"中研院"近代史研究所,1990 年,台北。

周佛海日记　蔡德金编注,中国社会科学出版社,1986 年,北京。

我的回忆　张国焘著,现代史料编刊社,1980 年,北京。

李宗仁回忆录　李宗仁口述、唐德刚撰写,政协广西壮族自治区委员会文史资料研究委员会,1980 年,南宁。

我的生活　冯玉祥撰,黑龙江人民出版社,1987 年,哈尔滨。

陈布雷回忆录　上海廿世纪出版社,1949 年。

成败之鉴——陈立夫回忆录　正中书局,1994 年,台北。

亦云回忆　沈亦云著,传记文学出版社,1971 年,台北。

张治中回忆录　文史资料出版社,1985 年,北京。

包惠僧回忆录　人民出版社,1983 年,北京。

顾维钧回忆录　中国社会科学院近代史研究所译,中华书局,1983 年起,北京。

白崇禧回忆录　解放军出版社,1987 年,北京。

郭汝瑰回忆录　四川人民出版社,1987 年,成都。

潮流与点滴　陶希圣著,中国大百科全书出版社,2009 年,北京。

高宗武回忆录　陶恒生译,中国大百科全书出版社,2009 年,北京。

苦笑录　陈公博著,现代史料编刊社,1981 年,北京。

汪精卫言行录　上海广益书局,1932 年。

罗斯福选集　商务印书馆,1982 年,北京。

罗斯福见闻秘录　〔美〕伊利奥·罗斯福著,新群出版社,1949 年,上海。

杜鲁门回忆录　三联书店,1974 年,北京。

白宫岁月:受命变革　〔美〕艾森豪威尔著,三联书店,1978 年,北京。

麦克阿瑟回忆录　上海译文出版社,1984 年。

兰金回忆录　上海人民出版社,1975 年。

马歇尔使华　中华书局,1981 年,北京。

今井武夫回忆录　上海译文出版社,1978 年。

冈村宁次回忆录　中华书局,1981 年,北京。

民国人物传　李新、孙思白等主编,中华书局,1980—2005 年,北京。

革命人物志　中国国民党中央党史史料编纂委员会(党史委员会)编印,台北。

民国百人传　吴相湘著,传记文学出版社,1971 年,台北。

中华民国名人传　近代中国出版社,1984 年起,台北。

国史秘传　"国史馆"编,1980 年起,台北。

国史馆现藏民国人物传记史料汇编　"国史馆"编,1991 年起,台北。

附录四　人名索引

本索引收录本书全文（含注释）及附录一、二之人名，日本、朝鲜、越南的人名以其汉字音序排列，其他国家的人名以其译音汉字音序排列。

A

阿南惟畿　488

艾　登　407,511,666,667

艾奇逊　627,628,634,635

艾森豪威尔　519,662,663,666—669,682,683,685,690

安厚斋　355

安藤利吉　680

岸信介　724

B

白崇禧　117,119,123,124,142,145,157,159,164—166,179,180,182,184,185,197,217—219,234,271—273,275—279,413,422,431,440—442,444,452,457,474,475,481,487,566,573,575,585,586,594,595,603,610,611,613,614,618,619,621,625,629

白川义则　340,341

白里安　332

白逾桓　353

柏文蔚　36,131,156—158,228

板垣征四郎　338,443,460

包惠僧　95

鲍格莫洛夫　371,408,409

鲍罗廷　71,81,82,87,97,100,102
　　　—104,113,122,131,133,
　　　140,147,150,153,161,
　　　169,173

鲍罗廷夫人　122

贝德士　437

币　原　138,139

卜道明　525

布莱德雷　636

布里斯托尔　191

C

蔡成勋　27

蔡　锷　42

蔡公时　199

蔡和森　104

蔡　乾　656,658

蔡省三　713

蔡　斯　662,669

蔡特金　78

蔡廷锴　253,260,262—266,269,
　　　270,277,279,338,349

蔡同荣　681

蔡元培　29,62,145,146,148,151,
　　　156—158,160,164,181—
　　　184,193,195,233,237,
　　　315,336

曹　锟　553

曹汝霖　357

曹云霞　713

曹振威　355

柴　夫　297

长冈外史　19,24

长谷川清　424,425

陈葆元　152,153

陈璧君　100,461,463

陈布雷　3,350,383,462,470,502,
　　　583,609,610,711

陈长捷　605

陈　诚　91,225,247,253—255,
　　　257,258,260,261,268,
　　　274,277,368,369,379,
　　　405,418,427—431,434,
　　　440,441,448,449,451,
　　　452,458,480,489,515,
　　　550,551,570,571,574,
　　　581,614—616,627,632,
　　　636,639,640,648,650,
　　　653,663,670—675,688,
　　　693,694,696,697,716,717

陈春泉　10

陈调元　165,196,225,261

陈　方　470

陈　凤　62,63

陈孚木　111,164,660

陈　赓　99,572,574

陈公博　111, 114, 135, 168, 181, 184, 186, 193, 194, 223, 287, 292, 462, 463

陈公培（即吴明）　264

陈恭受　93, 94

陈恭澍　465

陈　光　476

陈光甫　141, 143, 288, 293

陈光远　51

陈国杰　26

陈果夫　55—59, 61, 90, 113, 138, 145, 146, 156—158, 186, 193, 236, 287, 296, 298, 308, 318, 373, 374, 545, 555, 649

陈和铣　164

陈辉德　164

陈济汾　27

陈济棠　98, 193, 218, 234—239, 248, 250, 260, 263, 268, 270—276, 303, 322

陈继承　250, 251

陈洁如　58, 61, 63—65, 81, 82, 87, 122, 190, 191

陈炯明　46—54, 59, 65—67, 69—71, 88, 92—99

陈可钰　118, 119, 124, 157, 165

陈立夫　109, 110, 145, 242, 287, 288, 296—298, 302, 312,

371—374, 509, 555, 571, 580, 629, 636, 640, 649, 699, 701

陈廉伯　92—94

陈铭枢　96, 119, 157, 158, 160, 164, 237, 239, 241, 247, 262, 264—269, 314, 336, 337, 349, 627

陈穆和　304

陈纳德　550, 555

陈培锟　165

陈其采　164

陈其美　16, 21—32, 36—43, 49, 55, 56, 59, 60, 138

陈其蔚　37

陈其瑗　135

陈启天　690

陈泉卿　26

陈　融　165

陈绍禹　468

陈树人　164, 186

陈天华　21

陈天民　658

陈维周　272

陈希豪　152

陈兴钟　154

陈星福　657

陈星枢　24, 25

陈　行　286

陈训正　198

陈　仪　129,341,355,441,620,
621,658,674

陈以德　681

陈益卿　25

陈　毅　476,558,572,574,599,622

陈友仁　94,131,135,140,175,234,
235,239,241,265,266,
268,349

陈赞贤　137

陈泽民　656

陈肇英　108,110,112

陈　真　285,292—295

陈智雄　679,680

陈卓林　276,303

谌小岑　372,373

程璧光　45

程国瑞　43

程　潜　97,98,118,119,127,142,
143,179,181,182,185,
217,278,279,421,422,
441,446,447,583,611,626

程思远　272,278,583,611,660

程振钧　164

褚辅成　26,151

褚民谊　182

褚玉璞　199

川樾茂　367,381

船津辰一郎　478

慈禧太后　13

村井仓松　338

D

大山勇夫　425

大隈重信　40

戴安国　60

戴安澜　514

戴传贤　562,610

戴　戟　266,270,338

戴季陶　50,54,55,57,58,60—62,
64,69,84,85,90,102—
104,138,139,164,182,
193,229,232,240,242,
296,309,332,380,381,
502,692

戴　笠　269,270,275,300—303,
462,465

戴盆天　153

戴　任　154

戴维斯　518

德波林　407

德穆楚克栋鲁普　367

邓本殷　97,99

邓初民　278

邓　铿　46—48,50,67

邓龙光　278,435

邓青阳　235

邓世增　263,278,279

邓文仪　316,318,373,711

邓锡侯　151,439,629

邓小平　572,599,709

邓演达　82,83,85,111,117,123,
124,131,135,136,142,
161,168,239

邓彦华　155

邓颖超　540

邓元忠　301,316

邓泽如　40,156－158,162,234,236

狄克逊　411－413,415,416

荻洲立兵　443

丁超五　165

丁景梁　39,41

丁　玲　315

丁惟汾　160,193,296,418

丁文江　343

丁文渊　610

东久迩宫稔彦王　448

东条英机　390

董必武　131,468,472,540

董道宁　459

董福开　145

董健吾　372

董显光　8,14,408,410,509,608,
612,613

董振堂　248

杜勒斯　663,666－668,683,685

杜鲁门　525,529,530,535,542,

547,550,576,577,607－
609,627,628,633－635,
638,644－647,662,675

杜维屏　590

杜聿明　513,514,574,581,595,
597,598,600－603,610

杜月笙　145,149,150,590

渡　边　462

端　方　23

端　纳　379,381,408,430,463

段祺瑞　17,44

多田骏　355,460

F

法根豪森　395,413

樊钟秀　224

范汉杰　558,572,596,597

范　毅　154

方本仁　95,133

方尔灏　154

方声涛　153,154,165

方振武　201,347,349

飞松宽吾　19,24

斐奇乐　721

鄷　悌　300,455,456

冯　炽　26

冯国璋　43

冯　铿　314

冯钦哉　348,439

冯圣法 435

冯荫西 156

冯玉祥 94,107,116,128,138,139,
167,169－174,176,178,
179,182,184,185,196,
197,201－204,209,215－
217,219－225,227,228,
238,241,243,264,266,
271,278,324,327,346－
349,375,385,423,428,
492,509,574,579

冯治安 392,394,395

冯祝万 165

冯自由 102

伏见宫博恭王 425

福 田 199,200

傅柏翠 270

傅秉常 507

傅虹霖 383

傅泾波 577,612

傅 孟 26

傅汝霖 103

傅斯年 562

傅 正 694

傅作义 367,368,383,518,574,
575,604－606,620

G

甘 地 501,502

甘介侯 185

甘丽初 274,513

甘乃光 157,158,164,186

冈村宁次 345,448

高桂滋 379,393

高 鲁 231

高桥垣 353

高树勋 541

高 思 140,210,497,522

高志航 427

高宗武 404,459－461,464,
465,485

格 林 685,702,703

葛敬恩 26

葛武綮 151

根本博 344

公秉藩 246

龚宝铨 26

龚杰元 156

古 今 11,68,319,354,429,512

古屋奎二 40

古应芬 145,146,155,158,160,
164,165,233－235,237

谷寿夫 353

谷正鼎 465

谷正纲 620,650

谷正伦 50,299

顾孟馀 113,135,168,175,184,192
－194

顾乃斌　26,27

顾清廉　13

顾维钧　329,332,358,409,410,
426,511,609,638,645,669

顾祝同　91,259,261,268,384,386,
387,413,423,430,431,
441,445,475,479,489,
557,569,597,600,616,
617,619,623

关麟徵　348,444

广田弘毅　350,411,460

桂永清　91,446,623,653,663

郭华宗　247

郭　俊　91

郭沫若　117,312,406,560

郭卿友　165

郭汝瑰　595,604

郭泰祺　464,477

郭廷亮　663

郭廷以　398,481

郭增恺　381

国　琦　434

H

韩德勤　248,474

韩复榘　202,218,220,221,225,
278,318,356,423,439
—441

郝梦龄　248,437,441

何保山　696,698

何成濬　98,196,204,225,245,252

何公敢　266

何国涛　5

何基沣　392,600

何　键　174,176,179,184,185,217
—219,224,260,274,
277,422

何杰才　211

何思敬　277

何香凝　101,122,135,183,186,
195,385,579

何应钦　80,85,90,91,96—99,117,
129,140,142,143,145,
157,159,164—166,180,
182,185,195,196,218,
222,230,237,239,240,244
—247,250,252,280,318,
331,340,343—345,348,
353,354,357,366,380,
381,393,398,399,421,
423,425,426,433,440,
441,457,459,474,475,
484,487,529—531,535,
586,594,600,617,619,
621,625,652

何柱国　342

河本大作　202

贺　尔　363

贺国光　245,255,256

贺耀组　145,157,196,199,201,220

贺衷寒　91, 239, 300, 304, 320, 386,387

赫　尔　363,407

赫尔利　520—524,537,540

赫克尔　71

赫鲁晓夫　683

洪汉杰　245

洪钧培　211

洪灵菲　315

洪兆麟　47,51,70,95

侯镜如　605

胡鄂公　277

胡恩溥　353

胡汉民　36,50,68,84,96,97,100, 101,103,112,145,148,156 —158,160,162,178,181— 184, 194, 207, 209, 229 — 237,239 — 241, 271, 272, 335,362

胡厥文　560

胡　琏　602

胡林翼　40,90

胡乔木　541

胡世泽　525

胡　适　343, 363, 404, 421, 459, 464,474,477,501,582,690 —695

胡颂平　694

胡也频　314

胡毅生　103

胡宗南　91,374,376,379,429,458, 487, 517, 518, 527, 541, 556,557,572,575,621,627 —629,652

胡祖玉　244

黄大伟　68

黄凤之　26

黄　郛　20,26, 28, 138, 139, 148, 165, 186, 199, 200, 210, 211,227,334,336,344,345

黄汉梁　240

黄华表　156

黄　蓟　165

黄剑鸣　156

黄　杰　91,446

黄金荣　145,150

黄竞西　153

黄　敬　361

黄美真　478

黄梦蛟　27

黄琪翔　193,262, 265 — 267, 269, 349,405,441

黄仁霖　322,324,379

黄仁宇　363

黄绍竑　118,145 — 147, 156, 164, 165, 181, 192, 193, 217,

219, 224, 237, 263, 277, 278, 288, 343

黄树埔　154

黄同仇　156

黄琬　165

黄维　595, 601, 602, 610

黄兴　33, 37, 38

黄秀山　553

黄旭初　156, 277, 279

黄炎培　31, 492

黄阳辉　681

黄膺白　138, 196

黄展云　153, 154

黄宗敬　288

霍揆彰　449, 515

霍普金斯　511

J

矶谷廉介　354, 443

基辛格　704

吉鸿昌　221, 225, 302, 347, 349

吉星文　392

季里诺　626

季诺维也夫　76, 78, 170

季山嘉　107, 108, 111

加拉罕　71, 73, 76

加仑　87, 88, 117, 118, 124

加伦　95, 96, 123, 127

加米涅夫　74, 76

贾亦斌　592

简锐　295

谏山　680

江长川　229

江户千太郎　139

江南　658, 659

江南（刘宜良）　656

江一平　64

江益裕　154

蒋澄　4

蒋鼎文　91, 247, 248, 260, 261, 269, 270, 274, 376, 379, 441, 494, 559

蒋方良　12, 711

蒋光鼐　260, 262—266, 268, 269, 338, 340, 349

蒋介卿　2, 7, 180

蒋介石　1—43, 45—65, 67—91, 93—119, 121—173, 175, 176, 178—184, 186—212, 214—263, 266—282, 286—291, 293, 294, 296—305, 308—312, 315—325, 327—329, 331—337, 339—360, 362—390, 393—410, 412—419, 421—437, 439—453, 455—630, 632—725

蒋谨藩　9

蒋经国　3, 12, 60, 180, 380, 388,

481,516,525,571,582,590
－592,606,610,612,614,
616－618,620－624,627,
632－634,637,640,643,
648, 650, 653, 655, 656,
658,659,661－663,665,
667, 675, 681, 690, 692,
704,706,708－725

蒋梦麟　164,231,356

蒋仕杰　4

蒋斯千　4,5,7

蒋肃庵　5

蒋廷黻　408

蒋纬国　60－64,122,190,254,380,
601,606

蒋先云　88

蒋孝先　318

蒋永敬　157,628

蒋匀田　540,690

蒋在珍　447

蒋肇聪　5－7

蒋中正　49,68,94,168,178,228,
234, 239, 265, 266, 334,
335, 349, 366, 368, 397,
531,582,616

蒋尊簋　151

蒋作宾　131,158,165,201

焦达峰　22

今井武夫　459,461－464,478,479

金冲及　382

金振中　391,392

金钟泌　724

津源美智子　60

近卫文麿　394,416,428,460,478

酒井隆　353

居　里　508

居　正　40, 43, 44, 68, 103, 104,
163, 179, 182, 193, 278,
279,415,562,583

瞿秋白　104

K

卡　尔　497,502

卡　尔图诺娃　88

卡尔逊　433

凯　撒　79,84

康　泽　239,300,302,304,318,713

科拉罗夫　78

肯尼迪　703

孔　庚　173

孔令侃　555,591,592,707,715

孔　明　50,334,335

孔祥熙　179, 188, 204, 221, 231,
282,286－289, 293, 294,
380,412－415, 441, 442,
462,527,555,591,609

L

腊斯克　647,703

濑　谷　444

兰　金　647,666,668,669

蓝天照　356

乐　毅　653

雷洁琼　560

雷沛鸿　165

雷　震　690—695

冷　欣　91,162,532

李　敖　695,696

李冰若　312

李承晚　626,643

李春涛　156

李　纯　37

李大钊　66,80,314

李登辉　719

李鼎新　37

李服膺　441

李福林　49,50,69,94,97,118,155,
　　　　 186,193

李富春　117

李馥荪　293

李公朴　560

李广滨　154

李汉臣　26

李汉藩　88

李汉魂　275

李厚基　46,47,67

李焕之　318

李　璜　492,562

李济深　85,97,98,117—119,145,
　　　　 147, 155, 156, 164, 181,
　　　　 182,184—186, 192, 193,
　　　　 197, 217, 218, 237, 238,
　　　　 250,262,264—269, 271,
　　　　 277,349,574,579,620

李抗文　165

李克农　472

李朗如　118

李烈钧　36, 37, 50, 51, 182, 184,
　　　　 200,234

李妈兜　657

李　弥　600,601,603

李　明　119,218,254

李培桐　153

李品仙　174,185,218,277,443,448

李平书　28,37

李奇微　647

李任仁　277

李　燊　165

李石曾　145,146,148,156—158,
　　　　 160, 181 — 183, 195,
　　　　 197,237

李守信　367

李天霞　558

李惟果　470,609

李维诺夫　408,410

李伟森　314

李晓生　160

李燮和　23

李延年　449,450,601,602

李约瑟　324

李云汉　106,192,331,625

李章达　266

李正秋　42

李之龙　88,100,108—112

李仲公　185

李滋罗斯　359

李宗黄　305,470

李宗仁　106,118,119,124,126,142,144—147,156,165,166,178—182,184,185,193,195,197,202—204,217—219,224,228,234—236,238,243,271—279,322,430,439—441,443—445,448,479,488,490,491,536,581,583—586,608,611—613,615—619,621,623,625,626,629,635—639,659,660

梁干乔　275

梁冠英　250

梁鸿楷　47

梁敬錞　644,645

梁六度　156

梁漱溟　492

梁之彦　606

廖承志　709

廖　磊　277,429,430,444

廖乾吾　118

廖文毅　677,679—681

廖耀湘　528,597—599

廖仲恺　45,50,51,65,67,79,82—85,87,93,94,96,97,100—102,114

列　宁　48,73,710,711

林　彪　437,596,604,605

林伯渠　118,210,389,468

林国赓　154,270

林　虎　70,95,96,99

林久治郎　204

林康侯　240

林利思戈　502

林权助　205

林　森　68,97,103,104,163,209,234,236,239,240,252,491

林寿昌　154

林　蔚　444,455,481,509

林云陔　272

林振雄　85

林祖涵　113,135,161,423

刘伯承　151,439,572,599

刘不同　296

刘成勋　151

刘　斐　273－275,277－279,431

刘　芬　113

刘凤翰　61

刘芙若　173

刘福彪　37

刘攻芸　588

刘　光　204,395

刘和鼎　247

刘鸿生　288

刘纪文　166,190

刘家麒　437

刘建群　242,300,304

刘建绪　252,429

刘　俊　129

刘芦隐　278

刘　谦　71

刘汝明　221,353,394,445,601,622

刘瑞恒　231

刘尚清　231

刘少奇　476,593

刘师培　23

刘寿林　158,164

刘维开　397

刘文岛　118,119,160,218

刘文辉　224,629

刘　湘　151,165,278,422

刘　兴　185,260,429,434

刘亚楼　605

刘尧宸　91,98

刘雨卿　566

刘玉春　126

刘郁芬　220

刘震寰　89,95－97

刘镇华　221

刘　峙　91,108,110,144,196,218,
221,225,250,255,376,
395,550,560,575,595,
600,601

刘子英　694

柳亚子　492

龙慕韩　446

龙　云　218,219,278,422,463－
465,527

隆美尔　662

卢　汉　629

卢作孚　417

鲁涤平　117,185,217,218,242,
244,245

鲁　迅　313－315

鲁祖塔克　74

陆九渊　311

陆荣廷　44,49,55

陆秀夫　100

鹿钟麟　224

吕　超　151

吕振羽　372

罗加乔夫　98

罗君强　404

罗荣桓　596,604,605

罗斯福　407,477,497－500,503,505－507,509－511,513－515,517－525

罗文干　345

罗扬才　154

罗易　173,175,176

罗卓英　247,253－255,429,434,513,514

洛克菲勒　724

M

马步芳　621

马超俊　160

马洪焕　165

马鸿逵　221,250,621

马林　72－74,82

马慕瑞　140,205,211,212

马其诺　624

马式材　153,154

马素　102

马文车　109,110

马相伯　362

马歇尔　487,515,518,524,542－544,546－548,550,576,577,580－582,585,608,612,616,627,634,641,662

马叙伦　30,31,164,554,560

马寅初　283,492,554,560

马占山　333

麦艾乐　685

麦克阿瑟　636,645－647,675

麦唐纳　662

毛炳文　248

毛鼎和　11,12

毛凤美　10

毛福梅　11,12,14,59－61,63－65,180,190,481,709,711

毛懋卿　64

毛人凤　579,620,650,657

毛思诚　10,31,116,232

毛维寿　269,270,303

毛泽东　80,104,113,245－248,264,362,363,367,368,372,373,375,388,404,405,419,472,474－476,523,526,536－541,544,556,570,593,595,605,614,616,621,636,683,685,686,704

茅盾　109,554

茅祖权　103,104,228

梅津美治郎　354

梅思平　404,461,462

梅贻琦　356

蒙巴顿　510,514

米内光政　425

明　治　325,326
缪　斌　91,110,117,127
莫成德　632
莫德惠　205,583
莫洛托夫　525
墨索里尼　298,304,311
牟田口廉　391

N

南次郎　354,357
尼赫鲁　501,502
尼克松　703,704,706,707
倪桂珍　187,665
倪文亚　724
聂华苓　691
聂荣臻　87,437,604
牛拉特　413
钮永建　28，37，149，157，158，164,231
欧阳格　108—112
欧　震　557
潘　复　201
潘公展　41,473,474,526
潘健行(潘汉年)　264
潘文华　629
潘宜之　163,277
潘友新　497
潘佑强　91
潘梓年　315

庞炳勋　348,393,395,443
裴昌会　556
彭程万　50
彭德怀　263，264，402，437，472，474,476,530,540,556
彭汉章　123
彭　明　227
彭明敏　681
彭泽民　135
彭泽湘　278
溥　仪　28,33,337,352,363,686

Q

戚再玉　590
齐鹏飞　61
齐燮元　357
齐　欣　697
骑　劫　653
契切林　73—76
千家驹　283,554
钱昌照　293
钱大钧　91,155,250,322
钱新之　288
钱永铭　141,143,160,478
桥　本　354
切列潘诺夫　123,169
秦德纯　354,356,393,399
秦　汾　288
秦瘦鸥　88

秦孝仪　9,189,288,633,670,671,
　　　　698,724

秦郁彦　355,391

清水节郎　391

丘吉尔　498,503,507,509－511,
　　　　513,514,666,669

丘耀西　47

邱国珍　265

邱清泉　600,601,603

秋　瑾　29

区寿年　269,270,277

犬养毅　338

R

任弼时　556,593

任东来　285

任廷飏　165

任显群　659

荣孟源　103

柔　石　314

茹春蒲　311,312

阮性存　164

阮肇昌　250

S

塞克特　257

森冈正平　143

沙孟海　3

沙千里　279,492

杉山元　394,425

商　震　224,356,509

上官云相　248,250,429,475

邵力子　85,220,331,379,538,
　　　　580,617

邵毓麟　644

邵元冲　39,73,85,90,103,113

申伯纯　377

沈昌焕　668

沈　崇　562,563

沈光汉　270

沈鸿英　69,70

沈剑虹　707

沈钧儒　362,405,492

沈天生　60

沈应时　91

沈中琦　355

沈宗瀚　672,673,675

盛世才　322

施复亮　560

施明德　681

石柏林　294

石青阳　103,104

石　射　352

石　瑛　103,185

石友三　221－224,236,237,445

石毓符　286

石原莞尔　327

石源华　210

史迪威　487,499,507,513－515,
517－522

史量才　288,302,315

矢部贞治　394

矢　田　148

司徒雷登　547,566,577,578,580,
581,583－585,607,608,
612,627,634

斯大林　71,76,489,506,513,524,
537,616,624,636,714

斯克良斯基　74,76,77

斯内夫利特　72

斯　诺　261

斯切潘诺夫　95,113

四尻爱义　478

松本显治　355

松　井　354

松井石根　428,434,436

宋霭龄　188

宋　晖　313

宋嘉树　187

宋教仁　22,33,36

宋美龄　2,61,64,187－192,203,
229,239,256,322,379－
382,388,406,430,452,
501,502,505,506,509,
510,513,518,519,549,
555,591,608,609,634,
635,655,656,660,665,

668,669,678,704,715－
717,720－722,724

宋绮云　629

宋庆龄　104,131,135,175,177,
188,302,314,315,362,
372,385,405

宋文明　647

宋希濂　249,270,435,446,515,
536,594,595,610,625,627
－629

宋哲元　221,222,238,348,354－
357,393－396,399,
400,440

宋子文　131,135,168,179,186－
188,191,192,197,212,
216,230,238,240,241,
282,286－289,293,294,
332,340,372,380－383,
474,477,478,487,498,
499,501,503,509,520,
525,527,535,562,576,
589,662,714

苏东启　681

粟　威　165

粟　裕　572,599,622

孙传芳　120,121,124,126－129,
131,142,151,167,181,
196,199,201,709

孙德荃　348

孙　科　90,104,131,135,164,168,
　　　　175, 181, 182, 184, 185,
　　　　194, 205, 207, 229－241,
　　　　288, 337, 345, 371, 408,
　　　　409,423,509,552,562,583
　　　　－ 585, 612, 613, 617,
　　　　625,699

孙兰峰　605

孙立人　514, 576, 640, 646, 653,
　　　　658,662,663

孙连仲　221, 244, 246, 393, 395,
　　　　400, 439, 444, 448, 450,
　　　　544,574

孙良诚　201,220,221,225

孙铭九　378

孙桐萱　443

孙永勤　353

孙元良　426,435,601,603,628

孙　震　439,443

孙中山　13,21,23,28－30,33,34,
　　　　36－57,59,62,65－76,78
　　　　－87,89,92－94,96,100－
　　　　104, 112, 117, 130, 134,
　　　　135, 137, 147, 150, 168,
　　　　174,176－178,187,188,
　　　　191, 195, 203, 204, 206,
　　　　209, 215, 231, 234, 266,
　　　　267, 290, 297, 309, 311,
　　　　385, 402, 478, 560, 580,
　　　　630,631,674,699,709

T

覃道善　602

覃　振　103,104,163,182

谭道源　244,245

谭平山　80, 94, 104, 106, 113,
　　　　135,168

谭人凤　22

谭曙卿　98,153,154

谭延闿　97,113,117,119,122,130
　　　　－132,135,158,168,173,
　　　　181, 182, 184, 192, 193,
　　　　195,197,200,201,209

汤恩伯　277, 439, 444, 494, 557,
　　　　558,614,615,619－621,
　　　　623,624

汤寿潜　27,29,31

汤玉麟　342

唐继尧　44,96

唐家骧　165

唐瑞福　5

唐绍仪　33,228,234－236,239

唐生智　115,118,119,123－125,
　　　　127,130－132,142,168,
　　　　169, 171, 173, 174, 178,
　　　　179, 181, 182, 184, 185,
　　　　217,218,221－223,234,
　　　　414,422,434－436

唐有壬　363

唐　纵　502

陶百川　690

陶成章　22,23,28—32,35

陶德曼　411—416,440,458,465

陶希圣　404，459，461，465，485，
609,665

陶峙岳　254

滕　杰　300

藤　原　345

天羽英二　350

田　单　653,687

田　汉　315

田炯锦　724

田中隆吉　338

田中义一　161,189,205,326

佟麟阁　347,400,441

童葆暄　26,46

头山满　189,478

土肥原贤二　354

托洛茨基　73,76,77

W

万福麟　205,332

万仁元　158,164

万耀煌　252,376

汪精卫　52,53,65,68,73,79,84，
90,94,97,100,102—108，
111—113,130,135,146—

148,153,160,167—171，
173—176,178—186,192—
194,223,227,228,231,234
—238，240，241，243，262，
263，266，267，287，288，
337，341，342，344—346，
348，349，351，353—355，
358,363,386,403,404,414
—416，418，423，455，456，
458—467,478,479,485

汪日章　5,470

汪寿华　142,149

汪兆铭　67,158

王柏龄　80,82,85,90,91,108,110，
124,127

王采玉　5—7,11,665

王宠惠　160，209，233，272，351，
399，408，413，416，462，
502,509,511,512

王德胜　250,269

王登云　73,82

王多年　259

王　萼　26

王法勤　131,135,228

王　丰　721,723

王公度　277

王稼祥　472

王捷俊　245

王金发　26,38

王金铝　296

王金钰　245,246

王敬久　270,426,435,557

王　均　250

王　俊　91

王克敏　353,357

王冷斋　392

王连德　42

王陵基　252

王鲁翘　465

王懋功　97,107,108

王　明　710,711

王铭章　444

王　青　563

王庆龙　246

王若飞　538

王世杰　160, 185, 288, 421, 522, 523,525,538,539,582,640

王树翰　204

王树声　226

王舜祁　188

王天培　123,165,179

王铁崖　213

王贤东　5,6

王孝和　578

王阳明　40,311,633,711

王耀武　435,528

王揖唐　357

王以哲　330,367,375

王有则　5

王禹廷　296

王玉瓒　378

王云五　562,588,699,701

王芸生　211

王正廷　140,201,211,230,328,333

王仲廉　444

王竹卿　30,31

威尔基　503

韦拔群　156

韦维尔　514

韦显文　118

韦云淞　277

卫立煌　247, 250, 251, 274, 379, 437,439,491,515,575,596 －599

魏邦平　49

魏大业　697

魏道明　399

魏德迈　521, 528, 535, 536, 576, 577,583

魏金斯基　170

魏　兰　30

温建刚　152,153

文天祥　100

文重孚　456

闻钧天　307

翁式亮　47

翁文灏　293,343,527,586－588

翁照垣　265,277,278,339

乌兰夫　709

吴承明　294,295,559,627

吴鼎昌　288,292

吴 冈　559

吴国桢　640,650,658－663,716

吴冷西　686

吴佩孚　50, 120, 122, 124, 126,
127,129

吴奇伟　253

吴 石　657

吴思豫　26

吴铁城　94,111,112,226,237,340

吴相湘　351

吴倚沧　162

吴玉章　131, 133, 135, 151, 161,
168,175,468

吴稚晖　3, 145－149, 156－158,
160, 181, 182, 186, 193,
200,221,230,232,233,709

吴忠信　41,64,145,584

伍朝枢　112, 140, 158, 160, 182,
185, 194, 205, 210, 235,
239,240

伍廷芳　28

伍廷飏　156

西义显　459,478

希特勒　298, 304, 311, 411, 414,
416,662

夏 威　277,496

香翰屏　278

香月清司　395,396,400

项 英　472,474,475

萧楚女　155

萧纯锦　318

萧佛成　156,157,162,234,272

萧孟能　695

萧 乾　254,255

萧同兹　695

萧星垣　27

萧之楚　252

小川平吉　478

谢 持　89, 103, 163, 182, 193,
223,228

谢富治　572

谢菊增　284

邢士廉　204,205

熊 斌　185,345,395

熊 略　95

熊式辉　255, 256, 261, 268, 318,
547,712

熊绥春　602

熊 雄　85,155

须磨弥吉郎　351,356

徐柏园　588

徐道邻　350,690,711

徐恩曾　296－299,302

徐 桴　110,141

徐 堪 591

徐 昆 455,456

徐名鸿 263,264,271

徐聘耕 26

徐溥霖 583

徐 谦 131,135,161,168,266,349

徐庆钟 719

徐 权 455

徐树铮 50

徐庭瑶 250

徐锡麟 29

徐向前 87,251,439

徐永昌 224,393,399,414,441,
603,606

徐源泉 252,435

徐 震 59

许崇智 40,43,44,46—52,55,65,
67—70,94—97,100—103,
107,164,178,182,228,234

许涤新 294

许世英 381

薛笃弼 160

薛 岳 142,144,193,274,277,
429,445,446,448,449,
451,458,479,480,488,
489,614、

Y

亚历山大 513

严家淦 588,640,704,717,724

盐泽幸一 339

阎宝航 318

阎锡山 139,169,173,174,178,
182,184,196,197,201—
203,215—217,220—224,
227—229,238,243,327,
348,356,368,399,422,
423,437,440,441,443,
624,625,629,636,639,652

颜惠庆 617

阳翰笙 315

杨闇公 151

杨东莼 277,279

杨 虎 41—43,145,149,152,
154,163

杨虎城 221,225,274,375—385,
616,629

杨坤如 51,70,96—98

杨其纲 88

杨 森 134,151,165,429,616,628

杨世宁 154

杨树庄 159,164,165,182

杨庶堪 560

杨腾辉 218

杨天石 140,359,404,426

杨希闵 89,95,96

杨杏佛 302,315

杨永泰 242

杨宇霆　199,201

杨增新　204

姚洛　285

姚崧龄　588

姚小宝　60

姚怡诚　60,61,63,64,190

姚勇忱　26

姚宗元　10

野村吉三郎　340

叶楚伧　103,104,113,131,158,164,182,462,473

叶公超　645,663,667,668

叶剑英　83-85,95,375,386,402,422,443,540

叶举　47,51,95

叶挺　119,122,126,403,474,475

叶秀峰　298,579

叶肇　435

一木清直　391

易培基　231

殷夫　314

殷汝耕　356,357

尹锐志　26,27

尹维俊　26,27

应德田　378,379

应梦卿　26

应修人　315

影佐祯昭　459,461

有吉明　351,356,357,364,365

有田八郎　365,381

于树德　131

于学忠　226,237,353,444

于右任　182,183,193,195,196,233,239,240,331,415,562,580,583,652

于子三　578

余琛　154

余汉谋　253,275-277,422,423

余井塘　298

余俊贤　724

余日章　191,242

余心清　266

余谊密　165

俞大维　653

俞飞鹏　445

俞国华　470,509

俞鸿钧　588-590,715

俞济时　340,435,509,616

俞炜　26

俞作柏　165,218,219,222

虞洽卿　54,55,59,141,143

裕仁　529

袁国平　264

袁世凯　17,24,28,33,34,36-44,267,326,553,586

袁祖铭　123,125

约翰逊　637,703

岳武穆　334

越　飞　66,67,71,72,75,82

恽代英　85

恽　修　354

Z

曾　广　478

曾国藩　13,40,90,643

曾景忠　606

曾万钟　439

曾养甫　162,165,372—374

曾泽生　599

曾仲鸣　463,465

斋滕要藏　425

詹大悲　131

詹金斯　140

詹　森　406,474

张百祥　22

张弁群　57

张伯伦　139

张伯岐　27,145

张楚宝　27

张　达　276

张道藩　298,648,660

张德能　494

张涤非　487

张东荪　545,560

张发奎　98,119,131,171,173,184,
　　　186,192—194,222,223,
　　　429,448,449,494,580

张　钫　250,255

张丰绪　719

张　淦　610

张公权　293,588

张　恭　23

张国栋　297

张果为　670

张海鹏　115

张厚琬　353

张辉瓒　244,245

张　继　72,73,89,103,163,169,
　　　178,182,183,209,237,
　　　240,692

张金照　444

张静江　39,54—59,62—64,113,
　　　119,122,130,132,138,
　　　145,146,151,156—158,
　　　164,181,182,186,190,
　　　193,195,292

张静江(人杰)　38

张静庐　313

张君毅　145

张君劢　492,545

张克侠　600

张　澜　492,552

张厉生　298,589,640

张灵甫　557,558

张民达　94,95

张乃燕　164

张难先　165

张其昀　21,648,650

张秋白　165

张　群　18, 24, 25, 30, 138, 187,
189, 205, 226, 232, 318,
334, 365 — 367, 381, 415,
423, 441, 459, 538, 539,
544, 562, 570, 583, 586,
614,617,621,693,703

张绍良　37

张曙时　153

张太雷　73

张廷谔　353

张　文　278,345

张啸林　145

张学良　199, 201, 202, 204 — 206,
214, 215, 217, 223, 224,
226, 228, 229, 237, 238,
274, 302, 327, 329, 330,
332, 342, 343, 375 — 380,
382—385,616

张　勋　43,44,54,267

张　炎　269,270

张荫梧　202

张　瑛　140

张玉法　657

张樾亭　353

张　云　478

张　轸　513,611

张振汉　252

张治中　269, 331, 340, 369, 425,
426, 455, 456, 522, 537 —
539,617,618

张子华　372

张自忠　394,395,443,444,450,483

张宗昌　28, 43, 127, 142, 167,
199,201

张作霖　120, 121, 131, 140, 166,
170, 189, 196, 199 — 202,
204,205,332,363,709

张作相　199,201,202,204,205

章炳麟　22,29

章伯钧　277,492

章乃器　362,560

赵博生　248

赵戴文　223,228

赵登禹　342,394

赵观涛　247,253

赵恒惕　50

赵林士　56

郑宝菁　165

郑洞国　514,598,599

郑介民　302,606,634,650

郑汝成　37,39—41

郑廷珍　437

郑　异　152,162

植田谦吉　340

周恩来　85,88,89,95,97—99,102,

105，106，110，142，169，
223，264，280，311，373 —
375，380 — 384，386 — 389，
401，402，405，406，422，
423，441，443，468，474，
475，537 — 539，544，553，
556，593，594，636，676，
682，685，686，706，711

周凤岐　128，129，134，145，164

周佛海　404，414，458 — 463，465

周恭寿　165

周骏彦　56，58，85，90

周力行（即周士第）　270

周佩箴　164

周伟黄　245

周西成　165

周小舟　372

周一志　660

周荫人　129

周至柔　509，623，653

朱朝森　156，165

朱　德　245，246，264，362，388，
402，422，437，472，474，
476，530，534，540，574，
593，621

朱霁清　43

朱家骅　164，165，288

朱克靖　117

朱克勤　581

朱培德　50，67，97，98，117，119，
124，125，173，181，182，
184，185，195，218，221，
222，245，278，279，387

朱庆澜　46

朱　瑞　26，27，38，476

朱绍良　244，429，441，614

朱守梅　56

朱斯煌　290

朱新民　591

朱逸民　62，242

朱镇华　285

朱自清　578

竺景嵩　10

竺绍康　32

竺芝珊　6

邹　鲁　26，103，104，163，182，223，
235，236

邹韬奋　315，362，405，452，492

邹　毅　110

左舜生　492，562

佐久间　494

佐藤荣作　686，724

后 记

　　蒋介石作为一位历史人物,在海内外学术界对其展开研究,已有几十年了。我们在上个世纪八十年代开始了对他的研究,期间不仅得到了民国史研究开拓者李新老师的亲切指导和宗志文等学长的帮助和鼓励,更读了许多学者的有关论著(见征引和主要参考书目),并在几次国际学术会议上与海内外的学者专家进行切磋和研讨,获益良多。在我们的记忆长河里,美国伊利诺斯大学(The University of Illinois Library)教授、《剑桥中华民国史》撰著者之一易劳逸(Lloyd E. Eastman)学识之深邃和交流之坦诚,尤其令人难忘,成为我们难得的挚友,往还频频。还在八十年代时,他从一个特殊渠道看到台湾"党史会"自印本《总统蒋公大事长编》卷六下册(1947年),在欣喜之余立即给我们复印了一本从美国寄来。当我们从邮局领回这二百四十八页厚厚的复印本时,激动和喜悦的心情难以言述。这不仅因为当时这本资料还处在小范围征求意见的状态,十分珍贵,就说复印那么多页又从大洋彼岸美国寄来,在那个时候也着实令人感动。不久,他在美国哈佛大学图书馆发现《陈洁如回忆录》英文打印本,因为图书馆未编入目录,又不让借出和复印,他就将自己的阅读笔记复印出来寄给我们研究和参考。惜乎他英年早逝,使蒋介石研究领域失去了一位卓有成就的学者,也使我们痛失了一位真诚的挚友。在这里我们缅怀易劳逸教授,是要说我们对蒋介石的研究以至今天能够写出这本七十多万字的书,实在是得益于许许多多学者专家直接间接的种种帮助,汲取了他们的不少研究成果。严格说来,这本书不过是我们三十多年的一份学习笔记思考记录,有待于各位学者专家的考核和广大读者的检验。

奉献给广大读者的这本《蒋介石传》,是我们两人合作的成果:则民撰第一至十一章并编附录四,如平撰第十二至二十四章及前言并编附录一、二、三。我们在中国社会科学院近代史研究所从事民国史研究数十载,深受近代史研究所优良学风的熏陶和同仁们的友爱帮助和鼓励。我们感谢中国社会科学院学部委员、中国史学会会长、近代史研究所前所长张海鹏教授审读本书并在百忙之中慨允撰著序言,对蒋介石的一生,尤其是他在抗日战争中的地位和作用,作出了评析和论述,对本书语多褒奖,是对我们两员老兵的鼓励。我们感谢步平、王建朗、汪朝光、金以林、杨天石、陈铁健、李玉贞、贺渊、孙彩霞、赵利栋、平国樑、刘佳等诸同仁对撰著本书给予的种种热心帮助。我们感谢中国第二历史档案馆、近代史研究所图书馆在提供文献档案及图书资料方面给予的极大方便。近代史研究所的访美学者慷慨提供了他们在斯坦福大学胡佛图书馆阅读《蒋介石日记》(手稿本)的笔记,使得年迈的我们在北京得以分享这份重要资料。

中华书局为本书立项出版,使拙著得以跻身史学著作之林;欧阳红女士为编审本书付出了辛劳,感甚。

中国社会科学院老年科研基金给予立项资助,为本书的研究和撰著提供了很大支持。

我们虽积多年时光学习研究,携手合作倾力撰成此书,力求不负学术界和广大读者之厚望,然恐学力不逮,仍会有不尽如人意之处,期望方家和各位读者不吝教正之心殷殷。

著者 二〇一二年十月于北京东厂胡同一号

重印后记

　　《蒋介石传》初版问世后,有读者指出,本书对蒋介石之史事记述甚详,但对蒋之心理活动和精神世界记述不足。此言一语中的。

　　如何补述蒋介石的心理活动?著者不敢杜撰或分析推测,只能求助于蒋介石日记之类的自述档案。蒋介石从 1915 年起至 1972 年,写了五十七年日记,中间虽失四年,但仍保存有五十三年之久;同时他还写有民国六年(1917 年)以前之《中正自述事略》。他的日记和自述,记载有他的一些思想和观念,可以观察他内心世界之一二。著者详细阅读了《蒋介石日记》(手稿本)抄本和《中正自述事略》,摘录其记述心里活动之若干补正于本书,以飨读者。

　　同时对初版中一些错讹进行了修改。此次修改,由严如平完成。修改是否有当,尚请读者和方家指正。

著　者
东方太阳城